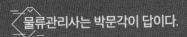

KB002614

합격기준 박문각 물류관리사

물류관리사
CERTIFIED PROFESSIONAL LOGISTICIAN
동영상강의 www.pmg.co.kr

물류관리론

우정욱 · 김영민 공편저

QMG 박문각

이 책의 머리말

물류란 재화의 이동 및 보존과 관련된 수송, 보관, 유통가공, 정보활동 등을 종합적으로 나타낸 말로서 원재료나 부품의 조달에서부터 소비자에게 전달된 후 회수 및 폐기에 이르기까지 광범위한 범위를 대상으로 하고 있다.

최근 기업경영에 있어서는 4차 산업혁명과 함께 글로벌화 진전, 소비자욕구의 다양화, 정보통신기술의 발전, 경영의 효율화 추구 등 기업경영을 둘러싼 환경변화에 대비하고 물류비 감소를 통한 기업경쟁력 제고를 위한 수단으로서 물류관리의 중요성이 부각되고 있다.

특히, 경제의 글로벌화의 진전은 기업들의 사업전개 확장뿐만 아니라 국경을 초월한 참여기업들 간의 유기적이고 협력적인 관계구축을 필요로 하고 있어 공급사슬 전체의 최적화를 위한 글로벌SCM으로 발전하고 있다.

물류에 대한 관심은 기업에서뿐만 아니라 국가 차원에서도 효율적인 물류체계의 형성이 우리 기업의 국제경쟁력 향상에 크게 이바지한다는 인식을 같이 하여 물류인프라의 정비를 촉진시킴과 동시에 관련 법제도의 정비, 물류표준화의 추진 등 제도적인 측면뿐만 아니라 기업의 효율적인 물류체계 구축을 위한 지원을 아끼지 않고 있다.

더욱이 급변하는 물류환경에서 물류전문가에 대한 요구가 높아짐에 따라 물류관리사제도를 도입하여 기업이 일관된 물류체계를 구축하고 물류비 절감을 위한 물류전략을 수립할 수 있도록 지원함으로써 기업경쟁력 강화에 기여하고 있다.

물류관리사제도는 기업의 물류환경을 객관적으로 분석·계획·관리하여 적절한 물류전략을 수립하고 개선대안을 제시할 수 있는 물류전문가를 양성하는 제도이다.

현재 물류관리사는 물류관리의 중요성 고조와 함께 그 수요 또한 급증하고 있지만, 이에 반해 물류관리사의 수는 절대적으로 부족한 실정이다. 물류관리사 자격증의 취득은 이러한 물류전문가로서의 입문이라 할 수 있는데, 물류관리의 범위 확대와 함께 물류관리사의 진출분야 또한 다양해지고 있어 물류관리사의 향후 비전은 매우 밝다고 할 수 있다.

이 책은 물류전문가로서 숙지해야 할 물류관리의 기초 이론, 물류서비스, 물류관리조직, 물류비, 물류표준화와 공동화, 물류정보시스템, SCM 및 제3자 물류 등과 같은 최신물류기법과 최근 물류환경의 변화 등을 체계적으로 다루었으며, 더 나아가 최근의 정보기술을 활용한 혁신적인 물류관리기법과 4차 산업혁명의 물류기술의 이해와 적용에도 충실을 기하였다.

또한, 기출문제의 철저한 분석을 통한 예상문제를 심도있게 다룸으로써 물류관리사 시험에 효율적으로 활용할 수 있도록 대비하였다.

이 책을 통하여 물류의 지식과 함께 물류를 둘러싼 제 문제에 대한 분석의 시각을 함양하여 향후 물류전문가로서 발돋움하는 데 도움이 되기를 기원한다.

끝으로 본서를 발간하기까지 아낌없이 후원해 주신 관계자들, 박문각의 회장님과 편집부 관계자들께 깊이 감사드린다.

편저자 우정욱, 김영민

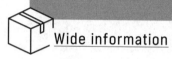

와이드 정보

01 \ 물류관리사란?

❶ 물류관리사(CPL : Certified Professional Logistician)

물류에 관한 전문지식이 필요한 사항에 대하여 계획·조사·연구·진단·평가 또는 이에 관한 상담·자문을 통하여 화물의 수송·보관·하역·포장 등의 물류관리에 필요한 직무를 수행하는 자를 말한다. 물류관리사가 되고자 하는 자는 국토교통부 장관이 실시하는 시험에 합격하여야 한다.

❷ 물류관리사의 업무영역

물류관리사는 물류시스템 기획, 물류정보시스템 개발, 물류기술 개발, 물류센터 운영, 수배송 관리업무, 물류 창고 및 자재·재고관리 업무, 물류컨설팅 등의 업무를 담당하며, 전 산업분야에서 활동하고 있다.

물류관리사를 필요로 하는 조직		
•유통업체	•생산업체	•교육기관
•정부기관	•서비스기관	•컨설팅회사
•물류기업(운송, 보관)		

❸ 물류관리사의 향후 전망

현재 물류관리사는 국내 제조업의 47%, 유통업의 24%가 물류전문인력이 부족한 상태이며, 앞으로 인력수요가 제조업은 3만여 명, 유통업은 7천여 명에 이를 것으로 예측하고 있다.

물류관리사는 물류관련 정부투자기관, 공사와 운송·유통·보관 전문회사, 대기업 또는 중소기업의 물류관련 부서(물류, 구매, 자재, 수송 등), 물류연구기관에 취업이 가능하며, 수송·보관·하역·포장 등 물류전부문의 효율성, 적시성, 생산성을 제고하기 위하여 부문별로 표준화, 자동화, 정보화 등을 계획·추진하여 기업의 합리적인 일관 물류체계를 구축하고 물류비를 절감하는 일을 담당할 것으로 기대된다.

각계 전문기관에서 물류부문을 전자상거래와 함께 21C 유망직종 중의 하나로 분류하고 있으며, 정부 차원에서 국가물류기본계획(2016~2025)을 수립하여 우리나라가 지향하는 물류미래상을 제시하고 세계 속에서 경쟁할 수 있는 물류전문인력을 양성·보급한다는 장기 비전을 제시하고 있다.

❹ 물류관리사 합격자 통계현황

물류관리사는 지난 1997년 처음 도입한 후 제1회 시험부터 제23회 시험까지 총 31,076명이 배출되었다. 최근 5년간의 합격자는 제19회 1,727명(합격률 29.18%), 제20회 1,173명(합격률 21.22%), 제21회 1,657명(합격률 34.2%), 제22회 1,994명(합격률 40.5%), 제23회 1,474명(합격률 26.82%)이다.

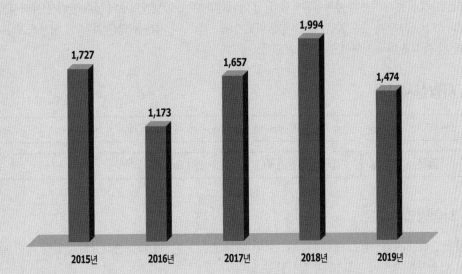

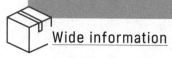

와이드 정보

02 \ 물류관리사 시험

❶ 시험 개요

물류에 대한 사회적 인식의 제고와 함께 물류체계 개선을 위한 다각적인 대책이 강구되고 있는 시점에서 국가물류비 절감을 위해 H/W 측면의 물류시설 확충과 함께 이를 합리적으로 운영·관리할 물류 전문인력의 체계적 양성이 요구됨에 따라 물류 전문인력의 양성을 위하여 1995년 화물유통촉진법(현, 물류정책기본법)에 물류관리사 자격시험제도를 신설 입법화한 후, 1997년 9월부터 물류관리사 자격시험제도가 시행되었다(응시자격 제한 없음. 단, 부정행위로 인해 시험 무효처분을 받은 자는 그 처분을 받은 날로부터 3년간 물류관리사 시험에 응시할 수 없음).

❷ 시험실시기관

소관부처 ➡ 국토교통부(www.molit.go.kr) 물류정책과

시행처 ➡ 한국산업인력공단(www.Q-net.or.kr)

❸ 시험방법

① 물류관리사 자격시험은 매년 1회 실시하되, 국토교통부장관이 물류관리사의 수급상 특히 필요하다고 인정하는 경우에는 2년마다 실시할 수 있다.
② 응시원서 접수는 인터넷 접수만 가능하며 시험장소는 원서 접수시 수험자가 직접 선택한다.
③ 시험은 필기의 방식으로 실시하며, 과목당 40문항씩 5지 택일형을 원칙으로 하되 기입형을 가미할 수 있다.

❹ 시험일정

매년 6월 또는 7월에 실시

❺ 시험과목 및 시험시간

시험은 물류관리 업무수행에 필요한 소양 및 지식의 검정과 이론 및 실무능력의 검정에 중점을 둔다.

분류	시험과목	세부사항	문항 수	시험시간
1교시 (3과목)	물류관리론	물류관리론 내의 화물운송론·보관하역론 및 국제물류론은 제외	40	120분
	화물운송론		40	
	국제물류론		40	
2교시 (2과목)	보관하역론		40	80분
	물류관련법규	「물류정책기본법」, 「물류시설의 개발 및 운영에 관한 법률」, 「화물자동차 운수사업법」, 「항만운송사업법」, 「유통산업발전법」, 「철도사업법」, 「농수산물 유통 및 가격안정에 관한 법률」 중 물류 관련 규정	40	

↩ 시험과 관련하여 법률 등을 적용하여 정답을 구하여야 하는 문제는 시험 시행일을 기준으로 현재 시행 중인 법률을 적용하여 그 정답을 구하여야 함.

❻ 시험과목의 일부면제 및 제출서류

면제과목	물류관리론(화물운송론·보관하역론 및 국제물류론은 제외)·화물운송론·보관하역론 및 국제물류론에 관한 과목이 개설되어 있는 대학원에서 해당 과목을 모두 이수(학점을 취득한 경우로 한정함)하고 석사학위 이상의 학위를 받은 자는 시험과목 중 물류관련법규를 제외한 과목의 시험을 면제한다(과목면제자는 물류관련법규만 응시).
제출서류	과목면제 서류심사 신청서 1부, 대학원 성적증명서(원본) 1부, 학위증(학위기재) 사본 또는 졸업증명서 원본 1부

❼ 합격자 결정기준

매 과목 100점을 만점으로 하여 매 과목 40점 이상, 전 과목 평균 60점 이상 득점한 자를 합격자로 결정한다.

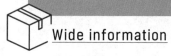

와이드 정보

03 출제경향 및 수험대책

❶ 과년도 문제분석

구 분	제20회	제21회	제22회	제23회	제24회	합 계	비율(%)
물류의 개념 및 환경	5	4	6	4	7	26	13.0%
물류관리와 물류서비스	3	3	5	3	3	17	8.5%
물류관리전략	3	1	3	3	2	12	6.0%
물류조직	1	0	1	1	1	4	2.0%
물류시스템	2	2	4	2	1	11	5.5%
물류회계	4	3	4	4	4	19	9.5%
조달물류와 판매물류	4	5	3	4	4	20	10.0%
포장물류	0	0	0	0	0	0	0.0%
물류표준화와 공동화	4	5	3	5	5	22	11.0%
물류정보시스템	7	6	3	6	5	27	13.5%
SCM	1	5	5	4	3	18	9.0%
제3자물류 및 기타 신이론	6	6	3	4	5	24	12.0%
합 계	40	40	40	40	40	200	100.0%

❷ 출제경향

물류관리론은 출제빈도 측면에서 높고 낮음이 분명하다는 것이 특징이다. 출제빈도가 높은 영역은 물류의 개념 및 환경, 물류표준화와 공동화, 물류관리와 물류서비스, 물류정보시스템, SCM 등이다. 뿐만 아니라 물류회계, 조달물류와 판매물류, 제3자물류 및 기타 신이론 역시 출제빈도가 높으므로 철저히 학습하여야 하며, 최근 들어서는 환경(녹색) 물류 관련 내용도 자주 출제되므로 주의를 요한다. 상대적으로 물류조직 부분은 출제빈도가 낮으며, 특히 최근 포장물류 부분은 물류관리론에서는 출제 되지 않고 보관하역론에서 주로 출제되고 있다.

❸ 수험대책

첫째, 출제빈도가 높은 영역을 우선적으로 집중해서 학습해야 한다. 물류관리론은 국제물류론 과목이 생기면서 출제빈도의 높고 낮음이 분명하게 나타나므로 이 점을 이용하면 좀 더 효율적으로 학습할 수 있다.

둘째, 기출문제를 충분히 학습하여 출제경향을 파악하고, 그에 따른 학습전략을 수립하여야 한다. 기출문제를 보면 출제 가능한 예상문제를 예측할 수 있기 때문이다. 특히 출제 문항수는 많지 않지만 매년 출제되는 내용은 반드시 학습해 두도록 한다.

셋째, 최근 물류환경 변화 및 물류정책, 물류기술에 대하여 관심을 가져야 한다. 물류환경이나 물류정책(기술)과 관련된 문제는 자주 출제되는 반면, 변화가 많기에 수험서나 자료집에 자세히 수록되지 않는다. 따라서 평상시 신문이나 각종 매체를 통해 물류관련 상식을 충분히 숙지해 두어야 한다.

넷째, 수리적인 문제가 매년 출제되므로 기출문제를 통하여 충분히 학습하여야 한다. 물류비 계산, 수요예측 및 재고관리 등의 수리적 문제는 비교적 정형화된 범위 내에서 출제되는 경향이 있기 때문에 기존 문제만 충분히 이해한다면 큰 어려움 없이 쉽게 해결할 수 있다.

다섯째, 물류관리론의 내용은 화물운송론이나 보관하역론 과목의 내용과 중복되는 부분이 있으므로 연계하여 학습할 필요가 있다. 특히, 포장물류 및 물류표준화와 공동화는 보관하역론과 관련성이 높다.

Contents

이 책의 차례

Contents

이 책의 차례

물류관리사

CERTIFIED PROFESSIONAL LOGISTICIAN

물류의 개념

01 물류의 개념

| 학습목표 | 1. 물류의 정의, 기능, 원칙 및 영역을 명확히 파악한다.
2. 물류의 변천과정, 물류환경의 변화 및 물류관련 정책을 정리한다.

| 단원열기 | 물류에 대한 전반적인 내용을 다루고 있는 이 단원은 물류에 있어 가장 기본이 되는 물류의 개념과
기능을 비롯하여 물류활동의 원칙, 물류의 영역, 물류를 둘러싼 환경변화 및 물류정책 등에 대해서
자세히 다루고 있다. 이 단원에서는 물류의 기능과 영역부분에서 가장 높은 출제율을 보이고 있고,
물류의 환경변화 및 물류정책과 관련된 문제도 자주 출제되므로 각별한 주의가 필요하다.

제1절 물류의 정의

1 물류의 개념

(1) 유통이란 재화를 생산자로부터 소비자에게로 이전시키는 사회적 · 물리적 활동을 말하는 것으로,
유통에는 상적 유통과 물적 유통이 있다.

① 상적 유통은 재화의 매매에 의해서 재화의 소유권이 판매자로부터 구매자에게로 이전해 가는
상거래활동을 말하며, 물류업계에서는 물류의 조건을 형성하는 화주기업의 상관습, 거래처에
대한 납품조건, 작업지시의 흐름 등을 총칭하여 상적 유통, 즉 상류라고 한다.

② 물적 유통은 물자유통과 정보유통으로 구분할 수 있는데, 여기서 말하는 물적 유통, 즉 물류란
생산자로부터 소비자에 이르기까지의 재화의 흐름을 가리키는 것으로 재화의 공급자와 소비
자 간 시간적 · 공간적 격차를 물리적으로 극복함으로써 그 재화의 효율을 증대시켜 궁극적으
로는 공급자와 소비자 모두의 이익을 극대화하는 것을 목적으로 하고 있다.

(2) 물류는 발생지에서 소비지에 이르는 원재료, 중간재, 완성품의 흐름을 가능하게 하는 제반 활동으
로, 여기서는 생산과 소비 간의 공간적 격차를 극복하는 수송, 시간적 격차를 극복하는 하역 및
보관, 상품의 외형 또는 거래단위를 변경시키는 유통가공 및 포장, 그리고 이들을 지원하기 위한
정보통신활동(물류 표준화 및 정보화 활동 포함)의 기능이 포함되어 있으며, 이러한 제반 활동들이
유기적으로 관련되어 하나의 전체적인 효과를 거두는 활동을 말한다.

(3) 최근 들어 소비행동의 다양화와 저가격에 대한 필요성이 제기되면서 소로트·다빈도 납품, JIT
(Just In Time), 총비용 절감 등이 중요시되고 있어 물류를 단순히 생산, 판매에 따른 부수적인
작업으로 여기던 것에서 탈피하여 기업의 마케팅 활동의 일부 또는 경영전략의 일부로 보는 인식
의 전환이 이루어지고 있다.

(4) 따라서 물류의 범위가 종래에는 수송, 보관, 포장, 하역, 유통가공 등 물자의 이동과 직접적으로
관련한 물류활동에 국한되어 있었다고 한다면 현재는 수발주, 재고관리 등의 물류관련 활동, 거점
배치계획, 재고계획, 생산 및 구입지시 등의 물류정보활동, 판매와 관련된 물류뿐만 아니라 상품
의 매입이나 원재료의 조달과 관련된 물류, 반품 및 리사이클과 관련된 물류까지도 그 대상에 포
함시키는 로지스틱스의 범위로 확대되고 있다.

■2 물류 용어의 기원과 발전

(1) **프랑스어 Logistique**(1897년)

나폴레옹이 군수품을 보급하는 부대의 이름을 Logistique로 명명한 것에서 유래되었다.

(2) **A.W. Show**(1912년)

경영활동을 생산활동, 유통활동 및 조성활동으로 구분하고, 다시 유통활동을 수요창출활동과 물
적 공급활동으로 대별하면서 물적 공급활동을 유통활동의 구성요소로서 인식하였는데, 여기서의
물류활동은 현재의 판매물류를 가리키는 것으로 해석된다.

(3) **F.E. Clark**(1922년)

'Physical Distribution'이란 용어를 처음으로 사용하였는데, 그는 마케팅기능을 교환기능, 물적 공
급기능, 보조적 및 조성적 기능으로 구분하고, 물적 공급기능을 교환기능에 상대되는 유통의 기본
적 기능으로 설명하였다.

(4) **미국 마케팅협회**(AMA : American Marketing Association)(1948년)

물류란 제품의 생산단계에서부터 사용 또는 소비단계에 이르기까지 재화의 흐름을 취급·관리하
는 것이라고 정의하고 있으며, 물류를 개별 기업의 입장에서 접근하여 재화의 이동과 취급에 따른
관리 측면을 강조하고 있을 뿐만 아니라 물류를 생산물류활동과 판매물류활동에 한정하여 인식하
고 있다.

(5) **미국 물류협회**(NCPDM : National Council of Distribution Management)(1963년 발표, 76년 개정)

물류를 생산의 최종 시점에서 소비지점까지 원자재, 중간재, 완성재, 그리고 관련정보를 이동시키는
것과 관련된 흐름과 저장을 효율적이면서 효과적으로 계획·수행·통제하는 과정으로 정의하고 있
으며, 이 활동에는 고객서비스, 수요예측, 유통정보교환, 재고관리, 하역, 수주처리, 사후서비스, 공장
·창고입지 선정, 구매, 포장, 반품처리, 폐기처리, 수송, 창고관리 및 보관을 포함시키고 있다.

(6) **미국 로지스틱스협의회**(CLM : Council of Logistics Management)(1985년)

로지스틱스란 고객의 요구조건에 부합하기 위해 원산지로부터 소비지점에 이르기까지 원자재, 중간재, 완성재 및 관련정보의 흐름과 보관을 효율적이면서 비용을 최소화하기 위한 계획입안 · 실시 · 통제를 하는 과정으로 정의하고 있다. 기존의 물류의 개념이 경제 · 경영의 기능 · 영역을 나타내는 것이었다면, 여기서는 그 차원을 달리하여 로지스틱스, 즉 물류활동의 관리개념으로 보고 있다는 것이 특징이다.

(7) **SCM전문가협의회**(CSCMP : Council of SCM Professional)(2005년)

물류는 SCM(Supply Chain Management)의 한 부분이며, 고객의 요구사항을 충족시킬 수 있는 효율적이고 효과적인 물류 및 역물류, 상품보관, 서비스 및 관련정보를 계획 · 실행 · 통제하는 것으로 정의하고 있다. 또한 물류관리의 범위를 출하, 운송관리, 차량관리, 물류센터관리, 원료취급, 주문실행, 물류네트워크 디자인, 재고관리, 공급 수요계획 수립, 제3자물류업체 관리까지 확대시키고 있는 것이 특징이며, 여기서는 마케팅, 영업, 제조, 회계, IT 등 다른 업무와 기능을 모두 통합하여 공급사슬 전체의 최적화에 초점을 두고 있다.

(8) **한국 물류정책기본법**

물류란 재화가 공급자로부터 조달 · 생산되어 수요자에게 전달되거나 소비자로부터 회수되어 폐기될 때까지 이루어지는 운송 · 보관 · 하역 등과 이에 부가되어 가치를 창출하는 가공 · 조립 · 분류 · 수리 · 포장 · 상표부착 · 판매 · 정보통신 등을 말한다.

┌─ 보충학습 ─┐

국가별 물류의 정의

1. **미국** : 개별 경제적 관점, 즉 경제 · 경영의 영역이나 기능에서 물류를 파악
2. **일본** : 물류가 처음부터 그 재화의 효율을 증대시키는 것을 목표로 등장. 1960년대 후반부터 수송 · 보관 · 하역 · 포장 등의 개별활동을 통합한 개념인 '물류'가 사용되기 시작
3. **한국** : 유형 · 무형의 재화에 대한 폐기와 반품을 포함해서 공급과 수요를 연결하는 공간과 시간의 극복에 관한 물리적인 경제활동

---

3 물류관련 용어

(1) **로지스틱스**(Logistics)

① 로지스틱스란 용어가 널리 사용되기 시작한 것은 제2차 세계대전 중에 미군(육군)에서 널리 사용하면서부터이며, 전장의 후방에 위치하면서 전선의 부대에 필요한 물자를 공급, 보충하고 후방 연락선의 확보를 임무로 하는 보급, 후방 혹은 병참을 의미한다.

② 현재에는 비즈니스의 세계에서 사용되면서 원재료 및 부품 등의 조달에서 고객납품, 폐기, 환원, 회수에 이르기까지를 일관된 흐름으로 보고 관리하는 개념으로 발전하였다. 즉, 로지스틱스의 영역은 조달물류, 생산물류, 판매물류, 폐기물류, 반품물류, 회수물류 등을 포함하는 것으로 물류보다 폭 넓은 개념이라 할 수 있다.

(2) SCM(Supply Chain Management)

① 원재료의 공급자로부터 최종 소비자에 이르는 전 과정의 개별 업무 프로세스를 전체적으로 하나의 비즈니스 프로세스로 파악하여 기업과 조직의 경계를 넘어 비즈니스 프로세스의 전체 최적화를 지속적으로 추구함으로써 제품 및 서비스의 가치를 높여 기업경영에 이바지하는 전략적인 경영관리기법을 가리킨다.

② 다수 기업 간, 복수부문 간의 정보공유를 통하여 필요한 재화를 필요한 양만큼 필요한 시기에 공급함으로써 기업시스템의 최적화를 도모하는 확대된 로지스틱스의 개념이다.

③ 상품개발 · 기획의 단계에서 물류효율, 재고관리 등을 충분히 의식한 정보공유전략이 공급사슬의 강력한 파트너십 하에 이루어진다.

핵심잡기

물류, 로지스틱스, SCM의 차이점

1. 물류란 물류의 구성요소, 즉 수송, 보관, 하역, 포장, 유통가공, 재고관리, 정보처리, 그 밖의 각각의 활동을 하나로 합친 것이며, 재화 자체에 직접적으로 관여하는 활동만을 대상으로 하여 그것의 통합을 꾀하려는 것이다.
2. 로지스틱스란 각각의 물류활동을 관리하는 것, 즉 물류관리의 조직, 물류거점의 배치, 물류경로의 설정, 물류코스트관리 등의 활동까지도 포함시키는 것으로, 시장과 생산 · 매입의 동기화(同期化)를 도모하기 위한 관리를 말한다.
3. 기업의 경계를 넘어 로지스틱스 활동을 중심으로 이루어지는 기업시스템의 최적화를 도모하는 관리 방법이다. 즉, 확대된 로지스틱스의 개념이다.

---

(3) 로크레매틱스(Rhochrematics)

로크레매틱스는 1960년 미국 워싱턴 대학의 브르워(S.H. Brewer) 교수에 의해 제창된 용어로, 'Rho'는 흐름을 의미하고 'chrema'는 제품, 자료 따위의 물자와 정보를 의미하며, 'ics'는 학술적인 과학을 의미하는 것으로 조달물류를 포함한 물자의 흐름과 관련된 정보를 정량화시켜 컴퓨터 등의 하드웨어를 이용하여 관리하는 물류공학을 일컫는다. 예를 들어, 공장 · 물류시설의 배치 등을 어떻게 합리적으로 할 것인가 하는 문제를 관리하는 점에서는 로지스틱스와도 유사개념으로 사용되고 있다.

보충학습

물류시스템의 범위

광의의 물류가 재화의 흐름을 대상으로 한다면 그 대상 시스템의 범위는 원료 · 재료의 조달시장에서부터 생산된 제품의 판매시장인 최종 소비자에게 이르기까지의 재화의 흐름에 관련된 전 과정뿐만 아니라 그 과정에서 발생된 폐기물이나 재사용을 위한 회수과정의 흐름까지를 포함한다.

● [그림 1-1] 물류의 범위

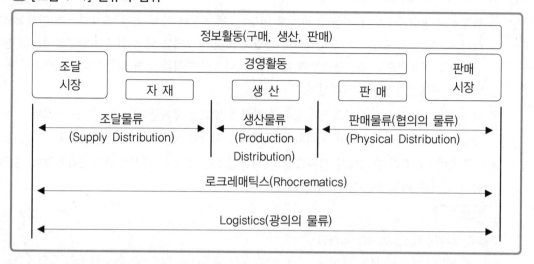

4 물류 개념의 시대적 변화

(1) **물류관리**(Physical Distribution Management)(1960~70년대)

물류비 절감의 중요성을 인식하고 물류의 각 기능별 합리화에 초점을 둔 시기이다.

(2) **로지스틱스관리**(Logistics Management)(1980~90년대)

물류의 각 기능별 합리화와 통합화를 통해 총체적인 효과를 실현하기 위한 통합물류관리에 초점을 둔 시기이다.

(3) **공급사슬관리**(SCM : Supply Chain Management)(2000년 이후)

공급사슬관리(SCM)는 물류시스템을 어느 한 기업의 내부에 한정하지 않고 부품의 조달에서 생산, 판매, 유통, 최종 고객에 이르기까지 제품의 공급과정에 관련된 모든 업체 간에 통합물류시스템을 구축함으로써 공급사슬(경로) 전체의 효율성을 높이고자 하는 것으로서, 이 시기는 공급사슬 참여기업 간 조정(Coordination)과 협력(Collaboration)을 바탕으로 정보기술을 이용하여 재화, 서비스 및 정보의 흐름을 체계적으로 관리하여 공급사슬 전체의 최적화에 초점을 둔 시기이다.

5 물류와 상류의 관계

(1) 유통활동은 상적 유통(상류)과 물적 유통(물류)으로 구분할 수 있다. 상적 유통(상류)활동은 소유권 이전활동이라고 할 수 있으며, 상거래 계약 이후 서류, 대금지급 및 상품의 소유권 이전과 관련된 활동을 말한다. 직접적으로 상거래 활동 뿐만 아니라 상거래 활동에 수반되는 금융, 보험 등의 간접적인 활동이 포함된다.

(2) 물적 유통(물류)활동은 상거래 성립 이후 소비자 또는 고객에게 상품(화물)을 인도함으로써 시간적·공간적 효용을 창출하는 활동을 말한다. 따라서 물적 유통에는 수송, 하역, 보관, 포장, 물류정보 등의 활동이 포함된다.

◉ [그림 1-2] 물류와 상류의 관계

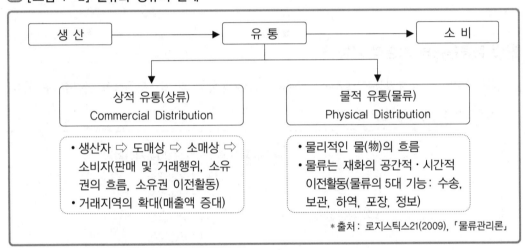

＊출처 : 로지스틱스21(2009), 「물류관리론」

제2절 물류의 기능

1 물류의 기본적 기능

(1) **장소적 기능**

생산과 소비 장소와의 장소적 거리(격차)를 조정

(2) **시간적 기능**

생산되는 시기와 소비되는 시기의 불일치를 조정

⑶ 수량적 기능

생산자의 생산단위 수량과 소비자의 소비단위 수량을 조정

⑷ 품질적 기능

소비자의 욕구에 맞는 품질의 재화를 적기에 소비자에게 공급

⑸ 가격적 기능

물류활동이 가격 결정의 요소로 작용

⑹ 인격적 기능

생산과 소비의 인간적 유대 강화

2 물류활동의 기본적 기능

넓은 의미에서 물류활동은 물자유통활동과 정보유통활동 및 거래활동으로 구분할 수 있다.

◉ [그림 1-3] 물류활동의 구분

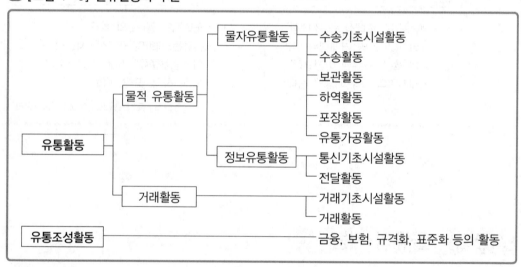

⑴ 물자유통활동

물자의 이동과 관련한 물류활동을 말하며, 여기에는 수송활동, 보관활동, 하역활동, 포장활동, 유통가공활동 등이 있다.

① 수송[Transportation(Delivery)]
   ㉠ 수송이란 재화를 서로 다른 두 지점으로 이동시키는 활동을 가리킨다.
   ㉡ 활발한 수송활동은 생산활동 증진, 시장 확대, 물자의 편재 완화, 물가를 평준화시키는 기능을 가지고 있다.

ⓒ 물류담당자, 즉 물류 주체에 따라서 만일 화주의 경우에는 생산자와 소비자 간에 어떤 루트로 재화를 수송할 것인가가 중요하다.

ⓔ 무엇을(재화의 종류), 언제(공급빈도), 얼마나(공급단위), 어디까지(거리), 얼마에(비용) 등이 선택조건이 되며, 이에 따라 수송방법이 결정될 뿐만 아니라 수송기관이 선택된다.

ⓜ 수송기관에는 각각 장단점이나 특성이 있는데, 그것이 수송수단 선택의 기준이 되기도 하고, 수송을 직접 하는 것이 좋은지, 아니면 운수업자를 이용하는 것이 좋은지를 판단하는 기준이 되며, 수송조건의 설정과 그에 대한 수송수단의 선택이 중요하다.

② **보관(Storage)**

ⓐ 보관은 재화의 수요와 공급의 시간적인 격차를 조정함으로써 경제생활을 안정시킬 뿐만 아니라 촉진시키는 역할을 한다.

ⓑ 보관은 단지 저장하는 것만이 아니라 관리의 의미도 함께 포함되어 있다.

ⓒ 물류관리에 있어서 보관은 상품의 안전관리, 품질관리, 보관 공간의 효율적인 사용 등이 과제가 되고 있다.

ⓓ 보관의 기능에는 시간적 수급조정기능, 가격조정기능, 수배송 및 출하작업의 준비기능 등이 있다.

③ **하역(Materials Handling)**

ⓐ 수송과 보관 사이에 이루어지는 재화의 취급활동을 가리킨다.

ⓑ 하역은 하역기기의 대형화, 컨테이너화 등에 의하여 대량·신속화되고 있다.

ⓒ 하역의 성력화(기계화·자동화)를 위한 원칙으로는 이동거리(시간)의 최소화, 제품의 운반과 움직임을 편리하게 하는 활성화, 유닛화, 기계화, 동력이용, 공정과 공정 간의 인터페이스 원활화, 시스템화 등이 있다.

④ **포장[Packaging(Industrial Packaging)]**

ⓐ 포장의 목적은 제품을 보호하고, 취급을 용이하게 하며, 상품가치를 제고시키는 데 있다.

ⓑ 포장의 형태에는 개별 포장, 외부 포장, 선적용 포장, 내부 포장 등이 있다.

ⓒ 포장에서는 포장의 연계성, 환경친화적 포장이 중요시되고 있다.

⑤ **유통가공(Distribution Processing)**

ⓐ 유통가공이란 유통단계에서 제품의 간단한 가공이나 조립, 재포장, 주문에 따른 조정 작업 등 동일기능의 형태 이전을 위한 활동을 말한다.

ⓑ 유통가공은 고객의 요구에 보다 부합되기 위한 활동으로 부가가치와 직결된다.

⑥ **물류정보(Logistics Information)**

ⓐ 물류와 관련하여 재화의 흐름에 반드시 수반되는 것이 정보의 흐름이다.

ⓑ 물류활동에 참여하는 주체의 다양성으로 인해 정보교환은 공간적으로 부서 내뿐만 아니라, 기업 간, 국가 간에도 활발하게 이루어져야 하기 때문에 매우 중요한 요소이다. 정보는 그 자체가 물류기능을 발휘하는 것이 아니라 물류시스템에 있어서 물류의 각 기능이 유기적으로 작용하도록 연결시켜 주는 역할을 수행하기 때문에 물류의 핵심적인 기능을 담당한다.

    ⓒ 물류 선진국(미국, 일본, 네덜란드, 싱가포르 등)에서는 이미 1980년대 초반부터 물류정보의 중요성을 인식하여 물류정보화 정책을 지속적으로 추진하여 왔으며, 첨단정보통신기술을 활용하여 실시간으로 화물과 화물차량을 관리하고 있다.

    ⓔ 한국 : 국토교통부(종합물류전산망 사업), 산업통상자원부(전자무역 사업), 관세청(통관시스템), 국토교통부(항만운영정보시스템), 한국철도공사(철도운영시스템) 등이 정보화 사업을 추진하고 있다.

    ⑦ **수송기초시설활동**(Transportation Infrastructure Activities) **: 물자유통을 위한 철도, 도로, 항** 만, 공항 등의 기본 시설 및 그에 부대하는 모든 설비를 제공하는 활동을 말한다.

(2) 정보유통활동

재화의 유통활동을 촉진시키기 위해 필요한 각종 정보를 유통시키는 경제활동을 말하며, 여기에는 통신기초시설활동, 전달활동 등이 있다.

    ① **통신기초시설활동** : 수송기초시설활동에 대응하는 개념으로 전신, 전화, 우편 등 주요 산업용 통신의 기본시설 및 그에 부가되는 활동을 가리킨다.

    ② **전달활동** : 물자유통활동 중 수송에서 유통가공에 이르는 활동과 대응되는 개념으로 메시지 및 메시지의 담당자에 의한 정보의 시간적 · 공간적 전달 및 정보통신의 유통가공을 말한다.

(3) 거래활동

일체의 유형 · 무형의 경제재의 매매에 따른 공급 주체와 수요 주체가 재화 교환의 사회적 매개를 행하는 활동을 말하는 것으로, 여기에는 거래활동을 위해 장소나 설비를 제공하는 거래기초시설활동과 거래활동(동산뿐만 아니라 부동산까지도 포함)이 있다.

■3 물류활동의 수요 기능

(1) 수요충족기능

고객의 요구에 대응하여 생산된 제품을 소비자에게 전달시키는 활동

(2) 수요창출기능

물류서비스가 새로운 고객의 수요를 창출하는 마케팅 기능

(3) 수요(수급)조정기능

판매정보와 재고정보를 파악하여 수요와 공급의 균형 조정 기능

제 3 절   물류활동의 원칙

경제의 글로벌화, 소비자 욕구의 다양화, 기업의 경쟁력 강화를 위하여 물류효율화에 대한 필요성이 고조되고 있는 가운데 화주기업에서는 물류비용 절감을 위한 방안 마련이 중요한 과제로 대두되고 있다. 물류비용의 절감을 위해서는 물류서비스 수준을 저하시키지 않으면서 물류의 체제 및 구조 개혁, 시스템화나 정보화를 도모함으로써 물류 자체의 효율을 향상시키는 것이 중요하며 이러한 원칙하에 물류관리를 실행하는 것이 필요하다.

1 3S 1L 원칙

필요한 재화를 필요한 장소에 신속하게(Speedy), 싸게(Lowly), 안전하게(Safely), 확실하게(Surely) 고객에게 전달해야만 기업이 추구하는 물류의 목적을 달성시킬 수 있다는 원칙이다.

◉ [그림 1-4] 3S 1L 원칙

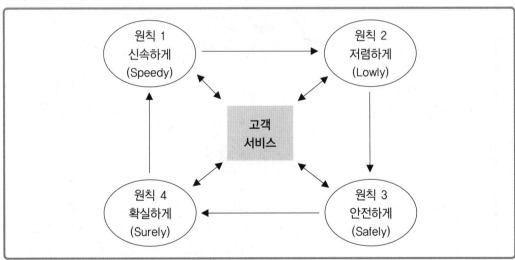

2 7R 원칙

(1) 미국 미시건대학의 스마이키(E.W. Smykey) 교수가 제창한 원칙으로서 "고객이 요구하는 상품을 고객이 요구하는 상품의 품질을 유지하여 고객이 원하는 수량만큼, 고객이 요구하는 시기에, 고객이 요구하는 장소에, 좋은 인상을 주면서 적정 가격으로 전달하는 것이 필요하다."는 것을 의미하며, 여기서는 물류의 목적을 달성하기 위해서는 고객이 요구하는 수준의 서비스 제공이 중요하다는 점을 강조하고 있다.

① Right Commodity : 적절한 상품(고객이 요구하는 상품)

② Right Quality : 적절한 품질(고객이 요구하는 상품의 품질)

③ Right Quantity : 적량(고객이 원하는 수량)

④ Right Time : 적시(고객이 요구하는 시기)

⑤ Right Place : 적절한 장소(고객이 요구하는 장소)

⑥ Right Impression : 좋은 인상

⑦ Right Price : 적정 가격

⑵ 이를 잘 실행하기 위해서는 수송, 하역, 보관, 포장, 유통가공, 정보 등의 물류 하부시스템을 통합 시키는 것이 필요하다.

◉ [그림 1-5] 7R 원칙

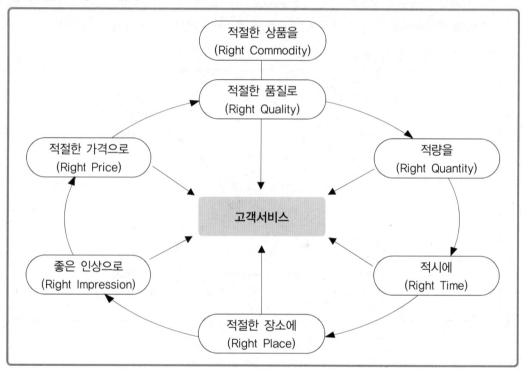

제4절 물류의 영역

1 조달물류

생산현장을 중심으로 봤을 때 조달물류는 생산에 필요한 원재료나 부품이 협력회사나 도매업자로부터 제조업자의 자재창고로 운송되어 생산공정에 투입되기 직전까지의 물류활동을 가리킨다. 조달물류와 생산물류의 사이에는 각각의 물류활동의 완충 역할을 하는 보관시스템이 존재하는데 각기 서로 다른 보관시스템 간에는 수송 및 반송시스템이 존재한다.

● [표 1-1] 조달물류에서 특별히 유의해야 할 사항

단위화부문	파렛트 풀 결성에 동참(파렛트를 한 곳에서 모아서 관리)
포장부문	포장의 모듈화 및 간이화(일관시스템이 중요)
하역부문	오더피킹제도 이용(오더가 피킹지역에 자동 전달됨으로써 시스템이 작업자에게 해당 지역에 원하는 수량, 원하는 품목, 원하는 지역을 표기하여 문서에 의한 송장 없이 자동피킹이 가능하게 유도)
창고·보관부문	자재창고의 자동화
재고관리부문	MRP(Material Requirement Planning : 자재소요계획) 제도의 도입과 JIT(Just In Time)를 통해 재고 적정화
수배송부문	대행업체를 통한 납품의 공동화
정보통신부문	입주업체, 모기업, 관련업체 간에 온라인시스템 등을 구축

2 생산물류

원재료 입하 후, 생산공정에서 가공하여 제품으로서 완성될 때까지의 물류활동을 가리킨다. 생산물류의 범주에는 작업대 내, 생산라인 내, 부서 간, 공장 내, 공장 간의 운반, 하역, 제품창고의 입고작업 등이 포함된다.

● [표 1-2] 생산물류의 합리적 관리를 위한 요인

일반적인 조건	물류사양서 및 표준화, 물류기기와 부대장비의 평가 및 선정 요령, 공장 내 컨테이너 운반법 숙지, 물류기기의 보전절차, 원부재료의 물류손상방지법, 작업의 안정성 등
생산물류요원의 기본요건	물류담당자의 교육훈련·지식, 물류비 산정방법, 물류현장의 연구개선 및 적용, 새로운 물류장비의 정보 취합과 현장적용 건의, 물류정보관리 및 활용방법

3 사내물류

생산업자의 생산된 제품 출하시부터 판매 보관창고에 이르기까지의 물류활동을 가리킨다. 여기에
는 사내 수송, 사내 보관 등이 포함된다.

4 판매물류

완제품의 판매로 출하되어 고객에게 인도될 때까지의 물류활동을 가리킨다. 제품의 창고에서 출
고하는 과정과 중간의 물류거점인 배송센터까지의 운송, 배송센터 내에서의 유통가공 및 제품분
류작업, 각 대리점 및 고객에게 배송하는 작업 등이 포함된다.

> ┌─ 보충학습 ◁
>
> **판매물류에서의 중점사항**
> 1. **단위화** : 사내 파렛트 풀 결성
> 2. **포장** : 모듈화, 간이화, 기계화
> 3. **하역 · 운반부문** : 제품분류작업제도를 적용하여 기계화 · 자동화

5 반품물류

판매된 제품의 반품에 따른 물류활동을 가리키며, 반환된 물품을 회수, 운반, 분류, 정리, 보관, 처리
하는 업무가 이에 해당된다. 반품 발생에 대한 대책으로는 회사의 전사적인 입장에서 고객의 욕구
를 파악한 후 제품 설계시부터 관련부분의 협조를 통하여 반품의 가능성을 없애는 것이 필요하다.

6 회수물류

제품이나 상품의 판매물류에 부수적으로 발생하는 파렛트, 컨테이너 등과 같은 빈 물류용기를 회
수하는 물류활동을 가리킨다. 그린(Green)물류, 정맥물류, 환경물류 등으로 불리며, 폐기물의 회수
와 재활용에 대한 관심이 커지면서 회수물류의 중요성이 대두되고 있다.

7 폐기물류

제품 및 포장용 용기 또는 수송용 용기 · 자재 등을 폐기하기 위한 물류활동을 가리킨다. 폐기물
처리에 따른 환경문제의 대두로 환경 친화적인 물품생산을 통하여 폐기물의 감소를 유도할 필요
가 있다.

┌ 보충학습 ◁
리버스 물류
리버스(역 : Reverse)물류는 세부적으로 반품물류, 회수물류, 폐기물류로 구분

8 환경물류

환경물류(Green Logistics)란 제품의 설계부터 구매, 생산, 유통, 판매 후 폐기 및 재사용에 이르는
물류의 전과정을 통하여 환경 친화적인 요소를 고려하는 동시에 환경의 유해요소들을 제거하거나
최소화할 수 있는 물류활동을 의미한다.
조달물류, 생산물류, 사내물류, 판매물류, 역물류(반품물류, 회수물류, 폐기물류)를 그림으로 표현하
면 다음과 같다.

◉ [그림 1-6] 물류의 영역

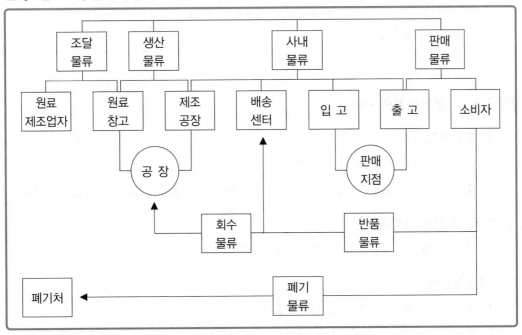

제 5 절 물류의 환경변화

1 글로벌 물류여건의 변화

① 세계교역의 증가와 기업활동의 글로벌화의 진전

② 세계 물동량 및 국제물류 수요 증대

③ 동북아시아 물류시장의 급성장 및 중국경제의 대두

④ 인터넷, 모바일 네트워크의 전자상거래 확산

⑤ 공급사슬관리(SCM)의 확산

⑥ 물류아웃소싱 및 제3자물류(3PL)의 활성화

⑦ 물류기업의 M&A 및 전략적 제휴 확산

⑧ 유가상승으로 운송기업 경영환경 악화

⑨ 기후변화협약에 따른 친환경 물류활동(녹색물류) 증가

⑩ 물류보안의 중요성 증가

2 국내 물류여건의 변화

(1) 물류환경변화

① 다빈도 · 소량주문, 다품종 · 소량생산

② **규제완화**(Deregulation) : 1970년대 후반에서 1980년대 초반 물류산업에 대한 규제완화

(2) 판매환경 및 소비자행동 변화

소득수준의 향상과 상품구입방법의 다양화(소비자 욕구의 다양화)

(3) 기업경영변화

① 경쟁의 격화에 따른 물류 효율화의 필요성 고조

② 경제의 글로벌화와 소비부진에 따라 기업의 물류비용 절감을 위한 노력 필요

③ 기업의 생산비 절감을 위한 중요한 분야로서 물류부문의 비중 증가

(4) 경제활동변화

경제성장으로 물동량 증대에 따른 물류기초시설 투자의 미흡

(5) **정보기술**(Information Technology)**의 발전**

　① IT(인터넷, 모바일, RFID)의 발전

　② 전자상거래의 확산

(6) **채널 파워**(Channel Power)

　제조업체에서 유통업체로의 채널 파워 이동

(7) **수익상승효과**(Profit Leverage)**의 중시**

　물류비용의 절감은 판매 혹은 다른 비용을 요구하지 않으므로 매출에서의 증가보다 기업의 수익
　성에 훨씬 많은 영향을 미친다.

(8) **사회적 환경변화**

　① 노동력 부족, 공해 발생, 교통 정체 및 도로 혼잡(물류비 증대)

　② 지가상승으로 적정 토지 확보 곤란(물류거점, 창고용지 등)

　③ 물류비 절감과 매출 증대의 중요성 강조

3 국제물류의 주요 환경 변화

(1) 글로벌 경제의 아시아 이동
(2) 메가시티의 증가
(3) 디지털 프론티어의 확장(고객확보, 비용절감 및 경영 효율성 향상)
(4) 물류부분 공동이용 증가
(5) 효율성 경쟁의 강화
(6) 규제완화에 따른 시장 확대
(7) M&A를 통한 경쟁력 강화
(8) 불확실성 및 변동성 증가

4 국제물류의 이슈 전망

(1) 디지털화
(2) 국제무역의 변화(아시아 시장 성장, 무역전쟁)
(3) S/W 기반 핵심 프로세스의 변화(AI, IoT, Block Chain, Big Data 등), 국가별 상거래 시장의 변화
　(e-Commerce 급성장)
(4) 물류 부문 머신 기반 핵심 프로세스의 변화(AR/VR 등)

> **핵심잡기**
>
> **물류의 환경변화**
> 1. 산업의 발전 ⇨ 대량 생산·유통 ⇨ 비용 증가 ⇨ 합리화 대책 강구시대
> 2. 소득의 증대 ⇨ 고객욕구 다양화 ⇨ 소비자욕구 충족 ⇨ 신속한 수송 ⇨ 경쟁시대

5 물류정책환경의 변화

(1) 국가물류기본계획(2016~2025)

국가물류기본계획은 물류정책기본법에 따라 10년 단위로 수립하고 매 5년마다 재계획하도록 되어 있는 물류분야 최상위 계획이다. 지난 2000년 처음 수립돼 지속적으로 수정되고 있으며, 2016년 8월에 국가물류기본계획(2016~2025)을 확정·고시하였다.

① 계획의 수립배경과 성격

　㉠ 정부가 물류 신산업과 융복합 물류기업 지원을 통해 우리나라를 세계 10위권의 물류국가로 육성하기로 했다.

　㉡ 이를 위해 공·항만에 신선물류(콜드체인), 전자상거래 맞춤형 물류기반 시설(인프라)이 공급되고, 물류로봇, 자율주행화물차량, 지능형 고성능 항만운영체계 등 친환경, 고효율 첨단 스마트 물류기술 개발도 본격화된다.

② 계획의 기본방향

　㉠ '2016 ~ 2025년 국가물류기본계획'은 제4차 산업혁명의 전개, 거대 경제권의 출현, 이종산업 간 융복합 등 경제·기술·사회적 변화를 반영하여, 그 간의 정부 주도, 수출입 물류 위주로 추진되어 온 물류정책 패러다임을 민간 주도의 생활물류, 신물류산업 지원으로 전환하고, 7대 유망서비스 산업인 물류산업의 경쟁력 강화에 초점을 두고 수립되었다.

　㉡ 비전 및 목표설정

　　ⓐ 비전 : 물류혁신과 신산업 창출을 통한 글로벌 물류강국 실현

　　ⓑ 목 표

　　　• 물류산업 일자리 59만개 ⇨ 70만개

　　　• 국제 물류경쟁력지수(LPI) 21위 ⇨ 10위

　　　• 물류산업 매출액 91조원 ⇨ 150조원

　㉢ 추진 전략

　　ⓐ 산업트렌드 변화에 대응한 고부가가치 물류산업 육성

　　　• 물류스타트업 육성 민관 협의체 운영

　　　• 도시첨단 물류단지 추진

　　　• 운송시장 진입제도, 업종체계 개선

　　　• 초대형 선박펀드지원 등 선대 개편 대응

　　　• 인천공항 3단계 배후단지 개발 추진

ⓑ 세계 물류지형 변화에 따른 글로벌 물류시장 진출확대
- 한 · 중 · 일 복합운송 확대방안 마련
- 동북아 · 유라시아 물류시장 진출 네트워크 확대
- 북극해 항로 상용화, 파나마 운하 확장 등 대응
- 국경 간 전자상거래 배송지원체계 강화
- 해외진출 지원을 위한 공동플랫폼 구축

ⓒ 미래대응형 스마트 물류기술 개발 및 확산
- 드론 시범사업 실시, 도서지역 상용화
- 물류로봇, 스마트 컨테이너, 인터모달 시스템 개발
- 로우큐빅 이단적재 화차 및 동북아 역내 복합물류 기술 개발
- '차세대 i-Port 2025 구축전략' 수립

ⓓ 지속가능한 물류산업 환경 조성
- 신기후체제(Post-2020) 대비 온실가스 감축 중장기계획 수립
- 철도 · 연안해운 전환교통 촉진제도 정비
- 육해공 운송수단 · 인프라 녹색화 추진
- 위험물 안전관리 체계 마련, 집중 관리권역 지정

(3) 제1차 지속가능 국가교통물류발전 수정 기본계획(2018~2020)

① 계획의 수립배경과 목적

㉠ 「지속가능 교통물류 발전법」 제정(2009.6)에 따라 그 실행계획으로 지속가능 교통물류체계를 발전 · 촉진하기 위해 「제1차 지속가능 국가교통물류발전 기본계획(2011~2020)」을 수립(2011.6), 국가 온실가스 감축목표(2020년 BAU 대비 30% 감축) 달성체계 마련

㉡ 신기후체제(Post-2020) 대응을 위해 새로운 국가 온실가스 감축목표(2030년 BAU 대비 37% 감축)를 UN에 제출(2015.6)

㉢ 그간의 추진과정에서 발생한 대내외적 정책여건 변화를 반영하고, 파리협정(Paris Agreement) 체결(2015.12) 이후 기존 2020년 BAU 대비 30%에서 2030년 BAU 대비 37%로 상향 조정된 국가 온실가스 감축목표와의 정합성 제고를 위해 제1차 기본계획을 수정할 필요성 대두

㉣ 기존 제1차 기본계획을 근거로 지자체의 지속가능 교통정책에 대한 평가 제도를 도입 · 운영, 지자체의 지속가능 교통에 대한 관심 고조 및 우수 정책사례 발굴을 통한 지속가능 교통체계 기반 구축

② 계획의 목표 및 추진전략

㉠ 비전 : 효율적인 친환경 교통체계 구축을 통한 글로벌 선도국가 구현

㉡ 목표 : 친환경 · 사람중심의 녹색교통 구현, 저탄소 · 고효율 교통물류체계 구축, 녹색교통물류 신성장동력 창출, 교통부문 온실가스 감축목표(2020년 BAU 대비 34.3% 감축 → 2030년 BAU 대비 24.6% 감축) 달성

ⓒ 추진전략 : 기존 제1차 기본계획은 정량적 평가가 어려운 정책적 감축수단에 의한 온실가스 감축량이 상대적으로 커서 이행실적 점검에 대한 어려움이 상존함에 따라 상대적으로 온실가스 감축 잠재력이 크고 이행실적 점검이 상대적으로 수월한 기술적 감축수단들의 역할 및 비중 확대

ⓐ 대중교통 운영 활성화 : 간선급행버스 운영 확대, 도시광역철도 확충, 전국 고속화 철도망 구축, 대중교통 연계서비스 강화

ⓑ 교통수요관리 강화 : 자동차 공동 이용제도 확대, 지속가능교통 개선대책지역 관리 및 개선

ⓒ 비동력·무탄소 교통수단 활성화 : 보행자 중심의 교통문화 확대, 자전거 전용도로 구축 확대

ⓓ 저탄소 교통물류체계 구축 : 교통물류거점 연계교통망 구축 및 확대, 도로화물의 철도 및 연안해운 전환교통 촉진, 친환경 교통물류 기술 개발 및 보급, 친환경차 보급 및 이용기반 확대, 자가용 평균연비 제도 도입 및 강화

③ 기대효과

㉠ 2030년까지 BAU 대비 온실가스 24.6% 감축 : 탄소절감 편익은 2030년 3,105억원에 달할 것으로 추정(2015년 한국거래소 기준 국내 배출권거래제 가격은 1톤당 약 12,000원 적용)

㉡ 에너지 절감을 통해 2030년 기준 약 15조 910억원의 원유 도입 비용 절감 : 온실가스 2,587만 톤 감축은 에너지 약 3천 5백만 TOE 절감에 해당(1TOE = 7.33배럴, 1배럴 = 51달러, 2015년 평균)

㉢ 2030년 교통부문의 총 교통비용 절감 편익 약 23조원 : 지속가능 교통물류체계 구축을 통해 교통혼잡비용, 물류비용, 교통사고비용 감소 등 동반 편익 발생

㉣ 대중교통·보행·자전거 중심의 저탄소 교통체계 구축 : 대중교통인프라 구축에 따른 대도시권 생산유발효과는 약 114조원 추정, 도시부 도로 최고제한속도 17% 하향 조정으로 보행 중 사망자수 4.6% 감소(도시부 최고제한속도 (60km → 50km) 조정 및 도시부 도로 50% 적용)

01 실전예상문제

01 물류의 영역적 분류에 관한 설명으로 옳은 것은? ▸제17회

① 조달물류 : 생산된 완제품 또는 매입한 상품을 판매창고에 보관하고 소비자에게 전달하는 물류활동

② 반품물류 : 원자재와 제품의 포장재 및 수배송 용기 등의 폐기물을 처분하기 위한 물류활동

③ 사내물류 : 물자가 조달처로부터 운송되어 보관창고에 입고되어 생산공정에 투입되기 직전까지의 물류활동

④ 회수물류 : 제품이나 상품의 판매물류 이후에 발생하는 물류용기의 재사용, 재활용 등을 위한 물류활동

⑤ 판매물류 : 매입물자의 보관창고에서 완제품 등의 생산을 위한 장소까지의 물류활동

해설 ① 판매물류, ② 폐기물류, ③ 조달물류, ⑤ 생산물류

02 기업경영상 물류에 대한 관심이 높아지는 요인에 대한 설명으로 옳지 않은 것은? ▸제17회

① 생산과 판매의 국제화로 물류관리의 복잡성 증대

② 수발주 단위의 소량·다빈도화에 대한 대응 필요성 증가

③ 저렴하고 양질의 서비스 제공을 위한 운송규제 강화 추세

④ 운송보안에 대한 서류 및 절차 강화로 추가비용 발생

⑤ 시장환경 변화에 유연하게 대응할 수 있는 재고관리의 필요성 증대

해설 최근 우리나라도 운송분야를 포함한 물류산업 전반에 걸쳐 규제완화를 적극 추진함으로써 물류운송시장을 경쟁적으로 만들어 저렴하고 양질의 물류서비스 공급을 확대시켜 나가고자 노력하고 있다.

Answer 1. ④ 2. ③

03 물류의 기본적 기능으로 볼 수 없는 것은? ▶ 제17회

① 생산과 소비 간의 장소 격차 조정

② 생산자와 소비자 간의 소득 격차 조정

③ 생산단위와 소비단위의 수량 불일치 조정

④ 생산과 소비 시기의 시간 격차 조정

⑤ 생산자와 소비자 간의 품질 격차 조정

해설 물류의 기본적 기능에는 장소적 기능, 시간적 기능, 수량적 기능, 품질적 기능, 가격적 기능, 인격적 기능(인간적 유대 강화)이 있으며, 생산자와 소비자 간 소득 격차 조정은 물류의 기능과는 관계없다.

04 최근 글로벌 물류환경변화에 해당되지 않는 것은? ▶ 제17회

① 국제물류수요의 증가

② 물류기업의 M&A 및 전략적 제휴 확산

③ 인터넷, 모바일, RFID 등 IT기술의 급격한 발전

④ 기업 간 경쟁으로 물류아웃소싱 감소

⑤ 유엔 기후변화협약 '발리로드맵' 채택에 따른 친환경 물류활동 증가

해설 기업 간 경쟁이 심화되면서 기업은 자신이 수행하는 활동 중 핵심역량을 제외하고 나머지 부문을 기획에서부터 운영까지 일체를 해당 분야의 전문기업에 맡기는 물류아웃소싱을 통해 시장경쟁력을 제고하고자 하는 움직임이 확대되고 있다.

05 물류의 영역 중 생산물류에 관한 설명으로 옳지 않은 것은? ▶ 제18회

① 원자재나 중간재를 사용하여 제품을 생산하는 과정에서 수행되는 물류활동을 말한다.

② 생산된 최종제품을 소비자에게 전달하는 수송과 배송활동뿐만 아니라 이에 수반되는 제반 물류활동을 말한다.

③ 창고에 보관 중인 자재의 출고작업을 시작으로 자재를 생산공정에 투입하고 생산된 완제품을 보관창고에 입고하기까지 수반되는 운반, 보관, 하역, 재고관리 등 사내에서 이루어지는 물류활동을 말한다.

④ 제품의 생산과정에서는 소요시간 단축이 핵심과제이기 때문에 공장 내 운반, 하역 및 창고의 자동화 등이 중요하다.

⑤ 일반적으로 제품생산 단계에서도 다양한 물류활동이 수반되므로 철저한 사전계획하에 물류활동이 수행되어야 한다.

해설 ②는 물류의 영역 중 판매물류를 설명하고 있다.

06 물류산업의 발전 동향에 관한 설명으로 적절하지 않은 것은? ▶ 제18회

① 전자상거래의 비중이 늘어남에 따라 신속하고 신뢰성 높은 저비용 물류체계의 구축이 더욱 중요해지고 있다.

② 물류정책은 물류인프라 확충, 정보화 및 표준화를 통한 물류선진화를 추구하면서 환경과 안전을 중시하는 경향이 커지고 있다.

③ 물류산업의 국제화가 가속화되어 국내시장에서 세계 유수기업들과 경쟁이 심화되고 있다.

④ 중소기업들은 경쟁력 확보를 위해 독자적인 물류체계를 구축하는 형태로 자사창고 및 수송차량 확보를 증가시키는 추세이다.

⑤ 국제화가 진전됨에 따라 국제 표준화에 대한 적응과 국가 간 규제에 대한 대응력 강화가 필요하다.

해설 중소기업들의 경우 독자적인 물류체계를 구축하기보다는 물류공동화를 추진하고 있으며, 영업용 창고 및 영업용 차량을 이용하는 추세이다.

07 기업물류 환경변화의 하나인 대량고객화(Mass Customization)에 관한 설명으로 옳은 것은? ▶ 제18회

① 다품종 대량생산　② 다품종 소량생산
③ 저원가 고비용 생산　④ 소품종 대량생산
⑤ 소품종 소량생산

해설 대량고객화는 맞춤화된 상품과 서비스를 대량생산을 통해 비용을 낮춰 경쟁력을 창출하는 새로운 생산과 마케팅 방식을 말한다. 따라서 대량고객화는 다품종 대량생산을 지향한다.

08 슈메네(Schmenner)는 고객과의 상호작용(개별화 정도)과 노동집중도(노동집약 형태)에 따라 서비스 프로세스를 분류하였다. 다음 중 상대적으로 노동집중도가 높은 조직에서 인적자원 관리를 위한 의사결정시 고려사항으로 옳지 않은 것은? ▶ 제18회

① 직무수행의 방법과 통제
② 고용 및 훈련계획
③ 인력자원 운영에 대한 스케줄링
④ 토지, 시설 및 설비에 대한 투자결정
⑤ 복리후생

해설 노동집중도가 높은 조직에서는 고용, 교육훈련, 직무수행방법과 통제, 복리후생을 고려하여야 하며, 노동집중도가 낮은 조직에서는 토지·설비·기기와 같은 자본재, 새로운 기술, 비수기와 성수기의 서비스 공급의 스케줄링을 고려하여야 한다.

Answer 3. ② 4. ④ 5. ② 6. ④ 7. ① 8. ④

09 최근 물류 · 유통 환경변화에 관한 설명으로 옳지 않은 것은? ▶ 제18회

① 화주기업들 간 치열한 경쟁으로 물류아웃소싱이 지속적으로 확대되고 있다.

② 고객 요구가 고도화 · 다양화됨에 따라 일반 소화물의 다빈도 정시운송은 물론 서비스 영역도 'door to door' 단계를 지나 'desk to desk' 단계에 이르기까지 점점 확대되어 가고 있다.

③ 유통채널 파워가 유통기업에서 제조기업으로 이동하게 되어 공급사슬의 복잡화가 가중되고 있다.

④ IT의 발전으로 전자상거래 시장이 확대되면서 홈쇼핑, 온라인 시장이 매년 큰 폭으로 성장하고 있다.

⑤ 2005년 교토의정서의 발효 이후 미국, EU, 일본 등 주요 국가들은 CO_2 배출량의 삭감과 모달시프트(Modal Shift) 등 녹색물류를 자국의 물류정책에 적극 반영하고 있다.

해설 유통채널의 파워는 제조기업에서 유통기업으로 이동하고 있다.

10 전자상거래 시대의 물류에 관한 설명으로 옳지 않은 것은? ▶ 제19회

① 전자상거래 확산으로 인해 온라인 구매 비중이 높아져 배송물류비가 증가하고 있다.

② 인터넷 마켓플레이스(market place)의 발달로 물류의 역할과 중요성이 줄어들고 있다.

③ 전자상거래를 지원하는 물류는 온라인 추적시스템 구축, 글로벌 배송시스템 구축, 주문시스템과의 연동 등이 중요하다.

④ 소비자의 다양한 니즈를 충족시킬 수 있는 신속하고 효율적인 물류시스템 구축이 필요하다.

⑤ 소비자의 개인정보 유출 가능성이 커지고 있으므로 물류시스템 구축시 보안기능 강화가 필요하다.

해설 전자상거래 환경에서는 인터넷 마켓플레이스 또는 e-Marketplace의 발달로 물류의 역할과 중요성이 증가하고 있다.

11 기능적 물류활동에 관한 설명으로 옳지 않은 것은? ▶ 제19회

① 운송은 물품의 이동을 통하여 효용가치를 증대시키는 활동을 말하며, 물류거점 간의 간선수송과 일정 지역 내의 배송으로 분류할 수 있다.

② 포장은 한국산업표준에 따라 내부포장을 의미하는 속포장과 외부포장을 의미하는 겉포장의 두 가지로 나누어진다.

③ 하역은 운송과 보관에 수반하여 발생하는 부수작업으로 물품을 취급하거나 상하차하는 행위 등을 총칭한다.

④ 보관은 물품의 저장을 통하여 생산과 소비의 시간적인 간격을 해소시키는 활동을 말한다.

⑤ 물류정보는 운송, 보관, 포장, 하역 등의 기능을 연계시켜 물류관리 전반을 효율적으로 수행하게 한다.

해설 포장은 한국산업표준에 따라 낱포장(단위포장), 속포장(내포장), 겉포장(외포장)으로 분류된다.

12 상류(商流)와 물류(物流)에 관한 설명으로 옳은 것은? ▸ 제19회

① 상류는 물류경로상에서 이동 또는 보관 중인 물품에 대한 관리활동을 포함한다.

② 상류와 물류를 분리하면 재고가 분산되어 재고관리에 어려움이 발생할 수 있다.

③ 물류란 상품의 소유권이전 활동을 말하며, 유통경로 내에서 판매자와 구매자의 관계에 초점이 있다.

④ 상권이 확대될수록, 무게나 부피가 큰 제품일수록 상류와 물류의 통합 필요성이 높아진다.

⑤ 상류와 물류를 분리하면 물류거점에서 여러 지점 및 영업소의 주문을 통합할 수 있어 배송차량의 적재율 향상과 효율적 이용이 가능하다.

해설 ① 물류를 설명하고 있다.
② 상류와 물류를 분리(상물분리)하면 재고의 집중으로 재고관리가 편리해진다.
③ 상류를 설명하고 있다.
④ 상류활동과 물류활동은 분리하는 것이 바람직하다.

13 물류의 범위와 영역에 관한 설명으로 옳지 않은 것은? ▸ 제20회

① 판매물류는 공장 또는 물류센터에 출고되어 고객에게 인도될 때까지의 물류활동을 말한다.

② 조달물류는 제조업자가 원재료와 기계, 자재를 조달하기 위한 물류활동이고, 여기에는 도소매업자가 재판매를 위하여 상품을 구입하는 것도 포함된다.

③ 생산물류란 자재가 생산 공정에 투입되는 시점부터 제품이 생산 및 포장되어 나올 때까지의 물류활동을 말한다.

④ 역물류는 폐기물류를 제외한 반품물류와 회수물류를 말한다.

⑤ 사내물류는 생산공장 내에서 이루어지는 물류활동을 말한다.

해설 역물류는 반품물류, 회수물류, 폐기물류로 세분된다.

14 물류관리의 원칙에 관한 내용이 옳게 짝지어진 것은?　　　　　　　　　　▶ 제20회

> ㉠ 필요한 수량만큼 필요한 시기에 공급하여 고객만족도를 향상시키고 재고비용을 최소화하는 원칙이다.
> ㉡ 최소의 자원으로 최대의 물자공급 효과를 추구하여 물류관리비용을 최소화하는 원칙이다.
> ㉢ 생산, 유통, 소비분야에서 물자가 요구되는 상황에 따라 물량, 장소, 시기 등의 우선순위별로 집중하여 제공하는 원칙이다.
> ㉣ 생산, 유통, 소비에 필요한 물자의 수요와 공급 및 조달과 분배의 조화를 유지하는 원칙이다.

① ㉠ 적시성　　㉡ 경제성　　㉢ 집중지원　　㉣ 균형성
② ㉠ 균형성　　㉡ 집중지원　　㉢ 적시성　　㉣ 경제성
③ ㉠ 적시성　　㉡ 경제성　　㉢ 균형성　　㉣ 집중지원
④ ㉠ 경제성　　㉡ 집중지원　　㉢ 적시성　　㉣ 균형성
⑤ ㉠ 경제성　　㉡ 적시성　　㉢ 집중지원　　㉣ 균형성

> **해설** 물류관리의 원칙 중에서 ㉠은 적시성 원칙을, ㉡은 경제성 원칙을, ㉢은 집중지원 원칙을, ㉣은 균형성 원칙을 가리킨다.

15 물류의 기능을 설명한 것으로 옳지 않은 것은?　　　　　　　　　　▶ 제20회

① 고객에게 제품을 공급하여 수요를 충족시킨다.
② 물류서비스의 차별화를 통하여 수요를 증대시킨다.
③ 운송활동으로 제품의 품질을 향상시킨다.
④ 생산과 소비의 수량 불일치를 완화시킨다.
⑤ 보관 및 수송비용의 절감 등으로 원가를 낮춘다.

> **해설** 운송의 기능은 생산과 소비의 장소적 거리를 조정(장소적 효용 창출)하는 것으로 운송을 통해 제품의 품질을 향상시키는 것은 불가능하다.

16 물류의 정의로 옳지 않은 것은?　　　　　　　　　　▶ 제20회

① 물적유통의 약어로 재화의 흐름이다.
② 생산단계에서 소비단계로의 물적 흐름으로 조달부문을 제외한 모든 활동이다.
③ 포장, 운송, 보관, 하역 등의 활동을 종합적으로 계획·통제하는 것이다.
④ '병참'이라는 군사용어에서 유래되어 구매, 생산, 판매가 통합된 물류개념을 로지스틱스라고도 한다.
⑤ 공급자로부터 최종고객에게까지 이르는 유통채널의 전체 흐름을 통합적으로 관리하는 것이다.

> **해설** 물류는 생산단계에서 소비단계로의 물적 흐름을 가리키며, 여기에는 조달, 생산, 판매부문의 물류활동이 포함된다.

17 물류환경의 변화 추세에 관한 설명으로 옳지 않은 것은? ▶ 제20회

① 기업의 유연성 증가와 고정비용의 감소를 위하여 물류부문을 인소싱하는 추세이다.

② 물류비 절감과 매출 증대의 중요성이 커지고 있다.

③ 도시의 과밀화와 교통사정의 악화 등으로 물류업계의 협업화가 대안으로 제시되고 있다.

④ 물류산업에 국제화가 진행되어 국내시장에서도 세계적인 물류기업과의 경쟁이 심화되고 있다.

⑤ 환경문제가 중시되는 가운데 그린물류에 대한 관심이 높아지고 있다.

해설 최근에는 기업의 유연성 증가와 고정비용의 감소를 위하여 물류부문을 아웃소싱하는 추세이다.

18 물류의 정의에 관한 설명으로 옳은 것을 모두 고른 것은? ▶ 제21회

㉠ 물적유통의 줄임말로 물자의 흐름을 의미한다.

㉡ 군사용어인 '병참' 즉 로지스틱스(logistics)라는 개념이 도입되어, 판매물류뿐만 아니라 조달물류, 생산물류, 회수물류를 포함한 총체적인 물자의 흐름으로 확대되었다.

㉢ 기업이윤 극대화를 위해 물자의 흐름을 시·공간적으로 효율화하여 계획, 집행, 통제하는 일련의 프로세스를 의미한다.

㉣ 재화가 공급자로부터 조달·생산되어 수요자에게 전달되거나 소비자로부터 회수되어 폐기될 때까지 이루어지는 운송, 보관, 하역 등과 이에 부가되어 가치를 창출하는 가공, 조립, 분류, 수리, 포장, 상표부착, 판매, 정보통신 등을 말한다.

① ㉠, ㉡, ㉢
② ㉠, ㉡, ㉣
③ ㉠, ㉢, ㉣
④ ㉡, ㉢, ㉣
⑤ ㉠, ㉡, ㉢, ㉣

해설 물류는 재화가 공급자로부터 조달·생산되어 수요자에게 전달되거나 소비자로부터 회수되어 폐기될 때까지 이루어지는 운송·보관·하역 등과 이에 부가되어 가치를 창출하는 가공·조립·분류·수리·포장·상표부착·판매·정보통신 등을 의미한다.

Answer 14. ① 15. ③ 16. ② 17. ① 18. ⑤

제1장 물류의 개념 **41**

19 물류관리 원칙에 관한 설명으로 옳지 않은 것은?   ▶ 제21회

① 신뢰성 : 생산, 유통, 소비에 필요한 물량을 원하는 시기와 장소에 공급하여 사용할 수 있도록 보장하는 원칙

② 단순성 : 생산, 유통, 소비분야에서 물자가 요구되는 상황에 따라 물량, 장소, 시기의 우선순위별로 집중하여 제공하는 원칙

③ 적시성 : 필요한 수량만큼 필요한 시기에 공급하여 고객의 만족도를 향상시키고 재고비용을 최소화하는 원칙

④ 경제성 : 최소한의 자원으로 최대한의 물자공급 효과를 추구하여 물류관리비용을 최소화하는 원칙

⑤ 균형성 : 생산, 유통, 소비에 필요한 물자의 수요와 공급 및 조달과 분배의 균형을 유지하는 원칙

(해설) 물류관리의 원칙은 신뢰성, 적시성, 경제성, 집중지원성 및 균형성이며, 생산, 유통, 소비분야에서 물자가 요구되는 상황에 따라 물량, 장소, 시기의 우선순위별로 집중하여 제공하는 원칙은 집중지원의 원칙을 의미한다.

20 콜드체인(Cold Chain) 시장이 성장하고 있다. 콜드체인에 관한 설명으로 옳지 않은 것은?

▶ 제21회

① 콜드체인이란 대상 화물의 온도를 관리하는 공급사슬을 의미한다.

② 콜드체인 시장은 크게 기능에 따라 냉장 운송시장과 냉장 보관시장으로, 품목에 따라 식품콜드체인과 바이오 · 의약품 콜드체인으로 구분할 수 있다.

③ 식품콜드체인관리 목적은 크게 식품 안전, 식품의 맛 유지, 식자재 폐기물 발생억제 등이다.

④ 농산품콜드체인은 식품 특성에 따라 농장에서부터 소비자 식탁에 이르기까지 전 과정의 온도 등을 관리하는 것을 의미한다.

⑤ 우리나라 재래시장에서도 모든 농산물을 대상으로 콜드체인시스템을 적용하고 있다.

(해설) 콜드체인시스템은 농수산물에 주로 적용되며, 선선도 유지를 목적한다. 재래시장에서 콜드체인시스템을 적용하기에는 여러 어려움에 직면하고 있다.

21 최근의 글로벌물류의 환경변화 이슈에 관한 설명으로 옳지 않은 것은?

① 산업간 융복합 촉진에 따른 모바일 커머스와 같은 전자상거래 시장 확대

② 2000년대 양자주의 FTA에서 메가FTA 중심의 지역주의로 변화하면서 국제물류 네트워크의 일원화 가속

③ 중국의 감속성장, 보호무역주의 증가, 국제 분업체제 약화 및 투자회복의 지연 등의 영향으로 세계 경제성장세 둔화

④ 세계 해운시장의 장기침체와 선복량 과잉

⑤ 보안과 환경에 관련된 규제강화

해설 2000년대 양자주의 FTA에서 경제 블록간 메가FTA 중심의 지역주의로 변화하면서 국제물류 네트워크의 다원화 및 확대가 이루어지고 있다.

22 국토교통부 '국가물류기본계획(2016~2025)'의 추진전략에 해당되지 않는 것은?

① 산업트렌드 변화에 대응한 고부가가치 물류산업 육성

② 세계 물류지형 변화에 따른 글로벌 물류시장 진출확대

③ 미래대응형 스마트 물류기술 개발 및 확산

④ 지속가능한 물류산업 환경 조성

⑤ 육해공 통합물류체계 구축을 통해 물류효율화 구현

해설 국가물류기본계획(2016~2025)에서의 추진전략은 산업트렌드 변화에 대응한 고부가가치 물류산업 육성, 세계 물류지형 변화에 따른 글로벌 물류시장 진출확대, 미래대응형 스마트 물류기술 개발 및 확산, 지속가능한 물류산업 환경 조성이다. 육해공 통합물류체계 구축을 통해 물류효율화 구현은 국가물류기본계획 제2차 수정계획(2011~2020)에서의 5대 추진 전략에 포함된다.

Answer 19. ② 20. ⑤ 21. ② 22. ⑤

23 다음 용어에 관한 설명으로 옳지 않은 것은?

① GTO(Global Terminal Operator) : 복수의 국가에서 컨테이너 터미널을 운영하는 기업 으로 선사 자회사인 선사계와 순수하역전문인 비선사계로 구분

② 슈퍼그리드 물류(Supergrid Logistics) : 글로벌 공급사슬 네트워크를 활용하여 제조업 체, 유통업체, 물류업체를 통합하는 물류체계

③ 옴니채널 물류(Omni-channel Logistics) : 오프라인에서 확인한 물품을 온라인으로 주 문하는 등 전자상거래에서 온라인과 오프라인이 결합하는 현상

④ 리쇼어링(Re-shoring) : 장래 해외 생산기지의 인건비 등 비용 상승에 따라 국내 제조업 체들이 국내로 유턴하는 현상

⑤ 스타트업(Start-Up) : 신생 창업기업을 뜻하는 말로 보통 혁신적인 기술과 아이디어를 보유하고 있지만 자금력이 부족한 경우가 많고, 기술과 인터넷 기반의 회사

해설 옴니채널 물류(Omni-channel Logistics)는 소비자가 온라인, 오프라인, 모바일 등 다양한 경로를 통 해 상품검색 및 구매 가능한 유통·물류서비스를 가리킨다. 오프라인에서 확인한 물품을 온라인으로 주문하는 등 전자상거래에서 온라인과 오프라인이 결합하는 현상은 O2O(Online to Offline)이다.

24 고객이 요구하는 수준의 서비스 제공이라는 물류의 목적 달성을 위한 7R의 원칙에 해당되지 않는 것은?

① Right Commodity   ② Right Time

③ Right Quantity   ④ Right Place

⑤ Right Promotion

해설 7R은 Right Commodity, Right Quality, Right Quantity, Right Time, Right, Right Impression, Right Price를 말한다.

25 물류활동에 관한 설명으로 옳지 않은 것은?

① 포장은 제품을 보호하고 취급을 용이하게 하며 상품가치를 제고시킨다.

② 보관은 생산과 소비의 시간적 효용을 창출한다.

③ 유통가공은 유통단계에서 간단한 조정작업을 통해 동일기능의 형태 이전을 통해 부가가 치를 부여한다.

④ 수송은 물류의 시작이며 생산과 소비의 공간적 효용을 창출한다.

⑤ 하역은 보관과 수송의 양단에 있는 물품의 취급을 말한다.

해설 물류의 시작은 포장으로부터 비롯된다.

26 최근의 물류환경 변화에 따른 국내 물류기업의 여건에 관한 설명으로 옳지 않은 것은?

① 국내 물류기업들은 첨단화·새로운 비즈니스모델 개발 등 서비스 혁신에 적극 대응하고 있으며, 글로벌 수준의 물류기업도 증가 추세

② 세계 해운시장의 장기침체와 선복량 과잉으로 국내 해운물류기업의 재무구조 악화 및 유동성 위기 지속

③ 글로벌 기업들과 국내 소셜커머스 기업들은 ICT·IoT 접목 등으로 물류혁신과 금융 등 타산업들과의 융합을 주도

④ 글로벌 물류시장은 메가 FTA 등장, 유라시아 개발 등으로 확대성장 중 이나, 국내 물류기업들의 해외진출은 미흡

⑤ 택배·특송 등 생활물류시장이 급성장하고 있으나, 관련 인프라가 수요에 비해 미흡하고, 서비스에 대한 소비자 불만이 높음

해설 국내 물류기업들은 첨단화·새로운 비즈니스모델 개발 등 서비스 혁신에 대응이 부족하고 글로벌 수준의 물류기업 부재

27 다음 중에서 물류에 대한 개념 변화 순서를 바르게 나열한 것은?

① Physical Distribution ⇨ Supply Chain Management ⇨ Logistics

② Logistics ⇨ Supply Chain Management ⇨ Physical Distribution

③ Physical Distribution ⇨ Logistics ⇨ Supply Chain Management

④ Supply Chain Management ⇨ Logistics ⇨ Physical Distribution

⑤ Supply Chain Management ⇨ Physical Distribution ⇨ Logistics

28 다음 중 효율적인 물류시스템 설계를 위한 물류시스템 7R 원칙에 속하지 않는 것은?

① Right Commodity(적절한 상품) ② Right Price(적절한 가격)

③ Right Quantity(적절한 양) ④ Right Time(적절한 시기)

⑤ Right Scales(적절한 물류시설)

해설 효율적인 물류시스템 설계를 위한 7R 원칙에는 Right Commodity(적절한 상품), Right Quality(적절한 품질), Right Price(적절한 가격), Right Quantity(적절한 양), Right Time(적절한 시기), Right Place(적절한 장소), Right Impression(좋은 인상)이 있다.

Answer 23. ③ 24. ⑤ 25. ④ 26. ① 27. ③ 28. ⑤

29 물류에 관한 설명으로 적절하지 않은 것은?

① 물류는 발생지에서 소비지에 이르는 원재료, 중간재, 완성품의 흐름을 가능하게 하는 제반 활동을 말한다.

② 물류의 기능에는 수송, 보관, 포장, 하역, 정보, 유통가공 등이 있으며, 물류는 이러한 제반 활동들이 유기적으로 연결되어 하나의 전체적인 효과를 거두는 활동을 말한다.

③ 물류관리의 중요성이 인식되게 된 것은 대량생산체제가 등장하면서부터이다.

④ 국민경제적인 관점에서의 물류의 목표는 원가절감과 이를 통한 물가상승억제에 있다.

⑤ 물류는 일반적으로 로지스틱스와 동의어로 사용되고 있지만, 로지스틱스는 물류활동의 효율화와 관련된 제품 설계, 물류관리의 조직, 물류거점의 배치, 물류경로의 설정, 물류비용의 관리 등의 활동까지도 포함하고 있어 물류보다 광의의 상위개념이라고 말할 수 있다.

해설 물류관리의 중요성이 인식되게 된 것은 다품종·소량생산체제가 등장하면서부터이다.

30 물류의 기능에 관한 설명 중 옳지 않은 것은?

① 하역이란 수송과 보관에 걸친 물품의 취급으로 물품의 환적이 주 내용으로 되어 있다.

② 수송이란 생산과 소비자 간의 공간적 격차를 극복하는 활동을 가리키며, 우리나라에서는 물류비용 중에서 수배송비용이 차지하는 비중이 매우 크다.

③ 보관이란 재화의 수요와 공급의 시간적인 격차를 조정함으로써 경제생활을 안정시킬 뿐만 아니라 촉진시키는 역할을 하며, 단지 저장하는 것만이 아니라 관리의 의미도 포함되어 있다.

④ 유통가공이란 물자유통과정에 있어서 상품의 보존을 위한 가공 및 기능 전환을 위한 가공활동을 가리키며, 특히 유통가공 장소 및 설비에 많은 영향을 받는다.

⑤ 하역의 합리화를 위해서는 하역기기의 대형화, 컨테이너화 등에 의하여 하역이 대량·신속하게 이루어지도록 해야 한다.

해설 유통가공이란 상품의 기능 전환을 위한 가공활동이 아니라 동일 기능의 형태 전환(예를 들어 가격표 부착 등)을 가리키며, 대부분의 경우는 가공 장소 및 설비에는 영향을 받지 않는다.

31 다음 중 로지스틱스에 관한 설명으로 잘못된 것은?

① 로지스틱스는 병참이라는 군사용어로부터 사용되기 시작하였다.

② 로지스틱스의 범위에는 물류관리의 조직, 물류거점의 배치, 물류경로의 설정, 물류비의 관리가 포함된다.

③ 로지스틱스는 물(物)의 흐름과 정보의 흐름에 대해 컴퓨터를 이용하여 시스템적으로 관리해야 할 필요성에 의해 등장하게 되었다.

④ 로지스틱스는 시장과 생산 및 매입의 동기화를 도모하기 위한 관리를 말한다.

⑤ 로지스틱스의 영역은 조달, 생산, 판매, 폐기, 반품, 회수물류까지를 모두 포함한다.

해설 ③은 로크레매틱스에 대한 설명이다.

32 다음 중 물적 유통활동 중 그 성격이 다른 것은?

① 수송기초시설활동   ② 수송활동

③ 보관활동   ④ 유통가공활동

⑤ 전달활동

해설 물적 유통활동에는 물자유통활동과 정보유통활동이 있는데, 물자유통활동에는 수송기초시설활동, 수송활동, 보관활동, 하역활동, 포장활동, 유통가공활동이 포함되며, 정보유통활동에는 통신기초시설활동, 전달활동이 포함된다.

33 물류영역별 기능에 대한 설명 중 옳지 않은 것은?

① 생산물류는 물자가 생산공정에 투입될 때부터 제품으로서 완성될 때까지의 물류활동을 가리킨다.

② 조달물류는 원재료의 조달처로부터 운송되어 매입자에게 납입되어 생산공정에 투입되기 직전까지의 물류활동을 가리킨다.

③ 판매물류는 생산업자의 생산된 제품을 출하시부터 판매보관창고에 이르기까지의 물류활동을 가리킨다.

④ 회수물류는 제품 특성, 고객 특성, 중간상인의 특성, 회사 특성, 시장 범위, 회수형태, 기존의 유통체계, 회사의 재정능력을 고려하여 구축해야 한다.

⑤ 폐기물류는 파손 또는 진부화된 제품이나 상품 또는 포장용기 등을 폐기하는 물류활동을 가리킨다.

해설 판매물류는 완제품의 판매로 출고되어 고객에게 인도될 때까지의 물류활동을 말한다.

Answer   29. ③   30. ④   31. ③   32. ⑤   33. ③

34 다음 중 환경물류에 관한 설명으로 잘못된 것은?

① 환경물류란 제품의 설계부터 구매, 생산, 유통, 판매, 폐기, 및 재사용에 이르기까지 전 과정을 통하여 환경적 유해요인을 최소화하는 것을 말한다.

② 환경물류의 적극적인 추진은 리드타임의 단축과 다빈도 소량배송의 충실 등 물류의 효율화를 진전시킨다.

③ 환경물류를 추진하기 위해서는 물류의 제 활동들이 저비용·고효율로 달성되도록 물류시스템의 쇄신, 로지스틱스 전략의 재구축을 포함하여 비즈니스프로세스의 최적화를 도모하는 것이 필요하다.

④ 자원의 재사용 및 재활용률 향상을 위해 자원순환형 물류체계를 구축할 수 있도록 생산기업과 소비자 간에 협력체제가 형성될 필요가 있다.

⑤ 환경물류활동을 위해서는 자원의 절감(Reduce), 재사용(Reuse), 재활용(Recycle)은 물론, 요구되는 역물류(Reverse Logistics)활동을 통해 환경오염원인 폐기물 처리량을 줄일 수 있느냐가 중요하다.

해설 친환경 물류를 고려하면 리드타임이 길어지거나 수송효율이 낮아지게 되고, 반대로 물류효율화를 진전시키면 환경에 부하를 주게 된다.

35 다음 중 최근의 글로벌 물류여건의 변화에 관한 설명으로 잘못된 것은?

① 인터넷, 모바일 네트워크의 전자상거래 확산

② 아웃소싱, 제3자물류 활용 확대

③ 다국적기업의 글로벌 로지스틱스 네트워크의 지역적 확대 진전

④ 물류기업의 전략적 제휴 확산

⑤ 국제유가상승에 따른 운송기업의 경영상황 악화

해설 최근 들어 다국적기업의 글로벌 로지스틱스 네트워크의 무제한적인 지역적 확대가 억제되고 있는 반면, 글로벌 SCM의 효율화를 위하여 글로벌화와 로컬리제이션과의 조화가 더욱 중요해지고 있다.

36 다음은 국가물류기본계획(2016~2025)의 추진전략을 말하고 있다. 적절치 못한 것은?

① 산업트렌드 변화에 대응한 고부가가치 물류산업 육성
② 물류혁신과 신산업 창출을 통한 글로벌 물류강국 실현
③ 세계 물류 지형 변화에 따른 해외물류시장 진출 확대
④ 미래 대응한 스마트 물류기술 개발 및 확산
⑤ 지속가능한 물류산업 환경 조성

해설 국가물류기본계획(2016~2025)의 비전은 물류혁신과 신산업 창출을 통한 글로벌 물류강국 실현이며, 추진전략은 산업트렌드 변화에 대응한 고부가가치 물류산업 육성, 세계 물류 지형 변화에 따른 해외물류시장 진출 확대, 미래 대응한 스마트 물류기술 개발 및 확산, 지속 가능한 물류산업 환경 조성이다.

37 다음 중 물류환경의 변화에 관한 설명으로 가장 알맞은 것은?

① 제품수명주기의 연장
② 소비자의 구매욕구 다양화
③ 제3자물류의 축소
④ 소품종·대량생산시대
⑤ 생산자 중심의 부가가치 개념 중시

해설 제품수명주기 단축, 제3자물류의 확산, 다품종·소량생산시대, 소비자(수요자) 중심의 부가가치 개념 중시 등과 같은 특징이 나타나고 있다.

38 물류의 기능에 관련된 다음 설명 중 가장 적절하지 않은 것은?

① 재공품의 보관 및 운송, 유통가공 통제, 생산계획 및 자재소요계획 수립지원 등은 중요한 생산물류활동들이다.
② 소비자에게 판매된 제품의 문제점 발생으로 인해 발생하는 상품의 교환이나 반품과 관련된 것은 반품물류활동이다.
③ 전자상거래의 확산과 더불어 판매된 제품이 주문과 상이하거나, 제품 하자에 따른 교환 등이 증가하고 있으며, 이로 인해 기업의 관련 서비스 및 비용 절감 측면에서 그 중요성이 날로 증대되고 있는 물류영역은 반품물류이다.
④ 판매물류는 완제품이 공장창고에서 출고되는 시점부터 유통센터에 입고되는 시점까지의 물류활동을 의미한다.
⑤ 조달물류활동은 공급자 선정, 구매주문 발주, 입하, 검수, 원자재 재고관리 및 품질관리, 구매협상, 원자재 원가산정 등을 포함한다.

해설 판매물류는 완제품이 공장창고에서 출고되는 시점부터 소비자에게 전달될 때까지의 물류활동을 의미한다. ④는 사내물류를 설명하고 있다.

Answer 34. ② 35. ③ 36. ② 37. ② 38. ④

39 다음 중 물류에 관한 설명으로 옳지 않은 것은?

① 물류는 유통부문 중에서 판매, 수송·보관·하역·포장 등의 업무를 전문적으로 취급하는 것이다.

② 물류는 상류에 상대되는 개념이다.

③ 물류는 물자유통활동을 포함하지만 서류 및 금전의 이동은 포함되지 않는다.

④ 물류와 상류의 기능이 구분되는 배경은 경제구조의 대형화·광역화와 밀접한 관련이 있다.

⑤ 협의의 관점에서 물류의 범위는 생산지점으로부터 소비 또는 이용지점까지 재화의 이동을 관리하는 것을 말한다.

해설 판매는 물류활동에 포함되지 않으며, 오히려 상류에 포함된다.

40 다음 중 물류환경 변화의 특징으로 가장 적절치 못한 것은?

① 글로벌 물류네트워크의 중요성 증대 ② 물류기업의 사업 집중화

③ 전자상거래 물류의 확산 ④ 물류기업의 M&A 확산

⑤ 물류보안의 중요성 확대

해설 물류기업의 사업은 다각화되고 있다.

41 다음은 물류합리화의 관점에서 물류관리의 특징을 말하고 있다. 가장 알맞은 것은?

① Push 전략 추구 ② 물류기업과 화주기업의 하청관계 강화

③ 물류의 기능별 최적화 추구 ④ 기업 간 협력 확산

⑤ Win-Lose 전략 추진

해설 ① Pull 전략 추진   ② 물류기업과 화주기업의 협력관계 강화
③ 물류의 전체 최적화 추구   ⑤ Win-Win 전략 추진

42 다음은 물류의 영역에 대한 설명이다. 알맞은 것은?

① 조달물류는 자재창고의 출고작업에서부터 생산공정으로의 운반·하역, 제품창고의 입고 작업까지의 물류활동이다.

② 생산물류는 생산업자의 완제품 출하시부터 판매를 위해 출고되기 전까지의 물류활동이다.

③ 사내물류는 제품의 판매가 확정된 후 출고되어 고객에게 인도될 때까지의 물류활동이다.

④ 판매물류는 고객 클레임 제기 등으로 인해 판매된 제품의 반품에 따르는 물류활동이다.

⑤ 폐기물류는 원자재와 제품의 포장재 및 수·배송 용기 등의 폐기물을 처분하기 위한 물류활동이다.

해설 ① 생산물류, ② 사내물류, ③ 판매물류, ④ 반품물류를 설명하고 있다.

43 다음 물류의 기본적 기능에 대한 설명이다. 알맞은 것은?

① 보관은 장소적 간격을 극복해 준다.

② 운송은 생산과 소비의 시간적 효용을 창출한다.

③ 포장은 보관과 수송의 양단에 있는 물품의 취급을 말한다.

④ 유통가공은 물품 자체의 기능을 변화시키고 부가가치를 부여한다.

⑤ 운송은 생산과 소비의 수량 불일치를 조정하여 준다.

해설 ⑤ 운송(집하와 배송)은 생산과 소비의 수량적 거리를 조정한다.
　　① 운송, ② 보관, ③ 하역, ④ 유통가공은 단순 기능을 변화시킨다.

44 물류를 둘러싼 각종 환경의 변화에 관한 설명으로 옳지 않은 것은?

① 사회간접자본의 수요는 급증하나 물류기반시설의 부족으로 물류비용이 증가하여 기업의 원가부담이 가중되고 있다.

② 소비자 니즈(needs)의 다양화와 제품수명주기의 단기화에 따라 재고를 최소한으로 보유하려는 경향이 있다.

③ 소비행태 변화에 따라 배송단위의 대량화, 재고보관량의 증대, 폐기물의 증가가 물류비 상승의 원인이 되고 있다.

④ 세계화 및 시장개방의 가속화로 국제시장에서 다국적기업의 대두와 경제블록화 등을 함께 고려하는 새로운 물류시스템이 요구되고 있다.

⑤ 정보기술 및 자동화기술의 혁신으로 물류작업의 고속화, 공동이용의 효율화, 통관절차의 간소화 등을 도모하고 있다.

해설 소비행태 변화에 따라 배송단위의 소량화로 물류비 상승의 원인이 되고 있다.

Answer　39. ①　40. ②　41. ④　42. ⑤　43. ⑤　44. ③

물류관리사
CERTIFIED PROFESSIONAL LOGISTICIAN

물류관리와 물류서비스

02 물류관리와 물류서비스

| 학습목표 | 1. 기업경영에서 물류관리의 개념, 필요성, 역할 및 목표를 체계적으로 정리한다.
2. 물류고객서비스 평가요소, 주문주기시간, 제품수명주기, 물류전략, 물류비와 물류서비스의 관계 등에 대하여 구체적으로 정리하고 통합물류관리 관점에서 물류서비스 수준과 물류전략 수립시 고려사항을 제시한다.

| 단원열기 | 이 단원에서는 기업경영에서 물류관리의 목적과 중요성, 목표, 관리단계, 관리영역, 관리수단과 방법을 비롯하여 물류관리 수단 중 하나인 물류고객서비스의 특징 및 평가요소, 주문주기시간, 나아가 통합물류관리 차원에서의 물류서비스 수준, 제품수명주기 단계별 물류전략에 대해서 자세히 다루고 있다. 기업경영에서의 물류관리의 역할과 통합물류관리에 대한 기초적 개념을 정확히 이해하여야 하며, 특히 물류고객서비스의 요소, 주문주기시간, 제품수명주기와 물류전략, 물류서비스와 비용의 관계에 대한 출제빈도가 높게 나타나고 있다.

제1절 물류관리의 개념과 중요성

1 물류관리의 개념

(1) 물류관리(Logistics Management)란 원재료의 조달과 제품의 생산·소비에 이르기까지 수반되는 물류의 제반 업무를 종합적이고 체계적으로 관리하여 제품의 비용 절감과 재화의 시간적·공간적 효용가치를 통한 시장능력의 강화를 추구하는 것을 말한다.

(2) 따라서 물류관리의 핵심은 고객서비스의 향상과 물류비 절감이며, 고객에 대한 서비스를 극대화하는 동시에 물류비용을 최소화하여 이익을 추구하는 것이다.

(3) 기업의 물류관리는 구매, 생산, 마케팅 등의 활동과 상호 밀접하게 연관되어 있으며, 최소의 물류비용으로 고객이 만족할 수 있는 서비스 제공을 위하여 이들 관련 활동들이 기능적으로 연결될 수 있도록 정보활용을 통하여 기업 전체의 경영전략차원에서 시스템적 접근이 이루어지도록 하여야 한다.

2 물류관리의 필요성

① 생산·판매의 기업활동 합리화의 한계

② 운송비, 보관비 등 물류비용 매년 증가

③ 고객요구의 다양화·전문화·고도화로 고객서비스 향상이 중시

④ 기업 간 경쟁에 있어서는 물류의 선진화가 필수

⑤ 운송·보관·하역·포장기술의 발전 및 IT기술 혁신에 따른 물류환경의 변화

3 물류관리의 중요성

물류관리의 기본 목적은 원가 절감과 재화의 시간적·공간적 효용가치 창출을 통한 시장경쟁력 강화에 있다.

(1) 물류관리의 중요성

① **드럭커**(P.F. Drucker) : 경제의 암흑대륙 또는 이윤의 보고

② **파커**(D.D. Parker) : 비용 절감을 위한 최후의 보루(비용 절감을 위한 최후의 미개척 분야)

③ **캔버스**(P. Converce) : 물류는 마케팅의 절반

(2) 물류관리 중요성의 부각 이유

① 기업활동에서 제조부문의 원가 절감 한계

② 운송비, 보관비, 포장비 등 물류비의 지속적 증가

③ 고객 욕구의 다양화, 전문화, 고도화, 유통업체의 파워 강화

④ 기업 간 경쟁에서 승리하기 위한 물류부문의 우위 확보 필요

⑤ 노동력 부족, 공해 발생, 교통정체, 지가상승, 도로혼잡비용 증대

⑥ 재고비의 상승과 소비자 행동의 변화(다빈도 소량주문)

⑦ 다품종 소량생산 체제의 등장과 생산비의 절감

⑧ WTO 체제의 시장 개방압력 가중, 경쟁 격화, 글로벌 경제화, 지역주의 강화

⑨ 물류정보기술의 발전, B2B, B2C, B2G, C2C 등 전자상거래 확산

(3) 기업이 물류관리를 중시하는 이유

① 물류가 기업 환경변화에 적응하여 제3의 이윤원이라는 인식 확대

② 고객서비스 부문을 최소 비용으로 달성하여 경쟁 우위 확보

③ 마케팅 이익을 극대화하는 관리기술로 인식

(4) 기업 물류활동의 주요 목표

① 물류비용의 절감, 품질보증, 납기준수율 극대화

② 물류서비스 향상

③ 물류종합서비스 구축으로 능률 향상

④ 물류센터의 설치·운영으로 효율 향상

⑤ 상품의 수불관리 시스템 구축으로 손실 방지

▌4▐ 물류관리의 단계

(1) 기업의 물류관리 단계

① 물류관리 영역 및 관리대상 설정

② 물류관리 계획

③ 물류관리조직 설정

④ 물류관리 수단과 방법 설정

(2) 기업의 물류관리 영역

① 스케줄관리

② 예산관리

③ 효율관리

④ 인원관리

⑤ 활동관리

(3) 기업의 물류관리 수단과 방법

① 물류비용에 근거한 관리

② 물류서비스에 근거한 관리

    ㉠ 물류서비스 시간(리드타임)

    ㉡ 재고충족률

    ㉢ 공급의 안정성 및 정확성

    ㉣ 공급에 따른 부가서비스

③ 종합적인 물류효율화에 근거한 관리

④ 경영전략에 근거하여 설정된 비용·효율 이외의 물류목표에 의한 관리

⑤ 기타[일정 시점에서의 물류목표, CI(Corporate Identity), ISO 기준 취득 등]

> **핵심잡기**
>
> **기업의 비용 절감에 대한 인식변화 단계**
> 1. **제1의 이윤원**: 생산원가 절감을 통한 이익 창출
> 2. **제2의 이윤원**: 마케팅 비용 절감을 통한 이익 창출
> 3. **제3의 이윤원**: 물류비용 절감을 통한 이익 창출
> 4. **제4의 이윤원**: 생산, 마케팅, 물류부서의 전사적 통합관리를 통한 시너지효과 극대화

제 2 절 물류관리의 역할

1 개별 기업 측면에서의 물류관리의 역할

(1) 개별 기업은 상품을 제조·판매하기 위한 원재료 구입과 제품판매에 관련된 제반업무를 총괄하는 물류관리에 중점을 두고 있다.

(2) 고객에 대한 서비스 수준의 향상, 물류비의 절감, 구매·생산·판매부문을 지원하는 정보의 피드백 등을 통해 경영의 효율화에 기여하게 되므로 서비스의 경쟁, 즉 소비자의 욕구에 부합되는 물류서비스가 제품의 판매 수단으로 중요시되고 있다.

2 국민경제적 측면에서의 물류관리의 역할

(1) **기업의 체질개선과 소비자물가 및 도매물가 상승억제**

산업전반에 유통효율 향상

(2) **소비자에게 질적으로 향상된 서비스 제공**

품질유지와 정시배송

(3) **자원의 효율적인 이용에 기여**

자원의 낭비방지

(4) **인구의 지역적인 편중억제**

균등한 지역경제의 발전

(5) 물류개선을 위한 사회간접자본의 증가와 각종 설비투자의 기회부여 및 도시재개발로 인한 생활환경개선에 이바지

(6) 물류의 합리화는 상품흐름의 합리화를 초래하여 상거래의 대형화 유발

3 사회경제적 측면에서의 물류관리의 역할

물류관리의 활동은 물리적 흐름에 관한 경제활동으로서 그 범위는 운송통신 활동과 상업활동을 주체로 하여 그들을 지원하는 여러 활동을 포함하며 거시적 관점에서 사회경제적 물류비의 절감에 목적을 두고 있다.

제3절 물류관리와 물류서비스

물류관리의 목표는 고객서비스 수준의 향상, 물류생산성의 제고, 물류이익의 추구라는 측면을 함께 고려하여 세워야 한다. 오늘날 대부분 기업들의 물류관리 목표는 최소 비용으로 적정 상품을 적절한 장소에 정확한 시간에 전달하는 데 있다. 그러나 고객서비스의 향상은 필연적으로 물류비용의 증가를 가져오게 되는 상충관계(Trade-off)를 초래하게 된다. 기업의 비용을 최소화하기 위해서는 서비스 향상과 물류비 절감 중에서 어느 부분에 더 중점을 둘 것인가를 정해야 하며, 이를 위해서는 물류시스템을 구성하는 물류활동들에서 발생되는 비용을 최적화할 수 있는 시스템적 접근이 필요하다.

1 물류관리와 고객서비스

(1) 고객서비스와 물류관리

① 고객서비스란 고객욕구에 대한 만족도를 나타내는 것으로 서비스 상태를 측정하고 관리를 위한 지표로서 중요하다.

② 구체적으로 고객서비스는 주문접수에서 제품인도에 이르는 고객만족 활동의 사슬을 의미하며, 경우에 따라 장비서비스, 유지보수 또는 기타 기술적 지원을 포함하기도 한다.

③ 고객서비스가 효과적으로 활용될 경우, 수요를 창출하고 고객 로열티를 존속시키는 데 커다란 영향을 미칠 수 있는 핵심 변수의 하나이기도 하다.

④ 물류고객서비스란 고객이 주문한 제품의 제공에 수반되는 속도와 신뢰성을 의미한다(Heskett, 1994).

⑤ 최근에는 고객서비스를 충족프로세스(Fulfillment Process)로 지칭하기도 한다. 여기에는 주문접수, 지불관리, 피킹 및 제품포장, 출하, 인도, 최종 이용자를 위한 고객서비스 제공 및 반품 활동 등이 포함된다(Doctker, 2000).

⑥ 고객서비스 수준의 결정은 고객지향적이 되어야 할 것이며, 그 기업이 달성하고자 하는 특정한 수준의 서비스를 최소의 비용으로 고객에게 전달하여야 할 것이다.

(2) 고객서비스의 요소

① 고객서비스는 마케팅서비스, 물류서비스, 경영기술서비스 등으로 구성되어 있다. 마케팅서비스에서는 가격서비스가 주가 되며, 물류서비스는 납품서비스, 시간서비스, 품질서비스, 재고서비스 등이 주가 된다.

② 기업 관점에서 볼 때 고객서비스는 마케팅전략의 필수적인 요소이다. 마케팅은 제품(Product), 가격(Price), 판매촉진(Promotion), 입지(Place)의 네 가지 요소가 혼합하여 이루어지는데, 여기서 입지는 물류(Physical Distribution)와 가장 관련이 깊은 요소이다.

③ 물류서비스는 물류시스템의 유효성을 측정하는 수단일 뿐만 아니라, 기존고객과 잠재고객까지도 고객화하여 판매량을 증대시키는 중요한 수단이 된다.

④ 물류서비스는 시간(Time), 신뢰성(Reliability), 정보교환(Communications), 편의성(Convenience) 등의 4가지 기본요소가 있지만 물류부문에서의 가장 큰 고객서비스의 요소로는 시간에 해당하는 주문주기시간(Order Cycle Time)과 재고(제품)가용성이 있다.

주문주기시간 (Order Cycle Time)	고객이 주문을 한 시점과 주문품이 고객에게 인도되는 시점 사이에 경과된 시간을 말하며, 여기에서 주문주기(Order Cycle)는 고객이 주문한 제품을 받기까지 걸리는 총 시간과 사건을 말한다.
재고(제품)가용성 (Stock Availability)	재고가용성이란 제품이 사용가능한 상태를 말한다.

(3) 고객서비스의 중요성

① 구매자들은 고객서비스 가운데 물류요소를 매우 중요한 것으로 여기고 있으며, 이들을 제품가격, 품질, 마케팅, 재정, 그리고 생산에 관련된 다른 요소보다 중요하게 생각하고 있다.

② 미국 오하이오 주립대학교 Logistics 연구소의 발표에 따르면 향후 10년간(1990년대) 마케팅과 물류에서 가장 중요한 전략의 비중이 고객서비스가 될 것으로 지적하고 있다.

③ 특히 최근과 같이 기술혁신으로 품질과 가격 측면에서 평준화가 이루어진 상태에서는 고객서비스의 비중이 더욱 높아질 것으로 예상되고 있다.

(4) 고객서비스 수준의 개선방법

① 물류가 제공하는 서비스는 고객의 필요에 알맞은 시간과 장소에 필요한 제품의 이용 가능성을 제공하는 데 있다. 따라서 물류가 마케팅의 일부분으로 고려되기 위해서는 물류관리에서도 마케팅 개념을 적용할 수 있어야 하며, 물류서비스 또한 고객의 필요로부터 도출되어야 한다.

② 고객의 필요에 대한 철저한 조사

③ 실질적인 이익과 비용 간 상충관계를 반영한 서비스 수준의 설정

④ 주문처리시스템의 최근 기술성과 응용

⑤ 개별 유통성과에 대한 측정 및 평가를 통하여 고객서비스의 개선

(5) 고객만족도와 경영성과

① **고객만족도**(CSI : Customer Satisfaction Index)
  ㉠ 고객들을 만족시키기 위해서는 고객의 입장에서 고객의 소리를 평가하고 계량화하는 작업이 요구된다. 즉, 고객접점에 대한 철저한 조사를 바탕으로 고객만족도를 산출해야 한다.
  ㉡ 종업원의 자사에 대한 불만족은 불량품 또는 불량서비스라는 구체적 형태로 고객에게 전달됨으로써 영향을 미치기 때문에 종업원 만족에 대한 조사가 필요하다.

ⓒ 중간고객 만족에 대한 조사도 필요한데, 중간고객은 단순히 제품을 최종 고객에게 전달해 주는 유통업자의 자격을 넘어서 기업의 사상이나 이념을 중간고객에 전달함으로써 영향을 미치기 때문이다.

ⓔ 마지막으로 품질뿐만 아니라 고객만족을 구성하는 여러 측면에서 최종 고객의 만족을 유도해야 한다.

② **고객만족의 3요소**

ⓐ 제품 요소 : 품질, 성능, 가격, 디자인, 상표 등

ⓑ 서비스 요소 : 점포 분위기, 판매원의 친절, 미소, 신속, 정확, 상품지식 등

ⓒ 기업이미지 요소 : 사회공헌활동, 환경보호활동 등

③ **고객만족경영의 성과**

ⓐ 신규고객 개발에 드는 만족 비용보다 기존고객의 유지에 드는 만족 비용이 적게 들고 기존 고객의 유지가 신규고객의 개발에는 더 효과적이라는 경험적 증거가 많다. 즉, 고객유지와 고객개발이 분리되어 있지 않다.

ⓑ 고객으로부터 신뢰를 얻는 것은 고객만족을 통해서만 가능하고, 그 성과는 브랜드 자산가치에 누적된다.

2 물류고객서비스의 요소

미국 물류관리협의회(NCPDM : National Council of Physical Distribution Management)에서는 고객서비스 요소를 다음과 같이 분류하고 있다.

(1) **거래 前 요소**(Pre-transaction Elements)

우수한 고객서비스 환경을 구축하기 위한 서비스 요소로, 여기에는 명시된 회사정책, 회사에 대한 고객의 평가, 회사조직, 시스템의 유연성, 기술적인 서비스 등이 포함되어 있다. 발주 후에 정확한 제품 인도일시, 반송이나 미납품 주문의 처리, 적재방법 등에 대한 고객서비스 지침을 사전에 제공함으로써 고객 자신이 받을 서비스에 대해서 미리 알 수 있도록 해 준다.

(2) **거래 時 요소**(Transaction Elements)

제품을 고객에게 인도하는 데 직접 관련된 서비스 요소로, 재고품절 수준, 백오더 이용 가능성, 주문주기 요소들, 시간, 환적, 주문의 편리성, 제품 대체성 등이 있다. 재고수준을 설정하고, 수송수단을 선택하며, 주문처리절차를 확립한다.

(3) **거래 後 요소**(Post-transaction Elements)

현장에서 제품을 지원하기 위해 필요한 서비스 요소로, 결함이 있는 제품으로부터 소비자를 보호한다. 재활용이 가능한 빈 병, 파렛트 등의 포장용기를 회수하거나 반품, 소비자 불만, 클레임 처리 등이 포함된다. 거래 후 요소는 제품을 판매한 후에 발생하지만 이들은 거래 전이나 거래시점에서 계획되어야 한다.

● [그림 2-1] 고객서비스의 요소

고객서비스		
거래 전 서비스 요소	**거래 시 서비스 요소**	**거래 후 서비스 요소**
1. 명시화된 회사정책 2. 회사에 대한 고객의 평가 3. 회사조직 4. 시스템의 유연성 5. 기술적인 서비스	1. 재고품절 수준 2. 백오더(Back-order) 이용 가능성 3. 주문주기요소들 4. 시간 5. 환적(Transhipment) 6. 주문의 편리성 7. 제품 대체성	1. 설치, 보증, 변경, 수리, 부품 2. 제품추적 3. 고객클레임, 불만 4. 제품포장 5. 수리 도중 일시적인 제품 대체

3 주문주기시간(Order Cycle Time)

주문주기시간은 고객이 제품을 주문해서 받을 때까지 걸리는 총시간을 가리키는 것으로 고객서비스의 중요한 요소들이 포함되어 있다. 주문주기를 구성하는 요소는 주문전달시간, 주문처리시간, 오더어셈블리시간, 재고가용성 및 인도시간으로 구성된다.

(1) 주문전달시간(Order Transmittal Time)

주문을 주고받는 데 사용되는 방법에 따라 판매원, 우편, 통신, 전자송달(인터넷)로 구분할 수 있다.

(2) 주문처리시간(Order Processing Time)

적재서류 준비, 재고기록 갱신, 신용장 처리작업, 주문확인, 주문정보를 생산, 판매, 회계부서에 전달하는 활동이 포함된다.

(3) 오더어셈블리시간(Order Assembly Time)

주문을 받아서 주문정보를 창고나 발송부서에 전달한 후부터 주문받은 제품을 발송, 준비하는 데 걸리는 시간이 포함된다(재고품으로부터 주문품을 인출하고, 창고 내에서 적재지점으로 제품이동, 필요한 포장작업 그리고 다른 주문들과 혼재하는 작업 포함). 주문처리시간과 오더어셈블리 작업은 상당부분이 동시에 이루어지고 있다.

(4) 재고가용성(Stock Availability)

창고에 보유하고 있는 재고가 없을 때 생산지의 재고로부터 보충하는 데 소요되는 시간을 말한다.

(5) **인도시간**(Delivery Time)

주문품을 재고지점에서 고객에게 전달하는 데 걸리는 시간을 말한다. 창고에 재고가 있는 경우에는 공장을 거치지 않고 고객에게 바로 인도하는 데 걸리는 시간이 인도시간이 된다.

● [그림 2-2] 주문주기시간

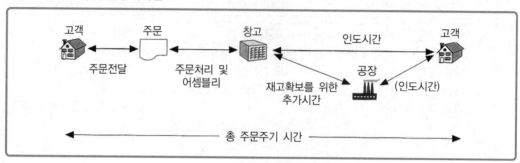

4 **제품수명주기**(Product Life Cycle)

제품이 시장에 투입되고 나서 점차 팔리지 않게 되어 자취를 감출 때까지의 과정을 말한다. 일반적으로 제품수명주기의 단계는 도입기, 성장기, 성숙기, 쇠퇴기의 4단계로 구분하고, 시간의 흐름에 따라 특정제품 카테고리의 매출·이익이 거쳐 나가는 과정을 양적인 표현에 의해 가설적으로 나타낸 것이다. 제품수명주기는 각 단계별로 물류전략이 어떻게 변경되어야 하는가를 알 수 있도록 해 준다.

● [그림 2-3] 제품수명주기

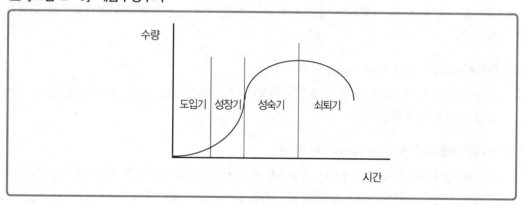

● [표 2-1] 제품수명주기의 단계별 물류전략

도입기	① 새로운 제품이 시장에 처음으로 도입되는 단계로 제품의 인지도가 낮고 잠재고객들이 많은 위험을 지각하므로 수요가 매우 적은 시기이다. ② 또한 제품실패의 가능성이 높고 신제품이라는 특성 때문에 경쟁이 비교적 약한 편이며, 시장실패의 걱정으로 유통망 확보가 어려운 시기이기도 하다. ③ 도입기에서의 물류전략은 판매망을 소수의 지점에 제한하면서 신중하게 이루어지는 반면 제품의 가용성은 제한된다.
성장기	① 가속적인 구매확산과 대량생산을 통한 가격인하의 연쇄관계가 형성됨에 따라 전체 시장의 규모가 급속하게 확대되는 단계이다. ② 경쟁자들이 시장에 참여하기 시작하여 제품차별화의 기회가 다양하게 모색되며, 가격인하경쟁이 나타나기도 한다. ③ 또한 성장기 후반에는 가격인하 경쟁에 대응하고 선택적 수요를 자극하기 위한 촉진비용이 많이 소요되므로 이익은 다시 감소하기 시작한다. ④ 성장기에서는 장기적인 시장 지위를 확보하기 위하여 유통망을 확충할 필요가 있으나 재고거점의 수나, 재고수준을 결정하는 데 있어서 정보가 충분하지 않으므로 물류관리자의 판단에 따른 물류계획이 필요하다.
성숙기	① 매출액이 체감적으로 증가하거나 안정된 상태를 유지하는 단계이다. ② 성숙기에서는 제품의 유통지역이 가장 광범위해 지며, 시장에서 제품가용성을 높이기 위하여 많은 수의 재고거점이 필요한 시기이다. ③ 또한 많은 기업들의 진출과 과잉생산능력에 의하여 경쟁이 심화되는 시기이기도 하므로 고객별로 차별화된 물류서비스가 필요하다.
쇠퇴기	① 소비자의 기호변화, 성능이 우수하고 저렴한 대체품의 등장, 경쟁자의 월등한 마케팅전략으로 인한 결정적 우위 차지, 정치적 요인이나 법적 요인 등 마케팅환경요인의 변화 등에 의해 수요가 지속적으로 감소하는 시기이다. ② 쇠퇴기에서는 재고보유거점수가 줄어들어 제품의 재고가 소수의 지점에 집중하게 되므로 효율적인 유통을 유지하기 위해서는 제품의 이동형태와 재고배치의 수정이 필요하다.

┌─ 핵심잡기 ─┐

제품수명주기의 단계별 주요 물류전략

1. **도입기**: 높은 수준의 재고가용성 및 물류시스템의 유연성 확보
2. **성장기**: 비용과 서비스의 상충관계 고려
3. **성숙기**: 차별화된 물류서비스
4. **쇠퇴기**: 위험 최소화 전략 및 재고 집약화

5 물류서비스와 비용관리

(1) 물류관리 목표로서의 비용은 물류활동비용을 수단으로 삼아 관리하는 것을 의미한다. 제조업자는 달성하고자 하는 고객서비스를 최소의 물류비용으로 제공할 수 있기를 원한다.

(2) 즉, 물류관리에 있어서 비용은 정확한 물류비 계산을 전제로 한 물류관리수단으로서 중요하며, 물류비는 물류활동 내에 존재하는 상충관계(Trade-off)를 고려한 총비용의 최소화를 목표로 추구되어야 한다. 이를 위해서는 개개의 물류활동이 서로 유기적인 관련을 맺어 이를 통합할 수 있는 물류시스템을 개발하여야 한다.

◉ [그림 2-4] 물류비용의 Trade-off 관계

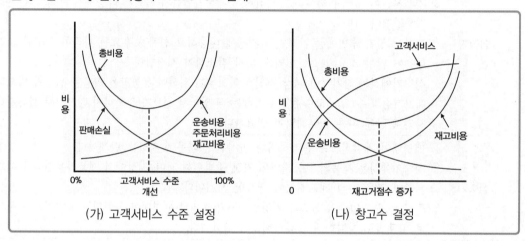

(가) 고객서비스 수준 설정   (나) 창고수 결정

(3) 물류관리 관점에서의 물류비의 특징

① 비용은 활동의 실태를 솔직하고 충실히 반영한다. 활동이 합리적이지 못하면 비용은 커지며 이와는 반대로 활동이 합리적으로 행해지면 그 비용은 적게 나타난다. 그러므로 비용의 동태를 보면 관리상태상 문제점의 유무를 알 수 있다.

② 여러 가지 활동을 비용이라는 통일적인 척도로 파악함으로써 이들의 제 활동을 동일한 기준 위에 올려놓을 수 있다. 이에 따라 이질적인 활동을 비교·분석할 수 있다. 이와 같이 물류활동을 비용으로 바꾸어 놓는 것은 관리라는 관점에서 유효하므로 물류관리에서는 비용에 의한 관리가 중요하다.

(4) 물류서비스와 비용과의 관계

① 더 높은 고객서비스 수준을 충족시키기 위해서 활동수준을 높이면 비용은 빠른 비율로 증가한다.

② 판매와 서비스 관계에서 나타나는 수확체감과 상승하는 수익 – 비용 곡선은 [그림 2-5]에서 볼 수 있는 형태의 이익곡선을 도출한다.

③ 이익기여곡선은 다양한 서비스 수준에서의 비용(Logistics Costs)과 수익(Revenue) 간의 차이로부터 발생하며, 이익기여곡선상에서 이익이 최대가 되는 점이 물류시스템 계획에서 추구되는 최적의 서비스 수준이 된다.

● [그림 2-5] 물류서비스 수준에서의 비용과 수익의 관계

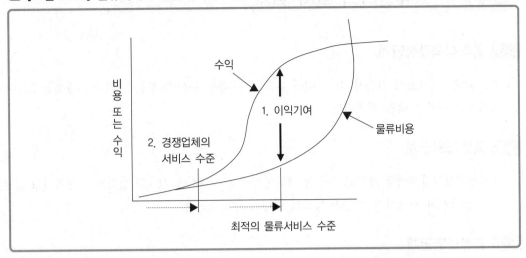

(5) **물류코스트전략**

① Service 일정 / Cost Down 전략

ㄱ 물류서비스 수준을 일정하게 하고, 물류코스트를 절감하는 전략

ㄴ 물류서비스 수준을 일정하게 해 놓고, 물류시스템을 개선하는 것으로 가능한 적은 코스트로 일정 서비스를 달성하는 효율화 추구 개념

② Service Up / Cost 일정 전략

ㄱ 물류코스트를 일정하게 유지하면서 물류서비스를 향상시키는 전략

ㄴ 대부분의 기업이 생각하고 있는 물류서비스의 향상 개념

③ Service Up / Cost Up 전략

ㄱ 물류서비스를 향상시키기 위해 물류코스트를 증가시키는 전략

ㄴ 적극적으로 코스트를 생각하는 방법으로 물류코스트를 유효하게 활용하는 개념

④ Service Up / Cost Down 전략

ㄱ 물류서비스를 향상시키고 코스트는 절감시키는 전략

ㄴ 보다 낮은 코스트로 보다 높은 물류서비스를 실현하는 것으로 '매출증대'와 '이익확대'를 노린 전략적 개념

제4절 물류관리의 실시 절차

1 물류정책결정단계

재고 수준, 서비스의 신속성 수준, 비용 수준 등 물류를 둘러싼 부문 간의 상충관계를 고려하여 서비스와 비용 수준을 계획한다.

2 물류계획단계

물류정책결정단계에서 계획된 사안을 계획단계에서 구체적인 지표와 방식으로 계획하고 실천단계로 전개시켜 구체적인 예산과 목표의 형태로 결정짓는다.

3 물류운영단계

예산과 실적의 차이를 분석해야 하며 이것이 정책결정단계에서의 비용·효과 분석과 연결된다.

4 정책결정 실시단계

정책결정 실시단계에서 부문 간 조정을 하고 그것이 서비스와 코스트의 수준을 검토하는 계획단계로 순환되는 형태를 취하게 된다.

● [표 2-2] 물류관리의 단계

단 계	물류관리기능	주요내용
Plan	계 획	• 각종 지표의 파악　　　　　　• 물류서비스 수준의 설정 • 물류코스트 수준의 설정　　　• 물류거점계획 • 재고계획(재고수준, 보충기간, 보충방식 등) • 수배송계획(수송기관 선택, 수송업체 선택, 배송경로 등) • 포장계획(자재, 사양, 규격화 등) • 하역계획(자동차, 기계화, 유닛로드화 등) • 정보처리계획(정보네트워크화, 수발주처리, 배송관리 등) • 인사계획(채용, 배치, 교육 등) • 관리계획(예산, 평가방식, 작업매뉴얼 등)
Do	실 시	• 수배송활동　　　　　• 보관활동　　　　　　• 하역활동 • 재고관리활동　　　　• 정보처리활동
See	평 가	• 물류비용평가　　　　　　　　• 서비스평가(납기, 품절 등) • 계획지표와의 차이 분석(물류비용 차이, 서비스 수준 차이) • 예산과 실적 차이 분석
	조 정	부문 간, 물류기능 간의 Trade-off 조정
	문제발견	구입계획, 제품계획, 유통계획

Chapter _

02 실전예상문제

01 기업의 통합물류운영관점에서 재고거점 수가 증가할 경우 옳지 않은 것은? ▶ 제17회

① 배송비 감소
② 재고유지비용 증가
③ 총 물류비용 감소
④ 시설투자비 증가
⑤ 고객서비스 수준 향상

> **해설** 기업은 달성하고자 하는 고객서비스를 최소의 물류비용으로 제공할 수 있기를 원하며 물류비는 물류 활동 내에 존재하는 상충관계를 고려한 총비용의 최소화를 추구하는 통합물류운영이 중요해지고 있는 데, 이러한 관점에서 볼 때 재고거점 수가 증가할수록 배송비 감소, 고객서비스 수준이 향상되는 반면, 재고유지비용과 시설투자비의 증가를 초래하여 총비용은 초기에는 감소하다가 다시 증가하게 된다. 따라서 재고거점 수는 이러한 물류활동 간 상충관계를 고려하여 총비용이 가장 낮은 수준에서 결정하 는 것이 바람직하다.

02 물류서비스에 관한 설명으로 옳지 않은 것은? ▶ 제17회

① 물류서비스와 물류비용 사이에는 상충관계(Trade-off)가 존재한다.
② 서비스 수준의 향상에 따라 총매출이 증가하므로 이익을 최대화하기 위해서 서비스 수 준을 높이는 것이 중요하다.
③ 전자상거래의 확산으로 유통배송단계가 점점 줄어들고, 고객맞춤형 물류서비스가 강조 되고 있다.
④ 물류관리자는 이익 창출을 위해 비용 절감과 물류서비스의 향상에 주력한다.
⑤ 물류서비스 향상을 효율적으로 실행하기 위해서는 3S 1L 원칙과 7R 원칙을 고려해야 한다.

> **해설** 서비스 수준을 높일수록 물류비는 빠른 비율로 증가한다. 따라서 최적의 물류서비스 수준은 서비스 수준에서의 비용과 수익 간의 차이를 나타내는 이익기여곡선상의 이익이 최대가 되는 점이 된다.

Answer 1. ③ 2. ②

03 물류관리의 전략적 중요성에 관한 설명으로 옳지 않은 것은? ▸ 제17회

① 기업의 물류관리는 구매, 생산, 영업 등의 활동과 상호 밀접하다.

② 다품종 소량시대의 도래로 물류비용이 증가하여 효율적인 물류관리 수단이 필요하다.

③ 최근 물류관리의 목표는 부가가치의 창출에서 단순 비용 절감으로 전환해 가고 있다.

④ 물류의 통합이 기업의 경계를 넘어 공급사슬관리 전체로 확대됨에 따라 데이터와 프로세스 표준화가 필요하다.

⑤ 전체적 효율화 및 부문 간 유기적인 결합을 위한 물류정보시스템 구축이 필요하다.

> **해설** 물류의 통합이 공급사슬관리 전체로 확대됨에 따라 기업 내부 가치사슬과 더불어 관련기업 가치사슬과의 연계를 통한 공급사슬관리의 관점에서의 물류관리가 더욱 중요해 지고 있으며, 기업들은 경쟁우위 확보를 위해 전체 공급사슬상의 제품서비스, 정보, 현금, 지식의 흐름을 통합하고 효율화하는데 중점을 두기 시작하였다.

04 주문주기시간(order cycle time)의 구성요소들을 시간 순서대로 옳게 나열한 것은? ▸ 제18회

① order transmittal time ⇨ order processing time ⇨ order assembly time ⇨ stock availability ⇨ delivery time

② order assembly time ⇨ order processing time ⇨ order transmittal time ⇨ order picking time ⇨ delivery time

③ order assembly time ⇨ order transmittal time ⇨ order picking time ⇨ order processing time ⇨ delivery time

④ order processing time ⇨ order picking time ⇨ order transmittal time ⇨ delivery time ⇨ order assembly time

⑤ order transmittal time ⇨ order assembly time ⇨ order processing time ⇨ delivery time ⇨ stock availability time

> **해설** 주문주기시간(order cycle time)은 주문전달시간(order transmittal time), 주문처리시간(order processing time), 오더 어셈블리 타임(order assembly time), 재고가용성(stock availability), 인도시간(delivery time)의 순서로 이루어진다.

05 경쟁우위 창출을 위한 기업의 물류관리 전략으로 적절하지 않은 것은? ▶ 제18회

① 효율적인 물류활동을 통하여 기업은 원가를 절감할 수 있고, 이를 바탕으로 저가격전략에 의한 시장 점유율 제고 및 수익률 증대를 추구할 수 있다.

② 통합물류관리 관점에서 기업은 운송비 절감에 집중하여 차별화된 경쟁우위를 확보해야 한다.

③ B2B 거래에서 고객이 원하는 장소로 직접배달, 고객에 대한 교육훈련 등의 서비스 활동은 경쟁우위를 창출할 수 있는 방안이다.

④ 고객의 다양한 요구를 저렴한 비용으로 충족시킬 수 있는 물류시스템을 보유한 경우, 보다 넓은 고객층을 확보할 수 있다.

⑤ 고객주문에 대한 제품가용성, 주문처리의 정확성 등의 물류서비스를 제공함으로써 경쟁우위를 확보할 수 있다.

해설 통합물류관리 관점에서는 특정 기능이나 비용에 집중하지 않고 총비용 절감 측면에서 접근하여야 한다.

06 물류관리의 필요성과 원칙에 관한 설명으로 옳지 않은 것은? ▶ 제18회

① 신속, 저렴, 안전, 확실하게 물품을 거래상대방에게 전달해야 한다.

② TV 홈쇼핑과 온라인상에서 다양한 형태의 재고정보를 제공함으로써 매출액 증가를 가져올 수 있다.

③ 효율적인 물류관리를 통하여 해당 기업은 비용을 절감하고 서비스 수준을 향상시킬 수 있다.

④ 고객서비스 향상과 물류비용 절감이라는 상반된 목표를 달성하기 위하여 물류 단위기능별 부분최적화를 추구한다.

⑤ 물류관리 목적 달성을 위하여 고객서비스 제공과정에서 7R 원칙이 강조되고 있다.

해설 통합물류관리 관점에서 전사적이고 전체 최적화를 추구한다.

Answer 3. ③ 4. ① 5. ② 6. ④

07 제품수명주기와 고객서비스 전략에 관한 설명으로 옳지 않은 것은? ▸ 제18회

① 도입기 단계에서는 판매망이 소수의 지점에 집중되고 제품의 가용성은 제한된다.

② 성장기 단계에서는 비용 절감을 위해 재고를 집중하여 통합 관리할 가능성이 크다.

③ 성장기 단계에서는 비용과 서비스 간의 상충관계를 고려한 물류서비스 전략이 필요하다.

④ 성숙기 단계에서는 물류서비스의 차별화 전략이 필요하다.

⑤ 쇠퇴기 단계에서는 비용최소화보다는 위험최소화 전략이 필요하다.

> **해설** 재고를 집중하여 통합적으로 관리하는 단계는 쇠퇴기이며, 성장기에는 판매량이 급증하고 재고수준을 결정하는 정보가 충분하지 않아 물류관리자의 판단에 따른 물류계획이 필요할 뿐만 아니라 비용과 물류서비스의 상충관계를 고려하는 시기이다.

08 고객서비스의 구성요소는 거래 전 요소, 거래발생시 요소, 거래 후 요소로 구분할 수 있다. 이 가운데 거래 전 요소에 해당하는 것은? ▸ 제18회

① 재고 품절수준

② 제품주문정보 입수 가능성

③ 제품 대체성

④ 주문의 간편성

⑤ 명문화된 고객서비스 정책

> **해설** 재고 품절수준, 제품주문정보 입수 가능성, 제품 대체성, 주문의 간편성은 거래발생시의 서비스 요소에 해당된다.

09 물류관리를 통하여 국민경제에 기여할 수 있는 항목 중 옳지 않은 것은? ▸ 제19회

① 유통효율의 향상을 통하여 기업의 체질을 강화하고 물가상승을 억제시킬 수 있다.

② 식품의 선도 유지 등 각종 상품의 물류서비스 수준을 높여 소비자에게 질적으로 향상된 서비스를 제공할 수 있다.

③ 물류효율화를 통하여 소비 편중을 높이고 과잉생산을 해소시킬 수 있다.

④ 도시교통의 체증완화를 통하여 생활환경을 개선할 수 있다.

⑤ 물품의 원활한 유통을 통하여 지역 간의 균형발전을 도모할 수 있다.

> **해설** 효율적인 물류관리를 통하여 인구의 지역적인 편중을 억제하고 소비 편중문제를 최소화할 수 있다.

10 물류서비스의 품질 측정 구성요소로 옳지 않은 것은? ▶ 제19회

① 화주기업에게 차량, 장비 등 물류서비스를 원활히 제공해 줄 수 있는 능력

② 화주기업에게 전반적인 업무수행에 대해 확신을 주는 능력

③ 화주기업에게 정확하고 신속하게 물류서비스를 제공할 수 있는 능력

④ 화주기업과의 원활한 의사소통 능력

⑤ 화주기업의 영업이익률을 높여 줄 수 있는 능력

해설 물류서비스는 납품서비스, 시간서비스, 품질서비스, 재고서비스 등이 주가 되며, 시간, 신뢰성, 정보교환, 편의성 등의 4가지 기본요소가 중요하다.

11 물류서비스 수준을 결정하는 요인에 관한 설명으로 옳지 않은 것은? ▶ 제19회

① 주요 기능별 물류비가 각각 최소화 되는 점에서 서비스 수준을 결정하는 것이 필요하다.

② 일반적으로 물류비용의 책정은 공헌이익이 최대가 되는 시점에서 결정되어야 한다.

③ 물류서비스 수준과 물류비용 사이에는 상충관계가 있다.

④ 물류서비스 수준의 향상은 고객과의 장기적인 관계 형성에 도움이 된다.

⑤ 물류서비스 수준을 결정하기 위해서는 시장 환경이나 경쟁 환경 등을 고려해야 한다.

해설 기능별 물류비의 최소화보다는 총물류비가 최소화 되는 점에서 서비스 수준을 결정하는 것이 바람직하다.

12 물류관리의 중요성이 증가하는 이유로 옳지 않은 것은? ▶ 제19회

① 생산혁신 및 마케팅을 통한 이익 실현이 한계에 달했다.

② 고객 요구가 다양화, 전문화, 고도화되어 적절한 대응이 필요해졌다.

③ 소품종 대량생산, 다빈도 거래 확대로 물류관리의 중요성이 증대하였다.

④ 글로벌화로 인해 국제물류의 범위가 확대되었다.

⑤ 물류비용 절감과 서비스 향상이 기업경쟁력의 핵심요소로 대두되었다.

해설 다품종 소량생산, 다빈도 거래의 확대 등으로 물류관리가 중요해지고 있다.

Answer 7. ② 8. ⑤ 9. ③ 10. ⑤ 11. ① 12. ③

13 다음은 제품수명주기의 어느 단계에 관한 설명인가? ▸ 제20회

> 매출액이 체감적으로 증가하거나 안정된 상태를 유지하고, 과잉생산능력에 의하여 경쟁이
> 심화되는 단계이므로 고객별로 차별화된 물류서비스가 필요하다.

① 도입기   ② 성장기   ③ 성숙기
④ 쇠퇴기   ⑤ 소멸기

해설 제품수명주기의 단계별 물류전략 중 성숙기에 관한 설명이다.

14 물류고객서비스 요소에 관한 내용이 옳게 짝지어진 것은? ▸ 제20회

> ㉠ 고객에게 인도하는데 직접 관련된 서비스 요소로 제품 및 배달의 신뢰도 등을 말한다.
> ㉡ 고객서비스에 관한 기업의 정책과 연관되어 있으며, 기업에 대한 고객인식과 고객의 총체
> 적인 만족에 상당한 영향을 미칠 수 있다.
> ㉢ 일반적으로 제품보증, 부품 및 수리 서비스, 고객의 불만에 대한 처리절차 및 제품의 교환
> 등을 말한다.

① ㉠ 거래 전 요소   ㉡ 거래 시 요소   ㉢ 거래 후 요소
② ㉠ 거래 전 요소   ㉡ 거래 후 요소   ㉢ 거래 시 요소
③ ㉠ 거래 시 요소   ㉡ 거래 후 요소   ㉢ 거래 전 요소
④ ㉠ 거래 시 요소   ㉡ 거래 전 요소   ㉢ 거래 후 요소
⑤ ㉠ 거래 후 요소   ㉡ 거래 전 요소   ㉢ 거래 시 요소

해설 물류고객서비스의 요소 중 ㉠은 거래 시 요소를, ㉡은 거래 전 요소를, ㉢은 거래 후 요소를 각각 설명
하고 있다.

15 주문주기시간(Order Cycle Time) 구성요소 중 다음 설명에 해당하는 것은? ▸ 제20회

> 적재서류의 준비, 재고기록의 갱신, 신용장의 처리작업, 주문확인, 주문정보를 생산, 판매, 회
> 계부서 등에 전달하는 활동이 포함된다.

① 주문전달시간(Oder Transmittal Time)
② 주문처리시간(Oder Processing Time)
③ 오더어셈블리시간(Oder Assembly Time)
④ 재고 가용성(Stock Availability)
⑤ 인도시간(Delivery Time)

해설 주문전달시간은 주문을 주고받는데 소요되는 시간을, 오더어셈블리시간은 주문을 받아서 주문정보를
창고나 발송부서에 전달한 후부터 주문받은 제품을 발송·준비하는데 소요되는 시간을, 재고 가용성
은 창고 보유 재고가 없을 때 생산지의 재고로부터 보충하는데 소요되는 시간을, 인도시간은 주문을
재고지점에서 고객에게 전달하는데 소요되는 시간을 의미한다.

16 물류관리에 관한 설명으로 옳지 않은 것은?   ▶ 제21회

① 상적유통과 구분되는 물류는 마케팅의 물적유통(physical distribution)을 의미한다.
② 물류합리화를 통한 물류비 절감은 소매물가와 도매물가 상승을 억제하는데 기여한다.
③ 물류합리화는 상류합리화에 기여하며, 상거래 규모의 증가를 유도한다.
④ 물리적 흐름의 관점에서 물류관리의 목표는 노동투입을 증가시키는 것이다.
⑤ 물류관리의 진화된 기법으로서 참여기업 간 조정과 협업을 강조하는 공급사슬관리의 중요성이 증가하고 있다.

해설 물류관리의 목표는 물류비의 점감과 물류서비스의 향상이므로 노동투입을 감소시켜야 한다.

17 물류관리의 역할과 의의에 관한 설명으로 옳은 것은?   ▶ 제21회

① 상거래의 결과로 발생하는 물류관리는 제품의 이동이나 보관에 대한 수요를 유발시켜 유통기능을 완결시키는 역할을 한다.
② 형태 효용은 생산, 시간과 장소 효용은 마케팅, 그리고 소유 효용은 물류관리와 밀접한 연관성이 있다.
③ 물류비용은 기업이 생산하는 제품의 가격경쟁력에 영향을 미치기 때문에 물류활동을 효율화하고 물류비용을 절감하는 것이 중요하다.
④ 물류발전을 통하여 지역 간 균형발전을 도모할 수 있으나 모든 지역에서 교통체증 증가로 이어져 생활환경이 악화된다.
⑤ 물류활동은 판매촉진을 위한 고객서비스의 향상과 물류비용의 절감이라는 상반된 목표를 추구함으로 수송, 보관, 하역 등 기능별 시스템화가 요구된다.

해설 ① 물류관리는 제품의 이동이나 보관에 대한 수요를 충족시켜준다.
② 시간과 장소 효용은 물류, 소유 효용은 유통(상적 유통)이 창출한다.
④ 물류는 지역의 균형적 발전뿐만 아니라 교통체증 감소로 생활환경이 개선된다.
⑤ 물류활동은 수송, 보관, 하역 등 기능별(개별적) 시스템화 보다는 통합적(유기적) 시스템화가 이루어져야 한다.

Answer   13. ③   14. ④   15. ②   16. ④   17. ③

18 물류서비스에 관한 설명으로 옳지 않은 것은? ▶ 제21회

① 물류서비스 품질은 고객이 물류서비스를 제공받는 과정에서 알게 되는 것과 물류서비스가 완료된 이후의 성과 간 차이로 결정된다.

② 물류서비스의 거래 전 구성요소는 고객서비스에 관한 기업의 정책과 연관되어 있으며, 기업에 대한 고객인식과 고객의 전반적인 만족에 영향을 미칠 수 있다.

③ 운송서비스는 서비스 프로세스 매트릭스에서 서비스공장(service factory)으로 분류된다.

④ 고객서비스 수준이 결정되어 있지 않다면 수익과 비용을 동시에 고려하여 최적의 서비스 수준을 결정하는 과정이 선행되어야 한다.

⑤ 기업들이 최대의 부가가치를 창출하려면 비용을 줄이면서 고객이 만족하는 서비스 수준에 도달할 수 있는 물류시스템 구축이 필요하다.

해설 물류서비스 품질은 물류서비스를 제공받기 전에 기대한 수준과 물류서비스가 완료된 이후의 성과 차이로 결정되며, 물류서비스 기대와 물류서비스 인식의 차이에 의해서 Gap이 발생한다.

19 물류관리에 관한 설명으로 옳지 않은 것은?

① 물류관리활동은 고객서비스 향상과 물류비용의 절감이라는 상반된 목표를 추구한다.

② 원자재 및 부품의 조달, 구매상품의 보관, 완제품 유통도 물류관리의 대상이다.

③ 물류효율화를 위한 제품설계, 공장입지선정, 생산계획 등에 관한 관리가 포함된다.

④ 소유권이 이전된 이후의 물품은 물류관리활동의 대상에서 제외된다.

⑤ 수송, 보관, 포장, 하역 등의 여러 기능을 종합적으로 고려하여야 한다.

해설 물류관리에서는 거래 후 요소, 즉 제품을 판매한 후에 발생할 수 있는 고객불만 처리, 제품추적, 포장용기 회수, 반품처리 등에 대해서도 서비스를 제공하여야 한다.

20 주문처리시간(Order Processing Time)에 영향을 미치는 요소가 아닌 것은?

① 경제적 주문량 ② 주문처리 우선순위

③ 주문 일괄처리 ④ 오더필링(Order Filling)의 정확성

⑤ 혼적

해설 주문처리시간은 고객이 제품을 주문하여 받을 때까지 걸리는 총시간으로 주문전달시간, 주문처리시간, 오더어셈블리시간, 재고가용성 및 인도시간으로 구성된다. 주문비용과 단위당 재고유지비의 합계가 최저가 되는 양을 의미하는 경제적 주문량과는 관련성이 적다.

21 다음 중 거래시(Transaction Elements) 고객서비스 요소에 해당하지 않는 것은?

① 결품률
② 제품 대체성
③ 제품추적
④ 백오더(Back-order) 이용 가능성
⑤ 주문의 편리성

해설 거래시 고객서비스 요소에는 결품률, 제품 대체성, 백오더(Back-order) 이용 가능성, 주문의 편리성, 주문주기 요소 등이 있다. 제품추적은 거래 후 고객서비스 요소에 해당한다.

22 제품수명주기(Product Life Cycle) 단계별 특징을 설명한 것으로 옳지 않은 것은?

① 도입기 : 일반적으로 수요는 매우 불확실하고 공급도 불확실하며, 이익은 낮거나 손실이 발생하는 단계이다.
② 성장기 : 매출이 증가되고 일부 업체의 쇠퇴 및 시장 재편의 징후가 나타나며, 가장 높은 수익을 얻을 수 있는 단계이다.
③ 성숙기 : 제품이 일반화되고 수요 증대에 맞추어 가격은 하향 조정되기 시작하며, 수익은 평준화되다가 감소하기 시작하는 단계이다.
④ 쇠퇴기 : 가격이 평준화되고 판매량은 감소하며, 이에 따라 이익도 감소하기 시작하는 단계이다.
⑤ 소멸기 : 재고부족으로 인하여 가격상승현상이 일부 나타날 수도 있으나, 이익은 감소하고 손실이 발생하는 단계이다.

해설 성장기는 매출이 급속히 증가되고 경쟁자들이 시장에 참여하기 시작하는 단계이다. 매출이 증가되고 일부 업체의 쇠퇴 및 시장 재편의 징후가 나타나며, 가장 높은 수익을 얻을 수 있는 단계는 성숙기의 특징이다.

23 기업이 고객서비스 수준을 최적화하면서 최소의 안전재고를 확보하는 방법으로 옳지 않은 것은?

① 수요의 불확실성을 줄인다.
② 리드타임의 변동성을 줄인다.
③ 고객서비스 수준을 낮춘다.
④ 가격 안정화 전략을 실행한다.
⑤ 공급자와 협업 관계를 구축한다.

해설 고객서비스 수준을 낮추면 고객 만족도가 떨어져 재고가 증가하게 된다.

24 주문관리를 둘러싸고 있는 환경이 급변하고 있는데, 주문관리가 당면하고 있는 과제와 거리가 먼 것은?

① 관련 당사자들이 감소함에 따라 주문시스템의 단순화

② PDA(Personal Digital Assistants) 등 새로운 커뮤니케이션 수단에의 적응

③ 공급체인활동과의 통합

④ 주문의 실행에 대한 실시간 추적 서비스

⑤ 기업 간 취득 및 합병증가로 인한 주문시스템의 복잡화

> **해설** 최근 주문관리를 둘러싸고 관련 당사자들이 증가하여 주문시스템이 복잡해지고 있다.

25 다음은 물류개선에 관련된 비용에 대한 설명이다. 가장 알맞은 것은?

① 비용상충분석 : 전체적 관점에서 물류비를 절감하는 방법

② 총비용접근분석 : 부분적인 관점에서 물류비를 절감하는 방법

③ 기능별 물류비 분석 : 비용이 어떠한 물류기능을 위하여 발생하였는가 하는 것을 기준으로 분류하는 방법

④ 재무회계방식 : 원가계산제도에 의거하여 물류활동에 소요된 비용만을 측정하는 방법

⑤ 관리회계방식 : 재무제표를 이용하여 물류관련 비용항목을 계산하여 추출하는 방법

> **해설** ① 총비용접근분석, ② 비용상충분석, ④ 관리회계방식, ⑤ 재무회계방식

26 다음은 주문주기시간을 설명하고 있다. 가장 적절하지 못한 것은?

① Stock Availability : 창고에 보유하고 있는 재고가 없을 때 생산지의 재고로부터 보충하는 데 소요되는 시간

② Order Cycle Time : 주문을 받아서 주문정보를 창고나 발송부서에 전달한 후부터 주문받은 제품을 발송 준비하는 데 걸리는 시간

③ Delivery Time : 주문품을 재고지점에서 고객에게 전달하는 데 걸리는 시간

④ Order Processing Time : 적재서류 준비, 재고기록 갱신, 신용장 처리작업, 주문확인

⑤ Order Transmittal Time : 주문을 주고받는 데 사용되는 시간

> **해설** ②는 Order Cycle Time 중 Order Assembly Time을 설명하고 있다.

27 고객서비스의 구성요소는 거래 전 요소와 거래 시 요소, 거래 후 요소로 구분할 수 있다. 이 중 거래 시 요소가 아닌 것은?

① 결품률
② 주문정보
③ 대체제품
④ 제품포장
⑤ 제품선적

해설 고객서비스 구성요소 중 거래 전 요소는 회사정책, 회사에 대한 고객평가, 회사조직, 시스템의 유연성, 기술적인 서비스이고, 거래시 서비스 요소는 결품률, 백 오더 이용 가능성, 주문주기 요소들, 시간, 환적, 주문의 편리성, 제품 대체성이며, 거래 후 요소에는 설치, 보증, 변경, 수리, 제품추적, 고객 클레임, 제품포장 등이 있다. 따라서 제품의 포장은 거래 후의 서비스 요소이다.

28 다음 중 통합물류관리(Integrated Logistics Management) 개념의 요소가 아닌 것은?

① 생산계획
② 고객서비스
③ 주문처리
④ 광고계획
⑤ 재고관리

해설 광고계획은 마케팅 관리 개념의 요소이다.

29 다음 중 물류관리에 대한 설명으로 틀린 것은?

① 물류관리의 기본목적은 원가 절감과 재화의 시간적·공간적 효용가치 창출을 통한 시장 경쟁력 강화에 있다.
② 효율적인 물류관리를 위해서는 조달, 생산, 판매 물류시스템 간의 통합전략을 추진하는 것이 필요하다.
③ 물류관리에서는 고객서비스 수준의 향상, 물류생산성의 향상, 물류이익의 추구라는 측면을 함께 고려해야 한다.
④ 기업의 비용을 최소화하기 위해서는 서비스 향상과 물류비 절감 중에서 어느 부분에 더 중점을 둘 것인가를 정해야 한다.
⑤ 통합물류관리를 실시함으로써 부품의 표준화·공동화로 재고부담 경감, 리드타임의 단축 등의 효과를 가져와 궁극적으로는 규모의 경제를 실현할 수 있게 된다.

해설 물류관리의 필요성이 대두된 것은 다품종·소량시대에 들어가면서부터이며, 규모의 경제 실현과는 관계가 없다.

30 다음 중 물류관리의 필요성에 해당되지 않는 것은?

① 생산·판매부문의 합리화에 한계

② 물류비용의 증가

③ 고객욕구의 다양화·전문화·고도화

④ 기업 간 경쟁 격화

⑤ 대량생산시대의 도래에 따른 생산 증대

> **해설** 물류관리의 필요성은 물류비용의 절감, 생산·판매부문의 합리화, 고객욕구의 다양화, 기업 간 경쟁 격화, 물류관련 기술 및 정보기술의 혁신에 따른 환경변화에 적응하는 데 있다.

31 다음 중 통합물류관리의 목표로 틀린 것은?

① 고객에 대한 서비스의 최적화

② 물류기능의 세분화와 물류권한의 분산

③ 공급체인 구성원에 대한 물류서비스의 최적화

④ 소비자에 대한 전체적인 서비스 향상과 재고비용의 감소

⑤ 물류생산성의 효율화

> **해설** 통합물류관리란 조달, 생산, 판매를 일관시스템으로 보고 물리적 재화의 흐름을 총체적으로 관리하는 것으로 물류기능의 세분화와 물류권한의 분산은 해당되지 않는다.

32 다음 국민경제적 관점에서의 물류의 역할을 설명한 것 중 틀린 것은?

① 신속한 고객대응으로 매출신장 도모

② 인구의 지역적 편중 억제

③ 상거래의 대형화 유발

④ 생활환경 개선

⑤ 기업의 체질 개선

> **해설** 신속한 고객대응으로 매출신장을 도모하는 것은 개별 기업 측면에서의 물류관리의 역할이다.

33 다음은 물류고객서비스에 대해 설명한 것이다. 틀린 것은?

① 물류고객서비스란 고객이 주문한 제품의 제공에 수반되는 시간, 신뢰성, 정보교환, 편의성 등이 주가 된다.

② 고객서비스 수준의 결정은 고객지향적이 되어야 하며, 특정한 수준의 서비스를 최대의 비용으로 고객에게 전달하여 기업이익에 기여할 수 있어야 한다.

③ 고객서비스는 마케팅서비스, 물류서비스, 경영기술서비스 등으로 구성되어 있다.

④ 물류서비스는 물류시스템의 유효성을 측정하는 수단이 되며, 잠재고객까지도 고객화하여 판매량을 증대시키는 중요한 수단이 된다.

⑤ 물류고객서비스의 기본 요소인 재고가용성이란 제품이 사용 가능한 상태를 말한다.

해설 고객서비스 수준의 결정은 고객지향적이 되어야 할 것이며, 그 기업이 달성하고자 하는 특정한 수준의 서비스를 최소의 비용으로 고객에게 전달해야 한다.

34 다음 중 물류서비스 평가와 거리가 먼 것은?

① 매출액　　　　　　　　　　② 요금수준

③ 정부의 행정지원　　　　　　④ 고객만족도

⑤ 주문의 편리성

해설 물류서비스 평가 요소로는 매출액, 요금수준, 고객만족도, 고객서비스 요소 등이 포함되며, 정부의 행정지원은 물류서비스 평가와는 관계가 없다.

35 다음은 물류서비스 수준 결정의 원칙에 대한 설명이다. 틀린 것은?

① 고객서비스와 매출과의 관계에서 서비스의 수준이 최대로 높아지면 매출액도 증가하는 것이 일반적이다.

② 경쟁자의 서비스 수준에 도달하는 정도까지 매출액도 수확 체증의 원칙에 입각하여 증가한다.

③ 경쟁자의 서비스 수준을 넘어설 때 매출액은 증가하지만 매출액 증가는 수확체감의 원칙이 작용한다.

④ 물류시스템이 운영되어야 하는 지점은 고객서비스와 매출과의 관계에서 경쟁자의 서비스 수준을 넘어서는 지점부터이다.

⑤ 고객서비스 수준을 높이면 비용은 빠른 비율로 증가한다.

해설 고객서비스와 매출과는 상관관계를 이루고 있어 고객서비스의 수준이 최대로 높아지면 매출액은 오히려 감소하게 된다.

Answer 30. ⑤　31. ②　32. ①　33. ②　34. ③　35. ①

36 통합물류관리에 대한 설명으로 옳지 않은 것은?

① 통합물류관리는 조달, 생산, 판매를 일관시스템으로 보고 물리적 재화의 흐름을 총체적으로 관리하는 것을 말한다.

② 통합물류관리의 핵심은 물류활동에 참여하는 주체 간 파트너십의 형성과 정보의 공유에 있다.

③ 통합물류관리에서는 물류기능을 세분화하고 권한을 분산시킴으로써 주문처리시간의 단축화를 도모한다.

④ 통합물류관리의 대표적인 방법으로는 공급체인관리(SCM : Supply Chain Management), 전사적 자원관리(ERP : Enterprise Resource Planning), 효율적 소비자 대응전략(QR : Quick Response) 등이 있다.

⑤ 통합물류관리의 목표는 고객에 대한 서비스의 최적화이다.

해설 통합물류관리에서는 물류관련 주체 간 물류활동을 통합적으로 관리하려는 노력이 이루어지고 있다.

37 다음 주문주기를 구성하는 요소들에 대한 설명 중 틀린 것은?

① 재고가용시간은 생산지의 재고로부터 보충하는 데 소요되는 시간을 말한다.

② 주문처리시간은 적재서류준비, 주문확인, 제품이동, 필요한 포장작업, 다른 주문들과 합치는 데 걸리는 시간을 말한다.

③ 오더어셈블리시간은 주문정보를 창고나 발송부서에 전달한 후부터 주문받은 제품을 발송·준비하는 데 걸리는 시간이 포함된다.

④ 인도시간은 주문품을 재고지점에서 고객에게 전달하는 데 걸리는 시간을 말한다.

⑤ 주문주기시간은 고객이 제품을 주문해서 받을 때까지 걸리는 총시간을 가리킨다.

해설 창고 내에서 적재지점으로 제품이동, 필요한 포장작업, 다른 주문들과의 혼재작업은 오더어셈블리시간에 해당된다.

38 다음 중 기업의 물류관리 영역에 해당하지 않는 것은?

① 상품관리   ② 활동관리   ③ 인원관리

④ 예산관리   ⑤ 효율관리

해설 기업의 물류관리 영역에는 스케줄관리, 활동관리, 인원관리, 효율관리, 예산관리가 있다.

39 다음 중 기업의 물류관리 방법 중 물류서비스에 근거한 관리에 해당하지 않는 것은?

① 리드타임   ② 재고충족률
③ 공급의 안정성   ④ 제품관리
⑤ 공급에 따른 부가서비스

> **해설** 물류서비스에 근거한 관리 방법으로는 리드타임, 재고충족률, 공급의 안정성, 공급에 따른 부가서비스 등이 있다.

40 물류관리의 성과측정 기준을 서비스 요소와 비용 요소로 나누어 볼 때, 성과측정의 서비스 요소에 해당되지 않는 것은?

① 회수정책   ② 리드타임
③ 수주정보   ④ 수요예측
⑤ 정확성

> **해설** 물류관리의 성과측정 기준에는 리드타임, 수주정보, 주문충족의 정확성, 주문의 편리성, 제품 대체성, 이용가능성 등이 있다. 수요예측이란 제품이나 서비스에 대한 수요의 발생을 예측하는 것이므로 성과측정의 서비스 요소에는 포함되지 않는다.

41 기업경영에 있어서 물류의 역할에 대한 설명으로 적절하지 않은 것은?

① 상물분리 개념의 확대로 물류비 증가   ② 적정재고의 유지로 재고비용 절감
③ 기업의 제3의 이윤원   ④ 마케팅의 절반
⑤ 고객서비스 향상과 물류비 절감으로 기업이익 최대화

> **해설** 상물분리 개념의 확대는 기업의 물류비 감소를 초래한다.

Answer   36. ③   37. ②   38. ①   39. ④   40. ④   41. ①

42 다음은 물류관리에 대한 설명이다. 가장 알맞은 것은?

① 재고량을 줄여 재고비용을 감소시키면 고객서비스 수준은 향상되며, 고객서비스 수준의 향상은 배달지연이나 재고부족으로 인한 매출의 감소를 가져온다.

② 운송비, 주문처리비 등의 눈에 보이는 비용을 절감해야 고객서비스 수준이 향상된다.

③ 일반적으로 물류비의 감소와 고객서비스 수준의 향상 간에는 상충관계(Trade-off)가 있다.

④ 통합물류관리에서는 물류기능을 세분화하고 권한을 분산시킴으로써 주문처리시간의 단축화를 도모한다.

⑤ 물류의 통합이 기업의 경계를 넘어 공급사슬관리 전체로 확대됨에 따라 물류부서 자체의 전략적 중요성은 감소되고 있다.

> **해설** ① 재고를 감소시키면 고객서비스 수준은 감소되며, 배달지연 및 재고부족으로 매출의 감소를 가져온다.
> ② 고객서비스 수준이 감소된다.
> ④ 통합물류관리에서는 물류기능, 즉 조달물류, 생산물류, 판매물류 간의 효율적 연계가 필요하며, 권한을 집중시킬 필요가 있다.
> ⑤ 물류부서의 전략적 중요성은 증대되고 있다.

43 제품의 수명주기를 도입기·성장기·성숙기·쇠퇴기 등의 4단계로 구분할 때, 다음 각 단계별 물류전략에 대한 설명 중 적절하지 않은 것은?

① 도입기에는 판매망을 소수의 지점에 제한하는 물류전략이 적합하다.

② 성장기에는 제품의 유통지역이 가장 광범위한 시기이므로 장기적인 시장지위를 확보하기 위한 유통망 확충이 필요하다.

③ 성숙기는 시장에서 제품가용성을 높이기 위해 많은 수의 재고거점이 필요한 시기이다.

④ 성숙기는 고객별로 차별화된 물류서비스가 가장 효율적인 물류전략으로 작용하는 단계이다.

⑤ 쇠퇴기에는 재고보유 거점수가 줄어들어 제품의 재고가 소수의 지점에 집중하게 되므로 제품의 이동형태와 재고배치의 수정이 필요하다.

> **해설** 제품의 유통지역이 가장 광범위해지는 시기는 성숙기이며, 성장기에는 재고거점의 수나 재고수준을 결정하는데 정보가 많지 않아 물류관리자의 판단에 따른 물류계획이 필요하다.

44 **고객서비스에 관한 다음 설명 중 가장 적절하지 않은 것은?**

① 측정요소에는 주문충족률, 지체기간, 클레임수, 과부족 선적수 등이 포함된다.

② 고객집단별 만족도 조사를 통하여 각 고객집단에게 동일한 수준의 동일한 고객서비스 믹스를 제공한다.

③ 고객서비스는 거래 전(시스템의 유연성, 기술적 서비스 등), 거래시(품절률, 주문정보, 시스템 정확성, 주문편리성 등), 거래 후 요소(설치 및 보증, 제품추적, 클레임 등)들로 분류된다.

④ 고객집단별 적정 서비스 수준을 파악함으로써 이익, 투자수익률 등을 제고시킬 수 있다.

⑤ 고객서비스 측정요소는 업체의 특성, 고객의 특성 등에 따라 달라져야 한다.

해설 고객서비스 수준을 개선하기 위해서는 고객집단별 만족도 조사가 아닌 고객의 필요에 대한 조사를 통하여 각 고객집단에게 동일한 수준의 동일한 고객서비스 믹스를 제공해야 한다.

45 **다음은 제품수명주기별 물류전략을 말하고 있다. 가장 알맞은 것은?**

① 도입기에는 높은 수준의 재고가용성 및 물류시스템의 유연성 확보가 필요하다.

② 성장기에는 비용과 서비스의 상충관계를 고려해야 한다.

③ 성숙기에는 차별화된 물류서비스 전략이 필요하다.

④ 쇠퇴기에는 위험 최소화 전략 및 재고 집약화가 필요하다.

⑤ 모두 맞음

해설 모두 맞게 설명하고 있다.

46 **다음은 물류비와 물류서비스에 대한 설명이다. 적절치 못한 것은?**

① 물류비와 물류서비스는 상충관계에 있기 때문에 총비용이 가장 낮은 경우가 합리적인 물류서비스 수준이라고 할 수 있다.

② 물류서비스 수준이 높아질수록 운송비용은 증가한다.

③ 물류서비스 수준이 높아질수록 판매손실비는 감소한다.

④ 재고거점 수가 증가할수록 수배송비는 감소하지만 재고비용은 증가한다.

⑤ 재고거점 수가 증가하면 고객서비스 수준이 향상되기 때문에 재고거점 수를 최대화하는 것이 바람직하다.

해설 총비용이 가장 낮은 수준에서 재고거점의 수를 결정하는 것이 바람직하다.

47 다음 중 거래 전, 거래 시, 거래 후의 고객서비스 요소를 말하고 있다. 적절치 못한 것은?

① 거래 전 - 시스템의 유연성　　② 거래 시 - 주문의 편리성

③ 거래 시 - 일시적인 제품 대체　　④ 거래 후 - 설치 및 보증

⑤ 거래 후 - 고객 클레임

해설 일시적인 재품 대체는 거래 후의 서비스 요소이다.

48 제품의 수명주기를 도입기 · 성장기 · 성숙기 · 쇠퇴기 등의 4단계로 구분할 때, 다음 각 단계별 물류전략에 대한 설명 중 가장 적절한 것은?

① 도입기는 재고거점의 수나 재고수준을 결정하는데 정보가 많지 않아 물류관리자의 판단에 따른 물류계획이 필요하다.

② 성숙기에는 판매망을 소수의 지점에 제한하는 물류전략이 적합하다.

③ 성장기에는 제품의 유통지역이 가장 광범위한 시기이므로 장기적인 시장지위를 확보하기 위한 유통망 확충이 필요하다.

④ 성장기는 고객별로 차별화된 물류서비스가 가장 효율적인 물류전략으로 작용하는 단계이다.

⑤ 쇠퇴기에는 재고보유 거점수가 줄어들어 제품의 재고가 소수의 지점에 집중하게 되므로 제품의 이동형태와 재고배치의 수정이 필요하다.

해설 ①은 성장기, ②는 도입기, ③④는 성숙기를 설명하고 있다.

49 경쟁우위 창출을 위한 기업의 물류관리 전략으로 적절하지 않은 것은?

① 효율적인 물류활동을 통하여 기업은 원가를 절감할 수 있고, 이를 바탕으로 저가격전략에 의한 시장 점유율 제고 및 수익률 증대를 추구할 수 있다.

② 통합물류관리 관점에서 기업은 운송비 절감에 집중하여 차별화된 경쟁우위를 확보해야 한다.

③ B2B 거래에서 고객이 원하는 장소로 직접배달, 고객에 대한 교육훈련 등의 서비스 활동은 경쟁우위를 창출할 수 있는 방안이다.

④ 고객의 다양한 요구를 저렴한 비용으로 충족시킬 수 있는 물류시스템을 보유한 경우, 보다 넓은 고객층을 확보할 수 있다.

⑤ 고객주문에 대한 제품가용성, 주문처리의 정확성 등의 물류서비스를 제공함으로써 경쟁우위를 확보할 수 있다.

해설 운송비 절감에 집중하는 것이 아니라 운송비를 포함한 총물류비 절감과 고객서비스 수준을 종합적으로 고려하여 물류전략을 수립하여야 한다.

Answer　47. ③　48. ⑤　49. ②

물류관리전략

03 물류관리전략

| 학습목표 |
1. 기업의 경영전략 및 마케팅전략에서 물류의 역할을 정리한다.
2. 고객관계관리(CRM)의 의의와 특징을 이해한다.
3. 물류관리의 기초가 되는 물류와 생산·마케팅의 관계를 정리하고, 물류계획의 수립과정과 종류를 정리한다.
4. 수요예측기법의 종류별 특징을 체계적으로 정리하고, 정량적 예측방법에 의한 수요예측 계산방식을 익힌다.

| 단원열기 |
전략적 관점에서의 물류관리의 개념 및 중요성에 대한 내용을 다루고 있는 이 단원은 기업의 전략 및 마케팅전략에서의 물류전략의 위치 및 관계, 목표, 유형, 구성요소를 비롯하여 물류관리의 기초가 되는 물류계획의 수립과정과 정성적·정량적 수요예측기법, 수요예측시 고려사항 등에 대해서 자세히 다루고 있다. 이 단원에서는 물류와 마케팅 간의 관계, CRM, 물류계획, 수요예측기법에 대한 출제빈도가 높으며, 정량적 수요예측의 계산방법을 익혀야 한다. 그 외에도 물류전략의 목표, 물류네트워크 설계에 대한 내용을 숙지할 필요가 있다.

제1절 경영전략과 물류관리전략

1 경영전략

(1) 경영전략이란 기업의 장기적 목적 및 목표의 결정, 이들 목표의 결정을 실행하기 위하여 기업활동을 전체적·계획적으로 적응시키는 전략으로 변동하는 기업환경에 능동적으로 대처하여 기업의 존속과 성장을 꾀하는 것을 말한다.

(2) 경영전략의 수립은 기업의 목적을 명확히 정의하는 데서 출발한다.

① 이윤의 추구, 생존, 사회적 기여, 투자수익률(ROI), 시장점유율, 성장 다음으로 비전수립(Visioning) 과정이 필요하다.

② 우수한 전략을 위해서는 고객(Customers), 공급자(Suppliers), 경쟁자(Competitors), 전략의 주체가 되는 기업(Company)의 4가지 요소를 고려해야 하는데, 이를 위해서는 이들 각각의 Needs, 강점, 약점, 지향하는 목표, 전망 등을 평가하고, 최적의 전략을 도출하기 위한 Brainstorming 과정을 거쳐야 한다.

(3) 경영전략의 효율적인 실행을 위해서는 포괄적이고 일반적인 비전 전략들을 보다 구체적인 계획으로 전환해야 한다. 비용구조, 재무적 강점과 약점, 시장점유 수준, 자산 기반과 배치, 외부환경, 경쟁력, 고용자의 기술 등에 대한 명확한 이해를 바탕으로 기업이 직면하고 있는 위협과 기회로부터 도출되는 대안 전략들을 선택하고, 이들 전략들이 수립된 비전을 실현할 수 있는 구체적인 방향을 제공해야 한다.

2 경영전략과 물류전략의 관계

(1) 기업전략은 다음 [그림 3-1]에 나타난 것과 같이 세부적인 기능별 전략을 포함한다.

(2) 제조, 마케팅, 재무, 그리고 물류활동에 대한 각각의 계획을 구체화함으로써 기업전략은 구현될 수 있다.

(3) 물류전략은 기업의 경영전략에 포함, 기업 전체의 최적화를 목적으로 전략적인 체계하에서 효과적으로 운영되어야 한다.

● [그림 3-1] 경영전략과 물류전략

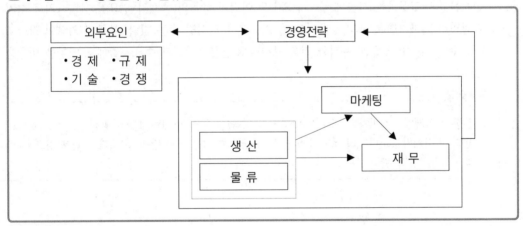

제 2 절 마케팅전략과 물류전략

1 마케팅의 정의와 물류

(1) 미국마케팅협회(AMA : American Marketing Association)에서는 마케팅을 개인이나 조직의 목적 달성과 욕구 충족을 가능하게 하는 교환을 창출하기 위하여 아이디어, 재화 및 서비스의 이념화, 제품화, 수요 예측, 판매 촉진 및 유통을 계획하고 집행하는 과정이라고 정의하고 있다. 즉, 마케팅 이란 기본적으로 소비자의 니즈(수요창조, Demand Creation)와 욕구 충족(수요충족, Demand Satisfaction)의 역할을 수행하기 위한 일련의 활동들을 말한다.

(2) 물류는 마케팅에서의 교환활동의 일부로 고객의 필요에 따라 원재료 및 최종 상품의 생산지점에서 사용지점에 이르기까지의 물리적 흐름을 계획, 실행, 통제함으로써 고객의 니즈와 욕구를 충족시키기 위하여 행해지는 활동이다(P. Kotler, 2000).

(3) 이와 같이 마케팅은 수요를 창출하고 조절하는 역할을 하는 데 반해, 물류의 경우에는 발생한 수요에 대해 서비스를 공급함으로써 수요를 충족시킨다.

(4) 실제로 물류의 경우에는 시장에서의 수요발생 이전의 상품의 존재가 수요를 창출하기도 하기 때문에 엄밀히 말하자면 수요의 창출과 조절 기능을 분리시킬 수는 없다. 물류의 역량이 강한 기업일수록 수요창출 및 조절에 유리한 것을 보더라도 물류서비스가 수요창출에도 영향을 미침을 알 수 있다.

> **보충학습**
> 1. **전통적 마케팅** : 소비자의 욕구가 반영되지 않음. 후행적 마케팅, Push 방식
> 2. **현대적 마케팅** : 소비자의 욕구가 반영됨. 선행적 마케팅, Pull 방식, 고객과의 관계 강조 ⇨ 고객 · 시장지향적 관리

2 마케팅의 기능

(1) 마케팅 기능에는 환경 분석, 마케팅 조사, 소비자 분석, 상품기획, 유통계획, 촉진계획 그리고 가격 결정 등이 있다.

(2) 이 중에서 환경 분석, 마케팅 조사, 소비자 분석은 시장세분화를 통한 표적시장의 선택과 상품의 포지셔닝 등의 기본적인 마케팅전략의 수립을 위해 수행되는 기능이며, 상품(Product), 가격 (Price), 촉진(Promotion), 유통(Place)의 4P's와 관련된 계획은 이미 수립된 기본적인 마케팅전략에 근거하여 만들어진다. 4P's 중 물류는 유통채널과 관련이 깊다. 참고로 유통채널은 경직적이므로 다른 마케팅 믹스에 비해 한번 결정되면 다른 유통채널로의 전환이 용이하지 않다.

● [그림 3-2] 마케팅의 체계

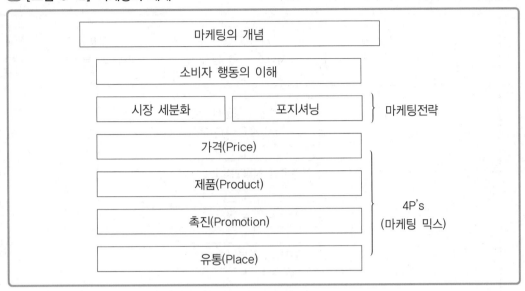

3 마케팅전략과 STP

(1) 기업의 마케팅전략은 기업의 목표 결정과 제품 포트폴리오가 결정이 되면 시장에서의 전략적 위치를 결정하게 되는데, 시장에서의 전략적 위치는 각 기능별 전략과 밀접하게 연계되어 있으며, 특히 마케팅전략은 시장 포지셔닝(Positioning) 전략의 가장 중요한 부분을 차지한다.

(2) **마케팅전략과정과 STP 개념**

① 기업의 전략이 수립되면 각 사업단위별로 최적의 제품시장에 접근하기 위한 마케팅전략으로 시장세분화와 표적시장결정이 이루어지고 표적시장에서의 제품 포지셔닝이 행해진다.

② **시장세분화**(Market Segmentation): 전체 시장을 기업의 마케팅 믹스 투입에 대하여 유사한 반응을 할 것으로 추정되는 여러 개의 고객집단으로 나누는 과정을 의미한다.

③ **표적시장**(Target Market)**의 결정**: 여러 개의 세분시장들 중 그 기업의 욕구를 가장 잘 충족시킬 수 있고 경쟁력을 가질 수 있는 세분시장을 선정하는 것을 말한다.

④ **포지셔닝**(Positioning): 소비자의 마음속에서 특정 상표나 서비스가 경쟁 상표나 서비스와 비교하여 상대적으로 어떤 위치를 차지하도록 하는 마케팅 노력을 말한다.

◉ [그림 3-3] 전략 수립의 전체적 과정

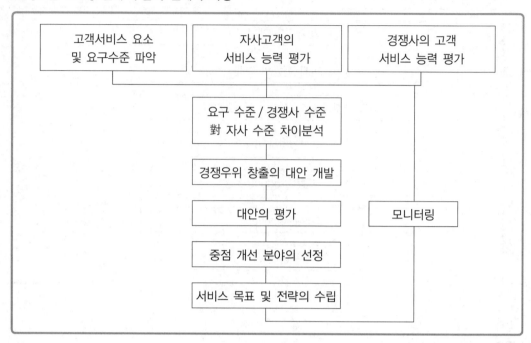

4 마케팅 조사과정

(1) 미국마케팅협회(American Marketing Association)에서는 마케팅 조사를 정보(즉, 마케팅 기회와 문제를 파악할 수 있는 정보, 마케팅활동을 기획·수행·평가하는 데 이용되는 정보, 마케팅활동의 성과를 관찰할 수 있는 정보, 마케팅 과정에 대한 이해를 증진시켜 줄 수 있는 정보)의 수집·분석을 통하여 소비자, 고객 및 일반대중을 기업의 관리자들과 연계시켜 주는 기능을 수행하는 것이라고 정의하였다.

(2) 마케팅 조사는 마케팅 의사결정을 내리는 데 필요한 정보가 무엇인지를 규명하고, 이러한 정보를 수집하는 방법을 설계하고, 자료의 수집과정을 통제하며, 결과를 분석하여, 이를 기업의 마케팅전략에 적절히 반영하도록 하는 과정이다. 따라서 시장조사를 통하여 수집되는 정보는 객관적이어야 하며, 최근의 시장 상황을 반영하여야 하며, 또한 현재 마케팅 담당자가 처한 문제를 해결하는 데 필요한 내용이어야 한다.

(3) **마케팅 조사의 진행과정**

① **문제의 제기**: 마케팅 관리자는 매출감소, 시장점유율의 하락, 경쟁업체의 진출 등과 같은 기업 내외의 문제에 대하여 이의 발생원인과 해결방안 또는 마케팅 활동상의 의사결정을 위하여 마케팅조사를 실시하게 된다.

② **예비단계**: 문제에 대한 해결을 찾기 위해 마케팅 담당자들은 우선 사내외의 2차 자료와 심층 면접과정을 통해 수집된 자료를 정리하고 분석해야 한다.

③ **마케팅조사 설계**: 구체적인 조사목적과 필요한 자료를 감안하여 조사방법과 조사계획을 수립하게 된다.

④ **자료수집**: 조사기법을 결정하고 그에 맞는 설문지와 같은 측정도구를 작성함과 동시에 조사 대상의 선정을 위한 표본추출계획을 수립한다.

⑤ **자료의 분석 및 대안 제시**: 수집된 자료에 대해 분석을 실시하고, 분석결과를 토대로 기업실무자와의 토론을 거쳐 시행가능한 의사결정 대안을 도출해 낸다.

5 마케팅 관리과정

(1) 마케팅의 관리과정은 마케팅 환경과 소비자를 분석한 결과를 토대로 마케팅전략을 수립하고 마케팅 믹스에 관한 계획을 만들어 이를 수행하고 통제하는 일련의 과정을 말한다.

(2) 마케팅 계획은 대기업의 경우, 영업사원, 마케팅 조사전문가, 광고전문가, 제품관리자, 고객서비스 담당자 등 많은 마케팅 전문가들에 의해 실행에 옮겨진다.

(3) 마케팅 계획이 실행될 때 원래 계획했던 대로 실행되어 성과가 나타나는 부분도 있으나 계획과 실제 성과가 다른 경우도 많이 볼 수 있다. 따라서 기업은 피드백을 얻어 마케팅 활동을 통제할 수 있는 시스템을 가지고 있어야 한다.

(4) 보통 통제시스템에는 기업의 매출이나 이윤 등의 연간목표를 달성할 수 있도록 하는 연간계획 통제시스템, 시장조건에 비추어 마케팅전략이 적절한가를 통제하는 전략적 통제시스템이 있다.

(5) 마케팅 환경이 빨리 변하면 변할수록 기업은 정기적으로 마케팅의 효과성을 재평가하여 궤도수정을 해 나가는 마케팅 감사(Marketing Audit)를 실시하게 된다.

┌─ **보충학습** ◁
│
│ **마케팅 믹스**(Marketing Mix)
│ 1. **의의**: 기업이 표적시장에서 마케팅 목표를 달성하기 위해 사용하는 마케팅 도구들의 집합
│ 2. **마케팅 믹스와 관련된 의사결정들**
│   (1) **가격계획**: 상품의 가격수준과 범위, 가격결정기법, 판매조건 등을 결정하는 것
│   (2) **제품계획**: 제품, 제품 구색, 제품 이미지, 상표, 포장 등의 개발과 관련된 의사결정
│   (3) **촉진계획**: 광고, 인적 판매, PR(Public Relations), 판매촉진 등을 통해 고객이나 일반 대중들에게 의사를 전달하는 일에 관한 의사결정
│   (4) **유통계획**: 유통경로를 설정하고, 물류 및 재고관리, 도매상 및 소매상의 관리를 위한 계획을 세우는 것

6 고객관계관리(CRM)

(1) 고객관계관리(Customer Relationship Management)는 마케팅의 각 단계에서 축적되는 고객정보를 체계적으로 이용하여 수익성 높은 고객과의 관계를 창출하고 지원하여 매출을 최적화하고 고객기반을 확충하며, 고객의 성향과 욕구를 파악하여 이를 충족시키면서 기업의 목표를 달성하는 전략이다.

(2) **CRM의 필요성**

① 업무기능상의 통합

② 고객의 세분화에 맞는 정보분석

③ 유통경로의 다양화

④ 고객이 필요로 하는 제품과 차별화된 서비스 제공

⑤ 정보통신 수단의 발달

(3) **CRM의 특징**

① 시장점유율보다 고객점유율에 비중을 두어야 한다.

② 고객의 획득보다 고객의 유지에 중점을 두어야 한다.

③ 제품판매보다 고객관계에 중점을 두어야 한다.

(4) **CRM의 절차**

① 현재 기업이 보유하고 있는 고객과 잠재고객에 대한 데이터를 수집·분석하여 비즈니스적인 요구에 맞는 마케팅 정보로 가공

② 고객 행동을 분석·예측하기 위하여 고객의 행동 확률을 고객 개인별로 점수화

③ 개별 고객의 점수를 활용하여 동일한 고객군으로 그룹화하여 분류

④ 고객별·그룹별로 효과적인 마케팅 프로그램과 전략을 개발, 검증, 구현, 측정 및 수정

┌ **보충학습** ◁

마케팅 컨셉의 변화

1. **1950년대(대량 마케팅)** : 마케팅 사고의 등장, 대량생산, 대량소비, 신규고객 창출
2. **1970년대(세분화 마케팅)** : 목표 고객의 필요에 따른 차별화된 마케팅
3. **1980년대(틈새 마케팅)** : 세분화된 마케팅의 의미론적 변화, 경쟁기업이 간과하고 있는 시장을 집중적으로 공략
4. **2000년대(CRM)** : 개별 고객의 욕구, 고객과의 1:1 관계 구축, 기존 고객 유지

---

7 물류와 생산, 마케팅 간의 관계

다음 [그림 3-4]는 마케팅과 물류, 그리고 생산과 물류 간에 공통적으로 일어나는 활동영역을 나타낸 것이다.

◉ [그림 3-4] 물류, 생산 및 마케팅 간의 관계

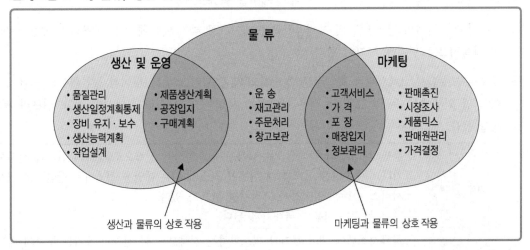

(1) 공통적인 영역은 복잡한 기업활동을 소수의 부서로 임의적으로 나누는 데서 발생되며, 관련 부서 간의 이해관계가 얽혀 있기 때문에 어느 한 부서 독자적으로는 효율적으로 수행할 수 없는 활동이다.

(2) 복수의 부서에 관련되어 있는 활동을 특정 부서에 맡길 때 기업의 목표가 한 부서의 목표로 전락하는 결과를 초래하여 기대치에 못 미치는 결과를 얻게 된다. 따라서 이러한 문제를 효율적으로 해결하기 위해서는 조직이나 부서 간의 협조를 이끌어 낼 수 있는 매체나 동기부여가 필요하다.

(3) 기존의 조직 외에 제3의 조직을 만드는 것이 항상 유리한 것만은 아니다. 마케팅과 생산 조직만이 존재할 때 조직 간의 교류는 제한적이고 단순하며 조직의 수가 늘어날수록 조직 간의 관계가 복잡해지게 된다. 기업경영에 있어서 가장 어려운 일 중의 하나가 조직 간의 기능과 역할을 조정할 때 조직 간에 존재하는 알력을 해소하는 것이라는 사실에서 그 이유를 찾을 수 있다.

제 3 절 물류계획 수립과정

1 물류전략의 목표

(1) 물류전략은 비용 절감, 자본 절감, 서비스 개선을 목표로 한다.

(2) 물류전략은 기업의 경영전략 및 마케팅전략을 베이스로 하기 때문에 이들 전략의 방향성에 맞추어 지속적으로 변경해 나가야 한다.

(3) 물류전략 수립시 고객서비스 충족수준, 경쟁자의 제공 서비스 수준, 나아가 물류활동의 많은 부분이 기업 외부에서 수행되고 있는 점을 감안하여 사회환경 및 소비자 의식의 변화, 인프라 정비상황 등을 고려해서 수립해야 한다.

비용 절감	① 운반 및 보관과 관련된 가변비용을 최소화하는 전략으로 창고의 위치를 선정하거나 수송수단을 선택할 때 비용이 최소가 되는 대안을 선택하는 방안으로 이때 서비스 수준은 일정하게 고정시킬 필요가 있다. ② 주요 목표는 이윤의 극대화가 된다.
자본 절감	① 물류시스템에 대한 투자를 최소화하는 전략으로 이 전략의 동기는 투자에 대한 수익을 극대화하는 것이다. ② 창고에 제품을 보관하지 않기 위해서 소비자에게 직접 제품을 운송하고, 자가창고를 운영하는 대신 영업창고를 이용하며, 재고를 비축하기보다 JIT(Just In Time) 공급방식을 선택하며, 자체적인 물류망을 구축하는 대신 전문물류서비스 업체를 이용함으로써 물류부분의 자본을 절감하는 방식이다. ③ 높은 수준의 투자를 필요로 하는 전략들보다 가변비용을 많이 초래할 수 있지만 투자수익은 증가할 것이다.
서비스 개선	① 고객에게 제공되는 서비스 수준에 비례하여 수익이 증가한다는 데 근거한다. ② 물류고객서비스 수준이 증가함에 따라 비용은 급격히 증가하지만 이로 인한 수익의 증가는 비용증가분을 상쇄하고도 남으며, 효율적인 서비스전략은 경쟁사가 제공하는 서비스 수준을 고려하여 적정 서비스 수준을 결정해야 한다.

2 물류전략의 유형과 구성요소

(1) 물류전략의 유형

① 비교우위 전략

㉠ 저비용·저서비스를 제공하는 물류전략

㉡ 저비용은 효율적 물류운영을 통하여 물류비 절감

㉢ 대형화 및 공동수배송 등으로 원가우위를 얻을 수 있는 전략

② **차별화 전략**

    ㉠ 고비용·고서비스를 제공하는 차별화 전략

    ㉡ 경쟁기업과는 다른 독특한 서비스를 고객에게 제공하는 전략

    ㉢ 당일 배송서비스는 가장 높은 가격을 부가한 차별화 전략

(2) 물류전략의 구성요소

① **기초실행 수준**: 기업정책, 정보시스템, 설비 및 장치, 조직 및 변화관리

② **물류기능 수준**: 창고설계 및 운영, 수송관리, 자재관리

③ **물류구조결정 수준**: 경제적인 네트워크 구축과 제품 특성에 적합한 경로설계

④ **물류전략목표 수준**: 고객서비스 제고

3 물류계획의 구분

물류계획은 전략적 계획, 전술적 계획 및 운영적 계획으로 구분할 수 있다.

(1) 전략적 계획(장기계획)

기간이 1년 이상인 장기계획으로 전략적 계획은 설비 투자와 같이 장기간에 걸쳐 이루어지는 사업[예 시설입지계획(창고입지 결정), 수송수단 선택 등]

(2) 전술적 계획(중기계획)

기간이 1년보다 작은 단위의 중기계획(예 재고 포지셔닝, 고객주문에 대한 우선순위 규칙, 공급자 선택 등)

(3) 운영적 계획(단기계획)

시간, 일 단위로 자주 의사결정이 이루어지는 단기계획(예 주문처리, 경로계획, 주문품 발송 등)

4 물류계획의 수립과정

(1) 어떤 조직을 관리하는 데 있어 미래에 대하여 계획을 세우는 것은 중요하며, 물류계획은 경제상황과 기업의 경영전략에 맞추어 수립해야 한다.

(2) 물류계획의 수립단계

① **제1단계**(물류환경분석): 관련 산업 물류환경, 업계 물류환경, 경쟁사 물류환경, 자사 물류환경, 하드웨어·소프트웨어 환경, 기술 및 법규 환경 등을 분석한다.

② **제2단계**(물류목표설정): 소비자의 니즈(Needs, 욕구)가 무엇인지, 얼마만큼(수량)을 원하는지, 언제(시기) 원하는지, 제품의 디자인이나 품질은 어느 정도인지, 가격은 얼마를 원하는지를 분석하고 예측한다. 여기서는 고객서비스 수준의 향상과 비용 절감을 어떻게 조절하느냐가 중요하다.

③ **제3단계**(물류전략 수립) : 상기의 단계를 토대로 제품설계 및 개발, 원자재 및 부품 조달, 생산 및 조립, 일정계획, 재고관리, 운송 등 소비자에게 제품이 인도될 때까지의 모든 활동을 계획하고, 여기에 필요한 제 자원을 검토한다. 이 단계에서는 물류합리화의 관점에서 물류거점통합, 납기관리, 운송관리, 재고관리, 정보관리, 포장의 모듈화 등에 초점을 맞추어 계획을 세우는 것이 중요하다.

④ **제4단계**(설계 · 운영 및 성과측정) : 물류관리전략에 따른 물류시스템의 운영과 성과측정을 통하여 이를 기업의 경영전략에 다시 반영하도록 한다.

◉ [그림 3-5] 물류전략 수립과정

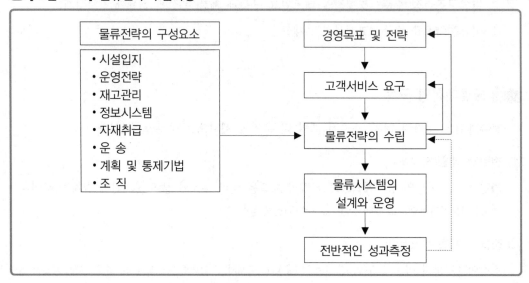

5 물류계획의 추진단계

(1) 물류계획의 추진 4단계

전략적 단계 ⇨ 구조적 단계 ⇨ 기능적 단계 ⇨ 실행 단계

(2) 전략적 단계

① 고객서비스 수준 결정
② 물류전략 수립과정에서 최우선적으로 결정
③ 고객만족과 기업이윤의 극대화를 달성할 수 있는 최적의 서비스 제공

(3) 구조적 단계

① 유통경로 설계

  ㉠ 유통경로는 한번 구축하면 변경이 어렵기 때문에 치밀한 사전계획 필요

  ㉡ 고객의 욕구 변화로 경제상황에 적합한 유통경로의 재검토 및 재구축

  ㉢ 수송비 및 설비 투자비 등의 비용조건을 총비용 개념으로 고려

② 물류네트워크 설계

  ㉠ 원부자재의 조달업무, 생산활동, 판매유통과정까지의 흐름을 최적화

  ㉡ 전체 과정을 상호 연관된 단계인 부가가치 공급사슬로 접근

(4) 기능적 단계

① 물류창고의 설계 및 운영

  ㉠ 창고의 규모와 수, 설립장소, 운영시설 등을 고려

  ㉡ 창고 운영(자가창고 운영 혹은 영업창고 이용)

② 운송관리

상품에 맞는 운송전략과 단기·중장기적 운송비용 감소 추진

③ 자재관리

예측에 재고계획, 생산계획, 생산일정 및 구매를 포함하는 전반적인 원·부자재 및 완제품의 보충과정에 관한 사항

(5) 실행 단계

① 정보시스템 구축

  ㉠ 생산, 마케팅, 회계, 재무 등의 기업활동과 상호 연계

  ㉡ 기업활동의 통합화를 통해 원가관리 및 고객에게 양질의 서비스 제공

② 정책 및 절차 수립

기업의 성과달성을 위한 각종 물류관련정책과 정책실행을 할 수 있는 업무절차 수립

③ 설비 및 장비 도입

기능적 단계를 실현할 수 있는 적합한 시설 도입

④ 조직 및 변화관리

물류조직의 효율적인 통합 구성, 조직 형태의 능동적인 변화 추구

제4절 물류계획과 수요예측

1 수요예측의 개요

(1) 물류계획에 있어서 기업의 제품과 서비스에 대한 수요의 발생을 파악하고 수요를 예측하며, 그 기업이 그 수요를 어떻게 충족시킬 것인가를 결정하는 것이 필요한데, 이를 수요예측이라 한다.

(2) 수요예측은 기업의 제품과 서비스에 대한 수요의 양과 시기를 예측하는 것으로, 수요예측의 목적은 의사결정에 있어 위험을 감소하기 위함이다.

(3) 수요예측이 이루어지면 수요를 충족시키기 위해 필요한 자원에 대한 예측을 실시하는데 이는 구매되는 부품과 원자재뿐만 아니라 기업의 설비, 기계, 노동력에 대한 양과 시기를 예측하는 것을 말한다.

① **부품들의 재고관리**: 부품들의 재고를 통제하는 데 있어서는 구매방법을 결정하기 위해 각 부품별로 측정해야 하며 더욱이 조달 리드타임에 대한 예측 오차의 가변성을 측정해야만 재주문점을 결정할 수 있다.

② **설비계획**: 새로운 설비 등에 관한 의사결정은 그러한 설비를 활용하는 활동에 관한 장기예측을 필요로 하는데, 소요투자의 정당화를 위해서는 수요예측이 필요하다.

③ **인원수급계획**: 인사관리자는 소요인원을 효율적으로 확보하기 위해서 자원계획에 따라 인원수급을 예측하여야 한다.

④ **재무계획**: 재무관리자는 자신의 조직이 시간경과에 따라 겪게 될 자금흐름의 패턴에 관심을 갖고 있기 때문에 현재의 의사결정에 도움을 받기 위해서 여러 가지 미래시간에 걸쳐 유형별로 분리된 자금흐름을 예측하여야 한다.

2 수요예측기법의 유형

◉ [그림 3-6] 수요예측기법의 유형

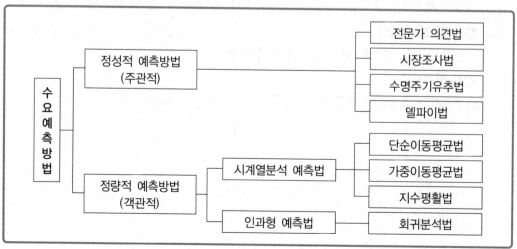

> **핵심잡기**
>
> **정성적 기법과 정량적 기법**
>
> **1. 정성적 기법**
> (1) 개인의 주관적인 판단에 의하여 예측하는 방법으로 주관적 예측
> (2) 주로 중장기 예측에 사용되며, 대표적으로는 델파이법(Delphi Method), 시장조사법(Market Research), 패널여론조사법, 역사적 유추법(Historical Analogy, 수명주기 유추법) 등
>   ① 델파이법 : 설문조사의 반복과정, 피드백 과정 및 연속 질문, 기술혁신 발생시 이용
>   ② 시장조사법 : 앙케이트 등을 이용하여 조사, 가장 수리적인 예측방법, 장시간, 고비용
>   ③ 전문가 의견법(패널여론조사법) : 전문가들의 의견을 수렴하여 예측, 단기간, 비용 저렴
>   ④ 수명주기(역사적) 유추법 : 신제품 개발에 도입, 중장기적, 비용 저렴, 예측결과의 차이 발생
>
> **2. 정량적 기법**
> (1) 계량적인 모델과 데이터를 사용하여 예측하는 분석기법
> (2) 대표적으로 시계열 분석기법(단순이동평균법, 가중이동평균법, 지수평활법)과 인과형 예측법(회귀분석, 계량경제모형, 투입산출모형, 선도지표법, 시뮬레이션모형)

(I) 정성적 기법

① **델파이법**(Delphi Method)
  ㉠ 한 질문서에 대한 응답을 기초로 다음의 질문서를 전문가 패널에게 돌려 그들의 의견을 수렴함으로써 예측 값을 획득하는 수요예측방법이다.
  ㉡ 참가자에게 먼저 표시한 의견에 대한 이유를 물을 수 있으며, 이러한 이유들을 모아 각각의 참가자들에게 알려주고 먼저의 추정 값을 다시 고려하여 가능한 개선점이 있으면 개선하도록 부탁한다.
  ㉢ 이 같은 과정을 3~6차례 반복 시행한 후 예측 값을 확정할 수 있다.
  ㉣ 주로 신제품 개발, 시장전략 등을 위한 장기예측이나 기술예측에 적합하다.
  ㉤ 과거 자료 등의 예측자료가 없어도 예측이 가능한 장점이 있는 반면, 창의력의 자극이 없으며, 시간과 비용이 많이 드는 단점이 있다.

② **시장조사법**(Market Research)
  ㉠ 예측대상에 대한 가설을 세운 다음 설문지, 직접 인터뷰, 전화 등을 이용하여 소비자의 심리, 선호, 구매동기 등을 조사하는 방법으로 정성적 기법 중 시간과 비용이 가장 많이 들지만 가장 정확한 예측방법이다.
  ㉡ 회사 총판매량 예측, 중요 생산품, 각 제품별 수요예측에 사용된다.

③ **패널여론조사법**(전문가 의견법) : 어느 한 개인의 의견보다는 다수의 전문가의 의견이 더 좋은 예측치를 낸다는 가정하에 상호 간에 자유롭게 의견을 제시하게 함으로써 예측치를 구하는 방법으로 비교적 단기간에 저렴한 비용으로 예측결과를 얻을 수 있다.

④ **역사적 유추법**(Historical Analogy, 수명주기유추법)

    ㉠ 신제품이 개발될 경우에 과거의 자료가 없으므로 유사제품의 제품수명주기의 도입기, 성장기, 성숙기, 쇠퇴기의 단계에서의 수요변화에 관한 과거의 자료를 이용하여 수요의 변화를 유추해 보는 방법이다.

    ㉡ 중기나 장기의 수요예측에 적합하다고 알려져 있으며 비용이 적게 든다는 장점이 있으나, 신제품과 비슷한 기존 제품을 어떻게 선정하는가에 따라서 예측결과가 큰 차이가 나는 단점이 있다.

(2) 정량적 기법

① **시계열 분석기법**(Time Series Analysis)

    ㉠ 예측하고자 하는 상품의 수요량이 과거의 일정 기간 동안 어떤 형태로 이루어졌는지를 분석하여 미래의 수요를 예측하는 방법이다. 시간에 따라 변화하는 어떤 현상을 일정한 시간 간격으로 관찰할 때 얻어지는 일련의 관측치를 말한다. 주로 단ㆍ중기 예측에 사용되며, 대표적으로는 이동평균법, 지수평활법, 추세분석법 등이 있다.

    ㉡ 시계열의 구성요소 1

        ⓐ 시계열이란 일정한 시간 간격으로 본 일련의 과거 자료를 말하는 것으로 예를 들어 일별, 주별, 월별 판매량 같은 것이다.

        ⓑ 시계열은 때로는 확연히 드러나지 않는 경우도 있지만 대개 어떤 패턴을 가지며, 이러한 패턴은 추세(T : Trend), 계절적 변동(S : Seasonal Variation), 순환요인(C : Cyclical Element) 및 불규칙변동 혹은 우연변동(R : Irregular or Random Variation)으로 구성되어 있다.

    ㉢ 시계열의 구성요소 2

        ⓐ 추세변동(T) : 장기변동의 전반적인 추세를 나타내는데, 수요가 일정한 비율로 증가 또는 감소하는 경향을 나타낸다.

        ⓑ 계절적 변동(S) : 추세선 상하로의 변동을 나타내며 1년 단위로 계절에 따라 되풀이되는 변동을 나타낸다.

        ⓒ 순환요인(C) : 1년 이상의 장기간에 걸쳐 수요가 상하로 순환적으로 변하는 것을 나타내며 주로 경기변동에서 비롯된다.

        ⓓ 불규칙변동(R) : 수요변동을 추세, 계절적 변동 및 순환요인에 의해 규명하였을 때 나머지 설명할 수 없는 변동으로서 예측이나 통제가 불가능하다. 이러한 우연변동은 전쟁, 석유파동, 천재지변 등과 같은 우연한 요인에 의해 발생하므로 어떠한 패턴도 갖지 않는다.

② **단순이동평균법**

    ㉠ 시계열에 계절적 변동이나 급속한 증가 또는 감소의 추세가 없고, 우연변동만이 크게 작용하는 경우의 수요예측에 유용하다.

ⓛ 단순이동평균법에서는 이동평균을 통하여 우연변동을 제거하고 예측하고자 하는 기간의 직전 일정 기간 동안의 실제수요의 단순평균치를 예측치로 한다. 즉, 기간 t의 실제수요를 A_t, 기간 t의 예측치를 F_t, 그리고 이동평균기간을 N이라 하면, 예측치 F_t는 다음과 같다.

$$F_t = (A_{t-1} + A_{t-2} + \cdots + A_{t-N}) / N$$

ⓒ 예측기법의 예제: 단순이동평균법

ⓐ 예를 들어, 실제수요가 다음과 같다고 가정해 보자.

월(t)	1	2	3	4	5
실제수요(At)	2	4	3	5	?

ⓑ 이동평균기간이 4개월이라면 4개월 단순이동평균에 의한 5월의 수요예측치 F_5는 다음과 같이 계산된다.

$$F_5 = \frac{2+4+3+5}{4} = \frac{14}{4} = 3.5$$

ⓒ 다시 5월이 경과하여 5월의 실제수요가 4였다면 4개월 단순이동평균에 의한 6월의 수요예측치 F_6은 다음과 같다.

$$F_6 = \frac{4+3+5+4}{4} = \frac{16}{4} = 4$$

③ **가중이동평균법**

㉠ 단순이동평균법과 유사하나 각 관측치에 동일한 가중치를 주는 단순이동평균법과는 달리 오래된 값보다 최근의 값에 가중치를 좀 더 주어 그 값을 예측치로 사용하는 방법이다.

ⓛ 가중이동평균법은 최근의 자료에 보다 큰 가중치를 부여함으로써 예측치가 수요변동을 빨리 따라가게 할 수 있다는 장점을 가지고 있지만 단순이동평균법보다 계산량이 다소 많다는 단점이 있다. 즉, 기간 t의 실제수요를 A_t, 기간 t의 예측치를 F_t, 기간 t에 부여된 가중치를 W_t라 하면 예측치 F_t는 다음과 같다(가중치를 모두 합한 값은 1).

$$F_t = (W_{t-1} \times A_{t-1}) + (W_{t-2} \times A_{t-2}) + \cdots + (W_{t-N} \times A_{t-N})$$

ⓒ 예측기법의 예제: 가중이동평균법

ⓐ 예를 들어, 실제수요가 다음과 같다고 가정해 보자.

월(t)	1	2	3	4	5
실제수요(At)	105	95	100	100	?

ⓑ 가중치를 예측하고자 하는 달의 직전 달에 0.4, 2개월 전에 0.3, 3개월 전에 0.2 그리고 4개월 전에 0.1로 둔다고 하면 이 경우 4개월 가중이동평균에 의해 5개월 수요를 예측해 보면 다음과 같이 나온다.

$$F_5 = 0.4(100) + 0.3(100) + 0.2(95) + 0.1(105) = 40 + 30 + 19 + 10.5 = 99.5$$

ⓒ 5월의 실제수요가 105였다면 다시 6월의 수요예측치는 다음과 같이 계산된다.

$$F_6 = 0.4(105) + 0.3(100) + 0.2(100) + 0.1(95) = 42 + 30 + 20 + 9.5 = 101.5$$

④ **지수평활법**

㉠ 가장 최근 자료에 보다 큰 가중치를 두고 자료가 오래될수록 가중치는 지수적으로 감소시키면서 예측하는 방법으로 가중치의 결정을 자동적으로 하는 일종의 가중이동평균법을 말한다(단기 예측에 유용, 가중이동평균법을 보완).

㉡ 가중이동평균법은 가중치 결정의 어려움이라는 단점을 가지고 있으므로, 이를 해소하기 위해 지수평활법에서는 평활상수를 이용하여 현재에서 과거로 갈수록 더 적은 비중을 주는 방법을 채택하고 있다.

㉢ 오랜 기간의 실적이 필요하지 않으며 데이터 처리 소요시간이 적게 드는 장점이 있다.

$$F_{t+1} = \alpha Y_t + (1-\alpha)F_t$$

F_{t+1} : 기간 $t+1$에서의 예측값

α : 평활상수($0 \leq \alpha \leq 1$)

Y_t : 기간 t에서의 실측치, F_t : 기간 t에서의 예측치

㉣ 예측기법의 예제 : 단순지수평활법

ⓐ 예를 들어, K기업의 2020년 3월의 트럭 판매예측치가 12,000대였고, 2020년 3월의 판매실측치는 15,000대, 그리고 지수평활상수가 $\alpha = 0.3$이라고 할 때, 지수평활법을 사용하여 K기업의 4월 판매량을 예측해 보면 다음과 같은 계산식이 된다.

$F_{t+1} = \alpha Y_t + (1-\alpha)F_t = 0.3 \times 15,000 + (1-0.3) \times 12,000 = 12,900$

ⓑ 단순지수평활법을 처음 도입하는 경우, 최초의 예측치 F_t를 어떻게 구하느냐가 문제가 되는데 일반적으로 최초 도입시점에서 과거 자료가 있으면 과거 자료의 단순이동평균치나 가중이동평균치를 최초 예측치로 하고, 과거 자료가 없으면 정성적 기법에 의한 예측치를 최초 예측치로 삼으면 된다.

ⓒ 초기의 예측은 이러한 최초 예측치에 의해 다소 영향을 받으나 지수평활법은 최근의 자료에 보다 큰 비중을 두기 때문에 시간이 경과함에 따라 최초 예측치의 영향은 점차 줄어든다.

(3) **인과형 모형**

과거의 자료에서 수요와 밀접하게 관련되어 있는 변수들을 찾아낸 후, 수요와 이들 간의 인과관계를 분석하여 미래수요를 예측하는 방법으로 주로 중장기예측에 사용되며, 대표적으로는 회귀분석, 계량경제모형, 투입 - 산출모형, 선도지표법, 시뮬레이션모형 등이 있다.

① **회귀분석법**

㉠ 회귀분석법은 인과예측기법의 대표적인 기법으로 종속변수의 예측에 관련된 독립변수를 파악하여 종속변수와 독립변수의 관계를 방정식으로 나타내는 것으로 과거의 수요자료가 어떤 변수와 선형의 관계가 있다고 가정하고 그 관계를 찾음으로써 미래의 수요를 예측하려는 방법이다.

ⓒ 단순선형 회귀분석과 다중선형 회귀분석이 있는데, 단순선형 회귀분석만 살펴보자면, 단순선형 회귀분석모델의 방정식은 다음과 같다.

$$Y = ax + b$$

  Y : 종속변수(예측치)

  x : 독립변수(예측치에 영향을 미치는 원인의 수치)

  a : 직선의 기울기

  b : Y의 절편

  ※ a와 b의 값은 최소자승법에 의해 구함

② 기타 인과형 모형

　ⓐ 계량경제모형 : 일련의 상호 관련된 회귀방정식을 이용하여 각종 경제활동을 예측한다.

　ⓑ 투입 — 산출모형 : 각 산업부문 간의 제품이나 서비스의 흐름을 분석하여 수요를 예측하는 방법이다.

　ⓒ 선도지표법 : 예측하고자 하는 대상의 선도지표에 의해 수요를 예측하는 방법으로 예를 들면, 석유가격의 인상은 장차 대형차의 수요를 감소시킬 것이기 때문에 석유가격은 대형차 수요의 선도지표가 된다.

　ⓓ 시뮬레이션모형 : 각종 내생변수와 외생변수에 대해 가정을 설정한 다음, 컴퓨터를 이용한 모의실험을 통해 수요를 예측하는 일종의 동적 모형이다.

▮3 수요예측시 고려사항

(1) 변수 간의 관계

수요예측의 근거가 되는 예측변수와 측정되거나 추정될 수 있는 하나 이상의 다른 변수 사이에 항상 어떠한 관계가 존재한다. 전자를 종속변수 또는 기준변수라 부르며 후자를 독립변수나 설명변수, 결정변수, 결정인자라고 부른다. 이러한 변수 간의 관계는 반드시 인과적인 것이 아닌 단순히 수학적 관계에 불과한 경우도 있지만 이들 변수 사이의 관계를 고려하여 수요예측을 하여야 한다.

(2) 안정성

예측의 근거는 변수 간의 관계가 시간에 걸쳐서 안정적이거나 예측될 수 있는 방향으로 변화한다.

(3) 관리가능성

변수 간의 관계가 마케팅 예측자에게 유용한 정도로 충분히 관리 가능하고 명확한 수학적 형태로 추정될 수 있다.

01 물류와 생산 및 마케팅의 관계를 설명한 것으로 옳지 않은 것은?
▶ 제17회

① 물류는 마케팅의 4P 중 제품(Product)과 가장 밀접한 관련이 있다.

② 기술혁신으로 품질과 가격 면에서 평준화가 이루어진 상태에서는 고객서비스가 마케팅과 물류에서 중요한 비중을 차지한다.

③ 물류는 포괄적인 마케팅에 포함되면서 물류 자체의 마케팅활동을 실천해야 한다.

④ 최근의 물류는 마케팅뿐만 아니라 산업공학적인 측면, 무역학적인 측면 등 보다 광범위한 개념으로 확대되고 있다.

⑤ 생산과 물류의 상호작용에 포함되는 요소로는 공장입지, 구매계획, 제품생산계획 등이 있다.

해설 마케팅 믹스 4P[상품(Product), 가격(Price), 촉진(Promotion), 유통(Place)] 중 물류는 유통(Place)과 가장 밀접한 관련이 있다. 여기서 유통이란 유통경로를 설정하고 물류 및 재고관리, 도소매상 관리를 위한 계획을 세우는 것을 의미하는데 다른 마케팅 믹스에 비해 유통경로는 한번 결정되면 다른 유통경로의 전환이 용이하지 않은 단점을 지니고 있다.

02 물류관리전략에 관한 일반적인 설명으로 옳은 것은?
▶ 제17회

① 일, 주단위의 업무운영에 관한 구체적인 사항을 수립하는 것이 전술적 계획이다.

② 배송빈도가 높을수록 물류센터의 재고 회전율은 감소한다.

③ 고객맞춤형 제품의 경우, 유통과정에서 완성하기보다는 공장에서부터 완성된 형태로 출하하는 것이 재고부담을 줄이는 좋은 방법이다.

④ 상물(商物)을 분리함으로써 배송차량의 효율적 운행이 가능하고, 트럭 적재율도 향상된다.

⑤ 운영적 계획과 전술적 계획을 미리 수립한 후 전략적 계획을 수립하는 것은 탑다운(Top-down)방식이다.

해설 ① 일, 주단위의 업무운영에 관한 의사결정이 이루어지는 단기계획(주문처리, 경로계획, 주문품 발송 등)은 운영적 계획에 해당한다. 전술적 계획은 기간이 1년보다 작은 단위의 중기계획으로 여기에는 재고 포지셔닝, 고객주문에 대한 우선순위 규칙 설정, 공급자 선택 등이 포함된다.
② 배송빈도가 높을수록 물류센터의 재고 회전율은 증가한다.
③ 고객맞춤형 제품의 경우, 공장에서부터 완성된 형태로 출하하는 것이 재고부담을 줄이는 방법이다.
⑤ 설비 투자와 같이 장기간에 걸쳐 이루어지는 전략적 계획을 수립한 후 전술적 계획과 운영적 계획을 수립하는 것이 탑다운(Top-down)방식이다.

03 다음은 월별 철강수요 자료이다. 지수평활법에 따라 5월에 예측되는 철강수요는? (단, 평활상수 α는 0.4로 한다) ▸ 제17회

(단위 : 톤)

월	철강수요	지수평활법 수요예측
1	18,000	
2	17,000	
3	16,000	
4	14,000	16,700
5	12,000	?

① 13,380   ② 14,820   ③ 15,080

④ 15,620   ⑤ 16,420

해설 지수평활법＝(0.4×14,000)＋{(1−0.4)×16,700}＝15,620

04 수요의 정성적 예측기법으로 전문가들을 한자리에 모으지 않고 일련의 질의서를 통해 각자의 의견을 취합하여 중기 또는 장기 수요의 종합적인 예측결과를 도출해 내는 기법은? ▸ 제17회

① 시장조사법   ② 전문가 의견법

③ 판매원 의견 통합법   ④ 자료유추법

⑤ 델파이법

해설 정성적 수요예측기법에는 전문가 의견법, 시장조사법, 수명주기유추법, 델파이법이 있는데 이 중에서 한 질문서에 대한 응답을 기초로 다음의 질문서를 전문가 패널에게 돌려 의견을 수렴함으로써 예측값을 획득하는 방법은 델파이법이다. 델파이법은 주로 신제품 개발, 시장전략 등을 위한 장기예측이나 기술예측에 적합하며, 과거 자료 등의 예측자료가 없어도 예측이 가능한 장점이 있는 반면, 창의력의 자극이 없으며, 시간과 비용이 많이 드는 단점이 있다.

Answer   1. ①   2. ④   3. ④   4. ⑤

05 다음 표는 물류계획을 전략, 전술, 운영의 순으로 나타낸 것이다. (   ) 안에 들어갈 내용으로 옳은 것은?
▸제18회

Decision Area	Strategy	Tactics	Operation
Transportation	㉠	Seasonal Leasing	Dispatching
Inventory	Location	㉡	Order Filling
Warehousing	Layout Design	Space Utilization	㉢

① ㉠ Mode Selection ㉡ Safety Stock Level ㉢ Order Picking
② ㉠ Routing   ㉡ Vendor Selection   ㉢ Stock Location
③ ㉠ Mode Selection ㉡ Vendor Selection   ㉢ Back Order
④ ㉠ Stock Location ㉡ Space Allocation   ㉢ Back Order
⑤ ㉠ Stock Location ㉡ Space Allocation   ㉢ Order Picking

> **해설** 전략적(장기) 물류계획은 시설(창고)입지계획, 운송수단 선택 등이 포함되며, 전술적(중기) 물류계획에서는 재고 포지셔닝, 고객주문의 우선순위, 공급자 선택 등이 포함된다. 운영적(단기) 물류계획에는 주문처리, 경로계획, 주문품 발송 등이 포함된다.

06 물류계획 수립에 관한 내용으로 옳은 것을 모두 고른 것은?
▸제19회

> ㉠ 구체적인 계획실행순서의 결정이 포함된다.
> ㉡ 물류관련 투자의 자금계획이 포함된다.
> ㉢ 물류담당자의 채용·훈련계획이 포함된다.
> ㉣ 물류시설의 건설계획은 포함되지 않는다.
> ㉤ 단기, 중기, 장기수준에서 이루어진다.

① ㉠, ㉡, ㉤   ② ㉠, ㉢, ㉤
③ ㉡, ㉢, ㉣   ④ ㉠, ㉡, ㉢, ㉤
⑤ ㉠, ㉡, ㉢, ㉣, ㉤

> **해설** ④ 물류시설 건설과 같은 설비투자는 전략적(장기) 계획에 해당된다.

07 물류와 기업경영의 관계를 설명하는 것으로 옳지 않은 것은? ▶제19회

① 물류는 기업의 하위시스템이기 때문에 물류계획을 수립함에 있어 기업의 경영전략을 고려하여야 한다.

② 기업 활동에서 제조부문의 원가 절감이 한계에 달하여 물류의 중요성이 부각되고 있다.

③ 운송, 보관, 하역, 포장 및 물류정보기술이 지속적으로 발전하면서 기업의 비용 절감에 더 많은 영향을 주고 있다.

④ 기업의 물류혁신 활동은 이익률을 개선하는데 영향을 주지만 마케팅, 고객서비스 만족도 등에는 영향을 주지 않는다.

⑤ 사회간접자본(SOC)과 물류기반시설투자가 부족하면 기업물류비 절감에 부정적인 영향을 끼친다.

해설 물류혁신 활동은 기업의 이익률 개선뿐만 아니라 마케팅, 고객서비스 만족도 등에 많은 영향을 미친다.

08 물류관리전략의 수립 단계를 순서대로 옳게 나열한 것은? ▶제20회

> ㉠ 소비자의 니즈(Needs), 필요 수량·시기, 요구하는 제품 디자인·품질·가격 등을 분석하고 예측한다.
> ㉡ 관련 산업·업계·경쟁사·자사 물류환경, 하드웨어, 소프트웨어, 기술 및 법규 등을 분석한다.
> ㉢ 물류관리전략에 따른 물류시스템의 운영과 성과측정을 통하여 이를 기업의 경영전략에 다시 반영하도록 한다.
> ㉣ 제품설계 및 개발, 원자재 및 부품조달, 생산 및 조립, 일정계획, 재고관리, 운송 등 소비자에게 제품이 인도될 때까지의 활동을 계획하고 필요한 여러 자원을 검토한다.

① ㉠ ⇨ ㉡ ⇨ ㉣ ⇨ ㉢

② ㉠ ⇨ ㉣ ⇨ ㉡ ⇨ ㉢

③ ㉡ ⇨ ㉠ ⇨ ㉣ ⇨ ㉢

④ ㉡ ⇨ ㉢ ⇨ ㉣ ⇨ ㉠

⑤ ㉡ ⇨ ㉣ ⇨ ㉠ ⇨ ㉢

해설 물류관리전략의 수립단계는 1단계(물류환경분석), 2단계(물류목표설정), 3단계(물류전략수립), 4단계(설계·운영 및 성과측정)로 이루어져 있다. ㉠은 2단계를, ㉡은 1단계를, ㉢은 4단계를, ㉣은 3단계를 각각 설명하고 있다.

Answer 5. ① 6. ④ 7. ④ 8. ③

09 수요예측방법 중 시계열분석방법에서의 시계열(Times series) 구성요소에 포함되지 않는 것은?

▶ 제20회

① 추세변동   ② 순환변동
③ 계절변동   ④ 불규칙변동
⑤ 시장변동

해설 시계열의 구성요소에는 추세변동, 순환변동, 계절변동, 불규칙변동이 있다.

10 수요예측 기법 가운데 정성적인 분석방법은?

▶ 제20회

① 지수평활법   ② 이동평균법
③ 회귀분석법   ④ 델파이법
⑤ 시계열분석법

해설 정성적 수요예측방법은 전문가 의견법, 시장조사법, 수명주기유추법, 델파이법이 있으며, 이 중 델파이법은 다수의 전문가에게 의견을 구하여 예측치를 구하는 방법이다.

11 성공적인 물류관리 실현을 위한 경영활동에 관한 설명으로 옳지 않은 것은?

▶ 제21회

① 물류관리의 중요성이 강조됨에 따라, 일부 기업에서는 판매와 생산부문까지 총괄하는 물류 담당 임원(CLO : Chief Logistics Officer) 제도를 도입하고 있다.
② 구매활동은 물류, 생산, 마케팅활동과는 독립적으로 수행된다.
③ 화주기업들은 경쟁우위 확보를 위해 물류기업과 전략적 제휴를 맺는 사례가 있다.
④ 물류환경은 공급자 중심에서 소비자 중심으로 전환되고 있다.
⑤ 생산부문의 원가절감이 한계에 달한 기업들은 물류부문에서 원가절감활동을 강화하고 있다.

해설 물류와 생산, 물류와 마케팅은 상호 밀접한 관계에 있어 한 부서가 독자적으로 효율적인 업무를 수행하기 어렵다.

12 수요예측기법에 관한 설명으로 옳지 않은 것은?

① 델파이법과 시장조사법은 정성적 기법이다.

② 시장조사법과 역사적 유추법은 중장기적 예측에 주로 사용하는 기법이다.

③ 역사적 유추법, 회귀분석법, 선도지표법 등은 다양한 변수들을 찾아내고 그들 사이의 인과관계를 예측하는 모형이다.

④ 지수평활법은 가장 최근 자료에 보다 큰 가중치를 부여해 수요분석을 하는 기법으로 단기예측에 유리한 기법이다.

⑤ 시계열 분석기법은 일정한 시간, 간격에 나타나는 관측치를 가지고 분석하는 방법으로 추세, 계절적 변동, 순환요인 등으로 구성된다.

> **해설** 변수의 인과관계를 예측하는 모형은 인과형모형이며, 여기에는 회귀분석법, 계량정제모형, 투입산출모형, 선도지표법, 시뮬레이션모형이 있다. 역사적 유추법은 정성적 예측법이다.

13 고객관계관리(Customer Relationship Management)에 관한 설명으로 옳지 않은 것은?

① 고객관계관리는 시장포화와 기업 간 경쟁심화 등에 따라 개별고객의 니즈를 충족하기 위한 전략적 수단으로 등장했다.

② 고객관계관리는 고객의 개별적 니즈에 부합하는 가치를 창조하고 이를 활용하여 신규고객 확보, 기존고객의 유지, 기존고객의 활성화를 위한 수단으로 도입되었다.

③ 고객관계관리는 신규고객 획득도 중요하지만 매출 상위 고객의 관리가 기업의 성패에 결정적인 역할을 하기 때문에 이들과의 관계 관리를 중요시 한다.

④ 기존고객의 유지활동에는 직접반응광고, 제휴마케팅, 이벤트 전개 등이 있다.

⑤ 고객관련 데이터를 어떻게 획득하고, 축적하며, 분석하고 서비스 할 것인가에 관한 고객전략 수립과 인프라 구축에 대한 이해가 필요하다.

> **해설** 기존고객의 유지활동에는 마일리지프로그램의 운용, 우수고객 우대프로그램의 운용, 이탈방지캠페인, 맞춤서비스의 제공, 인간적 유대의 강화 등이 있다. 직접반응광고, 제휴마케팅, 이벤트 전개 등은 주로 신규고객의 창출을 위해서 이루어지는 활동이다.

Answer 9. ⑤ 10. ④ 11. ② 12. ③ 13. ④

14 다음은 어떤 회사의 월별 에어컨 판매량을 나타낸 것이다. 6월의 에어컨 판매량은 52만대였다. 이동평균법, 가중이동평균법, 지수평활법을 이용하여 6월의 수요를 예측한 ㉠, ㉡, ㉢의 적절한 값은? (단, 계산한 값은 반올림하여 천단위까지 구하시오.)

기 간	실제판매량	예측판매량		
		이동평균법	가중이동평균	지수평활법
3월	30만대			
4월	44만대			
5월	52만대			50만대
6월	54만대	(㉠)	(㉡)	(㉢)

- 이동평균법의 경우, 이동기간 $n=3$을 적용
- 가중이동평균의 경우, 가중치는 최근 월로부터 각각 0.5, 0.3, 0.2를 적용
- 지수평활법의 경우, 지수평활상수 α=0.4를 적용

① ㉠ 40.5만대 ㉡ 44.8만대 ㉢ 50.6만대
② ㉠ 41.0만대 ㉡ 45.2만대 ㉢ 51.2만대
③ ㉠ 41.5만대 ㉡ 45.8만대 ㉢ 50.2만대
④ ㉠ 42.0만대 ㉡ 45.2만대 ㉢ 50.8만대
⑤ ㉠ 42.5만대 ㉡ 45.8만대 ㉢ 50.4만대

해설 ㉠ 이동평균법 = (30 + 44 + 52)/3 = 42만대
㉡ 가중이동평균법 = (30 × 0.2) + (44 × 0.3) + (52 × 0.5) = 45.2만대
㉢ 지수평활법 = (0.4 × 52) + {(1 − 0.4) × 50} = 50.8만대

15 물류계획의 단계를 일반적으로 전략, 전술, 운영으로 구분한다. 다음 설명 중 옳지 않은 것은?
① 전략적 계획은 장기적인 의사결정이다.
② 운송수단 선택은 전략적 계획의 영역이다.
③ 재고 포지셔닝은 전술적 계획의 영역이다.
④ 안전재고 수준의 설정은 운영적 영역이다.
⑤ 전술적 계획을 위해서는 정확하고 세부적인 자료가 필요하다.

해설 운영적 계획에서 정확하고 세부적인 자료가 필요하다.

16 마케팅전략에 대한 설명 중 틀린 것은?

① 마케팅전략이란 마케팅 목표를 달성하기 위해 다양한 마케팅활동을 통합하는 가장 적합한 방법을 찾아 실천하는 것을 말한다.

② 시장세분화란 여러 개의 세분시장들 중 그 기업의 욕구를 가장 잘 충족시킬 수 있고 경쟁력을 가질 수 있는 세분시장을 선정하는 것을 말한다.

③ 기업의 전략이 수립되면 시장세분화와 표적시장 결정이 이루어진다.

④ 마케팅 믹스의 요소에는 상품, 가격, 촉진, 유통이 있으며 이 중 물류는 유통과 관련이 깊다.

⑤ 기본적인 마케팅전략의 수립을 위해서는 제품의 포지셔닝이 먼저 이루어져야 한다.

해설 시장세분화란 기업의 마케팅 믹스 투입에 대하여 유사한 반응을 할 것으로 추정되는 여러 개의 고객집단으로 나누는 과정을 말한다.

17 고객서비스 중에서 마케팅서비스에 해당하는 것은?

① 품질서비스   ② 시간서비스   ③ 가격서비스

④ 기술서비스   ⑤ 수송서비스

해설 ①②⑤는 물류서비스에 포함된다.

18 다음 중 물류계획의 구성요소에 포함되지 않는 것은?

① 품질관리   ② 시설입지   ③ 운영전략

④ 정보시스템   ⑤ 자재취급

해설 품질관리는 생산계획에 포함된다.

Answer   14. ④   15. ⑤   16. ②   17. ③   18. ①

19 K기업의 2006년 5월의 크레인의 판매 예측치가 15,000대였고, 2006년 5월의 판매 실측치는 18,000대였다. 지수평활법을 사용하여 K기업의 6월 판매량을 예측하시오. (단, 지수평활계수 $\alpha = 0.1$ 로 가정)

① 17,000대   ② 16,500대   ③ 15,500대

④ 18,300대   ⑤ 15,300대

> **해설** $F_{t+1} = \alpha Y_t + (1-\alpha)F_t$, F_{t+1}은 기간 t+1에서의 예측값, α는 평활상수($0 \le \alpha \le 1$), Y_t는 기간 t에서의 실측치, F_t는 기간 t에서의 예측치이다.

20 S전자의 월초 보유재고가 150단위, 월간 판매량이 400단위, 그리고 월말 재고가 130단위로 파악되었다. 이 업체의 월간 생산량은 얼마인가?

① 350단위   ② 380단위   ③ 410단위

④ 440단위   ⑤ 470단위

> **해설** 월간 생산량 = (판매량 + 월말 재고) − 월초재고
> = (400 + 130)−150 = 380

21 다음 중 물류전략에 관한 설명으로 틀린 것은?

① 물류전략의 목표를 설정할 때 가장 중요한 것은 고객서비스 수준의 향상과 비용 절감이라는 상충관계를 조절하는 것이다.

② 물류전략은 기업 전체의 최적화를 목적으로 운영되어야 한다.

③ 물류전략은 통합 보고시스템을 구축하고 관련부서 간에 협력체계를 구축하여야 한다.

④ 물류전략 수립시 물류활동의 많은 부분이 기업 외부에서 수행되고 있는 점을 감안하여 사회환경, 소비자 의식 변화, 인프라 정비 상황 등의 기업 외부 환경에 따라 물류시스템의 변경까지도 고려하여야 한다.

⑤ 새로 결정된 서비스 수준을 지원하기 위해 물류시스템에 대한 신규투자를 결정하여야 한다.

> **해설** 물류전략의 목표 중 하나인 자본 절감을 위해서는 물류시스템에 대한 투자를 최소화하여야 하며 이를 위해서는 영업창고의 이용, JIT 공급방식 선택, 전문물류업체를 통한 물류네트워크 구축 등을 선택하고 있다.

22 다음 중 인과형 수요예측법이 아닌 것은?

① 지수평활법 ② 투입산출모형
③ 회귀분석법 ④ 시뮬레이션모형
⑤ 선도지표법

해설 지수평활법은 시계열분석 예측법이다.

23 다음 중 **고객관계관리**(CRM : Customer Relationship Management)**에 대한 설명으로 옳지 않은 것은?**

① 고객관계관리(CRM)는 선별된 고객에 대하여 고객이 원하는 제품과 서비스를 지속적으로 제공함으로써 평생 고객화와 같은 사이클을 통하여 고객의 가치를 극대화시키는 통합된 고객관계관리 프로세스이다.
② 고객관계관리(CRM)를 구현하는 정보기술은 전사적으로 연계되어야 하고 고객지향적이어야 한다.
③ 고객관계관리(CRM)은 고객정보, 사내 프로세스, 전략, 조직 등 경영전반에 걸친 관리체계이며, 이를 정보기술이 뒷받침하여 구성된다.
④ 고객관계관리(CRM)을 구현하기 위한 정보기술에는 성과분석시스템이 포함되어 있다.
⑤ e-CRM은 오프라인상의 CRM과 기본적인 컨셉은 같으나, 고객정보의 수집과 활용의 측면에서 인터넷을 기반으로 하여 더욱 발달한 형태로, 고객의 모든 정보와 성향을 실시간으로 분석하고 마케팅 활동으로 연결이 가능하여 수익 증진에 보다 용이하다.

해설 고객관계관리(CRM)을 구현하기 위한 정보기술에는 고객통합 데이터베이스, 데이터 마이닝 도구, 데이터 웨어하우스 등이 있으나, 성과분석시스템은 포함되어 있지 않다.

24 다음 중 물류와 마케팅 간에 공통적으로 일어나는 활동영역이 아닌 것은?

① 고객서비스 ② 공장입지
③ 가격 ④ 매장입지
⑤ 포장

해설 공장입지는 제품생산계획, 구매계획과 함께 생산 및 운영과 물류 간에 공통적으로 일어나는 활동영역이다.

Answer 19. ⑤ 20. ② 21. ⑤ 22. ① 23. ④ 24. ②

25 다음 중 고객관계관리(CRM)의 필요성에 관하여 설명한 것으로 가장 거리가 먼 것은?

① 업무기능상의 통합

② 유통경로의 통합

③ 고객이 필요로 하는 제품과 차별화된 서비스 제공

④ 정보통신 수단의 발달

⑤ 고객 세분화에 맞는 정보분석

해설 유통경로의 다양화가 진전되면서 고객관계관리(CRM)의 필요성이 더욱 증가되었다.

26 다음 중 수요예측에 관한 설명으로 옳지 않은 것은?

① 수요예측이 이루어지면 수요를 충족시키기 위해 필요한 자원에 대한 예측을 실시한다.

② 수요예측은 기업의 제품과 서비스에 대한 수요의 양과 시기를 예측하는 것이다.

③ 수요예측의 목적은 의사결정에 있어 위험을 감소하기 위함이다.

④ 시계열 분석기법과 델파이법은 수요예측기법 중 정량적 기법에 해당된다.

⑤ 수요예측시 근거가 되는 독립변수와 종속변수 사이의 관계를 고려하여야 한다.

해설 델파이법은 한 질문서에 대한 응답을 기초로 하여 다음의 질문서를 전문가 패널에게 돌려 그들의 의견을 수렴함으로써 예측 값을 획득하는 수요예측방법으로 수요예측기법 중 정성적 기법에 해당된다.

27 다음 수요예측기법 중 주로 중장기 예측에 사용되는 것이 아닌 것은?

① 델파이법

② 시장조사법

③ 수명주기 유추법

④ 지수평활법

⑤ 패널여론 조사법

해설 지수평활법은 가장 최근 자료에 보다 큰 가중치를 두고 자료가 오래될수록 가중치는 지수적으로 감소시키면서 예측하는 방법으로 주로 단기 예측에 유용하다.

28 다음 중 전략적 차원의 물류계획에 포함되지 않는 것은?

① 수송수단 선택   ② 물류요원의 훈련

③ 재고 포지셔닝   ④ 정보시스템 정비

⑤ 설비투자

> **해설** 전략적 차원의 물류계획으로는 시설입지계획, 수송수단선택, 정보시스템 정비, 설비투자, 물류요원의 훈련, 위탁기업 등과의 조정 등이 있다.

29 물류네트워크 설계 및 구축과 관련된 다음 설명 중 가장 적절하지 않은 것은?

① 입지문제와 수송문제는 독립적으로 이루어진다.

② 물류네트워크를 디자인할 때에는 비용, 고객서비스, 유연성 등을 중요하게 고려해야 하며, 가능한한 짧고 단순해야 한다.

③ 물류네트워크 디자인단계에서 원자재공급원, 생산시설, 배송센터 등 시설의 입지가 결정된다.

④ 재고유지입지(Stocking Point)에는 원자재 통합시설뿐만 아니라 완제품창고 및 배송센터 등은 포함되어야 한다.

⑤ 물류네트워크의 디자인을 결정할 때에는 제공되어야 할 고객서비스를 우선적으로 고려하고, 이를 사용 가능한 비용의 범위 내에서 제공할 수 있도록 해야 한다.

> **해설** Network란 Node(거점)의 숫자 또는 Node와 Node의 연결관계를 의미하므로 입지문제와 수송문제는 복합적으로 이루어진다.

30 다음 중 물류계획에 대한 설명으로 잘못된 것은?

① 계획기간을 기준으로 장기, 중기, 단기로 구분한다.

② 운영계획은 단기계획에 속한다.

③ 장기계획은 설비투자와 같이 장기간에 걸쳐 이루어지는 사업을 대상으로 한다.

④ 창고입지결정, 수송수단 선택 등은 장기계획에 포함된다.

⑤ 주문처리, 주문품발송 등은 장기계획에 속한다.

> **해설** 주문처리, 주문품발송 등은 단기계획에 속한다.

Answer   25. ②   26. ④   27. ④   28. ③   29. ①   30. ⑤

31 다음은 지수평활법에 대한 설명으로 가장 적절치 못한 것은?

① 가장 최근의 값에 가장 높은 가중치를 두고 자료가 오래될수록 가중치를 감소시키면서 수요를 예측하는 방법

② 과거 수요에 입각하여 미래 수요를 예측

③ 시간에 따라 변화하는 현상을 일정한 간격으로 관찰할 때 얻어지는 관측치 사용

④ 단·중기 예측에 주로 사용

⑤ 정성적 예측방법

해설 지수평활법은 정량적 예측방법이다.

32 물류마케팅전략에서 중요한 요소를 잘못 설명한 것은?

① 어떤 상품을 거래할 것인지, 포장과 상표는 어떻게 할 것인지의 제품전략

② 어디에 광고를 게재하고 어떤 브랜드로 홍보할 것인지의 광고전략

③ 백화점, 할인점, 전철역 매점 등에서 팔 것인지의 유통전략

④ 물류센터 설비투자비용이나 운송비 등의 가격전략

⑤ 가장 속도가 빠른 운송수단을 검토하는 유통전략

해설 광고전략은 물류마케팅전략에 포함되지 않으며, 유통전략이 포함된다.

33 다음은 전략적, 전술적 및 운영적 물류계획의 예시를 말하고 있다. 적절치 못한 것은?

① 전략적 계획 – 주문품 발송

② 전략적 계획 – 창고 입지 결정

③ 전술적 계획 – 공급자 선택

④ 운영적 계획 – 주문처리

⑤ 운영적 계획 – 경로계획

해설 주문품 발송은 단기계획인 운영적 계획에 포함된다.

34 다음은 어느 TV 제조업체의 최근 5개월 동안 컬러TV 판매량을 나타낸 것이다. 6월의 컬러TV 판매량을 단순이동평균법, 가중이동평균법, 단순지수평활법을 이용하여 예측한 값을 각각 A, B, C라고 할 때, 그 크기를 비교한 것으로 옳은 것은? (단, 이동평균법에서 주기는 4개월, 단순지수평활법에서 평활상수는 0.4를 각각 적용함)

(단위 : 천대)

구 분	1월	2월	3월	4월	5월	6월
판매량	12	14	9	13	16	
가중치	0.0	0.1	0.2	0.3	0.4	

① A > B > C

② B > A > C

③ A > C > B

④ B > C > A

⑤ C > B > A

해설
- 단순이동평균법(A) : $F_6 = \dfrac{14+9+13+16}{4} = 13.0$
- 가중이동평균법(B) : $F_6 = 0.4(16) + 0.3(13) + 0.2(9) + 0.1(14) = 13.5$
- 단순지수평활법(C) : $F_5 + 1 = 0.4(16) + (1-0.4) \times 12.0 = 13.6$

35 다음 중 고객관계관리(CRM) 기법에 대한 설명으로 옳지 않은 것은?

① 고객의 Database 정보를 기업의 마케팅에 활용하는 기법이다.

② 주로 신규고객과 잠재고객의 창출보다는 기존고객의 관리에 초점을 맞추는 개념이다.

③ 추가비용을 최소화하고 고객과의 상호작용 가치를 높여 이익을 증대시키는 개념이다.

④ 고객과의 관계보다는 제품판매에 초점을 맞추는 전략이다.

⑤ 고객들의 성향과 욕구를 파악하여 이를 충족시키면서 기업의 목표를 달성하고자 하는 전략이다.

해설 고객관계관리(CRM)는 기업이 고객과 관련된 내·외부 자료를 분석·통합해 고객 중심 자원을 극대화하고 이를 토대로 고객특성에 맞게 마케팅 활동을 계획·지원·평가하는 과정이다. 고객데이터의 세분화를 실시하여 신규고객 획득, 우수고객 유지, 고객가치 증진, 잠재고객 활성화, 평생 고객화와 같은 사이클을 통하여 고객을 적극적으로 관리하고 유도한다. ④는 제품판매보다 고객관계에 초점을 맞추는 전략이다.

Answer　　31. ⑤　32. ②　33. ①　34. ⑤　35. ④

물류관리사
CERTIFIED PROFESSIONAL LOGISTICIAN

물류조직

04 물류조직

| 학습목표 |
1. 물류관리조직의 변천과정을 정리한다.
2. 물류관리조직의 일반적 물류조직(직능형, 라인 스탭형, 사업부제형 및 그리드형 조직), 기능 특성별 물류조직, 기업형 물류조직의 특징을 정리한다.
3. 물류조직의 효과측정과 거래비용을 정리한다.

| 단원열기 |
물류관리조직의 변천과정과 직능형, 라인 스탭형, 사업부제형 및 그리드형 조직의 일반적 물류조직에 대해 자세히 다루고 있으며, 각 유형별 특징 및 장·단점에 대한 출제율이 높은 편이다. 추가적으로 기능형, 프로그램형, 매트릭스형의 기능 특성별 물류조직과 영업부형·독립형의 기업형 물류조직에 대해 정리할 필요가 있다.

제1절   물류관리조직의 기초

1 물류관리조직의 의의

(1) 물류관리조직이란 기업 내 물류활동을 전문적으로 관리하고, 이를 수행하기 위해 책임과 권한을 체계화시킨 조직을 말한다.

◉ [그림 4-1] 전통적 물류관리조직

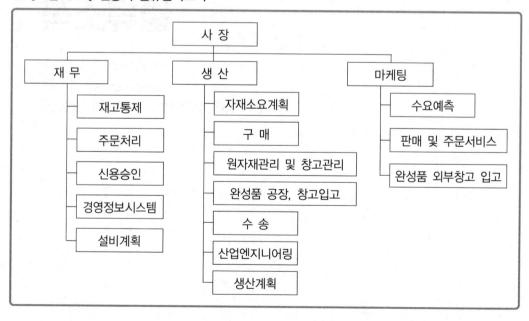

(2) 종래의 기업조직은 기업의 최고 권한자를 중심으로 한 직능별 라인이 존재하고, 그 라인에 대한 지원조직으로서 스탭이 존재하는 단순한 형태였다. 따라서 물류의 기능이 판매, 재무·회계, 제조 등으로 분산되어 있었다. 이 경우에 물품구매시 구매담당부서에서는 원가 절감을 위해 물품의 대량구매를 시도하게 되나 대량구매는 재고보관비를 상승시키는 원인이 되며, 또한 경리부문에서는 일시에 막대한 자금이 소요되어 자본회전의 어려움이 생기게 된다.

(3) 그러나 물류의 중요성이 인식되면서 이러한 조직구성 간의 문제를 전사적인 관점에서 조정·통제하기 위하여 분산되어 있던 물류기능을 통합적으로 관리하기 위한 조직이 필요하게 되었으며, 현재는 본부제, 사업부제, 컴퍼니제 등의 복잡한 형태로 변화하였다.

(4) 이 조직을 통하여 각 기업은 물류의 각 기능의 시스템화, 총비용 접근법을 통한 물류비용 절감이 가능해졌다. 장기적으로는 물류조직이 전문성있는 통합적이며 전사적인 조직으로 발전해야만 할 것이다.

◉ [그림 4-2] 통합된 형태의 물류조직

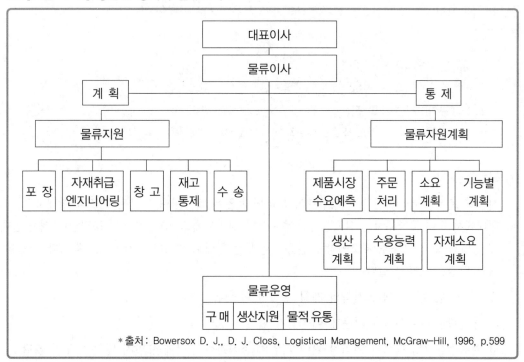

* 출처: Bowersox D. J., D. J. Closs, Logistical Management, McGraw-Hill, 1996, p.599

2 물류관리조직의 변천 과정

(1) 분산형

물류조직이 각 공장 및 영업, 운송, 총무분야 등에 분산되어 있다.

(2) 집중형

대부분의 기업이 판매분야와 생산분야가 지역적으로 떨어져 있기 때문에 구분해서 관리하고 있다.

(3) 독립채산형

물류비에 대한 비중의 과다로 인해 독립채산제 조직으로 발전하게 되었다.

(4) 자회사형

전문화됨으로써 이윤을 추구하는 기업으로까지 발전하게 되었다.

제 2 절 물류관리조직의 형태

1 일반적 물류조직

물류관리조직은 기본적으로 발전형태에 따라 직능형 물류조직, 라인 스탭형 물류조직, 사업부제형 물류조직, 그리드(Grid)형 물류조직의 4가지 유형으로 구분할 수 있다.

> **핵심잡기**
>
> **1. 물류관리조직의 변천 과정**
> 분산형 ⇨ 집중형 ⇨ 독립채산형 ⇨ 자회사형
>
> **2. 물류관리조직 형태의 전개**
> 직능형 물류조직 ⇨ 라인 스탭형 물류조직 ⇨ 사업부제형 물류조직 ⇨ 그리드형 물류조직

(1) 직능형 조직

직능형 조직은 라인부문과 스탭부문이 분리되지 않은 1960년대 초까지의 조직 형태로 이 조직 형태에서 굳이 물류부서를 설치한다면 총무부나 경리부에 두거나, 개개의 조직 가운데서 판매부에 영업과 및 창고과를, 제조공장에 발송과를 두는 형태로 설치하는 것이 일반적이다. 직능형 조직의 단점은 다음과 같다.

① 전사적인 물류정책과 전략의 계획 수립이 어렵다.

② 물류활동이 부문활동 가운데 매몰되기 쉽다.

③ 물류전문가의 육성이 어려워 현대 기업의 조직론적 입장에는 맞지 않는 경우가 많다.

◉ [그림 4-3] 직능형 조직

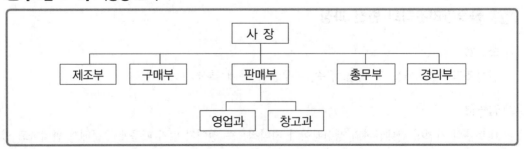

(2) 라인과 스탭형 조직

① 라인과 스탭형의 조직은 직능형 조직의 단점을 보완하고 라인(수주처리, 정보처리, 수송, 포장, 보관, 유통가공 등)과 스탭(시스템 설계분석, 재고분석, 하역기술 연구, 비용분석, 물류계획책정 등)의 기능을 나누어 세분화한 조직 형태이다. 라인과 스탭형의 조직은 현재 대부분의 기업에서 채용하고 있는데, 행위기능과 계획 및 지원 기능으로 구분되어 있어 스탭이 라인을 지원하는 형태를 취한다.

② 이 조직의 형태를 취할 수 있는 것은 어느 정도의 기업규모까지이며, 규모가 확대됨에 따라 프로젝트 센터 구상을 핵으로 하는 사업부제형이나 다국적기업의 초기형태에 볼 수 있는 그리드형 조직으로 발전한다.

◉ [표 4-1] 라인과 스탭형 조직의 특징과 단점

특 징	• 라인과 스탭의 기능을 분리함으로써 실시기능과 지원기능을 명확히 한다. • 스탭부문은 라인부문을 지원한다. • 유통 전체의 시스템을 조절할 수 있게 보조한다. • 영업계획 등 기업 전반의 업무를 관할한다.
단 점	• 책임에 관련된 권한이 없다. • 물류조직에 관한 사항이 영업부문에 속해 있으므로 물류부문이 직접 관리하기 어렵다. • 스탭이 현장에 대한 충분한 이해 없이 계획을 수립하고 실행함으로써 문제점을 야기시킬 수 있다. • 기업의 실질적인 힘이 라인보다는 스탭에 집중되는 경향이 있다.

◉ [표 4-2] 물류활동에서 라인과 스탭의 활동

라인활동	스탭활동
• 주문처리	• 재고분석 및 관리
• 재고관리	• 창고배치계획
• 창고·보관	• 물류예산관리
• 하역 및 포장	• 물류전략 수립
• 수배송 및 차량관리	• 물류시스템 절차 개선

◉ [그림 4-4] 라인과 스탭형 조직

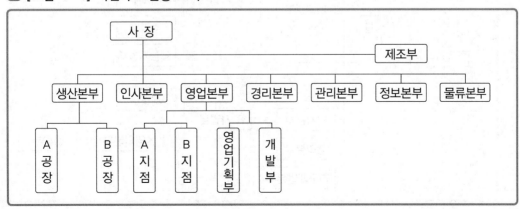

(3) 사업부제형 조직

① 사업부제형 조직은 기업규모가 커짐으로써 최고 경영자가 기업의 모든 업무를 관리하기 어려움에 따라 등장한 조직 형태로 상품 중심의 상품별 사업부제형과 지역 중심의 지역별 사업부제형, 그리고 이 두 가지 사업부를 절충한 형태가 있다.

② 권한이 사업부장에게로 많이 이양된 분권조직으로서 사업부가 이익 중심적인 특징을 가지고 있으며, 일반적으로 독립채산제에 의해 운영되고 있고, 각 사업부 단위 내에는 다시 라인이나 스탭형 조직이 존재한다. 사업부제가 원활히 유지될 경우 의사결정이 신속하며, 사업부별 경쟁체제를 통해 기업목적을 효과적으로 달성할 수 있다.

◉ [표 4-3] 사업부제형 조직의 특징과 단점

특 징	• 사업부별로 독립된 하나의 회사와 같이 운영된다. • 각 사업부별로 라인과 스탭부문이 존재한다. • 사업부별로 모든 물류활동을 책임지고 직접 관할하므로 물류관리의 효율화 및 인재육성이 우수하다.
단 점	• 사업부 간 인력 및 정보교류가 경직되어 효율적 이용이 어렵다. • 사업부 수익이 최우선시 되므로 전사적인 설비투자나 연구개발 등의 합리성이 결여되어 경영효율을 저해할 수 있다. • 전체적으로 종적 조직이기 때문에 횡적인 제휴가 희박하여 전사적 물류활동이 어렵다. • 물류기능이 중복되어 전체적인 조직비용이 크다. • 단점을 극복하기 위해 SBU(Strategic Business Unit, 전략적 경영의 한 조직)라는 개념이나 조직단위를 세분화한 VBU(Venture Business Unit, 신규산업의 한 조직) 등이 도입되고 있다.

◉ [그림 4-5] 사업부제형 조직

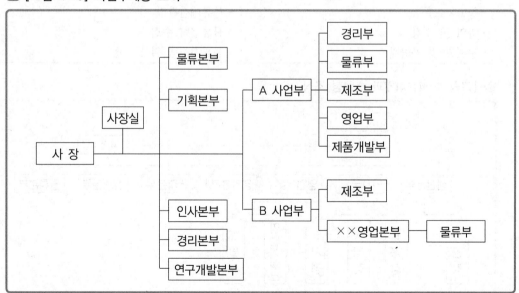

(4) 그리드형 조직

① 그리드형 조직은 모회사와 자회사 간에 권한위임이라는 유형으로 모회사의 스탭부문이 자회사의 해당 부문을 횡적으로 관리·지원하는 조직 형태이다. 다국적기업에서 많이 볼 수 있는 조직 형태로 해외사업본부하에 각국에 자회사를 두고 관리하는 형태를 취하고 있으며, 각국의 자회사는 각각의 제너럴 스탭과 서비스 스탭을 두고 영업활동에 대한 결과에 책임을 지고 있다.

② 즉, 자회사의 물류부에는 자사의 경영자 지시뿐만 아니라 모회사의 로지스틱스 본부의 지시를 받는 이중적인 구조로 되어 있어 국제적으로 전개되는 물류전략을 일원화하고 관리수준을 일정 수준 이상으로 끌어올릴 수 있는 장점이 있다.

◉ [그림 4-6] 그리드형 조직

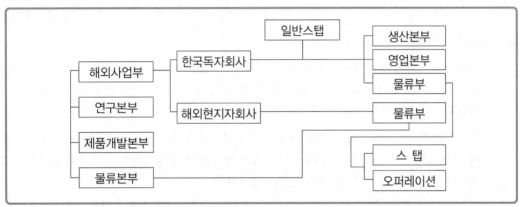

2 기능 특성별 물류관리조직

물류관리조직은 직능형 물류조직, 라인과 스탭형 물류조직, 사업부제형 물류조직, 그리드(Grid)형 물류조직의 4가지 유형으로 구분할 수 있으나 실제로 기업 내에서의 물류조직은 이들의 혼합유형이 대부분이며, 크게 기능형 조직, 프로그램형 조직, 매트릭스형 조직으로 나누어 볼 수 있다.

(1) 기능형 조직

물류활동을 하나의 기능으로 보는 전통적인 형태의 조직유형으로 이러한 유형의 경우 타 기능과의 연계가 원활이 이루어지기 어려워 물류의 최적화 달성이 곤란하다. 물류는 교차기능적인 성격을 갖고 있기 때문에 단일 기능으로서의 조직 형태는 바람직하지 않다.

◉ [그림 4-7] 기능형 물류조직

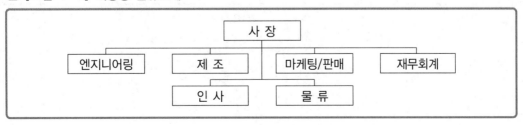

(2) **프로그램형 조직**

물류를 하나의 프로그램으로 보고 기업 전체가 물류관리에 참여하는 조직유형으로, 이 경우 다른 경영활동 기능들은 물류시스템의 향상을 위한 하나의 기능으로 여겨 물류에 종속하게 된다.

◉ [그림 4-8] 프로그램형 물류조직

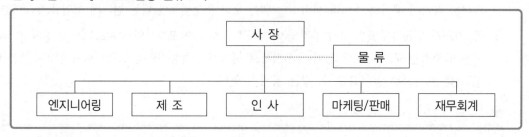

(3) **매트릭스형 조직**

① 기능형 조직과 프로그램형 조직의 중간 형태로서 최적의 물류조직이라 할 수 있다. 물류관리의 범위가 원재료의 조달에서 상품의 생산, 판매, 납품에 이르기까지 전체를 포함하는 것으로 기업의 직능횡단적인 것이라 할 수 있다.

② 따라서 물류관련 담당자들이 평상시에는 자기 부서에서 근무하다가 물류와 관련된 특정 사안이 발생하면 이의 해결을 위해 여러 다른 부서의 인원이 모여 구성되는 이른바 종단적인 조직에 횡단적인 조직을 가미한 매트릭스형 조직이 효과적이라 할 수 있다.

③ 그러나 명령, 지시 계통인 라인의 흐름이 정체될 수 있는 문제점을 가지고 있다.

④ 특히 항공우주산업이나 정보통신산업과 같은 첨단기술기업에 효과적이다.

◉ [그림 4-9] 매트릭스형 물류조직

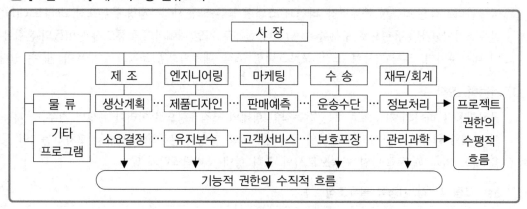

3 기업형 물류관리조직

물류조직은 기업경영에 있어 기본적인 조직 형태를 바탕으로 기업의 특수성을 고려하여 다양한
물류조직을 취하고 있다. 여기에는 대표적으로 영업부형 물류조직과 독립형 물류조직이 있다.

(1) 영업부형 물류조직

물류조직부문이 영업부에 속해 있는 형태로서 상물 혼재형, 스탭형, 상물 분리형이 있다.

◉ [표 4-4] 영업부형 조직의 장점과 단점

장 점	• 영업정책을 물류에 반영하기 쉽다. • 물류부문의 제안이 영업부문에 받아 들여지기 쉽다. • 영업활동과 물류활동의 일체화가 가능하여 유통 전체의 정합성 유지가 가능하다.
단 점	• 물류부문이 영업부(소)에 속해 있으므로 독립성이 어렵다. • 재고 책임, 수배송 책임 등의 물류에 관한 책임에 대하여 권한이 없다. • 영업부에 종속되어 있어 물류의 추진력과 일원적인 관리가 어렵다.

① **상물 혼재형**

　　㉠ 상물 혼재로 인해 물류전략이 영업전략의 일환으로 수립·수행되는 형태이므로 물류 전문
　　　화 및 물류 효율화의 추진이 어려운 조직

　　㉡ 물류전략을 현장에 반영하기 어렵고, 물류조직이 독립된 조직으로 정립되지 않은 형태

② **스탭형** : 물류활동의 수행이 영업부문의 관장하에 이루어지는 형태

③ **상물 분리형** : 물류부문이 영업부문에 속해 있지만 영업 기능과 물류 기능이 구분되어 책임의
　　소재를 명확히 하는 것을 목적으로 조직하는 형태

◉ [그림 4-10] 영업부형 물류조직

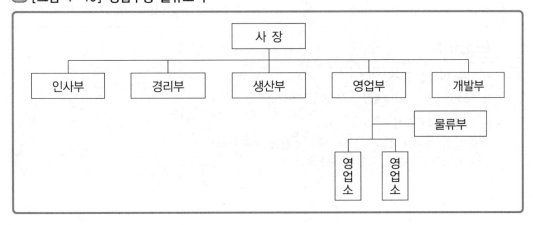

(2) 독립형 물류조직

영업부에 포함되어 있지 않고 독립적으로 물류부문이 존재하는 조직 형태를 말하며, 스탭형과 종합형이 있다.

◉ [표 4-5] 독립형 조직의 장점과 단점

장 점	• 물류의 스탭과 라인이 분리되어 있다. • 물류부는 전사적 관점에서 물류관리를 추진할 수 있다. • 생산(구매)과 판매의 조정이 가능하다.
단 점	• 영업부문 내 소속된 물류의 현업부문에 대해서 영향력이 적다. • 조언 기능이 있지만 의사결정 기능 및 지시·명령의 권한을 갖고 있지 않다. • 비용·서비스 등 물류업무의 최종 책임만 있고 권한이 없다.

① **스탭형**: 물류스탭부문이 영업소 또는 지방 영업부에 소속하는 라인부문을 지원하는 형태

② **종합형**: 물류부문이 독립된 단독조직으로 존재하며, 그 조직 속에 물류부문의 라인과 스탭이 동시에 존재하는 형태

◉ [그림 4-11] 독립형 물류조직

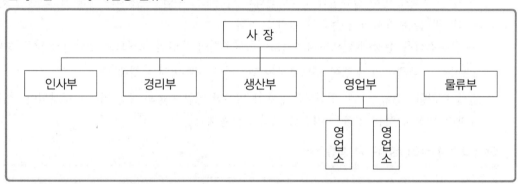

핵심잡기

1. 기능 특성별 물류관리조직

　기능형 조직, 프로그램형 조직, 매트릭스형 조직

2. 기업형 물류조직

　① 영업부형 물류조직: 상물 혼재형, 스탭형, 상물 분리형
　② 독립형 물류조직: 스탭형, 종합형

제 3 절 물류조직의 효과측정과 거래비용

1 물류조직의 효과측정 - 측정 기준 설정

(1) **매출액 대비 물류비**

내부적으로는 부서들 간에 비교할 수 있으며 외부적으로는 동 업종에 종사하는 유사기업과 비교할 수 있다.

(2) 매출액 또는 총물류비 대비 특정 물류활동의 물류비

(3) **생산성 및 프로젝트 관리능력**

예산대비 실제 지출액, 투입 대비 산출로 계산할 수 있는 생산성, 프로젝트 관리능력 등을 통하여 물류효과성을 파악한다.

2 물류조직에서 정보의 역할

조직의 목표는 정보를 처리하고 의사소통을 하는 것이다.

(1) 조직의 전통적인 접근은 서로 독립된 기능 부서를 만들어 상부에서 하부로의 통제가 가능하도록 했으나 이러한 수직적인 조직 형태는 부서 간 수평적인 정보흐름을 요구하는 물류의 니즈와는 맞지 않는다.

(2) 수직적인 조직 형태는 기능마다 서로 독립적 수행되므로 부서 간의 의사소통이 힘들어지며 아울러 전체 공급체인을 하나로 통합해야 하는 물류의 목적과도 대치된다.

(3) 가장 이상적인 물류조직은 부서 간 활동을 통합하고 조정하는 형태로 물류부서가 수행하는 업무도 최소한의 물류관련 핵심업무만을 제외하고 나머지는 부서 간의 통합 및 조정활동이 되어야 한다.

(4) 부서 간 통합 및 조정은 효과적인 정보관리를 통해 가능하다.

(5) 정보는 물류활동을 통합하고 조정하는 데 핵심적인 도구가 된다.

3 물류조직과 거래비용

(1) 조직의 범위는 거래비용(Transaction Cost)에 의하여 정의될 수 있다.

(2) 거래는 내부거래와 외부거래가 있으며, 거래비용(협상, 계획, 적응, 집행, 통제비용 등)은 생산비용과 함께 고려되어야 하는 비용이다.

(3) 이러한 비용을 최소화하기 위한 기업의 행동이 조직의 범위를 결정한다.

(4) 거래비용의 개념은 물류에도 적용 가능하다. 고객에게 물류서비스 제공시 내부 조직을 이용할 것인지 아니면 외부에 의뢰할 것인지는 비용과 경영기술 및 특정 지식의 한계 정도에 따라 결정된다.

실전예상문제

01 다음 설명에 해당하는 물류조직은?

▶ 제19회

> 다국적 기업에서 많이 볼 수 있는 조직형태로 모회사의 권한을 자회사에게 이양하는 형태를 지니며 모회사의 스태프 부문이 자회사의 해당 물류부분을 관리하고 지원한다.

① 사업부제형 물류조직
② 프로젝트형 물류조직
③ 그리드형 물류조직
④ 직능형 물류조직
⑤ 라인 스태프형 물류조직

해설 그리드형 물류조직을 설명하고 있다.
- **사업부제형 조직**: 사업부로 권한이 이양된 분권조직으로 이익 중심적 독립채산제가 나타나는 조직형태
- **직능형 조직**: 라인과 스탭부문이 분리되지 않은 조직형태로 물류전문조직이 없음
- **라인 스탭형 조직**: 라인과 스탭의 기능을 나누어 세분화한 조직형태

02 사업부제 물류조직에 관한 설명으로 옳지 않은 것은?

▶ 제20회

① 기업 규모가 커지면서 각 사업단위의 성과를 극대화하기 위해 생긴 조직이다.
② 상품별 사업부형과 지역별 사업부형 등이 있다.
③ 각 사업부 내에 라인과 스태프 조직이 있다.
④ 각 사업부 간 수평적 교류가 용이하여 인력의 교차 활용이 가능하다.
⑤ 사업부별로 모든 물류활동을 책임지고 직접 관할하므로 물류관리의 효율화 및 물류전문 인력 육성이 가능하다.

해설 사업부제 물류조직은 일반적으로 종적 조직의 특징을 지니고 있기 때문에 각 사업부 간 인력 및 정보 교류가 어려워 인력의 교차 활용이 어렵다.

03 매트릭스형 조직의 특징에 관한 설명으로 옳지 않은 것은?

① 물류업무에 있어서의 문제 해결을 위하여 다른 부서의 인원이 모여 구성되는 프로그램형 조직이다.

② 물류관리의 범위가 해당 기업의 물류활동 전체를 포함하고 있으며 직능횡단적인 형태를 취하고 있다.

③ 물류관리자는 부분활동에 대해 직접적인 권한을 가지고 있지는 않지만 전체 물류시스템에 책임이 있다.

④ 명령, 지시 계통인 라인의 흐름이 정체될 수 있는 문제점도 가지고 있다.

⑤ 항공우주산업과 같은 첨단기술분야에 효과적이다.

해설 매트릭스형 조직은 기능형과 프로그램형의 중간 형태로서 최적의 물류조직이다. 물류를 하나의 프로그램으로 보고 기업 전체가 물류관리에 참여하는 유형이 프로그램형 조직이다.

04 라인과 스탭형 물류조직에 대한 설명 중 맞는 것은?

① 기업규모가 커지고 최고 경영자가 기업의 모든 업무를 관리하기 어려움에 따라 등장한 조직 형태이다.

② 직능형 조직의 단점을 보완한 형태로, 행위기능과 계획 및 지원 기능이 명확히 구분되어 있다.

③ 권한이 사업부장에게 많이 이양된 분권조직으로서 일반적으로 독립채산제에 의해 운영된다.

④ 자회사의 물류부에는 자사의 경영자 지시뿐만 아니라, 모회사의 로지스틱스 본부의 지시를 받는 이중적인 구조로 되어 있다.

⑤ 기업 전체가 물류관리에 참여하는 조직유형으로, 이 경우 다른 경영활동 기능들은 물류시스템의 향상을 위한 하나의 기능으로 여겨 물류에 종속하게 된다.

해설 ①③ 사업부제형 조직, ④ 그리드형 조직, ⑤ 프로그램형 조직

05 모회사의 스탭부문이 자회사의 해당 부문을 횡적으로 관리·지원하는 조직 형태로 다국적기업에서 많이 볼 수 있는 물류조직의 형태는?

① 사업부제형 조직　　② 직능형 조직　　③ 라인형 조직
④ 그리드형 조직　　⑤ 스탭형 조직

해설 그리드형 조직은 모회사와 자회사 간에 권한위임이라는 유형으로 모회사의 스탭부문이 자회사의 해당 부문을 횡적으로 관리·지원하는 조직 형태로 다국적기업에서 많이 볼 수 있는 조직 형태이다.

Answer 1. ③　2. ④　3. ①　4. ②　5. ④

06 다음 중 사업부제형 조직에 대한 설명으로 옳은 것은?

① 다국적기업의 조직에서 많이 볼 수 있는 형태로 모회사의 스탭이 복수의 자회사의 물류 부문을 관리하고 책임지는 형태를 가리킨다.

② 기업규모가 커지고 최고 경영자가 기업의 모든 업무를 관리하기가 어려워짐에 따라 등장한 조직으로서 전사적인 관점에서의 종합성이 뛰어나 경영효율 향상에 적합하다.

③ 직능형 조직의 결점을 보완하고자 라인과 스탭의 기능을 분화하고 작업부문과 지원부문을 분리한 조직을 가리킨다.

④ 라인부문과 스탭부문이 미분화된 상태의 조직으로 개개 조직의 하부에 물류관련 부서가 배치되어 있는 형태를 가리킨다.

⑤ 조직 간 횡적인 연대가 용이하며 인재의 교류가 활발하여 인재의 활용 또한 용이한 장점을 가지고 있다.

> **해설** ① 그리드형 조직, ③ 라인 스탭형 조직, ④ 직능형 조직, ⑤ 사업부제형 조직은 사업부 간 횡적인 연대 가 어려울 뿐만 아니라 인재의 교류가 경직화되어 인재의 활용이 어려운 단점을 가지고 있다.

07 물류활동을 하나의 기능으로 보는 전통적인 형태의 조직유형으로 타 기능과의 연계가 원활히 이루어지기 어려워 물류의 최적화 달성이 곤란한 조직은?

① 라인조직
② 스탭조직
③ 기능형 조직
④ 프로그램조직
⑤ 직능형 조직

> **해설** 기능 특성별 물류관리조직 중 기능형 조직을 설명하고 있다.

08 다음 중 직능형 물류조직의 단점으로 옳지 않은 것은?

① 지나친 현장의식으로 혁신적 아이디어를 내기가 어렵다.
② 전사적인 물류정책과 전략의 수립이 어렵다.
③ 물류활동이 부문활동 가운데 매몰되기 쉽다.
④ 물류전문가의 육성이 어렵다.
⑤ 현대 기업의 조직론적 입장에는 맞지 않는 경우가 많다.

> **해설** ①은 라인과 스탭형 조직의 문제점이다.

09 물류관련 담당자들은 평상시에는 자기 부서에서 근무하다가 물류와 관련된 특정 사안이 발생하면 이의 해결을 위해 여러 다른 부서의 인원이 모여 구성되는 조직으로 특히 항공우주산업과 같은 첨단기술기업에 효과적인 조직은?

① 매트릭스조직

② 프로그램조직

③ 분산조직

④ 라인조직

⑤ 스탭조직

> **해설** 매트릭스형 조직은 기능형 조직과 프로그램형 조직의 중간 형태로서 최적의 물류조직이라 할 수 있는데, 매트릭스조직에서 물류관리자는 부분활동에 대해 직접적인 권한을 가지고 있지는 않지만 전체 물류시스템에 책임이 있다. 회사에 대한 일반적인 조직구조는 불변상태이나 물류관리자는 활동영역관리자와 함께 의사결정 권한과 책무를 분담한다.

10 다음 중 물류관리조직 형태의 전개 순서로 올바른 것은?

㉠ 사업부제형 조직	㉡ 라인과 스탭형 조직
㉢ 그리드형 조직	㉣ 직능형 조직

① ㉣ - ㉠ - ㉡ - ㉢

② ㉠ - ㉢ - ㉡ - ㉣

③ ㉢ - ㉡ - ㉣ - ㉠

④ ㉠ - ㉢ - ㉣ - ㉡

⑤ ㉣ - ㉡ - ㉠ - ㉢

> **해설** 물류관리조직 형태의 전개 : 직능형 물류조직 ⇨ 라인 스탭형 물류조직 ⇨ 사업부제형 물류조직 ⇨ 그리드형 물류조직

11 다음 중 물류조직의 효과성에 영향을 미치는 주요 요인이 아닌 것은?

① 교육 및 개발 프로그램 특성

② 조직 특성

③ 비용 특성

④ 종업원 특성

⑤ 환경 특성

> **해설** 물류조직의 효과성에 영향을 미치는 주요 요인은 교육 및 개발 프로그램 특성, 조직 특성, 종업원 특성, 환경 특성 등이 있다.

Answer 6. ② 7. ③ 8. ① 9. ① 10. ⑤ 11. ③

12 다음 중 물류조직의 스탭활동에 포함되지 않는 것은?

① 재고관리   ② 창고배치

③ 물류계획 책정   ④ 주문처리

⑤ 시스템분석

> **해설** 물류조직의 스탭기능에는 시스템 설계분석, 재고 분석 및 관리, 하역기술 연구, 비용분석, 물류계획 책정 등이 포함된다.

13 다음의 내용이 설명하고 있는 조직은 무엇인가?

> 물류조직부분이 영업부에 속해 있는 형태로서 상물 혼재형, 스탭형, 상물 분리형이 있으며, 영업정책을 물류에 반영하기 쉽고 물류부문의 제안이 영업부문에 받아 들여지기 쉬운 조직이다.

① 기능형 조직

② 프로그램형 조직

③ 매트릭스형 조직

④ 영업부형 조직

⑤ 독립형 조직

> **해설** 기업형 물류관리조직인 영업부형 물류조직을 설명하고 있다.

14 다음은 라인 스탭형 물류조직에 대하여 설명하고 있다. 알맞는 것은?

① 일반적으로 다국적기업이 많이 운용하고 있는 조직 형태이다.

② 각 물류관련 조직이 독립채산제에 의해 운영되고 있다.

③ 물류관련 작업기능과 지원 및 기획기능을 명확히 구별할 수 있는 조직이다.

④ 라인 스탭형 물류조직의 단점을 보완하기 위하여 직능형 물류조직이 등장하였다.

⑤ 스탭은 주문처리, 운송 및 보관기능을 담당하고, 라인은 창고배치계획 등을 담당한다.

> **해설** ① 그리드형 조직, ② 사업부제형 조직
> 물류조직은 직능형, 라인 스탭형, 사업부제형, 그리드형의 순으로 발전하였다.

15 다음은 사업부제형 물류조직의 특성을 말하고 있다. 가장 적절치 못한 것은?

① 물류 전문인력의 육성 곤란 및 인재교류의 경직화
② 독립된 이익책임 부서로서의 역할 담당 및 횡적 연계 어려움
③ 각 사업부 내에 라인과 스탭이 동시 존재
④ 사업부 관점에서 물류활동 목표를 우선으로 달성하여 전사적 경영효율성 저해
⑤ 물류조직이 하나의 독립된 회사와 같이 운영되는 독립채산제 지향

해설 사업부 간 인재교류는 어렵지만 물류 전문인력의 육성이 용이하다.

16 다음은 기업형 물류조직 중 영업부형 조직에 대한 설명이다. 적절치 못한 것은?

① 물류조직이 영업부에 속해 있는 형태로서 상물혼재형, 스탭형 및 상물분리형 조직이 있다.
② 영업정책을 물류에 반영하기 쉬우며, 물류부문의 제안이 영업부문에 받아 들여지기 쉽다.
③ 물류부문이 영업소에 속해 있어 독립성이 결여된다.
④ 재고 및 수배송 책임 등 물류에 관한 책임에 대하여 권한이 없다.
⑤ 물류부는 전사적 관점에서 물류관리를 추진할 수 있는 장점이 있으나 영업부문 내 소속된 물류의 현업부문에 대해서는 영향력이 적다.

해설 독립형 물류조직에 대한 설명이다.

17 다음은 물류조직에 대한 설명이다. 가장 알맞은 것은?

① 물류가 판매, 생산, 재무 등을 통합적 시스템으로 운영하는 데 조정역할을 수행할 필요가 대두되면서 수직적 조직으로의 변화가 요구되고 있다.
② 물류조직은 직능형 ⇨ 라인 스탭형 ⇨ 사업부(제)형 ⇨ 그리드형으로 발전하였으며, 또한, 분산형 ⇨ 집중형 ⇨ 독립채산형 ⇨ 자회사형으로 변천되었다.
③ 라인과 스탭형 조직은 사업부제형 조직의 결점을 보완하여 라인과 스탭의 기능을 분화하고 실제 작업부문과 지원부문으로 분리한 조직으로서 직능형 조직 다음에 등장한 형태이다.
④ 라인은 재고 및 비용분석, 물류계획 등을 담당하고 스탭은 수주처리, 정보처리, 수송·포장·보관 등의 업무를 담당한다.
⑤ 사업부제형 조직은 자사의 경영자와 모회사 물류본부의 지시를 받는 이중구조로 되어 있다.

해설 ① 수평적 조직으로 변화
③ 직능형 조직의 단점 보완
④ 재고 및 비용분석 등은 스탭, 수주처리 등은 라인영역에 해당
⑤ 그리드형 조직에 대한 설명

Answer   12. ④   13. ④   14. ③   15. ①   16. ⑤   17. ②

18 다음은 물류조직에 대한 설명이다. 적절치 못한 것은?

① 물류가 판매, 생산, 재무 등을 통합적 시스템으로 운영하는 데 조정역할을 수행할 필요가 대두되면서 수직적 조직으로의 변화가 요구되고 있다.

② 물류조직은 직능형 ⇨ 라인 스탭형 ⇨ 사업부(제)형 ⇨ 그리드형으로 발전하였으며, 또한 분산형 ⇨ 집중형 ⇨ 독립채산형 ⇨ 자회사형으로 변천되었다.

③ 라인과 스탭형 조직은 직능형 조직의 결점을 보완하여 라인과 스탭의 기능을 분화하고 실제 작업부문과 지원부문으로 분리한 조직으로서 직능형 조직 다음에 등장한 형태이다.

④ 사업부제형 조직은 독립채산제 형태로서 물류관리의 효율화 및 인재육성이 용이하다.

⑤ 그리드형 조직은 다국적기업형태에서 주로 나타나며, 자사의 경영자와 모회사 물류본부의 지시를 받는 이중구조로 되어 있다.

해설 수평적 조직으로 변화되고 있다.

19 다음은 사업부제형 물류조직에 대한 설명이다. 가장 알맞은 것은?

① 라인과 스태프의 기능을 일원화하여 조직의 통일성을 제고하는데 유리한 형태이다.

② 전체 조직이 횡적인 형태를 취함으로써 인재 교류가 원활히 이루어질 수 있다.

③ 다국적기업에서 많이 볼 수 있는 조직 형태로 모회사의 권한을 자회사에게 이양하는 형태를 지닌다.

④ 기업의 경영규모가 커져 각 사업단위의 성과를 극대화하기 위한 조직으로 사업부 내의 물류관리 효율화 및 인재육성에 유리한 조직 형태이다.

⑤ 조직이 경직화되어 물류 전문화를 추진하기 어려우며, 최고 경영자 또는 관리자에게 과다한 업무가 집중된다.

해설 사업부제형 조직을 나타내고 있으며, 물류관리 효율화 및 인재육성에 유리한 조직 형태라는 특징을 갖고 있다.

Answer 18. ①   19. ④

물류시스템

05 물류시스템

| **학습목표** | 1. 효율적 물류관리를 위한 물류시스템 구축 방법을 제시한다.
2. 6-Sigma, 제약이론, 상물분리 등과 같은 물류합리화 운영기법의 유형, 특성, 실천과제, 효과 등에 대하여 구체적으로 정리한다.

| **단원열기** | 이 단원에서는 물류시스템의 의의, 목표, 추구방향, 설계, 합리화 방안을 비롯하여 물류합리화 운영 기법으로서 물류서비스의 품질향상을 위한 관리기법 및 물류시스템의 성과향상을 위한 혁신적 경영 관리기법에 대하여 자세히 다루고 있다. 최근 6-Sigma, 제약이론, 상물분리와 관련된 문제가 자주 출제되고 있어 주의가 필요하며, 물류시스템의 구축방향, 물류시스템 설계시 고려요소, 기타 물류합 리화 운영기법의 특징 및 효과에 대해 정확히 정리할 필요가 있다.

제1절 물류시스템의 개요

1 물류시스템의 의의

(1) 물류시스템이란 작업시스템과 정보시스템의 2개의 서브시스템에 의해 구성되며, 기업활동의 제 기능, 즉 원료의 구입, 제품의 생산·판매활동에 필수적으로 수반되는 물류활동을 효율화하는 것 이다.

(2) 물류는 기업의 경영전략, 마케팅전략을 베이스로 하기 때문에 이들 전략의 방향성에 맞추어 지속 적으로 변경해 나가야 한다. 또한, 물류전략의 변화에 맞추어 기업의 물류시스템도 변경해 나가야 한다.

작업시스템	수배송, 보관, 하역, 포장 등 물류활동 영역에 기술을 도입하여 합리화를 추구하고 각 기능들을 원활히 연결시키는 것이다.
정보시스템	기업활동의 구매, 생산, 판매, 재무 등의 시스템과 유기적으로 연결되면서 고객으로 부터 제품의 수주에서 출하에 이르기까지의 모든 정보활동을 원활히 하여 작업시스 템을 효율화하는 보조시스템이다.

(3) 고객에게 상품을 보다 많이 판매하기 위해 고객에게 가능한 모든 서비스를 제공하는 데 있다.

(4) 고객이 원하는 상품을 원하는 장소에 납기를 준수하며, 정확히 배송하고, 품절을 막기 위한 적정 수준의 재고를 확보하는 것이다.

(5) 수배송, 하역, 보관, 포장 등의 물류활동에 적절한 수준의 합리화를 추구하고 적절한 물류관리지표를 개발하여 관리하는 것이다.

(6) 물류에 관련된 문제점을 수립하여 관련부문(구매, 생산, 영업)에 관련정보를 피드백시키는 것을 목적으로 한다.

2 물류시스템의 목표(5S)

(1) Service(서비스)

품절이나 손상 등의 사고가 없는 안전성이 요구된다.

(2) Speed(신속성)

고객이 필요로 하는 시간과 장소에 상품을 정확히 전달하는 것이 필요하다.

(3) Space Saving(공간의 효과적 이용)

지가의 상승과 더불어 토지 면적을 효과적으로 활용할 수 있는 입체화 시설이나 시스템화된 기기의 사용으로 공간의 효과적 이용이 필요하다.

(4) Stock Minimum(재고조정)

과다한 재고 보유로 인한 자본 회전율의 저하를 감소시키도록 해야 하며, 가능한 한 불필요한 공간을 보유하지 않도록 하여야 한다.

(5) Scale Optimization(규모의 적정화)

물류시설의 집약과 분산에 따르는 적합성의 검토, 자동화기기의 도입에 의한 생력화, 정보처리의 집중화에 의한 컴퓨터 이용 등의 적용 규모를 고려해야 한다.

3 물류시스템화 추구방향

(1) 현상분석과 실행방법

① **현상분석**: 기존 자료의 수집·분석 ⇨ 관련부문의 의견청취 ⇨ 현장조사

② **실행방법**: 현상분석 ⇨ 문제점 발견 ⇨ 혁신 우선순위 설정 및 혁신대상에 대한 목표 설정 ⇨ 혁신안 작성 ⇨ 혁신안 평가(실천 가능성, 효과성) ⇨ 최적안 확정

(2) 물류시스템의 추구방향

① 대량 수배송을 가능하게 하는 방안 추구 ⇨ 중간배송센터나 할인제도 채택

② 수배송 루트 배송이나 다이어그램(Diagram) 배송 등의 계획배송시스템 도입 ⇨ 사전계획화나 정기화를 통한 물류계획화

③ 동일 업종, 동일 지역 간의 공동화 추구 ⇨ 협업화·공동화로 하여, 수배송, 보관, 정보 등의 물류기능 공유

④ 물류시스템의 단순화 추구 ⇨ 제조기업에서 1, 2차 도매상을 거치지 않고 소매점 창고 등으로 유통되는 형태

⑤ 물류시스템의 전문화 추구 ⇨ 물류전담부서 설립

⑥ 복합 일괄 수송화 추구 ⇨ 화물이 소비지에 도착할 때까지 단일 수송업체와의 계약을 통해서 모든 수송수단에 의한 수송을 책임지는 형태

⑦ 물류시스템의 정보화 추구 ⇨ 상품의 수주에서 소비자에 이르는 과정을 전산화

4 물류시스템의 설계단계

◉ [표 5-1] 물류시스템의 설계단계

1단계	시스템 설계의 목적과 대상 선정
2단계	물류시스템을 생산지에서 소비지까지 일관된 시스템으로 파악
3단계	물류기능 전체 파악
4단계	시스템 네트워크의 분석을 통하여 네트워크의 현실성과 적합성 검토
5단계	시스템 네트워크의 검토를 기초로 하여 물류시스템 모델 작성
6단계	시스템 모델을 현실에 적합하도록 모델 시험 실시
7단계	모델 시험 결과에 의하여 모델 수정
8단계	최종 모델 작성을 위한 시스템의 디자인 검토
9단계	상세시스템의 설계 실시
10단계	컴퓨터시스템으로서의 신뢰성 검토
11단계	종합물류시스템의 완성

핵심잡기

물류시스템 설계의 5단계
목표 설정 ⇨ 전담조직 구성 ⇨ 데이터 수집 및 분석 ⇨ 시스템 구축 ⇨ 시스템 평가 유지 관리

5 물류관리 사이클

(1) 물류관리 사이클이란 물류시스템에 주어진 목표를 효과적으로 수행하기 위해 물류 전 부문에 내재된 낭비요인을 찾아 계획 ⇨ 실행 ⇨ 평가 ⇨ 조정의 관리순환 사이클을 통해 제거해 나가는 과정을 말한다.

(2) 물류관리는 물류 그 자체가 목적이 아니라 전사적인 경영목표를 효과적으로 달성하는 하나의 수단으로 채택되어야 하며, 경영목표와의 일관성이 유지되어야 한다.

제 2 절 ┃ 물류시스템과 합리화

1 물류합리화의 의의

(1) 물류합리화란 생산의 합리화 및 생산비 절감에 기여하며, 판매에 있어서는 고객이 만족할 수 있는 가격과 서비스를 제공하고, 동시에 기업이 이익을 얻을 수 있는 비용으로 물품을 제공할 수 있도록 물류의 기능을 원활하게 하는 것이다.

(2) 기업의 입장에서 물류합리화는 비용의 절감과 서비스의 조정이 주요 대상이며, 물류합리화를 추진하는 데 있어서는 원료의 조달에서 생산, 판매에 이르는 각 기능 간, 기업조직부문 간의 상충관계(Trade-off)를 고려하여 총비용이 최소화되도록 하여야 한다.

2 물류합리화 목적의 3가지 유형

(1) **성력형**(省力形)

인력의 절감을 목적으로 하는 유형으로 단순한 기능의 기계 대체에서 점차 시스템적으로 성력화를 추진하여 종합적으로 효율적인 시스템의 실현을 가능하게 하는 것이다.

(2) **비용절감형**

① 비용절감형은 물류 전반뿐만 아니라 전사적인 수준에서 합리화에 기반을 두고 있다.

② 성력형은 인간 중심의 직접적인 효과를 저해하는 경향이 있는 데 반해, 비용절감형은 이러한 직접적인 비용절감과 더불어 간접적인 비용절감을 포함하고 있다.

(3) **성지능형**

① 성지능형은 합리화가 단순히 인력에서 기계로 대체되는 단계에서 인간의 지적 판단에 따라 결정되는 단계로 이행하는 것을 말하며, 인공지능형이라고도 한다.

② 성지능형은 성력형보다 더욱 시스템화 되어 고도화된 형태가 많다.

③ 최근에는 고도의 지적 기능을 갖춘 장비가 개발되어 활용됨으로써 물류 전반에 걸쳐서 자동화가 가능하게 되었다.

3 물류합리화 방안

(1) **제1단계**

물류활동의 구성요소들의 합리화[개별부문만의 합리화에는 상충관계(Trade-off) 존재]

(2) **제2단계**

상충관계(Trade-off)에서 발생하는 비효율성을 극복하고 최적의 물류서비스의 선택과 물류비의 효율화를 도모하기 위하여 시스템적 사고에 의한 물류시스템의 합리화를 도모해야 한다.

제3절 물류시스템의 운영기법

1 물류 TQC와 물류 TQM

(1) 물류 TQC(Total Quality Control)

① 개 념

㉠ 기업경영에 있어서 전사적 품질관리(TQC : Total Quality Control)란 제조부문뿐만이 아니라 기획에서부터 생산, 판매, 애프터서비스에 이르기까지 모든 비제조부문에 걸쳐 업무수행의 질을 높이려는 전사적 관리방식을 말한다.

㉡ QC(Quality Control)와 다른 점은 QC가 제조현장에 밀착한 하드웨어적인 대응이 중심인 데 비해 TQC는 간접부문에서의 적용을 위한 소프트웨어적인 대응이 중심이 된다. 즉, 작업 프로세스나 각 공정에서의 품질향상을 위한 규정 등을 개선해 나가는 것을 주된 목적으로 하고 있다.

② 물류 TQC의 특성

㉠ 물류 TQC는 물류활동에 관련된 각 부문의 사람들이 물류서비스의 품질에 대하여 책임을 나누어 가지고 서비스를 관리하는 것으로, 물류서비스 담당자 모두가 물류서비스 품질을 관리·향상시키는 실천자가 된다는 개념이다.

㉡ 물류기능은 생산과 판매의 결과로서 파생되는 수요라는 측면이 강하기 때문에 물류관리 자체만의 개선을 추구하는 것은 어려울 뿐만 아니라 타 분야에 비해 관리가 취약하여 문제 파악이 어려운 단점이 있다. 따라서 물류 TQC에서는 물류서비스 품질의 전사적 관리의 효율화를 위해서는 물류서비스의 문제점을 파악하여 데이터를 정량화하여 수치화시키는 것이 중요하다.

㉢ 이를 위해서는 TQC의 목적을 명확히 하고, 물류영역에 대한 품질을 이미지화하여 TQC의 개념을 정립할 필요가 있으며, 또한 물류교육을 통해서 TQC에 대한 전반적인 인식을 고취시킬 필요가 있으며, 물류문제를 정확하게 파악하여 그 데이터를 정량화하는 방식 등이 사전에 구체화되어야 한다.

> **▌심화학습**
>
> **기타 품질관리 운영기법**
>
> 1. QC(Quality Control)
>   ① 대량 생산에서 계획한 품질에 부합하는 균일성 있는 제품을 만들어 내기 위하여 생산활동의 모든 분야에 걸쳐 통계이론과 통계기술을 응용하는 품질관리, 공정관리 기법
>   ② QC써클 : QC활동을 현장단계에서 실행하는 종업원으로 구성된 소집단. QC기법에 의해 제품의 품질향상뿐만 아니라 일상적인 모든 작업을 개선함으로써 생산성 향상에 기여함. 1960년대 기간산업을 중심으로 발달하기 시작하여 제2차 오일쇼크 후에는 제3차 산업에도 급속히 보급
>
> 2. ZD운동(Zero Defect)
>   QC기법을 제조분야에만 한정하지 않고 일반 사무까지 확대·적용하여 전사적으로 무결점의 제품생산에 참여하자는 개념

(2) 물류 TQM(Total Quality Management)

① 개 념

ⓐ 전사적 품질경영(TQM : Total Quality Management)은 제품이나 서비스의 품질에 영향을 미치는 모든 부서, 즉 경영과 업무, 직장 환경, 조직 구성원의 자질까지도 품질 개념에 포함시켜 관리해야 한다는 개념이다.

ⓑ 1980년대 미국에서는 당시 강력한 국제경쟁력을 지닌 일본 제조기업에 대한 연구가 활발히 이루어지고 있었는데, 여기서 일본 제조업의 경쟁력의 하나로 인식된 것이 일본형 TQC이다. 그러나 일본과 같은 현장주도형 개선활동은 미국의 기업풍토와 맞지 않는다는 이유로 회사 전체를 관리하는 관점에서 탑 다운(Top-down)의 형태로 실시된 것이 TQM의 발단이다.

ⓒ TQC는 경영·기술차원에서 실천되던 고객지향 품질관리활동이었다고 한다면, TQM은 품질관리책임자뿐만 아니라 마케팅, 엔지니어링, 생산, 노사관계 등 기업의 모든 분야로 확대된 것으로 생산부문의 품질관리만으로는 기업이 성공할 수 없고 기업의 조직 및 구성원 모두가 품질관리의 실천자가 되어야 한다는 것을 전제로 한다.

② 물류 TQM의 특징

ⓐ 물류 TQM에서도 제품위주, 현장위주의 품질관리체계에서 한 걸음 더 나아가 제품, 공정, 자원, 사람에 대한 총체적인 품질향상을 통한 경쟁우위 확보에 주력해야 하며, 이를 위해서는 물류부서의 담당자 혹은 한 기업의 종사자가 아닌 재화의 흐름과 관계된 사내 외의 모든 종사자들이 품질과 서비스에 책임을 지고 업무를 수행하는 것이 중요하다.

ⓑ 물류종사자들에 대한 충분한 서비스 교육, 문제인식, 문제해결, 자료수집, 의사결정, 리더십 발휘를 위한 교육 등을 지속적으로 실시해 나가야 한다.

2 6-Sigma

(1) 6-Sigma의 개념

① 6-Sigma란 고객에게 인도되는 최종재화의 불량을 줄이는 것뿐만 아니라 회사 내 전분야에 걸쳐 불량의 원인을 찾아내 근본적으로 제거하여 무결점의 품질을 추구함으로써 불량으로 인한 손실을 제거하고 업무의 질을 향상시켜 원가를 획기적으로 절감하는 경영혁신기법이다.

② 1987년 미국의 모토롤라(Motorola)에 근무하던 Mikel J. Harry에 의해 처음으로 창안되었는데, 그에 따르면 6-Sigma는 '통계적 측정이자 기업전략이며 철학'이라고 정의하고 있다. 여기서 통계적 측정이라는 것은 시그마(Sigma : σ)라는 통계척도를 사용하여 경영 전반에 걸친 결함을 찾아내어 지표를 설정하고 측정·분석한다는 뜻으로, 6-Sigma는 기업 구성원들의 사고와 행동방식을 송두리째 바꿔놓아 일종의 기업철학으로 불리기도 한다.

③ 1987년에 등장한 6-Sigma는 1996년 GE의 전프로세스에 적용되어 경영 전반의 혁신활동으로 자리 잡았다.

④ 6-Sigma운동은 현재의 제품이나 서비스의 품질 수준을 고도의 통계기법을 사용하여 기업 내의 모든 기능, 업무 프로세스(설계, 제조, 사무, 서비스 등) 및 추진체계 등을 종합적으로 개혁해 목표로 정한 규격의 상한과 하한이 품질중심으로부터 6-Sigma 거리에 있게 하겠다는 것으로, 6-Sigma 품질수준은 100만개의 제품 중 불량을 3~4개 이내로 개선하는 것을 의미한다.

[표 5-2] 6-Sigma와 전통적 품질관리의 차이

명 칭	6-Sigma	전통적 품질관리
측정지표	σ(시그마)	%(불량률)
운동의 목표	전 프로세스의 경영혁신 운동	최종 생산품의 불량을 줄이는 것
목표설정	수치화(구체적), 정량적	정성적
추진방법	Top-down	Bottom-up
개혁대상	모든 프로세스	문제점이 발견된 곳

* 출처: 로지스틱스21(2009)

(2) 6-Sigma의 특징

① 6-Sigma의 개선대상은 기업 내 모든 기능 및 프로세스이므로 모든 분야에 적용 가능하다.

② 고도의 통계적 기법의 활용을 통해 모든 업종 및 분야에서 현상을 수치화시킬 수 있다.

③ 구체적이고 정량적인 목표설정을 요구하고 있다는 점에서 최종 생산품의 불량을 줄이는 것에만 관심을 갖는 것이 아니라 품질 불량이 일어날 수 있는 원인을 철저히 분석·제거하여 경영품질을 향상시킴으로써 이익을 창출하는 데 중점을 둔다.

④ 정량적 접근방식의 실천을 위한 교육·훈련과 함께 전사적으로 일관성 있는 분석도구를 활용할 수 있도록 하는 교육·훈련이 필요하다.

⑤ 고객만족의 관점에서 출발하여 프로세스의 문제를 찾아 분석하기 위한 통계분석도구들의 적절한 통합과 개발·정리를 위한 다단계 실행절차(MAIC)를 준수해야 한다.

⑥ 품질의 거품제거 내지 감소를 위해 개발·설계단계에서부터의 품질 공학을 적용해야 한다.

⑦ CEO의 강력한 주관에 의한 전 계층, 전 부문의 총체적 참여와 사내 인증제도를 운영해야 한다.

⑧ 다양한 기업에 적용할 수 있는 공통언어(시그마)를 가지고 있다.

핵심잡기

다단계 실행절차(MAIC)
1. **측정**(Measurement) : 현재 불량수준을 측정하여 수치화하는 단계
2. **분석**(Analysis) : 불량의 발생원인을 파악하고 개선대상을 선정하는 단계
3. **개선**(Improvement) : 개선과제를 선정하고 실제 개선작업을 수행하는 단계
4. **관리**(Control) : 개선결과를 유지하고 새로운 목표를 설정하는 단계

(3) 6-Sigma의 6가지 실천과제

① 6-Sigma를 성공적으로 수행하기 위해서는 이를 단순히 품질향상기법의 하나로 간주해서는 안 되며, 품질향상이나 원가 절감과 함께 고객, 조직 구성원 등의 가치를 증대시켜 궁극적으로 기업의 수익성을 제고할 수 있는 가치창출시스템으로서 자리를 잡아야 한다.

② 따라서 6-Sigma의 목표달성을 위해서는 다음의 6가지 실천과제의 중요성을 이해하고, 이 모든 조건을 충족시키는 것이 필요하다.

● [표 5-3] 6-Sigma의 실천과제

사전준비	6-Sigma의 도입에 앞서 추진목표 및 일정, 조직개편 등과 관련하여 철저한 계획을 수립하여야 한다.
최고 경영자의 강력한 의지 표명	최고 경영자는 혁신의 전사적인 확산과 조직문화의 변혁에 가장 큰 영향을 미치며, 6-Sigma의 성공에도 최고 경영자의 의지와 관심표명은 결정적인 요소가 된다.
적극적인 참여문화 조성	• 조직 구성원들은 기존의 구호성 · 단발성 경영혁신에 익숙해져 있는 경우가 많기 때문에 6-Sigma에 대해서도 냉소적인 태도를 보일 가능성이 크다. • 따라서 이러한 태도를 불식시키고, 조직 구성원의 적극적인 관심과 실천을 유도할 수 있는 참여문화를 조성하여야 한다.
평가 및 보상시스템 구축	• 6-Sigma의 진행과정을 지속적으로 점검하여 잘못된 점을 개선하여야 하며, 객관적이고 합리적인 기준에 의거하여 성과를 평가할 수 있는 시스템을 구축하여야 한다. • 또한 평가에 기초하여 가시적인 인센티브를 제공함으로써 자발적인 참여를 유도하여야 한다.
추진 중인 혁신활동의 통합	• 대부분의 기업들은 동시에 여러 혁신활동을 추진하는 경우가 많으며, 이는 조직 구성원을 혁신에 대해 무감각하게 만들고, 혁신의 방향성을 상실되는 결과를 초래할 수 있다. • 그러므로 기업목표의 달성에 필수적이라고 판단되는 혁신을 중심으로 기존의 혁신활동들을 통합함으로써 불필요하게 낭비되는 자원을 최소화하고, 6-Sigma를 효율적으로 추진하여야 한다.
자신만의 6-sigma 구축	혁신기법을 단순히 모방할 것이 아니라 자사의 문화나 현실에 적합한 형태로 체질화시키는 노력이 필요하다.

┌─ 보충학습 ─┐

6-Sigma와 TQC의 차이점

1. TQC는 계획한 품질의 균일성을 추구하는데서 출발하는데 반해 6-Sigma는 품질개선에서 문제점을 찾아낼 때 고객만족의 관점에서 출발
2. TQC는 기업별로 품질관리 수법이 다를 수 있지만 6-Sigma에서는 공통 기준 적용
3. TQC는 현장에서 불량이 발생하면 불량이 재발하지 않도록 현장을 개선하지만, 6-Sigma에서는 생산현장뿐만 아니라 경영프로세스 전반에 걸쳐 시스템 개선

　3　물류 리엔지니어링과 물류 리스트럭처링

(1) 물류 리엔지니어링

① 물류 리엔지니어링의 개념

㉠ 비즈니스 리엔지니어링(BR : Business Reengineering)이란 혁신적 경영관리기법으로 비용, 품질, 서비스, 속도와 같은 기업활동의 핵심적 부문에서 극적인 성과향상을 이루기 위해 정보기술을 활용하여 기업의 업무 프로세스를 근본적으로 다시 생각하고 재설계하는 것을 말한다. 다른 경영혁신기법과 다른 점은 프로세스의 관점에서 기업성과를 재평가하고 이 것을 근거로 기업을 재설계한다는 데 있다.

㉡ 물류 리엔지니어링은 재료의 발주처리부터 주문제품의 배송에 이르는 일련의 물류업무 프로세스를 리엔지니어링의 기본 목표인 '고객만족'과 '가치창출'의 관점에서 제로베이스 상 태에서 재설계하여 물류활동의 핵심적인 성과를 달성하는 것을 말한다.

㉢ 물류 리엔지니어링을 실천하기 위해서는 고객만족 향상과 관련해서는 고객욕구의 다양 화・개성화・복합화에 대응하고, 상품이나 서비스에 대한 고객만족 향상을 위한 물류서비 스의 질적 향상, 리드타임의 단축, 적정 재고수준 유지 및 물류비의 최소화를 추구할 필요 가 있다. 또한 고객욕구의 관점에서 조직 간・기업 간 업무흐름을 파악하고 종래의 직능 별・사업별로 계층조직을 고객지향적인 횡단조직으로 재설계할 필요가 있다.

② 물류 리엔지니어링의 특징

㉠ 물류 리엔지니어링은 부문 내, 부문 간 또는 기업 내, 기업 간으로 확대시켜 나갈 수 있다.

㉡ 물류 VAN을 구축하여 공급자와 소비자 간의 물류효용을 극대화하기 위해서는 SCM의 활용 이나 물류 ABC(Activity-Based Costing, 활동기준 원가계산)・ABM(Activity-Based Costing & Management, 활동기준 경영관리)의 도입이 필요하다.

㉢ 물류 리엔지니어링 형태로는 생산・판매・물류의 통합에 의한 물류비 절감, 제판동맹(제조 업체와 유통업체의 동맹)에 의한 물류비 절감 등이 있다.

③ 물류 리엔지니어링의 성공조건

㉠ 기업의 최고 경영자뿐만 아니라 구성원의 고정관념 전환 및 최고 경영자의 강력한 추진

㉡ 고객만족의 관점에서 고객 니즈에 맞는 물류업무의 프로세스 창조

㉢ 이상적인 시스템 이미지 구축

㉣ 전략적 우선순위에 따라 점진적으로 실시

(2) 물류 리스트럭처링

① 물류 리스트럭처링의 개념

㉠ 리스트럭처링(Restructuring)은 기업이 채산성이 떨어지는 사업을 축소・철수하고 발전가 능성이 있는 쪽으로 사업구조를 전환하거나 비교우위가 있는 사업에 투자재원을 투입하는 경영기법으로 중복 사업의 통・폐합, 인원 감축, 공장 재편, 신규투자 억제, 간접비 삭감, 합리화 추구 등 주로 기업의 조직개편에 목적을 둔 경영혁신기법을 말한다.

ⓛ 리스트럭처링은 1980년대 경제 불황이 지속되고 있을 때 기업의 저성장을 통한 생존전략
이 대두되면서 리엔지니어링 전략에 앞서 대두된 경영기법이다.

ⓒ 물류 리스트럭처링은 해당 기업의 전사적인 리스트럭처링전략의 일환으로 기업의 장기적
인 이익증대 관점에서 물류시설 및 인력 보강, 물류부문의 분사화·아웃소싱 등 주로 물류
관련 조직개편의 형태로 추진되어 왔다.

ⓔ 그러나 최근에는 생산·판매·물류의 통합화를 위한 확대전략으로 물류 리엔지니어링과
물류 ABC(활동기준 원가계산)로 전환하고 있다.

② **물류 리엔지니어링과 물류 리스트럭처링의 차이점**

ⓐ 물류 리엔지니어링은 물류업무의 프로세스 등을 정보기술을 활용하여 축소하거나 재결합함으
로써 원가우위를 갖게 하거나 차별화를 제고시키는 혁신기법인 데 비해, 물류 리스트럭처링은
물류업무 프로세스를 개혁하는 것이 아니라 앞으로의 환경변화에 적극적으로 대처하기 위해
수익성이 떨어지는 부문의 철수, 통·폐합, 개별기능의 보강 등을 해 나가는 혁신기법이다.

ⓑ 물류 리스트럭처링의 방향이 확정된 후에 프로세스 등을 혁신시키는 물류 리엔지니어링을
도입해야 한다.

[표 5-4] 물류 리엔지니어링과 물류 리스럭처링

물류 리엔지니어링	물류 리스트럭처링
전사적 최적화 추구(물류업무의 프로세스 개혁 도입)	개별 기능의 최적화 추구(물류시설, 인력 보강 등)
고객만족을 추구하는 가치와 서비스 제공(고객 지향형)	효과 우선 경영, 부가가치 창출형 물류(경쟁 지향형)
기능 변경을 통한 물류합리화 추구	기능은 그대로 두고 물류합리화 추구
직능횡단적인 팀 활용으로 경영전반 재구축	분업체계에 따른 조직개편

4 상물분리

(I) 개 념

① 상물분리란 물류합리화의 관점에서 상류경로와 물류경로를 분리하여 운영하는 것을 말한다.

② 상류와 물류는 상호유기적인 관계에 있기 때문에 종래에는 동일 경로를 이용하는 경우가 많았다.

③ 그러나 유통 면에서의 판매 확대는 복잡다기하고 광범위한 거래지역을 창출하게 하는 반면,
물류 면에서는 운송거리의 연장, 보관시설, 재고 등의 증가를 가져오게 된다.

④ 상류와 물류의 상반된 현상(Trade-off)을 해결하기 위하여 상류는 영업부서에서 담당하고 물
류는 물류부서에서 전담하게 함으로써 대량 수송 및 수배송 시간의 단축화와 재고의 집약화를
통해 고객서비스 향상 및 총물류비를 절감하여 기업 전체의 효율성을 제고시키는 것을 목적으
로 하고 있다.

05

◉ [그림 5-1] 상물분리 전후의 출하형태

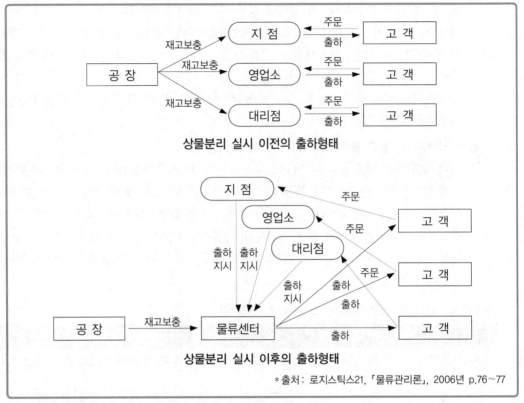

상물분리 실시 이전의 출하형태

상물분리 실시 이후의 출하형태

*출처 : 로지스틱스21, 「물류관리론」, 2006년 p.76~77

(2) 상물분리의 경제적 효과

① **수송단계** : 물류 거점을 통한 수배송으로 수송단계의 통합 및 대형 차량의 이용으로 수송비의 절감효과를 누릴 수 있다.

② **물류거점과 고객 간의 배송단계** : 지점 및 영업소의 수주통합으로 배송차량의 적재율 향상과 리드타임의 단축효과를 가져온다.

③ **물류거점의 재고단계** : 재고의 집약과 재고관리의 철저 등으로 재고의 편재 및 과부족 해소로 효율적 재고관리가 가능해진다.

④ 물류거점의 집약화로 창고의 자동화, 하역의 기계화, 공동 수배송 등 물류합리화를 추진할 수 있다.

⑤ 전산화로 사무처리가 경감된다.

⑥ 영업부는 판매활동에만 전념할 수 있게 되어 도·소매업의 매출증대를 가져오게 된다.

⑦ 제조업자의 경우에는 유통경로 전체에서 물류효율화를 실현할 수 있다.

⑧ 전문물류업자 육성으로 물류기능의 전문화 확대가 가능하다.

5 제약이론(TOC : Theory of Constraints)

(1) 제약이론(TOC)의 개념

① 제약이론(TOC)은 기업의 여러 활동 중 특히 취약한 활동요인(제약요인)의 효율성을 제고함으로써 기업의 성과를 극대화하고자 하는 기법이다.

② 제약(Constraints)은 조직이 가지고 있는 목표를 달성하는데 있어서 제약이 되는 모든 것(자원, 부서, 인식, 환경 등)이며, 조직을 하나의 고리사슬로 구성된 시스템으로 인식하여 어느 하나의 고리가 취약하면 전체 고리사슬이 제 기능을 발휘하지 못한다는 것이다.

③ 제약이론은 골드렛(Eliyahu M. Goldratt) 박사가 어려움에 처해 있는 친구의 공장을 우연한 기회에 방문하여 문제를 해결해 주고자 방법을 찾으려는 시도가 TOC의 첫 출발이었다.

④ 제약이론(TOC)에서는 기업의 목표달성을 위해 '재고의 최소화, 산출(throughput)의 최대화, 운영비용의 최소화'의 3가지 요소를 제시하고 있다. 재고의 최소화를 위해서는 공장 안에 잠겨있는 재고를 산출(throughput)로 바꾸어야 하는데 산출(throughput)도 능력이 가장 낮은 활동에 의해 제약받고 있어 가장 약한 고리를 찾아내어 그 고리를 강하게 만들어야 하며, 이때 소요되는 운영비용이 최소가 되도록 하여야 한다는 것이다.

(2) 제약이론(TOC) 관리의 5단계

① 제1단계 : 시스템의 제약요건을 찾아낸다.

② 제2단계 : 제약요인을 최대한 효율적으로 이용할 방법을 결정한다.

③ 제3단계 : 기타 모든 의사결정을 제약요인의 최대 활용이라는 관점에서 내도록 한다.

④ 제4단계 : 제약요인의 능력을 향상시킨다.

⑤ 제5단계 : 기존의 제약요소를 제거하고 제1단계로 돌아가 새로운 제약요소를 탐색한다.

실전예상문제

01 제약이론(TOC)에 관한 설명으로 옳지 않은 것은?　　▶ 제17회

① 이스라엘의 골드랫이 제안　　② SCM에 응용 가능

③ 납기준수율 향상　　④ 병목공정을 집중관리

⑤ 성과보다는 프로세스 개선이 목표

> **해설** 제약이론(TOC : Theory of Constraints)은 시스템적인 관점에서 기업 조직의 목표달성을 위해 제약이 활동요인의 효율성을 제고함으로써 기업의 성과를 극대화하고자 하는 기법이다.

02 물류시스템 설계시 일반적으로 고려해야 할 사항으로 옳지 않은 것은?　　▶ 제17회

① 배송차량의 대형화와 화물의 혼적을 통해 서비스 수준은 개선되지만 물류비용은 증가한다.

② 대고객서비스 수준을 중요하게 고려한다.

③ 고객의 수요에 따라 재고수준이 결정되고, 이는 운송수단과 경로결정에 영향을 미친다.

④ 물류정보시스템 구축을 통해 물류비용의 감소와 서비스 수준 개선을 달성할 수 있다.

⑤ 고객서비스 관점에서 미배송 잔량을 체크하여 주문충족의 완전성을 확보해야 한다.

> **해설** 배송차량의 대형화와 화물의 혼적은 규모의 경제를 발휘하여 물류비용의 감소를 가져올 수 있으나 대량·혼재수송으로 인한 시간의 지연 등을 초래하여 서비스 수준은 오히려 저하될 수 있다.

03 6-시그마 기법에 관한 설명으로 옳지 않은 것은?　　▶ 제18회

① 6-시그마 기법은 수치데이터를 통하여 분석적인 접근방식과 오픈마인드 수행을 요구한다.

② 6-시그마 기법은 상의하달 방식으로 강력하게 추진하는 것이 보다 효과적이다.

③ 6-시그마 기법은 프로세스 중시형 접근방법이다.

④ 6-시그마 기법을 도입하여 고품질을 추구하는 기업은 지속적으로 비용이 더 많이 소요된다.

⑤ 6-시그마 기법을 활용하면 제품 또는 서비스의 리드타임이 단축되고 재고감축 효과가 있다.

> **해설** 장기적으로 비용이 절감되며 서비스 품질향상을 가져올 수 있다.

04 물류시스템의 구축순서를 올바르게 나열한 것은?
▶ 제18회

> ㉠ 시스템 평가 유지 관리 ㉡ 목표 설정
> ㉢ 데이터 수집 및 분석 ㉣ 시스템 구축
> ㉤ 전담조직 구성

① ㉠ - ㉢ - ㉣ - ㉡ - ㉤
② ㉡ - ㉤ - ㉢ - ㉣ - ㉠
③ ㉡ - ㉢ - ㉤ - ㉠ - ㉣
④ ㉤ - ㉡ - ㉣ - ㉢ - ㉠
⑤ ㉤ - ㉠ - ㉡ - ㉢ - ㉣

해설 물류시스템은 ㉡ 목표 설정 - ㉤ 전담조직 구성 - ㉢ 데이터 수집 및 분석 - ㉣ 시스템 구축 - ㉠ 시스템 평가 유지 관리와 같은 순서로 구축된다.

05 물류시스템의 구축 방향에 관한 설명으로 옳지 않은 것은?
▶ 제19회

① 수배송, 포장, 보관, 하역 등 주요 부문을 유기적으로 연계하여 구축하여야 한다.
② 물류제도나 절차를 개선하는 것보다는 기술혁신을 중심으로 하여 추진하는 것이 바람직하다.
③ 기업 이익을 최대화 할 수 있는 방향으로 설계되어야 한다.
④ 장기적이고 전략적인 사고를 물류시스템에 도입하여야 한다.
⑤ 물류 전체를 통합적인 시스템으로 구축하여 상충관계에서 발생하는 문제점을 해결하는 방안을 모색하여야 한다.

해설 기술혁신보다는 물류제도 및 프로세스의 개선이 바람직하다.

06 다음 괄호 안에 알맞은 용어를 고르시오.
▶ 제19회

> 제약요소는 조직의 전체적인 성과를 지배하므로, 보다 많은 이익을 얻기 위해서는 제약요소를 중심으로 모든 관리가 집중되어야 한다는 경영과학이론을 (㉠)(이)라 한다.
> 또한 필요한 때, 필요한 것만을, 필요한 만큼 생산하여 생산시간을 단축하고 재고를 최소화하여 낭비를 없애는 (㉡)시스템은 물류에서는 적시도착의 의미로 사용된다.

① ㉠ TOC ㉡ 6-시그마
② ㉠ TOC ㉡ JIT
③ ㉠ TOC ㉡ TQM
④ ㉠ TQM ㉡ 6-시그마
⑤ ㉠ TQM ㉡ JIT

해설 ㉠은 제약이론(Theory of Constraints)을 설명하고 있으며, ㉡은 적기납기(Just In Time)을 설명하고 있다.

Answer 1. ⑤ 2. ① 3. ④ 4. ② 5. ② 6. ②

07 TQM(Total Quality Management)에 관한 설명으로 옳지 않은 것은? ▸ 제20회

① 품질관리 활동이 전사적으로 이루어져야 한다.

② 고객중심의 품질개념을 도입한 것이다.

③ 품질에 대해 지속적인 개선이 이루어진다.

④ 관리대상은 최종제품뿐만 아니라 조직 내의 모든 활동과 서비스가 포함된다.

⑤ 고객의 범위는 외부고객으로 한정한다.

해설 TQM에서의 고객의 범위는 외부고객에 한정하는 것이 아니라 기업 내부의 모든 분야를 포함한다. TQM은 고객중심의 품질개념을 도입한 것으로서 제품, 공정, 자원, 사람에 대한 총체적인 품질향상을 통한 경쟁력 확보를 위해 재화의 흐름과 관련한 사내외 모든 종사자들이 품질과 서비스에 책임을 지고 업무를 수행하도록 하고 있다.

08 제약이론(Theory of Constraints)에 관한 설명으로 옳은 것은? ▸ 제20회

① 모토로라(Motorola)에서 처음 시행하였고 GE에서 발전시켰다.

② 모든 현상을 숫자로 표시하고 관리하는 것을 철학으로 한다.

③ 통계적 기법을 활용한 품질개선 운동이다.

④ 일반적으로 DMAIC라는 프로세스를 활용한다.

⑤ 스루풋(throughput), 재고, 운영비용의 3요소를 제시하였다.

해설 ①②③④는 6시그마에 관한 설명이다. 제약이론(TOC)은 기업의 여러 활동 중 특히 취약한 활동요인(제약요인)의 효율성을 제고함으로써 기업의 성과를 극대화하고자 하는 기법이다. 제약이론(TOC)에서는 스루풋, 재고, 운영비용의 3요소를 제시하고 있는데 공장 안에 잠겨있는 재고를 스루풋(throughput)으로 바꾸어야 하는데 스루풋도 능력이 가장 낮은 활동에 의해 제약받고 있어 가장 약한 고리를 찾아내어 그 고리를 강하게 만들어야 한다. TOC에서 운영비용은 재고를 스루풋(throughput)으로 바꾸는데 들어가는 총비용을 의미한다.

09 ( )에 들어갈 용어를 순서대로 나열한 것은?

▶ 제21회

> - (㉠)(은)는 생산부문의 품질관리만으로는 기업이 성공하기 어렵기 때문에 모든 부문으로 품질관리를 확대하여 조직 및 구성원 모두가 품질관리의 실천자가 되어야 한다는 것이 적용된 경영기법이다.
> - (㉡)(은)는 무결점 품질을 목표로 고객에게 인도되는 재화 및 서비스 불량을 줄이는 것뿐만 아니라 회사 내 전 분야에 걸쳐 발생되는 불량의 원인을 찾아 제거하고 품질을 향상시키는 경영기법이다.
> - (㉢)(은)는 기업목표달성에 방해가 되는 제약요인(constraints)을 찾아 집중적으로 개선하여 기업의 성과를 높이는 경영기법이다.

① ㉠: TQM   ㉡: 6시그마   ㉢: TOC
② ㉠: TQM   ㉡: TOC   ㉢: 6시그마
③ ㉠: 6시그마   ㉡: TQM   ㉢: TOC
④ ㉠: 6시그마   ㉡: TOC   ㉢: TQM
⑤ ㉠: TOC   ㉡: TQM   ㉢: 6시그마

해설 ㉠은 TQM(전사적 품질경영), ㉡은 6시그마, ㉢은 TOC(제약이론)을 각각 설명하고 있다.

10 상물분리의 경제적 효과에 관한 설명으로 옳은 것은?

① 물류거점을 통한 수·배송으로 수송경로가 단축되고 대형차량의 이용이 가능하므로 수송비가 증가한다.
② 지점과 영업소의 수주 통합으로 효율적 물류관리가 이루어지고, 리드타임(lead time)이 증가한다.
③ 재고의 편재 또는 과부족을 해소하여 효율적 재고관리가 가능하다.
④ 물류거점(물류센터 등)에서 하역의 기계화, 창고자동화 추진이 가능하므로 물류 효율성이 감소한다.
⑤ 영업부는 제조활동에만 전념하여 도·소매업의 매출이 증대된다.

해설 상물분리를 통하여 수송비의 감소, 리드타임의 감소, 물류효율성의 증가, 영업부의 판매(마케팅)활동 전념으로 매출액 증가와 같은 효과가 나타난다.

Answer 7. ⑤ 8. ⑤ 9. ① 10. ③

11 물류시스템의 구축 목적에 관한 설명으로 옳지 않은 것은? ▶ 제21회

① 고객 주문 시 신속하게 물류서비스를 제공한다.

② 화물 분실, 오배송 등을 감소시켜 신뢰성 높은 운송기능을 수행할 수 있게 한다.

③ 화물 변질, 도난, 파손 등을 감소시켜 신뢰성 높은 보관기능을 수행할 수 있게 한다.

④ 물류서비스의 향상과 관계없이 물류비를 최소화하는 것이다.

⑤ 하역의 합리화로 운송과 보관 등의 기능이 향상되도록 한다.

> **해설** 물류시스템은 서비스, 신속성, 공간의 효과적 이용, 재고조정 및 규모의 적정화를 목표로 하기 때문에 물류비 최소화뿐만 아니라 물류서비스의 향상을 추구한다.

12 다음 용어에 관한 설명으로 옳지 않은 것은?

① POS(Point of Sales) : 판매시점에서 정보가 전달되어 소매업체가 일일이 주문하지 않아도 자동으로 발주되는 시스템이다.

② DPS(Digital Picking System) : 점포로부터 발주자료를 센터의 상품 랙에 부착된 표시기에 피킹 수량을 디지털로 표시하게 하는 시스템이다.

③ TQM(Total Quality Management) : 고객의 주문을 보다 정확하게 충족시키기 위하여 기업의 총체적 품질경영 노력을 지원하는 시스템이다.

④ TQC(Total Quality Control) : 경영, 기술차원에서 실천되던 고객지향 품질관리 활동이다.

⑤ TOC(Theory of Constraints) : 시스템적인 관점에서 기업의 여러 활동 중에서 특히 취약한 활동요인의 효율성을 제고함으로써 기업의 성과를 극대화하고자 하는 시스템이다.

> **해설** 판매시점에서 정보가 전달되어 소매업체가 일일이 주문하지 않아도 자동으로 발주되는 시스템은 CAO(Computer Assisted Ordering)이다.

13 물류합리화 목표를 달성하는 방법에 관한 설명으로 옳지 않은 것은?

① 다양한 고객의 욕구를 충족시키기 위하여 최적의 물류서비스를 최소 비용으로 제공하는 것이 바람직하다.

② 고객서비스 수준의 향상은 비용을 수반하기 때문에 고객의 유형에 따라 서비스 수준을 조정할 필요가 있다.

③ 고객서비스 수준의 향상과 함께 물류비용을 줄이기 위해서는 독자적인 물류시스템을 운영하는 것보다 물류공동화가 합리적이다.

④ 물류서비스의 증가는 물류비의 증가를 가져오기 때문에 합리적인 서비스 수준을 결정하여야 한다.

⑤ 고객집단의 다양성으로 인한 혼란을 방지하기 위해 서비스 수준은 항상 일정하게 유지하는 것이 필요하다.

> **해설** 고객집단의 특성에 따라 일정한 수준의 서비스보다는 다양한 수준의 서비스를 제공하여야 한다.

14 상물(商物)분리의 효과로 옳은 것은?

① 수주분리로 배송차량의 적재율이 감소된다.

② 개별 배송으로 운임 할인이 불가능하다.

③ 하역의 기계화 및 창고 자동화 추진이 가능하다.

④ 영업기능과 물류기능 간의 공동책임의식이 강화된다.

⑤ 재고의 집중적 관리가 어려워 재고의 편재 및 과부족 문제가 발생한다.

해설 ① 수주통합으로 배송차량의 적재율이 향상된다.
② 수송단계의 통합과 운임 할인이 가능하다.
④ 영업과 물류기능을 분리시켜 영업담당은 영업업무에 집중하고, 물류담당 역시 물류업무에 집중할 수 있어 매출액 증가와 물류효율화를 가져올 수 있다.
⑤ 재고의 집중적 관리를 통해 재고의 편재 및 과부족 해소가 가능하다.

15 물류합리화를 위한 6시그마(Sigma)의 실천과제에 포함되지 않는 것은?

① 사전에 추진목표 및 일정, 조직개편 등의 계획을 수립해야 한다.

② 최고 경영자의 혁신의 전사적인 확산에 대한 강력한 의지표명이 필요하다.

③ 계획한 품질의 균일성 추구 관점에서 출발하여 품질향상을 위해 개발·설계 단계에서부터 품질 공학을 적용해야 한다.

④ 평가에 기초하여 가시적인 인센티브를 제공함으로써 자발적인 참여를 유도해야 한다.

⑤ 조직 구성원의 적극적인 관심과 실천을 유도할 수 있는 참여문화 조성이 필요하다.

해설 6시그마는 고객만족의 관점에서 출발하여 프로세스의 문제를 찾아 근본적으로 제거하는 기법이다.

16 부문별 물류합리화 방안에 관한 설명으로 옳지 않은 것은?

① 수배송 부문에서는 운송수단 선택의 유연성 제고와 함께 화물차종의 다양화가 필요하다

② 창고관리부문에서는 물류거점의 분산화 및 광역화가 필요하다.

③ 포장부문에서는 표준화를 통한 규격의 단순화 및 과잉포장을 배제하는 것이 필요하다.

④ 물류정보부문에서는 고객서비스 수준의 주기적인 측정이 필요하다.

⑤ 하역부문에서는 범용성 있는 하역시설의 구축 및 유닛로드시스템 구축이 필요하다.

해설 창고관리부문에서는 물류합리화를 위해 물류거점의 집약화 및 광역화가 필요하다.

Answer | 11. ④ 12. ① 13. ⑤ 14. ③ 15. ③ 16. ②

17 물류활동에 관련된 품질관리 책임자뿐만 아니라 마케팅, 엔지니어링, 생산, 노사관계 등 기업의 조직 및 구성원 모두가 품질관리의 실천자가 되어 총체적인 품질향상에 주력해야 된다는 물류합리화 운영기법은 무엇인가?

① QC   ② TQC

③ TQM   ④ 물류 리스트럭처링

⑤ 물류 리엔지니어링

> **해설** TQC는 경영, 기술차원에서 실천되던 고객지향 품질관리활동이라면 TQM은 재화의 흐름과 관계된 사내외 모든 종사자들이 품질과 서비스에 책임을 지는 총체적인 품질관리활동이다.

18 다음은 물류시스템화 구축 방향에 관한 설명이다. 옳지 않은 것은?

① 물류시스템의 단순화 추구

② 물류시스템의 정보화 추구

③ 복합 일괄 수송화 추구

④ 물류시스템의 전문화 추구

⑤ 다품종·소량 수배송 방안 추구

> **해설** 물류시스템의 추구방향은 대량 수배송을 가능케 하는 방안으로 추구되어야 한다.

19 다음 중 물류시스템의 목적에 해당되지 않는 것은?

① 물류비의 감소와 기업의 수익 창출을 도모하는데 있다.

② 고객의 주문에 대하여 적기에 공급하고 품절을 막기 위한 적정수준의 재고를 확보하는 데 있다.

③ 고객에게 가능한 모든 서비스를 제공하는 데 있다.

④ 물류에 관련된 문제점을 파악하여 관련부문에 정보를 피드백하는 데 있다.

⑤ 물류활동에 적절한 수준의 합리화를 추구하고 적절한 물류관리지표를 개발하여 관리하는 데 있다.

> **해설** 물류시스템이란 작업시스템과 정보시스템으로 이루어져 있으며, 원료의 구입에서 생산, 판매활동에 이르기까지 수반되는 물류활동영역에 기술을 도입하여 합리화를 추구하고, 모든 정보활동들을 원활히 함으로써 작업시스템의 효율화를 도모하기 위한 것으로, 물류비의 감소와 기업의 수익 창출 도모는 모든 물류관리의 궁극적인 목적은 될 수 있어도 물류시스템 자체의 목적에는 해당되지 않는다.

20 상물분리란 물류합리화의 관점에서 상류경로와 물류경로를 분리하여 운영하는 것을 말한다. 다음 중 상물분리의 영향으로 볼 수 없는 것은?

① 물류거점을 통한 수배송으로 수송경로가 단축되고 대형차량의 이용이 가능하므로 수송비가 절감된다.

② 재고의 편재 및 과부족을 초래하여 효율적 재고관리가 불가능하다.

③ 물류거점에서 하역의 기계화, 창고의 자동화 추진이 가능하므로 물류비용이 절감된다.

④ 지점과 영업소의 수주 통합으로 리드타임이 단축된다.

⑤ 제조업자는 유통경로 전체에서 물류효율화를 실현할 수 있다.

해설 상물분리로 재고의 편재 및 과부족을 해소하여 효율적 재고관리가 가능해진다.

21 다음에서 설명하고 있는 것이 가리키는 것은?

> 기업이 채산성이 떨어지는 사업을 축소·철수하고 발전가능성이 있는 쪽으로 사업구조를 전환하거나 비교우위가 있는 사업에 투자재원을 투입하는 경영기법으로 중복사업의 통폐합, 인원 감축, 공장 재편, 신규투자 억제, 간접비 삭감, 합리화 추구 등 주로 기업의 조직개편에 목적을 둔 경영혁신기법

① 6-시그마
② JIT
③ TQM
④ 물류 리스트럭처링
⑤ 물류 리엔지니어링

해설 물류 리스트럭처링은 물류 프로세스의 혁신보다는 환경변화에 적극적으로 대처하기 위해 수익성이 떨어지는 부분의 통·폐합, 개별 기능의 보강 등을 하는 기법이다. 또한, 물류 리엔지니어링은 물류업무의 프로세스 등을 정보기술을 활용하여 축소하거나 재결합함으로써 원가우위 또는 차별화를 제고하는 기법이다.

22 물류시스템을 설계하는 경우 고려하여야 할 사항이 아닌 것은?

① 물류서비스의 획일화 모색
② 물류기능 전체의 파악
③ 물류관리시스템의 일관성 유지
④ 네트워크의 현실성과 적합성
⑤ 최단거리경로 모색

해설 물류서비스의 최적화를 모색하여야 한다.

Answer 17. ③ 18. ⑤ 19. ① 20. ② 21. ④ 22. ①

23 다음 중 물류시스템을 조정·통제하는 데 중요한 역할을 하는 기능은?

① 수송기능 ② 보관기능
③ 포장기능 ④ 피드백기능
⑤ 정보기능

해설 물류시스템은 물류관련 문제점을 파악하여 해당 부문에 관련정보를 피드백하는 기능을 통하여 문제에 대응할 수 있도록 한다.

24 물류 리엔지니어링은 재료의 발주처리부터 주문제품의 배송에 이르는 일련의 물류업무 프로세스를 리엔지니어링의 기본 목표인 고객만족 내지는 가치창출의 관점에서 물류업무를 재설계하여 경쟁우위를 확립하는 것이다. 다음 중 물류 리엔지니어링의 구성요소 중 가장 관계가 먼 것은?

① 표준화 ② 정보화
③ 시스템화 ④ 무재고화
⑤ 네트워크화

해설 무재고화는 물류 리스트럭처링의 특징에 가깝다.

25 다음 중 물류시스템의 목표 5S에 해당되지 않는 것은?

① Service(고객서비스의 향상)
② Speed(신속한 배달)
③ Space Saving(공간의 효과적 이용)
④ Scale Maximization(판매의 극대화)
⑤ Stock Minimum(재고조정)

해설 효율적인 물류시스템 설계를 위한 5S에는 Service, Speed, Space Saving, Scale Optimization, Stock Minimum(재고조정)이 있다.

26 다음 TQC와 6-Sigma의 차이점에 관한 설명으로 틀린 것은?

① TQC는 최종 생산품의 불량을 줄이기 위해 작업프로세스나 각 공정에서의 개선을 추구하지만, 6-Sigma는 경영프로세스 전반에 걸쳐 시스템 개선을 목표로 한다.

② TQC는 계획한 품질의 균일성을 추구하는데 비해 6-Sigma는 품질개선에서 문제점을 찾아낼 때 고객만족의 관점에서 출발한다.

③ TQC와 6-Sigma는 모두 통계이론과 통계기술을 응용한 품질개선기법이다.

④ TQC에서는 고객의 니즈에 제품이 대응하지 못했을 때 결함으로 간주하지만, 6-Sigma에서는 고객 및 주주의 니즈에 합치하지 않으면 결함으로 간주한다.

⑤ TQC는 다양한 기업에 공통기준을 적용하지만, 6-Sigma는 기업별로 품질관리 수법이 다를 수 있다.

해설 6-Sigma는 다양한 기업에 적용할 수 있는 공통언어(시그마)를 가지고 있지만, TQC는 기업별로 사정에 맞춰 품질관리 수법을 바꿀 수 있다.

27 물류시스템의 구축 순서가 올바르게 나열되어져 있는 것은?

㉠ 데이터 수집	㉡ 데이터 분석
㉢ 시스템 구축 전담조직 구성	㉣ 시스템 유지·관리
㉤ 시스템의 목표와 대상 선정	㉥ 모델 작성, 시험 실시

① ㉠-㉡-㉤-㉢-㉣-㉥
② ㉠-㉤-㉣-㉥-㉡-㉢
③ ㉤-㉢-㉥-㉡-㉣-㉢
④ ㉤-㉢-㉠-㉡-㉥-㉣
⑤ ㉢-㉠-㉡-㉤-㉥-㉣

해설 물류시스템은 먼저 시스템의 최종 목표와 대상을 설정한 후 시스템 구축 전담조직을 구성하고 데이터를 수집하여 업무현상을 분석한 다음 모델을 작성하고 그 모델을 평가하는 순서로 진행된다.

Answer 23. ④ 24. ④ 25. ④ 26. ⑤ 27. ④

28 다음 중 물류합리화를 위한 물류시스템의 추구방향과 거리가 가장 먼 것은?

① 기업의 경영전략 및 마케팅전략의 방향성에 맞추어 지속적으로 변경

② 동일업종, 동일지역의 경우에 기업 간 전략적 제휴를 통해 공동시스템 구축

③ 사전계획화나 정기화를 통한 물류계획화

④ 고객만족을 위한 효율적인 물류시스템 구축

⑤ 개별 기업 중심의 차별적인 물류전략 구축

> **해설** 최근 들어 생산과 유통전반에 걸쳐 대응해야 할 필요가 생기면서 개별 기업 중심의 물류전략 구축 보다는 기업 간 전략적 제휴를 통한 물류전략의 구현, 나아가 공급체인 전체의 효율적인 물류전략을 구현이 중요해지고 있다.

29 다음 중 물류시스템 설계시 고려요소가 아닌 것은?

① 설계자 중심의 시스템

② 경쟁사의 물류서비스와 비용 간의 관계

③ 대상제품의 특성

④ 사회환경, 소비자 의식, 인프라정비 상황

⑤ 기존의 물류활동패턴

> **해설** 물류시스템은 관련기업 간에 상호유기적으로 작동하는 시스템을 구축해야 하며, 사용자 중심의 시스템을 구축하는 것이 바람직하다.

30 다음 중 물류 TQM에 대한 설명으로 잘못된 것은?

① 고객의 욕구에 부합하는 수준의 물류서비스 품질 기능과 성능 달성을 목표로 한다.

② 물류 TQM에서는 물류부서의 담당자뿐만 아니라 재화의 흐름과 관련된 사내외 모든 구성원이 품질향상을 위하여 참여하여야 한다.

③ 물류 TQM에서 궁극적으로 추구하는 것은 무결점(ZD, Zero Defects)이다.

④ 물류 TQM은 Top-down의 형태로 추진되었다.

⑤ 물류 TQM은 제품위주, 현장위주의 품질관리체계이다.

> **해설** 물류 TQM은 제품위주, 현장위주의 품질관리체계에서 한걸음 더 나아가 제품, 공정, 자원, 종사자에 대한 총체적인 품질향상기법이다.

31 제약이론(TOC)은 골드렛(Eliyahu M. Goldratt)이 제안한 개념으로, 기업의 여러 가지 활동 중 취약한 활동요인의 효율성을 제고함으로써 기업의 성과를 극대화한다는 것이다. 지속적 개선을 위한 5단계 과정에 대한 설명 중 적절하지 않은 것은?

① 1단계 - 제약요소의 발굴

② 2단계 - 제약요소의 최대한 활용

③ 3단계 - 제약요소의 최대 활용이라는 관점에서의 의사결정

④ 4단계 - 제약요소에 대한 투자 축소

⑤ 5단계 - 제약요소 제거 및 새로운 제약요소 탐색

해설 4단계에서는 제약요소에 대한 투자를 확대시켜 시스템 내 제약요인을 향상시킨다.

32 다음 중 6-시그마 기법에 관한 설명으로 적절치 못한 것은?

① 객관적인 통계수치로 모든 프로세스를 측정·분석한다

② 기업의 여러 가지 활동 중 취약한 활동요인의 효율성을 제고하여 기업의 성과를 극대화하는 기법이다.

③ 고객에게 인도되는 최종재화의 불량을 줄이는 것뿐만 아니라 회사 내 전부문에서 불량의 원인을 근본적으로 제거하는 기법이다.

④ Measure-Analysis-Improve-Control의 단계를 거친다.

⑤ 제품 또는 서비스의 리드타임이 단축되고 재고감축 효과가 있다.

해설 ②는 제약이론(TOC)에 대한 설명이다.

33 다음은 상물분리에 대한 설명이다. 적절치 못한 것은?

① 상류와 물류경로를 동일하게 이용할 경우 운송거리의 연장과 보관시설 및 재고 등의 감소를 가져오게 된다.

② 상류는 영업부서에서 담당하고 물류는 물류부서에서 전담하게 함으로써 대량 수송 및 수배송 시간의 단축화와 재고의 집약화를 통해 고객서비스 향상 및 총물류비를 절감할 수 있다.

③ 물류 거점을 통한 수배송으로 수송단계의 통합 및 대형 차량의 이용으로 수송비의 절감 효과를 누릴 수 있다.

④ 지점 및 영업소의 수주통합으로 배송차량의 적재율 향상과 리드타임의 단축효과를 가져온다.

⑤ 전문물류업자 육성으로 물류기능의 전문화 확대가 가능하다.

해설 운송거리의 연장과 보관시설 및 재고 등의 증가를 가져온다.

34 다음은 물류시스템에 관한 설명으로 적절치 못한 것은?

① 고객의 주문에 신속하게 반응할 수 있도록 재고를 최소한으로 유지한다.

② 물류시스템을 생산지에서 소비지까지 연계되도록 구축한다.

③ 기업의 총비용을 최소화하기 위해 물류서비스 수준을 최대로 유지한다.

④ 물류합리화를 위해 기업의 전사적 목표를 정하고 통합된 시스템을 구축한다.

⑤ 수요정보는 전사적 차원에서 관리 및 공유되도록 한다.

해설 비용을 최소화할 경우 물류서비스 수준은 감소되므로 적정 수준을 유지하는 것이 바람직하다.

Answer   33. ①   34. ③

물류회계

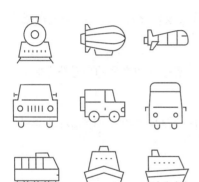

06 물류회계

| 학습목표 | 1. 물류비의 개념 및 산정목적, 물류비 분류체계, 물류비 계산방법을 명확히 파악한다.
2. 물류비 지출의 적절한 통제와 물류합리화 성과평가를 위한 물류예산관리 및 채산성분석에 대하여 구체적으로 정리한다.
3. 최적 자원계획을 위한 경영의사결정에 도움을 줄 수 있는 활동기준 원가계산 및 경영관리방법을 정리한다.

| 단원열기 | 이 단원에서는 물류비의 개념과 목적, 일반기준에 의한 물류비의 분류체계(영역별, 기능별, 지급형태별, 세목별, 관리항목별, 조업도별 물류비) 및 정확한 물류비 계산을 위한 절차 및 방법, 나아가 합리적인 물류비 관리 및 경영의사결정을 위한 물류예산관리 및 채산성분석 방법, 원가관리에 대한 활동기준접근법인 물류 ABC, 물류 ABM 등에 대하여 자세히 다루고 있다. 특히 물류비 감소와 매출액 증가효과의 관계, 물류비 산정, 물류비 배분과 관련된 계산문제의 출제 빈도가 매우 높으므로 명확히 정리하여야 하며, 기출문제를 활용하여 정확한 계산법을 숙지하여야 한다. 또한 일반기준에 의한 물류비의 분류체계를 종류별로 구체적인 정리가 필요하다. 그 외에도 물류비의 계산절차, 물류예산절차 및 채산성분석절차를 정리하여야 하며, 간이기준과 일반기준에 의한 물류비를 구분하여야 하고, 추가적으로 물류 ABC와 물류 ABM에 대한 정리도 필요하다.

제1절   물류비의 개념

1 물류비의 정의

(1) 물류비란 물류활동에 따라 발생된 비용을 말하며, 물자의 물리적 이전에 따라 발생된 비용 및 이들 활동에 필요한 설비·시설비용, 정보의 전달·처리비용 및 이를 위해 필요한 설비·시설비용 그리고 이들을 종합적으로 관리하는 데 소요된 직접 또는 간접비용으로 구성되어 있다.

① 물류활동을 수행하기 위하여 발생하거나 소비된 경제가치는 모두 대상이 된다.

② 물류비는 기업 내부의 관리자가 물류와 관련해 경영목적의 달성을 위해 적절한 의사결정을 하는데 필요한 정보를 지원하기 위한 기초자료이다.

(2) 직접비용은 자사 내에서 물류활동에 소비되는 자가물류비와 물류활동의 일부를 사외업자에게 위탁하여 그 대가로 지불하는 위탁물류비로 구분한다.

(3) 간접비용은 처음에는 거래선 기업이 지불 또는 소비하지만 실질적으로는 특정의 제조업자가 부담하는 비용을 말한다.

2 물류비의 산정 목적

(1) 물류비의 규모 파악(사내물류의 중요성 인식), 제품가격 결정에 활용

(2) 가격계산, 원가관리에 필요한 정보 제공

(3) 물류비 예산편성 및 예산통제를 위한 원가자료 제공

(4) 물류의 기본계획 설정, 업적 평가에 필요한 정보 제공

(5) 가격계산에 필요한 물류비용 자료 제공

제 2 절 일반기준에 의한 물류비의 분류

국토교통부에서 2008년 기업물류비 산정지침을 고시하여 물류비 계산의 정확성과 관리의 합리성을 제고하기 위한 표준 물류회계 기준으로 역할을 하도록 하였다. 일반기준은 물류비를 상세하게 원천적으로 계산하는 방식으로 물류원가계산의 관점에서 보면 관리회계방식에 의한 물류비 계산기준을 말한다. 일반기준은 기업에서 제품별, 지역별 운송비나 보관비 등과 같은 물류관리에 필요한 정보를 상세히 입수하기 위해 사용되는 기준이므로 일정 이상의 물류비 관리수준을 갖고 있는 기업에서 활용할 수 있다.

간이기준은 회계장부와 재무제표로부터 간단하게 추산하는 방식으로 물류원가계산의 관점에서 보면 재무회계방식에 의한 물류비 계산 기준을 말한다. 상세한 물류비 정보보다는 개략적인 물류비 정보나 자료 정도로 만족하는 중소기업 등 비교적 물류비 관리 수준이 낮은 물류비 산정의 초기 기업에서 사용하는 기준이다.

⦿ [표 6-1] 물류비의 분류체계

과 목	영역별	기능별	지급형태별	세목별	조업도별
비 목	• 조달물류비 • 사내물류비 • 판매물류비 • 리버스물류비 　(반품, 회수, 폐기)	• 운송비 • 보관비 • 포장비 • 하역비 　(유통가공비 포함) • 물류정보 · 관리비	• 자가물류비 • 위탁물류비 　(2PL, 3PL)	• 재료비 • 노무비 • 경비 • 이자	• 고정물류비 • 변동물류비

1 영역별 물류비

영역별 물류비는 조달물류비, 사내물류비, 판매물류비, 리버스물류비(회수, 폐기, 반품)로 구분되며, 생산물류비는 제외된다.

● [그림 6-1] 영역별 물류비

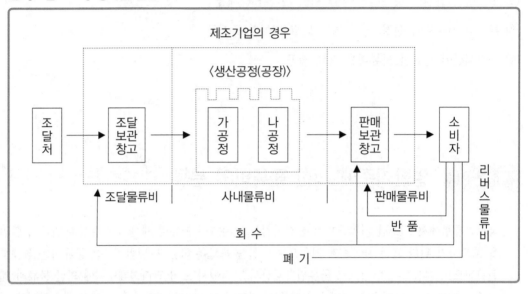

(1) **조달물류비**

① 조달물류비(調達物流費)는 물자가 조달처로부터 운송되어 매입자의 매입물자의 보관창고에 입고, 관리되어 생산공정(또는 공장)에 투입되기 직전까지의 물류활동에 따른 물류비를 말한다. 여기서 '생산공정(또는 공장)에 투입되기 직전까지의 물류활동'이란 원재료나 부품, 제품, 상품 등의 매입물자가 자사에 정상적으로 도착하여 사내에서 생산, 가공, 판매 등의 목적을 위해서 물리적인 이동을 가하기 이전의 물자유통과정을 말한다.

② 조달물류비에는 운송, 하역, 검수, 입고, 보관(조달보관창고), 출고 등의 조달물류과정에 관련되어 발생하는 비용을 포함한다. 비용의 범위는 재무회계상의 자료(주로 손익계산서에 나타나는 회계자료)에 의하면 조달과정에서 외부에 지불한 비용만 나타나게 되므로, 자사 내에서 생산공정에 투입 직전까지 실시한 검수, 하역, 입출고, 보관 등의 관련 제비용을 모두 포함하여야 한다.

(2) **사내물류비**

① 사내물류비(社內物流費)란 매입물자의 보관창고에서 원재료 등을 이동하여 생산공정(또는 공장)에 투입되는 시점부터 생산과정 중 공정과 공정 간의 원재료나 반제품의 운송활동, 보관활동 및 생산된 완제품을 판매를 위한 장소까지 물류활동에 따른 물류비를 말한다.

② 여기서 '매입물자의 보관창고에 완제품 등의 판매를 위한 장소까지의 물류활동에 따른 비용'
은 조달된 물자를 이용하여 제품이나 상품을 생산(가공을 포함)하는 과정에서 발생하는 운송
이나 보관 등의 물류활동에 소비되는 비용으로서 완제품 등의 판매를 위한 장소까지 발생한
물류비용을 말하고 있다. 다만, 순수한 생산공정 내의 물류활동, 즉 원재료나 부품 등의 공정
내 이동이나 운반 등의 물류활동에 따른 비용은 생산물류비로 인식하여 사내물류비에서 제외
시키고 있다.

③ 사내물류비에는 포장, 운송, 하역, 분류, 보관, 재고 등 사내에서 발생한 물류비를 포함하는데,
이 과정의 비용 분류는 사내의 조직단위별(공장별, 지점별 등), 물류경로별(수·배송의 경로, 직
송경로 등), 보관 장소나 위치, 보관방식별(창고보관, 배송센터보관 등) 등과 같이 물류흐름을
보다 구체화할 경우 사내물류비의 범위가 명확해지게 된다.

④ 이를 위해 제조기업의 경우, 공정과 공장을 중심으로 한 물류흐름과 보관창고나 물류센터를
중심으로 한 물류흐름을 그림으로 나타내 보거나, 도소매업의 경우는 상품의 매입과정에서 보
관, 출하 및 판매하는 과정을 보관창고 또는 물류센터의 측면에서 물류흐름도로 나타내 보면
매우 유용하게 된다.

(3) 판매물류비

① 판매물류비(販賣物流費)란 생산된 완제품 또는 매입한 상품을 판매창고에 보관하는 활동부터
그 이후의 판매관련(고객에게 인도될 때까지) 물류활동에 따른 물류비를 말한다. 여기서 '생산
된 완제품 또는 매입한 상품을 창고에 보관하는 활동부터 고객에게 인도될 때까지의 물류비'
란 사내물류활동이 종료되는 완제품의 보관에서부터 그 이후의 모든 판매관련 활동이므로, 소
비자에게 해당 제품이나 상품을 판매하는 과정에서 발생하는 물류활동이라고 할 수 있다.

② 판매물류비 중 주문이행에 따른 판매물류비는 출고지시에 따라 보관된 제품이나 상품의 피킹,
출고, 상차, 운송, 하차 등의 판매물류에 관련된 비용이 포함된다. 예를 들어, 제조업자에 있어
서 공장 등의 제품창고에서 고객에게로 직송하는 경우나, 유통업자에 있어서 조달처나 매입처
의 상품보관창고에서 고객에게 직송하는 경우는 고객으로의 출고 이후의 비용을 판매물류비
로 인식한다.

(4) 리버스(Reverse)물류비

① 반품물류비

㉠ 반품물류비(返品物流費)는 판매된 제품이나 상품의 반품물류활동에 발생하는 비용을 말한다.
여기서 '반품'의 요건이란 제품이나 상품자체의 문제점(예를 들어, 상품 자체의 파손이나 이
상 등)의 발생이나 물류과정에서 발생하는 파손, 이상, 하자 등이 발생하는 것뿐만 아니라
고객요구의 불일치로 인하여 발생하는 것까지 포함된 포괄적인 개념을 말한다.

㉡ 반품물류비에는 반품과정에서 발생하는 운송, 검수, 분류, 보관, 하역 등 관련비용을 포함
한다. 이때 반품 자체에 따른 상적 비용(예를 들어, 상품 대금의 환불액, 위약금 등)은 물류비
에 해당하지 않는다.

② **회수물류비**

　㉠ 회수물류비(回收物流費)는 제품이나 상품의 판매물류에 부수적으로 발생하는 파렛트, 컨테이너 등과 같은 빈 물류용기와 판매와 관련하여 발생되는 빈 판매용기의 회수 및 재사용 비용을 말한다.

　㉡ 회수물류비는 청량음료나 주류 등과 같은 업종의 경우 중시되는 비용의 하나이다.

③ **폐기물류비**

　㉠ 폐기물류비(廢棄物流費)는 파손 또는 진부화된 제품, 포장용기 등의 폐기물류활동에 발생하는 물류비를 말한다. 여기서 '폐기처리'의 요건으로는 진부화나 소모 등에 의해 제품이나 상품, 또는 포장용기 등의 물류기기가 제 기능을 수행할 수 없는 상황이거나 또는 제 기능을 수행한 후 소멸되어야 할 상황 등을 의미한다.

　㉡ 폐기처리시 수반되는 검수, 보관, 운송, 하역 등의 비용은 폐기물류비에 포함되나, 폐기 자체의 비용이나 공해방지의 처리비용 등은 이 비용에 포함시켜서는 안 된다. 이러한 비용은 물류비가 아닌 일반경비 또는 제조원가에 삽입하는 것이 타당하다.

2 기능별 물류비

물류기능이란 기업이 가치를 창출하기 위해 꼭 필요한 부가가치가 높은 활동을 의미하는데 물자를 이동, 보관하는 일련의 부대활동이 해당된다. 이 지침에서는 기능별 물류비 분류를 운송비, 보관비, 포장비, 하역비, 물류정보·관리비로 구분하고 있다.

◉ [그림 6-2] 기능별 물류비

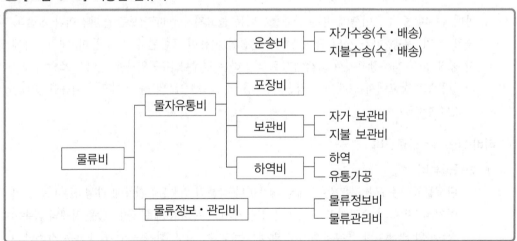

(1) 운송비

운송비(運送費)는 물자를 물류거점 간 및 소비자에게 이동시키는 활동에서 소비된 비용을 말하며, 이 비용은 장소에 의한 제품의 효용을 창조하기 위한 목적에서 발생한다. 운송비 중 자가물류비는 해당 기업의 물류특성이나 운송경로 등 필요에 따라서 수송비와 배송비로 세분할 수 있다.

① **수송비** : 물류거점 간 이동활동에 소요되는 비용으로서, 이 비용은 사내 공장이나 창고, 물류 센터나 지점 등 물류거점 간 운송에 발생하기 때문에 주로 사내물류비에 해당한다.

② **배송비** : 수요자에게 배송시키는 활동에 소요되는 비용으로서, 창고나 물류센터로부터 수요자 인 고객에게 운송시 발생하기 때문에 주로 판매물류비에 해당한다. 또한 고객으로부터의 판매 된 상품의 반품이나 회수 등에 발생하는 비용도 여기에 포함된다.

(2) 보관비

① 보관비(保管費)는 물자를 창고 등의 보관시설에 보관하는 활동에서 소비된 비용을 말하며, 이 비용은 시간에 의한 제품의 효용을 창조하는 목적에서 발생한다. 일반적으로 보관비 또는 창 고비라고 칭하는 이 비용에는 물자를 단순히 보관하는데 소요되는 비용뿐만 아니라 재고물품 에 대해 발생하는 이자도 포함한다.

② 이때 보관비는 제품이나 상품을 일정 기간 동안 창고나 물류센터에 보관하는데 소비되는 비용 과 제품이나 상품을 일정 기간 동안 보관함으로써 발생하는 자본비용인 '재고부담이자', 그리 고 적정 재고를 유지하기 위한 재고유지비나 적정 발주량을 유지하는 최적발주비 등과 같은 재고관리비도 포함된다.

(3) 포장비

① 포장비(包裝費)는 물류포장활동에서 소비된 비용을 말한다. 여기서 물류포장활동이란 최종 소 비자에게 인도되지 않고 이동과 보관을 용이하게 하기 위하여 실시하는 포장으로 판매포장과 상대적인 개념을 나타낸다. 따라서 포장비는 물품, 제품, 폐기물 등을 운송, 하역, 보관하기 위 한 물류포장에 소비되는 물류포장비라고 말할 수 있으며, 제품이 생산되는 과정인 생산물류에 서 소비된 비용은 생산원가 또는 제조원가에 귀속되기 때문에 포장비에서 제외한다.

② 한국공인회계사회의 기업회계 실무해설서(1993)에 의하면, 판매비와 일반관리비에 속하는 포 장비는 상품 등의 포장과정에서 발생하는 비용을 나타내고 있다. 따라서 제품의 포장비를 제 조원가에 포함하는 것이 일반적이며, 특히 일정한 포장을 하지 않고는 제품으로 판매가 불가 능한 소다, 약품, 화장품, 과자 등의 포장비는 제조원가에 삽입하는 것이 보다 합리적이다.

(4) 하역비

① **하역비**(荷役費) : 물자의 운송과 보관활동에 수반되어 동일 시설 내에서 물자를 상하좌우로 이 동시키는 활동에서 소비된 비용을 말한다. 입하, 격납, 피킹, 분류, 출고 등과 같은 물류의 세부 기능에서 발생하는 하역작업은 독자적으로 실시되는 경우는 거의 없으며, 주로 운송이나 보관 의 기능을 수행하면서 비용이 동시에 발생된다.

② **유통가공비**(流通加工費) : 물자의 유통과정에서 물류효율을 향상시키기 위하여 이를 가공하는데 소비된 비용을 말하며, 물류활동상의 효율증대를 위해서 발생하는 비용이라고 할 수 있다. 물론 부분적으로는 제품이나 상품의 부가가치를 높이기 위해서 물류과정상 가공을 하는 경우가 있는데, 이것은 생산물류 또는 상류가공(商流加工)에 해당되기 때문에 이때 소비되는 비용은 제조원가나 유통비에 포함시키는 것이 타당하다.

(5) **물류정보 · 관리비**

물류정보 · 관리비(物流情報 · 管理費)는 물류정보를 처리하는 비용과 물류관리에 소비된 비용을 말하며, 필요에 따라 다음과 같이 구분할 수 있다.

① **물류정보비** : 물류정보를 수집, 가공, 전달하기 위해 필요한 입력, 처리, 기억, 출력, 제어, 통신 등의 제활동을 컴퓨터 등의 전자적 수단을 사용하여 발생하는 다음과 같은 비용을 말한다.

　　㉠ 주문처리비 : 원재료를 포함한 제품이나 상품 등의 발주, 수주, 출하지시 및 이에 관한 사무처리와 통계, 분석 등의 업무를 처리하는데 소요되는 비용을 말한다. 단, 수주에 있어서 영업이나 판매상의 계약과정이나 절차 등에 관해서 발생하는 비용은 제외된다.

　　㉡ 고객서비스 : 출하문의에 대한 회신, 출하촉진 등의 업무에 소요되는 비용, 이외에도 조달, 보관, 운송 등의 업무처리와 관련하여 정보의 교환이나 처리를 위해서 소비되는 비용을 포함한다.

② **물류관리비** : 물류관리부문에서 발생하는 물류활동 및 물류기능의 합리화와 공동화를 위하여 물류활동에 대한 전반적인 계획, 조정, 통제를 위해 소비되는 비용으로 물자유통뿐만 아니라 정보유통과 관련해서도 발생하고 있다. 이 비용은 물류비관리의 조직단위에 따라서 공장이나 사업장별로 혹은 물류센터와 같은 현장의 물류관리비와 본사 차원에서의 물류관리비로 구분되기도 하며, 후자의 경우 본사의 물류스탭의 업무수행을 위해 소요되는 제비용을 칭하고 있다.

3 지급형태별 물류비

지급형태별 분류는 개별 기업의 입장에서는 물류활동을 누가 수행하고, 물류대금을 누구에게 지불하였는가에 대한 상세한 정보를 알 수 있도록 하고, 정부 등 유관기관의 입장에서는 물류비를 종합적으로 집계할 때 중복(물류 공급회사와 물류 수요회사 간) 집계를 방지하기 위해서 필요하다. 자사에서 지불하는 물류비에 대해 물류 행위주체를 자사에서 직접 수행하는가 또는 외부의 물류업체에 위탁하는가에 따라 자가물류비와 위탁물류비로 구분하고 위탁물류비를 물류자회사 지급분과 물류전문회사 지급분으로 구분하고 있다.

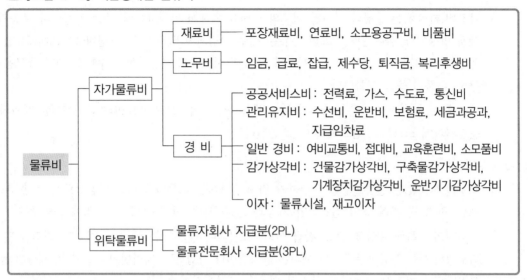

● [그림 6-3] 지급형태별 물류비

(1) 자가물류비

① 자가물류비(自家物流費)는 자사의 설비나 인력을 사용하여 물류활동을 수행함으로써 소비된 비용을 말한다. 이 자가물류비를 대부분의 기업에서 산정하고 있지 않으므로 기업의 물류비 실태를 정확하게 파악하고 있지 못하는 경우가 많다. 즉, 물류빙산의 전모를 파악하기 위해서는 자가물류비의 분류나 계산을 얼마나 구체적으로 할 것인가가 필요하다.

② 이에 따라 사내에서 실시하는 물류활동에 관련된 비용을 조달, 사내, 판매, 리버스 등의 영역으로 구분하여 재료비, 노무비, 경비, 이자의 세목별 계정과목을 통해 비용세분화를 하도록 한다.

(2) 위탁물류비

① 위탁물류비(委託物流費)는 물류활동의 일부 또는 전부를 외부의 물류업자나 물류자회사인 타사에 위탁하여 수행함으로써 지불하는 비용 또는 요금을 말한다. 위탁물류비는 주로 포장, 운송 및 보관 등의 활동을 위탁하는 경우에 발생하게 되는데, 예를 들어 지불포장비, 지불운임, 지불창고료, 입출고료, 수수료 등이 포함된다.

② 물류자회사 지불분과 물류전문회사 지불분을 구분하고 있는 데, 이는 물류자회사, 물류전문기업의 물류비 규모를 파악할 수 있고 국가물류정책 수립의 기초자료로 활용할 수 있다.

4 세목별 물류비

세목별 분류는 기본적으로 재료비, 노무비, 경비, 이자로 구분한다. 구체적으로는 해당 기업의 물류비 관리실무에 적절한 회계부문의 비용계정과목을 중심으로 구분하여 물류비를 상세화시키며, 계정과목의 분류 및 정의 등은 기업회계 기준 및 원가계산준칙의 계정과목과 동일한 체계를 가능하면 준용하도록 한다.

(1) 재료비

① 재료비(材料費)는 물류와 관련된 재료의 소비에 의해서 발생하는데, 주로 포장이나 운송기능에서 발생된다. 물류관련 재료의 종류는 매우 한정되어 있으며 그 구성비율도 낮다고 할 수 있는데, 재료비의 항목에는 포장재료비, 연료비 이외에도 물류활동의 수행을 위한 소모용 공구비, 비품비 등을 포함한다.

② 예를 들어, 파렛트와 같은 운송기기 등이 물류자산에 속하므로 재료비의 범위에서는 제외되며, 운송기기에 소모되는 연료비 등이 포함된다.

(2) 노무비

① 노무비(勞務費)는 물류활동을 수행하기 위해 발생하는 노동력에 대한 비용으로서, 운송, 보관, 포장, 하역 및 관리 등의 전반적인 기능과 조달, 사내, 판매 등의 전 영역에서 발생된다.

② 노무비의 항목에는 임금, 급료, 잡급 이외에도 물류 관련 종사자에 대한 제수당, 퇴직금 및 복리후생비 등을 포함하는데, 기업에서는 공장별이나 사업장별, 지역별이나 고객별, 제품별 등의 관리단위에 따라서 노무비에 관련된 비용을 세분화시켜야 한다.

(3) 경 비

경비(經費)는 재료비, 노무비 이외에 물류활동과 관련하여 발생하는 제비용으로서, 주로 물류관리의 기능에서 발생되며, 회계 및 관리부문 등에서 사용하는 계정과목이 전부 해당된다. 이 지침에서는 경비에 대한 세부적인 비목 구분이 없으나 필요에 따라서는 다음과 같이 구분할 수 있다.

① **공공서비스비** : 공익사업체에서 제공하는 용역(Service)에 대해서 발생하는 비용으로서, 전력료, 가스 · 수도료, 통신비 등이 포함된다.

② **관리유지비** : 물류관련 고정자산의 운용, 가동, 보전 등을 위해서 발생하는 비용으로서, 수선비, 운반비, 세금과 공과, 지급임차료, 보험료 등이 포함된다.

③ **감가상각비** : 물류관련 고정자산의 시간경과에 따른 가치감소분의 비용으로서, 건물감가상각비, 구축물감가상각비, 기계장치감가상각비, 차량감가상각비, 운반기기감가상각비 등이 포함된다. 이 감가상각비는 현금지출을 수반하지 않는 점에 유의해야 하며, 자산의 실제 사용분만큼에 대한 가치감소를 화폐가치로 나타낸 것이다.

④ **일반경비** : 물류관리 목적을 위해서 지출하는 일반적인 물류비로서, 여비, 교통비, 접대비, 교육훈련비, 소모품비 등과 같은 비용항목 이외에도 물류과정에서 발생하는 변질이나 도난, 사고 등에 따른 손실 등이 포함된다. 예를 들어, 운송이나 보관과정에서 발생하는 불량이나 파손에 따른 비용은 물류경비에 속하게 된다.

⑷ 이 자

① 이자(利子 : Interest)는 물류시설이나 재고자산에 대한 이자발생분을 의미하고 있는데, '금리 (金利)' 또는 '투자보수비(投資報酬費)'라고도 한다. 이 지침에서 이자는 시설부담이자와 재고부 담이자로 구분한다.

② 이자는 기업회계 기준과 상이한 세목으로서, 시설부담이자는 물류설비의 경제성을 검토하여 의사결정을 하기 위한 목적으로 유용하며, 또한 재고부담이자는 재고자산의 보유를 최소화시 키는 것이 물류효율화의 중요한 관리포인트가 된다는 점에서 포함시키고 있다.

③ 물류시설과 재고자산에 대해 이자를 부담시키는 이유는 원가요소 중의 하나인 자본비용(資本 費用 : Capital Cost)을 원가계산에 반영함으로써 산출된 원가정보의 유용성을 높이기 위해서 이다. 이 방법은 최근 증권시장이나 회계학 분야에서 신개념으로 각광을 받고 있는 경제적 부 가가치(EVA : Economic Value Added) 개념과도 동일한 인식을 공유하고 있다.

④ 지금까지 원가계산 실무에서는 자본비용을 원가요소로 인식하지 않고 영업외비용으로 인식한 것이 일반적이었다. 이에 따라 막대한 금액의 제조설비 투자액에 의해 유발되는 자본비용을 원가에서 제외하게 되므로 산출된 원가정보의 유용성에 심각한 문제가 발생하고 있다. 따라서 물류비를 계산함에 있어서 포함시킬 비용 중에 일반적으로 인정되는 기업회계 기준에서는 비 용으로 인식하지 않는 기회손실이나 이자부담 등을 포함하고 있는 사례가 많이 있다.

㉠ 시설부담이자 : 물류시설에 투자되어 있는 자금에 대한 이자부담분 만큼의 기회손실을 말 한다. 시설부담이자를 포함시키는 이유는 해당 물류설비를 자가 운영하는 것과 외부업체 에 위탁하는 것의 경제성을 검토하여 의사결정을 하기 위한 목적으로 사용되기 때문이다. 시설부담이자는 투자액의 미상각잔액에 이자율을 곱하여 계산한다. 시설투자액의 미상각 잔액은 자산명세서로부터 물류관련 자산을 추출한 후 이에 대한 계산시점에서의 감가상각 액을 차감하여 미상각잔액을 산정한다.

- **시설부담이자** = 투자액의 미상각잔액 × 이자율
- **투자액의 미상각잔액** = 취득원가 - 감가상각의 누적액

㉡ 재고부담이자 : 재고자산이 존재함으로써 발생하는 재고자산의 가치에 대한 이자부담분 만큼의 기회손실을 말한다. 재고부담이자는 재고자산의 보유를 최소화시키는 것이 물류효 율화의 중요한 관리포인트가 된다는 점에서 물류재고를 어떻게 유지하고 있느냐를 금액으 로 표시함으로써 재고관리수준을 파악할 수 있어 물류정보를 더욱 더 유용하게 활용할 수 있다. 재고부담이자는 재고의 평균잔액에 이자율을 곱하여 계산한다. 재고의 평균잔액은 재고명세서로부터 월별 기초·기말 재고액을 기초로 평균액을 산정한다.

- **재고부담이자** = 재고의 평균잔액 × 이자율
- **재고의 평균잔액** = (월초 재고 + 월말 재고) / 2

06

5 관리항목별 물류비

관리항목(管理項目)별 분류는 중점적으로 물류비 관리를 실시하기 위한 관리대상(물류비 계산의 실시단위의 경우는 물류원가계산대상 : Cost Objectives for Logistics Unit), 예를 들어, 제품별, 지역별, 고객별 등과 같은 특정의 관리단위별로 물류비를 분류하는 것으로 관리목적(管理目的)별 분류라고도 칭한다.

◉ [그림 6-4] 관리항목별 코스트 종류

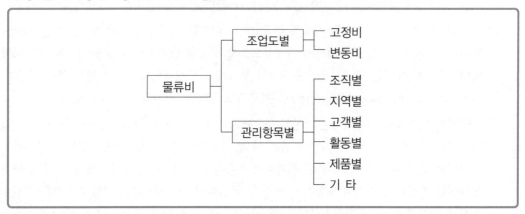

관리항목별 구분은 회사의 관리목적에 따라 그 내용이 상이하며 대표적인 사례는 다음과 같다.

⑴ **부문별**

물류비가 발생되는 부문이나 관리부문 등 조직계층단위

⑵ **지역별**

물류비가 발생되는 지역별 부문이나 조직단위

⑶ **운송수단별**

철도운송, 해상운송, 육로운송, 항공운송 등의 운송수단

⑷ **제품별**

물류활동의 대상이 되는 원재료, 제품, 부품 등의 제품종류

⑸ **물류거점별**

물류활동이 발생하는 장소로서 물류센터, 창고, 집배소 등

⑹ **위탁업체별**

물류활동을 위탁할 경우 물류활동 수행업체

실무적으로 적용하기 위해서는 물류비목별로 관리대상항목(관리항목별 구분항목)을 결정하는 매트릭스표를 작성하여야 한다. 물류비 비목과 관리항목 간의 매트릭스 사례는 다음과 같다.

● [표 6-2] 관리항목별 물류비 분류의 매트릭스 사례(판매물류비의 경우)

영역별	기능별	지급형태별	세목별		관리항목				
					부문별	위탁업체별	제품별	물류거점별	운송수단별
판매물류비	운송비	자 가	재료비	연료비	V		V	V	
			노무비	급료와 임금	V		V	V	
				제수당	V		V	V	
				퇴직급여	V		V	V	
			경 비	복리후생비	V		V	V	
			시설부담이자		V		V	V	
		위 탁	경 비	운반비	V	V	V	V	V
				지급수수료	V	V	V	V	V
	보관비	자 가	노무비	급료와 임금	V		V	V	
			시설부담이자		V		V	V	
			재고부담이자		V		V	V	
		위 탁	경 비	지급임차료	V	V	V	V	
				지급수수료	V	V	V	V	
이하 생략									

6 조업도별 물류비

(1) 조업도(操業度)별 분류는 물류비에 관한 계획을 설정하고 통제하기 위해서는 물류비가 물류조업도에 따라서 어떻게 발생하는가를 파악하는 것이 중요하다. 이러한 점에서 물류활동에 비례하여 증감하는 변동비와 물류량이 증감하여도 일정액이 지불되는 고정비로 구분할 수 있다.

① **물류고정비** : 물류활동의 범위 내에서 물류조업도의 증감과 관계없이 발생하거나 소비되는 비용이 일정한 물류비

② **물류변동비** : 물류활동의 범위 내에서 물류조업도의 증감에 따라 발생하거나 소비되는 비용이 비례하여 변화되는 물류비

(2) 조업도별 물류비를 통하여 기업의 물류활동에 따른 물류비용 함수를 도출하여 물류환경 및 물류전략에 따라 기업물류비의 예측이 가능해지므로, 관련 범위 내에서 합리적인 물류의사결정을 할 수 있도록 유용한 정보를 제공할 수 있고, 물류손익분기점(물류 CVP : Cost, Volume, Profit for Logistics)분석을 통하여 물류목표 및 전략을 수립하고 물류성과를 평가하는데 기초정보로 활용할 수 있다.

제3절 | 물류비의 계산방법

1 일반기준에 의한 물류비의 계산

(1) 물류비 계산방법

① **실태 파악을 위한 물류비** : 물류비는 합리성과 보편 타당성을 전제로 측정되어야 하지만, 기업의 물류환경과 물류활동 자체의 특성으로 인하여 합리적이고 보편 타당한 물류비를 계산하는 것은 많은 노력이 소요된다. 뿐만 아니라 이에 대한 규정이 미비하여 물류비 계산관리 담당자가 어려움을 겪고 있다. 이에 기업물류비 산정지침에서는 실태파악 목적으로 합리적이고 보편 타당한 물류비를 계산하기 위해서 고려하여야 할 요소들을 다음과 같이 규정하고 있다.

ㄱ 첫째, 물류비는 기업의 정상적인 물류활동과 관련하여 발생한 것을 대상으로 한다. 기업의 목표와 부합하고 예측할 수 있는 물류활동에서 발생된 검증 가능한 물류비이어야 한다. 비정상적인 물류활동이나 관련 범위 내에서 예측이 불가능한 물류활동에서 발생된 것은 제외함으로써 기간별 물류비의 비교가 용이하게 된다.

ㄴ 둘째, 일반적인 물류비의 측정을 기업회계 기준에서 사용하고 있는 발생기준에 따라 측정하게 함으로써, 기업물류비 산정지침에서 규정하지 못하고 있는 세부사항에 대하여 보완하고 있다. 물류 및 물류비가 갖고 있는 특성을 고려하여 기회원가인 이자(시설부담이자와 재고부담이자)와 같이 특별한 규정이 있는 경우에는 예외로 하여 탄력성을 부여하였고, 실태파악 목적 물류비 분류형태로는 영역별, 기능별, 지급형태별 등으로 하도록 하였다.

ㄷ 셋째, 기업의 다양한 물류활동에 따라 물류목적에 적합한 주된 물류활동과 부수적인 물류활동으로 구분한다. 부수적인 물류활동은 주된 물류활동과의 관련성을 고려하여 물류 인원, 물류관련 시설의 면적, 물류활동 시간, 물류빈도, 물동량, 물류비의 규모, 물류자산의 규모, 물류자산의 이용도 등의 적합한 기준으로 합리적인 배부기준을 설정하고, 이에 따라 배부한다.

② **관리 목적을 위한 물류비** : 기업의 물류효율 및 물류효과를 높일 수 있도록 관리목적을 위한 물류비는 물류의사결정에 부합되어야 합리적이고 타당한 의사결정이 이루어진다. 기업 전체의 물류환경에 대한 의사결정뿐만 아니라 부분적이고 제한된 물류자산 및 물류활동에 대한 의사결정도 빈번히 이루어지고 있다. 관리목적에 따라 기회비용과 같은 보편 타당성이 다소 결여된 물류비의 측정도 의사결정에 부합되면 계산하여야 한다. 이에 기업물류비 산정지침에서는 관리목적으로 의사결정에 부합한 물류비로 다음과 같이 대표적인 물류비관리 시스템을 규정하고 있다.

㉠ 첫째, 기업의 물류환경이 하루가 다르게 다변화되어 기업의 물류전략을 수립하는데 많은 어려움을 주고 있다. 이에 따라 신속한 분석으로 물류효과를 높일 수 있도록 물류활동 및 물류기능과 관련하여 의사결정에 부합하도록 기능별 물류비를 관련 범위 내에서의 물류조업도에 따라 물류고정비와 물류변동비로 구분하여 물류손익분기점 및 물류환경을 분석한다.

㉡ 둘째, 기업이 처한 물류환경 속에서 기업의 물류전략을 모색하기 위해서 관리항목별 물류비 계산이 필요하다. 물류의사결정에 맞는 대표적인 관리항목으로는 조직, 지역, 고객, 활동 등을 고려하고 있으며, 개별 기업의 실정에 따라 다양하게 설정할 수 있으며, 간접비 또는 공통비에 대한 배부 기준을 적용하며, 기회비용 성격인 이자(시설부담이자와 재고부담이자)는 객관화된 자료와 검증 가능한 이자율을 고려하도록 하고 있다.

(2) 물류비 계산 절차

물류계산시 분류체계에 의한 비목별 물류비 계산방법에 대해 구체적인 내용을 명시하고 있지 않지만, 분류체계에 의한 영역별 ⇨ 기능별 ⇨ 지급형태별 ⇨ 세목별로 이루어진다.

● [그림 6-5] 물류비의 비목별 계산과정

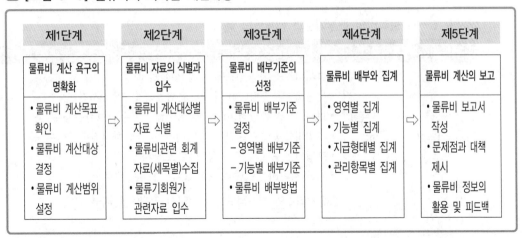

① **제1단계**(물류비 계산욕구의 명확화) : 제1단계는 물류비 계산의 목표를 해당 기업의 물류비 관리 필요성이나 목표에 의거하여 명확하게 해야 한다. 왜 물류비 계산을 해야 하며, 물류비 계산을 통해 무엇을 요구하고 있으며, 또한 산출된 정보는 어떻게 활용할 것인가와 같은 물류비 계산의 욕구(Needs)를 명확히 한다.

② **제2단계**(물류비 자료의 식별과 입수) : 제2단계에서는 물류비 계산을 위해 물류활동에 의해 발생한 기본적인 회계자료 및 관련자료를 계산대상별로 식별하고 입수하여야 한다. 이 단계에서는 물류활동에 관련된 기초적인 회계자료는 회계부문으로부터 입수하게 되는데, 이 물류비 관련자료는 해당 기업의 계정과목을 중심으로 제공되며 이 자료는 세목별 물류비의 기초 자료에 해당한다. 물류비 관련 물량자료로서 물류부문에서 발생하는 업무자료의 종류에는 다음과 같은 것들이 있다.

㉠ 운송관련 : 영역별/제품별/지역별 운송거리, 운송량(ton · km) 등

㉡ 보관관련 : 센터별/지역별/제품별 보관수량(개 · 일 · m²), 입출고 빈도 등

㉢ 하역관련 : 물류 인원의 영역별/기능별/제품별 등의 작업시간, 상하차 수량 등

㉣ 포장관련 : 센터별/지역별/제품별 포장 수량(개 · m³)

또한, 물류비 계산에 있어서 중요한 시설이나 재고의 부담이자를 계산하기 위한 기회원가 관련자료도 별도로 입수해야 한다. 이 자료는 기본적으로 회계부문의 자산명세서 및 재고부문의 재고명세서를 통해 입수할 수 있으며, 필요에 따라서는 물류부문에서 적절하게 관련자료의 수정 · 보완을 해야 한다.

③ **제3단계**(물류비 배부기준의 선정) : 제3단계는 회계부문으로부터 물류비관련 회계자료가 입수되면 계산대상별로 물류비를 계산하기 위해 물류비의 배부기준과 배부방법을 선정하여야 한다. 영역별, 기능별, 관리항목별(예 제품별, 지역별, 고객별 등)로 물류비 계산을 실시하기 위해서는 우선 물류비를 직접물류비와 간접물류비로 구분해야 한다.

직접물류비는 계산대상별로 직접 부과하며, 간접물류비는 적절한 배부기준과 배부방법에 의하여 물류비를 계산대상별로 일정액 또는 일정율을 배부한다.

⏺ [표 6-3] 물류비의 배부기준과 배부방법 예시

배부기준과 배부방법		예 시
배부기준의 종류	물량(수량) 기준	물류서비스의 제공정도에 따라 적절히 배부 • 운송비 : 운송량(ton · km), 운송품개수, 운송시간 등 • 보관비 : 보관면적(m²), 보관량(m³ · 일수), 보관품개수 등 • 하역비 : 종업원수(명), 작업시간(시간), 하역건수 · 품수 등 • 포장비 : 포장개수, 포장건수, 포장시간 등 • 기타 물류비 : 인력수, 입출고수, 전표발행수 등
	금액기준	물류서비스의 제공정도에 관계없이 일정액을 배부 • 금액 : 원
복수기준의 사용 여부	단일기준	물류비 배부기준 중에서 1개 기준만 사용
	복수기준	물류비 배부기준 중에서 여러 기준을 사용
배부방법의 종류	개별배부	물류활동의 특성에 따라 물류비를 개별적 배부
	일괄배부	물류활동의 특성에 관계없이 물류비를 일괄적 배부

④ **제4단계**(물류비의 배부와 집계) : 제4단계에서는 제2단계에서 입수된 물류비 관련자료를 사용하여 제3단계의 배부기준 및 배부방법에 의해 물류비를 배부하여 집계하는 단계이다. 이 중 직접물류비는 전액을 해당 계산대상에 직접 부과하고, 간접물류비는 선정된 배부기준과 배부방법에 의거해서 물류비의 일정액 또는 일정율을 계산대상별로 배부하고 집계하여 합산한다.

⑤ **제5단계**(물류비 계산의 보고) : 제5단계는 물류비 계산의 실시에 따른 보고서를 계산대상별로 작성함과 동시에 이 내용을 종합하여 물류활동에 관한 물류비 보고서를 제출하는 단계이다. 물류비 보고서는 전사 차원에서 합산하여 전사 물류비 보고서를 작성하면 된다.

필요에 따라서 영역별, 기능별, 지급형태별 보고서를 비롯하여 물류센터별, 제품별, 지역별 등의 관리항목별, 조업도별 물류비 보고서를 작성하게 되면 산출된 물류비 정보를 이용하여 물류의사결정이나 물류업적평가에도 매우 유용하게 활용할 수 있다. 그리고 월별이나 분기별로 기간별 물류비 자료를 구분하여 물류비 보고서를 작성하는 것도 필요하며, 이때 물류비 보고서에는 반드시 계산결과에 따른 문제점의 지적이나 필요에 따라서는 이에 대한 대책의 제시 등도 필요하다.

이상과 같은 물류비 계산을 체계적이고 전사적으로 실시하기 위해서는 기업의 물류활동의 특성에 알맞은 '물류비 개정지침'이나 '물류비 계산기준'과 같은 물류비 산정기준을 제도화시키는 것이 바람직하다.

(3) 비목별 계산

비목별 계산은 비목별로 물류비를 집계하는 것으로써, 물류비 인식기준에 의해 물류비를 인식하되 구체적인 계산방법은 과목의 분류체계에 의해 영역별, 기능별, 지급형태별, 세목별, 조업도별, 관리항목별로 전개해 나간다.

① **영역별 계산방법**

㉠ 영역별 물류비 계산은 영역별 분류에 의해 물류비를 계산하는 것으로써, 영역별 물류비는 세목별로 집계된 물류비를 기능별/자가·위탁물류비로 구분하여 집계하면 된다. 이때 중요한 점은 물류영역을 물류비 관리책임과 관련해서 설정하여 어느 범위까지 계산을 할 것인가에 있다.

㉡ 일반적으로 판매물류비는 대부분의 물류부문에서 담당하고 있기 때문에 별다른 문제가 없겠지만, 조달물류비는 주로 구매부문이나 조달부문에서 비용책임을 갖고 있기 때문에 물류비 범위에 포함할 것인가의 여부, 사내물류비의 경우 생산물류 또는 공장물류와의 경계 내지는 범위를 어디까지 설정할 것인가에 따라 해당 기업에서 산정하는 물류비의 규모가 크게 차이난다.

② **기능별 계산**

㉠ 기능별 물류비 계산은 각 기능별로 운송비, 보관비, 포장비, 하역비, 물류정보·관리비로 분류하여 지급형태별/세목별 물류비를 적절하게 배부하여 합계하면 된다.

㉡ 운송비, 보관비, 포장비, 하역비에 대해서는 그 기능별 물류특성에 의해 비용파악이 비교적 용이하기 때문에 비목별로 상세하게 물류비를 구분하여 계산해야 한다. 이때 사용하는 세목별 물류비 자료의 기능별 배부는 물류비 계산절차의 제3단계에 따라 물류특성에 따라 해당 기능별로 직접적으로 연관이 있는 직접물류비는 전액을 직접 부과하고, 일부 또는 간접적으로 연관이 있는 간접물류비는 해당되는 일부의 비용을 적절하게 배부해야 한다.

ⓒ 물류정보·관리비는 일반적으로 대부분의 비용이 공통비적인 성격과 현업부문보다는 관리부문에 의한 지원비용의 성격을 갖고 있음으로 인해 일괄 계산하여 총액으로 계산하면 된다.

ⓔ 기능별 계산은 물류관리조직이 기능별로 편성되어 있을 경우 비용에 대한 책임소재 등의 파악과 관련하여 매우 중시되기도 한다. 또한 물류기능별로 채산분석을 실시하여 물류비 절감목표를 설정한 경우 실제 대체적인 방법에 대한 비용 트레이드 오프(Cost Trade-off), 즉 얼마가 절감 가능한가를 나타내는데 유용시 되기 때문에 매우 중시되는 계산과정에 해당한다.

③ **지급형태별 계산**

ⓖ 자가물류비는 물류활동을 사내에서 실시할 경우 발생하는 모든 비용을 말한다. 주로 사내의 물류활동과 관련하여 조달, 사내의 운송과 보관, 판매 등의 과정에서 발생하는 재료비, 노무비, 경비, 이자를 전부 포함한다.

ⓛ 위탁물류비는 물류활동의 일부 또는 전부를 외부의 물류업자나 물류자회사에 위탁한 경우 지불하는 요금을 말한다. 이 비용은 주로 운송, 보관 및 포장 등의 활동을 위탁하는 경우에 발생하게 되는데, 예를 들어 지불포장비, 지불운임, 지불창고료 이외에도 입출고료, 수수료 등이 포함된다.

ⓒ 물류전문회사의 물류비 계산방법은 물류자회사 지급분과 동일하게 판매수량 또는 건수에 견적비용 단가를 곱하여 계산한다.

ⓔ 지급형태별 계산의 중요성은 물류비 절감을 위한 물류개선분석에 있어서 사내 활동과 물류자회사, 물류전문회사에 대한 비교분석을 할 경우나 또는 자사 물류시설의 투자를 위한 경제성분석이 있어서 비교우위에 대한 분석을 가능하게 해준다.

④ **세목별 계산** : 세목별 물류비 계산은 기본적으로 재료비, 노무비, 경비, 이자로 구분하여 실시하되, 재료비, 노무비, 경비의 각 세부 비목별 계산은 회계부문의 계정과목 체계를 준용하도록 하고 있다.

ⓖ 재료비 : 직접재료비와 간접재료비로 구분하여 직접재료비는 일정 기간 동안의 실제 소비량에 소비가격을 곱하여 계산하며 소비량은 출고지시서 등을 계속기록법 또는 재고계산법으로 파악한다. 간접재료비와 직접재료비 중 소비량을 계산하기 어려운 것은 적절한 기준에 따라 일정 기간 동안의 매입액과 기초, 기말재고액을 근거로 산출한다.

ⓛ 노무비 : 직접노무비와 간접노무비로 구분하며, 직접노무비는 일정 기간 동안의 각 물류영역에 관련된 실제 작업시간 혹은 작업량에 임율을 곱하여 계산하고, 간접노무비는 직접인건비 중 작업시간 또는 작업량을 계산하기 어려운 것은 적절한 기준에 따라 일정 기간 동안 지불액을 기초로 배부한다.

ⓒ 경비 : 실제 발생액을 전액 계상하는데, 공통적으로 발생하는 비용이나 간접적으로 발생하는 비용은 해당 활동에 대한 서비스 정도나 일정 금액을 적절하게 배분한다. 필요에 따라서는 공공서비스비, 관리유지비, 감가상각비 및 일반경비로 구분하여 경비의 세부특성에 맞추어서 계산하면 차후에 물류경비의 실적분석에 있어서 기간별, 장소별 등의 비교나 증감분석에 유용하게 된다.

ⓐ 공공서비스비 : 전력, 가스비, 수도료 등은 계산기간의 실제 소비량을 측정하여 요금단
가를 곱하여 계산한다. 개별 측정치가 없을 때는 청구서와 영수증 등으로 파악한 지불
총액을 실제와 가까운 추정 배분율을 정하여 배분한다.

ⓑ 관리유지비 : 유지비 중 기간별로 지불하는 것은 청구서, 영수증을 근거로 하여 지불액
을 계산한다. 몇 개월을 일괄하여 지불하는 것은 월할 계산법을 사용하고 기간 안분하
여 그 기간에 맞는 금액을 계산한다.

ⓒ 일반경비 : 지불총액을 실제와 가까운 추정 배분율을 사용하여 배분한다.

⑤ **관리항목별 계산**

㉠ 관리항목별 물류비 계산은 물류활동의 중점적 관리목표에 의거해서 원가중심점을 대상으
로 실시되기 때문에, '계산단위'에 해당하는 원가중심점(Cost Center), 예를 들어 조직, 제품,
지역, 고객, 물류경로, 주문규모, 서비스 수준, 운송수단 등으로 계산하게 된다. 이를 위해서
는 물류비 계산절차의 제1단계에서 본 것과 같이 미리 물류비 관리목표에 따라 계산단위를
결정해야 한다.

㉡ 관리항목별 계산은 물류비 계산서를 조직별, 지역별, 고객별 등과 같은 관리항목별로 물류
비를 집계하여 매트릭스표의 형태로 작성하면 된다. 이때 관리항목별로 직접 귀속이 가능
한 직접비는 직접 부과하고 직접 귀속이 불가능한 간접비는 관리항목별로 적절한 배부기
준을 이용하여 배부한다.

⑥ **물류조업도별 계산** : 물류비를 변동비와 고정비를 계정별로 구분하여 사용하지만 명확하게 구
분이 되지 않는 경우는 다음과 같은 방법 중 하나를 사용할 수 있다.

㉠ 공학적 방법 : 물리적 투입/산출관계를 분석

㉡ 계정분류법 : 전문가에 의해 변동비와 고정비로 분류/분석

㉢ 고저점법 : 최고 조업도와 최저 조업도의 원가자료를 이용

㉣ 산포도법(목측법) : 과거 자료를 도표상 표시하여 측정

㉤ 회귀분석법(최소자승법) : 독립변수와 종속변수의 관계를 규명

▌2 간이기준에 의한 물류비의 계산

(1) 간이기준에 의한 물류비 계산의 개요

① 간이기준(簡易基準)은 회계장부와 재무제표(주로 손익계산서와 대차대조표)로부터 간단하게 추
산하여 물류비를 계산하는 방식을 말한다. 따라서 간이기준에 의한 물류비 계산목적은 물류비
에 대한 실태파악을 위해 실적물류비를 간략하게 추산하여 계산함을 목적으로 한다.

② 물류비는 일반기준에 의해 원천 자료로부터 구분하여 집계하는 것이 요망되지만 전사적으로
체계적인 방법으로 물류비를 계산하지 못하는 기업과 물류비에 대한 상세한 정보를 필요로
하지 않는 기업 등에서는 회사 전체를 대상으로 물류비 총액을 파악하는 목적으로 간이기준에
의해 간략하게 물류비를 계산하기 위한 기준에 해당한다.

③ 간이기준을 이용하면 정확하고 상세한 물류비를 계산할 수 없으며 복잡한 수작업이 요구되기도 하는 등 문제점을 내포하고 있으나, 물류비 계산의 경제성을 고려하여 기업 규모가 작거나 일반기준을 적용하기 위한 물류정보시스템을 구축하지 못한 기업 등에서 활용할 수 있도록 하였다.

④ 간이기준에 의한 물류비 계산은 다음과 같은 기업의 경우 유용하게 활용할 수 있다.
　　㉠ 물류관리의 초기단계 있는 기업
　　㉡ 물류비 계산시스템이 확립되어 있지 않은 기업
　　㉢ 물류비를 산출하기 위한 노력과 비용이 과다하게 드는 기업
　　㉣ 물류비의 상세한 정보보다 개략적인 총액 정보로서 만족하는 기업
　　㉤ 물류비 계산의 실시까지는 물류관리상 곤란한 중소기업 등

(2) 간이기준과 일반반기준의 비교

기업의 물류비 산출방법은 크게 재무회계방식과 관리회계방식으로 나눌 수 있다.

① 재무회계
　㉠ 재무회계방식은 간이기준이라 하며 기업이 외부 이해관계자를 위해 매년 작성·보고하는 재무제표를 이용하여 물류부문에 관련된 비용만을 역으로 추적해 산출하는 것을 말한다.
　㉡ 물류비는 일반기준에 의해 원천 자료로부터 구분하여 집계하는 것이 필요하지만, 전사적으로 물류비를 계산하지 못하는 기업과 물류비에 대한 상세한 정보를 필요로 하지 않는 기업 등에서는 회사 전체를 대상으로 물류비 총액을 파악하는 목적으로 간이기준에 의해 간략하게 계산하기를 원한다.
　㉢ 재무회계방식(간이기준)을 이용하면 정확하고 상세한 물류비를 계산할 수 없는 등의 문제점은 가지고 있으나, 물류비 계산의 경제성을 고려하여 기업 규모가 작거나 일반기준을 적용하기 위한 물류정보시스템을 구축하지 못한 기업 등에서 적용하도록 하였다.

② 관리회계방식
　㉠ 관리회계방식은 일반기준이라 하며 원가계산제도에 의거하여 물류활동에 소요된 비용만을 측정하는 방식으로 비교적 정확한 물류비를 얻을 수 있다.
　㉡ 관리회계방식(일반기준)은 기업에서 물류비 관리에 필요한 정보, 즉 제품별, 고객별, 지역별로 운송비 또는 보관비 등과 같은 상세한 물류비 정보를 입수하기 위해 사용되는 기준이다.
　㉢ 관리회계방식(일반기준)은 별도의 복잡한 원가계산제도를 개발해야 한다는 부담이 있어 일정 이상의 물류비 관리수준을 가지고 있는 기업에서 활용할 수 있다.

◉ [표 6−4] 일반기준과 간이기준의 특징 비교

기 준 항 목	일반기준(관리회계방식)	간이기준(재무회계방식)
기본적 관점	물류목표를 효과적으로 달성하기 위한 활동에 관여하는 인력, 자금, 시설 등의 계획 및 통제에 유용한 회계정보의 작성이 목적 (기능별, 관리항목별의 업적평가나 계획 수립이 가능)	기업활동의 손익상태(손익계산서)와 재무상태(대차대조표)를 중심으로 회계제도의 범주에서 물류활동에 소비된 비용항목을 대상으로 1회계기간의 물류비 총액 추정
계산방식	물류활동의 관리 및 의사결정에 필요한 회계정보를 입수하기 위해 영역별, 기능별, 관리항목별로 구분하여 발생 비용을 집계	재무회계의 발생형태별 비용항목 중에 물류활동에 소비된 비용을 항목별로 배부기준을 근거로 해당 회계기간의 물류비로 추산
장 점	영역별, 기능별, 관리항목별 물류비계산을 필요한 시기, 장소에 따라 실시 가능 물류활동의 개선안과 개선항목을 보다 명확하게 파악 가능	개략적인 물류비 총액계산에 있어서 별도의 물류비 분류, 계산절차 등이 필요하지 않고, 전담조직이나 전문지식이 부족해도 계산 가능
단 점	상세한 물류비의 분류 및 계산을 위한 복잡한 사무절차 작업량이 많기 때문에 정보시스템 구축이 전제	상세한 물류비의 파악이 곤란하기 때문에 구체적인 업무평가나 개선목표의 수립이 곤란하며 물류비 절감효과 측정에 한계

일반기준과 간이기준에 의한 물류비 계산절차를 회계의 결산절차와 대비하면 다음과 같다.

◉ [그림 6−6] 일반기준과 간이기준에 의한 물류비 계산절차의 비교

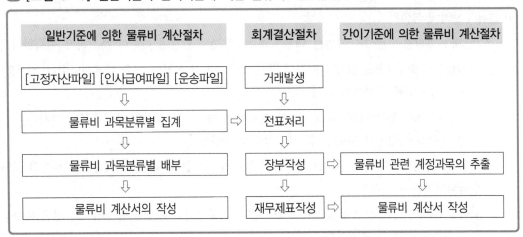

제 4 절 물류예산관리와 물류채산성분석

1 물류예산관리

(1) 물류예산관리의 개념

기업의 물류활동을 위하여 설정된 물류계획에 대한 예산을 편성하고 예산집행에 있어서 비용지출을 조정하거나 통제하는 것을 말한다.

(2) 물류예산관리의 특징

① 정확하고 구체적인 물류정책이나 물류관리의 방침에 의하여 설정하여야 한다.

② 물류예산의 편성은 물류관리자들을 중심으로 한 상향식 예산제도에 의거하여 물류관리를 실시하는 데 있어서 물류담당자들의 자발적인 동기를 부여한다.

③ 물류예산의 설정은 객관적·통계적인 자료에 의거하여 과거의 실적을 기준으로 한 합리적인 물류활동으로부터 미래의 상황변동을 고려한 과학적인 방법에 의한 편성으로 물류활동에 대한 업적평가와 차기 계획수립을 위한 정보를 제공한다.

④ 물류예산제도에 의거하여 물류관리를 실시하는 경우에는 관련된 물류분야의 비용지출을 상호 합리적으로 조정하여 집행해야 한다.

⑤ 물류예산제도에 의거하여 물류관리를 실시하는 경우, 물류비 지출의 적절한 통제가 가능하다.

(3) 물류예산의 종류

물류시설예산, 물류요원예산, 물류손익계산 등

(4) 물류예산의 편성절차

① 1단계(물류환경의 분석) : 기업의 내부·외부적인 물류환경에 대하여 분석하고 예측한다.

② 2단계(장기 물류계획의 설정) : 기업의 장기적인 경영전략 등에 의한 물류전략이나 정책을 기초로 물류환경을 고려하여 결정한다.

③ 3단계(물류예산 편성방침의 시달) : 당해 연도별로 물류부문 방침과 장기계획에 의거하여 물류비 예산안을 편성하기 위한 지침서의 역할을 수행한다.

④ 4단계(물류예산안의 작성) : 예산 편성방침에 근거하여 물류부문의 관리자가 실무자의 의견을 수렴하여 이루어진다.

⑤ 5단계(물류예산안의 심의 및 조정) : 물류부문에서 작성되어 제출된 물류비 예산안을 예산심의위원회에서 심의 및 조정한다.

⑥ 6단계(물류예산의 확정) : 기업의 최고 경영자가 최종적으로 승인 및 확정한다.

● [그림 6-7] 물류예산의 편성 절차

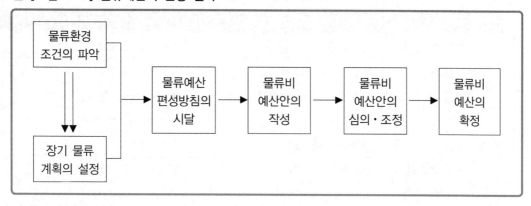

(5) **물류비예산의 통제**

예산을 편성한 후 실제로 물류활동을 수행하는 데 있어서 예산목표를 달성하고 예산의 범위를 초과하여 집행되지 않도록 통제하여야 한다. 사전 통제방법, 기중 통제방법 및 사후 통제방법을 이용한다.

① **사전 통제방법**: 예산 편성시 물류종사자를 직접 참여시켜 자발적으로 통제하는 방법이다.

② **기중 통제방법**: 예산기간 동안 정기적으로 예산의 집행을 점검하고 관리하는 방법이다.

③ **사후 통제방법**: 예산집행 후 예산과 실적을 비교하여 차이를 분석하는 방법이다. 물류비 예산 차이는 물류가격 차이와 물류수량 차이로 구분할 수 있다.
  ㉠ 물류가격 차이=(예산가격 - 실제가격) × 실제물류량
  위탁물류비 또는 물류재료비 등 물류활동의 구매실태 파악에 활용
  ㉡ 물류수량 차이=예산가격 × (예측물류량 - 실제물류량)
  물류효율 차이라고도 하며 시간, 개수, 거리, 면적 등의 예산과 차이분석으로 물류활동의 효율을 나타냄
  ㉢ 물류비 예산차이 합계=(실제물류량 × 실제가격) - (예산물류량 × 실제가격)

2 물류채산분석

(1) **물류채산분석**(물류의사결정회계)**의 개념**

물류채산분석은 현재 실시하고 있는 물류비 관리시스템에 대한 구조상·수행상의 문제 등에 관하여 그 채산성 여부를 파악하기 위하여 실시하는 분석이다.

물류비의 실태를 파악하면 다음 단계는 물류비 절감 방안을 강구하는데 이때 필요한 것이 물류채산분석이다.

● [표 6-5] 물류채산성분석과 물류원가계산의 비교

구 분	물류채산분석	물류원가계산
계산 목적	물류활동의 의사결정	물류활동의 업적평가
계산 대상	특정의 개선안, 투자안	물류업무의 전반
계산 기간	개선안의 전(특정)기간	예산기간(월, 분기, 연도별)
계산 시기	의사결정시 실시	각 예산기별로 실시
계산 방식	상황에 따라 상이	항상 일정
계산의 계속성	임시적으로 계산	반복적으로 계산
물류원가의 종류	미래원가, 실제원가	표준원가, 실제원가
할인계산의 유무	할인계산 함	할인계산 안함

(2) 물류채산분석의 종류

① **물류업무개선 분석**: 물류업무 절차나 방식 등을 중심으로 한 분석으로 특성상 비용 상충이 발생하는 경우가 많아 물류비의 증감을 신속·정확하게 분석할 필요가 있기 때문에 업무개선을 위한 타당성 분석은 주로 단기의 물류비 절감을 목표로 한다.

② **물류경제성 분석**: 물류설비의 대체나 신규투자와 같은 장기프로젝트에 관한 타당성 분석으로 경제성 분석은 장기적으로 거액을 필요로 하는 투자를 대상으로 하기 때문에 자금흐름을 중시하고, 주로 본사가 전략적 차원에서 분석한다.

③ **물류생산성 분석**: 물류활동에 대한 투입·산출과 성과 측면에서의 종합적인 분석이다.

(3) 물류채산분석의 실시 절차

① **1단계(물류현황파악)**: 물류업무에 대한 문제점 파악

② **2단계(물류개선안 작성)**: 물류업무에 대한 대체 안을 탐색·작성

③ **3단계(물류비 측정)**: 개선안별로 물류비의 용도와 필요성 측정

④ **4단계(물류비 비교)**: 개선안별로 물류비를 비교·측정

⑤ **5단계(물류개선안의 최종적 결정)**: 선택된 최종안을 종합적으로 평가

(4) 물류채산분석을 위한 접근방법

① **비용상충분석(Trade-off)방법**: 물류업무의 추진과정에서 이율배반적인 관계가 발생할 경우, 원가를 중심으로 비교분석하는 접근방식이다.

② **총비용접근(Total Cost Approach)방법**: 물류개선을 위해 필요한 비용 중에서 각 비용의 부분적인 비용 절감이 아닌 비용 전체의 절감을 위한 종합분석을 실시하는 접근방식이다.

● [그림 6-8] 물류채산성분석의 절차

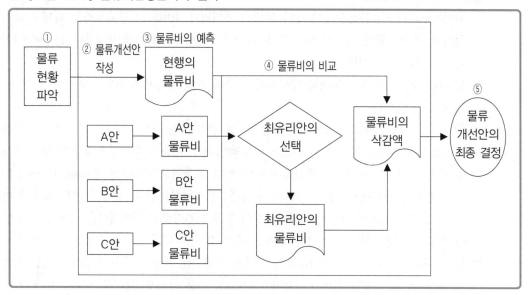

3 물류 ABC와 물류 ABM

(1) **물류 ABC**(활동기준 원가계산, Activity Based Costing)

① **물류 ABC의 개념**

    ㉠ 기업 내에서 수행되고 있는 활동, 활동과 원가대상의 소모관계를 상호간의 인과관계에 근거하여 규명함으로써 자원, 활동, 원가대상의 원가와 성과를 측정하는 원가계산방법이다.

    ㉡ 비용을 발생시키는 작업단위에서 발생원가를 파악하려는 원가계산방법으로 물류비용을 파악할 때 물류량 단위에 한정하지 않고 활동별로도 함께 파악함으로써 물류업무의 적정평가나 SCM 최적을 위한 비용평가가 가능해진다.

    ㉢ 활동기준 원가계산에서의 활동이란 자원을 소비하여 가치를 창출하는 작업으로 제품 및 서비스의 생산을 위해 자원을 소비하는 활동을 말하는데 재료주문, 재료처리, 생산주문, 설계, 작업준비, 작업활동, 품질검사, 선적, 고객관리 등의 각 과정이 이에 해당된다.

    ㉣ 기업환경이 소품종·대량생산에서 다품종·소량생산으로 변화함으로써 기업의 원가구조에서 간접원가의 비중이 급속도로 증가되었고, 전통원가계산방법으로는 변화된 원가구조에서 더 이상 적합성을 가지기 어렵게 됨으로써 이를 보완하기 위해 만들어졌다.

② **물류 ABC의 기본요소**

　㉠ 자원(Resource) : 활동을 수행하기 위해 사용되거나 소비되는 경제요소를 화폐로 표시한 원가로, 총계정원장(GL : General Ledger)상의 비용 또는 원가항목(재료비, 노무비, 감가상각비 등)으로 집계된다.

　㉡ 활동(Activity) : 특정의 목적을 달성하기 위하여 기업 내에서 수행되는 일련의 일 또는 일의 집합을 말한다.

　㉢ 원가대상(Cost Object) : 기업에서 최종적으로 원가를 산정하고자 하는 측정대상을 말하는 것으로 일반적으로 제품 또는 서비스가 대상이 된다. 제품의 수익성을 분석할 때는 제품을 원가대상으로 설정하여 원가계산을 하여야 하며, 유통경로별 수익성 정보를 산정하기 위해서는 유통경로를 원가대상으로 하여 원가계산을 하여야 한다. 원가계산시스템상에 어떤 원가대상을 설정하느냐에 따라 원가정보의 종류가 결정되고 원가계산을 위한 설계에 영향을 미치기 때문에 원가시스템을 구축할 때 가장 중요하게 고려되어야 할 요소이다.

　㉣ 활동동인(Activity Driver) : 원가대상에 의해 소비되는 활동의 양을 측정하기 위한 기준으로 활동동인을 결정할 때는 인과관계성, 자료의 이용 가능성, 계량화 가능성, 측정의 용이성 등을 고려해야 한다. 활동동인에는 검사시간, 작업시간, 작업준비시간 등이 있다.

　㉤ 자원동인(Resource Driver) : 활동에 의해 소비되어지는 자원의 양을 측정하기 위한 기준으로 자원을 활동별로 할당하여 활동원가를 산출한다. 자원동인은 소비된 자원과 활동 간의 인과관계에 의해 결정되며, 여기에는 인원수, 급여, 전력 소비량, 재료비 소비량, 면적 등이 이용된다.

③ **활동기준 원가계산 도입시 기대효과**

　㉠ 정확한 원가 및 이익정보 제공

　㉡ 관리회계시스템의 기반구축 가능

　㉢ 성과평가를 위한 인프라 및 전략적 정보 제공

　㉣ 유통채널관리 지원

　㉤ 경영의사결정의 질적 개선

핵심잡기

원가관리의 의의

1. 원가관리는 원가계산과는 구별되어야만 한다.
2. 목적에 적합한 원가정보가 제공되어야 한다.
3. 원가관리는 모든 조직구성원이 참여하는 전사적 활동이다.
4. 의사결정 지원을 위해서는 적시성 있는 정보의 제공이 필요하다.
5. 원가관리는 지속적으로 수행되어야만 궁극적인 목표를 달성할 수 있다.

⑵ **물류 ABM**(활동기준 경영관리, Activity Based & Management)

① 활동기준경영관리란 기업 내에서 수행되고 있는 활동을 관리함으로써 고객가치를 높이고 증대된 고객가치를 토대로 기업의 이익을 제고하고자 하는 경영관리기법이다.

② 물류 ABC를 통해 얻은 제품에 대한 원가자료를 이용하여 각 업무활동의 내용을 분석하여 불필요한 프로세스(비부가가치 활동)를 발견할 수 있어 원가 절감 기회파악, 품질개선, 낭비요인의 파악 및 제거, 이익극대화를 위한 최적자원계획 등을 수행할 수 있다.

③ 물류 ABC가 제품원가의 정확성만 향상시키는 것이 아니라 전략적 의사결정의 정확성과 원가관리의 효율성을 높이게 될 것이라는 인식이 생겨나면서 경영의사결정과 원가관리에 대한 활동기준 접근법이 모색되기 시작하였고, 물류 ABC가 물류 ABM으로 진화되었다.

④ 물류 ABC는 투입자원의 원가를 자원동인에 의하여 활동원가를 산정하고 활동동인을 적용하여 원가대상별 원가를 측정하는 방법인데 비하여 물류 ABM은 활동분석을 통하여 파악된 정보를 토대로 활동과 프로세스의 효율성과 효과성을 개선하는 원가관리기법이다.

◉ [표 6-6] 물류 ABC와 물류 ABM의 비교

구 분	물류 ABC	물류 ABM
목 적	원가대상별로 진정한 원가 측정	활동과 프로세스 개선을 통한 고객가치 증대와 초과이익 창출
산출정보	• 전략적 관점의 원가 정보 • 수익성 분석 • 가격결정 지원 원가 정보 • 투자타당성 분석을 위한 원가 정보 • 목표 원가	• 운영적 관점의 원가 정보 • 프로세스 원가 • 비부가가치 활동 원가 • 원가 동인 • 성과측정 정보
공통점	• 활동을 중심으로 한 원가관리기법 • 상호보완적 기법	

＊출처 : 지영호 외 2인(2009), 「물류관리론」

실전예상문제

01 일반기준에 의한 물류비 계산방식에 관한 설명으로 옳지 않은 것은? ▶ 제17회

① 물류비의 인식기준은 원가계산준칙에서 일반적으로 채택하고 있는 발생기준을 준거로
한다.

② 시설부담이자와 재고부담이자에 대해서는 기회원가의 개념을 적용한다.

③ 물류비의 계산은 먼저 관리항목별 계산을 수행한 후 비목별 계산을 수행한다.

④ 자가물류비는 자사 설비나 인력을 사용하여 물류활동을 수행함으로써 소비되는 비용으
로 재료비, 노무비, 경비 등이 포함된다.

⑤ 관리항목별 계산은 조직별, 지역별, 고객별, 활동별로 물류비를 집계하는 것이다.

> **해설** 물류비의 계산은 먼저 비목별(영역별, 기능별, 지급형태별, 세목별, 조업도별) 계산을 수행한 후 관리항
> 목별 계산을 수행한다. 관리항목별 분류는 중점적으로 물류비 관리를 실시하기 위한 관리대상, 즉 조직
> 별, 제품별, 지역별, 고객별, 활동별 등과 같은 특정의 관리단위별로 물류비를 구분하여 산출한다.

02 활동기준원가계산(Activity-Based Costing)에 관한 설명으로 옳지 않은 것은? ▶ 제17회

① 업무를 활동단위로 세분하여 원가를 산출하는 방법이다.

② 활동별로 원가를 분석하여 낭비요인이 있는 물류업무영역을 알 수 있다.

③ 노무비, 재료비 및 경비로 나누어 계산한다.

④ 산정원가를 바탕으로 원가유발 요인분석이나 성과측정을 할 수 있다.

⑤ 물류서비스별, 활동별, 유통경로별, 고객별, 프로세스별 수익성을 분석할 수 있다.

> **해설** 원가회계방식에 의한 원가자료로부터 실적 물류비를 세목별(노무비, 재료비, 경비)로 나누어 계산하는
> 것은 일반기준에 의한 물류비 계산방식이다.

03 다음의 총비용분석에 관한 설명으로 옳은 것만을 고른 것은? ▸ 제17회

> ○ 값싼 운송수단일 경우, 마케팅부문에는 영향이 없지만 생산부문에는 원자재 부족에 의한 생산 중단이 발생한다.
> ○ 창고에서 사용하는 파렛트가 고객이 요구하는 규격과 상이할 경우, 고객에게 인도할 때 추가 비용이 발생할 수 있다.
> ○ 기업은 낮은 비용을 지불하는 운송수단을 사용할 경우, 운송비는 절약할 수 있지만 서비스 수준이 낮아질 수 있다.
> ○ 물류서비스 수준을 높여서 물류 각 기능의 총비용을 최소화할 수 있다.

① ○, ○   ② ○, ○   ③ ○, ○
④ ○, ○   ⑤ ○, ○

해설 저렴한 운송수단을 사용할 경우, 운송비는 절약할 수 있지만 서비스 수준이 낮아져 고객 확보에 지장을 초래할 수 있다. 또한 물류서비스 수준을 향상시킬수록 물류비가 증가되어 총비용이 증가한다.

04 간이기준에 의한 물류비 산정방식에 관한 설명으로 옳은 것은? ▸ 제17회

① 영역별, 관리항목별, 조업도별로만 간단하게 구분하고 있다.
② 원가회계방식에 의한 원가자료로부터 실적물류비를 발생요인별로 계산한다.
③ 실적물류비는 현재까지 물류활동에 투입된 비용을 말한다.
④ 기업물류비 산정지침(국토해양부 고시, 2009년)에 의해 리버스물류비가 관리항목별 분류에 포함되었다.
⑤ 제조원가 명세서 및 손익계산서의 계정항목별로 물류비를 추계하여 계산한다.

해설 기업의 물류비 산출방법 중 간이기준(재무회계방식)에 의한 방법은 기업의 회계장부와 재무제표로부터 물류비를 간단하게 추산하는 형태이다. 나머지 문항의 설명은 일반기준에 의한 물류비 산정방식을 가리킨다.

Answer   1. ③   2. ③   3. ③   4. ⑤

05 다음과 같은 실적을 가진 A기업의 영업이익을 현재 수준에서 10% 증가시키기 위해 매출액을 유지하면서 물류비를 줄이는 방법 또는 매출액을 증가시켜 달성하는 방법 중에서 한 가지를 선택하여 경영전략을 수립하고자 한다. 이를 위해 필요한 물류비 감소비율과 매출액 증가비율은 각각 얼마인가? (단, 두 가지 방법 모두에서 영업이익은 6%로 한다) ▶ 제18회

A기업 매출액	200억원
A기억 물류비	매출액의 10%
A기업 영업이익	매출액의 6%

① 6%, 20% ② 5%, 15%
③ 6%, 6% ④ 5%, 20%
⑤ 6%, 10%

구 분	물류비 감소 전	영업이익 10% 증가	매출액 증가
A기업 매출액	200억원	200억원	220억원(10% 증가)
A기업 물류비	20억원(매출액의 10%)	18.8억원(6% 감소)	22억원
A기업 영업이익	12억원(매출액의 5%)	13.2억원(10% 증가)	13.2억원(10% 증가)

1. **물류비 감소비율**: 영업이익 10%를 증가(+1.2억원)시키기 위해서 물류비를 20억원에서 18.8억원으로 감소시켜야 하므로 물류비 감소비율은 6%이다.
2. **매출액 증가비율**: 매출액 증가를 통해 영업이익 13.2억원을 가져오기 위해서는 매출액을 200억원에서 220억원으로 증가시켜야 하므로 매출액 증가비율은 10%이다.

06 물류비 산정의 일반기준에 해당하지 않는 것은? ▶ 제18회

① 인력, 자금, 시설 등의 회계정보 작성
② 영역별, 기능별, 관리목적별 구분 집계
③ 손익계산서와 대차대조표 활용
④ 운영을 위한 정보시스템 구축 필요
⑤ 물류활동의 개선방안 도출 용이

해설 손익계산서와 대차대조표를 활용하는 물류비 산정방식은 간이기준(재무회계방식)이다.

07 다음은 2013년도 K기업이 지출한 물류비 내역이다. 이 중에서 자가물류비와 위탁물류비는 각각 얼마인가?

▶ 제18회

• 노무비 13,000만원	• 전기료 300만원
• 지급운임 400만원	• 이자 250만원
• 재료비 3,700만원	• 지불포장비 80만원
• 수수료 90만원	• 가스수도료 300만원
• 세금 90만원	• 상·하차 용역비 550만원

① 자가물류비 : 17,000만원, 위탁물류비 : 1,760만원
② 자가물류비 : 17,300만원, 위탁물류비 : 1,460만원
③ 자가물류비 : 17,640만원, 위탁물류비 : 1,120만원
④ 자가물류비 : 17,730만원, 위탁물류비 : 1,030만원
⑤ 자가물류비 : 17,550만원, 위탁물류비 : 1,210만원

해설 • **자가물류비** = 노무비 + 전기료 + 이자 + 재료비 + 가스수도료 + 세금
= 13,000만원 + 300만원 + 250만원 + 3,700만원 + 300만원 + 90만원 = 17,640만원
• **위탁물류비** = 지급운임 + 지불포장비 + 수수료 + 상·하차 용역비
= 400만원 + 80만원 + 90만원 + 550만원 = 1,120만원

08 물류센터를 운영하고 있는 A사는 2013년 다음과 같은 자산을 구입하였다. 이 회사는 감가상각방법으로 정액법을 채택하고 있다. A사가 3년 동안 매년 기록할 감가상각비는 얼마인가?

▶ 제18회

자 산	취득원가	잔존가치	내용연수
건 물	320백만원	20백만원	40년
기계장치	110백만원	10백만원	10년

① 17.5백만원/년   ② 18.5백만원/년
③ 19.5백만원/년   ④ 20.5백만원/년
⑤ 21.5백만원/년

해설 • **감가상각액** = (취득원가 − 잔존가치)/내용연수
• **건물의 감가상각액** = (320백만원 − 20백만원)/40년 = 7.5백만원
• **기계장치의 감가상각액** = (110백만원 − 10백만원)/10년 = 10.0백만원

Answer   5. ⑤   6. ③   7. ③   8. ①

09 물류비를 계산하고 관리하는 목적으로 옳지 않은 것은? ▶ 제19회

① 물류예산을 편성하고 통제한다.

② 물류활동의 문제점을 파악한다.

③ 물류활동의 규모를 파악하고 중요성을 인식시킨다.

④ 주주들에게 공정한 회계자료 제공을 위한 재무제표를 작성한다.

⑤ 관리자 또는 의사결정자에게 유용한 물류비 정보를 제공한다.

> **해설** 물류비 계산은 회계자료 제공을 위한 재무제표 작성을 목적으로 하지 않으며, 오히려 물류기본계획 설정이나 업적 평가에 필요한 정보를 제공하기 위하여 산정된다.

10 (주)한국기업은 가전제품 유통을 위하여 전국적인 운송망을 갖추고 있으나, 본사의 운송영업팀에서 전국의 배송 차량을 통합배차하고 있으며 운송차량은 지역 구분 없이 운행하고 있다. 아래의 표를 이용하여 운송비 100,000천원 중에서 제품 A와 B의 운송비는 각각 얼마인가? (단, 운송비 배부는 총운송거리를 기준으로 한다) ▶ 제19회

지 역	제 품	운송거리(km)	운송횟수
가	A	100	50
나	B	200	20
다	A	400	20
라	B	300	10

① A：30,000천원 B：70,000천원 　② A：45,000천원 B：55,000천원

③ A：50,000천원 B：50,000천원 　④ A：65,000천원 B：35,000천원

⑤ A：70,000천원 B：30,000천원

> **해설** 총운송거리 = 운송거리 × 운송횟수
> - A제품 = (100 × 50) + (400 × 20) = 13,000km(65%)
>   = 100,000천원 × 65% = 65,000천원
> - B제품 = (200 × 20) + (300 × 10) = 7,000km(35%)
>   = 100,000천원 × 35% = 35,000천원

11 2008년에 개정된 정부의 「기업물류비 산정지침」에 따라 물류비를 구분할 때 다음 자료를 활용하여 기업물류비와 하역비를 구하시오. (단, 제시된 항목 외에 다른 물류비는 발생하지 않으며, 이자비용은 고려하지 않는다) ▶ 제19회

(단위 : 천원)

- 자가운송비 : 10,000
- 포장비 : 500
- 유통가공비 : 800
- 보관비 : 1,000
- 물류정보관리비 : 200
- 재고자산 : 25,000

① 기업물류비 : 12,500천원, 하역비 : 800천원
② 기업물류비 : 12,500천원, 하역비 : 1,300천원
③ 기업물류비 : 37,500천원, 하역비 : 0원
④ 기업물류비 : 37,500천원, 하역비 : 800천원
⑤ 기업물류비 : 37,500천원, 하역비 : 1,300천원

해설 • 기업물류비 = 운송비 + 보관비 + 포장비 + 하역비(유통가공비 포함) + 물류정보관리
= 10,000 + 1,000 + 500 + 800 + 200 = 12,500천원
• 하역비 = 하역비 + 유통가공비 = 800천원

12 A기업의 실적은 다음과 같다.

매출액 : 1,000억원   물류비 : 140억원   경상이익 : 20억원

A기업이 물류비 10% 절감으로 얻을 수 있는 경상이익과 동일한 효과를 얻기 위해 필요한 추가 매출액은 얼마인가? ▶ 제20회

① 100억원   ② 300억원   ③ 500억원
④ 700억원   ⑤ 1,000억원

해설

구 분	물류비 감소 전	물류비 10% 절감	물류비 절감 후의 경상이익과 동일한 효과
매출액	1,000억원		1,700억원(매출액 100%)
물류비	140억원(매출액대비 14%)	14억원(10% 절감)	126억원
경상이익	20억원(매출액대비 2%)		34억원(매출액대비 2%)

A기업의 매출액 대비 물류비는 14%이고, 경상이익은 2%이다. 물류비의 절감은 경상이익의 증가로 이어진다. 즉, A기업이 물류비 10%(14억원)를 절감했을 때 경상이익은 20억원 + 14억원 = 34억원이 된다. 여기서 경상이익은 매출액 대비 2%이므로 경상이익이 34억원과 동일한 효과를 얻기 위해서 매출액은 1,700억원이 되어야 한다. 따라서 추가 매출액은 700억원이다.

Answer   9. ④   10. ④   11. ①   12. ④

13 어느 기업의 주차별 주말재고량을 조사해 보니 다음과 같았다. 제품의 단가는 개당 10,000원이고 이자율은 연 12%이다. 단위당 월간 재고유지비는 제품가격의 5%이다. 평균재고는 (월초재고 + 월말재고) ÷ 2로 산정한다. 이 경우 기업이 부담해야 할 8월의 재고부담이자와 재고부담이자를 제외한 재고유지비용은 각각 얼마인가? (단, 결과 값의 소수점 이하는 절사함)

▶ 제20회

주 차	7월 3주	7월 4주	8월 1주	8월 2주	8월 3주	8월 4주	9월 1주	9월 2주
주말재고량(개)	330	300	200	350	220	250	340	270

① 재고부담이자 : 22,500원, 재고유지비용 : 112,500원

② 재고부담이자 : 25,500원, 재고유지비용 : 127,500원

③ 재고부담이자 : 27,500원, 재고유지비용 : 137,500원

④ 재고부담이자 : 27,666원, 재고유지비용 : 138,333원

⑤ 재고부담이자 : 36,666원, 재고유지비용 : 183,333원

해설 ・ 재고부담이자 = 재고 평균잔액 × 이자율
・ 재고 평균잔액 = [(월초재고 + 월말재고) ÷ 2] × 제품 단가
        = [(330 + 220) ÷ 2] × 10,000원 = 2,750,000원
・ 재고부담이자 = 2,750,000원 × 1%(이자율 연 12%일 때 8월 1개월분 이자율) = 27,500원
・ 재고유지비용 = 2,750,000원 × 5% = 137,500원

14 세목별 물류비 분류 항목으로 옳지 않은 것은?

▶ 제20회

① 재료비   ② 노무비

③ 경비   ④ 이자

⑤ 유통가공비

해설 세목비 물류비는 재료비, 노무비, 경비, 이자로 분류된다.

15 제품 A, B, C를 취급하는 어느 물류업체에 지불한 6월 물류비가 항목별로 다음과 같다. A, B 제품별 물류비는 각각 얼마인가? ▶ 제20회

구 분	하역비	운송비	보관비	기타물류비
금액(만원)	2,000	5,000	1,500	1,500
배부기준	하역건수(건)	톤·Km	부피(㎥)	입·출고수(회)

제 품	하역건수(건)	무게(톤)	거리(Km)	부피(㎡)	입·출고수(회)
A	200	100	350	2,000	100
B	300	150	200	2,000	150
C	500	350	100	1,000	250

① A : 3,050만원   B : 3,150만원
② A : 3,050만원   B : 3,800만원
③ A : 3,150만원   B : 3,050만원
④ A : 3,150만원   B : 3,800만원
⑤ A : 3,800만원   B : 3,150만원

해설

제 품	하역비	운송비	보관비	기타물류비	합 계
A	400(20%)	1,750(35%)	600(40%)	300(20%)	3,050만원 = (2,000 × 20%) + (5,000 × 35%) + (1,500 × 40%) + (1,500 × 20%)
B	600(30%)	1,500(30%)	600(40%)	450(30%)	3,150만원 = (2,000 × 30%) + (5,000 × 30%) + (1,500 × 40%) + (1,500 × 30%)
C	1,000(50%)	1,750(35%)	300(20%)	750(50%)	3,800만원 = (2,000 × 50%) + (5,000 × 35%) + (1,500 × 20%) + (1,500 × 50%)
합 계	2,000만원	5,000만원	1,500만원	1,500만원	10,000만원

Answer   13. ③   14. ⑤   15. ①

16 2008년에 개정된 정부의 기업물류비 산정지침상의 물류비 과목분류 중 지급형태별 구분에 해당하는 비용항목으로 옳은 것은? ▶ 제21회

① 위탁물류비 : 물류활동의 일부 또는 전부를 타사에 위탁하여 수행함으로써 소비된 비용

② 조달물류비 : 물자의 조달처로부터 운송되어 매입자의 보관창고에 입고, 관리되어 생산 공정에 투입되기 직전까지의 물류활동에 따른 비용

③ 사내물류비 : 매입물자의 보관창고에서 완제품 등의 판매를 위한 장소까지의 물류활동 에 따른 비용

④ 판매물류비 : 생산된 완제품 또는 매입한 상품을 판매창고에서 보관하는 활동부터 고객 에게 인도될 때까지의 비용

⑤ 역(reverse)물류비 : 회수물류비, 폐기물류비, 반품물류비로 세분화하며, 판매된 상품의 반품과정에서 발생하는 운송, 검수, 분류, 보관, 하역 등의 비용

해설 지급형태별 물류비는 위탁물류비와 자가물류비로 구분된다. 조달물류비, 사내물류비, 판매물류비, 역 (회수, 폐기, 반품)물류비는 영역별 물류비에 해당된다.

17 물류비를 관리하는 목적으로 옳지 않은 것은? ▶ 제21회

① 물류관리의 기본 척도로 활용된다.

② 물류활동의 계획, 관리, 실적 평가에 활용된다.

③ 물류비관리시스템 구축 자체가 물류비를 절감한다.

④ 물류활동의 문제점을 도출하고 개선하여 기업의 물류비 절감 및 생산성 향상을 도모한다.

⑤ 물류활동에 대한 비용정보를 파악하여 기업 내부의 합리적인 의사결정을 위한 정보를 제공한다.

해설 물류비관리시스템 구축 그 자체만으로는 물류비를 절감할 수 없으며, 물류비관리시스템을 실질적으로 활용하여 물류비를 효율적으로 관리할 때 물류비 절감 효과가 나타난다.

18 물류회사 A를 창업한 김 사장은 사업계획을 검토하여 보니 연간 1천만 원의 고정비가 발생하고, 유통가공 개당 매출(수입)은 1만원, 유통가공 개당 변동비는 매출의 50 %로 조사되었다. A사 유통가공사업의 손익분기점 판매량은? ▶ 제21회

① 1,000개   ② 1,500개   ③ 2,000개

④ 2,500개   ⑤ 3,000개

해설 손익분기점 판매량 = 고정비/(단위당 판매가격 − 단위당 변동비)
= 1,000만원/(10,000원 − 5,000원) = 2,000개

19 다음은 제품 A와 B를 취급하는 물류센터에서 총 물류비의 비목별 구성과 비용 배분을 위한 자료이다. 이 물류센터에서 제품 A의 물류비를 계산하면 얼마인가?

구 분	운송비	보관비	포장비	하역비	정보관리비	합 계
금액(만원)	6,000	1,000	800	2,000	200	10,000
배분기준	물동량	보관면적	출고물량	입출고물량	입출고빈도	

제 품	물동량 (km · ton)	보관면적 (m²)	입고물량 (개)	출고물량 (개)	입출고빈도 (회)
A	4,000	3,000	710	500	12
B	6,000	2,000	490	500	8
합 계	10,000	5,000	1,200	1,000	20

① 4,420만원 ② 4,550만원 ③ 4,620만원
④ 4,750만원 ⑤ 4,820만원

해설 A제품의 운송비 : 물동량 4,000은 전체 물동량 10,000의 40%, 6,000만원×0.4 = 2,400만원
보관비 : 보관면적 3,000m²는 전체 보관면적 5,000m²의 60%, 1,000만원×0.6 = 600만원
포장비 : 출고물량 500개는 전체 출고물량 1,000개의 50%, 800만원×0.5 = 400만원
하역비 : 입출고물량의 합계 (710 + 500 = 1,210)는 전체 입출고물량의 합계 2,200개의 55%,
　　　　 2,000만원×0.55 = 1,100만원
정보관리비 : 입출고빈도 12는 전체 입출고빈도의 60%, 200만원×0.6 = 120만원
합계 : (6,000만원×0.4) + (1,000만원×0.6) + (800만원×0.5) + (2,000만원×0.55) + (200만원
　　　　×0.6) = 4,620만원

06

20 2008년에 국토교통부(전, 국토해양부)에서 기업 물류비의 산정방법을 개정하였는데, 그 분류에 관한 설명으로 옳지 않은 것은?

① 영역별 물류비는 조달, 사내, 판매, 리버스 물류비 등으로 구분
② 기능별 물류비는 운송비, 보관비, 포장비, 하역비, 유통가공비, 물류정보 · 관리비로 구분
③ 세목별 물류비는 재료비, 노무비, 경비, 이자 등으로 구분
④ 조업도별 물류비는 물류고정비와 물류변동비 등으로 구분
⑤ 관리항목별 물류비는 제품별, 지역별, 고객별 등으로 구분

> **해설** 기능별 물류비는 운송비, 보관비, 포장비, 하역비, 물류정보 · 관리비 등으로 구분하고, 유통가공비는 하역비에 포함시켜 산정한다.

21 활동기준 원가계산(ABC : Activity Based Costing) 기법의 구성요소에 대한 설명으로 옳지 않은 것은?

① 자원(Resource)은 총계정원장(GL: General Ledger)상의 비용 또는 재료비, 노무비, 감가상각비 등 원가항목으로 집계된다.
② 활동(Activity)은 특정 목적을 달성하기 위하여 기업 내에서 수행되는 일련의 일을 가리킨다.
③ 원가대상(Cost Object)은 일반적으로 제품 또는 서비스가 대상이 된다.
④ 활동동인(Activity Driver)은 소비된 자원과 활동 간의 인과관계에 의해 결정되는데 여기에는 검사시간, 작업시간, 작업준비시간 등이 있다.
⑤ 자원동인(Resource Driver)은 활동에 의해 소비되어지는 자원의 양을 측정하기 위한 기준으로 급여, 전력 소모량, 재료비 소비량 등이 해당된다.

> **해설** 활동동인(Activity Driver)은 원가대상에 의해 소비되는 활동의 양을 측정하기 위한 기준으로 활동동인을 결정할 때는 인과관계성, 자료의 이용가능성, 계량화 가능성, 측정의 용이성 등을 고려해야 하며, 검사시간, 작업시간, 작업준비시간 등이 여기에 해당된다.

22 다음은 영역별 물류비에 대한 설명이다. 적절치 못한 것은?

① 순수한 생산공정 내의 물류활동에 따른 비용은 사내물류비에서 제외된다.
② 유통업자가 매입처의 상품보관창고에서 고객에게 직송하는 비용은 판매물류비에 포함되지 않는다.
③ 반품에 따른 상품대금의 환불액이나 위약금은 반품물류에 포함되지 않는다.
④ 파렛트나 컨테이너의 회수비용은 회수물류비에 포함된다.
⑤ 폐기 자체 비용은 폐기물류비에 포함되지 않는다.

> **해설** 고객에 대한 배송비용은 판매물류비에 포함된다.

23 다음 중 기업물류비 산정지침상 일반기준에 의한 영역별 물류비에 포함되지 않는 것은?

① 조달물류비   ② 생산물류비   ③ 사내물류비

④ 판매물류비   ⑤ 리버스물류비

> **해설** 영역별 물류비는 조달물류비, 사내물류비, 판매물류비, 리버스물류비(반품, 회수, 폐기)로 구분한다.

24 다음은 물류비 산정의 목적에 대하여 설명한 것이다. 틀린 것은?

① 물류활동에 수반되는 원가자료의 제공

② 제품 판매시 수익성 여부의 판단

③ 물류관련 인건비 파악

④ 물류합리화에 의한 원가 절감, 서비스 개선

⑤ 물류활동의 기본계획 설정 및 업적 평가에 필요한 자료 제공

> **해설** 물류비 산정의 목적은 물류활동에 수반되는 원가자료를 제공하고 물류합리화에 의한 원가 절감이나 서비스 개선에 대한 관리지표를 제공하는 데 있다.

25 다음 중 물류비의 산정 목적과 물류관리의 의의로 맞는 것은?

① 관리회계, 재무회계 방식으로 작성되는 재무제표로는 기업의 물류비용을 충분히 파악할 수 없다.

② 물류예산관리는 구체적인 물류계획의 설정을 유도하며, 물류활동에 대한 동기를 부여하지만, 차기 물류활동에 대한 의사결정정보를 제공하지는 못한다.

③ 물류관리는 비용 절감과 판매 촉진 실현의 측면에서 필요성이 대두되고 있다.

④ 최근 들어 기업의 물류비용이 생산·제조비용을 훨씬 초과하고 있다.

⑤ 물류비의 형성은 생산부분보다는 판매부분에 의해서 영향을 많이 받는다.

> **해설** ① 관리회계, 재무회계 방식으로 작성되는 재무제표로 기업의 물류비용을 파악한다.
> ② 물류예산관리는 물류계획의 설정 유도, 물류활동에 대한 동기 부여 및 차기 물류활동에 대한 의사결정정보를 제공한다.
> ④ 최근 들어 기업의 물류비용이 많이 증가하고 있지만, 생산·제조비용을 훨씬 초과할 정도는 아니다.
> ⑤ 물류비의 형성은 생산부분과 판매부분 모두에 영향을 많이 받는다.

Answer   20. ①   21. ④   22. ②   23. ②   24. ②   25. ③

26 다음 중 관리목적별 물류비계산방법에 대한 설명으로 틀린 것은?

① 관리목적별 물류비계산은 원가, 물류조업도별, 관리가능성 분류 등으로 분류한다.

② 관리목적별 물류비 분류의 목적은 물류비를 더 상세한 항목으로 세분하여 파악하기 위해서이다.

③ 물류조업도별 물류비는 물류비 데이터를 이용하여 물류조업도의 증감에 따른 물류비의 발생에 대하여 파악하는 것이다.

④ 관리가능성별 물류비 중 창고부지의 확보나 물류자동화설비에 대한 투자 등은 관리 불가능 물류에 해당된다.

⑤ 물류계획에 대한 예산을 편성하고 예산집행에 있어서 비용지출을 조정하고 출제한다.

해설 ⑤는 물류예산관리에 대한 설명이다.

27 다음은 자가물류비 예산액과 지불물류비 예산액에 관한 문제이다. 물류비 표준이 12, 운임 표준이 7, 물류량 예산액이 1,500원일 때 자가물류비 예산액과 지불물류비 예산액은 각각 얼마인가?

① 자가물류비 예산액 12,000원, 지불물류비 예산액 8,500원
② 자가물류비 예산액 16,000원, 지불물류비 예산액 9,500원
③ 자가물류비 예산액 18,000원, 지불물류비 예산액 10,500원
④ 자가물류비 예산액 12,000원, 지불물류비 예산액 9,500원
⑤ 자가물류비 예산액 19,000원, 지불물류비 예산액 11,500원

해설 • **자가물류비 예산액** = 물류비 표준 × 물류량 예산액 = 12 × 1,500 = 18,000원
• **지불물류비 예산액** = 운임 표준 × 물류량 예산액 = 7 × 1,500 = 10,500원

28 물류원가의 계산방법 중 재무회계방식의 특징이 아닌 것은?

① 재무회계방식은 기업이 매년 작성하는 대차대조표이며, 손익계산서 등과 같은 재무제표를 이용하여 물류관련 비용항목을 계산하여 추출하는 방법이다.

② 상세한 물류비 파악이 어려워 구체적인 업무평가나 개선목표의 수립이 곤란하다.

③ 영역별·기능별·관리목적별 물류비계산을 필요한 시기·장소에 따라서 실시 가능한 방식이다.

④ 물류비 관리 수준이 낮은 영세업체 또는 중소업체의 물류비계산에 적합한 방식이다.

⑤ 재무회계의 발생형태별 비용항목 중 물류활동에 소요된 비용을 배부 근거로 해당 회계기간의 물류비를 추산하는 방식이다.

해설 재무회계방식은 상세한 물류비 파악이 어려울 뿐만 아니라 개략적인 물류비 총액계산에 있어서 별도의 물류비 분류, 계산절차 등이 필요하지 않고, 전담조직이나 전문지식이 부족해도 계산이 가능하다.

29 다음은 활동기준 원가계산(Activity Based Costing)기법에 대한 설명이다. 틀린 것은?

① 활동기준 원가계산은 보다 정확인 원가계산을 위하여 비용을 발생시키는 작업단위. 즉, 물류량 단위에 한정하여 간접비용까지 포함시켜 발생원가를 파악하려는 계산기법이다.

② 활동기준 원가계산을 도입함으로써 물류업무의 적정성 평가나 SCM 최적을 위한 비용 평가가 가능해진다.

③ 활동기준 원가계산의 기본요소로는 자원, 활동, 원가대상, 활동동인, 자원동인 등이 있다.

④ 활동기준 원가계산 도입의 기대효과로는 정확한 원가의 파악이 가능하여 관리회계시스템의 기반구축이 가능해진다.

⑤ 활동기준 원가계산은 활동기준경영을 가능하게 하여 기업의 전략구축에도 도움이 된다.

해설 물류 ABC는 물류량 단위에 한정하지 않고 활동별로 함께 파악하는 방법이다.

30 다음 중 물류채산분석의 실시 절차의 순서로 맞는 것은?

> ㉠ 물류현황 파악
> ㉡ 물류비 비교
> ㉢ 물류비 측정
> ㉣ 물류개선안의 최종적 결정
> ㉤ 물류개선안 작성

① ㉠ − ㉡ − ㉢ − ㉣ − ㉤
② ㉠ − ㉢ − ㉡ − ㉣ − ㉤
③ ㉠ − ㉤ − ㉢ − ㉡ − ㉣
④ ㉠ − ㉢ − ㉣ − ㉡ − ㉤
⑤ ㉢ − ㉠ − ㉡ − ㉣ − ㉤

해설 물류채산분석은 일반적으로 물류현황파악 ⇨ 물류개선안 작성 ⇨ 물류비 측정 ⇨ 물류비 비교 ⇨ 물류개선안의 최종 결정과 같은 순서로 실시된다.

Answer 26. ⑤ 27. ③ 28. ③ 29. ① 30. ③

31 다음은 K기업의 2005년도 실적을 나타낸 것이다. 물류비를 10% 절감하였을 때 나타나는 효과를 잘못 설명한 것은?

> ㉠ 매출액 : 1,500억원   ㉡ 물류비 : 180억원(매출액 대비 12%)
> ㉢ 기타비용 : 700억원   ㉣ 경상이익 : 60억원

① 물류비는 18억원이 절감된다.
② 경상이익은 78억원으로 증가한다.
③ 물류비 절감 없이 경상이익이 78억원이 되려면 매출액이 1,750억원을 달성해야 한다.
④ 경상이익 78억원을 달성하려면 물류비는 234억원이 소요된다.
⑤ 물류비 10% 절감시 매출액은 30% 증가한다.

해설 물류비 절감 없이 경상이익이 78억원이 되려면 매출액이 1,950억원을 달성해야 한다.

32 다음 중 원가관리의 의의로 틀린 것은?
① 원가관리는 목적에 적합한 원가정보가 제공되어야 한다.
② 의사결정지원을 위해서는 적시성 있는 정보의 제공이 필요하다.
③ 원가관리와 원가계산은 동일한 개념이다.
④ 원가관리는 지속적으로 수행되어야만 궁극적인 목표를 달성할 수 있다.
⑤ 원가관리는 전사적 활동이다.

해설 원가관리는 원가계산과는 구별되어야만 한다.

33 다음 중 물류예산 편성절차의 순서로 맞는 것은?

> ㉠ 물류예산안 작성   ㉡ 물류예산 편성방침 시달
> ㉢ 장기 물류계획 설정   ㉣ 물류예산 확정
> ㉤ 물류환경 분석   ㉥ 물류예산안의 심의 및 조정

① ㉠ – ㉤ – ㉡ – ㉢ – ㉥ – ㉣   ② ㉠ – ㉤ – ㉥ – ㉢ – ㉡ – ㉣
③ ㉤ – ㉢ – ㉡ – ㉠ – ㉥ – ㉣   ④ ㉠ – ㉤ – ㉣ – ㉡ – ㉥ – ㉢
⑤ ㉤ – ㉢ – ㉠ – ㉥ – ㉡ – ㉣

해설 물류예산관리는 일반적으로 물류환경조건의 파악 ⇨ 장기 물류계획의 설정 ⇨ 물류예산 편성방침의 작성과 제출 ⇨ 물류비 예산안의 작성과 제출 ⇨ 물류비 예산안의 심의·조정 ⇨ 물류비 예산의 확정과 같은 절차에 따라 편성한다.

34 다음은 관리회계와 재무회계에 대한 설명이다. 틀린 것은?

① 관리회계는 원가계산제도에 의거하여 측정하는 방식으로 비교적 정확한 물류비를 얻을 수 있다.

② 관리회계방식은 일정 이상의 물류비관리 수준을 가지고 있는 기업에게 활용할 수 있다.

③ 재무회계 기능에는 원가통제, 계획, 업무평가, 의사결정회계 등이 있다.

④ 재무회계방식은 발생형태별 비용항목 중 물류활동에 소비된 비용을 배부기준을 근거로 물류비로 추산한다.

⑤ 재무회계는 손익계산서, 대차대조표를 중심으로 당해 기간 동안의 물류비 총액을 추정한다.

해설 원가통제, 계획, 업무평가, 의사결정회계 등은 관리회계기능이다.

35 다음 우리나라 기업물류비 중 그 비중이 가장 큰 것은?

① 수송비   ② 보관비

③ 포장비   ④ 하역비

⑤ 정보비

해설 우리나라 기업물류비는 비중이 큰 것부터 수송비, 하역비, 창고비, 포장비의 순으로 되어 있다.

36 L기업의 총 매출액이 100억원이고, 매출액 대비 물류비의 비중이 9%, 매출액 대비 이익률이 2%라고 할 때, L기업이 물류비용 5%를 추가로 절감시킬 경우에 L기업은 얼마의 매출액을 증가시킨 것과 동일한 효과를 가지게 되는가?

① 12억원   ② 22억원

③ 22억 5천만원   ④ 24억 5천만원

⑤ 2억 4천만원

해설 물류비가 매출액의 9%이므로 9억원이다. 이 물류비를 5%(4,500만원) 절감하면 2%인 이익(2억원)이 2억 4천 5백만원의 이익을 내기 위해서는 매출액이 122억 5천만원일 때 가능하므로 물류비 5%의 절감은 매출액 22억 5천만원의 향상과 같은 효과를 가진다.

Answer   31. ③   32. ③   33. ③   34. ③   35. ①   36. ③

37 다음 물류비예산관리에 대한 설명 중 틀린 것은?

① 물류비예산은 기본적으로 물류계획에 근거해야 한다.

② 물류예산은 책임구분을 명확히 하기 위하여 관리책임자별로 편성해야 한다.

③ 물류예산의 설정은 객관적·통계적 자료에 의거하여 편성해야 한다.

④ 물류예산편성은 물류관리자들을 중심으로 한 하향식 예산제도에 의거하여 실시해야 한다.

⑤ 물류예산관리는 정확하고 구체적인 물류정책이나 물류관리방침에 의거하여 설정해야 한다.

> **해설** 물류예산편성은 물류관리자들을 중심으로 한 상향식 예산제도에 의거하여 실시해야 한다.

38 K기업은 자동차 부품을 주요 품목으로 보관하는 물류센터를 운영하고 있다. K기업에서는 제품별로 물류비를 산정하고 있는데, A제품, B제품, C제품의 물류비는 각각 얼마인가? 2011년도 물류센터 운영에 들어간 비용은 총 8억원이며, 비용명세표는 다음과 같다.

구 분	하역비	보관비	합 계
금 액	3억원	5억원	8억원
기 준	상하차수량	보관면적	

제품 구분	상하차수량	보관면적
A	4,500개	500,000m²
B	3,500개	300,000m²
C	2,000개	200,000m²

① A제품 물류비 : 3.65억원, B제품 물류비 : 2.55억원, C제품물류비 : 1.8억원

② A제품 물류비 : 3.85억원, B제품 물류비 : 2.55억원, C제품물류비 : 1.6억원

③ A제품 물류비 : 3.55억원, B제품 물류비 : 2.5억원, C제품물류비 : 1.95억원

④ A제품 물류비 : 3.75억원, B제품 물류비 : 2.45억원, C제품물류비 : 1.7억원

⑤ A제품 물류비 : 3.95억원, B제품 물류비 : 2.45억원, C제품물류비 : 1.6억원

> **해설**
>
> | 제 품 | 상하차수량 | 보관면적 | 계산식 |
> |---|---|---|---|
> | A | 4,500(0.45) | 500,000m²(0.5) | (3억×0.45)+(5억×0.5)=3.85억원 |
> | B | 3,500(0.35) | 300,000m²(0.3) | (3억×0.35)+(5억×0.3)=2.55억원 |
> | C | 2,000(0.2) | 200,000m²(0.2) | (3억×0.2)+(5억×0.2)=1.6억원 |

39 물류비관리에 대한 다음 설명 중 가장 적절하지 않은 것은?

① 활동기준 원가관리를 통해 각 물류프로세스에 대한 보다 정확한 원가추정이 가능하다.

② 총이익이 최대화되는 점을 발견하기 위해서는 관리목적별 물류비관리 시스템, 물류정보 시스템 등이 필요하다.

③ 물류관련 의사결정 대안들을 비교할 때 매몰원가, 고정비용 등을 고려하여야 한다..

④ 해운에 비해 항공운송을 이용할 경우 순환재고관리비용, 주문비용, 제품구매비용 등이 감소한다.

⑤ 총비용분석의 개념이 적용되면서 화물의 품목 및 운송수단별로 적합한 화물의 구분이 가능하게 되었다.

> **해설** 총비용분석시 포함되는 항목으로는 수송비, 보관비, 주문처리비, 품절로 인한 판매손실, 순환재고관리 비용 등이며, 제품구매비용은 물류비용 분석에는 포함되지 않는다.

40 다음의 물류비 항목 중 기능별 분류에 해당되는 것은?

① 물류정보 · 관리비   ② 자가물류비

③ 위탁물류비   ④ 타사지불 조달물류비

⑤ 타사지불 판매물류비

> **해설** 물류정보 · 관리비는 기능별 물류비에 포함되며, 발생형태별 물류비는 자가물류비 · 위탁물류비(2PL, 3PL)로 분류된다.

41 다음과 같은 H기업이 물류비용 5%를 추가로 절감할 경우, H기업은 몇 %의 매출액을 증가시 키는 것과 동일한 효과를 얻게 되는가?

㉠ 매출액 : 2,000억원	㉡ 물류비 : 400억원
㉢ 기타 비용 : 1,500억원	㉣ 경상이익 : 100억원

① 20%   ② 30%   ③ 40%

④ 50%   ⑤ 60%

> **해설** • 물류비 400억원에 대한 5% 절감은 20억원
> • 매출액 증가효과 2,000억원 : 100억원=X : 20억원, X=400억원
>   따라서, (400억원÷2,000억원)×100=20%

42 다음은 물류비의 분류에 관한 설명으로 가장 적절한 것은?

① 세목별 물류비는 운송비, 보관비, 포장비, 하역비 등으로 구분한다.
② 지급형태별 물류비는 자가 물류비와 위탁 물류비 등으로 구분한다.
③ 기능별 물류비는 재료비, 노무비, 경비, 이자 등으로 구분한다.
④ 영역별 물류비는 제품별, 지역별, 고객별 등으로 구분한다.
⑤ 관리항목별 물류비는 조달, 사내, 판매 물류비 등으로 구분한다.

> **해설** ① 기능별 물류비, ③ 세목별 물류비, ④ 관리항목별 물류비, ⑤ 영역별 물류비

43 다음 중 간이기준에 의한 물류비 계산방식에 관한 설명으로 알맞은 것은?

① 물류비의 인식기준은 원가계산준칙에서 일반적으로 채택하고 있는 발생기준을 준거로 한다.
② 시설부담이자와 재고부담이자에 대해서는 기회원가의 개념을 적용한다.
③ 비용 항목 중에서 물류활동에 소비된 비용을 항목별로 배부기준을 근거로 해당 회계기간의 물류비로 추산한다.
④ 자가물류비는 자사 설비나 인력을 사용하여 물류활동을 수행함으로써 소비되는 비용으로 재료비, 노무비, 경비 등이 포함된다.
⑤ 관리항목별 계산은 조직별, 지역별, 고객별, 활동별로 물류비를 집계하는 것이다.

> **해설** ①②④⑤는 일반기준에 대한 설명이다.

44 S기업이 물류비용 5%를 추가로 절감할 경우, S기업은 얼마의 매출액을 증가시키는 것과 동일한 효과를 얻게 되는가?

> ㉠ S기업 총 매출액 : 100억원
> ㉡ 매출액 대비 물류비 비중 : 10%
> ㉢ 매출액 대비 이익률 : 5%

① 1억원　　　　　　② 1억 1천만원　　　　　③ 10억원
④ 11억원　　　　　⑤ 110억원

> **해설** • 매출액 대비 물류비의 비중이 10%이므로 물류비는 10억원
> • 물류비 10억에 대한 5% 절감은 5천만원
> • 매출액 대비 이익률 5%는 5천만원(경상이익)
> • 증가효과 100(억원) : 5 = X : 0.5(억원), X = 10억원

45 다음은 대전에 위치한 K기업 물류 사업부의 물류계산을 위한 자료이다. 총운송비 1억원 중 A와 B의 운송비는 각각 얼마인가? (단, 운송비 배부기준은 거리×중량을 사용한다)

지 역	제 품	거리(Km)	중량(ton)
대 전	A	100	150
	B		250
부 산	A	200	150
	B		150
합 계		300	700

① A운송비 : 3,500만원, B운송비 : 6,500만원
② A운송비 : 4,500만원, B운송비 : 5,500만원
③ A운송비 : 5,500만원, B운송비 : 4,500만원
④ A운송비 : 6,500만원, B운송비 : 3,500만원
⑤ A운송비 : 8,000만원, B운송비 : 2,000만원

해설 A : $(100 \times 150) + (200 \times 150) = 45,000(\text{ton} \cdot \text{km})$
B : $(100 \times 250) + (200 \times 150) = 55,000(\text{ton} \cdot \text{km})$
따라서, 운송비는 A = 4,500만원(45%), B = 5,500만원(55%)임

46 다음은 물류프로세스에서 나타나는 업무 절차를 말하고 있다. 적절치 못한 것은?

① 물류시스템의 설계 : 목표 설정 ⇨ 전담조직 구성 ⇨ 데이터 수집 및 분석 ⇨ 시스템 구축 ⇨ 시스템 평가 및 유지관리
② 물류정보시스템의 구축 : 시스템 목표의 설정 ⇨ 적용범위의 결정 ⇨ 구축 조직 구성 ⇨ 업무현상 분석 ⇨ 시스템 구축 및 평가
③ 물류비 계산 : 물류비 계산 욕구의 명확화 ⇨ 물류비 배부기준의 선정 ⇨ 물류비 배부와 집계 ⇨ 물류비 자료의 식별과 입수 ⇨ 물류비 계산의 보고
④ 물류예산편성 : 물류환경 분석 ⇨ 장기 물류계획의 설정 ⇨ 물류예산 편성방침 시달 ⇨ 물류예산안의 작성 ⇨ 물류예산안의 심의 및 조정 ⇨ 물류예산의 확정
⑤ 물류채산성분석 : 물류현황 파악 ⇨ 물류개선안 작성 ⇨ 물류비 측정 ⇨ 물류비 비교 ⇨ 물류개선안의 최종 결정

해설 **물류비 계산** : 물류비 계산 욕구의 명확화 ⇨ 물류비 자료의 식별과 입수 ⇨ 물류비 배부기준의 선정 ⇨ 물류비 배부와 집계 ⇨ 물류비 계산의 보고

Answer 42. ② 43. ③ 44. ③ 45. ② 46. ③

물류관리사
CERTIFIED PROFESSIONAL LOGISTICIAN

조달물류와 판매물류

07 조달물류와 판매물류

| 학습목표 |
1. 조달물류의 개념, 구매정책, 재고관리의 목적, 재고관리기법 및 관련 사항을 제시한다.
2. 유통경로의 개념, 유통기관과 기능, 유통경로설계, 유통경로의 조직 형태 등 판매물류관리에서 필요한 개념들을 정리한다.

| 단원열기 |
이 단원에서는 조달물류 부분에서는 자재조달, 구매유형, 구매정책, 재고관리의 중요성, 목적, 재고관리기법의 종류 및 특성 등 최적의 자재구매에서부터 효율적인 재고 유지 및 관리를 위한 재고관리기법에 이르기는 내용을 자세히 다루고 있다. 특히 조달 및 재고 관련 내용은 보관하역론과 연계하여 학습하는 전략이 필요하다. 판매물류 부분에서는 유통경로 및 유통기관의 기능 및 역할, 소매업 발전이론, 신유통업태의 종류, 유통경로설계, 경로구조 선택, 유통경로의 조직 형태 등 기업의 판매물류관리에서 고려해야 할 제반 내용에 대하여 구체적으로 정리할 필요가 있다. 특히 ABC 재고관리, JIT, 신유통업태의 종류, 유통경로의 유형 또는 조직 형태 부분에서 높은 출제율을 보이고 있어 주의가 필요하다.

제1절 조달물류

1 조달물류의 개념

조달물류는 물자의 조달, 즉 상적 유통에서부터 시작되는데 원자재의 구입가격이 결정되어 물자가 조달처에서 매입자의 보관창고로 입고되어 생산공정에 투입되기 직전까지의 물류활동을 말한다. 조달물류에서는 원자재의 조달에서부터 자재창고의 보관 및 자재관리의 효율성 제고에 중점을 두어야 한다.

2 구매관리

(1) 구 매

① 경영관리상 구매의 개념은 생산에 필요한 자재나 용역을 구입하는 행위를 말하며 단순한 거래행위로 시장에서 가격이 형성된다. 구매는 기업의 이익관리에 크게 영향(이익창출을 위한 원가절감)을 미치며, 구매는 제2의 생산(납기관리), 품질관리(품질제일주의)이다.

② **구매관리의 목표**: 적정 예산을 투입하여 적정 품질·수량·시기·가격으로 입수함으로써 회사경영에 기여하는 것이다.

③ **구매계획 수립시 고려사항**: 생산계획, 현 재고량, 구매시기 및 소요시간, 물가변동 추세, 생산능력, 경제적 구매량 등을 고려하여 구매계획을 세워야 한다.

④ **외주 조달**

   ㉠ 외주의 필요성 : 발주회사의 생산능력 부족을 보충하고 조업을 안정시킬 필요가 있을 때, 수주가 갑자기 늘어나거나 수요예측이 있을 때, 고성능의 공작기계나 고임금의 직원 채용이 불필요할 때, 특수한 기술과 기계 설비를 요하는 경우에 서서히 자사능력을 증가시킬 때, 품질이 안정되어 있고 자사에서 생산하는 것보다 원가가 낮고 장래에 전면적 생산을 증가하는 준비를 할 때 등이다.

   ㉡ 외주의 목적 : 외주공장의 기계설비와 전문기술을 이용하고 경영상 수요변동에 따른 위험 분산, 생산원가를 절감시켜 생산성 향상 도모, 부채증감에 따른 능력 균형 도모에 있다.

   ㉢ 용역의 조달로 거래행위에 공정관리가 필요하며, 원가계산에 의해 가격이 형성된다.

구 매	단순한 거래행위로 시장에서 가격 형성	설계·지도육성 불필요	대상은 자사의 구매부분, 구매부원
외 주	공수(용역)의 조달로 거래행위에 공정관리가 필요하며 원가계산에 의해 가격 형성	설계·지도육성 필요	대상은 외주공장, 납기, 품질, 가격

(2) 구매방법의 유형

구매방법의 유형에는 본사집중구매, 현장분산구매, 상용구매, 예측구매가 있다.

① **본사집중구매**

   ㉠ 대상품목 : 수요량, 수요빈도가 높은 품목, 구매량에 따라 가격차가 있는 품목, 고가품목, 중요한 품목, 대량품목, 공통품목 및 표준품목 등이 있다.

   ㉡ 장 점

      ⓐ 일괄구매에 의해 가격이나 거래조건을 유리하게 할 수 있다.

      ⓑ 통합관리에 의해서 단순화, 표준화가 가능하다.

      ⓒ 전문인력의 활용으로 전문지식을 통한 구매가 가능하다.

      ⓓ 구매업무를 통합함으로써 구매비용을 절감할 수 있다.

      ⓔ 구매절차를 통일할 수 있다.

      ⓕ 구매 시장조사, 공급업체 조사, 성과평가 조사를 유리하게 할 수 있다.

   ㉢ 단 점

      ⓐ 각 공장 및 현장의 재고상황을 정확히 알기 어렵다.

      ⓑ 각 공장 및 현장의 구매자립성이 없어 수속절차가 복잡해진다.

      ⓒ 공급업체가 공장 및 현장과 멀리 있을 경우 납품일수, 운임이 증가한다.

      ⓓ 긴급수요에 대응하기 어렵다.

      ⓔ 공장이 위치해 있는 지방업자와의 유대관계가 악화되기 쉽다.

② **현장분산구매**

　㉠ 대상품목 : 시장성 품목, 구매지역에 따라 가격의 차이가 없는 품목, 소량·소액 품목, 사무
　　용 소모품 및 수리부속품 등이 있다.

　㉡ 장 점

　　ⓐ 공장 및 현장에서 자율적으로 구매한다.

　　ⓑ 긴급수요 발생시 신속히 대응할 수 있다.

　　ⓒ 구매업무 절차가 간편하다.

　　ⓓ 거래업자가 공장으로부터 근거리일 경우에는 운임 등 기타 경비가 절감되며, 납입 후
　　　서비스 측면에서 유리하다.

　　ⓔ 공장과 지방업자 간에 호의적인 관계를 맺을 수 있다.

　㉢ 단 점

　　ⓐ 자재의 지급이 본사 방침에 맞지 않는 경우가 생길 수 있다.

　　ⓑ 일괄 구입에 비해 구입경비가 많이 들며, 구입단가도 비싸진다.

　　ⓒ 공급업체가 공장 및 현장과 멀리 떨어져 있을 경우, 적절한 재료의 취득이 곤란해질 수 있다.

③ **상용구매**

　㉠ 대상품목 : 소요시기가 결정되어 있는 품목, 비저장품목과 계절품목과 같은 일시적인 수요
　　품목 등이 있다.

　㉡ 장 점

　　ⓐ 재고를 Zero로 유지할 수 있어 보관비용의 절감을 도모할 수 있다.

　　ⓑ 과다 구매를 방지할 수 있다.

　　ⓒ 설계변경 등에 대응하기가 용이하다.

　　ⓓ 가격 하락에 신속히 대응할 수 있다.

　㉢ 단 점

　　ⓐ 조달비용이 증가한다.

　　ⓑ 소량구매 및 구매량이 일정하지 않아 가격결정이 곤란하다.

④ **예측구매**

　㉠ 대상품목 : 저장품목, 계획생산품목 등이 있다.

　㉡ 장 점

　　ⓐ 즉시 생산에 투입해야 할 재고가 고갈되는 것을 방지할 수 있어 생산활동에 원활함을
　　　기할 수 있다.

　　ⓑ 수량할인, 수송비의 감소 등 경제적인 구매가 가능하다.

　　ⓒ 계획적인 구매로 조달비용의 절감이 가능하다.

　㉢ 단 점

　　ⓐ 자금의 사장화 및 보관비용이 증대된다.

　　ⓑ 설계변경, 계획변경 등에 대응하기 곤란하다.

3 구매정책

(1) 구매정책의 종류

① **생존구매형** : 당일에 발생하는 구매요구에 대응하여 당일에 구매하는 정책으로 구매가 경제적인지의 여부는 크게 고려하지 않는 구매형태를 말한다.

② **선매형 구매** : 사전에 계획되어 있거나 기대되는 요구에 대응하여 구매하는 정책으로, 대량구매를 통한 할인, 운송비용의 절감, 공급부족이나 가격인상에 대처할 수 있으나, 추가 재고보유로 인한 재고비용의 증가를 초래하는 단점이 있다.

③ **투기형 구매** : 가격인상이나 부족을 예상하여 조직의 현재 및 기대되는 요구를 초과하여 구매하고 향후 자재의 판매를 통해 추가로 이익을 실현하려는 정책을 말한다.

④ **수량구매계획** : 재고유지를 위한 비용을 회피하면서 선매형 구매의 편익을 취할 수 있는 대안으로 공급자와 일정 기간 동안 지불할 총구매 금액을 협상하는 방법이다.

⑤ **제품수명공급** : 단일 구매처로 지정된 공급자가 매력적인 가격조건으로 제품의 전체 수명주기에 걸쳐 자재를 공급하도록 하는 정책을 말한다.

⑥ **위탁형 구매** : 공급자가 구매자의 사이트에서 재고를 제공하고 유지하는 방법으로 재고는 공급자가 소유하게 되며 구매자는 사용한 재고분에 대해서만 지불하는 형태이다.

(2) 공급처의 수에 따른 구매정책

① **독점조달** : 특허제품과 같이 공급자가 제품이나 서비스의 유일한 제공자일 경우, 구매자의 선택권은 매우 제한적이 된다. 공급자와 협력관계를 강화하여 조달의 선택범위를 확대하든지 아니면 새로운 공급자를 발굴해야 한다.

② **단일조달** : 여러 공급자가 존재하나 구매자가 오직 하나의 공급자만을 선택하는 조달유형이다.

   ⊙ 장점 : 가격과 인도조건 협상에 있어 유리한 위치를 확보할 수 있다. 품질관리, 대금 지불, 납품, 주문 등에 따르는 관리비용을 절감할 수 있고, 고품질의 공급자를 선택함으로써 품질을 향상하고 변동성을 줄일 수 있다. 또한, 안정적인 공급기반을 확보하고 공급자의 제품 디자인이나 생산일정 분야에 협력관계를 강화시켜 나갈 수 있으며, 최상의 공급원을 선택함으로써 구매기관이 경쟁우위를 확보할 수 있다.

   ⊙ 단점 : 천재지변, 인도지연 등으로 공급에 장애가 발생할 수 있는 가능성이 존재하며, 공급자에 의한 가격인상 및 공급자에 대한 의존도가 지나치게 상승함으로써 공급상의 장애로 인한 위험 부담이 있다.

③ **복수조달** : 주문이 여러 공급자에게 분산된 조달유형이다.

   ⊙ 장점 : 공급자에 대한 의존도가 감소하고, 공급상의 장애로 인한 위험 부담이 감소하며, 공급자 간 경쟁으로 인하여 가격이 하락한다.

   ⊙ 단점 : 공급자는 단일 주문에 수반되는 고정비를 보전하기 위해 장기 공급계약에 비해 높은 가격을 제시할 수 있으며, 단일조달에 비해 공급자 관리, 주문, 접수, 대금지불 등에 따르는 추가비용이 발생한다.

(3) 공급자관계

① **거래형**: 장래 거래에 대한 특별한 고려 없이 현재의 거래에 초점을 둔 형태로 지속적인 서비스 지원을 기대하기 어려운 빈도가 낮거나 일회성 구매에 적합한 방법이다.

② **연속형**: 구매자와 공급자 간 관계가 파트너십 또는 협력관계 등의 의미로 사용되는 형태로, 여기에는 계약적 관계, 운영적 관계, 비즈니스적 관계 및 전략적 관계의 4가지 유형이 있다.

계약적 관계	구매주문이나 계약이 협약을 기초로 이루어진다. 정보는 거의 공유되지 않으며 단지 필요한 경우에만 공유가 이루어지며, 계약기간이 끝나면 관계가 중단된다.
운영적 관계	거래가 반복되면서 인적인 관계에 기반을 둔 상호신뢰가 형성되기 시작한다. 이때부터 공동으로 문제를 해결하기 위해 아이디어와 인력이 어느 정도 공유된다.
비즈니스적 관계	구매자와 공급자 간에 상호의존성에 대한 인식이 증가한다. 구매기관은 공급기반을 줄이고 보다 소수의 공급자와 거래를 하게 된다.
전략적 관계	비즈니스 관계가 발전하여 장기적인 전략을 공유하게 되고 공급자의 참여도가 증가하여 공동으로 팀을 운영하여 지속적인 개선을 모색하게 된다.

4 재고관리

(1) 개 념

① 재고관리란 생산·판매에 필요한 원자재, 부품, 재공품, 완제품 등 재고를 최적의 상태로 관리하는 것을 말한다.

② **전통적인 재고관리의 개념**: 발주에서부터 납품까지는 조달 소요시간이 필요하기 때문에 이 기간 중에 필요한 소요량만큼은 미리 재고를 보유하고 있어야 한다는 입장이다. 이에 따르면 재고고갈(품절)을 초래하지 않을 정도의 최소한의 재고수준을 유지하는 것이 중점과제이다.

③ **혁신적인 재고관리의 개념**: 기준이 되는 생산계획을 잘 운용하고, 납기관리를 잘하게 되면 생산에 필요한 자재가, 필요로 하는 시기에, 필요한 장소로 도착하게 되어 사내에 재고를 준비시킬 필요가 없다는 개념으로 무재고관리(Zero Inventory System)의 추진이 중심과제이다.

(2) 재고관리의 중요성

① 재고관리의 중요성은 자재비의 금액적 비중에만 국한되는 것이 아니라 과다재고 등 비효율적인 관리에 기인한 재고비용 손실은 물론, 품절로 인한 생산성의 기회비용 손실 등의 직·간접의 손실비용과 이익창출 기여도는 기업경영에서 중대한 의미를 가지고 있다.

② 재고관리의 대상이 되는 재고품목은 경영 내 모든 부문에 관련이 있으며, 재고품목의 관리도 분산관리 되어지고 있으므로 상호연결이 불충분할 뿐만 아니라 상호관계가 상반되는 경우가 많아 재고관리는 이를 직접적으로 담당하는 재고관리부문만으로는 해결할 수 없는 경우가 많다.

③ 재고관리의 문제해결에는 최고 경영층을 비롯하여 다른 기능부문과의 긴밀한 협조가 필요하나 무엇보다도 최고 경영층의 관심도가 가장 중요하며, 다음으로 부문 간 협조가 이루어져야 한다. 부문 간 협조는 우선 직접 담당부문인 원자재, 제품의 재고관리부문 상호간의 긴밀한 협조가 필요하며, 다음으로 설계부문, 설비부문, 품질관리부문 등의 요원을 대상으로 재고 교육·훈련 등을 실시하는 인사부문의 협조도 필요하다.

(3) 재고관리의 목적

① 재고의 적정화에 의한 재고투자 및 재고관련 비용의 절감(재고관련 비용 : 구매비용, 발주비용, 보관, 품절손실, 진부화 비용)

② 재고비용의 감소와 과다 재고의 방지에 따른 운전자금의 절감

③ 재고관리에 의한 생산 및 판매활동의 안정화 도모

④ 합리적 재고관리에 의해 구매처의 재고부담 감소 추구

⑤ 과학적이고 혁신적인 재고관리에 따른 업무 효율화 및 간소화 추진

(4) 조달물류에서 재고관리의 기능

① 최고 경영층에서 수립하는 재고방침 설정자료 제공

② 저장품목 또는 재고유지 품목의 선정

③ 수요충족을 위한 소요량의 산정, 발주, 청구

④ 적정 재고수준의 산정 및 유지

⑤ 저장시설의 규모 및 관리방법의 선정과 개선

⑥ 폐품, 폐물(Scrap) 및 초과품 등 불용품의 색출판정 및 처리 등

5 재고관리기법

(1) ABC 재고관리

① ABC 재고관리란 중요도에 따라 차별적으로 관리하는 재고관리방식을 말한다. 즉, Pareto-graph에 의한 연간 사용금액 분포곡선에 의해서 자사의 재고품목을 차별화하고 사용금액의 대소에 따라 일반적으로 구성품목을 A, B, C의 3개의 그룹으로 나누어 통제 노력을 배분하는 재고관리시스템이다.

② 일반적으로 A그룹은 총재고품목의 10~20%에 해당하는 수량으로 70~80%의 가치를 지닌 품목을 말하며, B그룹은 재고품목수량이 20~40%에 해당하는 것으로 재고품목 20%의 가치를, C그룹은 재고품목의 40~60%에 해당하는 수량이지만 5~10%의 가치에 지나지 않는 품목을 말한다.

③ 한정된 시간과 관리 인력을 보다 유효하게 이용하기 위해서는 사용금액이 큰 그룹의 품목관리에 중점을 두고 상대적으로 많은 통제 노력을 기울이는 관리방법이다.

④ ABC 분석효과

　　㉠ ABC 분석에 의해서 제품의 부품을 A, B, C 부품으로 분류하여 각각 구입량을 변경시킴으로써 재고금액을 감소시킬 수 있다.

　　㉡ 재고관리 방식을 전 제품, 전 부품에 일률적으로 적용하게 되면 간접인원의 증가에 의해 비용이 증가하여 오히려 원가를 인상시킬 수 있기 때문에 A그룹 품목에 비중을 두고 B그룹, C그룹에 간단한 관리방법 등을 선택해서 사용할 수 있다.

　　㉢ ABC에 의한 창고 레이아웃을 개선시킬 수 있다.

　　㉣ ABC 분석은 재고관리뿐만 아니라 구매관리, 판매관리, 인사관리, 공정관리, 품절관리, 원가관리 등 모든 분야의 관리에 적용될 수 있으며, 고객에 대해서도 이 기법을 적용시킬 수 있다.

⑤ ABC 분석기법과 경제적 발주량의 관계 : 재고회전 횟수가 증가함에 따라 재고수준이 감소한다. A그룹에서 B, C그룹으로 갈수록 재고회전율과 기업에 대한 이익공헌도가 떨어진다.

　　㉠ A그룹 품목 : 적은 품목 수로 전체 가치의 70% 이상을 차지하고 있기 때문에 보관량과 회전수가 많다. 이 경우 판매의 계획 수요예측과 결부시켜 예측량에 안전 재고량을 더하여 정기발주방식을 취한다.

　　㉡ B그룹 품목 : 품목, 보관량, 회전 수가 적지 않기 때문에 품목을 그룹으로 나누어 관리한다. 품목 수가 적은 경우와 조달기간이 긴 경우에는 정기발주방식을 취하지만, 이 경우 대개는 정량발주방식을 취한다.

　　㉢ C그룹 품목 : 품목 수는 많고 보관량과 회전 수는 적다. 이 경우에는 주로 Two-Bin법 또는 JIT방식을 취하지만 발주량이 커지더라도 전체에 미치는 영향은 그다지 크지 않다.

◉ [그림 7-1] ABC 분석

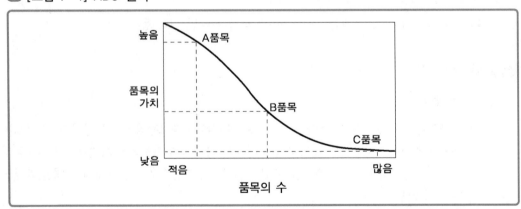

보충학습

Two-Bin법

Two-Bin법이란 재고를 두 개의 용기(Bin)에 나누고 한쪽 용기의 재고가 바닥이 나면 발주와 동시에 그것이 보충될 때까지 다른 용기의 재고를 사용하는 것을 차례로 반복하는 방식이다.

(2) **JIT**(적시생산 또는 적기납기, Just In Time)

① **개 념**

ⓐ 도요타 생산방식의 일환으로 전개된 小로트 생산을 중심으로 한 JIT시스템은 생산에 필요한 시기에 필요한 만큼만 부품을 확보, 생산공정이나 현장에 인도하여 적시에 생산하는 방식으로 생산현장의 불필요·불균형·불합리를 없애 생산성을 향상시킬 수 있는 방식이다.

ⓑ 핵심요소
  ⓐ 간판방식
  ⓑ 생산의 평준화
  ⓒ 小로트 생산
  ⓓ 설비배치와 다기능공제도

ⓒ JIT시스템의 구성
  ⓐ 핵심이 되는 간판방식(Kanban System)의 정보시스템의 주축을 이루고 있으며, 발주점 방식을 응용하고 있다.
  ⓑ 또한 재고의 최소화를 위해 눈으로 보는 관리방식을 채용하여 요구량만 확보하는 방식이므로 Pull방식이라고 할 수 있다.

② **JIT의 효과**

ⓐ 변종변량의 생산으로 수요변화에 신속하고 유연하게 대응할 수 있다.

ⓑ 생산공정상의 낭비제거로 원가를 낮추고 생산성을 향상시킬 수 있다.

ⓒ JIT 생산으로 원자재·재공품·제품의 재고수준을 낮출 수 있다.

ⓓ 자동화와 小로트 생산으로 불량을 줄이고 품질을 향상시킬 수 있다.

ⓔ 준비시간 단축으로 생산 리드타임을 줄일 수 있다.

ⓕ 간판방식과 생산평준화로 생산의 흐름을 원활하게 해 준다.

ⓖ 라인스톱시스템 등으로 문제해결에 작업자가 직접 참여하도록 하여 종업원의 책임의식을 고취시킴과 동시에 생산능률의 향상을 도모하게 한다.

ⓗ 유연한 설비배치와 다기능공으로 작업자 수를 소수인화하여 작업능률의 향상을 도모하게 한다.

(3) **JIT-Ⅱ**

① **개 념**

ⓐ 미국기업들이 제품원가 중 조달물류비가 차지하는 비중이 증가하고 있는 원인을 해결하고자 탄생시킨 기법이다.

ⓑ 공급회사와 발주회사 간에 업무협조관계가 미약하고 의사소통이 안 되어 물류업무의 비효율성으로 과다한 비용이 발생한다.

ⓒ 공급회사의 판매업무와 발주회사의 조달업무를 연결한 하나의 가상기업을 가정하고 있다.

ⓓ 판매업무와 조달(구매)업무의 기능을 하나로 연결하여 공급회사, 물류회사, 발주회사는 상호 신뢰성을 바탕으로 장기적인 계약하에 긴밀한 협력관계를 맺기 때문에 업무의 효율성을 극대화할 수 있다.

② JIT-Ⅱ의 효과

　㉠ 발주회사의 입장에서는 공급회사와의 중복기능을 없애 구매기능 및 구매인력을 감축할 수 있고, 신제품 설계변경의 감소와 설계기간의 단축을 기할 수 있으며, 공급부품 가격을 인하하거나 동결할 수 있는 효과를 기대할 수 있다.

　㉡ 공급회사는 발주회사와의 공동 성장을 보장받게 되며, 장기계약의 보장, 이익률 향상, 신기술 동반연구 등을 통한 기술개발의 효과를 얻을 수 있다.

(4) MRP(자재소요계획, Material Requirement Planning)

① 개 념

　㉠ 넓은 의미의 생산관리업무의 하나로 전산화된 프로그램을 이용하여 최종 제품의 생산계획에 따라 원자재의 조달에서 완제품의 완성에 이르기까지 필요한 부품 소요량의 흐름을 종합적으로 관리하는 생산관리 시스템이다.

　㉡ 재고방식에서 문제시되는 과잉재고나 재고부족 현상을 최소화하고, 적량의 품목을 적시에 주문하여 적정 재고수준을 통제하기 위한 시스템이다.

② MRP 시스템의 효과

　㉠ 종속 수요품 각각에 대해서 수요예측을 별도로 할 필요가 없다.

　㉡ 우선 순위의 조절을 통해 자재조달 및 생산작업 진행이 가능하다.

　㉢ 공정품을 포함한 종속 수요품의 평균재고가 감소된다.

　㉣ 부품 및 자재부족의 현상을 최소화시킨다.

　㉤ 수요·공급·생산능력 변화 등의 상황변화에 따른 생산일정 및 자재계획의 변경이 용이하다.

　㉥ 작업의 원활화 및 생산소요시간이 단축된다.

　㉦ 적절한 납기이행이 가능하다.

③ MRP의 기본 요소

　㉠ MPS(대일정계획, Master Production Schedule) : 특정 품목에 대한 예상 제조계획으로 기업의 생산계획을 일정한 형태, 수량, 날짜별로 나타내 준다. 일정 계획자가 이 계획을 유지, 관리하며 자재소요계획을 이끌어 내는 지침이 된다. 대일정계획은 수요상태를 나타내는 단순한 수요예측이 아니며, 계획 수립시 예상치, 생산계획, 주요 생산, 잔여업무, 자재 및 설비의 이용가능성, 경영정책 및 목적과 같은 중요한 사항을 고려하여야 한다.

　㉡ BOM(자재명세서, Bill of Materials) : 최종 품목의 생산에 필요한 모든 구성품과 각 구성품의 필요량 및 조립순서가 명시되어 있다.

　㉢ 재고기록철 : 구성품의 주문량을 결정하기 위해서는 각 구성품의 재고정보가 필요한데, 재고기록철에는 구성품의 보유량, 등록번호, 기주문 구성품의 주문량과 납기일, 로트 크기, 각 구성품의 리드타임 등이 포함된다.

● [그림 7-2] MRP를 중심으로 하는 생산계획의 요소

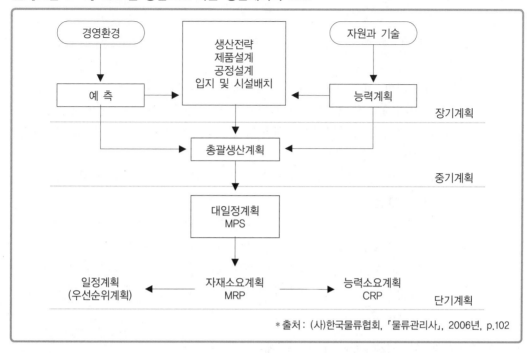

* 출처 : (사)한국물류협회, 「물류관리사」, 2006년, p.102

④ MRP와 JIT 시스템의 차이점

● [표 7-1] MRP와 JIT 시스템의 차이점

구 분	MRP	JIT
관리시스템	계획대로 추진하는 Push 시스템	요구에 따라가는 Pull 시스템
관리목표	계획 및 통제(필요시 필요량 확보)	낭비제거(최소의 재고)
관리도구	컴퓨터 처리	눈으로 보는 관리
생산시스템	MPS 중심	생산 사이클 타임 중시
생산계획	변경이 잦은 MPS 수용	안정된 MPS 필요
계획우선순위	MPS에 기초한 필요품목 중심의 일정계획	평준화 생산을 기초로 한 품목별 일차 적응
통제우선순위	작업배정순서	간판의 도착순
자재소요판단	자재소요계획(MRP)	간판
공급업자와의 관계	경제적 구매위주의 단기거래	구성원 입장에서의 장기거래

(5) **MRP-Ⅱ**(제조자원계획, Manufacturing Resource Planning)

① 개 념

　　㉠ MRP의 문제점을 개선시키면서 재무관리, 판매주문관리 등의 기능을 추가하여 만들어진 시스템이다.

　　㉡ MRP-Ⅱ는 기획(plannig) 부문에 적합한 도구로 물류, 마케팅, 재무 등에서 전략 분석에 유용하며, 물류경로의 각 결절점 간 물품의 이동 및 보관에 대한 전략수립에 유용한 도구이다.

　　㉢ 또한 재고관리 또는 생산관리의 차원을 넘어 조직의 모든 기획, 즉 모든 조직의 자원을 계획하고 관리하는 기법이다.

　　㉣ 기업 내의 모든 기능을 하나로 통합할 수 있는 미래에 대한 종합기획시스템이다.

② MRP-Ⅱ 시스템의 효과

　　㉠ 상품의 품절을 줄이고, 적시 인도 및 수요변동에 대한 대응으로 고객서비스를 제고한다.

　　㉡ 재고비용 및 생산중단의 감소, 계획에 대한 신축성을 제고한다.

　　㉢ 보다 새롭고 유용한 기법이 계속해서 개발되고 있는데, 예를 들어 MRP-Ⅲ라 불리는 MRP-Ⅱ와 JIT의 통합시스템이 물류, 생산부문 나아가 기업활동 전반에 유용한 기법으로 인정받고 있다.

(6) **DRP**(유통자원계획, Distribution Resource Planning)

① 개 념

　　㉠ 고객과 가장 가까운 곳에서 수요데이터를 얻고, 수요를 예측하여 이를 생산계획 수립에 빠르게 반영하며, 완제품 출고 이후 소매점 또는 도매점에 이르는 유통망상의 재고를 줄이는 데 근본적인 목적이 있다.

　　㉡ 완제품의 유통 및 보관에 MRP 기법을 원용한 것으로 완제품의 경제적 주문을 위한 기법이다. DRP는 완제품의 수요를 예상하여 공장으로부터 최종소비자에게 도달하기까지 완제품의 유통에 대한 기간별 계획을 수립하며, 수요에 맞춰 상품을 할당하는 Push시스템으로 분류된다.

② DRP 시스템의 효과

　　㉠ 제품의 가용성 및 납기 측면에서 고객의 수요에 민감하게 대응할 수 있다.

　　㉡ 변동이 심한 수요변동에 따라 주문패턴을 조정하고, 또 재조정할 수 있어 MRP와 차이가 있다.

　　㉢ 부분이 아닌 시스템 전체에서 발생하는 수요를 신속하게 충족시킬 수 있다.

　　㉣ 지역별 소요량을 결정하는데 도움이 되는 완제품 관리기법이다.

　　㉤ 제조업체는 DRP를 중앙집중적 주문처리에 활용한다.

　　㉥ DRP를 통해 한 곳에서 처리하고 각 지역별·품목별 재고를 점검하여 보충하는 시스템이기 때문에 전체적으로 균형을 이룬다.

　　㉦ 어떤 품목이 전국적으로 모두 품절이 될 수는 있어도 특정지역에서만 품절이 될 수가 없다.

제 2 절 판매물류

1 유통경로의 개념

(1) 유통경로(Distribution Channel)는 생산자에 의해서 만들어진 제품이 소비자의 손에 이르기까지 거치게 되는 전단계를 말한다.

(2) 생산자와 소비자 사이에는 상품유통을 담당하는 여러 종류의 중간상들이 개입하게 되는데, 이러한 중간상에는 도매기관, 소매기관과 같이 소유권을 넘겨받아 판매 차익을 얻는 형태도 있지만, 생산자의 직영점과 같이 소유권의 이전 없이 단지 판매활동만을 하거나 그것을 조성하는 활동만을 수행하는 형태도 있다.

(3) 유통경로는 '제조업자 ⇨ 도매기관 ⇨ 소매기관 ⇨ 소비자'로 표현할 수 있으며, 제조업자의 입장에서 유통경로관리는 이러한 수직적 연계를 설계·관리하는 과정으로, 이때의 유통경로는 제품, 가격, 촉진과 함께 마케팅 믹스 구성요소의 하나로 인식된다.

(4) 유통경로의 구성원은 유통경로를 담당하는 구성원들의 역할에 따라서 중심기능 구성원(도매기관, 소매기관 등)과 특화기능 구성원(금융, 물류 등 지원기능)으로 구분된다.

2 유통기관의 기능

(1) 유통기관의 주요기능

① **거래의 효율성 증대** : 중간상의 개입으로 교환과정을 보다 단순화시킬 수 있으므로 보다 많은 거래를 효율적으로 이루어낼 수 있다.

② **구색 갖춤** : 제조업자는 소수의 제품라인을 대량생산하고 소비자는 소수의 다양한 제품을 구매할 수 있게 해 준다.

③ **제품의 소단위화** : 생산자가 대량생산한 제품을 소량단위로 만드는 기능을 한다.

④ **거래의 단순화** : 유통기관의 분배기능으로 인해 복잡한 거래조건이 단순한 형태로 전환된다.

⑤ **정보탐색의 용이성** : 중간상이 소비자와 생산자의 중간에 위치하여 양쪽의 정보를 통합하여 전달해 준다.

(2) 도매기관의 개요

① 도매기관이란 제품을 최종 고객에게 판매하지 않고 소매기관, 다른 상인, 산업적 또는 상업적 사용자들에게 상품을 판매하는 사람이나 기관들에 관련된 행위 등을 하는 경로구성원을 의미한다.

② 재판매 또는 사업을 목적으로 구입하는 자에게 상품이나 서비스를 판매하는 데 관련된 모든 활동을 수행하는 상인이기 때문에 소매상처럼 입지, 판촉, 점포 분위기 등과 관련한 마케팅에 상대적으로 주의를 덜 기울이며 넓은 상권을 대상으로 매매업을 수행하게 된다. 또한 도매기관은 상품의 발송과 수집이 편리한 교통기관의 발착지 부근에 위치하고 같은 종류의 점포가 밀집되어 있는 장소가 유리하다.

③ 주요 기능

　㉠ 제조업자를 위해 도매상이 수행하는 기능

　　ⓐ 시장확대기능 : 제조업자는 합리적인 비용으로 필요한 시장 커버리지를 유지하는 데 있어 도매상에게 의존할 수 있다.

　　ⓑ 재고유지기능 : 도매상들은 제조업자의 재무 부담과 막대한 재고 보유에 따른 제조업자의 위험을 감소시켜 준다.

　　ⓒ 주문처리기능 : 다수의 제조업자들의 제품을 구비한 도매상들이 다수의 소매상들의 소량 주문을 보다 효율적으로 처리할 수 있다.

　　ⓓ 시장정보제공기능 : 제조업자들보다 고객들의 제품이나 서비스에 대한 요구를 쉽게 파악할 수 있다.

　　ⓔ 고객서비스대행기능 : 소매상들에 대한 제품의 교환, 반환, 설치, 보수, 기술적 조언 등의 제공함을 통해 생산성을 향상시킬 수 있다.

　㉡ 소매상을 위해 도매상이 수행하는 기능

　　ⓐ 구색갖춤기능 : 제품 구색을 보유한 소수의 전문화된 도매상으로부터의 주문을 통해 거래를 단순화시킬 수 있다.

　　ⓑ 소단위판매기능 : 제조업자로부터 대량주문을 한 도매상이 제품을 소량으로 분할하여 소매상들의 소량주문에 대응할 수 있다.

　　ⓒ 신용 및 금융기능 : 외상판매를 통해 소매상들로 하여금 구매대금의 지불 이전에 제품을 구매할 수 있는 기회를 제공하며, 소매상들이 필요로 하는 많은 품목들을 보관하고 이용가능성을 증가시켜주는 기능을 수행함으로써 소매상들의 재고부담을 감소시켜 준다.

　　ⓓ 소매상 서비스기능 : 배달, 수리, 보증 등 다양한 유형의 서비스 제공을 통해 소매상들의 노력과 비용을 절감시켜 준다.

　　ⓔ 기술지원기능 : 숙련된 판매원을 통해 소매상에게 기술적 및 사업적 지원을 제공한다.

④ 도매기관의 분류

　㉠ **제조업자 도매기관** : 제조업자에 의해 운영되는 도매기관으로 대개의 경우 제조업자의 생산지나 고객이 있는 시장에 가까이 위치하는 것이 특징이다.

　㉡ **상인도매기관** : 취급하는 상품의 소유권을 보유하며 제조업체 또는 소매상과는 관련 없는 독립된 사업체로서 상품을 직접 구매하여 판매하는 기능을 하는 도매기관이다. 수행하는 기능에 따라 완전서비스 도매상과 한정서비스 도매상으로 분류한다.

　　ⓐ 완전서비스 도매상(Full Service Wholesalers) : 유통경로상에서 소유권, 물적 소유, 촉진, 협상, 금융, 위험부담, 주문, 지불 등 거의 모든 유통활동을 수행하며, 재고유지, 판매원 이용, 신용제공, 배달, 경영지도와 같은 종합적인 서비스를 소매상에게 제공하기도 한다.

　　ⓑ 한정서비스 도매상(Limited Service Wholesalers) : 도매상이 수행하는 유통활동 중에서 소수의 한정된 서비스만을 제공하는 유형의 도매상이다.

　　　• 현금거래 도매상(Cash And Carry Wholesalers) : 회전이 빠른 한정된 계열의 제품만을 소규모의 소매상에게 현금지불을 조건으로 판매하며, 배달업무는 수행하지 않는다.

　　　• 트럭 도매상(Truck Wholesalers) : 트럭 중개상(Truck Jobber)이라고도 하며, 주로 판매와 배달기능을 중심으로 영업을 한다. 식료품을 중심으로 한 부패성이 강한 한정된 제품계열을 취급하여 슈퍼마켓, 소규모 채소상인, 병원, 음식점, 호텔 등을 순회하면서 현금판매를 한다.

　　　• 직송 도매상(Drop Shipper) : 상품을 구매하고자 하는 소매상과 접촉하여 계약을 체결하고 수송은 제조업자가 직접 하도록 함으로써 재고유지를 하지 않으며 주문의 접수시간에서 제품의 배달시간까지의 위험만을 부담한다. 주로 석탄, 목재, 건축자재 등과 같이 부피나 무게가 커서 보관 및 운송에 비용에 많이 드는 제품을 취급하므로 제조업자가 소매상에게 직접 운송하는 비용이 더 저렴하다.

　　　• 진열 도매상(Rack Jobber) : 주로 비식료품 분야인 잡화 및 의약품 소매상을 대상으로 영업하며, 회전율은 높으나 매출 비중이 높지 않은 제품들에 대하여 점포까지 트럭 배달을 해주고 제품을 선반에 진열하는 역할까지 수행한다. 진열 도매상은 위탁판매를 하므로 제품의 소유권을 보유하고 최종 소비자에게 판매된 제품에 한해서만 소매상에게 대금을 청구한다.

　㉢ 대리도매기관

　　ⓐ 거래되는 제품에 대한 소유권을 보유하고 있지 않으며 단지 제조업자의 상품을 대신 판매·유통시켜주는 역할을 수행하는 도매기관을 말한다.

　　ⓑ 판매대금을 제조업자에게 지불하고 커미션이나 수수료를 받는다.

　　ⓒ 제조업자가 소규모로서 마케팅 능력이 부족하거나 고객에게 지명도가 낮은 경우에 이용한다.

　　ⓓ 제조업자 대리도매기관, 판매대리인, 수수료 상인, 브로커 등이 해당된다.

⬤ [표 7−2] 도매기관의 비교

구 분	상인도매기관	대리도매기관	제조업자도매기관
통제 및 기능	도매기관이 통제	제조업자와 도매기관이 통제	제조업자가 통제
소유권(상품)	도매기관	제조업자	제조업자
현금흐름	도매기관은 제조업자에게 대금을 지불하고, 제품을 구입하고 다시 그 제품을 고객에게 판매	제품이 판매되면 도매기관은 대금을 제조업자에게 지불하고 커미션이나 수수료를 받음	제조업자가 판매하고 대금을 회수
최적이용	• 제조업자가 많은 제품계열을 보유한 경우 • 지역적으로 분산된 고객에게 판매할 경우	• 제조업자가 소규모로써 마케팅 능력이 부족한 경우 • 고객에게 지명도가 약한 경우	• 고객의 수가 적은 경우 • 지역적으로 집중된 경우

(3) 소매기관의 개요

① 소매기관이란 최종 소비자에게 재화나 서비스를 판매하는 경로구성원을 말한다.

② 유통경로상에서 소매기관은 제조업자의 생산제품을 판매함으로써 생산업자나 도매업자가 각자 본연의 업무에 전념할 수 있도록 해 주며, 소비자에게는 소비자가 원하는 상품구색을 제공한다.

③ 소비자와의 접촉을 통해 상품에 대한 소비자의 여러 가지 요구에 관한 최신 정보를 생산자에게 전달하여 상품 개발계획, 제조 등에 활용하도록 한다.

④ 소매기관의 분류방법은 여러 가지가 있으나 도입 시기에 의해 분류하면 기존업태와 신업태로 구분된다. 기존업태[백화점, 편의점(CVS), 슈퍼마켓]는 지금까지 국내에서 성장해 온 업태로서 주요 경쟁수단으로 편의성 및 서비스를 위주로 하고 있는 소매업태를 말하고, 신업태는 가격파괴와 같은 저가격정책을 사용하는 업태로서 최근 급속히 성장하고 있는 업태를 말한다.

3 소매업 발전이론

(1) 소매업 수레바퀴의 가설(The Wheel of Retailing)

① 새로운 형태의 소매점은 주로 혁신자로 시장 진입 초기에는 저가격, 저서비스, 제한적 제품구색으로 시장에 진입하지만, 점차 동일한 유형의 새로운 소매점들이 진입하여 이들 사이에서 경쟁이 격화되면 경쟁적 우위를 확보하기 위하여 보다 세련된 점포시설과 차별적 서비스의 증가로 성숙기에는 고비용, 고가격, 고서비스 소매점으로 위치가 확립된다.

② 결과적으로 새로운 유형의 소매점이 저가격, 저마진, 저서비스로 시장에 진입할 수 있는 여지를 제공하게 되고, 이 새로운 유형의 소매점 역시 위와 동일한 과정을 따르게 된다는 주장이다.

  ㉠ 1단계 : 저가격·저비용·저마진의 혁신적인 소매형태가 나타나는 진입기

  ㉡ 2단계 : 모방 기업들의 등장으로 타사와 차별화를 시도하는 격상기

  ㉢ 3단계 : 소매환경의 변화로 새로운 유형의 혁신적인 소매점이 진입할 수 있는 여지를 제공하는 취약기

⑵ **소매수명주기**(Retail Life Cycle)

한 소매점 유형이 초기 성장기, 가속 성장기, 성숙기, 쇠퇴기의 단계를 거치는 것으로 보는 가설이다.

⑶ **소매아코디언 이론**(Retail Accordian)

제품 구색이 넓은 소매업태에서 전문화된 좁은 제품 구색의 소매업태로 변화되었다가 다시 넓은 제품 구색의 소매업태로 변화되어 간다는 가설이다.

⑷ **변증법적 이론**

① 소매업이 정반합의 과정으로 진화·발전된다는 이론으로 두 개의 서로 다른 경쟁적인 소매업태가 하나의 새로운 소매업태로 합쳐지는 소매업태 혁신의 합성이론이다.

② 즉, 정(Thesis : 기존의 소매업태)과 반(Antithesis : 혁신적인 소매업태)이 합쳐져 합(Synthesis : 두 형태가 합쳐진 새로운 소매업태)이 된다는 것이다.

  ⊗ **미국 소매업의 발전과정** : 전문점 – 할인점 – 카테고리 킬러(할인전문점)

⑸ **자연도태설**

다윈의 자연도태설을 근거로 소매업태의 변화과정을 설명하려는 이론으로 환경 적응적 소매점은 존속하게 되지만 환경적응에 실패하는 기업은 도태하게 된다는 주장이다.

4 신유통업태의 종류

저가격정책으로 접근하는 업태로 성장을 계속하고 있으며, 대표적으로 할인점, 카테고리 킬러 등이 있다.

⑴ **할인점**(Discount Store)

① **할인점**(Discount Store)**의 개요** : 할인점이란 식품과 일용잡화 등 소비재를 중심으로 한 중저가 브랜드 중 유통회전이 빠른 상품을 저가이면서 대량판매의 영업방식을 토대로 하여 상시 저렴한 가격으로 판매하는 소매점을 말한다.

② **할인점의 특징** : 저가격, 저수익, 고회전율, 저비용 경영

  ㉠ 상품의 대량 직매입, 현금 구매 등으로 구매단가를 낮춘다.

  ㉡ 백화점이나 일반 소매점 보다 판매관리비, 광고비, 건물 인테리어에 드는 비용을 줄여서 운영비를 낮춘다.

ⓒ 소비자의 셀프서비스를 통한 인건비의 절감, 낱개 판매 보다는 박스단위의 판매를 유도하여 파격적인 가격으로 제품을 판매한다.

ⓔ POS(Point of Sales) 시스템 등의 이용에 의해 고객의 구매동향을 파악하고 매입활동을 기동적으로 하여 상품회전율 향상을 꾀한다.

ⓜ 저가의 자체상품개발(Private Brand) 비중을 늘려가면서 유통업체의 가격결정권이 더욱 확대되고 있는 추세이다.

③ 할인점의 성립과 발전

ⓐ 2차 대전 종료 후 얼마 되지 않아 미국에서 발생한 소매점으로 처음에는 가전제품이나 가구 등의 내구소비재를 정가보다 저렴하게 판매하는 디스카운트 스토어로 발생하였다. 그 후에 슈퍼마켓의 경영수법을 채택하여 소비자에게 제공하는 서비스를 한정하여 마진율을 낮게 책정함으로써 항상 할인된 가격에 의한 저가격 체제를 전면에 내세우면서 발전하게 되었다.

ⓑ 우리나라는 1993년 11월에 E-mart 창동점이 국내 최초이며, 이는 독자적인 한국형 할인점으로서 선진국의 할인점과 달리 식품 비중이 높은 것이 특징이며, 일반 소매점 보다 평균 20~30% 낮은 가격에 판매하고 있다.

④ **할인점의 다양화** : 할인점에는 양판점과 같이 가능한한 광범위한 상품을 한 점포에서 취급하고 할인뿐만 아니라 쇼핑의 편리함까지도 강조하는 종합형 할인점과 카테고리 킬러, 아울렛 스토어, 오프 프라이스 스토어 등과 같이 특정 상품군에 한정하여 할인해 주는 전문형 할인점이 있다.

(2) **양판점**(GMS : General Merchandise Store)

양판점은 중저가의 의류 및 생활용품을 중심으로 다품종 대량판매를 하는 대형 소매점으로 점포 형태 및 상품 구성은 백화점과 거의 유사하지만 대량 매입과 다점포화, 소매업체 상표(Private Brand)개발 등으로 가격면에서 백화점보다 저렴하다는 차이가 있다. 즉, 백화점과 할인점의 중간 형태로서 규모는 백화점, 운영은 할인점 형태를 유지하고 있다.

(3) **카테고리 킬러**(Category Killer)

특정상품계열에서 전문점과 같은 깊은 상품구색을 갖추고 저렴하게 판매하는 전문할인점(Special Discount Store)이다. 대량구매와 대량판매, 셀프서비스 방식, 점포의 체인화 등으로 저렴한 상품 가격을 제시한다. 미국의 Toys Rus(완구), Circuit City(가전), Office Depot(사무실 가구), Home Depot(건자재), Tower Record(음악 CD), Gap(의류) 등이 대표적이다.

(4) **홈센터**(Home Center)

전통적인 철물점과 자재취급점포를 결합한 전문 할인점형의 소매점으로 주로 고객들이 자신의 집을 스스로 유지 또는 보수할 수 있는 재료나 도구 등을 취급한다. 홈센터에서 상품은 창고형태로 진열되지만 판매원은 고객들에게 상품선택에 대한 지원과 사용방법에 대한 조언을 해 주며, 시중보다 30% 내외의 할인된 가격으로 판매하고, 규모는 600~700평 정도이다. 미국에서는 1960년대에 도입되어 성장기를 맞이하고 있다.

(5) 아울렛 스토어(Outlet Store)

제조업자나 백화점 또는 전문점이 소유한 오프 프라이스 스토어이며, 본래 메이커 자사의 재고품, 흠집 또는 반품된 상품을 정상가 절반 이하의 매우 싼 가격에 판매하는 업태를 말한다. 특히 제조업자가 소유한 아울렛을 팩토리 아울렛(Factory Outlet)이라 한다. 최근에는 소매기관이 자사의 PB상품의 재고처분을 위하여 설치하는 경우도 많다.

(6) 오프 프라이스 스토어(Off-price Store)

메이커의 유명 브랜드 상품을 정규 규정 이외의 방법으로 구입한다든지, 백화점, 전문점 등의 재고 처분품을 저렴하게 들여와 백화점, 전문점의 정가보다 30~40% 할인된 가격으로 판매하는 소매점을 말한다.

(7) 회원제 도매 클럽(MWC : Membership Wholesale Club)

일정한 연회비를 내는 회원들을 대상으로 30~50% 정도의 할인된 가격으로 정상적인 상품을 판매하는 소매업태를 말한다. 실내장식이 거의 없는 창고형의 매장과 진열대에 상품을 상자포장 그대로 쌓아 놓고 묶음판매를 통해 운영비를 최소화하는 영업방식을 취하고 있다. 상품회전율이 높은 상품과 유명상표제품만을 취급한다.

(8) 하이퍼마켓(Hypermarket)

① 슈퍼마켓, 할인판매점, 창고소매업을 결합한 유형의 소매점으로서 대규모 매장에 식품·비식품을 풍부하게 취급하며 셀프서비스 방식으로 운영되는 형태이다.

② 하이퍼마켓의 성장
- ㉠ 하이퍼마켓의 효시는 1963년 프랑스 파리 근교에서 개점한 까르푸(Carrefour)이며, 그 후 점차 유럽, 북남미, 아시아 지역 등으로 확산되고 있다.
- ㉡ 1980년대에 미국에도 도입되었으나 전통적으로 슈퍼마켓이 강하게 발달되어 있는 미국의 경우, 하이퍼마켓의 성장이 그리 성공적이지 못하였다.
- ㉢ 우리나라에서는 1988년에 처음으로 등장하였다.

③ 하이퍼마켓의 특징
- ㉠ 일반적으로 대도시 근교에 위치하고 있다.
- ㉡ 식료품, 농수산물, 일용잡화 등 식품과 생활필수품 등을 주로 취급하고 있으며, 할인점에 비해 식품의 비중이 크다.
- ㉢ 각종 물품이 원산지에서 직송되므로 중간 유통비용을 줄일 수 있으며, 셀프서비스 방식을 이용하므로 저렴한 가격에 판매할 수 있다.
- ㉣ 점포는 거대한 단층 건물로서 대규모 주차시설이 갖추어져 있으며, 매장면적은 4,500~7,500평 정도이고 내부 장식은 최소화되고 있다.

⑼ **슈퍼센터**(Super Center)

① 대규모의 슈퍼마켓과 할인점을 결합한 형태의 소매점으로서 기존의 할인점 보다 더 깊고 넓은 상품구색을 갖추고 있으며, 슈퍼마켓 못지않게 1차 상품인 식품을 갖추고 있는 소매업태이다.

② 크기는 15만에서 20만 평방피트로 하이퍼마켓의 3분의 2 정도이며, 식품과 비식품뿐만 아니라 세탁소, 사진현상소, 자동차부품, 구두 수선 등의 다양한 서비스를 제공한다.

③ 미국에서 하이퍼마켓에 대한 소비자의 반응이 좋지 않자 이에 대한 대응으로 월마트와 케이마트가 하이퍼마켓보다 좀 더 작은 규모의 슈퍼센터를 개발하였다.

④ 슈퍼센터는 다양한 품목과 서비스를 제공함으로써 시간절약 및 이동거리를 최소화하려는 1990년대 소비자 욕구에 부합한 소매 점포이며, 미국의 경우 연 20% 이상의 급성장을 보이고 있다.

⑤ 우리나라의 경우에는 1996년 네덜란드의 다국적 도매업체인 홀딩사와 합작투자로 설립되었던 한국마크로가 회원제 도매클럽으로 출발하였으나, 이것이 1998년 월마트에 의해 인수되면서 슈퍼센터로 업태를 전환하였다.

⑽ **파워센터**(Power Center)

할인점이나 카테고리 킬러 등 저가를 무기로 하는 할인업태들을 한 곳에 집합시켜 놓은 초대형 소매업태를 말한다.

⑾ **기타 신업태**

① **버라이어티 스토어**(VS : Variety Store) : 일정한 가격대를 형성하여 회전율이 높은 일용품을 중심으로 상품구색을 갖추어 셀프서비스와 저가로 판매하는 비식품계 비전문점이다. 생식품이나 유행상품은 취급하지 않는 특징이 있다.

② **드럭 스토어**(DS : Drug Store) : 일반의약품, 건강기능식품, 화장품, 생활용품, 음료, 다과류까지 함께 판매하는 복합형 전문점이다. 여성을 주 타깃으로 삼아 의약품 외에도 다양한 관련 상품을 갖추어 여성이 한 매장에서 필요한 것들을 원스톱으로 쇼핑할 수 있도록 한 것이 가장 큰 특징이다.

③ **콤비네이션 스토어**(CS : Combination Store) : 식품 슈퍼마켓, 드럭스토어 및 화장품 양판점 등을 결합한 형태의 신종 소매업태로서 상품 구성의 다양성과 One-stop 쇼핑이 가능하며, 식품계와 비식품계의 저가 판매점을 혼합한 상태라고 할 수 있다.

④ **완구 디스카운터**(Toys Discounter) : 대형 쇼핑센터의 입주점 또는 소형 쇼핑센터나 전문 상가지역에 출점하여 창고형 점포, 단독 또는 체인화를 통해 전국 브랜드의 완구를 양판점, 할인점, 백화점 보다 30~40% 저렴하게 대량으로 판매하는 완구전문 셀프서비스 할인점이다.

⑤ SSM(Super Super Market) : 각종 편의시설을 갖춘 새로운 형태의 슈퍼마켓으로 대형마트 보다 작은 규모[연면적 990~3,300m²(300~1,000평)]의 대형할인점의 틈새를 노린 기업형 소매점이다. 생식품이 55%를 차지하는 등 식품 비중이 75%로 상품구성은 기존 슈퍼미켓과 비슷하다. 주로 임대차 방식으로 위험부담을 최소화하고 상품 재고량, 광열비 등 매장 운영비용이 적어 투자에 대한 회수율도 높고 접근성도 할인점에 비해 좋아 유통기업들의 SSM 확대 전략은 더욱 가속화되고 있는 추세이다. 홈플러스 익스프레스, 이마트 에브리데이 등이 있다.

5 유통경로전략

(1) 유통경로 설계과정

① **기업전략의 결정 단계**

ㄱ 기업의 목표 설정: 시장 점유율, 매출액, 성장률

ㄴ 목표시장의 고객욕구 분석: 구매자의 욕구, 구매장소, 구체적 점포, 구매시간, 구매방식

ㄷ 경쟁 분석: 제품, 중간상, 경쟁사의 성격 파악

ㄹ 환경 분석: 법적 규제 등

② **유통경로전략의 결정 단계**: 유통경로의 목표 설정, 유통경로의 전략 결정

③ **유통경로의 선정 단계**: 유통경로의 대안 선정(제품의 유형, 제조업자의 통제 정도, 특정 지역 내 점포의 포화 정도 고려), 유통경로의 대안 평가, 유통경로의 결정

④ **경로구성원의 선정 단계**: 경로구성원의 대안 선정, 경로구성원의 대안 평가

(2) 유통경로 커버리지전략

유통경로 커버리지는 주어진 지역 안에서 중간상의 업무를 수행할 점포, 즉 소매상의 숫자를 말한다. 경로 커버리지전략에는 개방적 유통, 선택적 유통, 전속적 유통의 세 가지 대안이 있으며, 전략 선택시 점포에서의 고객의 구매행동, 경로구성원이 수행할 마케팅 기능에 대한 제조업자의 통제 정도, 특정 지역 내 점포의 포화 정도 등을 고려하여야 한다.

① **개방적 유통경로**(Intensive Distribution)

ㄱ 가능한 많은 점포가 자사 제품을 취급하도록 개방하는 마케팅전략으로서, 소매점의 수가 많기 때문에 소비자들에게 구입 편의성을 제공하여 매출증대를 도모할 수 있다.

ㄴ 그러나 유통비용이 증가되고, 통제가 어렵다는 단점이 있다.

ㄷ 주로 식음료, 일용잡화 등이 이러한 유통경로를 사용하고 있다.

② **전속적 유통경로**(Exclusive Distribution)

ㄱ 일정한 지역에서 자사의 제품을 한 점포가 독립적으로 취급하게 하는 것으로 유통경로 계열화의 가장 강력한 형태이다.

ㄴ 도소매상에 대하여 제조업체의 통제가 가능하므로 긴밀한 협조체제를 형성할 수 있고 제품 이미지 제고 및 유지가 가능하다는 장점이 있다. 또한 개방적 유통경로에 비하여 상대적으로 유통비용이 적게 들고 고급 의류, 가구, 자동차 등 비교적 고가의 제품에 적합한 유통경로이다.

ㄷ 그러나 시장 개방 범위가 제한되어 있기 때문에 제품을 접촉할 수 있는 고객 또한 제한되어 전반적인 수요를 감소시킬 수 있는 단점이 있다.

③ **선택적 유통경로**(Selective Distribution)

ㄱ 개방적 유통경로와 전속적 유통경로의 중간 형태로 특정 자격을 갖춘 소수의 중간상에게 자사의 제품을 취급하도록 하는 유통경로이다. 즉, 선택적 유통경로의 목표는 시장범위를 제한하는 것이다.

      ⓛ 전속적 유통경로와의 차이점은 이들 소매상이 다른 회사의 제품도 취급할 수 있다는 점이다.

      ⓒ 장점: 개방적 유통경로에 비해 소매상 수가 적어 유통비용 절감효과가 있고 전속적 유통경로에 비해서는 제품 노출을 확대시킬 수 있다는 점이다.

      ⓡ 소형 가전제품, 내의류 같은 의류 등 전속적 유통경로와 유사한 제품군이지만 가격이 중저가인 제품이 주로 이 유형의 유통전략을 사용한다.

(3) 유통경로의 조직 형태

① 전통적 유통경로시스템

      ㉠ 독립적인 경로기관들로 구성된 경로조직으로 각 경로구성원은 다른 경로구성원의 경로성과나 마케팅기능에 관심을 갖기보다는 자기들에게 주어진 마케팅기능들만을 수행한다.

      ㉡ 전통적 유통경로의 특징

         ⓐ 경로구성원들 간의 결속(Commitment)이 약하다.

         ⓑ 경로구성원들은 공통의 목표를 거의 가지고 있지 않다.

         ⓒ 구성원들의 유통경로로의 진입과 철수가 비교적 쉽다.

         ⓓ 수직적 마케팅시스템보다는 효율성과 효과성이 낮지만 유연성이 높다.

② 수직적 유통경로시스템(VMS: Vertical Marketing system)

      ㉠ 중앙(본부)에서 계획된 프로그램에 의해 경로구성원들을 전문적으로 관리·통제하는 네트워크형태의 경로조직을 가진다. 수직적 유통경로시스템에는 관리형·계약형·기업형 수직적 유통경로시스템이 있다.

      ㉡ 관리형 VMS(Administered VMS): 경로구성원들의 마케팅활동이 소유권이나 계약에 의하지 않으면서 어느 한 경로구성원의 규모, 파워 또는 경영지원에 의해 조정되는 경로유형으로서 핵심 성공요인은 경로 리더의 효과적 머천다이징 프로그램의 제공 여부에 있다.

      ㉢ 계약형 VMS(Contractual VMS)

         ⓐ 도매상 후원 자발적 연쇄점(Wholesaler-Sponsored Voluntary Chain): 도매상을 중심으로 독립적인 소매상들이 수직 통합된 경로조직이다.

         ⓑ 소매상 협동조합(Retailer Cooperative): 중소 소매상들이 도매기능을 가진 공동소유의 조직체를 결성하여 이를 공동으로 운영하는 경로조직이다.

         ⓒ 프랜차이즈 시스템(Franchise System): 프랜차이즈 본부(Franchisor)가 계약에 의해 가맹점(Franchisee)에게 일정 기간 동안 특정지역 내에서 자신들의 상표, 상호, 사업운영방식 등을 사용하여 제품이나 서비스를 판매할 수 있는 권한을 허가하는 경로조직이다. 가맹점은 이에 대한 대가로 초기 가입비와 매출액에 대한 일정 비율의 로얄티(Royalty) 등을 지급한다.

           • 제조업자 – 소매상 프랜차이즈: 자동차업계, 석유업계

           • 제조업자 – 도매상 프랜차이즈: 음료업계 공급체인

           • 도매상 – 소매상 프랜차이즈: 제약업, 잡화점, 자동차정비업

           • 서비스회사 – 소매상 프랜차이즈: 패스트푸드, 패밀리레스토랑, 호텔, 헬스클럽

⌐ 기업형 VMS(Corporate VMS) : 한 경로구성원이 다른 경로구성원들을 법적으로 소유·관리하는 형태로 기업형 전방통합(제조회사가 도·소매업체를 소유하거나 혹은 도매상이 소매업체를 소유하는 유형)과 기업형 후방통합(소매상이나 도매상이 제조업체를 소유하거나 제조업체가 부품 공급업체를 소유하는 유형)이 있다.

③ **수평적 유통경로시스템** : 동일한 경로단계에 있는 두 개 이상의 기업이 대등한 입장에서 시너지 효과를 얻기 위해 결합한 형태로, 24시간 편의점 안에 있는 신용카드 현금서비스 기기가 이러한 유형의 유통경로시스템에 속한다고 할 수 있다.

④ **복수 유통경로시스템** : 상이한 두 개 이상의 유통경로를 채택한 형태를 말한다.

◉ [표 7-3] 전통적 유통경로시스템과 수직적 유통경로시스템의 비교

구 분	전통적 유통경로시스템	수직적 유통경로시스템
구성원	• 독립적이고 자치적 단위 • 각각 전통적인 마케팅기능을 수행 • 주로 흥정과 협상으로 조정	• 상호관련적 단위 • 각각은 최적결합의 마케팅기능을 수행 • 상세한 계획과 포괄적 프로그램으로 조정
안정성	구성원의 충성심이 낮고 진입이 상대적으로 용이한 개방적 시스템	개방적 네트워크이지만 시스템의 요구와 시장조건에 의해 진입은 엄격히 통제
분 석	마케팅의 한 단계에서 비용, 판매량, 투자관계에 관심	마케팅 전체 단계의 비용, 판매량, 투자관계에 관심, 유리한 경제적 상충관계 분석
의사결정 과정	일반인에 의해 결정되는 판단에 크게 의존	전문가나 전문위원회가 판단하는 과학적 결정에 크게 의존
책 임	의사결정자는 전통적 형태의 경로에 감정적으로 책임	의사결정자는 마케팅 개념과 생존력 있는 기관에 분석적으로 책임

실전예상문제

01 다음은 경제적 주문량(Economic Order Quantity) 모형을 이용한 상품 A의 재고관리에 관한 내용이다. 상품 A의 연간재고부담이자는? (단, $\sqrt{36} = 6$) ▶ 제17회

> • 매입가격 : 50,000원/개
> • 연간수요 : 6,000개/년
> • 주문비용 : 75,000원/회
> • 창고보관비용 : 500원/개/년
> • 연간재고유지비용 : 창고보관비용 + 재고의 매입가격에 대한 이자
> • 연간이자율 : 4%

① 2,500원   ② 600,000원

③ 1,200,000원   ④ 12,000,000원

⑤ 15,000,000원

해설

경제적 주문량 = $\sqrt{\dfrac{2 \times 1회당\ 발주비용 \times 1년간\ 수요량}{1년간\ 단위\ 재고비용}}$

상품 A의 연간재고부담이자를 구하기 위해서는 먼저, 경제적 주문량 모형을 이용해 연간단위당 재고유지비용을 구해야 한다.

즉, 단위당 재고유지비용 = 단위당 창고보관비용 + 재고의 단위당 매입가격에 대한 이자이므로 연간단위당 재고유지비용 = 500원/개/년 + (50,000원/개 × 0.04) = 2,500원이다. 여기에 연간수요 6,000개와 연간이자율 4%를 곱해주면 상품 A의 연간재고부담이자를 구할 수 있다. 상품 A의 연간재고부담이자 = 2,500원 × 6,000개 × 0.04 = 600,000원이 된다.

참고로 단위당 경제적 주문량은 다음과 같다.

경제적 주문량 = $\sqrt{\dfrac{2 \times 75,000원/회 \times 6,000개/년}{2,500원}} = \sqrt{\dfrac{900,000,000원}{2,500원}}$

$= \sqrt{360,000원} = 600개/회$

주문횟수는 6,000/600 = 10회

주문기간(간격)은 365/10 = 36.5일

02 특정상품계열에 대하여 전문점과 같이 다양하고 풍부한 구색을 갖추고 낮은 가격에 판매하는 소매 형태는? ▶ 제17회

① 카테고리 킬러 ② 할인점 ③ 하이퍼마켓
④ 기업형 슈퍼(SSM) ⑤ 아울렛

> **해설** 카테고리 킬러(Category Killer)는 특정상품계열에서 전문점과 같은 깊은 상품구색을 갖추고 대량구매와 대량판매, 셀프서비스 방식, 점포의 체인화 등을 통해 저렴하게 판매하는 전문할인점(Special Discount Store)이다. SSM(Super Super Market)은 대형할인점의 틈새를 노린 새로운 형태의 기업형 슈퍼마켓으로 상품구성은 기존 슈퍼마켓과 비슷하며 주로 임대차 방식으로 위험부담을 최소화하고 상품 재고량, 광열비 등 매장 운영비용이 적어 투자에 대한 회수율도 높고 접근성도 할인점에 비해 좋은 장점을 지니고 있다. 하이퍼마켓(Hypermarket)은 슈퍼마켓, 할인판매점, 창고소매업을 결합한 유형의 소매점으로서 대규모 매장에 식품·비식품을 풍부하게 취급하며 셀프서비스 방식으로 운영되는 형태이다.

03 유통경로의 역할에 대한 설명으로 옳지 않은 것은? ▶ 제17회

① 거래의 효율성 증대
② 제품 구색의 불일치 조정
③ 거래의 정형화
④ 상품 및 시장정보 제공
⑤ 중간상의 재고부담 감소

> **해설** 유통경로(기관)의 주요 기능에는 거래의 효율성 증대, 제품 구색 갖춤, 제품의 소량 단위화, 거래의 단순화, 정보탐색의 용이성 등이 있다.

04 JIT(Just In Time) 시스템의 운영 특성에 관한 설명으로 옳지 않은 것은? ▶ 제18회

① 생산소요시간 감소 및 각 공정 간 작업부하의 균일화를 위해 소롯트(lot)가 요구된다.
② 재고를 최소로 유지하기 위해서는 불량 없는 품질관리가 중요하다.
③ 공급되는 부품의 품질, 수량, 납품시기 측면에서 공급업체와의 신뢰성 구축과 긴밀한 협조체제가 요구된다.
④ 원활한 활동을 위해 노동력의 유연성과 팀워크가 요구된다.
⑤ 재고수준이 일정할 필요가 없으며 상황에 따라 변하는 예측수요 등에 바탕을 둔 재고관리가 요구된다.

> **해설** 예측수요보다는 실제 판매량에 바탕을 둔 재고관리를 추구한다.

Answer 1. ② 2. ① 3. ⑤ 4. ⑤

05 **구매계약의 유형에 관한 설명으로 옳지 않은 것은?** ▶ 제18회

① 일반경쟁방식은 불성실한 업체의 경쟁참가를 배제한다.

② 지명제한경쟁방식은 절차의 간소화로 경비 절감이 가능하다.

③ 수의계약방식은 신용이 확실한 거래처의 선정이 가능하다.

④ 일반경쟁방식은 긴급한 경우, 소요시기에 맞추어 구매하기 어렵다.

⑤ 수의계약방식은 공정성이 결여될 수 있다.

> **해설** 제한경쟁(지명경쟁)입찰방식의 경우 불성실한 업체의 경쟁참가를 배제할 수 있으며, 일반경쟁방식의
> 경우 제한 없이 참여할 수 있다.

06 **구매방법의 유형에 관한 설명으로 옳지 않은 것은?** ▶ 제18회

① 본사집중구매는 전문지식을 통한 구매가 가능하다.

② 현장분산구매는 구입단가가 저렴하다.

③ 일괄구매주문(Blanket Order)을 통해 조달비용을 절감할 수 있다.

④ 예측구매는 자금의 사장화 및 보관비용이 증가한다.

⑤ 상용기성품(COTS : Commercial Off the Shelf) 구매를 통해 개발비용을 절감할 수 있다.

> **해설** 현장분산구매는 구입단가가 증가하며, 본사집중구매의 경우 일괄구매에 의해 가격조건을 유리하게 할
> 수 있다.

07 경제적 주문량(Economic Order Quantity) 모형과 관련하여 빈칸에 적당한 항목은? ▶ 제19회

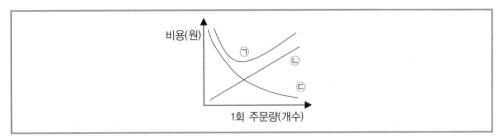

① ㉠ 재고유지비용
  ㉡ 총비용
  ㉢ 주문비용

② ㉠ 재고유지비용
  ㉡ 주문비용
  ㉢ 총비용

③ ㉠ 총비용
  ㉡ 재고유지비용
  ㉢ 주문비용

④ ㉠ 총비용
  ㉡ 주문비용
  ㉢ 재고유지비용

⑤ ㉠ 주문비용
  ㉡ 총비용
  ㉢ 재고유지비용

해설 1회 주문량의 개수가 증가할수록 재고유지비용은 증가하고, 단위당 주문비용은 감소한다. 재고유지비용과 주문비용의 합계가 총비용으로 감소하다가 적정 주문량을 초과할 경우 증가한다.

08 유통경로의 구조를 결정하는 이론이 아닌 것은? ▶ 제19회

① 연기 − 투기 이론
② 게임 이론
③ 체크리스트법
④ 대리인 이론
⑤ 최단경로 이론

해설 유통경로 구조 결정이론에는 연기−투기 이론, 기능위양 이론, 거래비용 이론, 게임 이론, 사용자대리이론, 체크리스트법 등이 있다.

Answer 5. ① 6. ② 7. ③ 8. ⑤

09 수직적 유통경로시스템(VMS : Vertical Marketing System)에 관한 설명으로 옳지 않은 것은?

▶ 제19회

① 동맹형 VMS는 둘 이상의 유통경로 구성원들이 대등한 관계에서 상호 의존성을 인식하고 자발적으로 형성한 통합시스템 또는 제휴시스템이다.

② 기업형 VMS는 한 경로 구성원이 다른 경로 구성원을 법적으로 소유 및 관리하는 결속력이 가장 강력한 유형이다.

③ 관리형 VMS의 대표적인 형태로는 프랜차이즈시스템을 들 수 있다.

④ 수직적 유통경로시스템은 전통적 유통경로시스템의 단점인 경로 구성원 간의 업무조정 및 이해상충의 조정을 전문적으로 관리 혹은 통제하는 경로조직이다.

⑤ 도·소매상이 제조업체를 직접 통제하기 위하여 계열화하는 것을 후방통합이라고 한다.

해설 프랜차이즈 시스템은 계약형 VMS에 해당된다.

10 조달물류에 관한 설명으로 옳지 않은 것은?

▶ 제19회

① 과거에는 조달물류 기능이 주로 기업의 생산 보조수단으로 활용되었다.

② 공급자와의 밀접한 관계유지, 글로벌 조달, 공급자의 신제품 개발 참여 등과 같이 구매 관리의 방법이나 환경이 과거와는 달라져 조달물류의 전략적 중요성이 높아졌다.

③ 조달물류의 중요성이 높아짐에 따라 구매(purchasing) ⇨ 공급망(supply chain) ⇨ 조달(procurement)의 개념으로 진화되어 왔다.

④ MRP시스템은 자재소요계획으로부터 출발하여 회사의 모든 자원을 계획하고 관리하는 전사적 자원관리로 발전되어 왔다.

⑤ 물류의 시발점으로 원부자재의 조달부터 매입자의 물품 보관창고에 입고·관리되어 생산 공정에 투입되기 직전까지의 물류활동을 말한다.

해설 구매 ⇨ 조달 ⇨ 공급망의 개념으로 발전하였다.

11 **JIT-Ⅱ 시스템에 관한 설명으로 옳은 것은?** ▶ 제19회

① 도요타(Toyota)식 생산방식이라고도 한다.

② 칸반(Kanban) 시스템이라고도 한다.

③ 미국에서는 낭비가 없거나 적다는 의미로 린(Lean) 생산방식으로도 부른다.

④ 미국의 보스(Bose)사에서 처음 도입한 시스템이다.

⑤ push 전략에 기반한 생산방식으로 IT활용을 중심으로 개발된 공급망관리 기법이다.

> **해설** ①②는 JIT 시스템을 설명하고 있다.
> ③ 린(Lean) 생산방식은 조직 전체 차원에서 보다 적은 자원의 투입으로 보다 큰 가치를 갖는 제품/서비스를 설계, 개발, 제조하는 시스템을 의미하며, JIT 시스템의 간판운영방식으로 각 제조 프로세스에서는 필요한 시점에 필요한 양만큼 생산함으로써 재공품 재고를 최소화한다.
> ⑤ 일반적으로 pull 방식을 지향한다.

12 **카테고리킬러(Category Killer)에 관한 설명으로 옳은 것은?** ▶ 제20회

① 통상 제조업자나 백화점이 소유한 오프 프라이스 스토어가 대부분이며 팩토리 아웃렛이라고도 한다.

② 한정된 제품계열에서 깊이 있는 상품 구색으로 전문점과 유사하나 저렴한 가격으로 판매하는 소매점으로 대량판매, 다점포화, 셀프서비스 방식을 채택하고 있다.

③ 주로 교통이 편리한 도심에 위치하고 화려하고 거대한 점포를 갖고 있으며, 각종 상품을 부문별로 구성하여 관리하고 주로 선매품(shopping goods)을 취급하고 있는 소매점이다.

④ 우리나라에서는 주로 주택가 주변에 다점포화 전략을 취하고 있으며, 시간, 장소, 상품 구색 등의 편의를 제공한다.

⑤ 회원제로 일정한 회비를 내는 회원에게만 구매할 수 있는 자격을 주고 거대한 창고형 점포에서 할인된 가격에 상품을 판매하는 소매업이다.

> **해설** ①은 아웃렛을, ③은 백화점을, ④는 편의점을, ⑤는 회원제 도매클럽을 설명하고 있다.

Answer 9. ③ 10. ③ 11. ④ 12. ②

13 기업의 구매관리에 관한 설명으로 옳지 않은 것은? ▶ 제20회

① 구매의 아웃소싱이 증가하면서 내부고객 만족에 대한 중요성이 증가하고 있다.

② 구매는 기업의 다른 기능인 마케팅, 생산, 엔지니어링, 재무와는 독립된 기능을 수행해야 한다.

③ 공급자를 선정, 개발 및 유지해야 한다.

④ 구매과정을 효율적이고 효과적으로 관리해야 한다.

⑤ 기업의 전략과 일치하는 구매전략을 개발해야 한다.

해설 구매관리의 목표는 적정 예산을 투입하여 적정 품질, 수량, 시기, 가격으로 입수함으로써 원가 절감에 기여하는 것으로 이를 위해서는 구매계획 수립시 생산계획, 현 재고량, 물가변동 추세, 생산능력, 경제적 구매량 등을 고려하여 구매계획을 수립하여야 하는데 이때 생산부문, 재고관리부문, 설계·설비부문, 품질관리부문, 재무부문 간 협조가 이루어져야 한다.

14 JIT와 MRP의 비교 설명으로 옳은 것은? ▶ 제20회

번 호	구 분	JIT	MRP
①	관 리	계획에 의한 소요개념	주문이나 요구에 의한 소요개념
②	거 래	경제적 구매위주의 거래	구성원 입장에서 장기 거래
③	목 표	낭비 제거	계획 수행시 필요량 확보
④	통제순위	작업배정 순서	간판의 도착 순서
⑤	시스템	Push 시스템	Pull 시스템

해설 계획에 의한 소요개념, 경제적 구매위주의 단기거래, 작업배정 순서 및 Push 시스템은 MRP의 특징을, 주문이나 요구에 의한 소요개념, 구성원 입장에서 장기 거래, 간판의 도착순서 및 Pull 시스템은 JIT의 특징을 설명하는 것이다.

15 MRP에 관한 설명으로 옳지 않은 것은? ▶ 제20회

① 배치(batch) 제품, 조립품 생산 등에 적합한 자재관리 기법이다.

② 주 구성요소는 MPS(Master Production Schedule), BOM(Bill of Materials), 재고기록철 등이다.

③ MRP−Ⅱ로 확장되었다.

④ MPS의 변경을 수용할 수 없다.

⑤ 완제품의 수요예측으로부터 시작된다.

해설 MRP(자재소요계획)는 전산화된 프로그램을 이용하여 최종 제품의 생산계획에 따라 적량의 품목을 적시에 주문하여 적정 재고수준을 통제하는 프로그램으로 수요·공급·생산능력 변화 등의 상황변동에 따른 MPS(대일정계획) 및 자재계획의 변경이 용이하다.

16 중앙집중식 구매조직의 장점으로 옳지 않은 것은? ▶ 제21회

① 구매를 한 곳으로 집중하여 수량할인과 배송의 경제성을 얻을 수 있다.

② 구매인력이 하나의 부서에 집중되기 때문에 업무기능의 중복 가능성을 줄일 수 있다.

③ 보편적으로 관료주의적 행태를 줄이게 되어 더욱 신속한 대응을 가능하게 하고 구매자와 사용자 간 원활한 의사소통에 도움이 된다.

④ 다수의 공급업자 관리가 일원화되어 개별 공급업자에 대하여 높은 수준의 협상력을 가질 수 있다.

⑤ 구매집중화가 이루어져 부서 내 구매경쟁 문제를 방지할 수 있다.

해설 신속한 대응구매 및 구매자와 사용자의 원활한 의사소통은 현장분산구매방식의 장점이며, 중앙집중구매방식의 단점은 현장 재고파악의 어려움, 구매자립성이 없어 절차 복잡, 조달기간 및 운임 증가, 긴급대응의 어려움 등이다.

17 다음은 A상사의 입출고 자료이다. 6월 9일에 제품 25개를 출고할 때 선입선출법(FIFO : First In, First Out)으로 계산한 출고금액과 후입선출법(LIFO : Last In, First Out)으로 계산한 출고금액의 차이는? (단, 6월 2일 이전의 재고는 없음) ▶ 제21회

일 자	적 요	단가(원)	수량(개)	금액(원)
6월 2일	입 고	1,000	10	10,000
6월 5일	입 고	1,500	20	30,000
6월 9일	출 고	—	25	—

① 1,500원   ② 2,000원   ③ 2,500원

④ 3,000원   ⑤ 3,500원

해설 선입선출법에 의한 출고금액(A) : (1,000원×10개) + (1,500원×15개) = 32,500원
후입선출법에 의한 출고금액(B) : (1,500원×20개) + (1,000원×5개) = 35,000원
A와 B의 차이 : 35,000원 − 32,500원 = 2,500원

Answer   13. ②   14. ③   15. ④   16. ③   17. ③

18 전자상거래를 이용한 기업소모성자재(MRO)에 관한 설명으로 옳은 것은? ▶ 제21회

① MRO의 주된 구매품목은 생산활동과 직접 관련되는 원자재이다.

② MRO사업자는 구매 대상 품목을 표준화할 필요가 없다.

③ MRO는 Maintenance, Resource & Operation의 약어이다.

④ MRO사업자는 구매자에게 신뢰성 있는 제품정보를 제공하기 위하여 공급업체를 철저히 관리해야 한다.

⑤ MRO사업자는 공급업체별로 각각 데이터베이스를 구축한다.

해설 MRO는 기업의 유지(Maintenance), 보수(Repair), 운영(Operation)을 위하여 각종 용품의 구입 및 관리를 전문업체에 위탁함으로써 직접 구매하고 관리하는데 따른 비효율성과 인적낭비를 제거하려는 것이다. 생산활동과 간접적으로 관련되는 원자재이며, 공급업체와 통합된 데이터베이스 구축, 시스템의 확장성 및 통합성, 비계획 구매에 대한 효과적 대응, 철저한 공급업체 관리 및 자재의 통합 서비스 제공 등이 필요하다.

19 택배수요에 영향을 미치는 유통산업의 환경 및 유통채널 변화에 관한 설명으로 옳지 않은 것은?
▶ 제21회

① 온라인과 오프라인이 연결되어 거래가 이루어지는 O2O(Online to Offline) 상거래가 증가하고 있다.

② 오프라인 매장에서 제품을 살핀 후 실제 구매는 온라인에서 하는 쇼루밍(showrooming)이 증가하고 있다.

③ 온라인에서 제품을 먼저 살펴보고 실제 구매는 오프라인 매장에서 하는 역쇼루밍(reverse-showrooming)도 발생하고 있다.

④ O2O 상거래는 ICBM(IoT, Cloud, Big data, Mobile) 기반의 정보통신기술이 융합되어 발전하고 있다.

⑤ 유통기업들은 환경변화에 대응하기 위하여 유통채널을 옴니채널(omni channel)에서 다채널로 전환하고 있다.

해설 옴니채널은 Online과 Offline 매장을 결합하여 소비자가 언제든지 어디서든지 제품을 확인하고 구매할 수 있도록 시스템을 의미하며, 다채널에서 옴니채널로 전환되고 있다.

20 가격파괴형 소매형태 중 직매입한 상품을 정상 판매한 이후 남은 비인기상품과 이월상품 등을 정상가보다 저렴하게 판매하는 곳은?　　　　　　　　　　　▶ 제21회

① 카테고리 킬러(Category Killer)

② 아울렛(Outlet Store)

③ 기업형 슈퍼마켓(Super SuperMarket)

④ 편의점(Convenience Store)

⑤ 하이퍼마켓(Hyper Market)

> **해설**　아울렛 스토어는 제조업자나 백화점 또는 전문점이 소유한 오프 프라이스 스토어이며, 본래 메이커 자사의 재고품, 흠집 또는 반품된 상품을 정상가 절반 이하의 매우 싼 가격에 판매하는 업태를 말하며, 제조업자가 소유한 아울렛을 팩토리 아울렛(Factory Outlet)이라 한다.

21 다음 중 유통경로시스템에 대한 설명으로 옳지 않은 것은?

① 생산에서 최종 소비에 이르기까지의 전과정을 유통경로라고 하며, 유통경로의 기능에는 제품 및 서비스의 전달, 커뮤니케이션, 금융 등이 있다.

② 유통담당자들이 수행하는 유통경로 효율화는 기업물류비 절감에 직결된다.

③ 제품에 대한 소유권을 보유하고 실질적인 위험을 감수하는 유통경로구성원을 중심기능 구성원이라 하며, 이에는 도매 및 소매기관이 해당된다.

④ 생산에서 소비에 이르기까지의 유통과정을 체계적으로 통합·조정하여 하나의 통합된 체계를 유지하는 것을 수평적 유통경로시스템이라 한다.

⑤ 수직적 유통경로시스템은 유연성은 뛰어나지 않지만 수직적 통합의 정도가 강할수록 신규기업에게는 높은 진입장벽으로 작용한다.

> **해설**　수직적 유통경로시스템을 설명하고 있다.

22 다음 도매기관 중 성격이 다른 하나는 무엇인가?

① 대리도매기관　　　　　　　　② 완전서비스 도매상

③ 현금거래 도매상　　　　　　　④ 직송 도매상

⑤ 진열 도매상

> **해설**　도매기관은 제조업자 도매기관, 상인도매기관, 대리도매기관으로 구분되며, 상인도매기관에는 완전 서비스 도매상, 한정 서비스 도매상(현금거래 도매상, 트럭 도매상, 직송 도매상, 진열 도매상)으로 분류된다.

Answer　18. ④　19. ⑤　20. ②　21. ④　22. ①

23 다음은 ABC 재고관리에 대한 설명이다. 틀린 것은?

① ABC 재고관리는 사용금액이 큰 그룹의 품목관리에 중점을 두고 상대적으로 많은 통제 노력을 기울이는 관리방법이다.

② ABC 분석에 의해서 제품별로 구입량을 변경시킴으로써 재고금액을 감소시킬 수 있다.

③ 보관량과 회전 수가 많은 A그룹 품목은 판매의 계획 수요예측과 결부시켜 예측량에 안 전재고량을 더하여 정기발주방식을 취한다.

④ 품목 수는 많고 보관량과 회전수는 적은 C그룹 품목은 주로 정기정량발주방식을 취한다.

⑤ ABC 분석은 재고관리뿐만 아니라 구매관리, 판매관리, 인사관리, 품절관리, 원가관리 등 이 적용될 수 있으며, 고객에 대해서도 이 기법을 적용시킬 수 있다.

> **해설** C그룹의 품목은 재고품목의 40~60%에 해당하는 수량이지만 5~10%의 가치에 지나지 않는 품목으로 품목 수는 많고 보관량과 회전 수는 적어 주로 Two-Bin법 또는 JIT 방식을 취한다.

24 다음은 MRP와 JIT 시스템의 차이점에 대한 설명이다. 틀린 것은?

번 호	구 분	MRP	JIT
①	재고관리시스템	Pull 시스템	Push 시스템
②	자재관리 목표	계획 및 통제	최소의 재고확보를 통한 낭비 제거
③	자재공급자와의 관계	경제적 구매위주의 단기거래	장기거래
④	통제우선순위	작업배정순서	간판의 도착순
⑤	생산시스템	MPS 중심	생산 사이클 타임 중시

> **해설** MRP의 재고관리시스템이 계획대로 추진하는 Push 시스템인 데 반해 JIT의 경우에는 요구에 따라가는 Pull 시스템이다.

25 다음 중 조달물류에서의 합리화 방안과 거리가 먼 것은?

① 제품분류작업의 기계화 · 자동화 ② 대행업체를 통한 납품의 공동화
③ 오더 피킹제도의 이용 ④ 포장의 모듈화 및 간이화
⑤ 자재창고의 자동화

> **해설** 제품분류작업의 기계화 · 자동화는 판매물류의 합리화 방안이다.

26 다음 중 구매계획 수립시 고려사항이 아닌 것은?

① 생산계획   ② 경제적 재고량   ③ 구매시기 및 소요시간

④ 물가변동   ⑤ 판매계획

> **해설** 구매계획 수립시 고려사항으로는 생산계획, 경제적 재고량, 구매시기 및 소요시간, 물가변동 추세, 생산능력 등이 있다.

27 전산화된 프로그램을 이용하여 최종 제품의 생산계획에 따라 원자재의 조달에서 완제품의 완성에 이르기까지 필요한 부품 소요량의 흐름을 종합적으로 관리하는 생산관리시스템으로 재고방식에서 문제시되는 과잉재고나 재고부족 현상을 최소화하고, 적량의 품목을 적시에 주문하여 적정 재고수준을 통제하기 위한 시스템은 무엇인가?

① CALS   ② ERP   ③ SCM

④ MRP   ⑤ JIT

> **해설** JIT는 생산에 필요한 시기에 필요한 수량만큼만 부품을 확보, 생산공정이나 현장에 인도하여 적시에 생산하는 방식이다.

28 도매기관의 유형에 대한 설명 중 옳지 않은 것은?

① 수수료 상인은 제조업자와 단기적인 계약을 맺어 제품소유권은 보유하지 않고 단지 제조업자의 판매협상을 대리하고 수수료를 받는 도매기관을 말한다.

② 상인도매기관은 취급하는 상품의 소유권을 보유하며, 상품을 직접 구매하여 판매하는 기능을 가지고 있는 도매기관을 말한다.

③ 제조업자 도매기관은 제조업자에 의해 운영되는 도매기관이다.

④ 대리도매기관은 거래되는 제품에 대한 소유권을 보유하고 있지 않으며 단지 제조업자의 상품을 대신 판매·유통시켜주는 역할을 수행하는 도매기관을 말한다.

⑤ 판매대리인은 제조업자의 전 품목을 판매하기 위하여 계약상의 권한을 부여받고 있지만, 가격·품목·판매조건에 대해서는 영향력을 보유하지 못한다.

> **해설** 판매대리인(Selling Agent)은 제조업자가 판매기능에 관심이 없거나 능력이 없을 경우에 주로 이용되는 도매기관으로 제조업자의 제품을 판매하기 위한 계약상의 권한을 부여받아 실질적인 판매부서로서의 기능을 수행하므로 가격·품목·판매 조건에 대해 상당한 영향력을 보유한다.

Answer   23. ④   24. ①   25. ①   26. ⑤   27. ④   28. ⑤

29 다음 중 수직적 마케팅시스템의 장점이 아닌 것은?

① 물류비를 절감할 수 있다.

② 기업이 필요한 자원이나 원재료를 안정적으로 확보할 수 있다.

③ 기술수준이 높은 기업을 통합하여 혁신적인 기술을 보유할 수 있다.

④ 시장이나 기술의 변화에 대하여 기민하게 대응할 수 있다.

⑤ 수직적 통합의 정도가 높을수록 새로이 진입하려는 기업에게 높은 장벽으로 작용한다.

해설 유통경로의 통합으로 시장이나 기술변화에 기민한 대응이 곤란하다.

30 다음 프랜차이즈 시스템에 대한 설명 중 잘못된 것은?

① 프랜차이지는 프랜차이저에게 가입비, 보증금, 로열티 등을 지불한다.

② 프랜차이저는 프랜차이지에게 상표와 경영 노하우 등을 제공해 준다.

③ 기업형 수직적 마케팅시스템의 한 형태이다.

④ 대표적인 제조업자 – 도매상 프랜차이즈에는 음료업계 공급체인이 있다.

⑤ 프랜차이지에게 특정지역에서 일정 기간 동안 영업할 수 있는 권리를 부여해 준다.

해설 프랜차이즈 시스템은 계약형 수직적 마케팅시스템의 한 형태이다.

31 다음 중 관리형 수직적 마케팅시스템에 대한 설명 중 잘못된 것은?

① 경로구성원 간의 공식적인 조직이 존재한다.

② 경로구성원의 개별적인 목표를 추구한다.

③ 수직적 마케팅시스템 중에서 경로구성원의 통합수준이 가장 낮다.

④ 비공식적으로 공유하는 목표를 달성하기 위해 노력한다.

⑤ 성공요인은 경로리더의 효과적 머천다이징 프로그램의 제공 여부에 있다.

해설 관리형 수직적 마케팅시스템은 경로구성원들의 마케팅활동이 소유권이나 계약에 의하지 않고 어느 한 경로구성원의 규모, 파워 또는 경영지원에 의해 조정되는 경로유형으로 경로구성원 간의 공식적인 조직이 존재하지는 않는다.

32 다음 중 할인점의 특성으로 볼 수 없는 것은?

① 상시저가전략
② 상품구색의 다양화
③ 저마진 고회전율
④ 우리나라의 경우 식료품 비중이 높음
⑤ 저비용 경영

해설 할인점은 식품과 일용잡화 등 소비재를 중심으로 한 중저가 브랜드 중 유통회전이 빠른 상품을 상시 저렴한 가격으로 저마진, 대량 판매를 하는 소매점을 말한다. 따라서 상품구색의 다양화는 할인점의 특성으로 볼 수 없다.

33 다음 중 제조업자가 중간상을 선택할 때 일정한 지역에서 한 점포가 자사제품을 독점적으로 취득하도록 하는 유통경로전략은?

① 개방적 유통
② 전속적 유통
③ 수평적 유통
④ 선택적 유통
⑤ 수직적 유통

해설 유통경로 커버리지전략에는 개방적, 전속적, 선택적 유통경로전략이 있는데, 개방적 유통경로전략은 가능한 한 많은 점포가 자사 제품을 취급하도록 개방하는 전략이고, 전속적 유통경로전략은 일정 지역 에서 자사제품을 한 점포가 독립적으로 취급하게 하는 것이며, 선택적 유통경로전략은 특정 자격을 갖춘 소수의 중간상에게 자사의 제품을 취급하도록 하는 전략이다.

34 소매업 발전이론 중 제품 구색이 넓은 소매업태에서 전문화된 좁은 제품 구색의 소매업태로 변화되었다가 다시 넓은 제품 구색의 소매업태로 변화되어 간다는 가설은?

① 소매수명주기 이론
② 소매아코디언 이론
③ 자연도태설
④ 변증법적 이론
⑤ 수레바퀴 가설

해설 ① **소매수명주기 이론**: 소매점의 유형이 초기 성장기, 가속 성장기, 성숙기, 쇠퇴기의 단계를 거침
③ **자연도태설**: 환경적응 소매점은 존속하지만, 환경적응 실패 소매점은 도태됨
④ **변증법적 이론**: 정반합의 과정으로 진화·발전
⑤ **수레바퀴 가설**: 시장진입 초기에 저가격, 저서비스, 제한적 제품 구색의 특징이 나타나다가 성숙기에 경쟁이 심화되면서 고비용, 고가격, 고서비스 소매점으로 변화

35 다음 중 생산계획의 요소에 포함되지 않는 것은?

① 입지 및 시설배치　　　② 제품설계　　　③ 자재소요계획
④ 납품결정　　　　　　　⑤ 대일정계획

해설 생산계획에는 생산전략, 제품설계, 공정설계, 입지 및 시설배치, 대일정계획, 자재소요계획, 능력계획 등의 요소가 포함된다.

36 다음 중 재고관리와 관련된 비용에 대한 설명으로 틀린 것은?

① 자본비용은 회당 발주량이 커지면 감소한다.
② 주문비용은 회당 발주량이 커지면 감소한다.
③ 수송비용은 회당 발주량이 커지면 감소한다.
④ 재고공간비용은 회당 발주량이 커지면 감소한다.
⑤ 품절로 인한 비용은 회당 발주량이 커지면 감소한다.

해설 재고공간비용은 회당 발주량이 커지면 증가한다.

37 다음은 JIT에 대한 설명이다. 적절치 못한 것은?

① 단위시간당 필요한 자재를 소요량만큼만 조달하여 재고를 최소화하고, 다양한 재고감소 활동을 전개함으로써 비용 절감, 품질 개선, 작업능률 향상 등을 통해 생산성을 높이는 시스템을 의미한다.
② JIT는 공급자와의 단기계약이 일반적이지만, 글로벌 소싱은 주로 장기계약에 의존한다.
③ JIT는 수송시 제품손상이 적으나, 글로벌 소싱에서는 상대적으로 많이 발생한다.
④ JIT는 공급자의 유연성과 반응성이 높으나, 글로벌 소싱에서는 그렇지 않다.
⑤ JIT는 일반적으로 공급자와의 거리가 가깝지만, 글로벌 소싱은 공급자와의 거리가 멀다.

해설 글로벌 소싱에는 소요기간의 장기화, 물류비의 과다, 환율변동에의 위험 노출 등과 같이 극복해야 할 과제가 있고, JIT는 자재 공급의 안정적인 확보를 위해 부품 공급업자와 신뢰성 있는 장기거래관계를 형성한다.

38 다음은 재고관리에 대한 설명이다. 적절치 못한 것은?

① ABC 재고관리에서 A제품의 재고가용성은 C제품 재고가용성의 50% 수준으로 유지한다.

② 재고는 기업이 규모의 경제를 실현할 수 있도록 한다.

③ 재고는 수요와 공급의 균형을 달성하기 위해 사용된다.

④ 재고는 수요 및 주문주기의 불확실성으로부터 기업을 보호한다.

⑤ 재고는 유통채널 간의 핵심적인 상호작용에 있어 완충역할을 수행한다.

해설 A그룹은 총재고품목의 5~10%에 해당하는 수량으로 70~80%의 가치를 지닌 품목을 말하며, B그룹은 재고품목 수량이 15~20%에 해당하는 것으로 재고품목 15~20%의 가치를, C그룹은 재고품목의 70~80%에 해당하는 수량이지만 5~10%의 가치에 지나지 않는 품목을 말한다.

39 유통기관의 업태에 관한 다음 설명 중 적절하지 않은 것은?

① 할인점은 대도시를 중심으로 발달해 있으며 주로 전문품을 취급하는 소형 소매점이다.

② 편의점은 주거지역에 위치하여 접근성을 추구하고 주로 편의품을 취급하는 점포를 말한다.

③ 양판점(General Merchandising Store)은 대형 슈퍼체인의 일종이다.

④ 카탈로그 쇼룸은 카탈로그를 보고 주문하는 매장이다.

⑤ 카테고리 킬러는 특정 상품계열에서 전문품과 같은 상품구색을 갖추고 저렴하게 판매하는 전문유통업체를 말한다.

해설 할인점이 아니라 전문점을 설명하고 있으며, 할인점은 식품과 일용잡화 등 소비재를 중심으로 중저가 브랜드 중 유통회전이 빠른 상품을 대량판매의 영업방식으로 저렴한 가격으로 판매하는 소매점을 말한다.

40 다음 중 JIT의 특징으로서 적절치 못한 것은?

① 요구에 따라가는 Push 시스템

② 최소 재고로 낭비 제거

③ 눈으로 보는 관리

④ 생산 사이클 타임 중시

⑤ 구성원의 입장에서 장기거래

해설 Pull 시스템이다.

41 다음 중 유통기관의 업태에 관한 설명으로 적절치 못한 것은?

① 전문점은 대도시를 중심으로 발달해 있으며 주로 전문품을 취급하는 소형 소매점이다.

② 편의점은 주거지역에 위치하여 접근성을 추구하고 주로 편의품을 취급하는 점포를 말한다.

③ 양판점(General Merchandising Store)은 대형 슈퍼체인의 일종이다.

④ 카탈로그쇼룸은 카탈로그를 보고 주문하는 매장이다.

⑤ 카테고리 킬러는 특정 상품부문에 전문화하고, 점포를 대형화하여 마진율을 확대하고, 비교적 높은 가격대를 유지하는 업태를 말한다.

해설 카테고리 킬러는 특정 상품계열에서 전문품과 같은 상품구색을 갖추고 저렴하게 판매하는 전문유통업체를 말한다.

42 다음 중 수직적 유통경로시스템의 특징으로 적절치 못한 것은?

① 자원 및 재료 등의 안정적인 확보가 가능하다.

② 물류비 및 거래비용을 절감할 수 있다.

③ 유통경로 조직형태 중 유연성이 가장 뛰어나다

④ 혁신적인 기술 보유가 가능해진다.

⑤ 수직적 통합의 정도가 강할수록 신규기업에게는 높은 진입장벽으로 작용한다.

해설 유통경로 조직형태 중 유연성이 가장 뛰어난 것은 전통적 유통경로시스템이다.

43 다음 중 유통채널의 기능으로 적합하지 않은 것은?

① 물적 흐름

② 소유권의 흐름

③ 지급의 흐름

④ 정보의 흐름

⑤ 조직의 흐름

해설 유통채널은 물적 흐름, 소유권의 흐름, 지급의 흐름, 정보의 흐름 등의 기능을 하고 있으며, 조직의 흐름과는 거리가 멀다.

44 다음 중 유통경로에 관한 설명으로 옳지 않은 것은?

① 생산에서 소비에 이르기까지 유통과정을 통합, 조정하여 하나의 통합된 체계를 유지하는 것을 수평적 유통경로시스템이라고 한다.

② 유통경로를 효율적으로 관리하기 위한 유통경로 설계과정은 '기업전략 결정 ⇨ 유통전략 결정 ⇨ 유통경로 결정 ⇨ 경로구성원 선정'으로 나타난다.

③ 유통경로 결정의 이론적 접근방법 중 연기투기이론은 중간상들이 경로활동을 연기하거나 투기적으로 재고를 유지하려는 이론을 의미한다.

④ 제품분류 관점의 유통경로 유형에는 소비재 유통경로와 산업재 유통경로가 있다.

⑤ 유통경로는 시간적, 장소적, 소유적 효용을 창출한다.

해설 ①은 수직적 유통경로시스템을 설명하고 있다.

45 다음 중 유통경로와 중간상에 대한 설명으로 알맞은 것은?

① 유통경로는 탄력성이 있기 때문에 다른 마케팅 믹스 요소와 마찬가지로 한 번 결정되어도 다른 유통경로로의 전환이 용이하다.

② 유통경로에서 중간상은 교환과정의 촉진, 제품 구색의 불일치 완화 등의 기능을 수행하지 못한다.

③ 중간상은 생산자와 소비자 간의 욕구 차이에서 발생하는 제품 구색 및 구매량의 불일치를 조정한다.

④ 수직적 유통경로는 시장상황에 민감하게 대응할 수 있으며, 유연성이 높다.

⑤ 중간상은 생산자와 소비자 사이에 개입하기 때문에 생산자의 재고부담이 증가한다.

해설 ① 유통경로는 다른 마케팅 믹스에 비해 한 번 결정되면 다른 유통경로로의 전환이 용이하지 않다.
② 유통경로에서 중간상은 교환과정의 촉진, 제품 구색의 불일치 완화 등의 기능을 수행한다.
④ 수직적 유통경로는 유연성이 높지 않으며, 시장상황에 민감하게 대응할 수 있고 유연성이 높은 유통경로는 전통적 유통경로이다.
⑤ 중간상은 생산자와 소비자 사이에 개입하기 때문에 생산자의 재고부담이 감소한다.

Answer   41. ⑤   42. ③   43. ⑤   44. ①   45. ③

물류관리사
CERTIFIED PROFESSIONAL LOGISTICIAN

포장물류

Chapter _

08 포장물류

Certified Professional Logistician

| 학습목표 | 1. 포장의 정의, 기능 및 종류 등 포장의 기초적 개념을 고찰한다.
2. 포장기법, 포장재료를 살펴 보고, 화인과 화물취급표시를 정리한다.
3. 포장의 적정화와 표준화를 정리한다.

| 단원열기 | 포장의 정의, 기능 및 종류 등과 같은 포장의 기초적 개념을 명확히 이해할 필요가 있으며, 포장재료의 종류별 장·단점이나 특징을 정리하여야 한다. 또한 화인(Mark)과 화물의 취급주의표시(호칭, 표시 및 내용)을 정확히 이해하고 있어야 하며, 포장표준화에 대한 정리가 필요하다. 기존에는 화물취급주의 표시, 포장의 기초적 개념 및 포장의 표준화와 관련된 문제의 출제 빈도가 높았다. 포장물류는 보관하역론과 중복되는 내용이 많기 때문에 연계하여 학습하는 전략이 필요하며, 최근에는 물류관리론에서 출제되지 않고 보관하역론에서 출제되는 경향을 보인다.

제1절 포장의 정의 및 기능

1 포장의 정의

(1) 포장은 물품의 전시, 판매, 운송, 보관, 사용 등에 있어서 그 가치 및 상태를 유지하기 위해 적절한 재료, 용기 등을 사용하여 보호하는 기술 또는 쌓여진 상태를 말한다. 즉, 포장은 화물의 운송, 보관 또는 하역시 화물을 안전하게 보호하고 취급이 편리하도록 하기 위해 용기 등으로 화물의 외부를 싸는 것을 말한다.

(2) 포장은 물류의 하부시스템으로서 상품의 이동성을 높이고 운송, 하역, 보관면에서 상품내용을 보호하는 기능과 역할을 담당하며, 생산과 마케팅을 연결하는 기능을 한다.

(3) 과거에는 포장을 단순히 물품의 가치 및 상태를 보호하기 위하여 적절한 용기 등을 시행한 상태만을 포장이라고 보았으나,

① 시대의 변화와 함께 최근에는 "물품의 생산에서 소비에 이르기까지 운송, 보관, 하역, 판매, 사용 등의 제 공정에 있어서 물품을 보호하고 취급을 용이하게 하고,

② 그 물품의 판매를 촉진하게 하며,

③ 사용 및 사용 후의 처리를 용이하게 하기 위하여 제품에 시공한 기법 또는 시행한 상태"로 보아야 할 것이다.

⑷ 즉, 물품의 생산에서 소비에 이르기까지 수송, 보관, 하역, 판매, 사용 등의 제반 과정에 있어서,

① 물품의 품질, 가치를 보호·보전하고

② 물품의 취급을 편리하게 하고

③ 그 물품 정보의 전달 및 물품의 판매를 촉진하며

④ 재료와 형태면에서는 포장의 사회적 공익성과 함께 환경에 적합하고

⑤ 유통합리화를 기하기 위하여 물품에 경제적으로 시공한 기법 또는 시행한 상태를 말한다.

2 포장의 기능

⑴ 보호성

내용품의 보호 및 품질유지에 필요한 것으로 물품을 보호하는 기능이다.

⑵ 단위성

물품을 일정한 단위로 정리하는 기능을 포함하고 있으며, 포장의 단위화, 정량화 조건은 거래단위와 일치하고, 취급이 편리하고, 운송, 하역, 보관 등의 물류조건에 적합하여야 한다는 것을 의미한다.

⑶ 표시(정보)성

화물취급 및 분류에 필요한 사항을 포장에 인쇄, 라벨 등으로 표시함으로써 하역활동을 용이하게 하는 것이다(문자, 표지, 기호, 바코드, 심벌 등).

⑷ 상품성과 판매촉진성

상업포장의 본질로써 상품 이미지를 높이는 것이며, 상품과 소비자를 연결하는 매개체 역할을 하고, 광고효과가 높아 상품의 판매촉진 효과를 가져온다.

⑸ 편리성

① 이용, 진열을 용이하게 하고, 운송·하역·보관작업이 용이하도록 해야 한다.

② 화물의 취급이 편리해야 하며, 운송·하역·보관에 적절한 형상을 유지해야 한다.

③ 사용 편리, 이동 간단, 비용 저렴, 진열 간단, 용기의 재사용 등을 조건으로 한다.

⑹ 효율성

생산, 하역, 판매, 수배송, 보관 등의 효율적인 작업을 가능하도록 한다.

제2절 포장의 종류

1 형태별 분류

(1) **개별포장**(Unitary Packaging, 단위포장)

물품의 최소 단위를 개별적으로 하나씩 포장하는 것으로 물품의 상품가치를 높이거나 물품을 보호하기 위하여 적절한 재료, 용기 등으로 물품을 포장하는 방법 및 포장한 상태를 말한다.

(2) **내부포장**(Inner Packaging, 속포장)

개별포장화물을 적절한 단위로 모아서 포장하거나 중간용기에 넣은 기술 또는 상태를 말하는 것으로 물품에 대한 수분, 습기, 광렬, 충격 등을 방지하기 위하여 적합한 재료 및 용기 등으로 포장하는 방법 및 포장한 상태를 말한다.

(3) **외부포장**(Outer Packing, 겉포장)

포장화물을 용기에 넣거나 넣지 않은 채 결속하여 기호, 화인(Shipping Mark) 등을 표시하여 내부의 물품이 무엇인지 확인하도록 한다. 외장은 일반적으로 나무상자, 판지, 자루 등과 같이 튼튼한 포장재를 사용한다.

2 한국공업규격(KS)에 의한 분류

(1) **낱포장**(單位包裝 : 단위포장)

물품 개개의 포장을 말하며, 물품의 상품가치를 높이거나 물품 개개를 보호하기 위하여 적합한 재료 및 용기 등으로 물품을 포장하는 방법 및 상태를 말한다.

(2) **속포장**(內包裝 : 내포장)

포장된 화물 내부의 포장을 말하며, 수송포장 또는 공업포장으로서 물품에 대한 수분, 습기, 광열 및 충격 등을 방지하기 위하여 적합한 재료 및 용기 등으로 물품을 포장하는 방법 및 포장한 상태를 말한다.

(3) **겉포장**(外包裝 : 외포장)

화물 외부의 포장을 말하며, 물품을 상자, 포대, 나무통 및 금속 등의 용기에 넣거나 용기를 사용하지 않고 그대로 묶어서 기호 또는 화물을 표시하는 방법 및 포장한 상태를 말한다.

3 기능별 분류

(1) 공업포장

물품의 운송·보관을 주목적으로 하는 포장으로 산업포장 또는 수송포장이라고도 하며, 내용물의 보호 및 물품취급의 편의기능에 중점을 둔다.

(2) 상업포장

일반적으로 상거래에서 상품을 정리 및 취급하기 위해 시행하는 포장으로 소매포장 또는 소비자 포장이라고도 한다. 판매촉진기능과 수송·하역 편의기능, 작업의 효율화 도모를 목적으로 한다.

◉ [표 8-1] 상업포장과 공업포장

상업포장	공업포장
• 상품성 및 판매촉진성 중시 • 구매자 및 소비자와 직접 접촉 • 상류의 중요한 요소(판매촉진의 수단) • 매출액 증가 중시	• 보호성 및 취급편리성 중시 • 반드시 직접 접촉하지 않음 • 물류의 중요한 요소(물류기술의 수단) • 비용 최소화 중심

4 기타 포장의 종류

◉ [표 8-2] 포장의 종류

구 분		내 용
포장내용물의 중량에 의한 분류	경포장(輕包裝)	내용물의 중량이 50kg 미만의 것
	중포장(中包裝)	내용물의 중량이 50~200kg 미만의 것
	중포장(重包裝)	내용물의 중량이 200kg을 초과하는 것
포장재료의 재질에 의한 분류	강성포장	금속, 유리 등과 같은 강성재료를 사용한 포장
	반강성포장	플라스틱병 등의 반강성용기를 이용한 포장
	유연포장	플라스틱필름, 종이 등과 같은 유연성 있는 재료를 이용한 포장
포장방법에 의한 분류	방수포장	포장의 외부로부터 물이 스며드는 것을 방지하기 위하여 하는 포장방법
	방습포장	습기에 의한 손상 방지를 목적으로 하는 포장방법
	방청포장	물품에 녹이 발생되는 것을 방지하기 위한 포장방법
	완충포장	운송이나 하역 중에 발생되는 충격으로 인한 물품의 파손을 방지하기 위해서 적용되는 포장방법
	진공포장	내용물의 활성을 정지시키기 위해서 포장의 내부를 진공으로 한 후 밀봉하는 포장방법
	압축포장	상품을 압축하여 적은 용적이 되게 하는 포장방법

제 3 절   포장기법

1 방수 · 방습포장기법

(1) 운송 · 보관 · 하역과정에서 포장 내부에 물이 침투하는 것을 방지하기 위한 것을 방수포장이라 하며, 방습포장이란 물류과정에서 습기가 상품에 스며들지 않도록 방지하는 포장을 말한다.

(2) 방수포장에 쓰이는 외부포장의 용기는 지정된 수위 정도의 물이 스며들더라도 외부포장의 형태 및 성질에 변동이 없는 방수성 재료를 사용하여 만들어야 한다.

(3) 방수포장과 방습포장은 반드시 겸하는 것은 아니지만 병용할 경우에 방수포장은 외면에, 방습포장은 내면에 하는 것을 원칙으로 한다.

(4) 방습성이 완전한 포장재료에는 금속과 유리가 있으며 플라스틱 포장재, 가공지 등도 방수 · 방습 성능이 아주 높은 재료이다.

2 방청포장기법

(1) 기계류와 같은 금속제품은 물류과정에서 녹이 생기는 경우가 있는데, 녹으로 인한 품질과 성능의 저하를 없애고 항상 사용하기에 적합한 상태로 만들어 두기 위한 모든 수단과 방법을 방청포장이라 한다.

(2) 방청포장하는 방법은 처리하는 방법에 따라 크게 화학적인 방법과 물리적인 방법으로 나눌 수 있다.
   ① 화학적인 방법으로는 부식 억제제를 사용하여 금속표면의 흡착피막을 형성하거나 물 또는 습기의 금속 측면에의 도달을 막고 포장 내부에 방청 분위기를 형성한다. 그 밖의 산화 피막과 같은 화학 피막을 형성하는 경우도 있다.
   ② 물리적인 방법으로는 약제 이외의 장벽에 의해 습기나 물의 투과를 막거나 방수 · 방습성 특수 골판지, 건조제, 진공포장 등에 의한 포장방법이 있다.

3 완충포장기법

(1) 물류과정에서 진동이나 하역의 충격에 의한 물품의 파손을 방지하고 외력이 물품에 직접 가해지지 않도록 외압을 완화시키는 포장기법을 완충포장기법이라 한다.

(2) 완충포장을 하기 위해서는 포장화물의 수송 · 하역 등에 어떠한 움직임이 있는가, 충격 · 진동의 크기는 어느 정도인가, 어떤 성질의 제품인가, 유통환경은 어떠한가 그리고 포장재료의 완충성능 등을 충분히 파악해야 한다.

(3) 완충포장의 설계를 할 때에는 내용물의 중량, 허용 가속도, 물류환경에 의해 예상되는 최대 낙하 높이, 내용물과 완충재료와의 접촉면적 등에 대한 검토가 고려되어야 한다.

(4) G팩터

진동·충격 등의 외력에 의해 물품이 견딜 수 있는 가속도를 그 물품의 허용가속도라고 하는데, 이를 중력의 가속도를 단위(G)로 그 배수로 나타내므로 이를 G팩터라고 한다. 완충포장을 하기 위해서는 제품별 G팩터를 아는 것이 중요하다.

4 집합포장기법

(1) 집합포장기법의 개념

① **정의**: 운송포장의 취급시 기계하역의 대상이 되는 비교적 대량화물의 집합체로서 낱개의 포장상품을 하나의 단위화된 화물로 만드는 것

② **집합포장기법이 갖추어야 할 요건**
   ㉠ 보호기능: 적재된 화물의 붕괴방지수단과 방법
   ㉡ 기계·기구사용의 용이성: 수송기관이나 보관설비에의 하역작업과 취급이 용이할 수 있도록 지게차나 크레인 등 하역기계·기구의 사용에 적합하여야 한다. 따라서 집합체의 단위중량, 중심위치, 평면치수, 높이 및 안정성의 적정화가 요구된다. 즉, 적재화물의 붕괴 방지뿐만 아니라 크레인 하역시 와이어로프(Wire Rope)에 의한 취급으로 포장 및 물품이 변형·손상되지 않도록 하는 방지수단이 필요하게 된다.
   ㉢ 설계단계에서부터 집합체로서의 포장 고려: 복수의 물품이나 수송포장을 파렛트(Pallet) 등의 위에 적재한다는 사고방식이 아니라 포장은 설계단계부터 집합체로서의 포장을 고려해야 한다.

(2) 집합포장방법

① **밴드결속**: 집합포장에서 가장 많이 사용되는 방법으로 종이, 플라스틱, 라일론 및 금속밴드 등이 재료로 사용된다. 밴드의 결속방법에는 수평묶음과 수직묶음이 있으며, 코너의 변형을 막기 위해 코너패드(Corner Pad)가 보호재로서 사용된다.

② **테이핑(Taping)**: 용기의 층 등에 접착테이프를 사용하나, 용기의 표면을 손상시킬 우려가 있다.

③ **슬리브(Sleeve)**: 종이, 천 및 필름 등으로 슬리브를 만들어 수직 4면에 감거나 싼다.

④ **꺾쇠·물림쇠**: 주로 칸막이 상자 등에 채용하는 방법인데 고정되도록 꺽쇠 또는 물림쇠를 박는다.

⑤ **틀**: 주로 수평이동을 위·아래의 틀로 고정하는 방법으로 적어도 4개 정도의 밴드를 사용한다.

⑥ **대형 골판지 상자**: 작은 부품 등을 꾸러미로 묶지 않고 담는 데 사용되며, 보통 내부에 칸막이(Partition)가 장착된다. 집합포장에 사용하는 대형 골판지 상자에서는 위·아래의 덮개와 동판의 결합으로 구성되는데 바깥쪽을 밴드로 묶어 파렛트와 일체가 되도록 하는 것이 일반적이다.

⑦ **쉬링크(Shrink)포장**: 수축 필름의 열수축력에 의해서 파렛트와 그 위에 적재된 포장물을 일체화하는 포장을 말한다.

⑧ **스트레치(Stretch)포장**: 스트레치 필름을 사용하여 필름의 접착성을 이용하는데, 쉬링크 필름이 한 겹인 데 비해서 스트레치 필름의 경우, 대개 3겹 정도를 필요로 한다.

⑨ **접착**: 접착제로는 풀이나 접착테이프를 이용하는 경우가 있다. 이 방법에는 두포와 점적의 2가지 방법이 있는데, 특수한 성능으로 수평방향의 저항에는 강하지만 수직방향에는 약한 단점이 있다. 또한 접착테이프로는 양면에 접착제를 도포한 것을 용기의 층간 접착에 사용한다.

⑩ **보호재**: 집합포장에서는 물품, 단위포장 및 수송포장을 보호하기 위해 각종 보호재를 사용하는데 일반적으로 사용되는 재료로서는 코너패드(Corner Pad), 덮개(Tray, Cap), 틀(상면, 측면, 단면), 칸막이 판(수평·수직방향), 덧 받침재(밴드의 인장력 보전), 충진물(공간 매우기, 돌출 방지) 등이 있다.

◉ [그림 8-1] 집합포장수단

번호	호칭	방법	번호	호칭	방법
1	밴드결속	코너 보호대 / 수평밴드	5	스트레치포장 (Stretch)	
2	테이핑 (Taping)		6	꺽쇠/물림쇠	
3	슬리브 (Sleeve)		7	틀	
4	쉬링크포장 (Shrink)		8	대형 골판지 상자	골판지 칸막이판 / 골판지 상부 덮개 / 골판지 하부 덮개

(3) **파렛트의 집합적재방법**

① **블록 쌓기**: 물건을 아래에서 위까지 홀수단과 짝수단 모두 같은 방향으로 적재하는 방법이다. 짐이 갈라질 염려가 없고 비교적 안정적이나 상단의 붕괴가 나타날 수 있어 이를 방지하기 위하여 밴드를 걸고 스트레치 포장을 실시하는 경우가 많다.

② **교호열 쌓기**: 홀수단과 짝수단을 90° 방향을 바꾸어 교차적으로 적재하는 방법이다. 짐이 갈라질 염려는 없으나 정방형의 파렛트에서만 적용할 수 있다.

③ **벽돌형 쌓기**: 벽돌을 쌓듯이 한단을 화물의 종방향과 횡방향으로 조합하여 적재하고 다음 단은 그 방향을 180° 바꾸어 홀수단과 짝수단을 교차적으로 적재한다. 정방향 파렛트에 적재할 수 있는 패턴으로 주로 포대형태의 적재패턴이 많이 이용된다.

④ **핀휠(Pinwheel) 쌓기**: 파렛트 중앙부에 빈 공간이 생기도록 만드는 형태로 이 공간을 감싸듯 풍차형으로 화물을 적재하는데 주로 장방형의 파렛트의 적재에 사용된다. 보통 홀수단과 짝수단의 방향을 바꾸어 적재한다.

⑤ **스플릿(Split) 쌓기**: 벽돌 쌓기를 하는 경우에 화물과 파렛트의 치수가 일치하지 않을 경우, 물건 사이에 부분적으로 공간을 만드는 패턴이다. 화물이 갈라질 염려가 없고 안정감이 있어 장방형 파렛트에 적합하다.

◉ [그림 8-2] **파렛트의 집합적재방법**

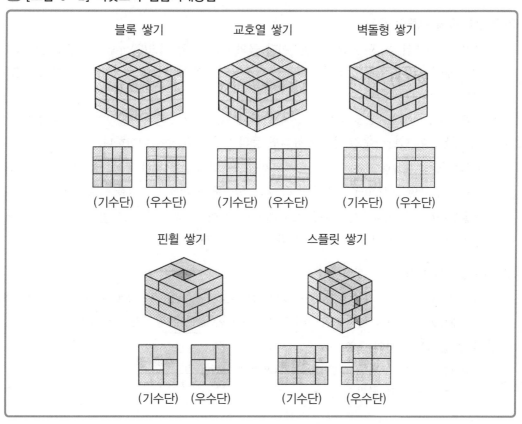

제 4 절 포장재료

1 골판지

(1) 골판지의 정의

① 골판지는 파도모양으로 성형한 골심지의 편면 또는 양면에 라이너를 붙인 것을 말한다.

② 골판지는 편면골판지, 단면골판지, 2중 양면골판지, 3중 양면골판지가 있으며, 용도에 따라 단위포장용, 내부포장용, 외부포장용 골판지로 분류한다.

⬤ [표 8-3] 골판지의 장점 및 단점

장 점	단 점
• 대량생산품의 포장에 적합하며, 대량주문에 응할 수 있음 • 경량이며 부피가 작고, 물류비가 저렴함 • 포장작업이 용이하고, 성력화, 기계화가 가능함 • 재료의 보관 부피가 작음 • 인쇄가 가능함	• 습기에 약하며, 흡습에 의해 압축강도가 떨어짐 • 소량의 주문에는 비능률적이고 비용이 비교적 비쌈 • 화물 취급시 손상되기 쉽고, 휘기 쉬움

(2) 골판지 골의 종류와 특징

① **A골**: 규격화된 골 중에서는 단위길이당 골의 수가 제일 적고(30cm당 34±2골), 골의 높이가 제일 높다. A골을 사용하여 만든 상자는 비교적 가벼운 내용물을 포장하는 경우에 충격흡수성과 압축강도가 강하다.

② **B골**: A골과 대조적으로 골의 수가 제일 많고(30cm당 50±2골) 골 높이가 낮아서, B골의 상자는 내용물이 단단한 통조림이나 유리병 등의 내용물 포장에 적합하다.

③ **C골**: 제2차 세계대전 중 미국이 군사물자의 효율적 수송을 위한 목적으로 개발되었다. A골과 B골의 중간형상(30cm당 40±2골)으로, 주요 물성도 중간적인 특성을 나타낸다.

④ **E골**: 1970년대 미국에서 지기용으로 개발하였으며, 골 높이가 낮고 골의 수가 많아(30cm당 93±5골) 표면이 평활하기 때문에 인쇄적성이 우수하다.

(3) 특수 골판지 상자

① 골판지 상자는 물류기능을 충족시키기 위해 주로 사용되었으나 유통기능의 추가가 요구되면서 내용물 보호기능에 다양한 특수기능을 부가한 골판지 상자가 등장하였다.

② **특수 골판지 상자의 종류**
  ㉠ 다품종 소량 다빈도 배송용 소분할포장(小分割包裝)
  ㉡ 압축강도 강화 골판지 상자

        ⓒ 녹방지 – 방청 골판지 상자

        ⓔ 신선도보존 골판지 상자

        ⓜ 방충(防蟲) 골판지 상자

        ⓗ 곰팡이방지 골판지 상자

        ⓢ 수분방지 – 방수(防水) 골판지 상자

        ⓞ 중량물 포장용 골판지 상자

2 플라스틱 포장재

(1) 플라스틱 포장재는 플라스틱 중량포장부대와 플라스틱 컨테이너로 구분한다.

(2) 중량포장부대에는 플라스틱 필름을 부대로 한 것과 플라스틱포를 부대로 한 것이 있다.

   ① **필름부대**: 방습·방수성이 높아 비료, 설탕, 소금 등에 사용된다.

   ② **플라스틱포대**: 통풍성이 있는 부대이며, 가마니나 마대의 대체품으로서 곡류나 사료 등에 이용된다.

(3) **플라스틱 용기의 특징**

   ㉠ 성형 가공성   ㉡ 투명성, 착색성
   ㉢ 경량·강인성   ㉣ 충격성
   ㉤ 내약품성·내부식성   ㉥ 전기절연성
   ㉦ 내열성   ㉧ 내수성
   ㉨ 강도성   ㉩ 상품설계성

(4) 플라스틱 컨테이너는 플라스틱제의 상자 또는 배달상자 등을 총칭하는 것으로, 식품, 청과물, 가공식품, 부품 등에 이용된다.

   ◉ [표 8-4] 플라스틱 컨테이너의 장점 및 단점

장 점	단 점
• 나무상자에 비해 가벼움 • 내용연수가 길고, 보수비용이 들지 않음 • 착색이 용이하고, 색깔에 의해 물품을 구별하기 쉬움 • 세척 및 건조가 쉬워 관리하기가 용이함	• 미끄러지기 쉬우므로 구조개발이 필요함 • 표면이 훼손되면 복구가 어려움 • 나무상자보다 비용이 높음

■3 나무상자

● [표 8-5] 나무상자의 장점 및 단점

장 점	단 점
• 재료의 입수가 용이함 • 가공이 비교적 간단하고 큰 기계설비를 필요로 하지 않음 • 가격이 비교적 싸고 반복이 가능함 • 강도가 크고 수분, 습도에 강함 • 내용물에 따라 자유자재의 용적 또는 형상을 용이하게 만들 수 있음 • 목재의 특질로서 충격에 강하고 유연성이 있음	• 다른 외부용기에 비하여 용기의 질량 및 용적이 큼 • 목재재질이 균일하지 못하므로 강도 또한 균일하지 못할 수 있음 • 목재는 약간의 수분을 함유하고 있어 내용물에 나쁜 영향을 주고, 또한 건조가 진행됨에 따라 수축하여 변형되는 결점이 있음 • 기계에 의한 대량생산이 어려워 인공가공에 의존함 • 재사용이 가능한 반면 해체 및 빈상자의 폐기에 어려움이 있음

■4 금속용기 및 유리

(1) 금속재료

① 금속포장은 주석도금강판, 강철, 알루미늄을 이용한 캔 포장뿐만 아니라 드럼, 알미늄박스, 병뚜껑 등의 포장분야에 사용된다.

② 알루미늄은 가볍고 녹이 잘 슬지 않는 장점이 있으나 강철보다 가격이 비싸기 때문에 재활용에 대한 관심이 높다.

③ 금속캔은 장기간 저장을 위해 사용되는 포장용기로 신선한 맛의 보존을 위한 맥주, 탄산음료 등의 식품 포장재로 주로 사용하고 있다.

(2) 유리용기

① 유리는 무기질의 용융체를 냉각할 때 결정화하는 일 없이 실용상 고체로 사용할 수 있는 상태까지 응고한 것을 말하며, 딱딱하고 부서지기 쉬운 특징이 있다.

② 유리는 빛을 잘 통과시키며, 표면이 아름답게 빛나고, 물과 접촉 가능, 기체 및 액체의 불통과, 소리차단 및 전기 부도체 등과 같은 장점이 있다.

■5 포장 부자재

포장 부자재란 포장의 보조적 기능을 하는 재료로서 구체적으로는 완충재, 방청재, 방충제, 방서제 또는 결속재 등이 있다.

(I) **완충재**

화물에의 진동이나 낙하에 의한 충격을 완화시키기 위해 사용되는 부자재이며, 구체적으로는 스프링, 목모, 골판지, 플라스틱모, 기포주입 플라스틱 필름 등

(2) **방청재**

녹을 막기 위해 사용되는 약제로서, 방청유, 기화성 방청재 등

(3) **방충제 · 방서제**

충해, 곰팡이의 발생을 방지하고, 쥐의 피해를 방지하기 위해 가공 처리시 사용하는 약제

(4) **결속재**

포장을 그대로 묶는 재료이며, 구체적으로는 끈, 종이밴드, 플라스틱 밴드, 와이어, 테이프 등

제 5 절 화인과 화물취급표시

1 화인의 의의

화인(Mark)이란 포장화물의 외장에 기입하는 특정한 기호, 번호, 목적지, 취급상의 문구 및 기타의 표시 등을 총칭하는 것으로, 화물취급자로 하여금 다른 화물과의 구분, 매수인의 사용편의 및 선적서류와 물품과의 대조에 편의를 주는 데 목적이 있다.

2 화인표시의 종류

(I) **주표시**(Main Mark)

화인 중 가장 중요한 표시로서 타 상품과 식별을 용이하게 하는 기호로 외장면에 마름모꼴 등의 표시를 하고 그 안에 송화인이나 수화인을 표시하는 특정한 기호에 대표문자를 넣어 만든 약자를 기입하는 것을 말한다.

(2) **부표시**(Counter Mark)

내용물품의 직접 생산자나 혹은 수출대행사 등이 붙이는 기호로 같은 선적분의 다른 화물과 식별할 수 있도록 표시한 것이다. 주마크의 위쪽이나 밑쪽에 기재하게 되나 기재되지 않는 경우도 있다.

(3) **품질표시**(Quality Mark)

내용품의 품질이나 등급 등을 표시하는 것으로 주표시의 위쪽이나 밑에 기재한다.

⑷ **상자번호**(Case Number)

송장(Invoice), 적화목록(Manifest), 기타 운송서류와 대조하여 식별·확인하기 위하여 상자 겉면에 표시하는 일련번호를 말한다.

⑸ **목적지표시**(Destination Mark)

내용품이 도착하게 되는 목적지를 표시하는 것으로 화물이 다른 곳으로 잘못 운송되는 것을 막기 위해 필수적으로 표시해야 하는 화인이다.

⑹ **수량표시**(Case Mark)

단일포장이 아닌 2개 이상의 경우 번호를 붙여 수량이 포장 수량 가운데 몇 번째에 해당되는지를 표시한다.

⑺ **주의표시**(Care Mark)

내용품의 성격, 품질, 형상 등에 따라 취급상의 주의를 표시하는 것을 말한다.

⑻ **원산지표시**(Origin Mark)

정상적인 절차에 의해 선적되는 모든 수출품은 관세법의 규정에 따라 원산지명을 표시하도록 되어 있어 이를 표시한다.

◉ [그림 8-3] 화인의 예시

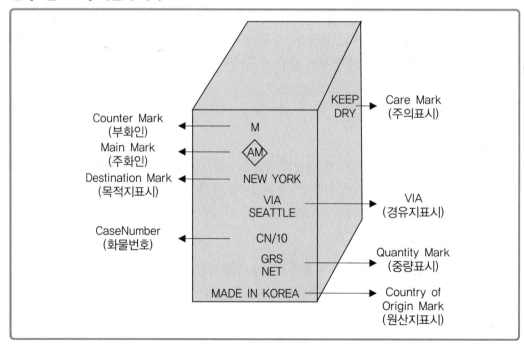

3 화인표시의 방법

(1) **스탬핑**(Stamping or Printing)

화인할 장소에 고무인이나 프레스기 등을 사용하여 찍는 것으로, 종이상자나 골판지상자 또는 자루 등에 주로 이용된다.

(2) **스텐실**(Stencil)

기름기가 많은 무거운 종이나 셀룰로이드판, 플라스틱판, 알루미늄판 등의 시트에 글자를 파두었다가 잉크나 페인트 등을 붓이나 스프레이를 이용하여 칠하는 방법으로 나무상자나 드럼, 베일 등에 이용된다.

(3) **스티커**(Sticker)

태그방법과 비슷하나 태그와는 달리 종이나 직포 또는 양철, 알루미늄판, 플라스틱판 등에 일정한 내용을 기재한 다음 못으로 박거나 혹은 특정방법에 의하여 고착시키는 방법이다.

(4) **태그**(Tag)

스티커의 방법과 유사하지만 고착시키는 것이 아니라 철사 등을 이용하여 매다는 방법이다.

(5) **레이블링**(Labeling)

종이나 직포 등에 필요한 내용을 미리 인쇄해 두었다가 일정한 장소에 붙이는 것으로 통조림병, 유리병 또는 베일 등에 이용된다.

(6) **카빙**(Carving or Embossing)

금속제품에 주로 사용하는 방법으로 직접 내용상품에 쇠로 된 각인을 찍거나 주물을 주입할 때 미리 화인을 만들어 두어 제품의 완성시에 화인이 나타나도록 하는 방법이다.

4 화인표시의 주의사항

(1) 기재사항의 누락이나 오류가 발생하지 않도록 세심한 주의

(2) 화인은 물에 씻기지 않도록 방수잉크 사용

(3) 외부의 힘에 의하여 파손 또는 탈락 방지

(4) 문자 획의 굵기 동일(중요하다고 굵게 표시해서는 안 됨)

(5) 기재되는 사항은 분명하게 읽을 수 있도록 함

(6) 표시방법은 기재장소나 포장형태에 따라 적절한 방법 선택

(7) 표시장소는 가장 알기 쉽게 판독할 수 있는 장소에 표시

(8) 주의표시는 관심을 끌 수 있도록 붉은 색으로 표시

(9) 일체의 표시는 문자의 배열이 정연하고 짜임새 있도록 표시

5 화물의 취급주의표시

일반화물의 하역작업시 화물의 보호 및 취급자의 안전을 위해 적정한 화물취급을 지시하는 표시이다. 내용품의 성격, 품질, 형상 등에 따라 붉은 색으로 취급상의 주의를 표시하게 된다. 이하에서는 한국공업규격(KS)에 의한 일반화물의 취급주의표시(KS A 1008)와 위험물의 취급주의 표시(KS A 1009)에 대하여 살펴보도록 한다.

◉ [그림 8-4] 화물의 취급주의표시

번 호	호 칭	표 시	표지내용 및 위치
1	깨지는 것		깨지기 쉬우므로 주의하여 취급할 것을 표시한다.
2	취급주의 (HANDLE WITH CARE)		충격을 주지 않도록 조심스레 취급할 것을 표시한다.
3	갈고리 금지 (USE NO HOOK) (DO NOT PUNCHUR)		갈고리를 사용하여서는 안 된다는 것을 표시한다.
4	직사광선·열차폐 (PROTECT FROM HEAT)		직사광선 및 열로부터 차폐하는 것을 표시한다.
5	위(上) (THIS WAY UP)		화물의 올바른 방향을 표시하여 반대·가로쌓기를 하지 않을 것을 표시한다. 표지는 표시보기와 같이 포장화물의 옆면 또는 양 끝면의 위쪽 구석에 가까운 다른 면의 2곳 이상에 표시한다.
6	방사선 방호 (PROTECT FROM RADIOACTIVE SOURCES)		방사원에서 격리 또는 방사선을 방지하는 것을 표시한다.
7	거는 위치 (SLING HERE)		슬링을 거는 위치를 표시한다. 표지는 표시보기와 같이 상대하는 2면 각각에 표시한다.
8	젖음 방지 (KEEP DRY)		물이 새지 않도록 보호할 것을 표시한다.

08

9	무게중심 위치 (CENTER OF GRAVITY)		화물의 무게중심 위치를 표시한다. 표지 는 표시보기와 같이 무게중심의 위치가 쉽게 보이도록 필요한 면에 표시한다.
10	불안정 (UNSTABLE)		쓰러지기 쉬운 화물임을 표시한다.
11	굴림 금지 (DO NOT ROLL)		굴려서는 안 됨을 표시한다.
12	손수레 삽입금지 (NO HAND TRUCK HERE)		손수레를 끼워서는 안 되는 부위를 표 시한다.
13	위쌓기 제한 (STACKING LIMITATION)	kg max	위에 쌓을 수 있는 최대무게를 표시한다. 표지의 상부에는 최대 허용무게를 수치 로 표시한다.
14	쌓는 단수 제한 (LAYERS LIMIT)	10	겹쳐 쌓을 수 있는 총 단수를 표시한다. 표지 위의 수치는 최대허용 겹쳐 쌓기 총 단수 10단 쌓기의 보기를 표시한다.
15	온도제한 (TEMPERATURE LIMITATION)	(1) (2) ℃max (3) ℃min	허용되는 온도범위 또는 최저·최고온 도를 표시한다. 다음과 같이 (1)은 허용되는 온도범위 를, (2)는 최고 허용온도치를, (3)은 최저 허용온도치를 표시한다.
16	화기 엄금 (KEEP AWAY FROM FIRE)		불에 타기 쉬우므로 화기를 접근시켜서 는 안 된다는 것을 표시한다.

기 타		'밟지 마시오' 표시
	찍힘주의	'찍힘주의' 표시

제 6 절 적정포장과 포장표준화

1 적정포장

(1) 적정포장의 개념

① 적정포장이란 상품의 품질보존, 취급상의 편의성, 판매촉진, 안정성 등 포장 본래의 기능을 만족시킴과 동시에 가장 합리적이며, 경제적인 포장을 말한다. 예를 들어 물류에 있어 포장의 간이화는 포장비는 절약되지만 물품의 파손이 많고 하역비, 운송비, 보관비의 증가를 초래하기 때문에 총비용을 최소화하는 포장을 의미한다.

② 적정공업포장을 실현시키기 위해서는 포장을 위한 포장에서 운송을 위한 포장으로 포장설계를 개선해야 한다. 이 과정에서 포장의 합리화를 위한 표준화가 필요하다.

③ 공업포장에서는 유통과정에서 발생하는 진동, 충격, 압축 및 온·습도 등에 의해 물품에 파손 및 손상이 발생하여 그 가치 및 상태의 저하를 가져오지 않도록 하는 유통조건에 적합한 합리적인 보호를 이루도록 해야 한다.

④ 상업포장에서는 과대, 과잉 및 거품포장을 시정함과 동시에 결함포장을 없애기 위한 그 설계상 보호성, 안정성, 단위, 표시, 용적, 내포장, 폐기물 처리 등을 배려한 포장을 해야 한다는 의미이다.

(2) 적정포장을 위한 고려요인

① **생산자 측의 조건**: 제품의 적절한 보호, 포장비 절감을 통한 원가 절감, 작업의 라인화 및 자동화를 위한 포장설계, 기업 및 제품광고의 효율성 제고, 재생의 활용성 제고

② **물류업자 측의 조건**: 하역의 용이성과 위험성을 고려한 중량과 용적 단위 포장, 물품의 구분, 행선지, 취급방법 등의 명확한 표시, 유닛로드의 적합성 고려, 포장강도의 표준화, 표시마크, 운송수단과 하역수단의 적합성 고려, 유통과정에서의 도난 방지

③ **판매자 측의 조건**: 개장과 재포장의 용이성, 간단명료한 내용표시, 판매시점에 효과 여부, 소비자 감각에 부합되는 디자인

④ **소비자 측의 조건**: 만족감 제공, 개장 및 재포장의 용이, 포장의 처리나 재이용의 용이성

● [표 8-6] 적정포장의 요구조건

구 분	요구조건	
생산자	• 제품의 적정한 보호 • 기업의 이미지 상승효과	• 보다 저렴한 포장비 • 작업의 라인화, 자동화 가능성
물류업자	• 하역의 용이함과 위험방지 • 포장강도의 안정 • 운송수단의 적합성	• 표준화에 의한 유닛로드화 가능성 • 표시의 용이성 • 물류과정에서의 도난 방지
판매자	• 개봉 또는 재포장 용이 • 내용 표시의 명확성 • 소비자의 감각에 부합된 디자인	
소비자	• 만족감의 제공 • 개봉 또는 재포장 용이 • 포장 후 처리 용이(재이용 포함)	

2 포장표준화

(1) 포장표준화의 개념

① 포장표준화란 물품의 수송, 보관, 하역 등 물류의 각 단계에 있어서 시설 및 장비의 종류·형상·치수를 규격화하고 통일시켜 이들 간 호환성과 연계성을 확보·일관흐름체계를 이룰 수 있도록 포장물동량의 취급단위를 단위화시키는 것을 말한다.

② 포장표준화는 물류표준화를 하기 위한 전제조건이며 자재조달에서부터 생산, 물류, 판매에 이르기까지 모든 프로세스를 전체적으로 최적화하고 동기화하기 위한 핵심요소로서 프로세스의 접점기능을 효율화하고 원활하게 하여 물품을 신속하고 안전하게 이동시킨다.

③ 이를 위해서는 포장표준화의 5대 요소인 규격(치수), 재질, 강도, 포장기법, 관리 중에서 규격의 표준화가 가장 선행되어야 한다.

(2) 포장표준화의 목적

① 하역작업의 기계화로 일손 부족을 해결하고, 물류흐름의 속도 증가

② 보관시설의 적재효율 향상, 운송장비의 회전율, 운행시간 증대

③ 물류장비, 시설의 공동 이용 등으로 다빈도 소량의 물류활동에 공통의 기준을 부여함으로써 전체적인 효율성 향상

(3) 포장표준화의 효과

① 포장설계의 간소화로 포장비, 포장재료비, 포장작업비 등 절감

② 하역의 능률을 향상시켜 유통비용 절감

③ 수출업체로 하여금 발주 및 가공의 신속화를 기하게 하고 일정한 로트에서 더 많은 생산비 절감

④ 균일한 포장으로 해외시장에 진열했을 때 품위의 유지와 종합유통원가를 절감시킴으로써 기업경쟁력 제고에 유리

(4) 포장표준화의 방향

포장물류 관점에서 보면 물류관리의 합리화는 물류의 5대 기능인 포장, 수송, 보관, 하역, 정보 등의 각 기능들을 상호 유기적으로 통합시키는 방향으로 추진해야 한다.

① 물류합리화는 물류의 기본이 되는 포장에서도 포장표준화와 모듈화의 추진에서 시작되어야 하는데, 이는 포장의 치수 변화에 따라 수송의 적재효율이나 보관·하역의 효율 등에 큰 영향을 미쳐 물류비의 증가를 가져오기 때문이다.

② 제품, 포장개발, 설계에 있어서 단순히 제품의 포장만을 생각하는 차원이 아닌 물류시스템적 차원에서 고려되고 개발되어야 한다.

(5) 포장표준화의 5대 요소

① 치수의 표준화

② 강도의 표준화

③ 기법의 표준화

④ 재료의 표준화

⑤ 포장관리의 표준화

(6) 포장표준화의 원칙과 절차

① **포장표준화의 추진 방향 :** 단계적 모듈(Module)화 추진(규격화, 표준화)

㉠ 포장모듈화란 포장 합리화, 표준화를 위해 포장에 수치를 부여하기 위한 기준척도이다. 모듈은 여러 종류의 유형을 서로 비슷한 유형끼리 군락을 이루어 최적화시키는 것을 말한다.

㉡ 포장모듈은 물류합리화의 기본이 되는 것으로 포장, 하역, 보관, 수송, 정보 등 각각 물류기능 및 단계의 물품량 취급단위를 규격화하고 이에 사용되는 포장자재, 용기, 설비 등을 대상으로 규격, 강도, 재질 등을 표준화시키는 것을 말한다.

㉢ 물류합리화를 도모하려면 포장의 표준화, 규격화 등 포장 자체의 근대화, 합리화를 실시하여야 한다.

㉣ 포장의 치수를 전체 물류시스템 안에서 계열화해야 한다.

    ⑩ 포장의 모듈화는 하역의 기계화를 가능하게 할 뿐만 아니라 파렛트의 규격, 트럭, 화물, 보관선반 등 모든 규격을 결정하게 한다.
- ⓐ 포장공정의 기계화, 자동화 추진
- ⓑ 포장의 규격화를 고려한 제품설계
- ⓒ 포장 압축강도 연구 및 검사 강화
- ⓓ 포장 설계의 전산화 추진

② **포장합리화의 원칙**

  ㉠ 제1원칙(대량화·대형화의 원칙) : 포장화물단위의 크기를 대량화·대형화시킴으로써 대량수송이 가능해지고, 하역기계화를 통해 하역의 효율성 제고를 도모할 수 있다.

  ㉡ 제2원칙(집중화·집약화의 원칙) : 다수업체들의 물량을 집중화·집약화시킴으로써 관리수준을 제고시킬 수 있다.

  ㉢ 제3원칙(규격화·표준화의 원칙) : 규격화·표준화함으로써 포장설계의 간소화 및 과잉포장의 배제로 용기제작비의 절감, 보관효율의 향상, 운송비 절감 및 포장재료비의 절감을 도모할 수 있다.

  ㉣ 제4원칙(사양변경의 원칙) : 완충제의 변경(양면골판지, 편면골판지, 귀퉁이 보강) 등 사양의 변경을 통하여 비용 절감을 도모할 수 있다.

  ㉤ 제5원칙(재질변경의 원칙) : 내용품의 보호에 지장이 없는 범위 내에서 재질변경을 통하여 비용 절감을 도모할 수 있다.

  ㉥ 제6원칙(시스템화 및 단위화의 원칙) : 물류의 모든 활동이 유기적으로 연결되도록 시스템화하며, 포장화물의 단위화(집합포장, 파렛트 및 컨테이너 사용)를 통해 포장의 합리화를 추구한다.

③ **포장모듈화의 절차**

  ㉠ 수송수단의 결정
  ㉡ 표준파렛트의 치수 결정
  ㉢ 적정포장재 선택
  ㉣ 상품성을 고려하여 낱포장 설계
  ㉤ 겉포장 설계 및 치수 결정
  ㉥ 겉포장과 연계하여 낱포장치수 결정

④ **포장모듈화의 저해요인**

  ㉠ 일관파렛트화의 부진
  ㉡ 상품형태가 모듈화에 부적합
  ㉢ 소규모의 거래단위
  ㉣ 제품의 다양화와 판매지향적 경향
  ㉤ 포장의 모듈화에 따른 기존 생산설비 및 물류시설의 변경 여부
  ㉥ 경영자들의 포장모듈화에 대한 인식 부족

08 실전예상문제

01 포장합리화에 관한 설명으로 옳지 않은 것은? ▶ 제18회

① 포장의 크기를 대형화할 수 있는지 여부를 결정해야 한다.

② 포장을 할 경우, 가능하면 비슷한 길이와 넓이를 가진 화물을 모아 포장 크기를 규격화시켜야 한다.

③ 내용물의 보호기능을 유지하는 범위에서 사양의 변경을 통한 비용 절감이 이루어질 수 있도록 검토해야 한다.

④ 적정(適正)포장 기준이 포장합리화의 절대적인 기준이 되어야 한다.

⑤ 물류활동에 필요한 장비나 기기 등을 운송, 보관, 하역기능과 유기적 연결이 가능하도록 해야 한다.

해설 적정포장은 포장 본래의 기능을 만족시킴과 동시에 가장 합리적이며, 경제적인 포장을 의미한다.

02 다음에서 설명하는 파렛트 적재 패턴에 해당하는 것은?

> 벽돌 쌓기를 하는 경우에 화물과 파렛트의 치수가 일치하지 않을 때 물건 사이에 부분적으로 공간을 만드는 방법으로, 장방형 파렛트에 적합한 적재패턴이다.

① 블록 쌓기　　　　　② 교호열 쌓기　　　　　③ 벽돌 쌓기
④ 핀휠 쌓기　　　　　⑤ 스플릿(Split) 쌓기

해설 파렛트 적재패턴 중 물건 사이에 부분적으로 공간을 만드는 방법은 스플릿(Split) 쌓기이다.

03 다음 중 포장에 대한 설명으로 틀린 것은?

① 상업포장은 상품의 보호기능과 판매촉진기능을 중시한다.

② 공업포장은 주로 운송과 보관의 보호기능에 중점을 둔다.

③ 단위포장은 개별적으로 하나씩 포장하는 것으로, 상품의 가치를 높이거나 보호하기 위한 것이다.

④ 상업포장과 공업포장은 포장형태별로 분류한 것이다.

⑤ 공업포장은 중포장에서 경포장으로 전환되는 경향이 있다.

해설 상업포장과 공업포장은 포장의 기능에 따라 분류한 것이다.

04 다음 중 포장의 합리화 원칙과 거리가 먼 것은?

① 내용품의 보호를 위해서는 내용물의 특성에 맞는 포장재료를 사용해야 하며, 포장 재질의 변경을 막아서 보호성을 유지하도록 해야 한다.
② 포장의 크기를 규격화 및 표준화하도록 해야 한다.
③ 보호성이 유지되는 범위에서 사양의 변경을 통한 비용 절감을 추구해야 한다.
④ 포장화물 단위를 대형화하도록 해야 한다.
⑤ 물류의 모든 활동이 유기적으로 연결될 수 있도록 포장 화물의 단위화·시스템화를 추구해야 한다.

해설 내용품의 보호에 지장이 없는 범위 내에서 재질변경을 통한 비용 절감이 가능한 지 여부를 검토해야 한다.

05 다음 중 화인의 표시방법과 거리가 먼 것은?

① 스탬핑(Stamping)
② 스텐실(Stencil)
③ 카빙(Carving)
④ 스테킹(Stacking)
⑤ 레이블링(Labeling)

해설 화인표시의 방법으로는 스탬핑(Stamping), 스텐실(Stencil), 레이블링(Labeling), 카빙(Carving), 태그(Tag) 등이 있다.

06 한국산업규격의 일반화물 취급주의표시 중 다음 그림이 의미하는 것은?

① 무게중심위치
② 굴림 금지
③ 취급주의
④ 손수레삽입 금지
⑤ 갈고리 금지

해설 굴림 방지	취급주의	손수레삽입 금지	갈고리 금지

Answer 1. ④ 2. ⑤ 3. ④ 4. ① 5. ④ 6. ①

07 파렛트의 집합적재방법 중 파렛트 중앙부에 빈 공간이 생기도록 만드는 형태로 이 공간을 감싸듯 풍차형으로 화물을 적재하는 패턴으로 보통 홀수단과 짝수단의 방향을 바꾸어 적재하는 방법은?

① 블록 쌓기   ② 핀휠 쌓기   ③ 벽돌형 쌓기
④ 교호열 쌓기   ⑤ 스플릿 쌓기

> **해설** ① **블록 쌓기**: 물건을 아래에서 위까지 홀수단과 짝수단 모두 같은 방향으로 적재하는 방법
> ③ **벽돌 쌓기**: 한 단을 화물의 종방향과 횡방향으로 조합하여 적재하고 다음 단은 그 방향을 180° 바꾸어 홀수단과 짝수단을 교차적으로 적재하는 방법
> ④ **교호열 쌓기**: 홀수단과 짝수단을 90° 방향을 바꾸어 교차적으로 적재하는 방법
> ⑤ **스플릿 쌓기**: 벽돌 쌓기를 하는 경우에 화물과 파렛트의 치수가 일치하지 않는 경우 물건 사이에 부분적으로 공간을 만드는 방법

08 다음은 포장의 유의점에 대한 설명이다. 가장 거리가 먼 것은?

① 포장의 모듈화는 제품의 치수에 맞추어 포장치수, 파렛트치수를 선택하는 것으로 ULS (Unit Load System)의 파렛트화나 컨테이너화를 가능하게 하여 하역작업의 기계화 및 자동화, 화물파손 방지, 적재의 신속화, 차량회전율 향상 등의 물류합리화에 기여할 수 있다.

② 내용물의 보호를 위해 필요 이상의 과대포장을 하면, 포장비가 증가할 뿐만 아니라 수송비나 보관비에도 영향을 미치기 때문에 물류전반적인 관점에서 이를 시정해야 한다.

③ 포장표준화의 4대 요소로는 치수의 표준화, 강도의 표준화, 기법의 표준화, 재료의 표준화를 들 수 있다.

④ 포장화물의 취급표시방법으로서는 송화인이나 수화인을 표시하는 주표시(Main Mark), 취급상의 주의를 표시하는 주의표시(Care Mark) 외에 수량표시(Case Mark), 품질표시 (Quality Mark) 등이 있다.

⑤ 포장은 환경친화성을 고려하여 설계단계에서 소형화·경량화를 도모해야 할 뿐만 아니라 포장재료의 재활용, 폐기처리가 용이한 것을 선택해야 한다.

> **해설** 포장의 모듈화는 포장의 치수를 물류시스템 전체에서 계열화하는 것으로서 이를 통해 하역의 기계화가 가능해지고 파렛트, 수송용기 등의 모든 규격이 정해진다.

09 다음 중 공업포장에 대한 설명으로 옳지 않은 것은?

① 내용물의 보호 및 취급의 편리성을 도모한 물품의 포장이다.
② 물품의 운송 및 보관을 주목적으로 행한 포장이다.
③ 물품의 상품가치를 높이기 위하여 개별적인 물품에 대한 포장이다.
④ 물품을 상자, 자루, 나무통, 금속 등의 용기에 넣는 포장이다.
⑤ 공업포장은 다른 말로 산업포장 또는 수송포장이라고도 한다.

> **해설** 공업포장은 물품의 상품가치를 높이기 위한 것보다 물품의 운송·보관을 주목적으로 내용물의 보호 및 물품취급의 편의기능에 중점을 둔 포장이다.

10 포장의 합리화를 위한 개선방안과 관계가 없는 것은?

① 집중화 · 집약화

② 규격화 · 표준화 추진

③ 소량화 · 소형화

④ 시스템화 · 단위화

⑤ 사양변경의 원칙

해설 포장의 합리화를 위한 원칙으로는 대량화 · 대형화의 원칙, 집중화 · 집약화의 원칙, 규격화 · 표준화의 원칙, 사양변경의 원칙, 재질변경의 원칙, 시스템화 및 단위화의 원칙이 있다.

11 다음은 공업포장에 대한 설명이다. 가장 적절치 못한 것은?

① 수송포장이라고도 하며, 취급의 편리성과 제품 보호성에 대한 기능이 요구된다.

② 상품가치를 높이기 위한 개별적인 물품포장으로 판매촉진을 강조한다.

③ 목적지까지 상품을 파손 없이 수송하는 것이 중요하다.

④ 상품의 수송, 보관, 하역 등에서 물품이 변질되는 것을 방지해야 한다.

⑤ 물류기술의 중요한 수단이며, 물류비 감소를 고려하여 포장설계를 해야 한다.

해설 상품가치 제고와 판매촉진은 상업포장에서 강조되는 기능이다.

12 다음은 포장에 대한 설명이다. 가장 적절치 못한 것은?

① 포장은 물품의 품질, 가치를 보호하고 보전할 뿐만 아니라 물품의 취급을 편리하게 한다.

② 포장은 보호성, 단위성, 표시(정보)성, 편리성, 상품성 및 판촉성의 기능을 갖고 있다.

③ 형태별 포장은 낱포장, 속포장, 겉포장으로 분류하며, 기능별로는 방수포장, 방습포장, 방청포장, 진공포장 등으로 구분한다.

④ 포장의 취급시 기계하역의 대상이 되는 비교적 대량화물의 집합체로서 낱개의 포장상품을 하나의 단위화된 화물로 만드는 것을 집합포장이라고 한다.

⑤ 포장작업시 필요다면 충격을 완화하기 위한 완충재, 녹을 방지하기 위한 방청재 등의 부자재를 사용할 수 있다.

해설 방수포장, 방습포장, 방청포장, 진공포장 등은 포장방법별 분류이며, 기능별로는 공업포장과 상업포장으로 구분한다.

13 다음 포장모듈화의 저해요인이라고 할 수 없는 것은?

① 일관파렛트화의 부진   ② 대규모의 거래단위

③ 상품의 모듈화 부적합   ④ 제품의 다양화와 판매지향적 경향

⑤ 포장모듈화에 대한 인식 부족

해설 소규모의 거래단위, 기존 생산설비 및 물류시설의 변경시 포장모듈화를 어렵게 한다.

14 다음 중 포장의 적정화를 위한 물류업자의 요구라고 할 수 없는 것은?

① 하역의 용이함과 위험방지   ② 표준화에 의한 유닛로드화 가능성

③ 포장강도의 안정과 표시의 용이성   ④ 물류과정에서의 도난 방지

⑤ 보다 저렴한 포장비

해설 저렴한 포장비, 제품의 적정한 보호, 기업의 이미지 상승, 작업의 라인화 및 자동화 가능성은 생산자(제조업자) 측면의 요구조건이다.

15 다음 중 포장표준화의 5대 요소라고 할 수 없는 것은?

① 치수의 표준화   ② 강도의 표준화

③ 기법의 표준화   ④ 재료의 표준화

⑤ 포장비의 표준화

해설 포장표준화의 5대 요소는 치수, 강도, 기법, 재료 및 포장관리의 표준화이다.

16 다음은 포장에 대한 설명이다. 적절치 못한 것은?

① 하역작업의 기계화로 일손 부족을 해결할 수 있으며, 물류흐름의 속도를 증가시킬 수 있다.

② 보관시설의 적재효율은 향상되지만 운송장비의 회전율과 운행시간은 감소한다.

③ 포장설계시 고려해야 할 사항으로는 하역성, 표시성, 작업성, 경제성, 보호성 등이 있다.

④ 포장의 표준화는 하역작업의 능률을 향상시켜 유통의 합리화를 도모하는 것이다.

⑤ 적정포장이란 상품의 품질보존, 취급상 편리성, 판매촉진 등을 만족시키는 가장 경제적인 포장을 말한다.

해설 운송장비의 회전율 및 운행시간은 증대된다.

17 한국산업규격의 일반화물 취급주의표시 중 다음 그림이 의미하는 것은?

① 무게중심위치
② 굴림 금지
③ 취급주의
④ 갈고리 금지
⑤ 손수레삽입 금지

무게중심위치	굴림 금지	손수레삽입 금지	갈고리 금지

18 다음은 포장에 대한 설명이다. 적절치 못한 것은?

① 포장은 운송, 보관, 하역 등의 물류 프로세스에서 물품의 품질 및 가치를 보호하기 위한 활동이다.
② 포장은 보호성, 단위성, 정보성, 상품성, 편리성의 기능을 하고 있다.
③ 공업포장은 상품성과 판촉성을 중요시하며, 상류의 중요한 요소가 되고 있다.
④ 화인의 표시방법은 스탬핑, 스텐실, 스티커, 택, 레이블링, 카빙 등이 있다.
⑤ 포장합리화를 위해 대량화·대형화, 집중화·집약화, 규격화·표준화, 사양변경, 재질변경, 시스템화·단위화의 원칙이 지켜져야 한다.

해설 상품성과 판촉성을 중요시하며, 상류의 중요한 요소가 되는 것은 상업포장이다.

Answer 13. ② 14. ⑤ 15. ⑤ 16. ② 17. ③ 18. ③

19 다음 중 포장합리화의 원칙과 거리가 먼 것은?

① 사양통일의 원칙 　　　　　② 대량화·대형화의 원칙

③ 집중화·집약화의 원칙 　　　④ 규격화·표준화의 원칙

⑤ 시스템화·모듈화의 원칙

> **해설** 포장합리화의 원칙은 대량화·대형화의 원칙, 집중화·집약화의 원칙, 규격화·표준화의 원칙, 사양변경의 원칙, 재질변경의 원칙, 시스템화 및 단위화의 원칙이다.

20 다음 중 물류포장에 대한 설명으로 적절치 못한 것은?

① 포장은 수송, 보관, 하역, 정보 등의 각 물류활동요소와 상호 유기적으로 연계시키는 활동이다.

② 공업포장은 제품보호와 취급편리성을 우선적으로 고려하며, 상업포장은 상품의 품질과 판매촉진성을 우선 고려하여 소비자와 접촉한다.

③ 포장의 기능 중 정량성의 기초는 규격화 또는 단위화를 말하며, 소비자의 구입량을 고려하여 단위화하는 것이다.

④ 물류분야에 있어 포장은 공업포장이 중심이 되어야 하며, 보관·하역·이동이 용이한 상태의 포장이 요구된다.

⑤ 공업포장은 최대의 비용으로 좋은 상태의 품질을 유지한 상태로 상품을 운반하기 위한 수단이다.

> **해설** ⑤ 공업포장은 최소의 비용으로 좋은 품질상태를 유지한다.

물류표준화와 공동화

물류표준화와 공동화

| **학습목표** | 1. 물류합리화의 개요와 부문별 물류합리화 방안을 정리한다.
2. 물류표준화, 유닛로드시스템, 물류모듈시스템, 일관파렛트화 및 파렛트풀시스템을 정리한다.
3. 물류공동화의 개요, 효과, 유형, 추진상의 문제점 및 성공조건을 정리한다.

| **단원열기** | 물류합리화는 본문의 내용을 기본으로 정리하되 부문별 키워드를 기억할 필요가 있으며, 물류관리 전체적으로 접근 및 현업과 연계하여 연상하는 것이 바람직하다. 물류표준화와 물류공동화는 최근 출제빈도가 높은 경향을 보이고 있어 대부분의 내용을 구체적이고 체계적으로 정리하여야 한다. 특히 파렛트 관련 물류표준화는 본 과목에서 개괄적으로 제시하고 있으므로 보관하역론과 연계하여 정리할 필요가 있다.

제1절 물류합리화

1 물류합리화의 개요

(1) 물류합리화

① 물류에 있어서 합리적인 물류의 조직(물류합리화 = 저원가)을 만들어 그것을 유지하고 평가 조치하는 것이다.

② 물류합리화 대책은 원가가 적게 드는 물류를 실현하기 위한 구체적인 방안을 마련하는 것이다.

(2) 물류합리화 대책

① **물류조직의 변경**: 물류조직을 저원가 조직으로 변경

② **유휴부문의 최소화**: 차량이나 창고공간의 활용 극대화

③ **능률 개선**: 물류조직의 운영효율 향상, 기계화와 자동화를 통한 원가 절감

④ **저렴한 물류원가**

(3) 물류합리화의 필요성

① **경제규모의 확대**: 물류유통부문의 물동량 급증, 수출물량의 증대, GDP의 급증

② **물류원가의 증대**: 인건비, 연료비 등 원자재 값의 증가

③ **노동력 수급상의 문제점**: 3D 기피현상, 노동력의 부족

(4) **물류합리화의 추세**

① 과거의 물류활동은 운송, 보관, 포장, 하역, 유통가공, 정보 등 개개의 기능별로 나누어 물류의 합리화, 효율화를 추진하는 경향이 있었다.

② 현재의 물류관리는 이러한 제 기능을 하나로 통합하여 전체적인 물자의 흐름으로 관리하여 물류의 합리화와 효율화를 도모해야 한다.

③ 물류의 합리화를 위해서는 먼저 물류의 제 기능활동을 합리화한 후, 시스템적 사고에 의한 물류시스템 전체의 합리화를 추진해야 한다.

2 물류합리화의 수립단계

(1) 기업 물류관리의 합리화를 위해서는 우선 기업이 수립한 장기목표와 전략이 합치되도록 물류관리에 대한 목표와 전략을 수립하는 것이 필요하다.

(2) **물류관리전략의 수립단계**

① **1단계(물류환경 분석)** : 관련산업 물류환경, 업계 물류환경, 경쟁사 물류환경, 자사 물류환경, 하드웨어적 환경, 소프트웨어적 환경, 기술환경, 법규환경 등을 중심으로 환경분석을 실시한다.

② **2단계(물류목표 설정)** : 고객서비스 수준의 향상, 비용 절감, 생산성 향상, 리드타임의 단축, 재고 삭감, 유통품질 보존 등을 중심으로 전략을 세운다. 2단계에서는 고객서비스 수준 향상과 비용 절감이라는 상충관계를 어떻게 잘 조절하느냐가 핵심이다.

③ **3단계(물류전략 수립)** : 전 단계의 성과를 토대로 물류전략을 수립하고 동시에 전략에 필요한 제 자원을 검토하게 된다. 제3단계에서는 물류거점 통합, 납기관리, 운송관리, 재고관리, 상·물관리, 정보관리, 포장의 모듈화 등에 초점을 맞추어 전략을 수립한다.

④ **4단계(설계·운영 및 성과 측정)** : 물류시스템의 운영과 성과 측정을 통하여 이를 기업의 경영전략에 다시 반영한다.

3 부문별 물류합리화 방안

[표 9-1] 부문별 물류합리화 방안

부 문	합리화 방안
물류조직	• 조직관리의 일괄계획 수립 및 수행 • 적극적인 물류조직의 구축 • 물류전담부서에 의한 통합관리 • 물류전문가의 양성

수배송부문	• 운송회사의 물류종합회사로의 전환 • 운송수단 선택의 제고 • 화물차종의 다양화 추진 • 적재화물의 표준화 • 공동 수배송으로 운임 절약 • 적소에 물류거점 확보 • 실차율(적재율)의 향상 • 사회간접자본 확대
창고관리부문	• 전문화된 창고 육성 • 창고의 자동화 추진으로 효율성 제고 • 정보시스템의 추진 • 창고의 시스템화 • 물류거점의 집약화 및 광역화 • 기본기능의 내실화로 코스트관리 • 물류(화물)터미널 및 공동배송센터 건립
포장관리부문	• 기계화 및 자동화 적극 추진 • 생산성과 안정성 제고 • 표준화의 완성으로 규격의 단순화 추진 • 과잉포장 배제 • 포장 재료의 근대화 적극 추진 • 포장재의 재사용 추진
하역부문	• 하역의 표준화, 유닛로드시스템의 구축 • 도크(Dock)시설의 설치, 운반·하역관리자의 운영능력 향상 • 운반·하역의 기계화·자동화로 운반활성화 추진 • 범용성 있는 하역시설의 구축, 효율적인 시스템의 형성 • 중력 이용, 불필요한 작업 제거 • 흐름의 원활화 도모
물류정보부문	• 물류정보의 전달체계 개선 • 수발주처리의 전산화 • 고객서비스의 향상 방안 연구 • 물류정보활동의 과학화 및 전산화 • 물류와 연관된 정보의 지속적인 수집 • 물류정보시스템의 추진 • 고객서비스 수준의 주기적인 측정 • 주문단위의 소규모화에 대한 대응

제 2 절 물류표준화

1 물류표준화의 개요

(1) 물류표준화의 개념

① 물류표준화란 운송, 보관, 하역, 포장, 정보 등과 같은 물동량 취급단위를 물류상의 공통기준을 정하여 시행함으로써 모든 분야에서 낭비를 예방하고 이익을 도모하는 것을 말한다.

② 즉, 포장, 하역, 보관, 운송, 정보 등 각각의 물류기능 및 단계의 물동량 취급단위를 표준 규격화하고 이에 사용되는 기기, 용기, 설비 등을 대상으로 규격, 강도, 재질 등을 통일시키는 것을 가리키는데, 이 중에서 가장 중요한 것은 규격의 표준화·통일화이며, 이것이 이루어져야만 수송, 보관, 하역 등 물류의 제 기능 및 단계에서 일관된 연결작업이 가능해진다.

③ 물류표준화는 물류의 시스템화를 전제로 하여 단순화(Simplification), 규격화(Standardization), 전문화(Specialization)를 통해 물류활동에 공통의 기준을 부여하므로,
　　㉠ 물류활동의 효율화
　　㉡ 화물유통의 원활화
　　㉢ 수급의 합리화
　　㉣ 물류비의 저렴화로 국가경쟁력 기반 강화를 목적으로 한다.

④ 물류표준화에는 물류기기·자재·시설의 표준화, 물류정보시스템의 표준화, 유닛로드시스템의 표준화 등이 있다.

(2) 물류표준화의 필요성

① 물류수요의 증대에 대응하기 위한 물류의 일관성과 경제성을 확보하기 위하여

② 과다한 물류비의 절감을 위해서

③ 하역·보관의 기계화, 자동화, 수배송의 합리화 등의 기술을 경제적으로 수립하기 위하여

④ 국제화 및 시장개방으로 인한 국제표준화(ISO)에 연계되는 물류표준화 요구

⑤ 기업 자체 규격에 의한 표준화가 선행되어 정착하기 전에 국가표준화가 선행되어야만 보급이 용이하고 낭비 예방

⑥ 기계화·자동화가 불가피해짐에 따라 국가 전체적인 효율성 차원에서 물류와 관련된 각종 운송수단 및 각종 기기 및 시설의 규격·강도·재질 등에 대한 표준화 요구

⑶ **물류표준화의 대상**

① 물류표준화는 업무기능의 표준화, 업무절차의 표준화, 사용양식의 표준화, 자료용어의 표준화 등을 대상으로 한다.

② 또한 소프트웨어 부문에서 물동량의 거래단위나 규격 또는 중량 등 포장단위를 표준화하는 것이며, 하드웨어 부문에서 운송장비나 보관시설, 하역기계 등을 규격화하여 물류의 일관시스 템 구축이 가능하도록 하는 것이다.

◉ **[표 9-2] 물류표준화의 대상**

구 분	분 야	표준화 대상
운 송	화물자동차, 기차, 선박, 항공기	트럭적재함, 화차, 파렛트
보 관	창고, 물류센터	보관 랙, 파렛트, 하역시설
포 장	운송용 외포장	포장치수
하 역	물류기기	파렛트, 컨테이너, 화차, 지게차, 컨베이어, 크레인, 무인반송차 등
기반시설	철도, 도로, 항만, 공항터미널, 화물역, 트 럭터미널	—
정 보	—	EDI, POS

⑷ **물류표준화의 효과**

① **자원·에너지 절감 효과**

ㄱ 재료의 경량화

ㄴ 적재효율의 향상

ㄷ 일괄수송에 의한 에너지 절약

ㄹ 단순화

ㅁ 작업의 표준화

ㅂ 물류생산성 향상

② **물류기기의 표준화 효과**

ㄱ 각사의 사양 통일

ㄴ 호환성 및 교체성이 용이해짐

ㄷ 모든 기기와의 연계성이 증대됨

ㄹ 모든 기기를 안전하게 사용함

ㅁ 부품의 공용성으로 수리가 용이해짐

ㅂ 물류비 절감

ㅅ 작업조건이 용이해짐

③ **포장표준화의 효과**

　㉠ 포장공정의 단순화

　㉡ 기계화에 따른 보관효율 증가

　㉢ 포장재 비용 감소

　㉣ 제품의 파손 감소

　㉤ 인건비 절약 및 제품의 물류비 감소

④ **표준화 후 기대효과**

　㉠ 고객서비스 개선

　㉡ 물류비용 절감

　㉢ 물류기능업무의 신속화

　㉣ 물류정보활용 극대화

　㉤ 경영효율 극대화

(5) 물류표준화의 방향

① 물류표준화는 점진적으로 확대되고 있으나, 일관성의 결여로 시스템으로서의 물류전체의 효율화를 이루지 못하고 있는 실정이다. 이러한 문제를 해결하고 물류합리화를 실현하기 위해서는 물류표준화 체제의 확립이 필요하다.

② 물류표준화의 실행에는 개개의 기업이나 업계에서 실시되는 것이 아니라 물류관련부문의 모든 관계자, 즉 제조업자, 물류업자, 유통업자, 소비자의 상호협력이 필수적이다.

③ 물류 각 분야의 상호협력을 고려하지 않는다면 연결점에서의 결합이 원활하게 수행되지 못해 경제적으로 불이익을 초래할 수 있다. 따라서 물류표준화에는 일관된 표준화가 필요하다.

④ 화물단위의 표준화뿐만 아니라 관련된 장치·기기·시설 등의 표준화도 함께 이루어져야 한다.

⑤ 고객의 다양한 요구에 신속히 대응하기 위해서는 표준화된 요소의 각종 결합의 적정화가 필요하다.

⑥ 물류를 둘러싼 여건 변화에 따른 표준화의 기준 변경에 유연히 대응할 수 있도록 단기간이 아닌 영구적인 사업으로서 지속적인 개선작업이 필요하다.

2 유닛로드시스템(Unit Load System)

(1) 유닛로드시스템의 개요

① 유닛로드시스템이란 화물을 일정한 중량이나 크기로 단위화시켜 기계화된 하역작업과 일관된 운송방식으로 물류의 여러 과정들을 표준화시키는 것을 말한다.

② 목 적

    ㉠ 화물취급단위에 대한 단순화·표준화를 통하여 기계하역을 보다 용이하게 한다.

    ㉡ 하역능력 향상 및 비용 절감을 꾀함과 동시에 수송 및 보관업무의 효율적 운용과 운송포장의 간이화를 꾀한다.

(2) 유닛로드시스템을 도입하기 위한 선결과제

① 수송장비 적재함의 규격 표준화

② 포장단위치수 표준화

③ 파렛트 표준화

④ 운반하역장비의 표준화

⑤ 창고보관설비의 표준화

⑥ 거래단위의 표준화

(3) 유닛로드시스템의 실행 효과

① 인건비의 절감

② 물동량 흐름의 Speed화(Material Handling 시간 절약)

③ 작업의 표준화

④ 수송장비의 효과적인 이용(수송수단 변경 용이)

⑤ 포장비용이 절감

⑥ 자동화 설비, 장비의 이용 가능

⑦ 적재 효율 향상

⑧ 파손방지

⑨ 재고량 평가 간소화

3 물류모듈시스템

(1) 물류모듈시스템의 설정

① 물류모듈이란 물류표준화 체계의 근간이 되는 것으로 물류시스템을 구성하는 각종 요소인 화물의 유닛로드 및 이 유닛로드에 대한 하역·운반기기·기계, 트럭, 철도화차, 컨테이너선박 등 수송을 위한 장비, 보관용 기기나 시설 등의 치수나 사양에 관한 기준척도와 대칭계열을 말한다. 즉, 물류시설이나 장비들의 규격이나 치수가 일정한 배수나 분할관계로 조합되어 있는 집합체로서 물류표준화를 위한 기준치수들이다.

② 물류모듈의 치수구조를 보면 Unit Load의 최대허용치수(Maximum Plan View Size) 1,140mm×1,140mm를 기준으로 하여 배수계열 치수들은 컨테이너 내부 치수, 트럭적재함 치수, 보관용 랙의 규격과 창고의 천장높이, 기둥 간격, 점포의 진열대 간격, 운반·하역장비의 규격 등이 있으며 분할계열치수로서는 포장치수들이 있다.

③ 유닛로드시스템 효율화를 도모하기 위한 물류모듈은 물류전반을 통하여 치수의 정합화를 구축할 수 있도록 포장치수의 표준, Unit Load 치수의 표준화, 컨테이너 트럭의 적재함 규격의 표준화, 하역·보관용 기기의 표준화, 보관시설, 수송시설, 점포 등의 표준화가 이루어져야 한다.

④ 물류모듈치수의 기본치수는 Unit Load 치수가 된다. 이 유닛로드치수에는 실제 물동량의 치수로 평면치수인 Net Unit Load Size(NULS)와 포장단위들을 하나의 집합체로 구성할 때 돌출부나 변형을 포함한 밑면과 수직인 4개 면의 간격인 입체면으로부터 설정되는 Plan View Size(PVS)의 2종류 유닛로드 규격이 있다. 정방형 규격으로서 가로×세로를 1,140mm×1,140mm로 허용공차를 −40mm로 한다.

(2) 배수모듈시스템

① Unit Load Size(1,140mm×1,140mm)를 기준으로 하고 최대 허용공차 −40mm를 인정하고 있는 Plan View Unit Load Size가 하나의 기본 단위이다. 이를 배수로 하여 물류시설이나 장비들의 표준치수들을 설정하고 있다.

② 우리나라의 표준파렛트치수는 KS A 2155(일관운송용 파렛트)로 제정되어 있으며, 1,100(가로)mm×1,100(세로)mm×144mm(높이)의 규격이다.

③ 육로운송의 주요 장비가 되고 있는 8톤, 11톤 대형트럭의 적재함 폭은 2,340mm이다. Unit Load Size가 1,140mm이며 표준파렛트의 규격이 1,100mm로 이들 트럭의 적재함에 2열로 적재될 수 있도록 설계되어 있는 것이다. 8톤 트럭에는 표준 파렛트가 12매(6매×2열), 11톤 트럭에는 16매(8매×2열)가 적재되고, 물류 Module에 있어서 배수관계가 정립되어 있다.

● [그림 9-1] 트럭의 배수모듈

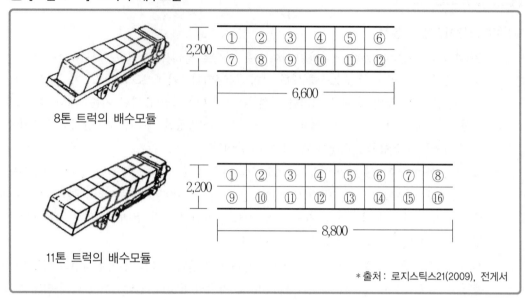

8톤 트럭의 배수모듈

11톤 트럭의 배수모듈

＊출처 : 로지스틱스21(2009), 전게서

④ 해상용 컨테이너는 ISO 표준규격으로서 현재 국제 교역 물동량의 주된 물류장비로 활용되고 있다. 컨테이너 내부 치수의 폭이 2,330mm이므로 Unit Load Size 1,140mm을 2열로 적재할 수 있도록 되어 있다. 따라서 평면적으로는 20Feet 컨테이너에는 10매(5매×2열), 40Feet 컨테이너에는 20매(10매×2열)가 적재되며 높이로 2단을 쌓는 경우 20Feet 컨테이너에는 20매, 40Feet 컨테이너에는 40매가 적재된다.

● [그림 9-2] 컨테이너의 배수모듈

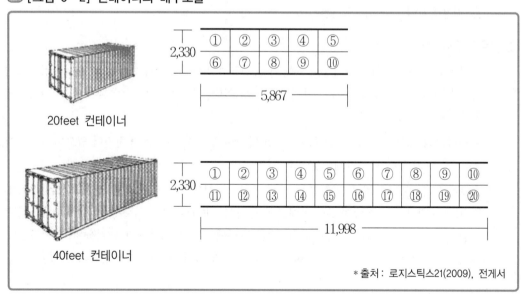

20feet 컨테이너

40feet 컨테이너

＊출처 : 로지스틱스21(2009), 전게서

(3) 분할모듈시스템

① 물류 Module System에서 분할체계는 포장단위의 치수 Module System이다. 이는 KS A 1002 (수송포장계열치수)로 제정되어 있다. 이 치수들은 1,140mm×1,140mm인 Unit Load Size에서 −40mm 공차를 뺀 1,100mm×1,100mm(일관수송용 표준파렛트규격)을 정수(1, 2, 3, 4, 5 …)로 분할한 수치들로서 T-11형 표준파렛트를 사용하는 것을 전제로 하여 설정되고 있다.

② 이들 치수들은 1,100mm를 어떤 정수로 나누거나 가로와 세로의 치수들을 합산하여 1,100mm 가 되는 숫자들이며 포장 Module 치수들은 이들을 조합하여 만들었다. 우리나라 표준파렛트 인 T-11형에 95% 이상의 적재효율을 갖는 치수는 69종류가 있다.

(4) 포장모듈의 치수

포장치수의 표준화를 위하여 모듈화를 실행하고 있으며, 한국산업표준(KS A 1002)의 수송포장 계열치수는 다음과 같다.

◉ [표 9−3] 포장 모듈을 위한 수송포장 계열치수(KS A 1002)

번 호	길이×너비(mm)	1단 적재수	적재효율	번 호	길이×너비(mm)	1단 적재수	적재효율
1	1100×1100	1	100.0	36	458×213	3×4	96.7
2	1100×550	2	100.0	37	450×325	2×4	96.7
3	1100×366	3	99.8	38	450×216	3×4	96.4
4	1100×275	4	100.0	39	440×330	2×4	96.0
5	1100×220	5	100.0	40	440×220	3×4	96.0
6	733×366	4	88.7	41	412×343	2×4	93.4
7	711×388	4	91.2	42	412×275	2×(4+2)	93.6
8	687×412	4	93.6	43	412×229	3×4	93.6
9	687×206	2×4	93.6	44	388×355	2×4	91.1
10	660×440	4	96.0	45	388×237	3×4	91.2
11	660×220	2×4	96.0	46	366×366	3×3	99.6
12	650×450	4	96.7	47	366×275	3×4	99.8
13	650×225	2×4	96.7	48	366×244	3×(4+1)	95.9
14	641×458	4	97.1	49	366×220	3×5	99.8
15	641×229	2×4	97.1	50	343×206	2×2×4	93.8
16	628×471	4	97.8	51	330×220	2×2×4	96.0
17	628×235	2×4	97.6	52	325×225	2×2×4	96.7
18	611×488	4	98.6	53	320×229	2×2×4	96.9
19	611×244	2×4	98.6	54	314×235	2×2×4	97.6

20	600×500	4	99.2	55	305×244	2×2×4	98.4
21	600×250	2×4	99.2	56	300×250	2×2×4	99.2
22	576×523	4	99.6	57	300×200	(2+3)×4	99.2
23	576×261	2×4	99.4	58	293×220	3×(5+3)	95.9
24	550×550	2×2	100.0	59	288×261	2×2×4	99.4
25	550×366	2×3	99.8	60	275×275	4×4	100.0
26	550×275	2×4	100.0	61	275×220	4×5	100.0
27	550×220	2×5	100.0	62	275×206	4×(4+5)	98.3
28	523×288	2×4	99.6	63	250×200	2×3×4	99.2
29	500×300	2×4	99.2	64	244×203	2×3×4	98.2
30	500×200	3×4	99.2	65	235×209	2×3×4	97.4
31	488×305	2×4	98.4	66	229×213	2×3×4	96.7
32	488×203	3×4	98.2	67	229×206	2×3×(4+1)	97.4
33	471×314	2×4	97.8	68	225×216	2×3×4	96.4
34	471×209	3×4	97.6	69	220×220	5×5	100.0
35	458×320	2×4	96.9				

█ 4 일관파렛트화

(1) 파렛트의 표준화

① 파렛트는 물류표준화의 기본인 유닛로드시스템의 기본수단이 되는 것으로 수송장비의 적재효율을 높이고 자동설비와 장비와의 정합성이 있으며 거래처와의 일관파렛트화를 가능하게 하고, 파렛트의 품질을 유지하기 위하여 파렛트의 표준화가 요구되고 있다.

② 파렛트 표준화를 추진하는 방안으로는 정부차원에서는 표준파렛트와 유닛로드시스템에 대한 확산운동과 정책적인 지원제도(운임할인, 세제혜택, 금융지원)를 실시하고 각 기업은 거래기업 간에 일관파렛트화를 실시하는 방법이 있다.

◉ [표 9-4] 국제 표준파렛트의 규격

정사각형(단위 : mm)	직사각형(단위 : mm)
• 1,140×1,140(호주 표준규격) • 1,100×1,100(아시아 태평양지역) • 1,067(42″)×1,067(42″)	• 1,200×800(유럽 표준규격) • 1,200×1,000(독일, 네덜란드 규격) • 1,219(48″)×1,016(40″)(미국 표준규격)

(2) 일관파렛트화의 개념과 효과

① 일관파렛트화란 발송지에서 최종 도착지까지 파렛트상에 적재된 화물을 운반·하역·수송·보관하는 물류작업의 과정 중 이를 환적하지 않고 이동시키는 것을 말한다.

② 일관파렛트화의 효과

    ㉠ 인력에 의한 상·하차작업을 기계화하여 하역인원과 하역시간 90% 감축

    ㉡ 하역시간의 단축은 트럭의 상·하차작업 대기시간을 단축시켜 운행효율 향상

    ㉢ 포장은 낱개단위로 인력작업을 할 때보다 간소화할 수 있으므로 포장비 절감

    ㉣ 보관방법의 개선 및 전반적인 물류작업의 신속화로 보관능력 향상, 재고 감축 등으로 보관비 절감

(3) 일관파렛트화 도입시 문제점

① 파렛트를 사용하는 경우에 파렛트의 자체 체적에 해당하는 면적만큼 수송기관의 적재 효율이 감소할 뿐만 아니라, 포장 모듈화가 완벽하지 못할 경우 빈 공간의 발생으로 적재효율이 훨씬 낮아질 우려가 있다.

② 파렛트화된 화물이 수송·하역과정 중 진동이나 충격에 의해 손상되거나 붕괴될 수 있다. 파렛트 화물이 무너지거나 훼손될 경우 기계에 의한 하역작업이 불가능하게 된다.

③ 사외로 수송되어진 파렛트의 회수가 어려워 파렛트 회전율이 나빠진다. 따라서 파렛트의 필요 매수가 늘어나게 되고 공파렛트의 회송비용이 부가적으로 발생한다. 파렛트의 교환성을 증가시키기 위해서는 일정한 규격의 파렛트를 Pool System(공동이용제도)하에서 관리·운영해야 할 필요가 있다.

④ 일관파렛트에 의한 효과는 출화주, 운송회사, 착화주 모두에게 이익이 발생되는 데 반해 경제적 부담은 일반적으로 출화주기업만이 지게 되므로 이익배분상의 문제가 발생하게 된다.

(4) 일관파렛트화의 추진 방안

① **포장치수 표준화 및 Module화의 추진**: 파렛트 단위로 Unit Load화할 경우 적재효율 감소 및 붕괴가 발생하므로 완벽한 포장 Module화를 실시한다.

② **일관운송용 표준파렛트(T-11형, KS A 2155)의 채택**: 일관파렛트화를 추진할 경우에는 반드시 1,100mm×1,100mm(T-11형)의 일관운송용 표준파렛트를 사용해야 한다.

③ **화물붕괴 방지대책 수립**: 파렛트 위의 화물이 수송·하역작업 도중에 붕괴되지 않도록 쌓는 방법을 개선하고 띠 두루기(Banding), Strech 필름 포장, 수축포장 등 붕괴방지 기술개발이 필요하다.

④ **출하방식 및 출하단위의 조정**: 원칙적으로 일관파렛트화의 도입 범위는 공장이나 생산자에서 소비자의 물류거점(배송센터 등)까지 출하단위가 파렛트 단위로 되어야 한다.

▌5 파렛트 풀 시스템(Pallet Pool System)

(1) PPS의 개요와 특징

① 파렛트의 규격을 표준화하여 상호호환되도록 함으로써 파렛트를 공동으로 이용하려는 제도이다.

② PPS의 특징

    ㉠ 전국적인 집배망의 설치, 불특정 다수의 화주에게 파렛트 공급

    ㉡ 공파렛트 회수 네트워크 구축

    ㉢ 운송형태는 기업단위, 업계단위 시스템 등으로 구분

(2) PPS 도입의 필요성 및 기대효과

① 파렛트 회수 불필요

② 지역 간, 계절별 수요에 탄력적 대응(파렛트 수급파동 조절)

③ 파렛트 관리 체계 개선(개별 기업에서 파렛트를 관리하지 않아도 되고 관리 일원화로 분실율 감소)

④ 물류 관련 요소의 표준화 촉진

⑤ 일관파렛트화의 실현

⑥ 전체적인 파렛트 수량이 줄어들어 사회자본 감소

(3) 파렛트 풀 시스템(PPS) 도입 선결조건

① 파렛트 규격 표준화·통일화

② 표준 파렛트에 대한 포장 모듈화

③ 화물 붕괴 방지책

④ 거래 단위의 Unit화

◉ [표 9-5] 파렛트 풀 시스템의 종류 비교

구 분	즉시교환방식 (유럽방식)	리스렌탈방식 (호주-우리나라)	교환리스 병용 (영국)	대차결제방식 (스웨덴)
정 의	유럽 각국의 국영 철도에서 송화주가 국철에 파렛트 화물형태로 운송하면, 국철에서는 이와 같은 수의 Pallet로 교환하는 방식	Pallet Pool회사에서 일정규격의 Pallet를 필요에 따라 임대해 주는 제도	즉시교환 + 리스렌탈	• 교환방식의 개선 • 현장에서 즉시 교환하지 않고 일정 시간 내에 국철역에다 같은 수로 반환

제 3 절 물류공동화

1 물류공동화의 개요

(1) 물류활동에 필요한 노동력, 수송수단, 보관설비, 정보시스템, 도로 등의 물류인프라를 복수의 파트너와 함께 연계하여 하나의 시스템으로 운영하는 것을 말한다.

(2) 인력, 물자, 자금, 시간 등 물류자원을 최대한으로 활용함으로써 비용 절감을 도모하고, 이를 통해 고객서비스의 향상뿐만 아니라 외부불경제, 즉 대기오염, 소음, 교통체증 등의 문제를 최소화하기 위한 사회적 요청에 기여하게 된다.

(3) 물류공동화를 위해서는 자사의 물류시스템이 타사의 물류시스템과 접점을 가져야 하므로 우선 자사의 물류시스템을 완전 개방해야 한다.

(4) 또한 표준 물류심벌 및 업체 통일전표와 외부와의 교환이 가능한 파렛트를 사용해야 하며, 서비스 내용의 표준화 및 통일된 회계기준에 근거하여 물류비를 산정하고 체계화해야 한다.

◉ [그림 9-3] 물류공동화의 개념

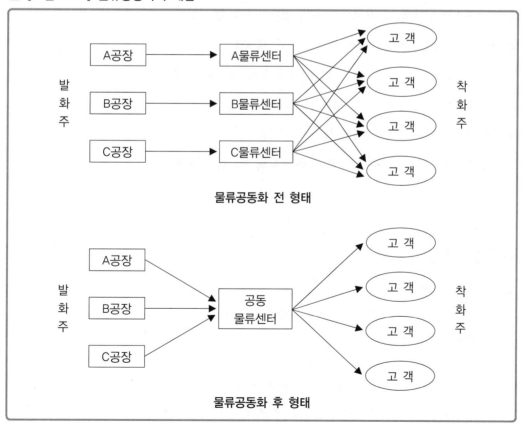

■ 2 물류공동화의 필요성

(1) 다빈도 소량생산 시대로 접어들면서 소비자에 대한 서비스 증대 요구

(2) 독자적인 물류시스템을 구축할 수 없는 기업의 물류효율화를 위한 최적의 방법

(3) 과다경쟁의 방지

(4) 새로운 시설과 설비투자의 억제에 따른 위험 부담의 감소

■ 3 물류공동화의 전제조건

(1) 일정 지역내 유사영업과 배송을 실시하는 복수기업 존재

(2) 대상기업 간 이해가 일치하고 대상기업 간의 배송조건의 유사성

(3) 간사회사 존재 및 공동배송센터가 존재

(4) 상품, 보관, 하역, 시스템 특성의 유사성

(5) 자사시스템의 개방 및 서비스 내용의 명확화와 표준화

(6) 통일적인 기준에 의한 물류비의 명확화와 체계화

(7) 외부와 교환 가능한 파렛트 사용 및 포장 모듈(Module)화 추진

(8) 외장표시와 화인(貨印)의 표준화 추진 및 표준물류심벌 사용

(9) 일관파렛트화 추진 및 업계의 통일전표 사용

(10) VAN, EDI, CALS에 대한 대응추진 등 외부의 시스템과 연결되는 방향으로 자사시스템을 개방하여야 함

■ 4 물류공동화 효과

(1) **참여 업체 측면**

① 공동보관, 공동배송을 통한 단위당 물류비 절감

② 수배송 효율 향상

③ 가동률·적재율 향상, 공차율 감소

④ 차량, 시설, 센터에 대한 불필요한 투자 억제

⑤ 비효율적인 인력과 차량을 줄임으로써 필요부분의 인력, 자원 전환 가능

⑥ 공동구매를 통한 비용 절감

⑦ 단독기업처리 물량 증대의 한계 극복

⑧ 리드타임 단축

⑨ 물류아웃소싱을 통한 핵심역량 집중 가능

⑩ 새로운 유통채널 확보 가능

⑪ 기계화로 채산성 확보 및 생산성 향상

⑫ 소량 부정기화물도 수송 가능, 입·출하활동의 계획화

(2) 대리점 및 소비자 측면

① 다수 납품차량에 의한 점두 혼잡의 해소

② 납품횟수 및 검품시간이 감소되어 판매에 전념 가능

③ 쾌적한 쇼핑공간의 창조

④ 물류코스트 절감에 따른 소비자가의 하락

⑤ 주택가, 상점가 등의 교통체증 완화

(3) 물류업체 측면

① 공동물류를 통한 수익모델 구축

② 안정된 물류시장 확보

③ 소량화물 혼적으로 규모의 경제 효과

④ 수송효율 향상(적재효율, 회전율 향상)

⑤ 차량, 기사의 효율적 활용

⑥ 공동물류 네트워크 구축을 통한 시너지 효과

(4) 사회적·산업적 측면

① 물류코스트 감축과 불필요한 사회적 비용 감소

② 중복교차수송의 배제로 물류비 절감과 교통체증 완화

③ 물류시설 및 인원의 축소, 인력난 해결

④ 교통 혼잡 완화 및 환경오염 방지

⑤ 교통량 감축과 에너지 절감

⑥ 차량의 적재율 향상에 의한 배송코스트 절감, 운임요금의 적정화

⑦ 차량, 시설의 불필요한 중복투자 억제

⑧ 다수 운송업체와의 복잡한 거래교섭 감소

⑨ 물류비 절감에 의한 기업비용 상승 억제로 물가억제에 기여

5 물류공동화의 유형

(1) 수평적 물류공동화

동종의 다수 메이커와 이들과 거래하는 다수의 도매점이 공동으로 정보 네트워크와 물류시스템을 공동화하는 것

(2) 물류기업 동업자 공동화

물류기업이 동업 형식으로 물류시스템을 공동화하는 것

(3) 소매기업에 의한 계열적 공동화

대형 소매 체인점이 도매점이나 메이커의 납품물류를 통합하여 납품자와 수령하는 각 점포의 상호이익을 도모하기 위하여 물류센터 등을 만드는 것(예 제조 메이커가 원재료·부품의 공급기업 및 협력 공장에 공동으로 납품센터를 만드는 것, 배송 등을 특정 운송업자에게 모아서 실시하게 하는 것)

(4) 경쟁관계에 있는 메이커 간의 공동화

물류의 효율화를 위해 서로 경쟁관계에 있는 기업들이 모여 공동화를 이룩하는 것(예 자동차 전용 운송차, 대형 가전제품, 기계류의 대형 메이커들의 공장과 물류센터 간 공동수송)

(5) 제조기업에 의한 계열적 공동화(수직적 공동화)

메이커와 판매회사의 도매점과의 물류공동화

(6) 화주와 물류기업의 파트너십

전문업자로서 화주의 물류 합리화나 시스템화에 적극 참여하는 제안형 기업이 되어 상호 신뢰를 확립하는 것

6 물류공동화 방안

(1) 공동 수배송 체제의 도입

① 공동 수배송 체제의 구축은 기업들의 물류공동화 방법 가운데 첫번째 물류비 절감을 위한 물류합리화 방안이다.

② **공동 수배송 체제의 구축을 위한 전제 조건**(공로운송의 경우)
    ㉠ 필요한 화물을 수배송할 수 있는 차량 보유
    ㉡ 일정 구역 내 유사업체나 배송을 실시하는 복수기업 존재
    ㉢ 대상기업 간 배송조건 유사
    ㉣ 공동배송에 대한 이해의 일치
    ㉤ 공동배송을 위한 주관업체 존재

③ **공동 수배송의 효과**
　㉠ 화물의 적재율 향상
　㉡ 배송차량의 감소로 차량유지비 절감
　㉢ 사무처리의 간소화
　㉣ 수배송시간을 절감하고 기동성 향상
　㉤ 납입빈도의 향상으로 재고품의 신선도 향상

(2) 공동 집배송 단지 건립

(3) 물류단지와 물류센터 건립

(4) **물류자회사와 공동 물류회사의 건립**
　① **각 기업별 물류관리조직의 통합**: 물류자회사 설립
　② **동종 기업 간 물류관리조직의 통합**: 공동물류회사 설립

7 물류공동화 추진상의 문제점

(1) 당사자 간의 이해 불일치

(2) 기밀유지문제

(3) 물류서비스의 차별화 곤란

(4) 운임 및 요금문제

(5) 수송수요의 세분화 및 개성화 현상(수요처의 다양한 요구)

(6) 리더 및 조정자의 확보 문제

(7) 물류업자 문제(이해관계자에 대한 높은 의존도)

(8) 제품 및 포장의 다양한 규격과 취급 특성

(9) 출하시간 집중으로 배송순서 조절이 어려움

8 물류공동화의 성공조건

(1) 참가구성원 전원의 공동화에 대한 욕구, 합의, 시기, 환경조건, 행정지원 등의 충족

(2) 참가구성원이 자사만의 이해가 아닌 전체적인 관점에서의 합리성 추구

(3) 자사의 이익을 잊고 전체 이익을 위한 공동화를 추진하는 기관 필요

(4) 수량통합, 취급효율 향상, 대체수단 선택의 가능성 향상 등을 위한 취급 로트(Lot)의 확대 필요

(5) 참여기업의 물류체계 연동화를 위해 공동규칙을 정하고 표준화 시행

(6) 물류혁신을 위해 공동화에 앞서 구조적인 노동력 부족에 대비하여 기계화 및 성력화 추진

(7) 배송센터의 건설이나 정보시스템 구축과 관련한 투자 및 신념을 가지고 꾸준히 협력하는 인내심

실전예상문제

01 파렛트 사용 장점에 해당되지 않는 것은? ▶ 제17회

① 하역 및 작업능률 향상　　　　　② 물품보호 효과
③ 재고조사 편의성 제공　　　　　　④ 좁은 통로에서도 사용 용이
⑤ 상하차 작업시간 단축으로 트럭의 운행효율 향상

해설 파렛트는 하역운반기기에 의한 물품의 취급을 편리하게 하기 위한 받침대로서 파렛트를 사용하면 상하차작업의 기계화를 통해 하역 및 작업능률 향상과 하역시간 단축 및 이에 따른 트럭의 운행효율을 향상시킬 수 있다. 또한, 물품을 파렛트 위에 적재하여 하역, 수송, 보관활동을 수행함으로써 물품 훼손을 감소시킬 뿐만 아니라 단위 수량으로 모아서 보관할 수 있어 재고조사에도 편리하다. 그러나 하역시 지게차 등을 사용하기 때문에 넓은 통로를 필요로 하고, 파렛트의 자체 체적에 해당하는 면적만큼 수송기관의 적재 효율 감소, 나아가 수송이나 하역 과정에서 진동이나 충격에 의해 손상되거나 붕괴될 수 있는 단점이 있다.

02 물류공동화 추진상의 문제점이 아닌 것은? ▶ 제17회

① 물류비 절감에 따른 소비자가의 하락　　② 배송순서 조절의 어려움 발생
③ 물류 서비스 차별화의 한계　　　　　　④ 매출, 고객명단 등 기업 비밀 노출 우려
⑤ 비용 배분에 대한 분쟁 발생

해설 물류비 절감에 따른 소비자 가격의 하락은 물류공동화 추진으로 얻을 수 있는 기대효과라 할 수 있다.

03 컨테이너화(Containerization)의 장점이 아닌 것은? ▶ 제17회

① 대량 취급 용이로 물류효율 향상　　　　② 화물흐름의 신속화
③ 컨테이너 회수 및 보관장소 관리 용이　　④ 복합 및 연계운송의 활성화
⑤ 물류표준화 및 효율화에 기여

해설 컨테이너의 회수 및 보관장소 관리가 어려운 단점이 있다.

Answer　　1. ④　2. ①　3. ③

04 물류공동화를 위한 전제조건에 해당되지 않는 것은? ▶ 제17회

① 자사의 물류시스템과 외부의 물류시스템과의 연계가 필요하다.

② 표준물류심벌 및 업체 통일전표, 외부와의 교환이 가능한 파렛트 등 물류용기를 사용하여야 한다.

③ 서비스 내용을 명확하게 하고 표준화시켜야 한다.

④ 통일된 기준에 근거하여 물류비를 명확하게 산정하고 체계화해야 한다.

⑤ 단일 화주와 복수의 물류업체가 참여하여야 한다.

> **해설** 물류공동화를 실시하기 위해서는 일정 지역 내 유사영업과 배송을 실시하는 복수기업이 존재해야 하고, 대상 기업 간 이해가 일치하고, 배송조건이 유사해야 한다.

05 공동수배송 도입에 따른 기대효과가 아닌 것은? ▶ 제17회

① 차량의 적재효율 향상

② 주변의 교통혼잡 완화

③ 차량의 운행효율 향상

④ 화물량의 안정적인 확보

⑤ 대형화물차에 의한 배송 폐지

> **해설** 동일업종, 동일지역 간의 공동수배송을 통해 단위당 물류비 절감, 소량화물 혼적으로 규모의 경제 발휘, 수배송 효율 향상 등의 효과를 기대할 수 있다.

06 물류표준화에 관한 설명으로 옳은 것은? ▶ 제17회

① 기업마다 고유한 규격의 물류기기와 설비를 활용해야 한다.

② 포장의 표준화를 위해서는 강도표준화에 앞서 치수표준화가 이루어져야 한다.

③ 국가차원의 표준화는 개별 기업의 표준화가 정착된 이후에 시행하는 것이 바람직하다.

④ 화물이 규격화되어 효율적 일관운송이 어렵다.

⑤ 우리나라의 표준 파렛트인 T-11의 규격은 1,200mm×1,000mm이다.

> **해설** 물류표준화는 물류수요의 증대에 대응, 물류비 절감, 물류활동의 기계화와 자동화 및 수배송 합리화, 국제화와 시장개방으로 인한 국제표준화 연계, 국가 표준화의 선행 등 때문에 필요하다. 즉, 개별 기업의 표준화보다 국제표준 및 국가표준이 우선되어야 하며, 기업 전체의 표준화로 인해 효율적인 일관운송이 가능해 진다. 또한 포장 표준화를 위해 치수, 강도, 기법, 재료 등은 동시에 고려되어야 한다. 우리나라의 표준 파렛트인 T-11의 규격은 1,100mm × 1,100mm × 144mm이다.

07 물류합리화의 필요성에 관한 설명으로 옳지 않은 것은? ▶ 제18회

① 제품수명주기 연장에 대하여 적절한 대응
② 복잡하고 글로벌화 되는 고객의 물류서비스 요구에 대응
③ 물류서비스 원가 상승에 대한 대응
④ 소비자의 다양한 요구 변화에 대응
⑤ 물류거점의 집약화 등 산업계의 변화 요구에 대응

해설 제품수명주기의 단축에 적절히 대응할 수 있다.

08 수 · 배송 공동화의 효과로 옳지 않은 것은? ▶ 제18회

① 설비 및 차량의 가동률과 적재율 향상
② 물류 아웃소싱을 통한 핵심역량 집중 가능
③ 소량화물 혼적으로 규모의 경제효과 추구
④ 중복 · 교차수송의 배제로 물류비 절감과 교통체증 완화
⑤ 타사 핵심기술 파악 용이

해설 핵심기술의 유출과 같은 기밀유지문제는 물류공동화의 문제점이다.

09 물류공동화에 관한 설명으로 옳지 않은 것은? ▶ 제18회

① 수평적 물류공동화는 동종의 제조업체 간 정보네트워크 공유 등을 통하여 공동으로 물류업무를 처리하는 것이다.
② 제조업체는 공급업체의 납품물류를 통합하는 공동물류센터 운영으로 물류공동화를 실현할 수 있다.
③ 기업의 대고객 물류서비스 차별화를 목적으로 운영된다.
④ 유통업체는 제조업체와 협업관계를 구축하여 물류공동화를 실현할 수 있다.
⑤ 물류공동화를 위해서는 자사 물류시스템의 개방성을 높여야 한다.

해설 물류공동화는 고객맞춤형 서비스와 같은 물류서비스의 차별화가 곤란하다.

Answer   4. ⑤   5. ⑤   6. ②   7. ①   8. ⑤   9. ③

10 공동집배송센터에 관한 설명으로 옳지 않은 것은?　　　　　　　▸ 제18회

① 공동배송 기능이 있다.

② 공동가공처리 기능이 있다.

③ 물류정보를 종합관리 및 활용하는 물류정보센터의 역할을 한다.

④ 상품의 가격안정에 기여한다.

⑤ ICD(Inland Container Depot)와 통관기능을 갖춘 간선물류거점의 역할을 한다.

해설 공동집배송센터는 통관기능을 갖고 있지 못하다.

11 물류표준화에 관한 설명으로 옳은 것은?　　　　　　　　　　　▸ 제18회

① 포장표준화의 주요 요소인 재료, 기법, 치수, 강도 중에서 강도의 표준화가 가장 선행되어야 한다.

② 물류 프로세스에서의 화물 취급단위를 규격화하고 설비 등의 규격, 강도, 재질 등을 다양화한다.

③ 하역보관의 기계화, 자동화 등에 필수적인 선결과제이다.

④ 세계화에 대응하는 물류표준화는 필요없다.

⑤ 국가차원의 물류표준화 추진은 비효율적이다.

해설 ① 포장의 표준화는 재료, 기법, 치수, 강도 등을 동시에 고려하여야 한다.
　　② 규격, 강도, 재질 등을 표준화한다.
　　④⑤ 국제표준, 국가표준, 산업표준에 대응하는 물류표준화가 필요하다.

12 물류합리화에 관한 설명으로 옳지 않은 것은?　　　　　　　　　▸ 제19회

① 물류합리화를 위해서는 시스템적 접근에 의한 물류활동 전체의 합리화를 추진하여야 한다.

② 물류 수발주 처리의 전산화 등 물류정보의 전달체계 개선은 물류합리화 대상이 되지 않는다.

③ 경제규모의 증대, 물류비의 증대 및 노동력 수급 상의 문제점 등은 물류합리화의 필요성을 증대시킨다.

④ 차량이나 창고공간의 활용을 극대화해서 유휴부문을 최소화하는 것도 물류합리화 대책이 될 수 있다.

⑤ 물류합리화는 운송, 보관, 포장, 하역뿐만 아니라 물류조직도 그 대상이 된다.

해설 물류합리화는 물류활동 전영역을 대상으로 하며, 물류정보 전달체계 개선 역시 물류합리화의 대상이다.

13 물류표준화에 관한 설명으로 옳지 않은 것은? ▶ 제19회

① 물류활동의 각 단계에서 사용되는 기기, 용기, 설비 등을 규격화하여 상호간 호환성과 연계성을 확보하는 것이다.

② 단순화, 규격화 등을 통하여 물류활동의 기준을 부여함으로써 물류효율성을 높이는 데 목적이 있다.

③ 물류표준화를 통하여 기업차원의 미시적 물류뿐만 아니라 국가차원의 거시적 물류의 효율성도 높일 수 있다.

④ 물류용어의 통일 및 거래전표 등은 물류표준화 대상이 아니다.

⑤ 현재 한국산업표준에는 우리나라 유닛로드용 평파렛트를 $1,100 \times 1,100$mm, $1,200 \times 1,000$mm 두 가지로 규정하고 있다.

해설 물류용어의 통일 및 거래전표의 통일은 소프트웨어 측면에서의 물류표준화의 대상이다.

14 물류공동화에 관한 설명으로 옳지 않은 것은? ▶ 제19회

① 공동수배송이란 자사 및 타사의 원자재나 완제품을 공동으로 수배송하는 것을 말한다.

② 화주기업은 공동수배송을 통하여 물류비를 절감할 수 있다.

③ 물류공동화 실행시 기업비밀에 대한 유출 우려는 공동화 확산의 저해요인이 되고 있다.

④ 소량, 다빈도 배송의 증가는 수배송공동화의 필요성을 증대시킨다.

⑤ 수배송공동화를 통하여 고객맞춤형 물류관리가 더욱 용이해지고 수배송의 유연성이 증가한다.

해설 물류공동화는 고객별로 차별화된 맞춤형 물류서비스를 제공하기 어려우며, 수배송의 유연성이 감소한다.

15 공동수배송의 추진 여건에 관한 설명으로 옳지 않은 것은? ▶ 제19회

① 공동수배송에 참가한 기업들이 취급하는 제품의 이질성이 높을수록 공동수배송 추진이 용이하다.

② 배송조건이 유사하고 표준화가 가능할 경우 공동수배송의 추진이 용이하다.

③ 공동수배송을 위한 주관기업이 있을 경우 공동수배송의 추진이 용이하다.

④ 일정 지역 내에 공동수배송에 참여할 수 있는 복수기업이 존재할 경우 공동수배송의 추진이 용이하다.

⑤ 공동수배송에 참가할 기업들 간의 이해관계가 일치할수록 공동수배송 추진이 용이하다.

해설 취급제품의 특성이 유사해야 공동수배송의 효과가 크게 나타난다(배송조건의 유사성).

Answer 10. ⑤ 11. ③ 12. ② 13. ④ 14. ⑤ 15. ①

16 물류공동화의 대상에 해당하는 것을 모두 고른 것은? ▶ 제19회

㉠ 수배송 공동화	㉡ 보관 공동화
㉢ 하역 공동화	㉣ 유통가공 공동화
㉤ 정보 공동화	

① ㉠, ㉡
② ㉠, ㉡, ㉢
③ ㉠, ㉡, ㉢, ㉣
④ ㉠, ㉡, ㉢, ㉤
⑤ ㉠, ㉡, ㉢, ㉣, ㉤

해설 물류공동화의 대상은 물류 활동 전체가 되며, 수배송, 보관, 하역, 유통가공, 정보 등을 대상으로 한다.

17 수 · 배송 공동화의 도입배경이 아닌 것은? ▶ 제20회

① 주문단위의 소빈도 및 대량화
② 상권확대 및 빈번한 교차수송
③ 화물자동차 이용의 비효율성
④ 도시지역 물류시설 설치 및 설치 제약
⑤ 보관 · 운송 물류인력 확보 곤란

해설 수 · 배송 공동화의 도입배경 중 하나로 주문단위의 다빈도 및 소량화를 들 수 있다.

18 유닛로드시스템에 관한 설명으로 옳지 않은 것은? ▶ 제20회

① 대량의 단위화된 크기로 작업하므로 포장자재 비용이 증가한다.
② 시스템의 구축을 위해서 물류활동 간 접점에서의 표준화가 중요하다.
③ 추가적인 전용 설비 및 하역기계가 필요하다.
④ 하역과 운송에 따른 화물 손상이 감소한다.
⑤ 운송 및 보관업무의 효율적 운용이 가능하다.

해설 유닛로드시스템에서는 대량의 단위화된 크기로 작업하므로 운송포장의 간이화를 도모할 수 있어 포장
자재 비용이 감소한다.

19 파렛트 풀 시스템(Pallet Pool System)에 관한 설명으로 옳지 않은 것은? ▸ 제20회

① 파렛트의 규격을 표준화하여 공동으로 사용하는 것을 말한다.

② 일관 파렛트화의 실현으로 발송지에서 최종 도착지까지 일관운송이 가능하게 된다.

③ 업종 간에 파렛트를 공동으로 이용하여 성수기와 비수기의 파렛트 수요 변동에 대응할 수 있다.

④ 공파렛트 회수 문제 해소 등 파렛트 관리가 용이하다.

⑤ 화주 및 물류업체의 물류비 부담을 증가시킨다.

해설 파렛트 풀 시스템은 파렛트 규격의 표준화를 통해 상호호환되도록 함으로써 기업간, 업종 간에 파렛트를 공동으로 사용하는 것을 말한다. 이 시스템의 도입으로 일관 파렛트화가 가능해지고 성수기와 비수기의 파렛트 수요 변동에 대응할 수 있으며, 공파렛트 회수 문제를 해소함으로써 화주 및 물류업체의 물류비 부담을 감소시킬 수 있다.

20 포장의 모듈화에 관한 다음 설명 중 ( )에 들어갈 내용이 옳게 짝지어진 것은? ▸ 제20회

> 포장의 모듈화는 제품의 치수에 맞추어 (㉠), 파렛트 치수를 선택함으로써 ULS(Unit Load System)의 (㉡)나 컨테이너화를 가능하게 하고, 하역작업의 기계화 및 자동화, 화물파손방지, 적재의 신속화 등의 (㉢)에 기여할 수 있다.

① ㉠ 포장 치수 ㉡ 파렛트화 ㉢ 물류합리화

② ㉠ 컨테이너화 ㉡ 파렛트화 ㉢ 물류합리화

③ ㉠ 포장 치수 ㉡ 물류합리화 ㉢ 물류표준화

④ ㉠ 컨테이너화 ㉡ 포장 치수 ㉢ 물류표준화

⑤ ㉠ 컨테이너 치수 ㉡ 파렛트화 ㉢ 물류표준화

해설 포장의 모듈화는 물류합리화의 기본이 되는 것으로서 포장에 수치를 부여하여 단위화함으로써 파렛트화나 컨테이너화 등의 유닛로드시스템 구축을 가능하게 한다.

| Answer | 16. ⑤ 17. ① 18. ① 19. ⑤ 20. ① |

21 많은 기업들이 물류공동화를 추진하고 있는 상황 속에서 물류공동화의 일반적인 장점에 관한 설명으로 옳지 않은 것은? ▶ 제21회

① 물류비용을 절감할 수 있다.

② 화물의 품질을 높일 수 있다.

③ 수·배송 효율을 향상시킬 수 있다.

④ 물류생산성을 향상시킬 수 있다.

⑤ 안정적인 물류서비스를 제공할 수 있다.

해설 물류공동화의 장점은 단위당 물류비 절감, 수배송 효율 향상, 적재율 증가 및 공차율 감소, 불필요한 투자 억제, 효율적인 자원 활용 등이며, 화물의 품질 향상은 물류공동화와 관련성이 낮다.

22 공동 수·배송의 효과에 관한 설명으로 옳지 않은 것은? ▶ 제21회

① 물류업무 인원을 증가시킬 수 있다.

② 환경오염을 줄일 수 있다.

③ 운송수단의 활용도를 높일 수 있다.

④ 공동 수·배송에 참여하는 기업의 물류비를 절감할 수 있다.

⑤ 수·배송 효율을 향상시킬 수 있다.

해설 공동수·배송을 통해 화물의 적재율 향상, 배송차량의 감소로 차량유지비 절감, 사무처리의 간소화, 수배송시간의 절감, 기동성 향상, 납입빈도의 향상으로 재고품의 신선도 향상 등의 효과를 가져올 수 있으며, 물류인원의 감소로 물류비를 절감할 수 있다.

23 다음은 무엇에 관한 설명인가? ▶ 제21회

제조업체, 유통업체, 물류업체 등이 공동출자해 설립한 물류거점으로서 이해당사자들이 다이 어그램(시간표) 배송과 분류작업 등을 공동으로 수행하는 곳이다.

① 공동배송센터(Joint Distribution Center)

② 고층랙창고(High Stowage/Storage Rack Warehouse)

③ 공공창고(Public Warehouse)

④ 내륙기지(Inland Depot)

⑤ 컨테이너야적장(Container Yard)

해설 공동집배송센터는 여러 유통사업자 또는 제조업자가 공동으로 사용할 수 있도록 집배송시설 및 부대 업무시설이 설치되어 있는 지역 및 시설물로서 공동수·배송을 위해 필요한 시설이다.

24 표준파렛트 T11(1100 mm × 1100 mm)의 ISO표준컨테이너 적재 수량으로 옳지 않은 것은?

▶ 제21회

① 20피트 컨테이너에 1단적 적입하는 경우 8개를 적재할 수 있다.
② 20피트 컨테이너에 2단적 적입하는 경우 20개까지 적재할 수 있다.
③ 40피트 컨테이너에 1단적 적입하는 경우 16개를 적재할 수 있다.
④ 40피트 컨테이너에 2단적 적입하는 경우 40개를 적재할 수 있다.
⑤ 45피트 컨테이너에 2단적 적입하는 경우 45개까지 적재할 수 있다.

해설 20피트 컨테이너 1단 적재: (2,348mm × 5,896mm)/(1,100mm × 1,100mm) = 10매(5매 × 2열)
40피트 컨테이너 1단 적재: (2,348mm × 12,033mm)/(1,100mm × 1,100mm) = 20매(10매 × 2열)
45피트 컨테이너 1단 적재: (2,348mm × 13,555mm)/(1,100mm × 1,100mm) = 22매(11매 × 2열)
따라서 45피트 컨테이너 2단적 적입하는 경우, 최대 44매까지 적재할 수 있다.

25 표준파렛트 T11과 표준파렛트 T12에 모두 적용되는 포장모듈치수(파렛트와 정합성을 유지하는 포장규격)로 짝지어진 것은?

▶ 제21회

① 1100 mm × 1100 mm, 1200 mm × 1000 mm
② 1100 mm × 550 mm, 1200 mm × 500 mm
③ 600 mm × 500 mm, 500 mm × 300 mm
④ 550 mm × 220 mm, 440 mm × 220 mm
⑤ 366 mm × 366 mm, 220 mm × 220 mm

해설 T-11(1,100mm × 1,100mm)과 T-12(1,200mm × 1,000mm) 파렛트에 모두 정합되는 포장모듈은 T11 600mm × 500mm, T12 500 mm × 300 mm이다.

① (1,100mm × 1,100mm) ÷ (1,100mm × 1,100mm) = 1
(1,200mm × 1,000mm) ÷ (1,200mm × 1,000mm) = 1
② (1,100mm × 1,100mm) ÷ (1,100mm × 550mm) = 2
(1,200mm × 1,000mm) ÷ (1,200mm × 500mm) = 2
③ (1,100mm × 1,100mm) ÷ (600mm × 500mm) = 4.03
(1,200mm × 1,000mm) ÷ (500mm × 300mm) = 8
④ (1,100mm × 1,100mm) ÷ (550mm × 220mm) = 10
(1,200mm × 1,000mm) ÷ (440mm × 220mm) = 12.4
⑤ (1,100mm × 1,100mm) ÷ (366mm × 366mm) = 9.03
(1,200mm × 1,000mm) ÷ (220mm × 220mm) = 24

Answer   21. ②   22. ①   23. ①   24. ⑤   25. ③

26 다음 중 공동배송의 기대효과로 볼 수 없는 것은?

① 차량의 적재율 향상

② 배송차량의 감소에 따른 차량 유지비 및 인건비 절감

③ 물류시설 확장

④ 교통체증 감소

⑤ 인력의 효율적 배분

> **해설** 공동배송의 기대효과로는 차량의 적재율 향상, 배송차량의 감소에 따른 차량 유지비 및 인건비 절감, 물류시설 감축, 능동적 배송계획에 의한 고객서비스의 향상으로 판매기능 강화, 재고의 신선도 향상, 교통체증 감소, 환경보전, 인력의 효율적 배분 등이 있다.

27 다음 중 물류표준화에 해당되지 않는 것은?

① 포장의 표준화

② 수송장비의 표준화

③ 수송용기의 표준화

④ 행정지원의 표준화

⑤ 물류정보시스템의 표준화

> **해설** 물류표준화란 수송, 보관, 하역, 포장, 정보 등 각각의 물류기능 및 단계의 물동량 취급단위를 표준규격화하고 이에 사용되는 기기, 용기, 설비 등을 대상으로 규격, 강도, 재질 등을 통일시키는 것을 가리킨다.

28 다음 중 공동 수배송의 성공요인과 관계가 먼 것은?

① 화물의 규격, 포장, 파렛트 규격 등 물류표준화 선행

② 일정 구역 내에 유사업체나 배송기업 존재

③ 참여기업의 공동배송에 대한 이해 일치

④ 공동화에 적합한 취급화물

⑤ 공동 수배송을 위한 주관업체 존재

> **해설** 공동 수배송 체제를 구축하기 위한 전제조건으로는 필요한 화물을 수배송할 수 있는 차량 보유, 일정 구역 내 유사업체나 배송을 실시하는 복수기업 존재, 대상기업 간 배송조건이 유사해야 하며, 공동배송에 대한 이해의 일치, 공동배송을 위한 주관업체 존재 등이 있다.

29 다음은 국가물류체계의 합리화 방안에 대하여 설명하고 있다. 가장 적절치 못한 것은?

① 물류시설에 대한 지속적 투자

② 물류활동의 계획화를 통한 물류효율 증대

③ 물류 각 기능별 최적화 및 전문화

④ 물류관련제도 및 법규 정비를 통한 물류활동 지원

⑤ 개별 기업의 물류조직 및 물류시스템 정비

해설 물류기능의 부문별 최적화보다는 통합화를 통하여 물류활동의 효율성을 증대시켜야 한다.

30 다음 물류표준화의 필요성에 대하여 설명한 것 중 틀린 것은?

① 물동량의 흐름의 증대에 대응하기 위한 물류의 일관성과 경제성 확보

② 과다한 물류비의 절감

③ 국제화 및 시장개방으로 인한 국제표준화(ISO)에 연계되는 물류표준화 요구

④ 화물유통과 관련된 각종 운송수단 및 각종 기기 및 포장, 자재 등의 폐기처분의 원활화

⑤ 하역보관의 기계화·자동화, 수배송의 합리화 등의 기술을 경제적으로 수립

해설 이 외에도 기업 자체 규격에 의한 표준화가 선행되어 정착하기 전에 국가표준화가 선행되어야만 보급이 용이하고 낭비를 예방할 수 있다.

31 물류표준화를 위한 유닛로드시스템 도입의 선결과제로 가장 거리가 먼 것은?

① 거래단위의 표준화

② 수송장비의 표준화

③ 파렛트의 표준화

④ 창고보관설비의 표준화

⑤ 포장단위의 치수 표준화

해설 유닛로드시스템을 도입하기 위한 선결과제로는 수송장비 적재함의 규격 표준화, 포장단위 치수 표준화, 파렛트 표준화, 운반하역장비의 표준화, 창고보관설비의 표준화, 거래단위의 표준화 등이 있다.

32 다음 중 물류공동화를 위한 전제조건으로 옳지 않은 것은?

① 자사물류시스템의 완전 개방

② 물류전문인력의 양성

③ 서비스 내용의 표준화

④ 통일된 회계기준에 근거한 물류비 산정

⑤ 표준물류심벌 및 업체 통일전표와 외부와의 교환이 가능한 파렛트 사용

해설 물류전문인력의 양성은 물류공동화를 위한 전제조건은 아니다.

33 다음은 물류표준화에 대한 설명이다. 가장 알맞는 것은?

① 물류표준화는 포장, 운송용기, 운송장비, 보관시설 및 행정지원의 표준화를 말한다.

② 물류표준화는 유닛로드치수, 롤박스, 운송포장, 작업능률 및 일관수송용 파렛트를 대상으로 한다.

③ 물류표준화는 물류의 일관성과 경제성 확보, 물류비 절감, 물류의 신기술 도입 용이, 국제표준화 부응 및 물류 각 부문의 독립성 제고를 위해 필요하다.

④ 국제적인 물류표준화 규격은 한국산업규격 내 KS 물류표준규격을 말한다.

⑤ 물류표준화는 파렛트 풀 시스템의 활성화에 긍정적 영향을 미친다.

해설 물류표준화는 행정지원과 작업능률을 대상으로 하지 않으며, 물류의 부문별 독립성 제고보다는 전체 최적화를 도모하고, 국제표준을 위해서 ISO규격을 적용하여야 한다.

34 다음은 파렛트 표준화와 유닛로드시스템에 대한 설명이다. 가장 적절치 못한 것은?

① 물류기업 측면에서 일관파렛트 운송스템을 도입할 경우 소비자의 물가안정 도모, 수배송 효율화, 하역작업 능률 향상, 물류작업의 기계화 및 화물손상과 도난위험이 감소된다.

② 유닛로드시스템을 도입하기 위해서는 거래단위의 표준화, 파렛트의 표준화, 수송장비 적재함의 표준화, 창고보관설비의 표준화, 포장단위 치수의 표준화 등이 필요하다.

③ 하역의 기계화, 화물의 파손방지, 신속한 적재, 운송수단의 회전율 향상 등이 가능해 진다.

④ 일관파렛트화를 도입할 경우, 하역 인원의 감소 및 포장비 절감이 가능해 진다.

⑤ 일관파렛트화의 경우 포장 모듈화가 전제되지 않으면 적재효율이 떨어질 수 있다.

해설 소비자 물가안정은 국가경제 또는 소비자 측면의 효과이다.

35 다음은 파렛트 풀 시스템에 대한 설명이다. 적절치 못한 것은?

① 파렛트의 규격, 척도 등을 표준화하고, 이를 공동 사용함으로써 각 기업의 물류 합리화를 달성하여 물류비를 절감시킬 수 있다.

② 수송 및 하역효율 향상에 기여한다.

③ 즉시교환방식, 대차결제방식 및 리스 렌탈방식 등으로 운영된다.

④ 지역적·계절적 수급파동을 조정할 수 있으며, 전체 파렛트의 수량이 증가하여 파렛트 제조업체의 생산력을 증가시킬 수 있다.

⑤ 주요 물류거점에서 하역업무 대행이나 랙 창고의 운영 등 파렛트 풀 회사와 관련된 업무를 유기적으로 제휴하여야 한다.

해설 전체 파렛트의 수량은 감소하며, 이로 인하여 사회적 자본의 감소를 가져올 수 있다.

36 다음은 물류공동화에 대한 설명이다. 가장 알맞는 것은?

① 공동배송은 물류비 절감에 따른 물가 안정, 차량감소에 의한 환경 개선, 고용 증가, 교통 체증완화 등의 효과를 가져온다.

② 공동수배송을 성공하기 위해서는 화물의 규격, 포장 등 물류표준화가 선행되어야 하며, 비슷한 업종 및 배송조건, 적합 취급화물, 참여기업의 다양한 목표가 전제되어야 성공할 수 있다.

③ 물류서비스의 차별화, 기업 간 정보공유 회피, 서열납열 등 수요처의 다양한 요구, 제품 및 포장의 다양한 규격과 취급 특성, 다빈도 소량화물의 증가 등은 물류공동화를 어렵게 한다.

④ 물류공동화는 인력부족에 대한 대응, 물류비 절감, 수배송 효율의 향상, 중복투자 감소 등을 목적으로 한다.

⑤ 물류보안을 위해 자사의 물류시스템을 철저히 폐쇄하여야 한다.

해설 ① 고용증가보다는 인력의 효율적 활용 효과가 나타난다.
　　② 참여기업의 공동의 목표 전제
　　③ 다빈도 소량화물이 증가하면서 물류공동화의 필요성 증가
　　⑤ 자사 물류시스템의 개방 필요

Answer 　32. ② 　33. ⑤ 　34. ① 　35. ④ 　36. ④

37 다음은 파렛트 풀 시스템(PPS : Pallet Pool System)에 관한 설명이다. 적절하지 않은 것은?

① 파렛트의 규격, 강도 등을 통일하여 수송의 합리화를 기한다.

② 파렛트 수급 파동을 조절할 수 있으며, 파렛트 일원화로 분실률이 감소된다.

③ 화주와 유통업자의 물류비 부담을 경감시킨다.

④ 물류관련 요소의 표준화 및 일관파렛트화를 실현할 수 있다.

⑤ 자사 소유의 파렛트 활용률이 제고되지만 공파렛트의 회수가 어렵다는 점이다.

해설 임대 파렛트의 활용률이 제고되며, 공파렛트의 회수가 용이하다.

38 다음음 물류표준화에 대한 설명이다. 적절하지 않은 것은?

① 물류시설과 장비의 표준화가 필요하며, 물동량 취급단위를 개별화하여야 한다.

② 물류활동과 관련된 각 부문 상호간의 효과적 연계가 이루어져야 한다.

③ 물류활동과 관련된 부분들의 독립적 운용보다는 일관성을 고려하여야 한다.

④ 표준화된 물류정보시스템이 구축되어야 한다.

⑤ 물류비용의 절감을 위해 물류표준화가 이루어져야 한다.

해설 물동량 취급단위를 표준화하여야 한다.

39 다음은 물류합리화를 위한 물류공동화를 말하고 있다. 적절치 못한 것은?

① 물류합리화는 운송, 보관, 하역, 포장 등 물류 하부기능을 통합하여 전체 흐름을 합리화하는 것이다.

② 물류합리화를 수행하기 위해서는 총비용적인 관점에서 접근하는 사고가 중요하다.

③ 물류합리화는 일반적으로 비용 절감과 적정 서비스 수준 유지를 동시에 달성할 수 있어야 한다.

④ 물류합리화는 주로 질적 물류에서 양적 물류로의 전환을 의미한다.

⑤ 물류공동화를 실시할 경우 수배송효율의 향상 화물적재율 향상, 물류작업의 생산성 향상 등의 장점이 있지만 물류서비스의 차별화는 어렵다.

해설 물류합리화는 양적 물류에서 질적 물류로의 전환을 의미한다.

40 다음 중 물류표준화의 필요성으로 적절치 못한 것은?

① 물류활동에 소요되는 물류비용의 절감

② 물류활동과 관련된 각 부문 상호간의 효과적 연계

③ 물류활동과 관련된 신기술을 적용하기에 적합

④ 물류활동과 관련된 부분들의 독립적 운용을 촉진

⑤ 물류활동의 물류정보화 구축에 밑바탕 역할

해설 물류의 제반 기능 및 단계에서 일관된 연결작업이 가능하도록 규격의 표준화, 통일화가 필요하다.

41 다음 중 화물을 일정한 중량이나 크기로 단위화시켜 기계화된 하역작업과 일관된 운송방식으로 물류의 여러 과정들을 표준화시키는 것의 효과로서 적절치 못한 것은?

① 적재 효율 향상

② 자동화 설비의 이용 감소

③ 작업의 표준화

④ 운송장비의 효과적인 이용

⑤ 포장비용의 절감

해설 ULS의 효과로서 자동화 설비 및 장비의 이용이 가능해 진다.

42 다음은 물류공동화에 관한 설명으로 가장 알맞은 것은?

① 물류공동화를 위해서는 자사의 물류시스템을 폐쇄해야 한다.

② 일정 지역 내 이질적인 영업과 배송을 실시하는 복수기업이 존재해야 한다.

③ 물류업체는 공동보관이나 공동배송을 통해 단위당 물류비를 절감할 수 있다.

④ 차별화된 물류서비스를 제공할 수 있어 만족도가 향상된다.

⑤ 공동수배송을 통해 운송수단의 적재율 향상, 납입빈도의 향상 등과 같은 효과를 가져올 수 있다.

해설 ① 자사 물류시스템 개방
② 유사 영업과 배송
③ 물류기업이 아니라 참여업체의 효과
④ 물류서비스의 차별화 곤란

Answer   37. ⑤   38. ①   39. ④   40. ④   41. ②   42. ⑤

43 다음은 물류공동화의 성공요건으로 적절치 못한 것은?

① 참가구성원 전원의 공동화에 대한 욕구, 합의, 시기, 환경조건, 행정지원 등의 충족
② 전체적인 관점보다는 참여기업 중심의 합리성 추구
③ 자사의 이익을 잊고 전체 이익을 위한 공동화를 추진하는 기관 필요
④ 참여기업의 물류체계 연동화를 위해 공동규칙을 정하고 표준화 시행
⑤ 물류혁신을 위해 공동화에 앞서 구조적인 노동력 부족에 대비하여 기계화 및 성력화 추구

해설 참가구성원이 자사만의 이해가 아닌 전체적인 관점에서의 합리성 추구

44 다음 중 일관파렛트화의 효과로서 적절치 못한 것은?

① 운송기관의 적재효율 증가 ② 하역시간 단축
③ 운송기관의 운행효율 증가 ④ 포장비 절감
⑤ 보관능력 향상

해설 파렛트 자체 체적만큼 운송기관의 적재효율은 감소된다.

45 다음 중 물류표준화에 대한 설명으로 알맞은 것은?

① 물류표준화는 생산방식, 물류정보, 포장치수, 거래단위 및 물류용어 등을 대상으로 한다.
② 치수기준의 표준화는 하드웨어와 소프트웨어 부문으로 양분되어 있으므로 그 표준화는 각기 독립적으로 이루어지는 것이 보다 효율적이다.
③ 효율적인 물류표준화를 위해서는 개별 국가단위의 표준화 이전에 기업단위의 표준화가 선행될 필요가 있다.
④ 운송, 보관, 하역 등 기능별 최적화 입장에서 독립적인 효율성, 비용을 고려하여 구축하여야 한다.
⑤ 물동량의 흐름이 증대됨에 따라 물류의 일관성과 경제성을 확보하기 위해 물류표준화가 필요하며, 단순화, 규격화, 전문화를 통해 물류활동에 공통의 기준을 부여하는 것이다.

해설 ① 생산방식은 물류표준화의 대상이 아니다.
② 물류용어, 거래단위 등 소프트웨어 부문과 컨테이너, 파렛트 등 하드웨어 부문의 표준화는 상호 유기적인 관계에서 추진되어야 한다.
③ 개별 기업단위의 표준화 이전에 국가단위의 표준화가 선행될 필요가 있다.
④ 기능별 최적화가 아니라 물류 전체의 효율화 관점에서 접근하여야 한다.

46 다음 중 물류합리화 방안으로 적절치 못한 것은?

① 단계적 포장 모듈화가 추진되어야 한다.
② 수송차량과 장비의 현대화를 지원해야 한다.
③ 건축법에 의해 창고건물의 신축이나 제한 기준을 강화하여야 한다.
④ 하역의 기계화 및 자동화가 필요하다.
⑤ 인터넷을 통한 물류정보의 수집 및 활용이 필요하다.

해설 보관분야에서는 전문화된 창고 육성, 창고자동화, 정보시스템의 추진, 창고의 시스템화, 물류거점의 집약화 및 거점화 등이 필요하다.

47 다음 수배송의 효과로서 적절치 못한 것은?

① 수배송 비용의 감소
② 복수 화주의 화물 수송
③ 리드타임 감소
④ 적재율 향상
⑤ 규모의 경제 확보

해설 다수 화주의 화물을 차량 단위로 대량 운송하기 때문에 리드타임이 증가할 수 있다.

물류관리사

CERTIFIED PROFESSIONAL LOGISTICIAN

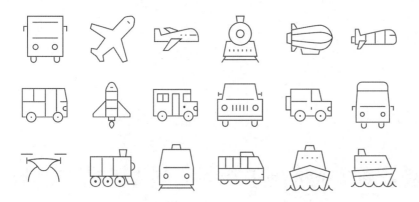

물류정보시스템

10 물류정보시스템

| **학습목표** | 1. 물류정보와 물류정보시스템을 정리하고 VAN, EDI, POS, EOS, CALS, ERP, TRS 등 물류정보 시스템의 운영방식을 구체적으로 정리한다.
2. 바코드의 개요, 규격 및 활용이익을 정리하고, 1차원 바코드와 2차원 바코드의 종류를 구체적으로 살펴본다.
3. RFID의 개념과 장점 및 단점, 구성요소, 활용분야 등을 정리한다.

| **단원열기** | 물류정보시스템과 관련하여 전체적으로 출제빈도가 높으며, 학습해야 할 내용이 많다. 물류정보 및 물류정보시스템의 기초적 내용을 충분히 이해하여야 하며, 관련된 용어가 많이 제시되고 있는데 각각의 개념과 특징을 정확히 정리하여야 한다. 또한 GS1 바코드와 2차원 바코드를 체계적으로 정리할 필요가 있으며, RFID에 대해서도 개괄적으로 이해하여야 한다.

제1절 정보와 물류정보

1 정보의 개요

(1) 정보의 개념

① 정보란 어떤 특정 목적에 대하여 적절한 판단을 내리거나 행동을 취하기 위한 의사결정을 하는 데 있어서 도움이 되는 자료나 지식을 의미한다.

② 데이터가 현실 세계로부터 단순한 관찰이나 측정을 통해 수집한 사실이나 값을 의미하는 데 반하여, 정보는 어떤 상황에 관한 의사결정을 할 수 있게 하는 지식으로서 데이터의 유효한 해석이나 데이터 상호간의 관계를 의미한다. 따라서 정보는 데이터를 처리·가공한 결과라고 할 수 있다.

③ **정보의 유사 개념**: 정보의 유사개념에는 자료(Data), 지식 등이 있다.

　㉠ **자료(Data)**: 어떤 일을 함에 있어서 근간이 되는 재료로 운용개념이 없는 사실 자체를 의미하는 데 반하여 정보는 사용자의 목적에 맞게 체계적으로 정리된 것을 말한다. 자료는 크게 1차 자료와 2차 자료로 나눌 수 있는데, 1차 자료는 자료조사자가 어떤 목적을 달성하기 위하여 자료를 수집·분석·가공한 자료를 말하는 것이며, 2차 자료는 누군가에 의해 자료가 수집·분석·가공된 정보를 말한다.

　㉡ **지식(Knowledge)**: 다양한 정보들이 결합되어 특정 목적을 위해 상호 관련된 체계로 자료가 정보로 전환되는 과정에서 재구성된 일반화된 정보를 말한다.

(2) 정보의 특징

① **적시성**(Timeliness) : 사용자가 원하는 시간대에 정보가 전달되어야 한다.

② **정확성**(Accuracy) : 정보는 사용자가 원하는 바가 정확히 내포되어 있어야 하며, 실수나 오류가 개입되지 않아야 한다. 이를 위해서는 체계화된 시스템을 여러 가지 정보기술을 이용하여 자동화시키려는 노력이 필요하다.

③ **정보의 관련성**(Relevancy) : 양질의 정보를 취사선택하는 최적의 기준은 관련성이다. 목적에 맞는 정보가 제공되어야 하며, 사용자의 의사결정에 도움이 될수록 관련성이 커지며 가치도 높아진다.

④ 완전성, 정보표현의 다양성, 정보의 범위 등의 요건을 가진다.

■2 물류정보의 개념과 특징

(1) 물류정보의 정의

① 물류정보란 재화의 흐름에 반드시 수반되는 것으로 축적된 물류정보는 종합적인 물류활동의 원활화를 도모하는 데 필수 불가결한 존재로서 생산에서 소비에 이르기까지 이루어지는 물류활동, 즉 운송·보관·포장 등의 제 기능을 유기적으로 결합하여 전체적인 물류관리의 효율성을 제고시키는 역할을 하는 정보시스템을 의미한다.

② 기업의 물류계획 수립시에도 물류환경의 변화 및 공급체인상의 각 구성원의 재고현황, 수주현황 등의 내·외부의 제반 정보를 수집·분석하는 과정을 거치는데, 이렇게 수립된 계획에 근거하여 실행된 결과인 실적 정보는 다시 정리·분석되어 차기 계획에 반영되어 변화하는 환경에 대응할 수 있는 경영활동이 전개되어 간다.

③ 물류정보에서는 이러한 물류활동에 수반되는 정보를 가공·생산하여 정보의 이용가치를 높이는 데 그 의의를 찾을 수 있다.

(2) 물류정보의 특징

① 물류정보는 정보의 원천, 처리부문, 전달대상이 다양하며 정보의 절대량이 많다.

② 영업, 생산 등 기업 내 타 부서 간에 연관성이 높다.

③ 화물흐름과 정보흐름에 동시성이 요구된다.

④ 평상시와 성수기의 정보량의 차이가 크다.

⑤ 물류시스템의 중심지는 정보의 중계전송을 수반하는 경우가 많다.

⑶ **물류정보의 경제적 편익**

① 정보의 효율적 관리를 통해 물류시스템을 최적화함으로써 생산성 증대를 통한 물류비용의 절 감과 고객에 대한 물류서비스 수준을 증대시킬 수 있다.

② 조달단계에서부터 고객에 이르기까지 물류업무 프로세스를 합리화함으로써 기업 내 경영혁신 의 중요한 기반이 될 수 있다.

③ 사회간접자본 투자 부담이 경감되는 효과가 있다.

④ 물류정보의 공동이용 촉진과 체계적인 정책 수립이 가능하게 길을 열어 준다.

⑤ 정보통신관련 산업의 발전에도 기여할 수 있다.

3 물류정보의 종류

⑴ 물류정보는 물류정보활동의 역할에 따라 수주정보, 재고정보, 생산정보, 출하정보, 물류관리정보 등으로 분류할 수 있다.

⑵ 기업의 물류활동은 상류활동에 의해 고객으로부터 주문을 받아 수주 처리하는 일에서부터 시작되 므로 수주정보를 기본으로 현재 파악된 상품의 재고정보를 배당하게 된다. 만약 물품의 재고가 부족할 때에는 제조업의 경우 매입지시서에 의해 출하정보를 기본으로 반출장소로 이동되어 출하 되게 된다.

⑶ 출하된 물품은 마지막으로 물류관리부문이 물류활동을 관리ㆍ통제할 수 있도록 납품완료통지, 물 류비, 창고ㆍ차량 등의 물류시설, 용기의 가동률 등을 물류관리정보로서 수집하게 된다.

⑷ 국제물류에서는 계약이행을 위하여 [표 10-1]과 같은 단계별로 많은 정보를 필요로 하게 된다.

● [표 10 −1] 물류정보의 종류와 내용

구 분	내 용
화물운송정보	화물집하정보, 개별 창고화물정보, 화물터미널정보, 특정화물 확인정보, 도로교통정보, 고속도로 관리정보 등의 종합교통정보와 항공화물운송정보 등이 있다.
화주정보	화주의 성명, 전화, fax, e-mail, 화물의 종류, 중량, 용적, 장소, 발착지, 운송기간, 운송거리 등이 포함된다.

화물운송
기기정보
	• 화물자동차운송관련 정보 : 운송차량, 운송공급력, 운송수요, 화물자동차운송관리
	  정보
	• 철도관련 정보 : 화물열차운행정보, 열차운행시간통제정보, 철도보안정보, 철도컨테
	  이너 관리정보 등
	• 선박정보 : 선박운항 입 · 출항정보 등
	• 항공기관련 정보 : 항공기운항정보, 항공화물하역정보, 항공보세창고관리정보, 항
	  공터미널정보 등

수출화물 검사정보	검량정보, 검수정보, 선적검량정보 등이 있다.
보험정보	화물보험정보, 컨테이너보험정보, 자동차운송보험정보, 철도운송보험정보 등이 있다.
항만정보	항만관리정보, CY · CFS 관리정보, 컨테이너추적정보, 항만작업정보, 화물유통통제정보, 작업지시정보, 선박도착정보, 선적지시정보, 선하증권정보, 보세창고, 장치장정보 등이 있다.
컨테이너정보	컨테이너 동정정보, 컨테이너 관리정보 등이 있다.
화물통관정보	수출 · 입신고정보, 수출 · 입면장획득정보, 관세환급정보, 항공화물통관정보 등이 있다.

제 2 절 　물류정보시스템

1 물류정보시스템의 개요

(1) 물류정보시스템이란 생산에서 소비에 이르기까지 물류활동을 구성하고 있는 수송·보관·하역·포장 등의 제 기능을 유기적으로 결합하여 전체적인 물류관리를 체계적으로 수행하게 하는 정보시스템으로 종합적인 물류활동의 원활화를 도모하는 데 필수불가결한 존재이다.

(2) 오늘날 물류정보의 기술적 기능이 가능하게 된 것은 컴퓨터의 도입을 통한 전산화와 종합정보통신망(ISDN : Integrated Services Digital Network)과 부가가치통신망(VAN : Value Added Network)의 구축이 물류정보시스템에 있어서 일관된 정보의 흐름으로 연결되어 신속한 물류기능을 지원할 수 있게 되었기 때문이다.

(3) 시간, 인력 및 비용이 많이 소요되던 종래의 거래서류 처리업무를 EDI로 처리함으로써 업무의 효율성도 높아지게 되었다.

2 물류정보시스템의 목표와 필요성

(1) **물류정보시스템의 목표**

① **유통재고 최소화** : 기업 간 정보 공유

② 최소 비용으로 적정 고객서비스 지원

③ 조달, 생산, 유통 등을 포괄적으로 연결하여 전체 물류흐름을 효율적으로 관리

④ 환경변화에 신속히 대응하여 기업경쟁력 향상

⑤ 수주정보에 기초하는 Pull방식으로 유통망 지원

(2) **물류정보시스템의 필요성**

① 고객 요구의 다양화, 고도화로 소량·다빈도, 즉시배송이 증대함

② 기업들의 비용부담 압력을 가중시킴

③ 기업들은 물류 프로세스의 단축 및 효율화를 통해 고객서비스의 수준 제고와 비용 절감을 동시에 추구하게 됨

④ 정보통신 기술의 발전과 컴퓨터 기술의 발전은 물류활동을 하나의 시스템으로 통합·관리할 수 있는 주요 수단을 제공하게 됨

(3) 물류정보시스템의 구축절차

① **제1단계** : 시스템 목표 설정

② **제2단계** : 적용범위 결정

③ **제3단계** : 구축조직 구성

④ **제4단계** : 업무현상 분석

⑤ **제5단계** : 시스템 구축 및 평가

3 물류정보시스템의 기능

(1) 기획 · 통제기능

물류정보시스템은 리드타임정보 및 수요예측정보를 제공하여 기업이 생산량을 예측하고 재고수량과 재고입지를 결정하는 데 중요한 정보로써 활용된다. 또한 사전에 설정된 설비 및 시설활용목표 및 서비스 수준목표와 실제 달성된 서비스 수준을 비교함으로써 물류활동의 통제자료로서도 사용할 수 있다.

(2) 조정기능

물류정보시스템을 통해 정보의 공유가 가능해짐으로써 생산계획과 조달계획을 조정할 수 있다. 그러나 이를 위해서는 정보시스템의 통합이 필수적이다. 통합적 정보시스템은 다음과 같이 설계되어야 한다.

① 정보시스템 내의 어떤 하위시스템(꼐 조달물류정보시스템)의 자료가 기타 하위시스템(꼐 판매정보시스템)에도 사용될 수 있도록 설계되어야 한다.

② 모든 분산된 자료를 공통된 지역에 보관함으로써 공통의 데이터베이스를 구축할 수 있어야 한다.

③ 밀접하게 관련된 활동을 통합하여 수행하는 것이 필요하다.

④ 각 하위시스템이 각종 지원(컴퓨터 설비, 데이터베이스, 정보 네트워크, 분석도구 등)을 공동으로 이용할 수 있어야 한다.

(3) 고객서비스 · 커뮤니케이션기능

고객의 주문이 긴급히 발생할 경우가 있다. 고객이 인터넷 주문시 최초로 접촉하게 되는 것이 정보시스템으로서 정보시스템의 반응은 즉각적이고 신축적이어야만 한다. 기업으로서는 항상 고객에 대한 커뮤니케이션 경로가 적절히 유지되고 있는지 점검함으로써 주문율의 향상을 이끌어 낼 수 있도록 하여야 한다.

● [그림 10-1] 물류정보시스템의 핵심기능

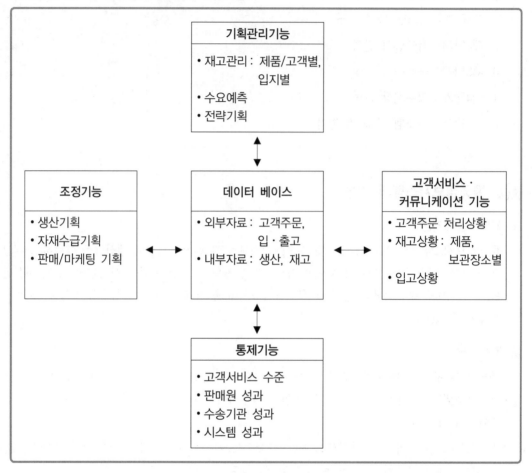

4 물류정보시스템의 특징

(1) 원거리 간 시스템

물류정보시스템은 발주자와 수주자, 공장과 영업소, 업무부서 간에 통신망을 이용하여 정보를 제공하고 업무를 지원하는 격지 간 정보시스템의 특성을 가지고 있다. 이와 같이 서로 다른 장소에서 물류업무를 지원하기 위해 당사자 간에 정보통신망을 통해 하나로 연결해 주는 역할을 한다.

(2) 다수기업 간 시스템

물류당사자는 같은 기업 내 업무부서 간, 본사와 지사, 공장과 영업소, 물류자회사, 수송업체, 거래기업 등과 같은 회사 내·외부의 구성원들과의 정보 교환이 많아 이기종(異機種) 네트워크와의 접속이나 부가가치통신망과 같은 공용 서비스에 대한 요구가 높다.

(3) 대량의 정보처리와 계절변동에 의한 정보량의 차이가 큰 시스템

화물별로 수주, 분류, 피킹 등과 같은 정보를 처리해야 하므로 정보량이 많은 시스템이라고 할 수 있다. 정보량의 변동 폭 또한 큰 시스템으로, 예를 들어 계절적 상품인 경우에는 계절변동을 감안하여야 한다. 따라서 물류정보시스템은 대용량의 데이터베이스를 운용해야 하며 업무 성격에 따라 온라인처리와 배치처리를 병용해야 한다.

(4) 현장 밀착형 시스템

물류정보시스템은 현장 담당자에게는 업무처리를 위한 필수적인 시스템이다.

(5) 서비스 수준과 비용의 상충관계(Trade-off) 시스템

물류부문은 영업부문과 생산부문을 함께 지원해 주는 역할을 하면서 두 부문 간 조정역할도 담당한다. 따라서 물류서비스의 수준을 높이게 되면 고객만족도는 향상되어 판매를 촉진하게 되지만 물류비용이 증가하게 된다. 이와 같이 고객서비스 수준과 물류비용과는 상충관계에 있기 때문에 효율적 또는 효과적으로 대응해야 한다.

5 물류정보시스템의 유형

(1) 수주 · 출하처리시스템

고객의 주문에 대한 제품의 출하과정을 관리하는 시스템으로 수주처리는 거래활동의 출발점이며, 수주정보는 물류활동 및 물류정보시스템의 기초자료가 된다.

(2) 재고관리시스템

물류거점의 네트워크에서 적절하게 재고를 배치함으로써 적정재고 수준을 유지하고 판매기회의 손실을 최소화하며 운송비 절감을 목적으로 한다.

(3) 수배송관리시스템

물류네트워크에서 화물이동에 관한 관리 및 배송효율의 향상을 위한 시스템으로 고객의 주문 상황에 대하여 적기배송체제의 확립과 최적운송계획을 수립함으로써 운송비를 절감하는 체제로 되어 있다.

(4) 창고관리시스템

최소의 비용으로 작업자, 창고면적, 하역기계설비 등의 경영자원을 유효하게 이용하고 목표로 하는 고객서비스 수준을 제고시키기 위한 시스템이다. 또한 보관시설 및 품목별로 재고상황기록을 적정하게 유지하는 기능을 가지고 있다.

(5) 물류관리시스템

고객의 주문에서 배송에 이르기까지 전 과정을 계획, 실시, 평가 및 통제하는 시스템으로 각 분야의 관리시스템이 가장 효율적으로 수행되도록 물류시스템 전반을 관리하는 시스템이다.

● [표 10 −2] 물류기능의 각 단계에서의 물류정보시스템 구성

구 분	계 획	실 시	통 제
수 주	• 수주방법의 선정 • 주문정보 전달수단의 선정	• 주문처리 • 재고 확인 • 신용한도 확인 • 배송능력 확인 • 출하지시서 작성 • 납품서 작성	• 수주통계 분석 • 반품처리 • 납품관리 • 납품지체관리
재고관리	• 창고의 수 · 위치의 결정 • 상품재고의 적정 배치 • 재고예산의 설정 • 표준재고회전율의 설정 • 서비스율의 설정	• 재고조회의 응답 • 취소처리 • 입 · 출고처리 • 이송처리 • 현품처리	• 재고예산과 재고실적과의 대비 • 표준재고회전율과 실적재고 회전율과의 대비 • 과잉재고분석 • 결품재고분석 • 파손분석 • 보관비계산 • 보관료계산
발 주	• 발주방법의 설정 • 주문정보전달의 선정	• 발주	• 발주통계분석 • 미입하품의 파악과 독촉
창고관리	• 영업창고 · 자가창고의 결정 • 창고용량의 결정 • 창고설비설계 • 보관형식설계 • 창고설비의 투자 • 경제성계산	• 자동창고운전 • 격납장소의 지시 • 창고설비의 보전 · 정비 • 위치관리	• 창고설비의 가동분석 • 고장분석 • 수선비계산 • 보전정비비계산
하 역	• 하역방법설계 • 하역기기의 투자 • 경제성계산	• 하역작업지시 • 결품	• 하역비분석 • 하역기기의 가동분석
포 장	• 포장형식의 결정 • 운송화물형태의 결정 • 포장모듈의 선정 • 자동포장설계	• 포장재료관리 • 포장공정관리 • 이종포장의 지시 • 파렛트관리 • 공컨테이너관리 • 바코드심벌의 표시	• 포장비 분석 • 사고통계

운송과 배송	• 운송수단의 선정 • 운송경로의 선정 • 운송로트의 결정 • 배송설계 • 배송센터의 수·위치의 선정 • 배송지역의 결정	• 배차준비 • 화물적재지시 • 배송지시 • 발송정보통보 • 귀환차량 정보관리 • 화물추적 파악	• 운임계산 • 적재효율분석 • 반품운임분석 • 오송분석 • 교차운송분석 • 사고분석
집 하	• 집하방법의 선정 • 집하경로의 선정 • 집하시스템 설계	• 집하지시 • 납입자 연락	• 집하운임 계산
종합 시스템	• 종합시스템 설계 • 수요예측	• 주문처리흐름의 추적	• 종합실적파악과 분석 • 총물류비의 분석 • 서비스 시간과 서비스율 분석

6 물류정보시스템의 추진현황

(1) 종합물류정보망

① 종합물류정보망은 화물운송정보 처리의 비효율성에서 기인하는 화물의 지체를 최소화하고, 화물의 흐름을 원활히 하기 위해 육상, 해상, 항공 등 개별 화물정보망과 무역, 통관, 금융, 보험 등 유관망 그리고 타 국가기간 전산망 등을 EDI로 연결한 통합된 물류운용시스템을 말한다.

② **해상화물정보네트워크** : 항만운영정보시스템(PORT-MIS)은 전 해양수산부 주관으로 선박의 운항관리, 화물관리, 시설관리, 선원관리, 화물추적, 선박의 안전 항행에 관련된 항만운영정보를 제공하고 있다. PORT-MIS를 이용하여 선박의 입·출항 보고서 및 허가서 등 항만관련 업무를 전자자료교환(EDI) 방식 등으로 전산처리함으로써 행정절차를 간소화하고 업무처리를 신속하게 하여 비용과 인력을 절감할 수 있다. 또한 전국의 항만 및 선박 운항에 관한 정보를 통신망으로 연결하여 멀티미디어 서비스를 제공하며, 종합물류정보시스템과 연계하여 효율적인 항만관리를 가능하게 한다.

③ **KL-Net**(Korea Logistics Network, 한국물류정보통신) : 수출입업무의 EDI(전자문서교환) 서비스, 컨테이너화물운송관련 EDI 서비스, 항만운영정보시스템(PORT-MIS), 철도화물운송정보시스템(XROIS), 관세청 적하목록, 위험물검사, 조달청의 EDI 서비스를 비롯한 부가통신서비스, 물류정보화사업, 정보시스템 수탁운용 등의 서비스를 제공하고 있다.

④ **KT-Net**(Korea Trade Network, 한국무역정보통신) : EDI를 활용한 무역자동화(전자무역)시스템 및 국내외 네트워크를 구축하여, 무역업체가 복잡한 무역업무 처리절차를 간단하게 처리할 수 있도록 상역·외환 등 자동화, 통관자동화, 수출입 자동화, 무역자동화시스템 및 관세청 통관시스템에 대하여 EDI 서비스(무역자동화서비스)를 독점으로 제공하고 있다.

● [그림 10-2] 종합물류정보망의 구성도

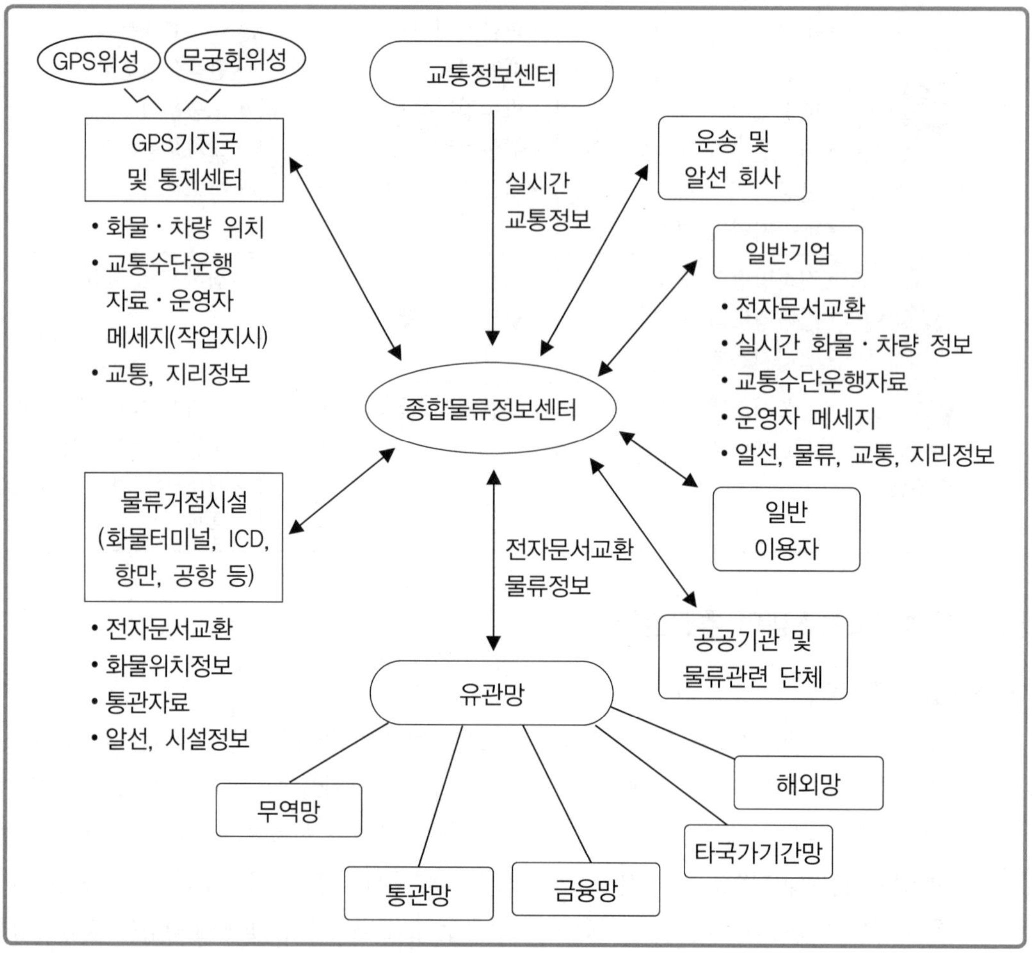

⑤ **첨단화물운송시스템**(CVO : Commercial Vehicle Operation) : 화물 및 화물차량관리시스템
(FFMS : Freight and Fleet Management System)과 위험물차량관리시스템(HMMS : Hazardous
Material Monitoring System)의 하부시스템으로 구성되어 있으며, 화물 및 화물차량에 대한 위
치를 실시간으로 추적·관리하여 각종 부가정보를 제공함으로써 생산성 향상을 도모하고, 특
히 위험 화물의 적재차량을 추적·감시하며, 돌발 상황시 조난신호를 자동적으로 발신토록 하
여 신속한 사고처리체계를 구축함으로써 교통체계 내 안정성 향상을 도모할 수 있는 시스템을
의미한다. 제공되고 있는 서비스는 다음과 같다.
　㉠ 실시간 차량 위치추적 서비스
　㉡ 차량운행관리 서비스
　㉢ 수·배송알선, 자동통관 서비스
　㉣ 위험물 차량관리, 교통상황 정보서비스
　㉤ 거점별 화물추적 서비스
　㉥ 구난체계관리, 생활물류 DB서비스

● [그림 10-3] 첨단화물운송시스템의 서비스 구성도

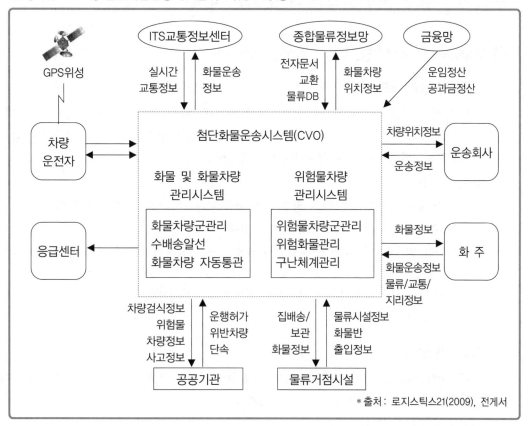

* 출처: 로지스틱스21(2009), 전게서

제3절 물류정보시스템의 운영방식

1 VAN(부가가치통신망, Value Added Network)

(1) 부가가치통신망의 개요

① VAN이란 회선을 직접 보유하거나 전기통신사업자로부터 회선을 차용하여 유통관련업체 간의 데이터 교환에 있어서 이기종(異機種)을 포함한 다종 다양한 컴퓨터를 효율적으로 접속시켜 데이터 교환을 가능하게 하는 통신망을 말한다.

② VAN의 종류

　㉠ 업계형 VAN : 일용잡화, 의류, 완구, 과자 등을 취급하는 업계는 제조업과 도매업 간에 공동이용형 교환정보 네트워크가 구성되어 있다.

　㉡ 거래계열형 VAN : 핵심적인 기업을 중심으로 자사의 거래 계열 전체에 VAN이 구축되어 있는 것을 가리킨다.

　㉢ 지역유통 VAN : 다수의 중소 소매업과 도매업의 공동이용형 수발주시스템(EOS) 네트워크를 가리킨다.

(2) VAN의 이용 형태

① **기본 VAN 서비스** : 기존 공중 통신망과 결합하여 데이터 전용선 서비스로 회선 교환, 패킷교환 서비스 등을 제공한다.

② 텔레비전 회의 서비스

③ **통신처리 서비스** : 통신처리에 필요한 프로토콜 변환, 속도 변환, 코드 변환, 데이터 형식 변환, 미디어 변환 서비스 등을 제공한다.

④ **정보처리 서비스** : 컴퓨터에서 수행되는 각종 컴퓨터 서비스, 데이터베이스 구축, 정보 검색서비스 및 소프트웨어 개발 등의 서비스를 제공한다.

⑤ 정보제공 서비스

⑥ 국제통신 서비스

(3) VAN의 기능

① 교환기능

② 전송기능

③ 통신처리기능(프로토콜 변환, 속도 변환, 메일박스, 통신, 미디어 변환, 포맷 변환)

④ 정보처리기능

(4) VAN 사용에 따르는 기대효과

① 정보교환시간의 단축으로 업무능률이 향상된다.

② 정보의 정확성으로 신뢰도가 증가된다.

③ 물류비용의 감소로 경영의 합리화를 도모할 수 있다.

④ 주문처리시간의 단축, 신속한 상품보충으로 매출증대를 가져올 수 있다.

⑤ 발주업무의 표준화를 통하여 발주업무효율화 및 재주문의 자동화를 실현할 수 있다.

(5) VAN의 필요과제(표준화 확립) : Code의 표준화

① 전표의 표준화(통일성과 단순성)

② 전송제어절차의 표준화

③ 데이터교환형식의 표준화

10

2 EDI(전자문서교환, Electronic Data Interchange)

(1) EDI의 개념

EDI란 기업 간의 거래내용이나 관련정보를 표준화된 형식과 코드체계를 이용하여 전송하고 처리하는 시스템이다.

(2) EDI의 필요성

① 기존의 서류시스템은 작업 소요시간이 많고 에러 발생

② 수작업에 의한 서류중복입력에 따른 부대비용의 유발

③ 수출입 부대비용(서류비용)의 절감을 통한 무역업체의 국가경쟁력 제고

④ 사회간접자본의 부족(하드웨어)을 전산시스템의 고도화 등으로 보완하여 화물적체현상 해소

⑤ 세계적인 무역자동화(전자무역) 및 정보화에 부응

(3) EDI의 구성요소

EDI는 두 개 이상의 기업 간 전자적 연결을 통한 업무처리를 지원한다. 따라서 원거리 간 문서의 교환을 위해서는 응용 프로그램, 네트워크 소프트웨어, 변환 소프트가 필요하다.

EDI 서비스 제공업자	VAN 사업자
EDI 서비스 이용자	EDI 서비스의 최종 소비자
EDI 서비스 시스템	문서변환처리 소프트웨어, 하드웨어, 응용 소프트웨어, 사용자 단말기
EDI 표준	양식표준, 통신표준(UN/EDIFACT)

(4) EDI 표준

① 전자문서교환을 구축하기 위해서는 기본적으로 전자문서표준과 통신표준이 설정되어 있어야만 한다. 이는 미리 약정한 표준에 따라 전자문서를 작성하여 교환함으로써 데이터 처리를 자동화할 수 있고, 수신자와 발신자 간의 언어와 해석문제를 통일할 수 있기 때문이다.

② UN/EDIFACT : Electronic Data Interchange For Administration, Commerce and Transport의 약자로, 국제연합 유럽경제위원회(UN/ECE)에서 미국과 유럽 각국이 협조하여 표준 EDI 통신규약을 제공하고 있다.

  ㉠ UN/EDIFACT의 목적 : 범세계적인 상거래의 확대, 관료제의 병폐를 줄이고 투명성 확대, 전자상거래로 정보의 흐름을 원활히 촉진, 거래비용의 축소, 협력국제 기구와의 공동 연계를 전개, 민간과 공공부문의 참여를 촉진시키기 위함이다.

  ㉡ UN/EDIFACT의 임무 : 선진국, 개발도상국 그리고 과도기에 있는 경제국가의 사업, 무역 및 행정기관의 전체적인 능력을 향상시키고, 효과적으로 적정한 서비스와 재화를 교환함으로써 전세계적인 상거래의 성장을 촉진하는 것이다.

(5) EDI의 장점

① 경로구성원 간의 커뮤니케이션을 빠르고 정확하게 수행한다.

② 각종 경로비용을 절감한다.

(6) EDI의 문제점

① 기존 주문이 매우 빠르게 전송·처리·선적되기 때문에 주문내용을 변경하는 데 있어 유연성이 떨어진다.

② EDI 시스템에 연결되어 있지 않은 경로구성원에 대해서는 서류를 통해 커뮤니케이션을 해야하기 때문에 이중 커뮤니케이션 체제가 요구된다.

③ 전송되는 정보에 관한 보안, 통제문제의 대두

④ 커뮤니케이션 당사자들인 전산시스템, 회계, 구매, 판매, 그리고 물류부서 사이에 상당한 수준의 협조가 요구된다.

(7) EDI 도입 효과

① 전자문서교환방식은 문서들이 상대방의 컴퓨터시스템에 전자적으로 직접 전송되기 때문에 적은 노력으로도 정보의 전송이 가능하다.

② EDI를 통한 거래는 신속하게 이루어지기 때문에 시간과 투입비용의 절감이 가능하며, 고객서비스를 향상시킬 수 있다.

③ 전통적인 전달방식은 분실, 훼손, 배달 오류 등이 발생할 수 있으나 EDI는 컴퓨터시스템에 직접 전송되므로 이와 같은 오류를 제거할 수 있을 뿐만 아니라 재입력으로 인한 오류도 줄일 수 있다.

④ 종이문서를 처리할 때 발생하는 자료입력, 복사, 파일링, 운송 등의 비용을 절감할 수 있다.

⑤ 신속한 정보전달이 가능하기 때문에 고객서비스 향상과 적정재고 수준 유지에 따른 기업경쟁력을 확보할 수 있다.

⑥ 다양한 외부 네트워크와의 연결로 활동영역을 확장시키고 새로운 거래기회를 확보하는 데 유리하다.

● [표 10-3] EDI의 효과

구 분	기대효과	
직접적인 효과	• 문서거래의 단축 • 업무처리의 오류 감소	• 자료의 재입력 방지 • 업무처리비용의 감소
간접적인 효과	• 재고감소 • 관리의 효율성 증대 • 효율적인 자금관리	• 효율적인 인력활용 가능 • 고객서비스 향상
전략적인 효과	• 거래상대방과의 관계 개선 • 새로운 사업으로 확대 • 경쟁우위 확보	• 전략적 정보시스템 • 경영혁신

(8) EDI 운용

① 완제품 유통업체는 EDI를 통해 유통업체의 본사, 지점, 대리점, 협력업체 등과 통신망으로 연결해서 표준전자문서를 교환하고 있다.

② 유통부문 EDI에서는 유통업체와 제조업체가 직영점, 대리점, 대형마트 등 관련 유통업체들을 상호 연결하여 유통관련 각종 표준문서와 유통정보를 VAN을 통해 중계 및 전송하고 있다.

● [표 10-4] VAN과 EDI의 비교

구 분	VAN	EDI
정 의	회선을 직접 보유하거나 임차 또는 이용하여 다양한 부가가치를 부여한 음성 또는 데이터 정보를 제공하는 광범위하고 복합적인 서비스의 집합	서로 다른 기업 간에 상거래를 위한 데이터를 합의한 규격에 의해 컴퓨터로 교환하는 것
기 능	전송기능, 교환기능, 통신처리, 정보처리	합의된 규격에 의해 전자데이터 교환
물류에의 적용	• 각 물류경로의 강화 • 정보전달의 효율화·고속화, 화물추적 등 대고객서비스 향상	물류기관 간의 컴퓨터에 의한 주문, 배송, 보고 등
관 계	EDI를 수행하는 가장 효율적인 수단, EDI를 담는 용기	• VAN이 활용될 수 있는 무한시장 • VAN을 이용하는 내용물

3 POS 시스템(판매시점정보관리, Point of Sales)

(1) POS 시스템의 개요

① POS(Point of Sales) 시스템이란 판매시점 정보관리시스템을 말하며, 소매상의 판매기록, 발주, 매입, 고객관련 자료 등 소매업자의 경영활동에 관한 각종 정보를 판매시점에서 파악하여 컴퓨터시스템을 활용하여 관리하는 종합적인 소매정보시스템을 말한다.

② 고객이 원하는 상품을 원하는 시기에 원하는 양만큼 구매할 수 있도록 하여 고객의 상품만족도를 높일 수 있다.

③ 기업은 팔릴 수 있는 상품을 그 양만큼 공급할 수 있도록 함으로써 매출과 이익의 극대화를 창출할 수 있다.

(2) POS 시스템의 기능

① **단품관리** : 상품을 제조회사별, 상표별, 규격별로 구분해서 상품별 정보를 수집·가공·처리하는 과정에서 단품관리가 가능하다. 이를 위해서는 바코드(Bar Code)가 상품에 인쇄되어 있어야 한다.

② **판매시점에서의 정보입력**

ㄱ 상품에 인쇄되어 있는 바코드를 통해 신속하고 정확하게 자동 판매함으로써 판매시점에서 정보를 곧바로 입력할 수 있다.

ㄴ 금전 등록기에서 일일이 자료를 입력하는 것에 비하면 시간과 노력을 절약할 수 있다.

③ **정보의 집중관리** : 단품별 정보, 고객정보, 매출정보, 그 밖의 판매와 관련된 정보를 수집하여 집중적으로 관리할 수 있다. 이러한 정보는 필요에 따라 처리 또는 가공되어 필요한 부분에 활용되는 것은 물론 경영상의 의사결정에 활용된다.

(3) POS 시스템의 적용분야

POS 시스템은 편의점, 백화점, 대형마트 등의 판매장, 음식점, 서적 또는 의류 전문점, 그 밖의 여러 유통분야에 적용되고 있다.

(4) POS 시스템의 구성과 운용과정

① **POS 단말기**

ㄱ POS 단말기는 판매장에 설치되어 있는 POS 터미널(Terminal)을 말하며, 금전등록기기능 및 통신기능이 있다.

ㄴ 단말기는 본체, 키보드, 고객용 표시장치, 조작원용 표시장치, 영수증발행용 프린터, 컬러모니터, 금전관리용 서랍, 매출표시장치 등으로 구성되어 있다.

② **스캐너**(Scanner)

㉠ 상품에 인쇄된 바코드를 자동으로 판독하는 장치로 고정 스캐너(Fixed Scanner)와 핸디 스캐너(Handy Scanner)가 있다.

㉡ 판매량이 많은 곳에서는 고정 스캐너를, 판매량이 적은 곳에서는 핸디 스캐너를 사용하는 것이 경제적이다.

③ **스토어 컨트롤러**(Store Controller)

㉠ 판매장에서의 판매정보가 POS 터미널로부터 전송되어 보관되는 대용량의 컴퓨터 또는 미니컴퓨터로 호스트 컴퓨터(Host Computer)이다.

㉡ 스토어 컨트롤러 안에는 매스터 파일(Master Files)이 있어서 상품명, 가격, 구입처, 구입가격, 구입일자 등에 관련된 모든 정보가 저장되어 있다.

㉢ 판매시장에서 판매가 이루어지면 자동적으로 판매파일, 재고파일, 구매파일 등을 갱신하고 기록한다.

㉣ 점포가 체인본부나 제조업체와 연결될 경우에는 스토어 컨트롤러에 기록된 각종 정보를 온라인으로 본부에 전송한다.

⑸ **POS 시스템의 장점**

① 매상등록시간 및 고객대기시간을 단축시키고 계산대의 수를 줄일 수 있다.

② 판매원 교육 및 훈련시간이 짧아지고 입력오류를 방지할 수 있다.

③ 전자주문시스템(EOS : Electronic Order System)과 연계하여 신속하고 적절한 구매를 할 수 있다.

④ 재고의 적정화 및 물류관리의 합리화를 꾀할 수 있으며, 판촉 전략의 과학화를 유도할 수 있다.

⑹ **POS 시스템의 효과**

① **직접적인 효과**

㉠ 생산성 향상

㉡ 계산원의 실수 방지

㉢ 사무작업의 간소화

㉣ 상품명이 명기된 영수증 발급

㉤ 부정 방지

② **간접적인 효과**

㉠ 품절 방지

㉡ 상품 회전율 향상

㉢ 신상품에 대한 원활한 평가

㉣ 판촉 등 영업정책에 대한 평가

4 EOS 시스템(자동발주시스템, Electronic Ordering System)

(1) EOS의 개념

① EOS의 개요

㉠ 자동발주시스템 혹은 온라인발주시스템이라고도 하며, 매장에서의 재고관리를 지원하기 위한 시스템으로, 매장 내에서 특정 상품의 재고량을 실시간으로 파악할 수 있는 시스템이 장착되어 있고, 판매에 따라 재고량이 줄어 들어 재주문점에 도달하게 되면 컴퓨터에 의해 자동발주가 이루어지는 시스템을 말한다.

㉡ 컴퓨터에 의한 온라인기술 진보와 POS 시스템의 보급에 따라 점포 진열선반 앞에서 필요한 상품의 발주자료를 발주 단말기에 입력하여 이를 거래선 컴퓨터의 회선을 통하여 전송함으로써 수발주작업의 생력화와 정보수집처리의 신속화·정확화를 도모하는 보충발주시스템이다.

② EOS의 도입목적

㉠ 소매점의 EOS화

ⓐ 점포재고의 적정화

ⓑ 오납·결품관리 용이

ⓒ 검품체제 개선

ⓓ 매입관리시스템의 확립

ⓔ 발주작업체제의 개선

ⓕ 점포관리시스템으로의 발전

㉡ 도매점의 EOS화

ⓐ 수주작업의 효율화

ⓑ 물류체제의 효율화

ⓒ 단골거래처에 대한 서비스체제의 향상

ⓓ 판매관리의 시스템화

ⓔ 사무작업의 생력화

③ EOS의 유형

㉠ 소비자 ID카드를 이용한 고객정보시스템

ⓐ ID카드를 소유한 소비자의 구매가 이루어질 때 고객의 ID번호와 바코드의 상품고유번호가 동시에 입력되도록 하여 상품정보와 소비자 개인정보를 연계 사용한다.

ⓑ 어떠한 특성을 가진 소비자가 언제, 어떠한 상품을 구입하는가에 대해 분석하고 이를 마케팅전략에 반영하는 시스템이다.

ⓛ 이상적 마케팅 정보시스템

ⓐ 제조업체나 소매업체는 소비자에게 어떤 형태이든 ID카드를 발급하면서 신상정보를 획득, 이를 저장하고 정기적으로 갱신한다.

ⓑ 소매점이나 서비스점에서 거래된 모든 내역은 POS 시스템을 통해 자동입력된다.

ⓒ 기업의 마케팅전략 정보가 수집되고 각각의 자료가 개인 ID를 중심으로 상호연관되어야 한다.

(2) EOS의 도입 효과

① **발주작업의 효율성 제고**: 발주시간 단축, 발주오류 감소

② 재고관리비용 절감 및 창고 활용의 효율화

③ 오납 및 결품 감소로 시간과 인력의 절감

④ 전표업무 삭감

⑤ 효율적인 점포종합관리시스템 구축 가능

⑥ 수주 및 반품처리업무의 효율성 제고

⑦ 비정상 거래 근절

⑧ 다양한 고객의 욕구에 대응

⑨ 수발주 데이터에 근거한 합리적인 영업관리

⑩ **효율적인 물류체계 확립**: 배차 빈도 감소, 인력 및 시간 단축

5 CAO(자동발주시스템, Computer Assisted Ordering)

(1) POS(Ponit of Sale)를 통해 얻어지는 상품흐름에 대한 정보와 계절적인 요인에 의해 소비자 수요에 영향을 미치는 외부요인에 대한 정보 그리고 실제재고수준, 상품수령, 안전재고수준에 대한 정보 등을 통합하여 컴퓨터가 자동발주하는 시스템을 말한다.

(2) CAO는 소비자 판매데이터를 근거로 다른 재고관련 정보와 연계·결합되어 상품 보충 측면에서 개선을 이룰 수 있다.

(3) 컴퓨터로 자동화된 주문관리에 의해 물류의 동기화 및 수요관리의 통합화가 가능해져 전체 재고수준의 감소와 결품률의 감소효과를 얻을 수 있다.

(4) 자동발주시스템의 성공적인 구현을 위해서는 유통업체와 제조업체의 정보공유가 기반이 되어야 하고, 실제 상품의 판매량과 보충상품의 필요수량 사이의 차이를 효과적으로 관리하고 통제하는 것이 중요한데, 이를 위해서 CAO는 EDI 기반정보시스템이므로 유통업체와 제조업체가 규격화된 문서를 사용하도록 해야 한다.

▮6 CALS(Commerce At Light Speed)

(1) CALS의 개요

① CALS(Commerce At Light Speed, 광속상거래)란 제품의 설계·생산·유통에서부터 폐기처분 전까지 전과정에 관련된 모든 조직이 전자적으로 정보를 교환하고 공유하는 조직 간 시스템을 말한다.

② 1980년대 중반 미국에서 군사관련 문서와 정보를 효율적으로 관리하기 위한 의도에서 시작되었는데, 지금은 정보시스템을 활용하여 기업 내 또는 기업 간의 업무 프로세스를 합리화하고 부가가치를 높이는 개념으로 확장되었다.

③ 정보통신기술을 기반으로 CALS가 실현되면 기업 간의 생산·판매·조달 등의 경영활동에 효율화를 기할 수 있고, 기업 내부의 설계·생산 활동과도 연계한 정보화가 가능하다.

④ 특히 제조업에서는 CALS에 의한 산업정보화 전략은 단순한 생산공정의 자동화나 유통과정의 자동화에 머무르지 않고 상품의 전체 순환주기에 걸쳐 상품관리와 처리절차를 근본적으로 정보화하는 것을 의미한다.

⑤ 최근에는 광속 상거래를 뜻하는 의미로 발전하여 인터넷을 기반으로 하는 기업 간 전자상거래를 지칭하기도 한다.

(2) CALS의 기대효과

① 통합데이터베이스를 구축함으로써 신속한 정보서비스를 제공받을 수 있다.

② 정확한 정보제공을 통하여 비용을 축소시킬 수 있으며, 서류에 의한 업무절차를 자동화 및 통합화함으로써 노력의 중복을 감소하고 중복되는 데이터를 제거하며, 데이터 관리의 효율성으로 데이터 개발 및 분배 비용을 감소시킬 수 있다.

③ CALS는 통합된 데이터베이스를 이용하여 업무량을 감소시킴과 동시에 소요시간을 단축시킨다.

④ 데이터베이스를 직접적으로 연결함으로써 데이터의 부정확·누락·불일치 요소 등을 제거시켜 품질과 업무의 질을 향상시킬 수 있다.

⑤ 서류 중심의 업무처리방식에서 과감히 탈피하여 연계된 업무처리를 전산화·자동화함으로써 정보기술의 효과적인 관리와 즉각적인 지원, 일관성 있는 정보 유지, 그리고 보다 많은 정보의 관리 등과 같은 효과를 기대할 수 있다.

7 ERP(전사적 자원관리, Enterprise Resource Planning)

(1) 개 념

① ERP(전사적 자원관리)는 생산, 판매, 구매, 인사, 재무, 물류 등 기업업무 전반을 통합 관리하는 경영정보시스템의 일종으로 기업이 보유하고 있는 모든 자원에 대해서 효과적인 사용 계획과 관리를 위한 시스템이다.

② ERP에는 고유의 데이터베이스 관리시스템이 있어 모든 정보가 실시간으로 데이터베이스로 전환되고, 이를 각 부서가 공유하게 된다.

③ ERP는 1970년대의 MRP에서 시작하여 MRP를 생산계획 전반으로 확장시킨 MRP-Ⅱ를 거쳐 MRP-Ⅱ를 기업활동 전반의 모든 경영자원으로 확대시킨 통합시스템이다.

④ ERP의 기본기능은 강력한 계획기능(APO : Advanced Planning Optimizer)에 있으며, 일반 컴퓨터 파워를 이용하여 모든 업무를 사전에 계획하고 시뮬레이션을 통해 최적해를 찾아 자원 및 시간의 효율을 극대화하여 고객만족을 추구하는 것이다.

⑤ ERP는 통상적으로 SAP, Oracle 등 전문업체의 애플리케이션 패키지인 ERP package를 구매하여 구축하는데, 이 패키지는 데이터를 어느 한 시스템에서 입력을 하면 전체로 자동 연결되어 별도로 인터페이스를 처리해야 할 필요가 없는 통합운영이 가능한 소프트웨어이다.

⑥ ERP package는 주기적으로 새로운 버전(New Version)이 공급되어 신기술의 도입이 쉬우며 선진 업무 프로세스의 도입에 의한 생산성 향상, 많은 기업의 적용으로 신뢰성 및 안전성 확보, 전 모듈 적용시 데이터의 일관성 및 통합성으로 업무의 단순화와 표준화 실현, 실시간 처리로 의사결정정보의 신속한 제공 등의 장점을 갖고 있다.

⑦ ERP 시스템은 업무의 통합과 재편성이 용이하기 때문에 고객지향 업무체계를 편성할 수 있다. 그리고 ERP 시스템은 변화하는 경영환경에 신속하게 대처할 수 있도록 판매, 생산, 회계, 인사 등 모든 사업 모듈에 대한 변경이 가능하다.

(2) ERP의 기능

① 회계부문에서 제공되는 기능

  ㉠ 재무회계

  ㉡ 관리회계

  ㉢ 자금관리

  ㉣ 고정자산관리

② 물류부문에서 제공되는 기능

  ㉠ 자재관리

  ㉡ 생산계획 및 관리

  ㉢ 판매

  ㉣ 품질관리

  ㉤ 설비 유지 · 보수

③ 인적 자원 관리부문에서 제공되는 기능

　　㉠ 기획·개발 : 기업이 보유한 인적 자원에 대한 체계적 관리기능을 제공함으로써 인적 자원의 전략적 활용이 가능해진다.

　　㉡ 인사관리·급여부문 : 기획·개발 이외의 인적 자원의 운영과 관련된 행정업무처리를 지원해 준다.

(3) ERP 도입을 위한 요건

① 경영투명성에 대한 경영자의 의지가 명확해야 한다.

② ERP 도입에 대한 명확한 비전을 갖고 사전에 구축범위를 설정해야 시행착오를 줄일 수 있다.

③ 하나의 자료원(source)을 통해 들어온 정보를 연관된 모든 부서가 공유해야 하므로 표준화가 필요하고, 기업업무 전반을 통합시켜 업무의 일괄처리를 가능하게 해야 한다.

④ ERP 프로젝트 팀원에 대한 철저한 교육을 통하여 시스템에 대한 이해도를 높여야 한다.

┌ 보충학습 ◁

ERP와 MIS의 차이점

MIS(Management Information System)는 기업의 경영진이나 조직의 관리자에게 투자·생산·판매·경리·인사 등 경영관리에 필요한 정보를 신속하고 정확하게 공급함으로써 생산성과 수익성을 높이고자 하는 종합정보시스템이다. ERP가 MIS가 다른 점은 MIS는 결과를 입력하여 업무의 흐름을 분석하는데 주안점을 두고 있는 것에 반해, ERP는 기업의 업무 절차과정에서 발생하는 모든 데이터를 발생시점에 통합하여 자동으로 처리하는 점이다.

▌8▐ GPS(위성추적시스템, Global Positioning System)

(1) GPS는 인공위성을 사용하여 지구상의 현재 위치를 조사하는 시스템으로 1950년대 후반에서 1960년대 초반에 미 해군이 위성에 기초한 두 종류의 측량 및 항해 체계를 마련한 것에서 시작되었다.

(2) 이와 같이 GPS는 원래 군사용으로 사용되어 왔지만, 민간에서 이용하게 되면서부터는 항공기, 선박, 측량기기에 이용되고 있으며, 근래에는 자동차(카 네비게이션 시스템)와 휴대전화에도 사용되고 있다.

(3) GPS는 지구상 어디에서나 위치확인이 가능하고, 고확도 측위, 고정밀 시각정보제공이 가능하며, 무선통신과 결합하여 모바일 컴퓨팅 요구를 충족할 수 있는 특징을 가지고 있다.

(4) 물류부문에서는 인공위성을 사용하여 차량의 위치를 추적하는 데 이용되어지고 있으며, 물류정보시스템을 가장 효율적으로 활용할 수 있는 장점을 가지고 있다.

(5) 위성추적시스템을 물류정보시스템에 응용함으로써 화물추적서비스가 가능하여 고객서비스 향상을 도모할 수 있고, 배송차량의 위치, 배송진행과정, 경로 등의 실시간 제공이 가능하여 공차 배정을 신속하게 함으로써 공차율을 줄일 수 있을 뿐만 아니라 교통체증이 없는 도로검색도 가능해져 수송시간의 단축 및 수송비 절감효과를 도모할 수 있다.

◉ [그림 10−4] GPS 시스템 구성도

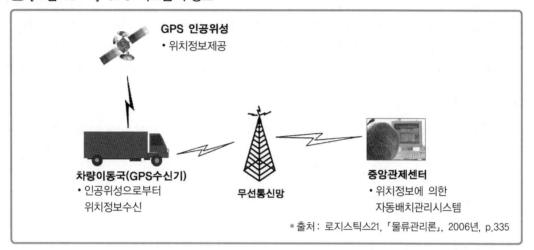

9 TRS(주파수 공용통신, Trunked Radio System)

(1) 개 념
① 중계국에 할당된 여러 개의 채널을 공동으로 사용하는 무전기 시스템으로 운송수단에 탑재하여 이동 간의 정보를 실시간으로 송수신할 수 있다.
② 일대 다수의 무선통신이 가능하며, 가입자는 소속된 중계국의 어느 채널이라도 사용이 가능하며, 그룹통신, 개별통신, 긴급통신이 가능하다.

(2) 도입 효과
① 물류비용 절감
② 고객서비스 개선
③ 효율적인 차량관리
④ 부가 서비스 이용(교통정보, 기상정보 등)

10 ITS(지능형 교통시스템, Intelligent Transport System)

(1) 개 념

도로와 차량 등 기존 교통의 구성요소에 첨단의 전자·정보통신 기술을 적용하여 교통시설을 효율적으로 이용하고 통행자에 유용한 정보를 제공하여 안전하고 편리한 통행과 전체 교통체계의 효율성을 기하도록 하는 교통부문의 정보화시스템이다. 우리나라는 ITS를 첨단교통관리시스템 (ATMS : Advanced Traffic Management System), 첨단여행정보시스템(ATIS : Advanced Traveler Information System), 첨단대중교통시스템(APT : Advanced Public Transportation), 첨단차량 및 고속도로시스템(AVHS : Advanced Vehicle & Highway System)의 5개 분야로 나누어 추진하고 있다.

(2) 서비스 분야

① 화물운송 효율화 분야(물류정보관리 서비스, 위험물 차량관리 서비스, 화물 전자행정 서비스)

② 교통관리 최적화 분야

③ 전자지불 서비스 분야

④ 교통정보 유통 활성화 분야

⑤ 여행자 정보 고급화 분야

⑥ 대중교통 활성화 분야

⑦ 차량 및 도로 첨단화 분야

(3) 도입 효과

① 교통시설의 효율성 향상

② 교통관리 효율화 도모

③ 교통혼잡 완화

④ 교통정보 제공을 통한 이용자 편의성 증대

⑤ 사고방지 및 안정성 확보

⑥ 에너지 절감 및 환경오염 감소

11 기 타

(1) DPS(Digital Picking System)

① 점포로부터 발주자료를 센터의 상품 랙에 부착한 표시기에 피킹 수량을 디지털로 표시하게 하는 시스템으로 작업 생산성 향상을 도모한다.

② **도입 효과**: 피킹 오류 감소, 피킹 생산성 향상, 피킹시간 단축, 피킹 인원 감소

⑵ GIS-T

교통지리정보시스템(Geographical Information System for Transportation)은 디지털 지도에 각종 정보를 위성으로 연결하여 관리하고, 이를 분석 및 응용하는 시스템이다.

⑶ AVLS

① 이동체 위치 파악시스템(Automatic Vehicle Location System)은 위성으로부터 받은 신호를 차량, 선박, 항공기에 장착된 수신기와 기타 위치 센서의 정보로부터 이동체의 현 위치를 실시간에 계산하여 운행자와 중앙관제소에 알려 준다.

② 이동체의 위치 및 이동상태를 파악하고, 차량의 최적 배차 및 파견, 실태 파악 및 분석, 안내, 통제 등 일련의 작업을 자동화한 시스템이다.

⑷ IoT

사물인터넷(Internet of Things)은 고유하게 식별 가능한 사물이 만들어낸 정보를 인터넷을 통해 공유하는 환경을 의미한다. 즉, 생활 속 사물들을 유무선 네트워크로 연결해 정보를 공유하는 환경으로 가전제품, 전자기기뿐만 아니라 헬스케어, 원격검침, 스마트홈, 스마트카 등 다양한 분야에서 사물을 네트워크로 연결해 정보를 공유할 수 있다. 이는 기존의 유선통신 기반 인터넷 및 모바일 인터넷보다 진화된 다음 단계의 인터넷을 의미한다.

제4절 │ 바코드 시스템

1 Bar Code(바코드)의 개요

⑴ 바코드의 개념

① 바코드는 컴퓨터가 정보를 읽기 쉽도록 하기 위해 두께가 서로 다른 검은 막대와 흰 막대(Space)를 조합시켜 숫자 또는 특수기호를 코드화한 것으로 이를 이용하여 정보의 표현과 정보의 수집·해독을 가능하게 한다.

② 상품유통분야에서 바코드는 과학적인 판매 및 재고관리를 가능하게 해 줌으로써 판매시점정보관리(POS System)의 중심적 역할을 수행한다.

③ 바코드는 바와 스페이스로 구성되고, 바코드에는 상하좌우로 4곳에 코너마크가 표시되어 있다. 또한 판독기를 통해 바코드를 읽기 위해서는 바코드의 시작과 종료를 알려주기 위하여 일정 공간의 여백을 두기도 한다.

④ 현재 세계적으로 사용되는 코드로는 GS1(국제표준 상품코드 관리기관)이며, 기존의 세계 공통 상품코드(UPC : Universe Product Code), 유럽공통상품코드(EAN : European Article Number) 등을 표준화하였다.

⑤ EAN/UPC International과 EPC Global이 통합되어 GS1이 되었다.

(2) 바코드의 장점 및 단점

① 장 점

　　㉠ 오독률이 낮아 높은 신뢰성을 확보할 수 있다.

　　㉡ 바코드에 수록된 데이터는 비접촉 판독이 가능하고 한 번의 주사로 판독이 가능하다.

　　㉢ 컨베이어상에서 직접 판독이 가능하며 신속한 데이터 수집이 가능하다.

　　㉣ 도입비용이 저렴하고 응용범위가 다양하다.

② 단 점

　　㉠ 정보량이 적다.

　　㉡ 정보의 변경이나 추가가 되지 않는다(정보를 추가하기 위해서는 추가 표시라벨을 별도로 부착해야 함).

(3) 바코드의 등록이 필요한 업체

① 백화점, 편의점, 할인점(대형마트) 등 국내 유통업체에 납품하는 업체

② 다른 나라에 상품을 수출하는 업체

③ 상품의 납품 또는 수출시 바코드 부착을 요구받는 업체

④ 물류 및 유통, 재고관리 등에 전산화를 도입하고자 하는 업체

(4) 바코드의 적용 절차

① 제1단계 : 업체코드 신청(GS1 Korea에서 발급)

② 제2단계 : 상품코드 선정

③ 제3단계 : 바코드 인쇄방법 결정

④ 제4단계 : 바코드 판독 환경 고려

⑤ 제5단계 : 바코드 종류 결정

⑥ 제6단계 : 바코드 크기 설정

⑦ 제7단계 : 바코드 번호 부여

⑧ 제8단계 : 바코드 색상 선택

⑨ 제9단계 : 바코드 부착위치 결정

⑩ 제10단계 : 바코드 품질관리 계획 수립

(5) 바코드의 구조

① **시작(Start)과 멈춤(Stop) 문자** : 시작(Start) 문자는 심벌의 맨 앞부분에 기록된 문자로 데이터의 입력방식과 바코드의 종류를 바코드 리더에 알려주는 기능을 한다. 멈춤(Stop) 문자는 바코드의 심벌이 끝났다는 것을 알려주어 바코드 스캐너가 양쪽 어느 방향에서든지 데이터를 읽을 수 있도록 하는 기능이 있다.

② **여백(Quiet Zone)** : 바코드의 시작과 끝에는 여백이 있는데, 이 여백을 Quiet Zone이라 한다. 바코드의 정확한 읽음(Scan)을 위하여 필요한 공간으로 시작 문자의 앞과 멈춤 문자의 뒤에 위치하며 바코드의 시작 및 끝을 명확하게 구현하기 위한 필수적인 요소이다. 심벌 좌측의 여백을 전방 여백, 우측의 여백을 후방 여백이라 한다.

③ **설명 선(Interpretation Line)** : 바코드의 윗부분 또는 아랫부분의 빈 공간에 회사명, 제품코드, 바코드 내용 등을 인쇄할 수 있는 공간을 말한다.

④ **바(Bar)와 스페이스(Space)** : 바코드는 넓고 좁은 바와 스페이스로 구성되어 있으며, 이들 중 가장 좁은 바와 스페이스를 'X 디멘션(Dimention)'이라 부른다. X 디멘션(Dimention)의 크기는 프린팅 방법 및 기술에 의해 좌우되며 좁은 바 / 스페이스와 넓은 바 / 스페이스는 1 : 2 또는 1 : 3 정도의 비율이 필요하다.

⑤ **검사문자(Check Digit)** : 검사문자는 메시지가 정확하게 읽혔는지 검사하는 것으로 정보의 정확성이 요구되는 분야에 이용되고 있다.

⑥ **상호문자 간격(Intercharacter Gap)** : X 디멘션 크기의 스페이스를 삽입하는 간격을 말한다.

■ 2 국제 바코드 표준체계

(1) Global Trade Item Number(GTIN, 국제거래단품코드)

① 거래단품은 공급체인상에서 가격이 매겨지거나 주문 단위가 되는 상품을 말하며, 소비자에게 판매되는 모든 낱개 상품뿐만 아니라 묶음 상품, 기업 간 주문 단위로 이용되는 골판지 상자 단위도 거래단품의 범주에 포함된다.

② GTIN의 종류에는 GS1-8(8자리), GS1-13(13자리), GS1-14(14자리)가 있으며, 이를 전산으로 처리할 경우에는 모두 14자리로 입력해야 하므로 각 코드의 앞에 '0'을 채워 14자리로 만든 후 데이터베이스에 입력한다.

(2) GTIN 코드의 예시

① **국가식별코드**(3자리)

㉠ 첫 3자리 숫자는 국가를 식별하는 코드로 대한민국은 항상 880으로 시작된다.

㉡ 세계 어느 나라에 수출되더라도 한국 상품으로 식별되며, 원산지를 나타내는 것은 아니다.

㉢ 1981년까지 GS1에 가입한 국가는 국가식별코드가 2자리이며, 1982년 이후에 가입한 국가는 국가식별코드가 3자리를 사용한다(한국 1998년 가입).

② **제조업체코드**(6자리)

　　㉠ 국가코드 다음의 6자리 제조업체코드는 대한상공회의소 한국유통물류진흥원에서 제품을 제조하거나 판매하는 업체에 부여한다.

　　㉡ 업체별로 고유코드가 부여되기 때문에 같은 코드가 중복되어 부여되지 않는다.

③ **상품품목코드**(3자리)

　　㉠ 제조업체코드 다음의 3자리는 제조업체코드를 부여받은 업체가 자사에서 취급하는 상품에 임의적으로 부여하는 코드이다.

　　㉡ 000 ~ 999까지 총 1,000품목의 상품에 코드를 부여할 수 있다.

④ **체크디지트**(1자리) : 스캐너에 의한 판독 오류를 방지하기 위해 만들어진 코드로 바코드가 정확하게 구성되어 있는가를 보장해주는 컴퓨터 체크디지트를 말한다.

● [그림 10-5] GTIN 코드의 예시

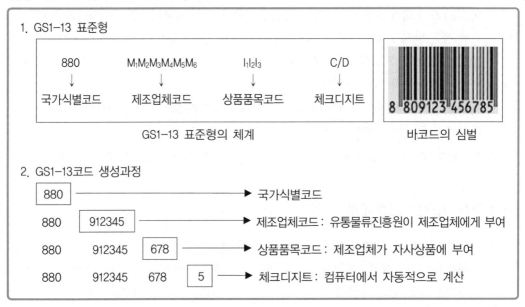

3 GS1 바코드의 규격 및 색상

(1) **GS1 바코드의 규격**

① GS1 국제표준바코드는 제품의 크기에 따라 일정한 크기(최대 200%, 최소 80%)로 확대 및 축소하여 사용할 수 있다.

② 바코드의 배율은 가로와 세로가 비례하여 확대 · 축소되어야 하는 것은 아니며, 최소 축소치에서 세로의 길이는 1.8cm까지 사용하는 것을 권장한다.

● [그림 10-6] GS1 바코드의 규격

표준규격(100%)
가로 3.73cm×세로 2.63cm

최소축소치(80%)
가로 3cm×세로 2.1cm

최대확대치(200%)
가로 7.46cm×세로 5.26cm

③ 바코드에 반드시 인쇄되어야 하는 사항

　㉠ 제작 완료된 바코드원판(필름마스터)에는 항상 상하좌우 4곳에 코너마크가 표시되어 있어야 한다.

　㉡ 판독기는 좌우 여백부분을 통해 바코드의 시작과 종료를 알 수 있기 때문에 바코드 좌우에 반드시 밝은 여백이 있어야 한다.

● [그림 10-7] 바코드 인쇄사항

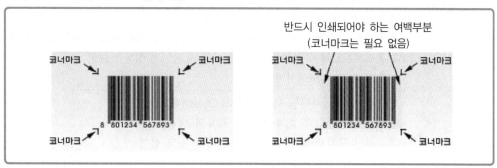

(2) GS1 바코드의 색상

① 바코드는 숫자를 흑과 백의 막대모양 기호로 조합한 것으로 컴퓨터가 판독하기 쉽고, 데이터를 빠르게 입력하기 위해 사용되며, 광학식 마크판독장치에 의해 자동 판독되어 입력된다.

② 국제거래단품코드를 따르는 상품의 종류를 나타내거나 슈퍼마켓 등에서 매출정보의 관리 (POS : Point of Sales System) 등에 이용된다(도서분류, 신분증명서 등에도 사용됨).

③ 종래 바코드 판독에는 핸드 스캐너가 사용되었으나, 최근에는 레이저식이 주류이다.

④ 레이저식에서는 판독장치 위에 바코드가 인쇄된 상품을 통과시킴으로써 코드가 자동 판독되어 작업을 능률화하며, 공장 자동화 분야에서는 가공대상물에 바코드를 부착하여 물품번호를 인식하여 작업상에 필요한 여러 사항을 인식하는 도움이 된다.

⑤ 그러나 바코드로 판독할 수 있는 색상과 없는 색상이 없다는 것을 유의하여야 하며, 바탕을 백색으로 하고 바의 색상으로 적색, 노랑색, 오렌지색 등을 사용하면 기계에서는 바탕과 바를 모두 백색으로 감지하기 때문에 판독할 수 없다.

4 GS1 바코드의 활용 이익

(1) GS1 바코드 시스템은 유통과정에서의 신속 · 정확한 정보를 간단한 조작을 통해 입력하여 유통정보의 수집과 관리의 효율성을 높이는 시스템이다.

(2) 또한 모든 소매점에서 판매되고 있는 소비재 상품에 활용되고 있으며, 판매시점정보관리시스템(POS)의 활용을 통한 정보창출을 비롯하여 매입관리시스템, 주문관리시스템 등과 연계된 소매업 종합정보시스템으로 확산 · 발전하고 있다.

(3) GS1에 기초한 물류용 수치부여와 심벌시스템의 개발로 물류정보시스템의 구축을 촉진하고, EDI의 확산에 따라 활용성이 높아지고 있으며, 유통산업은 물론 소비자와 국민경제 전반에 긍정적인 이용효과를 가져다 주고 있다.

◉ [표 10-5] GS1 바코드 활용의 이익

유통산업	• 신속 정확한 판매정보관리에 의한 유통경영의 과학화 촉진 • 수발주 자동화에 의한 신속 정확한 상품관리의 실현과 적정재고관리 • 출하와 배송의 효율화 실현 • 가격표 부착작업의 감소에 의한 노동비용의 절감 • 효율적인 인력관리와 고객관리의 가능 • 유통정보 분석에 근거한 점내상품계획(ISM, In-store Merchandising) 실시 • 유통정보시스템의 표준화에 의해 저렴한 관련기기와 기술의 보급 가능 • 비용의 절감과 고객서비스 향상
제조업	• 판매동향, 소비자행동 등 시장정보 조사비용의 절감 • 신제품 개발전략의 효과분석 및 효율적 대응 • 과학적인 물류관리, 생산계획, 판촉계획 등의 실현 • 유통단계별 정보공유로 SCM 실현 • 전반적인 유통비용의 절감
소비자	• POS 사용업체의 이용을 통한 양질의 서비스 혜택 • POS 기기에서 발행된 영수증을 통해 구매계획 및 정산에 활용 • 효율적인 소비활동, 물가안정 기대
국민경제	• 경제적인 자원 활용의 실현 • 물가안정, 생산증대 등 거시 경제정책목표의 달성 • 정보통신산업의 동반 발전 촉진

5 GS1 바코드의 종류

(1) 1차원 바코드

① GS1-13(다품목코드)

㉠ 국가식별코드 : 국가를 식별하기 위한 숫자로 2~3자리로 구성되며, 1982년 이전에 GS1 International에 가입한 국가는 2자리이며, 1982년 이후에 가입한 국가는 3자리가 부여된다.

㉡ 제조업체코드 : 상품의 제조업체를 나타내는 코드로 5자리 다품종 업체에 63000~69999번 까지 부여된다.

㉢ 상품품목코드 : 각각의 단품을 나타내는 4자리 코드로 0000~9999까지 총 10,000품목에 부여할 수 있다.

㉣ 체크디지트 : 스캐너에 의한 판독 오류를 방지하기 위해 만들어진 코드로 modulo 10방식에 의해 계산된다.

● [그림 10-8] GS1-13(다품목코드)

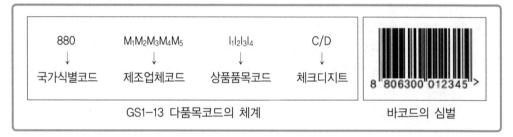

GS1-13 다품목코드의 체계   바코드의 심벌

② GS1-13(표준형 B)

㉠ 국가식별코드 : 국가를 식별하기 위한 숫자로 2~3자리로 구성된다.

㉡ 제조업체코드 : 상품의 제조업체를 나타내는 코드로 6자리로 구성된다.

㉢ 상품품목코드 : 각각의 단품을 나타내는 코드로 총 1,000품목에 부여할 수 있다.

㉣ 체크디지트 : 스캐너에 의한 판독 오류를 방지하기 위해 만들어진 코드로 modulo 10방식에 의해 계산된다.

● [그림 10-9] GS1-13(표준형 B)

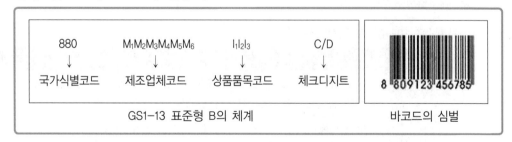

GS1-13 표준형 B의 체계   바코드의 심벌

③ GS1-13(의약품코드)

　㉠ 국가식별코드 : 국가를 식별하기 위한 숫자로 2~3자리로 구성된다.

　㉡ 제조업체코드 : 의약품의 제조업체를 나타내는 코드로 5자리로 구성된다.

　㉢ 상품품목코드 : 각각의 단품을 나타내는 코드로 총 10,000품목에 부여할 수 있다.

　㉣ 체크디지트 : 스캐너에 의한 판독 오류를 방지하기 위해 만들어진 코드로 modulo 10방식에 의해 계산된다.

　● [그림 10-10] GS1-13(의약품코드)

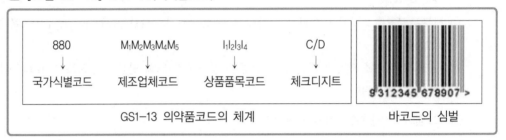

④ GS1-14(표준물류코드)

　㉠ 업체 간 거래단위인 물류단위(Logistics Unit)로서 주로 골판지 상자에 사용되는 국제표준 물류바코드로서 생산공장, 물류센터, 유통센터 등의 입출하 시점에 판독되는 표준 바코드이다.

　㉡ 물류식별코드, 국가식별코드, 제조업체코드, 상품품목코드, 체크디지트로 구성된다.

　● [그림 10-11] GS1-14(표준물류코드)

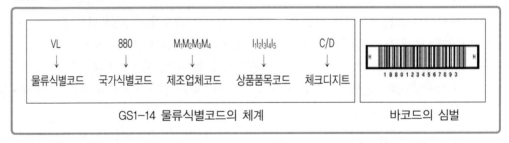

　㉢ 표준물류코드의 의미

　　● [표 10-6] 표준물류코드

물류식별코드	의 미
0	박스 내에 서로 다른 단품이 혼합된 경우로 박스 내에 있는 단품에 부여된 상품 품목코드와 다른 상품 품목코드를 부여해야 함.
1~8	박스 내에 동일한 단품이 들어 있는 경우, 물류식별코드는 박스에 포함된 단품의 개수의 차이를 구분함.
9	추가형 코드가 있는 경우 : 계량형 상품

ㄹ 표준 물류바코드의 활용 이점

ⓐ 물류센터 내 검품, 거래처별·제품별 소팅, 로케이션관리의 자동화

ⓑ 물류센터 내 실시간에 재고파악을 통한 재고관리의 효율화

ⓒ 생산에서 배송까지의 제품이동의 신속·정확화 : 수주에서 납품까지의 리드타임 단축 등

ⓓ 물류단위 중심의 EDI 거래 촉진

⑤ GS1-128

㉠ GS1-128의 등장 배경 : 물류단위(박스, 파렛트, 컨테이너 등)에 다양한 정보를 표시하고자 하였으며, 기업 간·산업 간에 상호 호환이 가능한 표준정보를 담을 수 있는 코드에 대한 욕구가 발생하였다.

㉡ GS1-128의 활용 이점

ⓐ 개방화된 표준 : 코드를 인쇄한 기업에 관계없이 어느 국가, 어느 장소, 어떤 기업에서도 사용 가능한 개방화된 표준이다.

ⓑ 안정적인 표준 : 기업들이 필요로 하는 새로운 정보가 발생할 경우, 새로 정의하여 사용할 수 있다(기존의 시스템에 대한 변경이 전혀 불필요함).

㉢ GS1-128의 정보

ⓐ 식별번호 : 상품식별, 물류단위식별, 변형된 제품식별, 제품모델번호, 카탈로그식별, 회수자산식별

ⓑ 추적번호 및 일자표시 : 상품, 물류단위에 대한 추적 / 배치·로트번호 / 일련번호, 유효기간, 생산일자, 포장일자, 최대사용일자

ⓒ 척도단위 : 창고공간관리시스템, 수송서비스에 대한 물류측정단위에 사용, 상품내용물이 주문자 또는 상품특성에 따라 변하는 경우

ⓓ 로케이션관리 : 배송처, 청구처, 구매처, 원산지

ⓔ 기타 : 롤제품, 쿠폰, 기업 내부 활용

⑥ UPC 코드

㉠ 2004년까지 북미지역(미국, 캐나다)에서 사용했던 코드로 12자리 혹은 8자리로 구성된 표준형(UPC-A)과 단축형(UPC-E)의 두 종류가 있다.

㉡ 현재는 GS1 코드가 국제표준으로 선정되어 북미지역 수출시에도 사용할 수 있게 되어 UPC 코드는 더 이상 사용되지 않는다.

◉ [그림 10-12] UPC 코드

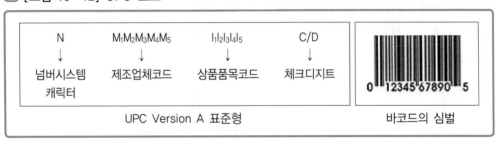

N	$M_1M_2M_3M_4M_5$	$I_1I_2I_3I_4I_5$	C/D	
↓	↓	↓	↓	
넘버시스템 캐릭터	제조업체코드	상품품목코드	체크디지트	0 12345 67890 5
UPC Version A 표준형				바코드의 심벌

      ⓒ 넘버시스템캐릭터(Number System Character : 1자리)

        ⓐ UPC 코드 첫째 자리의 넘버시스템캐릭터는 뒤의 나머지 숫자의 분류뿐만 아니라 의미를 해결하는데 도움을 준다.

        ⓑ 0, 6, 7, 8 : 아래를 제외한 모든 제품에 부여한다.

        ⓒ 2 : 중량단위로 판매되는 가변 중량상품(육류, 치즈 등)에 부여한다.

        ⓓ 3 : 의약품, 건강 관련 제품에 부여한다.

        ⓔ 4 : 점포 내 판매를 목적으로 소매업자에 의해 마킹되는 제품에 부여한다(ISM).

        ⓕ 5 : 쿠폰에 부여한다.

      ⓔ 제조업체코드(5자리) : UPC코드 관리기관인 UCC(Uniform Code Council)에서 각 제조업체에 부여한다.

      ⓜ 상품품목코드(5자리) : 상품품목코드는 제조업체가 부여하고 관리하는 코드이다.

      ⓗ 체크디지트(1자리) : modulus 10방식으로 계산하여 부여하는 코드이다.

⑦ SSCC 코드

      ㉠ 제조, 물류 또는 상품공급업체들이 상품을 주문한 업체로 상품을 배송하는 배송단위(박스, 파렛트, 컨테이너 등)를 식별하기 위해서 SSCC(Serial Shipping Container Code)를 개발하였으며, GS1-128이라는 바코드 심벌로 표시된다.

      ㉡ 제조업체, 운송업체, 물류업체, 유통업체에 이르는 공급체인의 모든 참여 주체들이 사용 가능하다. 즉, 배송정보가 EDI에 의해서 미리 제공됨으로써 SSCC는 선적, 입고, 재고, 분류, 주문조정, 추적 등과 같은 응용분야를 지원할 수 있다.

      ㉢ SSCC가 EDI와 연계되어 사용될 때 다음과 같은 다양한 물류업무기능을 수행할 수 있다.

        ⓐ 배송단위에 대한 식별

        ⓑ 개별적인 배송단위에 대한 추적, 조회

        ⓒ 운송업체의 효율적인 배송

        ⓓ 재고관리시스템을 위한 정확한 입고 정보

        ⓔ 자동화에 의한 효율적 입고와 배송

⑧ 서적코드

      ㉠ ISBN(International Standard Book Number)제도는 출판물 및 문헌정보 유통을 효율화하기 위하여 각종 도서 하나 하나에 국제적으로 표준화된 방법으로 고유번호를 부여하여 책의 일정한 위치를 표시하는 제도이다.

      ㉡ 국제표준도서번호(ISBN)는 13자리로 구성되어 있으며, 부가기호는 5자리이다.

      ㉢ 접두부 번호는 단행본의 경우 978이며, 정기간행물은 977이다.

● [표 10-7] 서적코드

978	89	74	12345	7	0 3 810
접두부 (3)	국별번호 (2)	발행자번호 (2)	서명식별번호 (5)	체크기호 (1)	내용분류(1) 발생형태(1) 내용분류기호(3)

ㄹ ISBN 부여 대상자료

ⓐ 도서(정부간행물, 교과서, 학습참고서, 만화 등을 포함)

ⓑ 팜플렛(앞 뒤 표지를 제외한 5-48 페이지 자료)

ⓒ 복합매체 출판물(Mixed Media Publication)

ⓓ 점자자료(도서 및 오디오테이프)

ⓔ 교육용으로 제작된 필름, 비디오테이프, 오디오테이프, 투명도, 슬라이드를 포함한 기타 유사 매체 자료

ⓕ 카세트에 녹음된 도서

ⓖ 마이크로 컴퓨터 소프트웨어

ⓗ 전자출판물 : 기계가독형 테이프(출력 가능한 자료에 한함), CD-ROM 등

ⓘ 마이크로 형태자료

ⓙ 지도

ㅁ 제외되는 자료

ⓐ 일기장, 달력, 광고물과 같은 수명이 짧은 자료

ⓑ 선전용 팜플렛

ⓒ 표제지와 본문 없이 인쇄된 화첩, 미술작품, 지도, 악보 등 낱장자료

ⓓ 연속간행물(단, 1회 간행물인 연감, 연보 등은 도서번호와 연속간행물 번호를 동시에 부여함)

ㅂ ISBN 표시방법 : 책에 표시할 때에는 ISBN과 GS1을 병기한다.

(2) 2차원 바코드

① 2차원 바코드의 정의

㉠ 2차원 바코드는 기존의 1차원 바코드 심벌의 단점인 정보표현의 제한성을 보완하기 위하여 만들어진 것으로, 양 축(X축 방향, Y축 방향)으로 데이터를 배열시켜 평면화시킨 바코드이다.

㉡ 문자, 숫자 등 3,000여 개의 정보를 저장할 수 있는 2차원 바코드에서는 바코드 자체에 제조회사와 제조일시, 가격 등의 정보가 포함되어 있어 미리 데이터베이스를 준비해 놓고 있지 않아도 판독기가 바코드를 읽기만 하면 바로 컴퓨터 화면에 상품의 자세한 정보가 나타나며 자동 계산을 할 수 있게 된다.

② 2차원 바코드의 종류

㉠ 매트릭스형 코드(Matrix Code): 정방향의 동일한 폭의 흑백요소를 모자이크식으로 배열하여 데이터를 구성하기 때문에 체크무늬 심벌형태를 가진다. 이 심벌을 판독하는 스캐너는 각 정방형의 요소가 검은지 흰지를 식별해 내고 이 흑백요소를 데이터의 비트로 삼아서 문자를 구성한다. 매트릭스형 코드는 2D Array코드라고 불리며, 그 종류는 다음과 같다.

◉ [표 10-8] 매트릭스 바코드의 종류

Data Matrix Code	Data Code라고도 불리며 심볼당 표현할 수 있는 데이터의 양이 강조되어 있다.
QR Code	Quick Response Code라는 의미로 신속한 판독을 필요로 하는 물류관리나 공장자동화부분에 적합하도록 고안되었다.
Matrix Code	미국의 UPS사에 의해 개발된 매트릭스형 코드이다.
Code one Code	각 Code one 심볼은 빠르게 인식하기 위한 중앙 인식 패턴이며, 10종류의 패턴과 14종류의 크기가 있는 2차원 매트릭스 심볼로지이다.

㉡ 다층형 바코드(Stacked Bar Code): 1차원 바코드와 같이 개별적으로 인식될 수 있는 몇 개의 문자가 모여 수평으로 열을 구성하며, 열 안에는 1개 이상의 데이터 문자를 포함한다. 특수한 별도의 장비가 아닌 상용화된 범용 스캐너로 판독이 용이하다.

◉ [표 10-9] 다층형 바코드의 종류

Code 16K Code	Code 16K는 다층형이고 데이터 길이는 가변인 연속형 심볼로지로서 128개의 ASCII 문자집합을 모두 표현할 수 있다.
PDF-417 Code	한 심볼은 데이터 표현양식(Mode)에 따라 최대 ASCII 1850 문자나 1108 바이트 또는 2710수치를 표현할 수 있다. 데이터의 오류검출 및 수정문자가 제공하는 것보다 훨씬 높은 정도의 데이터의 안전단계를 보장하고 있다.
Code 49 Code	Code 49는 다층형이고 작은 데이터 길이는 가변인 연속형 심볼로지로서 128개의 모든 ASCII 문자를 표현할 수 있다.

③ 2차원 바코드의 장점

㉠ 공간 점유도가 낮다.
㉡ 좁은 영역에 많은 데이터를 표현할 수 있다.
㉢ 심벌이 오염되거나 훼손되어 데이터가 손상되더라도 복원능력이 뛰어나다.
㉣ 문자와 숫자로 된 모든 문자를 지원한다.
㉤ 심벌 인쇄 및 판독이 쉽고, 심벌의 판독을 360° 다방향으로 할 수 있다.

● [그림 10-13] 2차원 바코드(국제표준)

QR Code	PDF 417	Data Matrix	Maxi Code

6 소스마킹과 인스토어마킹

(1) 소스마킹

① 소스마킹의 개요

㉠ 소스마킹이란 상품제조업체 또는 판매원이 상품의 생산·포장단계에서 자사의 상품이 세계 어디에서나 모호하지 않게 식별되는 해당 상품코드를 나타내는 바코드 심벌을 포장이나 용기에 일괄적으로 인쇄하는 것을 말한다.

㉡ 인스토어마킹(In-Store Marking)과는 달리 전세계적으로 사용되기 때문에 바코드의 체계 및 형태는 국제표준규격인 13자리 GS1을 인쇄하여야 한다.

② 소스마킹의 필요성

㉠ 대외적 요인

ⓐ 현재 미국, 일본 등 선진국과 동구권을 포함하여 전세계 84여 개국에서 POS 시스템을 도입·활용하고 있으며, 이들 국가들에는 우리나라의 교역상대국이 거의 포함되어 있기 때문에 국내업체에 대한 해외바이어들의 소스마킹 요구가 빈번해지고 있다.

ⓑ 국내 유통업체들의 경우에도 POS 시스템을 도입·활용하고 있어 납품업체에 대하여 소스마킹을 요구하고 있으며, 소스마킹이 되어 있지 않은 상품에 대해서는 취급을 기피하는 경향이 높아지고 있다.

㉡ 대내적 요인

ⓐ 소스마킹을 함으로써 바코드를 활용한 생산관리, 입고·출고·재고관리 등 물류관리시스템을 원활하게 구축할 수 있기 때문이다.

ⓑ POS 데이터의 활용 때문이다.

ⓒ EDI 시스템에 활용하기 위함이다.

ⓓ 제조업체가 소스마킹을 함으로써 인스토어마킹 운영에 따른 비용을 절감할 수 있고, 번거로운 라벨 부착작업을 줄일 수 있다.

③ 소스마킹에 따른 이점

㉠ 제조업체가 갖는 이점

ⓐ 판매정보를 기초로 정확한 생산계획을 수립

ⓑ 경쟁품과의 가격동향을 파악하여 시기적절하게 가격을 조정

ⓒ 광고나 판매촉진의 효과를 측정

ⓓ 소비자의 요구에 맞춰 신제품을 개발하거나 기존제품을 개량

ⓔ 팔리지 않는 상품의 생산중단 및 폐기

ⓕ 시장규모를 파악하여 각사별 시장점유율 파악

ⓖ 출고·배송의 합리화

ⓗ 재고관리의 정확도 향상

ⓛ 유통업체가 갖는 이점

ⓐ 매출등록계산의 간편·신속화

ⓑ 마킹비용의 절감(바코드 라벨 부착작업의 경감)

ⓒ 단품정보수집

ⓓ 재고관리의 정확도 향상

(2) 인스토어마킹(ISM : In-Store Marking)

각각의 소매점포에서 청과·생선·정육 등을 포장하면서 일정한 기준에 의해 라벨러를 이용하거나 컴퓨터를 이용하여 바코드 라벨을 출력한 후, 사람이 직접 상품에 붙이는 것을 말한다.

● [표 10-10] 소스마킹과 인스토어마킹의 비교

구 분	소스마킹	인스토어마킹
마킹장소	생산·포장단계(제조·판매원)	가공·진열단계(점포·가공센터)
표시내용	• 국가식별코드 • 제조업체코드 • 상품품목코드 • 체크디지트	별도의 표준코드체계가 설정 (원칙적으로 소매업체 자유설정)
대상상품	가공식품, 잡화 등 일반적으로 공장에서 제조되는 상품	정육, 생선, 청과 및 소스마킹이 안되는 가공식품, 잡화
활용지역	전세계적으로 공통 사용 가능	인스토어마킹을 실시하는 해당 업체에서만 사용 가능
비용면	제조업체에서 포장지에 직접 인쇄하기 때문에 인쇄에 따른 추가비용이 거의 없음	각 소매점포에서 바코드 라벨을 한 장 한 장 발행하여 일일이 상품에 부착하기 때문에 부착작업을 전담할 인원 필요
포장 이미지	인쇄하기 때문에 모든 색상을 전부 사용할 수 있으므로 포장지 전체의 이미지를 손상치 않음	라벨러 또는 컴퓨터에서 발행되기 때문에 바코드색상이 백색바탕에 흑색 bar만을 사용, 포장이미지를 손상시킬 우려가 있음
판독률	포장지에 직접 인쇄되기 때문에 오손이나 지워질 우려가 전혀 없고 판독오류가 거의 없으나, 포장재, 인쇄방법, 인쇄색에 대한 주의가 필요함	라벨을 상품에 붙이기 때문에 라벨이 떨어질 경우가 있고 장기간이 지나면 바코드의 흑색 bar가 퇴색되기 때문에 판독시 오독의 우려가 있음

제 5 절 RFID(전파식별, Radio Frequency IDentification)

1 RFID의 개념

(1) RFID(Radio Frequency IDentification), 즉 무선주파수인식기술은 각종 물품에 소형 반도체 칩을 부착해 사물의 정보와 주변 환경정보를 무선주파수를 이용하여 식별하는 기술을 말한다.

(2) 1980년대부터 등장한 이 시스템은 DSRC(Dedicated Short Range Communication, 전용 근거리 통신) 또는 무선식별시스템이라고도 한다.

(3) 전파식별기술은 바코드처럼 직접 접촉하거나 가시대역 안에서 스캐닝할 필요가 없어 바코드를 대체할 기술로 평가받으며, 활용범위도 확대되고 있다.

(4) RFID는 기본적으로 태그, 안테나, 리더, 호스트로 구성되어 있다. 안테나와 칩으로 구성된 RF 태그에 사용목적에 알맞은 정보를 저장하여 적용대상에 부착한 후 판독기에 해당하는 RFID 리더를 통하여 정보를 인식하는 방법으로 활용한다.

(5) 바코드와 비교해 보면, 바코드의 경우 레이저 판독기를 바코드에 직접 접촉시켜야 하지만 RFID는 안테나와 태그만 있으면 판독기를 직접 접촉하지 않아도 쉽게 상품의 정보를 식별할 수 있으며 필요한 정보를 삽입할 수도 있다.

(6) 유비쿼터스(Ubiquitous)를 실현시키는 핵심기술이기도 하다.

(7) 공급체인에 있는 모든 품목의 개별적 식별이 가능해짐으로써 공급체인의 효율이 증가한다. RFID 시스템은 상품을 자동으로 인식하여 처리를 하게 되므로 실제 재고파악의 신속성·정확성이 향상될 뿐만 아니라 수많은 점포에 대해 재고관리, 판매, 보충, 도난방지 등 모든 업무가 일괄 관리되며, 상품보충 및 생산주문이 자동화되는 이점을 지닌다.

> **보충학습**
>
> **국가별 RFID의 정의**
> 1. **한국**: U-센서 네트워크 서비스. 국내 정보통신부(현 미래창조과학부)가 RFID를 정의하기 위해 사용한 개념
> 2. **미국**: RFID를 'Smart dust'라는 개념에서 자율적인 센싱과 통신 플랫폼 능력을 갖춘, 보이지 않는 '컴퓨팅 시스템'이라는 측면에서 접근
> 3. **일본**: TRON(The Real time Operation System Nuclear) 프로젝트의 일환으로 '무엇이든, 어디서든 네트워크'를 가능하게 하는 유비쿼터스 네트워크의 '센서'로 RFID를 파악
> 4. **EU**: '사라지는 컴퓨터 이니셔티브(disappear computer initiative)'라는 측면에서 사물에 소형의 내장형 디바이스인 'smart its'를 삽입하여 감지, 인식, 컴퓨팅 및 무선 통신 등의 기능을 지닌 정보인공물로서 사물 간 협력적인 상황인식을 가능하게 하는 행동이나 칩이라는 개념에서 접근하고 있어 통신기능을 부과한 computing 또는 객체 지향적 측면에서 접근

■2 RFID의 장점 및 단점

(1) RFID의 장점

① **투과성이 좋음** : 나무, 직물, 플라스틱 등을 투과하여 인식 가능

② 원거리 및 고속 이동시에도 인식 가능

③ 충돌방지기능이 있어 여러 개 동시 인식 가능

④ 반복 재사용, 반영구적 사용

⑤ **대용량의 메모리 내장** : 바코드가 20자리인 데 비해 수k~수백k byte

⑥ Tag의 데이터의 변환(write) 및 저장이 용이

⑦ 다수의 Tag 정보를 동시에 인식 가능

⑧ 데이터의 신뢰도 높음

⑨ **내환경성이 좋음** : 눈, 안개, 결빙, 도색, 오염 등 환경적 제한상황에서도 인식 가능

(2) RFID의 단점

① 바코드에 비해 비싼 가격

② 개인 프라이버시 침해 가능

③ 국가별 주파수가 다름

④ 전파의 적용범위(1m)가 한정

◉ [표 10-11] 바코드와 RFID의 비교

구 분	바코드	RFID
인식방법	광학식 Read Only	무선 Read / Write
정보량	수십단어	수천단어
인식거리	최대 수십 cm	최대 100m
인식속도	개별스캐닝	최대 수백개
관리레벨	상품그룹	개개상품(일련번호)
가 격	라벨인쇄 10원 미만	태그 수백원(향후 100원 이하)

＊출처 : 로지스틱스21(2009), 전게서

3 RFID의 구성요소

(1) RFID의 기본 구성요소

RFID는 태그, 안테나, 리더 및 호스트로 구성된다.

⬤ [표 10-12] RFID의 기본 구성요소

태그 (Tag)	• 상품에 부착되며 데이터가 입력되는 IC칩과 안테나로 구성됨 • 리더와 교신하여 데이터를 무선으로 리더에 전송함 • 배터리 내장 유무에 따라 능동형과 수동형으로 구분됨
안테나 (Antenna)	• 무선주파수를 발사하며 태그로부터 전송된 데이터를 수신하여 리더로 전달함 • 다양한 형태와 크기로 제작 가능하며 태그의 크기를 결정하는 중요한 요소임
리더 (Reader)	• 주파수 발신을 제어하고 태그로부터 수신된 데이터를 해독함 • 용도에 따라 고정형, 이동형, 휴대용으로 구분함 • 안테나 및 RF회로, 변/복조기, 실시간 신호처리 모듈, 프로토콜 프로세서 등으로 구성됨
호스트 (Host)	• 한 개 또는 다수의 태그로부터 읽어 들인 데이터를 처리함 • 분산되어 있는 다수의 리더 시스템을 관리함 • 리더로부터 발생하는 대량의 태그 데이터를 처리하기 위해 에이전트 기반의 분산 계층 구조로 되어 있음

* 출처: 로지스틱스21(2009), 전게서

⬤ [표 10-13] RFID 태그의 종류

방식별 구분		원리
읽기/쓰기 가능 여부	읽기전용	• 제조시 정보입력, 정보내용은 변경 불가 • 가격이 저렴하여 바코드와 같이 단순인식 분야 사용
	한 번 쓰기 가능	• 사용자가 데이터를 1회 입력할 수 있으며 입력 후에는 변경 불가
	읽기/쓰기 가능	• 여러 번 데이터 입력과 변경이 가능 • 가격은 높지만 고가상품 등에 활용 가능
태그 전원 유무	능동형(Active)	• 태그에 배터리가 부착, 수십미터 원거리 통신용 • 가격 고가, 수명 제한, UHF대역 이상에서 사용
	수동형(Passive)	• 태그에 배터리가 없으며, 10m 이내 근거리 통신용 • 가격 저렴, 수명 반영구적(약 10년 이상)

* 출처: 로지스틱스21(2009), 전게서

(2) RFID 시스템의 구성

RFID에 사용되는 서버급 컴퓨터는 서반트 서버(Savant Server), PML(Physical Markup Language) 서버, ONS(Object Name Service) 서버로 구성되어 있다.

① **서반트 서버**(Savant Server) : RFID를 부착한 상품이나 박스, 파렛트가 리더기를 지나갈 때 전자제품코드(EPC)정보를 취득하는 일종의 미들웨어로 리더기와 연결돼 있다. 또 인터넷을 통해 ONS 서버의 데이터베이스로 EPC를 조회해 정보를 처리하는 기능도 갖추고 있다.

② **PML 서버** : 서반트 서버(Savant Server)가 모아온 정보들, 즉 제품명을 비롯해 현재 상태, 위치 등을 PML 형태로 저장 · 보관하는 서버이다.

③ **ONS 서버** : 인터넷 주소정보를 제공하는 DNS(Domain Name Service)와 같은 역할을 하는 ONS는 RFID 상품정보를 제공한다. 즉, PML 서버의 주소를 정의하고 있다가 Savant가 필요로 할 경우, 이를 전달해 PML 서버의 제품정보를 찾아낼 수 있게 도와 준다.

(3) 기업에서 RFID를 활용하는 데의 한계점

① RFID칩이 내장된 파렛트나 개별 상품박스가 해독기(리더기)에서 100% 인식되지 못해 지속적인 후속 노력이 필요하다.

② RFID 시스템 구축에 사용되는 하드웨어, 소프트웨어의 호환성이 100% 보장되지 않는다. RFID를 통한 유비쿼터스 환경 구현을 위해서는 서반트 서버(Savant Server), ONS 서버, PML 서버 등이 올바르게 정보를 교환할 수 있도록 기술적 보완이 요구된다.

▐ 4 ▌ 무선주파수 대역별 특징

(1) 현재 5개의 주파수 대역이 있으며, 125~135kHz는 축산물 유통이나 출입카드 등에 활용되고, 13.56MHz는 신용카드, 교통카드, 낱개 상품, 주차관리 등에 활용된다. 433.92MHz부터 능동형 태그가 적용되어 컨테이너 식별, 화물트럭 추적 등에 활용되고, 860~960MHz는 세계 공통의 물류유통분야 공용주파수대이다. 2.45GHz는 자동차 운행 모니터링, 톨게이트 등에 사용하거나 의약품, 전자문서, 여권 등의 위변조방지에 활용된다.

(2) RFID 태그는 저주파 대역이 주로 근거리용으로, 고주파 대역이 중장거리용으로 사용되며, 저주파 대역에 비해 고주파 대역의 인식속도가 빠른 반면에 고주파 대역은 저주파 대역에 비해 장애물에 많은 영향을 받는다. 또한, 저주파 대역에 비해 고주파 대역의 태그를 소형으로 만들 수 있지만 시스템 구축 비용은 고주파 대역보다 저주파 대역이 저렴하다.

(3) RFID를 업무에 적용시 주파수 대역별로 기능과 성능에 차이가 있으므로 어떤 대역이 우수하고 어떤 대역이 나쁘다고 할 수 없으며, 용도에 맞는 주파수 대역을 사용하는 것이 바람직하다. 최근에는 고주파와 마이크로파의 적용이 확대되고 있으며, 고주파 대역이 RFID 분야의 중심이 되고 있다.

● [표 10-14] 무선주파수 대역별 특성

구분	저주파 125.13kHz & 134kHz	중간주파 13.56MHz	고주파 433.92MHz	극초단파 860~960MHz	마이크로파 2.45GHz
	LF	HF	UHF		Microwave
인식 거리	60cm 미만	60cm 미만	약 50~100m	약 3.5~100m	약 1m 이내
특징	• 비교적 고가 • 환경에 의한 성능 저하 거의 없음	• 저주파보다 저렴 • 짧은 인식거리 와 다중 태그 인식이 필요한 곳에 응용	• 장거리 인식 • 실시간 추적 및 컨테이너 내부 습도, 충격 등 환경 감지	• IC기술발달로 가장 저가 • 다중태그 인식, 거리와 성능이 가장 뛰어남	• 900대역 태그 와 유사한 특성 • 환경에 대한 영 향을 가장 많 이 받음
동작 방식	수동형	수동형	능동형	능동/수동형	능동/수동형
적용 분야	• 출입통제 • 동물식별 • 공정자동화 • 재고관리 • 출입통제/보안	• 스마트카드 • 수화물관리 • 대여물관리 • 출입통제/보안	• 컨테이너 식별/ 추적 • 실시간 위치 추적	• 유통물류분야 • 공급체인관리 • 자동통행료 징수	• 위조방지 • 자동차 운행 흐름 모니터링 • 톨게이트 시스템
인식 속도	저 속		고 속		
환경 영향	강 인		민 감		
태그 크기	대 형		소 형		

* 출처 : ETRI, "물류와 경영", 2005년, p.35

5 RFID의 물류분야 활용

(1) 물류창고관리시스템

파렛트·박스 단위로 태그를 부착해 자동 입·출고처리, 공급체인을 경유하는 상품의 실시간 위치추적 및 재고관리 접속제어, 유통물류분야에서는 컨테이너·파렛트 등의 추적관리 등에 이용

(2) 항공수화물처리

항공수화물의 보다 신속·정확한 판독과 분류, 위험물품 재검사

⑶ 통신분야

차량의 이동 중 자동지불 등에 이용

⑷ 주차관리

태그가 부착된 차량이 접근하면 출입통제장치가 자동으로 개폐

⑸ 공장의 제조 및 소매업 분야

자산관리, 제품의 추적관리 등에 이용

⑹ 군사 및 의료 분야

위치파악, 진단기능에 사용

⑺ 저가 아이템 분야의 소매업 및 교통 분야

소매제품의 추적, 교통기관 티켓 추적 등에 이용

◉ [그림 10-14] RFID의 물류분야 활용

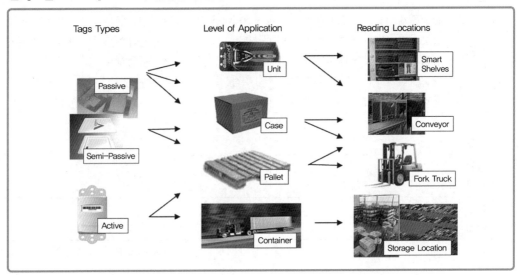

6 EPC 코드

⑴ EPC(Electronic Product Code)는 상품식별 및 추적을 위해 사용되는 RFID 태그 입력용 코드체계로서 상품을 식별하는 코드이다.

⑵ 바코드가 품목단위의 식별에 한정된 반면, EPC 코드는 동일 품목의 개별상품까지 원거리에서 식별할 수 있으며, 품절 방지, 유효기간 관리, 재고관리 및 상품 추적 등 공급체인에서 다양한 효과를 누릴 수 있다.

(3) EPC 코드의 구조

① **헤더**(Header): 헤더는 EPC코드의 전체 길이, 식별코드 형식 및 필터값을 정의하며, 헤더는 판독기로 하여금 태그의 길이를 쉽게 판단할 수 있도록 돕는 기능을 한다.

② **업체코드**(EPC Manager): 바코드의 업체코드에 해당하며, 28비트의 용량으로 7개의 숫자(0~7)와 문자(a~f)를 조합하여 약 2억 6천만개 업체 코드를 할당할 수 있다.

③ **상품코드**(Object Class): 상품 품목코드에 해당하며 사용업체가 할당하며, 24비트의 용량으로 6개의 숫자와 문자를 조합하여 약 1천 6백만개 상품에 코드를 부여할 수 있다.

④ **일련번호**(Serial Number): 동일상품에 부여되는 고유한 식별번호로서 사용업체가 할당하며, 36비트로 9개의 숫자와 문자를 조합하여 약 680억개의 상품에 코드를 부여한다.

● [표 10-15] EPC 코드의 구조

헤더(Header)	업체코드(EPC Manager)	상품코드(Object Class)	일련번호(Serial Number)
H1, H2	M1, M2, M3, M4, M5, M6, M7	O1, O2, O3, O4, O5, O6	S1, S2, S3, S4, S5, S6, S7, S8, S9

10 실전예상문제

01 물류정보시스템에 대한 설명으로 옳지 않은 것은? ▶ 제17회

① EAN 코드에는 대표적으로 EAN-13형과 EAN-8형이 있다.

② 물류정보시스템의 구축에는 상품코드의 표준화가 선행되어야 한다.

③ POS는 판매시점에 발생하는 정보를 수집한다.

④ EDI는 제한되고 지리적으로 인접한 영역 내에 설치된 고속통신망이다.

⑤ CVO는 화물 및 화물차량에 대한 위치를 실시간으로 추적관리할 수 있다.

> **해설** EDI(전자문서교환 : Electronic Data Interchange)는 두개 이상의 기업 간의 거래내용이나 관련정보를 전자적 연결(표준화된 형식과 코드체계 이용)을 통해 전송하고 처리하는 시스템으로 응용프로그램, 네트워크 소프트웨어, 변환 소프트를 장착하면 원거리 간 문서교환도 가능하여 다양한 외부 네트워크와의 연결로 활동영역을 확장시키고 새로운 거래기회를 확보할 수 있는 장점을 지니고 있다. 다만, 외부시스템과의 연결을 위해서는 자시시스템을 개방하여야 하는데 현재 범세계적인 상거래의 확대, 투명성 확보, 전자상거래로 정보의 흐름을 원활히 촉진, 거래비용의 축소, 협력국제기구와의 공동 연계를 전개하고 민간과 공공부문의 참여를 촉진시키기 위해 UN/EDIFACT(Electronic Data Interchange For Administration, Commerce and Transport)에서 국제표준 EDI 통신규약을 제공하고 있다.

02 RFID(Radio Frequency Identification)에 관한 설명으로 옳지 않은 것은? ▶ 제17회

① 판독기를 이용하여 태그(Tag)에 기록된 정보를 판독하는 무선주파수인식기술이다.

② 바코드와는 달리 제품의 원산지 및 중간이동과정 등 다량의 데이터를 저장할 수 있다.

③ RFID시스템은 리더기, 태그 등의 요소로 구성된다.

④ RFID는 주파수대역에 따라 다양한 분야에 응용될 수 있다.

⑤ 능동형(Active) 태그는 배터리 없이 근거리통신에 사용한다.

> **해설** RFID는 무선주파수 인식기술로서 태그를 부착해 사물의 정보와 원거리에서 인식이 가능하고 충돌방지 기능이 있어 동시에 여러 개를 인식할 수 있는 장점을 가지고 있다. 또한, 능동형(Active) 태그는 배터리가 있는 원거리 통신용이며, 수동형(Passive) 태그는 배터리가 없는 근거리 통신용이다.

03 출판물 및 문헌정보 유통의 효율화를 위하여 국제적으로 표준화된 방법으로 고유번호를 부여하여 각종 도서의 일정한 위치에 표시하는 것은? ▶ 제17회

① ISBN   ② SSCC   ③ ISDN
④ UCC   ⑤ QR Code

> **해설** ② SSCC(Serial Shipping Container Code)는 제조, 물류 또는 상품 공급업체들이 상품을 주문한 업체로 상품을 배송하는 배송단위(박스, 파렛트, 컨테이너 등)를 식별하기 위해서 개발한 바코드 심벌이다.
> ③ ISDN(Integrated Services Digital Network, 종합정보통신망)은 모든 정보통신망을 발신 가입자로부터 수신자까지의 모든 전송, 교환과정이 디지털 비음성, 영상 등의 서비스를 종합적으로 처리하는 통신망이다.
> ④ UCC(Uniform Code Council, 표준 코드 협의회)는 2004년까지 북미지역에서 사용하고 있던 UPC(Universal Prodict Code, 북미지역 표준 바코드)의 관리기관을 가르키며 EAN International과 AIM(Automatic Identification Manufacture)과 공동으로 물류식별 표준 바코드인 UCC/EAN-128을 개발하였다.
> ⑤ QR Code는 신속한 판독을 필요로 하는 물류관리나 공장자동화부분에 적합하도록 고안된 매트릭스 바코드의 한 종류이다.

04 물류센터의 랙(Rack)이나 보관장소에 점등장치를 설치하여 출고할 물품의 보관구역과 출고수량을 알려주고, 출고가 완료되면 신호가 꺼져 작업이 완료되었음을 자동으로 알려주는 시스템은? ▶ 제17회

① DPS(Digital Picking System)

② DAS(Digital Assort System)

③ PAS(Picking and Assorting System)

④ ULS(Unit Load System)

⑤ PPS(Pallet Pool System)

> **해설** DPS는 점포로부터 발주자료를 센터의 상품 랙에 부착한 표시기에 피킹 수량을 디지털로 표시하게 하는 시스템으로 작업 생산성 향상 도모. 피킹 오류 감소, 피킹 생산성 향상, 피킹시간 단축, 피킹인원 감소 등의 도입 효과를 기대할 수 있다.

Answer   1. ④   2. ⑤   3. ①   4. ①

05 물류정보시스템의 도입효과로 옳지 않은 것은? ▸ 제18회

① 재고관리의 정확도 향상

② 영업부서 요청에 따른 초과재고 보유로 판매량 증가

③ 신속하고 정확한 재고정보 파악으로 생산·판매활동 조율

④ 효율적 수·배송 관리를 통한 운송비 절감

⑤ 수작업 최소화로 사무처리 합리화 가능

해설 실제 판매량에 근거한 주문으로 적정재고를 유지할 수 있다.

06 RFID(Radio Frequency Identification) 시스템에 관한 설명으로 옳지 않은 것은? ▸ 제18회

① 원거리 인식 및 여러 개의 정보를 동시에 판독하거나 수정할 수 있다.

② 장애물 투과기능도 지니고 있기 때문에 교통 분야에 적용도 가능하며 반영구적인 사용이 가능하다.

③ 태그에 대용량의 데이터를 반복적으로 저장할 수 있으며 데이터 인식속도도 타 매체에 비해 빠르다.

④ 바코드시스템과 마찬가지로 접촉하지 않으면 인식이 불가능하다.

⑤ 기존 바코드에 기록할 수 있는 가격, 제조일 등 정보 외에 다양한 정보를 인식할 수 있다.

해설 RFID는 바코드와는 달리 비접촉 판독 및 인식이 가능하다.

07 물류정보시스템의 목표에 해당하지 않는 것은? ▸ 제18회

① 기업 간 정보 공유로 유통재고 최소화

② 효율적인 물류의사결정을 위한 지원

③ POS를 통해 획득한 실시간 정보에 기초하여 PUSH 방식의 유통망 지원

④ 조달, 생산, 판매 등을 포괄적으로 연결하여 전체 물류흐름을 효율적으로 관리

⑤ 환경변화에 신속히 대응하여 기업 경쟁력 향상

해설 실시간 정보에 기초하여 PULL 방식으로 유통망을 지원한다.

08 물류정보시스템에서 활용하는 기술에 관한 설명으로 옳지 않은 것은? ▶ 제18회

① EDI(Electronic Data Interchange)는 전자문서교환방식이다.

② GPS(Global Positioning System)는 화물 또는 차량의 자동식별과 위치추적을 위해 사용하는 방식이다.

③ 우리나라의 바코드(Bar Code) 표준은 KAN-14이다.

④ 단축형 KAN-8은 국가코드 3자리, 업체코드 3자리, 상품코드 1자리이다.

⑤ POS(Point of Sales)는 단품별 판매정보를 자동으로 수집한다.

해설 우리나라 바코드 표준은 KAN-13이다.

09 다음에서 설명하고 있는 향후 활용이 예상되는 차세대 물류기술은? ▶ 제18회

> 인간과 사물, 서비스의 세 가지로 분산된 환경요소에 대해 인간의 명시적 개입 없이 상호협력적으로 센싱(sensing), 네트워킹, 정보처리 등 지능적 단계를 형성하는 사물 공간 연결망이다.

① IoT(Internet of Things) ② Ubiquitous

③ Process Mining ④ Big Data

⑤ Cloud Computing

해설 사물인터넷인 IoT(Internet of Things)를 설명하고 있다.

10 BPR에 관한 설명으로 옳은 것은? ▶ 제19회

① BPR은 Business Process Replenishment의 약자이다.

② BPR의 성공을 위해서는 최고경영층의 주도와 구성원의 공감대가 필요하다.

③ BPR은 정보시스템 부서를 주축으로 해야 하며 대상 프로세스에 관련된 부서는 배제해야 한다.

④ 업무프로세스를 변화시키는 것이며 혁신이 아닌 개선의 형태를 취하는 것이 특징이다.

⑤ BPR의 궁극적인 목적은 고객보다는 기업중심의 경영체제를 만드는 것이므로 기업효율성 극대화를 최우선으로 한다.

해설 ① BPR은 Business Process Reengineering의 약자이다.
③ 관련된 모든 부서를 포함해야 한다.
④ 단순히 업무프로세스를 변화시키는 것보다 혁신이 우선시 되어야 한다.
⑤ 고객 중심적 경영혁신 전략이다.

Answer 5. ② 6. ④ 7. ③ 8. ③ 9. ① 10. ②

11 물류정보시스템의 구축 요건에 관한 설명으로 옳은 것은?　　　　▸제19회

① 대량정보를 즉시 입력하는 실시간 입력 시스템이 필요하지만 그 처리결과에 대한 정보를 실시간으로 제공할 필요는 없다.

② 물류 계획과 실행을 위한 시스템이므로 다른 시스템의 간섭 없는 독자적인 처리 프로세스를 갖추어야 한다.

③ 물류정보시스템은 재고관리 정확도 향상, 결품률 감소, 배송시간 정확도 보장 등과 같은 효과를 기대하지만 비용 절감을 목표로 하지는 않는다.

④ 물류정보시스템 구축은 패키지 솔루션(package solution)을 도입하는 방법과 자체적으로 개발하는 방법이 있지만 자체적으로 개발하는 것 보다는 표준화된 패키지 솔루션을 도입해야 한다.

⑤ 물류정보를 효율적으로 입력하고 관리하기 위해서는 바코드나 RFID 정보 등을 활용하는 물류기기와 연동되게 할 필요가 있다.

해설 ① 물류정보는 실시간 입력, 처리 및 제공이 필요하다.
② 회계정보시스템 등 다른 시스템과의 연계가 필요하다.
③ 물류정보시스템의 활용을 통하여 물류비를 절감할 수 있다.
④ 표준화된 패키지 솔루션을 자사 환경에 맞게 수정하여 도입하거나 자체적으로 개발하는 것이 바람직하다.

12 물류정보시스템의 종류로 옳지 않은 것은?　　　　▸제19회

① WMS(Warehouse Management System)
② TMS(Transportation Management System)
③ ASP(Application Service Provider)
④ CVO(Commercial Vehicle Operation)
⑤ OMS(Order Management System)

해설 ASP(Application Service Provider)는 애플리케이션 서비스 제공자로서 네트워크 인프라를 이용하여 다양한 정보화 솔루션을 사용할 수 있는 애플리케이션 임대서비스이다.

13 RFID의 물류부문 도입에 관한 설명으로 옳지 않은 것은? ▶ 제19회

① 자동차 제조공정에 응용가능하다.

② 창고관리에 적용할 경우 유용하게 활용될 수 있다.

③ 개별 상품에 부착해서 관리하기 위해서는 상품의 가치와 태그의 가격을 살펴봐야 한다.

④ 개별 상자나 파렛트(pallet)에는 부착해서 사용할 수 있으나 컨테이너에는 사용할 수 없다.

⑤ 장기적 관점에서 채찍효과(bullwhip effect)를 줄이는 데 기여할 수 있다.

해설 RFID는 개별 상품단위나 상자, 파렛트에 부착할 수 있을 뿐만 아니라 컨테이너에도 부착하여 사용할 수 있다.

14 RFID 시스템의 장점으로 옳지 않은 것은? ▶ 제19회

① 금속 및 액체 등에 의한 전파장애가 발생하지 않는다.

② 태그 정보의 변경 및 추가가 용이하다.

③ 태그를 다양한 형태와 크기로 제조할 수 있다.

④ 일시에 다량의 정보를 빠르게 판독할 수 있다.

⑤ 태그에는 온도계, 고도계, 습도계 등 다양한 센서기능을 부가할 수 있다.

해설 금속이나 액체에 의한 전파장애가 발생할 수 있다.

15 바코드에 관한 설명으로 옳지 않은 것은? ▶ 제19회

① 인쇄된 바코드는 정보의 변경이나 추가가 안 되는 단점이 있다.

② 바코드는 제작이 용이하고 비용이 저렴하다.

③ EAN-13(표준형A)은 다품목을 취급하는 업체를 위한 코드로 우리나라의 국가 식별코드는 880이다.

④ ISBN은 물류단위(logistics unit) 중 주로 박스에 사용되는 국제표준 물류 바코드로 생산공장, 물류센터 등에서 입·출하시 판독되는 표준 바코드이다.

⑤ 일차원 바코드는 서로 굵기가 다른 흑색의 바와 공간으로 상품의 정보를 표시하고 광학적으로 판독할 수 있도록 부호화한 것이다.

해설 ISBN은 출판물 및 문헌정보를 위한 국제표준도서번호를 의미하며, 주로 박스에 사용되는 물류 바코드는 GS1-140이다.

Answer ▏ 11. ⑤ 12. ③ 13. ④ 14. ① 15. ④

16 다음 ( )에 들어갈 용어를 바르게 나열한 것은? ▶ 제20회

> • (㉠)는 생산, 판매, 구매, 인사, 재무, 물류 등 기업업무 전반을 통합 관리하는 경영관리시스템의 일종이다. 이는 기업이 보유하고 있는 모든 자원에 대해서 효과적인 사용 계획과 관리를 위한 시스템이다.
> • (㉡)은(는) 고객과 가장 가까운 곳에서 수요데이터를 얻고, 수요를 예측하여 이를 생산계획 수립에 빠르게 반영하며, 완제품 출고 이후 소매점 또는 도매점에 이르는 유통망 상의 재고를 줄이는 데 근본적인 목적이 있다.

① ㉠ MRP ㉡ DRP
② ㉠ ERP ㉡ DRP
③ ㉠ ERP ㉡ MRP
④ ㉠ ERP ㉡ MRPⅡ
⑤ ㉠ MRP ㉡ BPR

해설 ㉠은 ERP를, ㉡은 DRP를 설명하고 있다.
- MRP(Material Requirement Planning)는 최종 제품의 생산계획에 따라 원자재의 조달에서 완제품의 완성에 이르기까지 필요한 부품 소요량을 관리하는 자재소요관리 시스템이다.
- MRPⅡ(제조자원계획)는 MRP의 문제점을 개선시키면서 재무관리, 판매주문관리 등의 기능을 추가하여 만들어진 시스템이다.
- BPR(Business Process Reengineering)은 정보기술을 창의적으로 활용하고 기존의 업무프로세스를 혁신적으로 설계하여 고객만족 및 내부 효율성을 극대화하는 경영관리기법이다.

17 RFID(Radio Frequency Identification) 태그의 사용주파수 대역별 특징에 관한 설명으로 옳지 않은 것은? ▶ 제20회

① 용도면에서는 고주파대역보다 저주파대역이 주로 근거리용으로 사용된다.
② 시스템구축 비용면에서는 저주파대역보다 고주파대역이 저렴하다.
③ 인식속도면에서는 저주파대역보다 고주파대역이 빠르다.
④ 환경영향면, 특히 장애물에 대해서는 저주파대역보다 고주파대역이 많은 영향을 받는다.
⑤ 제작크기면에서는 저주파대역보다 고주파대역의 태그를 소형으로 만들 수 있다.

해설 RFID 태그는 저주파대역이 주로 근거리용으로, 고주파대역이 중장거리용으로 사용되며, RFID 태그의 제작크기는 저주파대역 보다 고주파대역의 태그를 소형으로 만들 수 있다. 또한, 저주파대역에 비해 고주파대역의 인식속도가 빠른 반면에 고주파대역은 저주파대역에 비해 장애물에 많은 영향을 받는다. 시스템구축 비용은 저주파대역보다 고주파대역이 저렴하다.

18 첨단화물운송시스템(CVO : Commercial Vehicle Operation)의 하부시스템에 해당하는 것을 모두 고른 것은? ▶ 제20회

> ㉠ 첨단차량 및 도로시스템(AVHS : Advanced Vehicle & Highway System)
> ㉡ 화물 및 화물차량관리(FFMS : Freight and Fleet Management System)
> ㉢ 첨단교통정보시스템(ATIS : Advanced Traveler Information System)
> ㉣ 위험물차량관리(HMMS : Hazardous Material Monitoring System)
> ㉤ 첨단교통관리시스템(ATMS : Advanced Traffic Management System)

① ㉠, ㉡   ② ㉠, ㉣   ③ ㉡, ㉢
④ ㉡, ㉣   ⑤ ㉣, ㉤

해설 첨단화물운송시스템(CVO)은 화물 및 화물차량관리시스템(FFMS)과 위험물차량관리시스템(HMMS)의 하부시스템으로 구성되어 있으며, 화물 및 화물차량에 대한 실시간 위치추적으로 생산성을 향상하고, 위험물 적재차량의 추적ㆍ감시 및 돌발상황에 대비한 신속한 사고처리체계 구축을 위해 만들어졌다.

19 물류정보의 특징으로 옳지 않은 것은? ▶ 제20회

① 정보의 절대량이 많고 단순하다.
② 성수기와 평상시의 정보량 차이가 크다.
③ 정보의 발생원, 처리장소, 전달대상 등이 넓게 분산되어 있다.
④ 상품의 흐름과 정보의 흐름에 동시성이 요구된다.
⑤ 기업 내 영업, 생산 등 다른 부문과의 관련성이 크다.

해설 물류정보는 발생원(원천)이 다양하여 정보량이 많으며, 평상시와 성수기의 정보량의 차이가 크고, 정보의 발생원, 처리장소, 전달대상 등이 넓게 분산되어 있어 중계전송을 하게 된다. 또한 기업 내 다른 부문 간에 공통적으로 일어나는 활동영역의 존재로 인해 복잡하며 상품의 흐름과 물류정보는 동시에 전달되어야 하는 특징을 지니고 있다.

20 POS(Point of Sales)시스템 도입 효과가 아닌 것은? ▶ 제20회

① 계산원의 생산성 향상
② 입력 오류의 방지
③ 점포 사무작업의 간소화
④ 가격표 부착작업의 감소
⑤ 생산정보의 파악 용이

해설 POS는 소매업자의 경영활동에 관한 정보를 컴퓨터를 활용하여 판매시점에서 파악, 관리하는 판매시점 정보관리시스템으로서 제품의 생산정보를 파악하는 것은 불가능하다.

Answer 16. ② 17. ② 18. ④ 19. ① 20. ⑤

21 물류 관련 용어에 관한 설명으로 옳은 것은? ▶제20회

① 6-시그마(6-Sigma) : 기업간 상호 장점을 결합시킨 전략적 비즈니스를 의미하며 산업의 규모를 키우는데 서로 협력하는 기법
② BPR(Business Process Reengineering) : 대량생산의 장점인 저렴한 가격과 차별화 전략의 장점을 합친 기법
③ 벤치마킹(Bench-marking) : 경쟁기업이나 업계 선두기업, 혹은 타 기업의 성공 사례를 기초로 자사의 혁신을 추구하는 기법
④ Mass Customization : 정보기술을 창의적으로 활용하고 기존의 업무프로세스를 혁신적으로 설계하여 고객만족 및 내부 효율성을 극대화하는 기법
⑤ Co-petition : 고도의 통계 기법을 활용하고 업무처리 프로세스를 종합적으로 개혁하여 제품의 불량률을 혁신적으로 개선하는 기법

해설 ①은 Co-petition을, ②는 Mass Customization을, ④는 BPR을, ⑤는 6-시그마를 설명하고 있다.

22 다음은 무엇에 관한 설명인가? ▶제20회

- 1996년부터 운영되어 온 철도경영정보시스템으로 2011년 말 차세대 철도운영정보시스템으로 발전하였다.
- KL-Net과 연계되어 EDI로 운용되고 철도공사, 화주, 운송업체, 터미널 등이 서비스 대상이 된다.
- 차량열차운용시스템, 화물운송시스템, 고객지원시스템, 운송정보시스템의 하부시스템으로 구성된다.

① CIM　　② CORTIS　　③ KROIS
④ CAMIS　　⑤ Port-MIS

해설 KROIS(현 XROIS)에 관한 설명이다. CIM(Computer Integrated Manufacturing)은 컴퓨터를 이용하여 기술개발·설계·생산·판매에 이르는 통합적 생산시스템을 가리킨다. CORTIS(Computerized Railroad Ticketing System)는 철도승차권의 예약, 발매 등의 고객서비스를 제공하는 전산시스템을 가리킨다. CAMIS(Carbon Management Integrated System)는 탄소경영통합관리시스템으로 온실가스 및 에너지 관리를 포함하는 탄소경영을 통합적으로 관리하기 위한 시스템을 가리킨다. Port-MIS는 항만운영정보시스템을 가리킨다.

23 **전사적자원관리**(ERP : Enterprise Resource Planning) **시스템에 관한 설명으로 옳지 않은 것은?**

▶ 제21회

① ERP시스템은 기업의 모든 활동에 소요되는 인적, 물적 자원을 효율적으로 관리하는 역할을 한다.

② ERP시스템 운영은 전체 공급사슬의 가시성을 증가시키며 재고를 줄이는데 기여한다.

③ ERP시스템을 활용하여 회계, 생산, 공급, 고객주문 등과 관련된 정보를 통합할 수 있다.

④ ERP시스템은 생산 및 재고계획, 구매, 창고, 재무, 회계, 인적자원, 고객관계관리 등과 같은 다양한 업무의 개별 시스템화를 추구한다.

⑤ ERP시스템은 채찍효과(bullwhip effect)를 줄이고 공급사슬 참여자들의 효율적 물류활동 실행에 기여한다.

> **해설** ERP는 생산, 판매, 구매, 인사, 재무, 물류 등 기업의 전 부문에서 개별적 · 독립적으로 운영되는 시스템을 하나의 통합된 시스템으로 관리하는 방식이다.

24 **X, Y축의 양방향으로 데이터를 배열시켜 평면화한 점자식 또는 모자이크식 코드를 의미하는 2차원 코드에 관한 설명으로 옳지 않은 것은?**

▶ 제21회

① 한국어뿐만 아니라 외국어도 코드화가 가능하다.

② 데이터 구성방법에 따라 단층형과 다층형으로 나뉜다.

③ 1차원 바코드에 비해 좁은 영역에 많은 데이터를 표현할 수 있다.

④ 2차원 코드로 Maxi Code, QR Code, Data Code, Code 16K 등이 있다.

⑤ 문자, 숫자 등의 텍스트는 물론 그래픽, 사진 등 다양한 데이터를 담을 수 있다.

> **해설** 2차원 바코드는 매트릭스형 바코드(Data Matrix Code, QR Code, Matrix Code)와 다층형 바코드(Code 16K, PDF-417)로 구분된다.

Answer				
	21. ③	22. ③	23. ④	24. ②

25 다음에서 설명하는 RFID(Radio Frequency Identification) 태그의 유형(type)은?

▶ 제21회

> • 배터리를 내장하고 있지만, 판독기로부터 신호를 받을 때까지는 작동하지 않아 오랜 시간 동안 사용할 수 있다.
> • 지속적인 식별이 필요하지 않는 상품에 사용된다.

① 수동형(Passive type)

② 반수동형(Semi-passive type)

③ 능동형(Active type)

④ 분리형(Detachable type)

⑤ 독립형(Independent type)

해설 RFID 태드는 배터리 내장 유무에 따라 능동형과 수동형으로 구분되며, 반수동형은 배터리를 내장하고 있으나 판독기로부터 신호를 받을 때까지는 작동하지 않으며, 지속적인 식별이 필요하지 않는 상품에 사용하는 태그이다.

26 물류정보시스템의 장점에 관한 설명으로 옳지 않은 것은?

▶ 제21회

① 물동량이 증가하여도 신속한 물류처리가 가능하다.

② 신속한 수주처리와 즉각적인 고객대응으로 판매기능을 강화할 수 있다.

③ 판매와 재고정보가 신속하게 집약되므로 생산과 판매에 대한 조정이 가능하다.

④ 재고 과·부족으로 발생하는 물류비용을 절감할 수 있다.

⑤ 단거리 운송에 적합하고 운임은 탄력적으로 계산이 가능하다.

해설 물류정보시스템은 유통재고 최소화 및 기업 간 정보 공유, 최소 비용으로 적정 고객서비스 지원, 조달, 생산, 유통 등을 포괄적으로 연결하여 전체 물류흐름을 효율적으로 관리, 환경변화에 신속히 대응하여 기업경쟁력 향상, 수주정보에 기초하는 Pull방식으로 유통망 지원 등을 목표로 한다. 단거리(중장거리 포함) 운송에 적합하고 운임은 탄력적으로 계산이 가능한 것은 운송정보시스템(TMS)이다.

27 대전지역에 위치한 K물류기업에서 물류 업무의 효율을 높이기 위해 신규로 아래의 기능을 수행할 수 있는 물류정보시스템을 도입하기로 결정하였다. 다음은 무엇에 관한 설명인가?

▶ 제21회

> 출하되는 화물의 양과 목적지(수·배송처)의 수 및 배차 가능한 차량을 이용하여 가장 효율적인 배차방법, 운송차량의 선정, 운송비의 계산, 차량별 운송실적 관리 등 화물자동차의 운영 및 관리를 위해 활용되는 물류정보시스템

① TMS(Transportation Management System)
② TRS(Trunked Radio System)
③ EDI(Electronic Data Interchange)
④ Procurement System
⑤ GIS-T(Geographical Information System for Transportation)

해설 운송관리시스템(TMS)을 설명하고 있으며, TRS는 주파수공용통신, EDI는 전자문서교환방식, Procurement System은 조달시스템, GIS-T는 교통지리정보시스템을 의미한다.

28 물류기업들이 성공을 위해 비전, 전략, 실행, 평가가 정렬되도록 균형성과표(BSC : Balanced Scorecard)를 도입한다. 이에 관한 설명으로 옳지 않은 것은?

▶ 제21회

① 균형성과표는 조직의 전략을 성과측정이라는 틀로 바꾸어서 전략을 실행할 수 있도록 도와준다.
② 균형성과표의 측정지표는 구성원들에게 목표달성을 위한 올바른 방향을 제시해 준다.
③ 균형성과표는 재무 관점, 고객 관점, 내부 프로세스 관점, 학습과 성장 관점에서 성과지표를 설정한다.
④ 균형성과표는 성과측정, 전략적 경영관리, 의사소통의 도구로 사용된다.
⑤ 균형성과표의 성공은 실무자의 노력보다 전적으로 경영자 및 관리자의 노력에 달려있다.

해설 경영자가 균형성과표(BSC)의 측정과 평가를 담당하지만 성공 여부는 실무자의 노력에 달려 있으며, 재무적 관점, 고객관점, 비즈니스 프로세스관점, 학습 및 성장의 관점에서 종합적이고 균형적으로 측정하는 성과평가를 의미한다.

29 다음 중 VAN 사용에 따르는 기대효과로 볼 수 없는 것은?

① 정보교환시간의 단축으로 업무 능률이 향상된다.

② 정보의 정확성으로 신뢰도가 증가된다.

③ 종이문서를 처리할 때 발생하는 비용을 절감할 수 있다.

④ 발주업무의 표준화를 통하여 발주업무효율화 및 재주문의 자동화를 실현할 수 있다.

⑤ 물류비용의 감소로 경영의 합리화를 도모할 수 있다.

해설 ③은 EDI의 도입 효과이다.

30 제품의 설계·생산·유통에서부터 폐기처분 전의 전 과정에 관련된 모든 조직이 전자적으로 정보를 교환하고 공유하는 조직 간 시스템은 무엇인가?

① CMI   ② EDI

③ CALS   ④ TRP

⑤ MRP

해설 CALS는 1980년대 중반 미국에서 군사관련 문서와 정보를 효율적으로 관리하기 위한 의도에서 시작되었는데, 제품의 설계에서 폐기처분 전의 전과정의 모든 조직이 전자적으로 정보를 교환하고 공유하는 조직 간 시스템으로 현재는 정보시스템을 활용하여 기업 내 또는 기업 간의 업무 프로세스를 합리화하고 부가가치를 높이는 개념으로 확장되었다. 정보통신기술을 기반으로 CALS가 실현되면 기업 간의 생산, 판매, 조달 등의 경영활동에 효율화를 기할 수 있고, 기업 내부의 설계·생산 활동과도 연계한 정보화가 가능하다.

31 다음 중 소스마킹(Source Marking)의 이점으로 보기 어려운 것은?

① 소비자의 요구에 맞추어 신제품을 개발하거나 기존제품을 개량할 수 있다.

② 각 사별 시장규모와 점유율 파악이 용이하다.

③ 광고나 판매촉진의 효과를 측정할 수 있다.

④ 팔리지 않는 상품을 구별하여 반품 또는 폐기시킬 수 있다.

⑤ 재고관리의 정확도를 향상시킬 수 있다.

해설 팔리지 않는 상품을 구별하여 반품시키는 것은 소스마킹의 이점과는 관계없다. 소스마킹을 함으로써 팔리지 않는 상품의 경우에는 생산 중단 및 폐기를 할 수 있다.

32 GS1-13과 GS1-14를 비교한 것 중 옳지 않은 것은?

① GS1-13과 GS1-14는 모두 숫자만으로 제품의 정보를 담을 수 있다.

② GS1-13의 사용처가 물류센터 등의 입·출하 지점인 데 반해 GS1-14의 사용처는 소매점 계산대이다.

③ GS1-13과 GS1-14는 모두 바코드로 표현하기 위한 고정길이 형식의 바코드 심벌 특징을 갖고 있다.

④ GS1-13은 상품식별코드인 데 반해 GS1-14는 표준물류식별코드이다.

⑤ GS1-13에서는 제조업체코드가 6자리인 데 반해, GS1-14에서의 제조업체코드는 4자리이다.

> **해설** GS1-13은 상품식별코드인 데 반해 GS1-14는 표준물류식별코드로 각각의 사용처는 GS1-13이 소매점 용이고, GS1-14가 물류관리용이다.

33 다음 중 EOS(Electronic Ordering System) 시스템의 목적과 관련 없는 것은?

① 점두 재고의 적정화

② 종업원의 부정방지

③ 수발주업무의 신속화와 오류 방지

④ 매입관리시스템의 확립

⑤ 검품체제 개선

> **해설** 종업원의 부정방지는 POS(Point on Sale)의 효과에 대한 설명이다.

34 다음 VAN(부가가치통신망)에 대한 설명 중 옳지 않은 것은?

① VAN이란 회선을 직접 보유하거나 제3자에게 회선을 차용하여 관련업체 간 데이터 교환을 하는 통신망을 말한다.

② VAN이란 관련기업 간에 단순한 데이터 전달만을 위한 전용통신회선이라고 할 수 있다.

③ VAN의 구성요소는 크게 기업 간 데이터 통신을 행하는 각각의 기업정보시스템과 이들 사이에 개재하는 VAN처리시스템으로 나눌 수 있다.

④ VAN의 종류에는 업계형 VAN, 거래계열형 VAN, 지역유통 VAN 등이 있다.

⑤ VAN의 효율적 운용을 위해서는 전표의 표준화, 전송제어절차의 표준화, 데이터 교환형 식의 표준화 등의 코드의 표준화가 이루어져야 한다.

> **해설** VAN은 관련기업 간에 단순한 데이터 전달만을 위한 전용통신회선이 아니라 도중의 변환처리과정을 통하여 부가가치를 창출시키는 특징을 가지고 있다.

35 다음 중 물류정보시스템의 특징으로 옳지 않은 것은?

① 격지자(隔地者) 간의 시스템이며 다수기업 간 시스템이다.

② 지능형 시스템이며 사후(事後)처리형 시스템이다.

③ 서비스 수준과 비용의 상충관계(Trade-off) 시스템이다.

④ 대량의 정보처리와 계절변동에 의한 정보량의 차가 큰 시스템이다.

⑤ 현장밀착형 시스템이다.

해설 물류정보시스템은 사전(事前)처리형 시스템이다.

36 EAN과 UCC 시스템에 대한 설명 중 옳지 않은 것은?

① EAN 표준형 A는 많은 품목을 취급하는 업체들을 위한 코드이며, 표준형 B는 취급 품목 수가 적은 업체를 위한 코드이다.

② EAN/UCC 시스템은 코드를 인쇄한 기업에 관계없이 어느 국가, 어느 장소에서도 사용 가능하다.

③ 거래를 보다 효율적으로 처리하고 소비자에게 보다 즉각적인 대응을 할 수 있다.

④ EAN/UCC 식별코드는 EDI에는 적용될 수 없다.

⑤ EAN 시스템은 13자리 숫자의 상품식별코드이다.

해설 EAN은 EDI를 적용할 수 있다(EAN은 현재 GS1으로 변경됨).

37 다음은 무엇에 대한 설명인가?

> 상품제조업체 또는 판매원이 상품의 생산, 포장 단계에서 자사의 상품이 세계 어디에서나 모호하지 않게 식별되는 해당 상품코드를 나타내는 바코드 심벌을 포장이나 용기에 일괄적으로 인쇄하는 것이다.

① 인스토어마킹   ② EOS

③ 크로스도킹   ④ 소스마킹

⑤ CAO

해설 소스마킹은 제조업체 또는 판매원이 상품의 생산·포장단계에서 인쇄하며, 인스토어마킹은 소매점포에서 직접 상품에 부착한다.

38 기업 내의 생산, 자재관리, 영업, 인사, 회계 등 기업 전 분야에 걸쳐 있는 인력, 자원, 자금 등 각종 경영요소를 하나의 체계로 통합하는 솔루션을 가리키는 것으로 기업의 생산성을 극대화하고 경영의 효율성과 의사결정의 신속성을 증진시키는 기업의 리엔지니어링의 대표적인 수단으로 부각되고 있는 기업통합정보시스템은 무엇인가?

① MRP
② ERP
③ CALS
④ QR
⑤ VMI

해설 ERP(전사적 자원관리)는 제조, 물류, 유통, 인사, 회계 관리 등의 업무프로세스를 정보기술로 구현한 대형기술로서 제조기업의 모든 기능을 망라한 전사적인 통합 솔루션으로 단순히 정보기술차원의 접근방법이 아닌 정보기술과 비즈니스의 조화를 이루려는 경영전략차원의 접근방법이다.

39 다음 중 자동발주시스템 CAO(Computer Assisted Ordering)의 기대효과로 틀린 것은?

① 상품보충 개선
② 생산계획 및 관리 가능
③ 수요관리의 통합화
④ 재고수준의 감소
⑤ 결품률의 감소

해설 CAO는 자동발주시스템으로 생산계획과는 거리가 멀다.

40 다음은 무엇에 대한 설명인가?

구매, 재고, 생산, 영업, 물류, 재무, 회계 등 모든 기업업무를 표준업무절차에 맞추어 최적화 및 통합 관리하는 시스템으로, 기업의 정보화를 구현하는 최신 방법론으로 대두되었다. 기업 운용의 모든 업무(구매·생산·판매·회계·인사)를 비롯하여, 고객에게 가치를 제공하는 가치사슬을 구성하는 비즈니스 프로세스를 부문이나 조직을 연결하는 횡단적인 것으로 파악한다. 이러한 전체의 가치사슬 속에서 경영자원의 활용을 최적화하는 계획·관리를 위한 경영개념이다.

① QR(Quick Response)
② ECR(Efficient Customer Response)
③ CALS(Commerce At Light Speed)
④ MRP(Manufacturing Resource Planning)
⑤ ERP(Enterprise Resource Planning)

해설 전사적 자원관리(ERP : Enterprise Resource Planning)에 대한 설명이다.

41 다음은 POS에 대한 설명이다. 적절치 못한 것은?

① 판매시점 정보관리시스템을 말하며, 소매상의 판매기록, 발주, 매입, 고객관련 자료 등 소매업자의 경영활동에 관한 각종 정보를 판매시점에서 파악하여 컴퓨터시스템을 활용하여 관리하는 종합적인 소매정보시스템을 말한다.
② 고객이 원하는 상품을 원하는 시기에 원하는 양만큼 구매할 수 있도록 하여 고객의 상품 만족도를 높일 수 있으며, 기업은 팔릴 수 있는 상품을 그 양만큼 공급할 수 있도록 함으로써 매출과 이익의 극대화를 창출할 수 있다.
③ 바코드시스템이나 RFID를 이용하기 위해서는 POS 시스템이 전제되어야 한다.
④ 매상등록시간 및 고객대기시간을 단축시키고 계산대의 수를 줄일 수 있으며, 판매원 교육 및 훈련시간이 짧아지고 입력오류를 방지할 수 있을 뿐만 아니라 재고의 적정화 및 물류관리의 합리화를 꾀할 수 있으며, 판촉전략의 과학화를 유도할 수 있다.
⑤ 계산원의 실수 방지, 사무작업의 간소화 등을 통해 생산성을 향상시킬 수 있으며, 품절 방지, 상품 회전율 향상, 신상품에 대한 원활한 평가 등의 장점을 갖고 있다.

해설 POS를 이용하기 위해서는 반드시 바코드시스템이 전제되어야 한다.

42 다음은 물류식별코드(표준물류코드)에 대한 설명이다. 적절치 못한 것은?

① 물류식별코드는 0~9까지 사용할 수 있으며, 제조업체코드는 중복될 수 있으나 상품품목 코드는 중복하여 사용할 수 없다.

② 국제표준 물류바코드로서 생산공장, 물류센터, 유통센터의 입출하 시점에서 판독되며, 물류센터의 검품, 거래처별/제품별 소팅, 로케이션관리의 자동화에 활용된다.

③ 생산에서 배송까지 제품이동의 신속화와 정확화가 가능해져, 수주에서 납품까지 리드타임의 단축 등 물류합리화에 기여한다.

④ 물류식별코드는 박스 내 단품이 혼합된 경우 "0"을 사용하며, 동일한 단품이 있을 경우 "1~8"을 사용한다.

⑤ 소매지원보다는 물류지원을 위한 기능을 하고 있다.

해설 제조업체코드는 중복이 불가능하며, 상품품목코드는 중복 가능하다.

43 다음은 2차원 바코드에 대한 설명이다. 적절치 못한 것은?

① 문자 및 숫자 등의 데이터를 저장할 수 있으며, 외국어와 그래픽 정보까지 표현할 수 있다.

② 2차원 바코드의 정보표현의 제한성, 데이터 용량의 한계 등과 같은 단점을 해결하기 위해 1차원 바코드가 개발되었다.

③ 매트릭스형 코드인 QR Code는 신속한 판독을 필요로 하는 물류관리나 공장자동화 부분에 적합하도록 일본에서 고안되었다.

④ 다층형 바코드는 개별적으로 인식될 수 있는 몇 개의 문자가 모여 수평으로 열을 구성하며, 열 안에는 1개 이상의 데이터 문자를 포함하고 있다.

⑤ 심벌이 오염되거나 훼손되어 데이터가 손상되더라도 복원능력이 우수하다.

해설 1차원 바코드의 정보표현의 제한성 등을 보완하기 위해 2차원 바코드가 개발되었다.

44 다음은 2차원 바코드의 장점을 말하고 있다. 적절치 못한 것은?

① 공간 점유도가 높다.

② 좁은 영역에 많은 데이터를 표현할 수 있다.

③ 심벌이 오염되거나 훼손되어 데이터가 손상되더라도 복원능력이 뛰어나다.

④ 문자와 숫자로 된 모든 문자를 지원한다.

⑤ 심벌 인쇄 및 판독이 쉽고, 심벌의 판독을 360° 다방향으로 할 수 있다.

해설 2차원 바코드는 공간의 점유도가 낮다.

Answer 40. ⑤ 41. ③ 42. ① 43. ② 44. ①

45 다음은 소스마킹과 인스토어마킹을 설명하고 있다. 적절치 못한 것은?

① 소스마킹을 이용할 경우, 제조업체는 경쟁품의 가격동향 파악을 통한 가격조정, 광고 및 판촉효과 측정, 재고관리의 정확성 향상과 같은 효과를 가져온다.

② 소스마킹을 이용할 경우, 유통업체는 매출계산의 신속화, 마킹비용의 절감, 단품정보수집 용이, 판매정보를 기초로 한 생산계획 수립 등의 효과를 가져온다.

③ 소스마킹은 제조원이나 판매원이 마킹을 하는 반면, 인스토어마킹은 점포 가공센터에서 실시한다.

④ 소스마킹은 가공식품, 잡화 등을 대상으로 실시하지만, 인스토어마킹은 정육, 생선, 청과 등의 상품에 이용한다.

⑤ 판독율과 비용면에서 소스마킹이 인스토어마킹보다 합리적이다.

해설 판매정보를 기초로 한 생산계획 수립은 제조업체가 누릴 수 있는 소스마킹의 효과이다.

46 다음은 RFID에 대한 설명이다. 적절치 못한 것은?

① RFID는 전자태그(Tag)를 사물에 부착하여 사물의 주위상황을 인지하고, 이 정보를 기존 정보시스템과 실시간으로 교환하고 처리할 수 있는 기술을 말한다.

② RFID는 물품에 붙이는 전자태그에 생산, 수배송, 보관, 판매, 소비의 전과정에 관한 정보를 담고, 자체 안테나를 통하여 리더(Reader)로 하여금 정보를 읽고, 인공위성이나 이동통신망과 연계하여 정보를 활용하는 기술을 말한다.

③ RFID는 바코드에 비하여 많은 정보를 저장할 수 있으며, 부착이 용이하고, 장거리 정보 송·수신이 가능하다는 등의 기술적으로 우수한 특성을 가지고 있어 유비쿼터스 환경에서 유용하게 활용할 수 있다.

④ RFID는 바코드나 스마트카드에 비해 저렴하여 시스템 구축 및 운영상 경제적으로도 매우 효율적인 시스템이다.

⑤ RFID 시스템은 기본적으로 RFID 태그, 각종 형태의 안테나, 성능별 리더, 리더를 지원하는 Local Host, 각종 케이블링 및 네트워크 연결로 구성된다.

해설 RFID는 바코드에 비하여 태그 및 장비비용이 비싸다.

47 다음의 내용이 설명하고 있는 것은 무엇인가?

> 상품식별 및 추적을 위해 사용되는 RFID 태그 입력용 코드체계로서 상품을 식별하는 코드라고 할 수 있다. 이것은 동일 품목의 개별상품까지 원거리에서 식별할 수 있으며, 품절 방지, 유효기간 관리, 재고관리 및 상품 추적 등 공급체인에서 다양한 효과를 누릴 수 있으며, 헤더, 업체코드, 상품코드, 일련번호로 구성되어 있다.

① 바코드　　　　　　　② 표준물류식별코드　　　　③ 2차원 바코드
④ EPC 코드　　　　　　⑤ RFID 코드

해설 EPC 코드를 설명하고 있다.

48 다음의 내용이 설명하고 있는 것은 무엇인가?

> 제조, 물류 또는 상품공급업체들이 상품을 주문한 업체로 상품을 배송하는 배송단위를 식별하기 위해서 개발하였으며, 제조업체, 유통업체에 이르는 공급체인의 모든 참여 주체들이 사용 가능하다. 이것은 배송단위에 대한 식별, 개별적인 배송단위에 대한 추적 및 조회, 운송업체의 효율적인 배송, 재고관리 시스템을 위한 정확한 입고 정보, 자동화에 의한 효율적 입고와 배송 등과 같은 물류업무기능을 수행할 수 있다.

① 표준물류식별코드　　　② GS1-128　　　　　　③ SSCC
④ EPC 코드　　　　　　⑤ GTIN

해설 SSCC(Serial Shipping Container Code)를 설명하고 있다.

49 다음은 물류정보 및 물류정보시스템에 관련된 설명이다. 다음 중 가장 적절하지 않은 것은?

① 원격지에 있는 당사자 간에 정보유통이 이루어지는 경우가 많다.
② 상품의 흐름과 물류정보의 흐름에는 충분한 시차가 필요하며, 정보의 절대량이 많으나 성수기와 비수기의 정보량 차이는 작다.
③ 물류정보시스템은 리드타임 정보와 수요예측 정보를 제공하여 기업의 생산량을 예측하고 물류거점입지를 결정하는 데 중요한 정보로 활용된다.
④ 물류정보시스템을 통해 정보의 공유가 가능해짐으로써 생산계획과 조달계획을 조정할 수 있다.
⑤ 사전에 설정된 설비, 시설활용 목표, 서비스 수준 목표 그리고 실제 달성된 서비스 수준을 비교하여 물류활동의 참고자료로 이용할 수 있다.

해설 상품의 흐름과 정보의 흐름에 동시성이 요구되며, 계절변동에 따른 정보량의 차이가 크다.

Answer　45. ②　46. ④　47. ④　48. ③　49. ②

50 물류정보시스템에 관한 다음 설명 중 적절하지 않은 것은?

① GIS(Geographic Information System)는 이동체의 위치 및 상태를 무선통신을 이용하여 실시간으로 파악, 관리하는 시스템이다.

② BPR(Business Process Reengineering)전략의 원칙으로 병렬처리, 직무표준화와 정보기술의 활용 등을 들 수 있다.

③ CMI란 상품 판매데이터와 판매예측을 근거로 한 소비자 수요에 기초하여 상품보충이 자동적으로 이루어지는 것으로 유통업체 보충발주의 자동화를 의미한다.

④ VMI에서는 제조업체로 전송된 정보는 상품보충시스템에서 미래 상품수요예측을 위한 데이터로 활용되며, 제조업체 생산공장의 생산량 조절에 사용된다.

⑤ DPS(Digital Picking System)는 점포로부터 발주자료를 센터의 상품 Rack에 부착한 표기에 피킹수량을 디지털로 표시한다.

해설 ①은 GPS를 설명하고 있다.

51 다음 중 GS1-14(표준물류식별코드)에 관한 설명으로 잘못된 것은?

① 물류식별코드는 0~9로 표시된다.

② 바코드로 표시하기 위한 심벌명칭은 ITF-14이다.

③ 물류식별코드 외에 국가식별코드 3자리, 제조업체코드 4자리, 상품품목코드 5자리, 체크 디지트 1자리 등으로 구성된다.

④ 주로 소매매장에서 많이 사용한다.

⑤ GS1-13에 비해 제조업체코드의 자리수가 적다.

해설 물류센터, 유통센터 등에서 사용되며, 업체 간 거래단위인 물류단위(Logistics Unit)로 주로 골판지 상자에 사용된다.

52 다음 RFID(Radio Frequency IDentification)와 관련된 설명 중 잘못된 것은?

① RFID는 바코드와 달리 접촉하지 않아도 인식이 가능하다.

② RFID는 원거리 및 고속 이동시에도 인식이 가능하다.

③ RFID칩은 바코드나 스마트카드에 비해 비용이 비싸지만 메모리 용량은 크다.

④ RFID 기술은 가시대역 내에서 스캐닝하지 않아도 되는 편리함 때문에 그 활용범위가 확대되고 있다.

⑤ RFID는 나무, 직물, 플라스틱 등을 투과하지 못하는 단점이 있다.

해설 나무, 직물, 플라스틱 등을 투과하여 정보의 교신이 가능하다.

53 다음 중 물류정보시스템에 대한 설명으로 적절치 못한 것은?

① GIS(Geographic Information System)는 이동체의 위치 및 상태를 무선통신을 이용하여 실시간으로 파악, 관리하는 시스템이다.

② TRS(Trunked Radio System)는 정보물류망 중 중계국에 할당된 여러 개의 채널을 공동으로 사용하는 화물추적통신시스템이다.

③ EDI(Electronic Data Interchange)는 거래업체 간에 상호 합의된 서식을 일정한 형태를 가진 전자메시지로 변환, 처리하는 전자문서교환시스템이다.

④ DPS(Digital Picking System)는 점포로부터 발주 자료를 센터의 상품 Rack에 부착한 표기에 피킹 수량을 디지털로 표시한다.

⑤ VAN(Value Added Network)은 제3자를 매개로 하여 기업 간의 자료를 교환하는 통신망이다.

해설 GPS에 대한 설명이며, GIS(지리정보시스템, Geographic Information System)는 지리공간 데이터를 분석·가공하여 교통·통신 등과 같은 지형관련 분야에 활용할 수 있는 시스템이다.

54 다음은 물류정보 및 물류정보시스템에 관련된 설명이다. 다음 중 가장 적절치 못한 것은?

① 물류정보는 성수기와 비수기의 정보량에 차이가 크다.

② 상품의 흐름과 물류정보의 흐름에는 충분한 시차가 필요하다.

③ 물류정보시스템은 리드타임 정보와 수요예측 정보를 제공하여 기업의 생산량을 예측하고 물류거점 입지를 결정하는 데 중요한 정보로 활용된다.

④ 물류정보시스템을 통해 정보의 공유가 가능해짐으로써 생산계획과 조달계획을 조정할 수 있다.

⑤ 사전에 설정된 설비, 시설활용 목표, 서비스 수준 목표 그리고 실제 달성된 서비스 수준을 비교하여 물류활동의 참고자료로 이용할 수 있다.

해설 상품의 흐름과 물류정보의 흐름에 동시성이 요구된다.

55 다음은 표준물류식별코드에 대한 설명이다. 적절치 못한 것은?

① 업체 간 거래단위인 물류단위로서 주로 골판지 상자에 사용되는 국제표준 물류바코드로서 생산공장, 물류센터, 유통센터 등의 입출하 시점에 판독되는 표준 바코드이다.

② 물류식별코드 1자리, 국가식별코드 3자리, 제조업체코드 4자리, 상품품목코드 5자리, 체크디지트 1자리로 구성된다.

③ 박스 내에 동일한 단품이 들어 있는 경우에는 0 ~ 8까지 부여한다.

④ 물류센터 내 실시간에 재고파악을 통한 재고관리의 효율화에 기여할 수 있다.

⑤ 물류단위 중심의 EDI 거래를 촉진할 수 있다.

해설 1 ~ 8까지 부여한다.

56 다음 중 RFID(Radio Frequency IDentification)와 관련된 설명으로 적절치 못한 것은?

① RFID는 바코드와 달리 접촉하지 않아도 인식이 가능하다.

② RFID는 원거리 및 고속 이동시에도 인식이 가능하다.

③ RFID칩은 바코드나 스마트카드에 비해 비용이 저렴하고 메모리 용량도 크다.

④ RFID 기술은 가시대역 내에서 스캐닝하지 않아도 되는 편리함 때문에 그 활용범위가 확대되고 있다.

⑤ RFID는 나무, 직물, 플라스틱 등을 투과하여 정보의 교신이 가능하다.

해설 RFID칩은 바코드에 비해 비용이 높고, 메모리 용량이 크다. 스마트카드는 바코드와 RFID에 비하여 비용이 높고, 메모리 용량이 크다.

57 다음은 POS에 대한 설명이다. 적절치 못한 것은?

① 상품의 회전율 향상 및 품절 방지

② 계산원의 실수 방지

③ 종업원의 부정 방지

④ 판촉 및 신상품에 대한 평가

⑤ 비접촉 판독 및 낮은 오독률

해설 비접촉 판독 및 낮은 오독률은 바코드의 장점이다.

58 다음은 물류정보 관련 용어에 대한 설명이다. 적절치 못한 것은?

① CVO는 화물 및 차량에 대한 위치를 실시간으로 추적·관리하여 각종 부가정보를 제공하는 시스템이다.

② 창고관리시스템은 저비용으로 창고의 공간, 작업자, 하역설비 등을 유효하게 활용하여 서비스 수준을 제고시키는 시스템으로서 입출고정보, 재고관리, 재고 이동 정보 등을 포함한다.

③ GPS는 물류정보시스템에 응용하여 화물추적서비스 제공이 용이하며, GPS 수신기의 부착 없이 운송수단의 위치를 파악할 수 있다.

④ TRS는 무전기처럼 여러 사람에게 동시에 같은 음성을 전달할 수 있으며, 운송이 필요한 화주가 화물정보센터에 업무를 의뢰하면 센터가 해당 지역에 공차 상태로 있는 복수의 운전자에게 화물정보를 제공하는 시스템이다.

⑤ RFID는 상품의 포장에 태그를 부착하거나 상품에 대한 정보를 저장하는 시스템이다.

해설 GPS는 수신기를 부착하여야 운송수단의 위치를 파악할 수 있다.

물류관리사

CERTIFIED PROFESSIONAL LOGISTICIAN

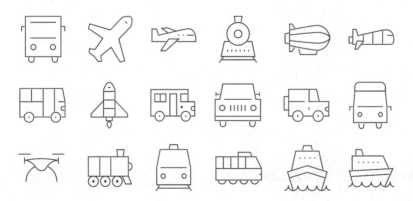

SCM

| 학습목표 | 1. SCM의 정의, 필요성, 효과 등 SCM(공급사슬관리)의 기초 개념을 정리한다.
2. SCM의 응용기법인 QR, ECR, CRP, CPFR, 채찍효과, Cross-docking 등에 대하여 구체적으로 살펴본다.

| 단원열기 | SCM과 관련된 기초적인 내용과 응용기법은 어느 하나도 생략할 수 없을 만큼 매우 중요한 내용이며, 출제빈도가 매우 높은 부분이다. SCM의 개념, 필요성 및 효과를 명확하게 이해하고 있어야 하며, QR, ECR, CRP(VMI와 CMI 포함), CPFR, Bullwhip Effect, Cross-docking, Postponement, SCP and SCE에 대한 내용을 구체적이고 정확하게 정리하여야 한다.

제1절 SCM의 기초

1 SCM(공급사슬관리, Supply Chain Management)의 개요

(1) SCM은 부품의 조달에서 최종 소비자에 이르기까지의 상품의 흐름을 지원하는 인프라, 조직, 정보 등이 구성하는 업무 프로세스 전체를 '공급사슬(Supply Chain)'로 보고, 이를 기업경영전략에 맞추어 전체 시스템의 관점에서 관리하는 것을 말한다.

(2) SCM은 공급사슬상의 모든 업체, 즉 원재료의 공급업체, 제조업체, 물류업체, 유통업체, 최종 고객에 이르기까지 업무를 통합함으로써 경로 전체의 효율성을 높이는 것을 목적으로 하고 있으며, 이를 위해서는 공급체인(공급사슬) 파트너 간에 효과적인 정보의 창출·공유·확산이 필수적이다.

(3) 공급업체 파트너 간의 유기적이고 협력적인 관계구축을 통하여 고객의 욕구를 효과적으로 충족시킬 수 있으며, 이를 통하여 이윤을 창출하게 되고 궁극적으로는 공급사슬 전체의 이익 제고에 기여하게 된다.

(4) SCM의 추진유형으로는 의류부문에서는 QR(Quick Response), 식품부문에서는 ECR(Efficient Consumer Response), 의약품부문에서는 EHCR(Efficient Healthcare Consumer Response), 신선식품부문에서는 EFR(Efficient Foodservice Response) 등이 있다.

2 SCM의 필요성

(1) 기존의 제조업체들은 라인, 공장 또는 기업 내의 생산성 향상, 리드타임 단축, 원가 절감, 품질제고를 위한 합리화 및 리엔지니어링, 기업통합, 정보화, 자동화 등에 노력해 왔다. 그러나 최근에는 제품의 품질이 더 이상 시장에서 경쟁력을 판가름하는 요소가 될 수 없으며, 기업 내부의 각 조직·기능별 관리만으로는 경쟁력 확보가 어렵다는 것을 인식하게 되었다.

(2) 기업들이 글로벌화되고 급변하는 시장환경에서 경쟁우위(competitive advantage)를 확보하기 위해서는 이제까지의 부분적이고 제한적인 경영개선과는 차원이 다른 새로운 경영혁신이 필요하게 되었다.

(3) 기업 내부의 제조 프로세스 이후에 발생되는 물류비용이 제조업의 경우, 업종에 따라 10%~15%에 이르고 있으며, 고객이 주문 후 납품까지의 주문 사이클 타임 중에서 순수 제조 소요기간보다 공급체인상에서 소요되는 시간이 훨씬 길어짐으로써 기업 내부 가치사슬과 더불어 관련기업 가치사슬과의 연계를 통한 공급사슬관리 관점에서의 관리가 더 중요하게 인식되고 있다.

(4) 경쟁우위를 확보하기 위해서는 기본적으로 경쟁력 있는 상품과 서비스를 공급할 수 있는 역량(Capabilities)을 갖추는 것이 필요한데, 제품개발·생산·유통·마케팅의 각 부문별 프로세스의 개선만으로는 한계가 있으므로 이들 프로세스들을 하나의 시스템으로 통합하는 것이 중요하다.

(5) 특히 가치창출의 원천이 되는 고객의 수요를 정확히 예측하고 변화하는 고객수요에 신속히 대응할 수 있어야 한다.

(6) 최근 세계적 기업들은 경쟁우위를 확보하기 위해 자사의 내부 프로세스 통합과 함께 공급자, 자사, 고객을 연결하는 전체 공급사슬(Supply Chain)상의 제품서비스, 정보, 현금, 나아가 지식의 흐름을 통합하고 효율화하는 데 초점을 두기 시작하였다.

⦿ [그림 11-1] 경쟁우위와 공급사슬

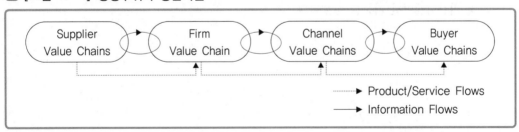

보충학습

SCM의 인식 전환

1. 제품중심에서 고객중심으로
2. 재고관리자에서 정보관리자로
3. 단순 거래관계에서 협력관계로
4. 기능 중심에서 프로세스 중심으로
5. 비용 절감에서 수익성 확보로

■ 3 SCM의 도입 효과

(1) 작업지연시간의 단축 및 사내 업무의 정형화를 통한 업무 단축

(2) 철저한 납기관리 및 영업관리로 고객만족도 향상

(3) 비표준적인 수작업처리로 인한 업무의 오류 제거

(4) 수주처리기간의 단축 및 외형적인 업무 운영 효율화에 의한 비용 절감

(5) 계획기능 강화로 재고의 감소 및 원청업체와 하청업체의 신속한 교류로 인한 하청업체의 재고 감소

(6) 공급망 및 고객서비스 분야의 개선

(7) 전산비용의 절감

■ 4 SCM 환경과 물류정보시스템

(1) 정보주체 간 수배송, 포장, 하역, 보관 등이 유기적으로 결합된 정보관리차원에서 물류효율화를 도모하도록 지원되는 시스템을 말한다.

(2) 종합적인 물류활동의 원활화를 위해 생산에서 소비에 이르기까지 물류활동을 유기적으로 결합하여 전체적인 물류관리를 효율적으로 수행하게 하는 정보시스템을 의미한다.

(3) 물류정보시스템은 각 물류활동의 기능관계를 조정하여 전체적인 시스템으로서 목적에 맞게 통합적인 관리·운영을 지원하게 된다.

(4) 정보관리차원에서 물류효율화를 도모하는 물류관리시스템은 기획통제기능, 조정기능, 고객서비스 및 커뮤니케이션 기능을 수행한다.

제 2 절 SCM의 응용기법

1 QR(신속대응전략, Quick Response)

(1) QR의 개념

① 섬유의류업계에서의 SCM의 응용으로 1980년대 초 수입의류의 증가로 인해 미국 내 의류업체 간의 경쟁 심화, 미국 내 시장 개방에 따른 경쟁 심화, 고객욕구의 다양화, 유통업자의 협상력 증대 등과 같은 급격한 환경변화로 인해 많은 기업들이 경영상의 어려움에 직면하게 되었는데, 이러한 환경요소들을 대처하고 나아가 이들을 관리하기 위한 경영기법으로 QR이 개발·사용되었다.

② QR은 자재공급자, 의류업계와 유통업체가 상호간 WIN/WIN관계로 전환하여 정보네트워크를 축으로 생산과 유통의 파트너십을 확립하여 소비자에게 적절한 시기에 적절한 양을 적절한 가격으로 제공하는 것을 목표로 하고 있다.

③ 소비자의 개성화나 가격지향 시대에 적응하기 위해 기업의 거래선과 공동으로 실시하는 리엔지니어링의 개념이다.

④ QR 시스템은 원료로부터 최종 제품에 이르는 리드타임과 재고의 감소, 상품기획과 소재기획의 연계 등을 계산하여 가격의 인하와 수익의 향상 그리고 생산거점의 유지를 도모하고자 하는 구조개혁의 시도로서 적시생산(JIT)과 전사적 품질관리(TQM)의 개념을 포괄한다.

⑤ QR 운영의 효과를 거두기 위해서는 거래업체들 간의 커뮤니케이션과 파트너십 형성이 중요하다.

(2) QR 관련 정보기술

EDI(전자문서교환), 바코드, POS(판매시점정보관리), 유통정보 데이터베이스 등의 정보처리기술을 활용하여 생산·유통기간의 단축, 재고의 감소, 반품으로 인한 손실 감소 등 생산유통단계에서 합리화를 실현하고 그 성과를 생산자, 유통관계자, 소비자에게 부여하는 것이다.

(3) QR의 발전단계

① 1단계(기본 QR 정보기술의 사용): 공동상품코드(한국의 경우 GS1 코드)를 제품에 표시(소스마킹)하고 표준 EDI 메시지 등을 이용하여 수·발주를 행하며, 재고·물류관리에 GS1 코드를 이용한다. 소매점 POS 판매데이터를 메이커에 전달하여 시즌 중에 추가생산을 가능하게 한다.

② 2단계(자동재고보충): 출하 카툰 박스에 물류용 바코드(GS1-128)를 붙이고 관련 데이터를 EDI 전자문서인 발송통지를 이용하여 상대방에게 사전 통지한다. 따라서 상품을 수시로 박스를 뜯어 검품작업을 실시할 필요가 없으며, 물류센터의 크로스도킹화와 소매창고의 재고 삭감이 실현될 수 있다. 소매점은 POS 판매데이터를 이용하여 일별·주별 예측이 가능하며 이에 따라 고정 사이클로 매장재고를 자동보충하기 위한 자동보충발주시스템을 실시할 수 있다.

③ **3단계(파트너십 보충)** : POS 판매데이터를 공유함으로써 예측기능이 강화되어 보다 짧은 사이클로 자동보충이 가능해진다. 이 단계에는 메이커가 주도하는 매장재고의 자동보충(VMI)이 이루어지는데 이를 파트너십 보충이라고도 한다. 이 단계에서는 메이커의 QR 대응능력이 향상되고 양자의 장점 모두를 갖는 공동상품을 계획하게 된다. 미국기업은 전반적으로 QR의 제3단계에 이르고 있으며, 일부기업은 제4단계에 접어든 경우도 있다.

④ **4단계(공동상품개발)** : 제3단계까지의 성과로 얻은 확실성 높은 상품기획능력, 신속한 추가생산능력, POS 정보의 즉각적인 입수와 예측 가능한 분석능력을 구사하여 신상품의 판매결과를 근거로 상품의 디자인을 개량화하는 것이 가능하게 된다. 이것은 소매점과 메이커의 공동상품 개발이 된다. 이 단계에서는 회전이 빠른 상품을 개발할 수 있어 가격이 높은 하이패션 상품 등에서는 큰 QR 효과를 볼 수 있다.

⑤ **5단계(소매지원)** : 메이커가 가지고 있는 고도의 정보를 이용한 상품디스플레이 영업 등의 소매지원이 이루어진다. 이 단계는 QR을 이용하여 유행변화에 대한 대응이나 소량생산제품의 대응을 효과적으로 수행할 수 있다. 판매의 무대가 점포로부터 가정으로 이동하게 되는데, 가계의 소비동향이나 요구를 여러 가지 방법으로 파악하여 소비자가 필요로 하는 시기에 상품을 가정으로 보낸다. 이것이 소위 무점포판매의 일종으로서 QR을 넘어섰다고 하여 CR(Consumer Response)이라고 부른다.

[표 11-1] QR의 발전단계

구 분	특 징	목 표	기술요소
1단계	소스마킹	재입력 방지	POS, EDI 발주
2단계	출하카툰마킹	시장예측	POS, 자동발주
3단계	메이커 창고관리	파트너십	POS 정보의 공유
4단계	공동상품 개발	상품기획능력	POS 자료 분석, DB
5단계	마이크로 마케팅	무점포 판매	POS, EDI, EOS, DB

(4) QR의 도입 효과

① **제조업자의 측면**
- ㉠ 주문량에 맞추어 유연생산 가능
- ㉡ 공급자 수 삭감
- ㉢ 높은 자산회전율 유지

② **소매업자의 측면**
- ㉠ 매출과 수익증대
- ㉡ 낮은 유지비용 가능
- ㉢ 고객서비스 개선
- ㉣ 상품회전율의 향상

③ 소비자의 측면
　　㉠ 개선된 품질 제공　　　　　　㉡ 낮은 가격으로 구매 가능
　　㉢ 다양한 상품　　　　　　　　㉣ 소비패턴의 변화

④ 시스템 측면
　　㉠ 낭비의 제거　　　　　　　　㉡ 효율성 향상
　　㉢ 신속성 향상

2 ECR(효율적 소비자 대응, Efficient Consumer Response)

(1) ECR의 개념

① ECR은 1990년대 초반 미국 최대 할인점인 월마트에 대항하여 식료품 산업을 중심으로 식품유통업체와 제조업체들이 유통경로의 효율성을 제고시키고 소비자의 가치를 증진하기 위하여 제조업체와 유통업체 간의 전략적 제휴, 카테고리 관리, 활동기준 원가계산회계 도입, EDI 시스템의 활용, 조직의 변화를 추구하면서 시작되었다.

② ECR은 상품의 제조·생산으로부터 유통, 도·소매를 통한 판매에 이르기까지 전 과정을 일관된 흐름으로 보고, 각 단계의 관련기업들이 공동참여를 통해 총체적으로 경영효율을 개선하여 보다 낮은 비용으로, 보다 빠르게, 보다 나은 소비자 만족을 달성하는 데 초점을 둔 공급경로의 효율을 극대화하는 모델이다.

③ ECR 체계는 소매점 측의 POS(판매시점정보)를 특정 제조업체와 공유하여 제조업체가 재고상황을 점검해 별도 주문 없이도 적절한 시점에 납품하는 것으로, 공급경로에서 발생하는 재고를 줄이고 최소한으로 유지하여 재고비용, 보관비용 등 각각의 비용을 최소화한다.

④ ECR이 단순히 공급망 통합과 다른 점은 산업체와 산업체 간의 표준 및 최적화를 포함하고 있는 것이며, QR과 같이 단일업계뿐만 아니라 다른 산업부문에도 적용이 가능한 것이다.

(2) ECR의 전략

① ECR은 소매점의 판매시점(POS)정보를 제조업체와 공유하여 상황에 따라 적절한 시기에 상품을 납품하여 소비자의 요구에 신속하고 정확하게 대응해야 한다.

② 공급경로에서 발생하는 재고를 줄이고 최소한으로 유지하여 재고비용, 창고비용 등 각각의 비용을 최소화하도록 노력해야 한다.

③ 대상이 한 업체에 국한된 것이 아니라 제조·생산으로부터 최종 소비자에 이르는 전과정을 대상으로 하여 이 연결고리에 관계된 제조, 유통, 도·소매 업체들 간의 제휴를 통해 전체적으로 효율을 높여 기업의 이익을 창출하고 그 성과를 참여한 기업들이 배분하여 가져야 한다.

④ ECR의 양대 축은 100% 비문서화에 의한 양질의 정보교환과 원활한 제품의 흐름으로 요약된다.

(3) ECR의 구현전략과 이점

① **효율적 보충**(Efficient Replenishment) : 연속적인 제품 보충으로 공급오류를 방지하여 시간과 비용의 최적화를 도모할 수 있다.

② **효율적 진열**(Efficient Assortment) **및 보충** : 진열대의 공간활용을 통하여 가장 생산성 있는 제품 구색을 갖춤으로써 재고 및 소비자 접점에서의 점포공간의 최적화를 가져올 수 있다.

③ **효율적 판매 촉진**(Efficient Promotions) : 소비자의 호감을 살 수 있게 함으로써 거래와 판촉시스템의 효율성을 극대화할 수 있다.

④ **효율적 상품 개발**(Efficient Product Introductions) : 신상품 개발 및 소개 활동의 효과를 극대화할 수 있다.

[표 11-2] ECR의 효과

유통업체	제조/공급업체
• 매출신장 효과 • 재고축소를 통한 품절축소 및 매장공간 활용 • 수발주업무 단축 및 비용 절감	• 주문 프로세스 감소 • 판매동향에 따른 생산으로 생산원가 절감 • 최소 수준의 재고 보유

(4) ECR의 실현도구(8가지)

① **EDI와 바코드를 기본** : 정보의 원천

② **컴퓨터를 이용한 자동발주**(CAO) : 판매데이터를 기초로 한 자동발주로서 상품에 부착된 바코드를 활용하게 된다.

③ **크로스도킹**(Cross-docking) : 제조업체에서 판매되는 시점의 장소와 포장형태를 고려하여 소매업자에게 제품을 발송하면, 물류센터 도착 즉시 각 점포별로 구분되어 출고시키는 시스템으로 재적재 시간과 비용을 절감할 수 있다. 크로스도킹시스템하에서의 물류센터는 최소한의 안전재고를 제외하고는 재고를 보유하지 않는다.

④ **가치사슬분석**(VCA) : ECR의 잠재적 이익을 예측하기 위해 제품보충체인과 거래당사자 각자가 수행해야 하는 활동에 대한 정밀한 분석이 선행되어야 한다. 이런 분석과정을 통해 ECR 도구들을 어디에 적용할 것인가를 판단한다. 중복된 활동, 불필요한 활동 또는 필요하지만 적용되지 않는 것들을 구분할 필요가 있다.

⑤ **활동원가회계**(ABC)

　㉠ ABC 분석을 통해 공급자 및 소매업자는 상품과 관련된 제반비용을 측정하여 그 수익성 수준을 결정할 수 있다.

　㉡ 상품이 최종 소비자에게 이르는 과정에서 비용이 발생되는 수많은 과정을 거치게 되며, 각 과정에서 발생하는 실제비용을 측정함으로써 거래당사자들이 ECR 이익을 공유할 수 있게 된다.

⑥ **CM**(Category Management, 카테고리 관리) : 유통업체가 제조업체들과 협력하여 소비자를 비롯하여 유통업체 및 제조업체에게 최상의 가치를 부여할 목적으로 카테고리를 관리하고 계획하는 일련의 과정을 말하는 것으로 상품관리가 하나 하나의 단품 수준이 아니라 상품의 그룹 또는 카테고리 수준에서 이루어진다.

⑦ **지속적 상품보충**(CRP : Continuous Replenishment Program) : 공급업자와 소매업자와의 POS 정보공유로 재고량, 유통채널 잔존 주문량, 예측 판매량, 계절적 변동요인을 감안하여 유통업체의 별도의 주문 없이 제조업체가 직접 그리고 연속적으로 제품을 보충하는 것을 가리킨다. 이를 통해 재고량과 재고시간을 단축할 수 있으나 공급자와 소매업자 사이의 긴밀한 협조체제하에서만 가능한 시스템이다.

⑧ **배송상품의 순서 선정**(Sequencing of Parcels) : 배송처에서 상품위치를 고려한 납품준비를 하면 불필요하게 선반 사이를 오고가는 일 없이 상품을 진열대에 바로 비치하는 데 유용하다.

⑸ **ECR의 효과**

① **제조 및 공급업체**
ㄱ EDI의 활용으로 주문과정 감소
ㄴ 판매동향에 따른 생산으로 생산원가 절감
ㄷ 최소 수준의 재고 보유
ㄹ 효과적인 판매촉진

② **소매업체**
ㄱ 매출신장효과, 재고축소를 통한 품절축소 및 매장공간의 활용, 창고운영의 효율성을 통한 관리비용 감소
ㄴ 수발주업무 단축 및 비용 절감
ㄷ 현금흐름의 원활화

⑹ **ECR과 QR의 비교**

① SCM의 응용인 ECR과 QR은 IT기술을 이용하여 조직의 효율성을 높이고 공급체인 파트너와의 협업과 조화를 통하여 비용을 절약하고, 수익을 창출하는 공통점이 있다.

② **발전과정** : 제조업에 있어서 원재료를 필요로 하는 시간에 정확하게 배달해주므로 재고를 감소시키기 위한 전략인 JIT(Just In Time)의 개념이 발전하여 QR개념이 형성되었고, 이렇게 생겨난 QR이 발전하여 ECR의 개념을 형성하게 되었다(Harris, et al., 1999).

③ QR은 제조업체 중심으로 신속한 대응을 핵심으로 하며, 보다 정확하고 신속한 고객정보를 획득하기 위한 시스템을 구축함으로써 고객대응 속도를 높이기 위한 것이다.

④ ECR은 유통업체 및 소매업체를 중심으로 거래당사자 간 협력관계를 구축함으로써 업무 프로세스의 문제점을 개선하여 공급사슬 전체를 통해 효율적으로 고객의 수요를 만족시키기 위한 것이다.

⑤ QR과 ECR의 큰 차이점은 ECR은 기업 내부 및 공급사슬 전체에 리스트럭처링(Restructuring)을 통한 업무 프로세스의 개선을 목표로 한다는 것이다.

● [표 11-3] ECR과 QR의 비교

구 분	ECR(Efficient Consumer Response)	QR(Quick Response)
주 체	유통업체, 소매업체	제조업체
요구사항	효율적인 고객대응	신속대응
출 현	1993년 식품, 잡화 슈퍼마켓 중심	1985년 섬유 및 의류업계 중심
핵 심	제조업체 및 유통업체가 공급체인의 문제점을 개선하도록 협력관계 구축을 통하여 상호 이익 추구	생산자 사이에 걸쳐 있는 유통경로상의 제약조건 및 재고를 줄임으로써 제품 공급체인의 효율성 극대화

3 CRP(지속적 상품보충, Continuous Replenishment Program)

(1) CRP의 개념

CRP는 소비자가 구입한 수량 등에 기초를 두고, 필요 재고수량을 산출하여 자동적으로 보충하는 것을 말한다.

① CRP란 상품의 판매데이터와 판매예측을 근거로 한 소비자 수요에 기초하여 재고수량을 산출하여 자동적으로 상품을 보충하는 것으로 전통적인 상품보충 프로세스(유통업체에서 주문서를 작성하여 거래업체에게 발송)를 근본적으로 변화시키는 새로운 시스템이다.

● [그림 11-2] CRP(지속적 상품보충)

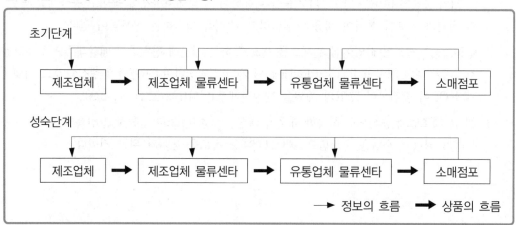

② CAO가 유통업체 주문관리의 자동화를 의미한다면, CRP는 주로 제조업체나 물류센터의 보충 발주 자동화를 의미한다. 이는 기존의 전통적인 밀어내기(Push) 공급방식이 아닌 정확한 수요에 근거하여 상품이 공급되는 끌기(Pull) 방식이라고 할 수 있다.

③ CRP는 거래업체 간에 상품이 공급되는 모든 지점에 적용될 수 있는 개념이다.

④ CRP는 POS 레지스터의 이용 등 소매업에서의 IT화가 필요불가결하다.

⑤ 기업에서 CRP를 추진하는 방법에는 재고관리의 책임소재를 고려한 방법과 협력업체 간 정보 공유의 정도를 고려한 방법이 있다. 재고관리의 책임소재를 고려한 방법에는 제조업체와 유통 업체 중 누구에게 주문책임이 있느냐에 따라 CMI(Co-Managed Inventory)와 VMI(Vendor Managed Inventory)가 있다.

(2) CRP의 분류

기업에서 CRP를 추진하는 방법에는 재고관리의 책임소재를 고려한 방법과 협력업체 간 정보공유의 정도를 고려한 방법이 있다. 재고관리의 책임소재를 고려한 방법에는 제조업체와 유통업체 중 누구에게 주문책임이 있느냐에 따라 VMI(Vendor Managed Inventory)와 CMI(Co-Managed Inventory)가 있다. 주문책임이 제조업체 또는 납품업체에게 있는 경우를 VMI, 유통업체에게 있는 경우를 CMI라고 한다.

① VMI(납품업자 또는 공급자 재고관리 : Vendor Managed Inventory)

㉠ 제조업체(또는 공급업체, 도매배송센터)가 상품보충시스템을 관리하는 경우로 상품보충시스템이 실행될 때마다 판매·재고정보가 유통업체에서 제조업체로 전송된다. 이러한 정보는 제조업체의 상품보충시스템에서 미래의 상품수요량 예측을 위한 데이터로 활용되며 또한 제조업체의 생산공정에서는 생산량 조절에도 사용된다.

㉡ 과거 기업들이 제조원가를 절감시키기 위한 방안으로 주로 사용되었던 것이 제조부문에서의 비용 절감을 위한 JIT(Just In Time), LEAN 생산방식, 품질경영 생산방식 등이었다면, 최근에 와서는 비용 절감 방안을 공급사슬관리로 옮겨가고 있으며, 여기에 VMI를 활용하고 있다.

㉢ VMI의 장점

ⓐ 컴퓨터의 발주처리 비용이 필요 없어지게 된다.

ⓑ 상품의 리드타임 단축이 이루어진다.

ⓒ 대폭적인 재고삭감을 실현할 수 있다.

ⓓ 소매점포에서의 품절감소와 제품의 매상을 증가시킬 수 있다.

ⓔ 소매점포로부터의 획득한 제품정보를 통해 제조업자·도매업자들의 시장분석과 매상 분석이 가능해져, 이들 업체들의 과잉생산 및 과잉재고를 방지할 수 있다.

● [그림 11-3] VMI의 구조

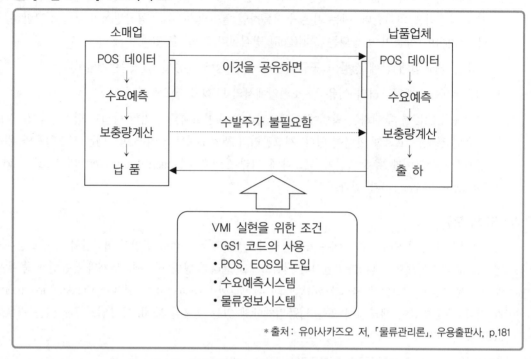

* 출처: 유아사카즈오 저, 「물류관리론」, 우용출판사, p.181

② CMI(공동 재고관리 : Co-Managed Inventory)

　㉠ CRP 시스템이 제조업체와 유통업체에서 공동으로 운영될 경우 판매·재고정보는 CRP 시스템이 실행될 때마다 유통업체에서 제조업체로 전송된다.

　㉡ 유통업체로부터 전송된 판매·재고정보는 제조업체의 CRP 시스템에서 상품수요예측을 위한 정보로 활용되며, 생산 사이클의 생산량 조절에도 사용된다.

　㉢ CMI를 거래처 간에 추진할 때에는 주문제안서를 제조업체가 작성하고 이를 유통업체가 수정·확정하게 된다. 즉, CMI는 상품보충에 대한 책임이 유통업체에게 있음을 의미한다.

● [그림 11-4] CMI 프로세스

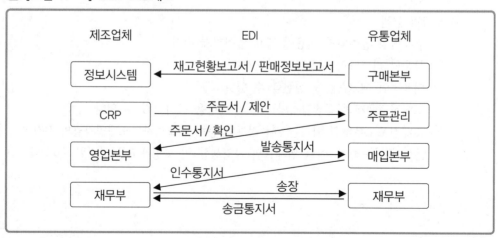

4 CPFR(Collaborative Planning Forecasting & Replenishment)

(1) CPFR의 개념

① CPFR은 공급사슬을 이루는 여러 기업들 및 구성원들이 공동으로 같은 정보를 사용하여 수요를 예측하고 생산을 계획하며 재고를 보충해 나가면서 공급사슬에서 발생할 수 있는 채찍효과(Bullwhip Effect)나 예기치 못한 사항들을 줄여나감으로써 공급사슬 전체의 효율성을 극대화시키는 포괄적인 방안이다.

② CRP(Continuous Replenishment Progress)가 POS 등의 판매데이터를 근거로 벤더(Vender)가 주로 판매수요를 예측하는 수법이라면, CPFR은 세일 등의 프로모션까지도 포함시켜 소매업체와 벤더가 함께 보충 상품수요량을 판단하는 수법이다.

③ CPFR은 판매 손실을 회복하고 카테고리 매니지먼트를 활성화 시켜주며, 수요계획을 확장하여 상품보충을 실현해 준다. 예를 들면, CPFR의 상호판촉협의, 판매기회 증대, 마케팅을 지원하며 계획 및 실행, 재정, 기타 운영시스템 간의 통합을 지원하고 효율적인 자원의 배분, 인건비 절감, 시간 절감, 장비의 효율성 증가 등에 최적화 조건을 제공한다.

④ CPFR이 성공하기 위해서는 거래당사자 간에 업무 프로세스와 사업계획을 공유해야 한다. 여기서 사업계획이란 상품의 종류, 상품화 방안, 타겟시장, 프로모션 방법 및 기간 등을 말하는 것으로 VAN 등의 기간통신망을 통해 정보의 공유가 가능하다.

⑤ CPFR를 이용하면 예측치가 사전에 확정되어 출하계획으로 자동전환되기 때문에 기존의 일상적인 발주업무를 피할 수 있을 뿐만 아니라, 프로모션이 시작되어야 하는 시점과 공급제약요소 등 목표달성에 중요한 정보를 포착하여 전체 공급사슬으로부터 상당한 재고량을 감축시킬 수 있다.

⑥ 요즘에는 ERP 시스템이나 물류시스템들이 이 CPFR을 지원하는 모듈을 포함하는 것들도 많이 있다.

(2) CPFR의 장점

① 유통업체와 제조업체의 협업으로 생산계획과 수요예측, 재고처리 등에 있어서 오류를 감소시켜 수익 증대와 운영비용 감소, 주기 감소 등을 가능하게 한다.

② 상품 장기계획을 가능하게 해준다.

③ 파트너 확대, 파트너관계 개선, 협업수준 향상으로 안정적인 판매기반을 확보하여 결품을 감소시킨다.

④ 다양한 구색으로 소비자의 만족도를 향상시킨다.

⑤ 제조업체는 CPFR의 도입을 통해 고객만족과 서비스 향상으로 인한 투자수익률 증대, 판매상품에 대한 원가 절감, 판매 및 일반관리 비용 절감, 회전율 증가, 재고 감축, 현금흐름 개선효과 등으로 제조비용이 인하되고 동시에 재고 감축을 이룰 수 있다.

█ 5 채찍효과(Bullwhip Effect)

(1) 채찍효과의 개념

① 고객의 수요가 공급사슬을 거슬러 올라 갈수록 수요예측의 변동폭이 커지는 현상을 말한다.

② 채찍효과라는 이름은 소를 몰 때 쓰는 긴 채찍을 사용하면 손잡이 부분에서 작은 힘이 가해져도 끝부분에서는 큰 파동이 생기는 데 착안하여 명명되었다.

③ 공급사슬에 있어서 소비자 수요의 작은 변동이 제조업체에 전달될 때는 확대되므로, 제조업체 입장에서는 수요의 변동이 매우 불확실하게 보이게 된다.

④ 정보의 왜곡현상으로 공급사슬 전체로는 재고가 많아지고 고객에 대한 서비스 수준도 저하되며 생산계획에 있어서도 차질을 빚게 되고, 수송상의 비효율, 생산계획상의 난맥 등과 같은 악영향이 발생하는 등의 문제가 발생된다.

⑤ 새로운 구조와 운영방식하에서는 최종 소비자의 소비속도에 따라 제품이 공급사슬 전체를 물 흐르듯이 흘러가야 하며, 이와 같이 된 상태를 '동기화'되었다고 하고 이러한 제품흐름의 동기화가 SCM의 핵심과제이다.

◉ [그림 11-5] 채찍효과

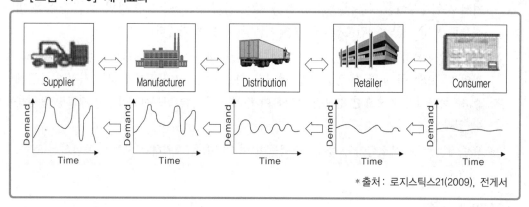

* 출처: 로지스틱스21(2009), 전게서

(2) 채찍효과의 발생원인

① **다단계 수요예측**: 최종 소비재 시장에서의 수요변화에 대한 판단 오류 발생

② **리드 타임**: 리드타임이 길어지면 변동폭의 증가 정도가 확대된다. 이는 수요변화의 인식과 대응, 공급선상의 재고수준 조정에 상당한 시간이 걸리기 때문이다.

③ **가격 변동**: 판촉활동, 가격할인, 수량할인

④ 과장된 수요

⑤ **배치(Batch) 주문**: 일괄 대량주문

(3) 채찍효과의 대처방안

① 정보의 왜곡으로 인한 문제발생을 없애기 위해서는 공급사슬 전반에 걸쳐 수요에 관한 정보를 집중화하고 공유

② 가격정책의 안정화와 철저한 판매예측을 거친 뒤 공급하는 방안 마련

③ 최종 소비자의 수요 변동폭을 감소시킬 수 있는 영업전략을 선택하는 등의 시장전략 고려

④ 제품의 공급 리드타임을 감축시킬 수 있는 방안 연구

⑤ 불황에 대비하기 위해 거래선과 전략적 파트너십 강화

6 Cross-docking

(1) 크로스도킹의 개념

① 크로스도킹은 창고나 물류센터에서 수령한 상품을 창고에서 재고로 보관하는 것이 아니라 바로 배송할 수 있도록 하는 물류시스템으로 상품이 입고된 즉시 각 목적지별로 분류만 하여 출고시키는 역할을 수행하게 된다. 따라서 이러한 유형의 창고 및 물류센터를 통과형 물류센터라고도 한다.

◉ [그림 11-6] 크로스도킹의 개념

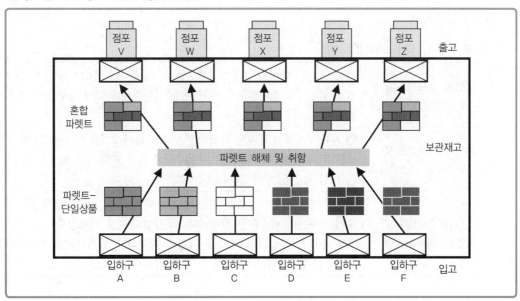

② 크로스도킹은 유통업체의 제품보충을 위한 물류지원정보시스템으로 제조업체와 유통업체가 정보공유를 통해서 이루어지는 기업 간 정보시스템이다.

③ 크로스도킹의 목적은 유통업체나 도매·배송업체, 항만터미널 운영업체의 물류센터에서 발생될 수 있는 비생산적인 재고를 제거하고자 하는 것이다.

④ 이를 위해서는 제조업체와의 협력이 주요한 요소로서 실제 유통업의 비용은 감소하지만 제조
업체의 비용은 상승하게 되어 유통업체와 제조업체가 성과를 공유해야 할 필요가 있다.

⑤ 크로스도킹을 실현하기 위해서는 사전출하정보와 JIT(Just In Time)라는 2가지 조건이 필요한
데, 사전출하정보란 납입자가 어떤 수송수단에 어떤 화물을 싣고 있으며, 물류센터에는 몇 시
에 도착하는가 등의 정보를 말한다.

⑵ 크로스도킹의 구분

크로스도킹은 기포장 크로스도킹과 중간처리 크로스도킹으로 구분된다.

◉ [표 11-4] 크로스도킹의 구분

기포장 크로스도킹	유통업체의 주문에 따라 제조업체가 미리 선택한 파렛트, 케이스 등의 패키지 중간의 분류과정을 단축시킨 것으로 주로 중소형 슈퍼마켓에 위생용품이나 잡화 등을 공급하는 데 사용한다.
중간처리 크로스도킹	파렛트, 케이스 등의 패기지를 수령하여 물류센터에서 소분된 패키지에 다시 라벨을 붙여 새로운 패키지를 만들어 최종 유통업체(소매업체)에 패키지를 조달해 주는 체계이다.

⑶ 크로스도킹의 수준

크로스도킹은 파렛트 크로스도킹, 케이스 크로스도킹, 사전 분류된 파렛트 크로스도킹의 3가지 수
준에서 구현될 수 있다.

◉ [표 11-5] 크로스도킹의 수준

파렛트 크로스도킹 (Pallet Cross-docking)	가장 단순한 형태의 크로스도킹으로 한 종류의 상품으로 적재된 파렛트별로 입고되고 소매점포로 직접 배송되는 형태로 양이 아주 많은 상품에 적합하다.
케이스 크로스도킹 (Case Cross-docking)	한 종류의 상품이 적재된 파렛트 단위로 상품이 소매업체의 물류센터로 입고된 후, 각각의 소매점포별로 주문수량에 따라 피킹되고 남은 파렛트 상품은 익일 납입을 위해 잠시 보관한다.
사전 분류된 파렛트 크로스도킹	사전에 제조업체가 상품을 피킹, 분류하여 납품할 각각의 점포별로 파렛트에 적재하여 배송하는 형태이다. 이 방법의 경우 제조업체가 각각의 점포별 주문사항에 대한 정보를 사전에 파악하고 있어야지만 가능하므로 제조업체에게 추가적인 비용을 발생시키는 단점이 있다.

(4) 크로스도킹의 장점

크로스도킹은 유통업체와 도매업체 간에 발생하는 물류비용을 감소시키는데, 재고의 효율적 통제를 통한 창고비용을 절감, 원활한 상품공급을 통한 유통업체의 결품률 감소, 상품이 창고로케이션으로 입고되고 출고되는 데 소요되는 시간과 비용 등을 제거시키는 효과를 거둘 수 있다.

◉ [표 11-6] Cross-docking과 CRP의 비교

CRP의 기대효과	Cross-docking의 기대효과
• 재고수준 및 운영비 감소 • 상품의 보충주기 단축을 통한 다빈도배송 가능 • Supply Chain에서의 상품의 흐름 향상 • 소비자 수요에 대한 반응 증대 • 거래업체 간 보다 나은 업무 협조관계 구축	• 유통업체의 결품 감소 • 재고수준 감소 • 물류센터에서의 회전율 증가 • 상품의 공급용이성 증대 • 상품흐름의 원활화

7 Category Management와 Postponement

(1) 카테고리 관리(Category Management)

① 소비자의 가치를 창출하기 위해 유통업체와 공급업체가 비즈니스 결과를 향상시킬 수 있도록 카테고리를 전략적 비즈니스 단위로 관리하는 프로세스를 의미한다.

② 유통업체의 구매부서와 영업부서를 재편하여 내·외부적으로 공급업체와의 통합 비즈니스 계획(구매, 판매 및 영업 등)을 수행하기 위한 통합 카테고리 관리팀으로서의 역할을 포함한다.

(2) Postponement(제품 차별화 지연, 유예)

① Outbound(수출 또는 유통 및 판매측) 로지스틱스에서 가급적 공용 부품을 사용하여 모듈화, 표준화된 반제품 상태로 생산, 보관, 운송하여 현지에 공급하고 최종 조립 및 제품의 차별화는 최종 소비자가 있는 현지에서 하도록 차별화 시점을 지연하여 로지스틱스를 단순화시키는 방법이다.

② 즉, 완제품 상태로 재고를 유지하기에는 많은 재고와 수요예측 차이로 인한 결품과 과잉재고가 발생할 수 있으므로 고객이 있는 현지에서 가급적 주문이 확정되거나 가시화된 시점으로 지연하여 최종 조립·포장하는 물류체계를 운영하는 방식이다.

③ 구성부품의 표준화와 공통화, 공정순서의 재배치, 모듈단위의 제품설계가 필요하며, 차별화 지연은 판매에 변동성이 크고 제품의 수명주기가 짧아야 유리하다.

● [표 11-7] 제품차별화 지연의 유형

구 분	내 용
Pull Postponement	제조업체 측에서 Push에서 Pull로 전환되는 접점(또는 주문과 계획이 만나는 주문 침투점이라고도 함)을 가급적 지연 ◎ National Bike사(社)는 Push에서 Pull로의 전환점을 가급적 상류(商流)에 설정하여 고객의 다양한 제품주문에 쉽게 대응하여 각 제품구성별 주문량에 맞게 적기·적량을 생산·유통
Logistics Postponement	Customization 시점을 고객과 가까운 단계에서 하도록 미루는 지연 전략 ◎ HP Deskjet printer의 국가별 폰트를 현지에서 설치하도록 프로세스 분리 및 지연
Form Postponement	부품 또는 사양을 표준화하거나 프로세스 순서를 변경함으로써 물류 및 제품이 차별화되는 단계를 지연 ◎ Benetton Sweaters 제작 공정에서 실을 염색한 후 직조하던 것을 직조 후 염색으로 프로세스 순서를 바꿈

8 SCOR, SCP와 SCE

(1) 스코어카드(Balanced Scorecard)

① 스코어카드(Balanced Scorecard)는 SCM 추진을 진행 중이거나 준비 중인 기업(제조, 도매, 물류, 유통)이 자사 및 거래파트너의 SCM 추진의 준비도, 협업수준 및 그에 대한 성과를 객관적으로 측정할 수 있도록 하는 계량적 평가도구이며, 평가를 통해 특정 취약 분야에 대한 우선순위 설정과 필요한 개선안을 파악하는데 지침서로 활용되며, 향후 개선을 위한 전략과 방향 수립 및 실행 프로세스를 설정하는데 도움이 된다.

② 스코어카드의 전체 내용은 유통, 도매/물류, 제조 등 Supply Chain상에 관련된 기업 간의 협업의 관점으로 구성되며, 기업 내부의 기능 간 장애요인 및 외부의 거래 파트너와의 장애요인을 제거하는 데서 출발한다.

③ 스코어카드의 평가대상은 유통(Retailer), 제조(Supplier), 공동(Joint)의 3개 부문으로 구성하여 자사의 역량을 평가하는 것은 물론 거래 파트너와의 준비도 및 협력관계를 평가하도록 구성된다.

④ 스코어카드의 평가는 수요관리, 공급관리, 기반기술, 통합 역량이 상호작용의 관점에서 이루어지도록 한다.

(2) SCOR(Supply Chain Operations Reference) 모델

① SCOR(Supply Chain Operations Reference) 모델은 해당 기업의 공급업체로부터 고객에 이르기까지 계획, 조달, 생산, 판매 및 배송이 이루어지는 공급사슬을 통합적으로 분석한다는데 기초를 둔다.

② BPR, 벤치마킹, Best Practices 분석의 개념을 하나로 통합한 개념이며, 프로세스 요소, 성과지표, Best practice 등을 함께 제시함으로써 모델의 적용성을 높인다.

③ SCOR 모델은 공급사슬관리의 성과를 측정하고 개선분야의 직접적으로 파악할 수 있는 구조를 가지고 있으며, 공급사슬의 통합운영은 정보와 상품의 흐름을 개선하며, 공급사슬 내의 모든 연결부분에서 발생하는 과잉재고와 낭비요인의 흐름을 개선하며, 공급사슬 내의 모든 연결부분에서 발생하는 과잉재고와 낭비요인을 절감시킬 수 있다.

④ SCOR 모델은 계획(Plan), 조달(Source), 제조(Make), 배송(Deliver), 반품(Return)의 다섯 가지 상위 레벨의 관리 프로세스로 이루어진다.

● [그림 11-7] SCOR 모델의 구조

구 분		수 준	내 용
S C O R 모델	1	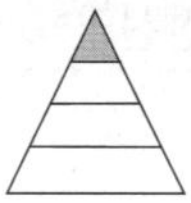 최상위 수준 (프로세스 유형)	수준 1 • SCOR 적용범위와 내용을 정의 • 경쟁전략과 성과목표를 설정
S C O R 모델	2	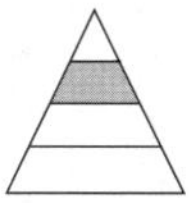 구성 수준 (프로세스 카테고리)	수준 2 • 핵심 프로세스 카테고리를 배열하여 해당 기업의 공급사슬을 구성 • 공급사슬의 구성을 기초로 운영전략을 설정
S C O R 모델	3	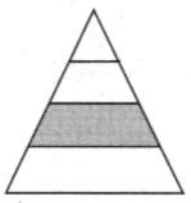 프로세스 요소 수준 (프로세스 분해)	수준 3 • 선택된 시장에서 성공적으로 경쟁하기 위한 해당 기업의 운영능력을 정의 - 프로세스 요소 정의 - 프로세스 요소별 입출력 정보 - 프로세스 성과지표 - 적용 가능한 best practices - best practices 지원에 필요한 시스템 능력 - 소프트웨어 선정 • 공급사슬 운영전략을 세밀하게 조정
범위 밖	4	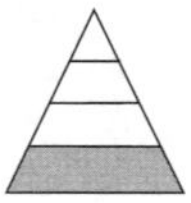 실행 수준 (프로세스 요소 분해)	수준 4 • 경쟁우위를 달성하고 변화하는 비즈니스 환경에 대응하기 위한 실행활동을 정의 • 구체적인 공급사슬관리 실행활동을 설정

* 출처 : 로지스틱스21(2009), 전게서

(3) SCP와 SCE

　① SCM Software 구성 중 SCP(Supply Chain Planning)는 의사결정과 계획입안 업무를 지원하는
　　소프트웨어이며 수요계획, 행사계획, 재고계획, 자동재고보충계획, 생산계획 등이 포함된다.

　② SCE(Supply Chain Execution)은 주문처리나 물류관리에 따른 SCM을 실행하기 위한 Software
　　들로 구성되며, 주요 의사결정 사항은 공급자 선정, 배송업체 선정, 재고 수준, 채널 간의 정보공
　　유수준, OMS(Order Management System), WMS(Warehouse Management System),
　　TMS(Transport Management System) 등이 해당된다.

　◉ [그림 11-8] SCP과 SCE의 범위

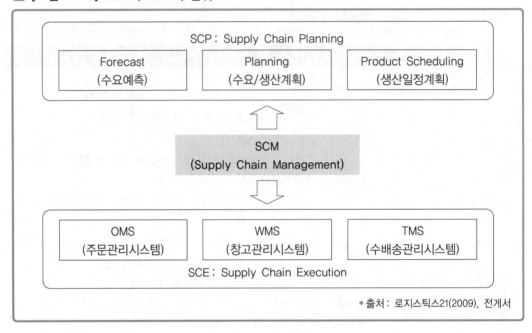

　③ **SCP의 주요 내용**
　　㉠ 수요계획
　　㉡ 행사계획
　　㉢ 재고계획
　　㉣ 재고보충계획
　　㉤ 생산계획

　④ **SCE의 주요 내용**
　　㉠ 사전출하통지
　　㉡ 재고수준 및 채널 간의 정보공유수준 결정
　　㉢ 공급자 및 배송업체 선정
　　㉣ OMS, WMS, TMS

11 실전예상문제

01 공급사슬의 활동을 계획, 구매, 제조, 배송, 반품의 범주로 구분하여 활동 주체들의 업무 프로세스 연계 정도를 분석하는 것은? ▶ 제17회

① BSC(Balanced Score Card)

② SCOR(Supply Chain Operations Reference)

③ TQM(Total Quality Management)

④ EVA(Economic Value Added)

⑤ CMI(Co-Managed Inventory)

> **해설** • BSC : 기업의 성과 중 재무적 관점, 고객관점, 비즈니스 프로세스관점, 학습 및 성장의 관점에서 종합적이고 균형적으로 측정하는 성과평가시스템
> • SCOR : 공급사슬(Supply Chain)의 전단계를 대상으로 하고 있으며 각 공급사슬의 활동을 Plan(계획), Source(구매), Make(제조), Deliver(배송), Return(반품)의 5가지 실행 프로세스로 구분하여 활동 주체들의 업무 프로세스 연계 정도를 분석하여 SCM의 개념을 산업별 특성에 맞게 적용하고자 하는 것이다(단, 연구개발, 판매, 고객서비스 등은 프로세스 대상에서 제외).
> • TQM : 제품이나 서비스의 품질에 영향을 미치는 모든 요소를 품질 개념에 포함시켜 관리하는 개념
> • EVA : 경제적 부가가치. 기업이 벌어들인 영업이익 가운데 세금과 자본비용을 뺀 금액. 즉 해당 기업이 투하자본과 비용으로 실제로 얼마나 이익을 많이 벌었는가를 나타내는 지표
> • CMI : 제조업체와 유통업체 간에 공동으로 재고관리를 추진할 때 상품보충에 대한 책임을 유통업체에 두는 관리방식

02 ECR(Efficient Consumer Response)의 주요 전략 요소에 해당되지 않는 것은? ▶ 제17회

① 효율적인 반품관리 ② 효율적인 매장 진열관리

③ 효율적인 재고 보충 ④ 효율적인 판매 촉진

⑤ 효율적인 신제품 도입 및 소개

> **해설** 공급사슬의 각 단계의 관련기업들이 공동참여를 통해 총체적으로 공급경로의 효율을 극대화하는 ECR의 구현 전략 요소로는 효율적 진열(Efficient Assortment), 효율적 재고 보충(Efficient Replenishment), 효율적 판매 촉진(Efficient Promotions), 효율적 상품 개발(Efficient Product Introductions)을 들 수 있다.

Answer 1. ② 2. ①

03 공급사슬 시스템전략에 관한 설명으로 ( ) 안에 들어갈 내용으로 옳은 것은? ▸ 제17회

> • (㉠)은 과잉생산, 과잉재고, 보관기간, 운송시간 등 낭비적 요소를 제거해 종래의 공급사
> 슬의 문제점을 해결하는 전략이다.
> • (㉡)은 고객들이 원하는 바를 파악해 이를 개발한 후 시장에 내놓고 반응을 살피는 것으
> 로, 소규모 인원이 신속하게 제품을 개발하고 지속적으로 이를 업데이트하는 전략이다.

① ㉠ 린(Lean)생산방식 ㉡ 예측생산(MTS)방식
② ㉠ 린(Lean)생산방식 ㉡ 애자일(Agile)생산방식
③ ㉠ 지속보충(CRP)방식 ㉡ 신속대응(QR)방식
④ ㉠ 지속보충(CRP)방식 ㉡ 예측생산(MTS)방식
⑤ ㉠ 신속대응(QR)방식 ㉡ 애자일(Agile)생산방식

해설 • 예측생산(MTS : Make To Stock)방식은 미리 판매동향을 예측하고 생산하는 방식으로 보통의 대기
업의 유명 브랜드에서 취하는 방식이다.
• 지속적 상품보충(CRP : Continuous Replenishment Program)방식은 공급업자와 소매업자와의
POS 정보공유로 재고량, 유통채널 잔존 주문량, 예측 판매량, 계절적 변동요인을 감안하여 제조업
체가 직접 그리고 연속적으로 제품을 보충하는 전략이다.
• 신속대응(QR : Quick Response)방식은 제조업체를 중심으로 보다 정확하고 신속한 고객정보를 획
득하기 위한 시스템을 구축함으로써 고객대응 속도를 높이기 위한 전략이다.

04 최종 고객으로부터 공급망의 상류로 갈수록 판매예측정보가 왜곡되는 현상(Bullwhip Effect)
이 심화되어 가고 있다. 이에 대한 대처방안으로 옳지 않은 것은? ▸ 제17회

① 불확실성 최소화 ② 리드타임 단축
③ 전략적 파트너십 ④ 규모의 경제 추구
⑤ 수요 변동 최소화

해설 Bullwhip Effect(채찍효과)에 대한 대처방안으로는 공급사슬 전반에 걸쳐 수요에 관한 정보 집중 및
공유를 통한 불확실성 최소화, 제품의 공급 리드타임 감축방안 강구, 거래선과의 전략적 파트너십 강
화, 최종 소비자의 수요 변동폭을 감소시킬 수 있는 영업전략 마련, 가격의 안정화 및 철저한 판매예측
을 거친 뒤 공급하는 방안 마련 등을 들 수 있다.

05 SCM의 응용기법에 관한 설명으로 옳은 것은? ▸ 제17회

① CRP(Continuous Replenishment Program)는 물류센터에 재고를 보관하지 않고 바로 거래처로 배송하는 것이다.

② CAO(Computer Assisted Ordering)는 소비자의 구매형태를 근거로 상품을 그룹화하여 관리하는 것이다.

③ ERP(Enterprise Resource Planning)는 제조 – 유통업체가 공동으로 생산계획, 수요예측, 재고보충을 구현하는 것이다.

④ 크로스도킹(Cross Docking)은 기업 내의 자원을 효율적으로 관리하기 위한 통합정보시스템이다.

⑤ VMI(Vendor Managed Inventory)는 공급자가 유통매장의 재고를 주도적으로 관리하는 것이다.

해설
- **CRP** : 소비자가 구입한 수량 등에 기초를 두고, 필요 재고 수량을 산출하여 자동적으로 보충하는 것
- **CAO** : 소비자의 구매형태뿐만 아니라 상품수요에 영향을 미치는 외부요인, 제조업체의 재고정보 등을 바탕으로 유통업체의 주문관리의 자동화에 대응하는 것
- **ERP** : 기업 내의 자원을 효율적으로 관리하기 위한 통합정보시스템
- **Cross-docking** : 물류센터에 재고를 보관하지 않고 바로 거래처로 배송하는 것
- **CPFR** : 제조 – 유통업체가 공동으로 생산계획, 수요예측, 재고보충을 구현하는 것

06 다음은 무엇에 대한 설명인가? ▸ 제17회

> 소비자의 요구가 개별화됨에 따라 종래의 표준화된 제품을 대량생산해서 판매하던 방식에서 개별 고객의 요구에 맞춰 제조, 납품하는 방식으로 변화하여 유통대상 품목이 많아지고 재고 및 물류관리가 복잡해지고 있다.

① 대량고객화(Mass Customization) ② 공급자재고관리(Vendor Managed Inventory)
③ 시장실험(Test Marketing) ④ 판매시점관리(Point of Sales)
⑤ 신속대응(Quick Response)

해설
② **공급자 재고관리(Vendor Managed Inventory)** : 제조업체(또는 공급업체, 도매배송센터)가 상품보충시스템을 관리하는 경우로 판매·재고 정보가 유통업체에서 제조업체로 전송자동으로 상품 보충이 이루어지는 시스템
③ **시장실험(Test Marketing)** : 신제품 등을 판매할 때, 미리 특정 지역을 골라 소비자의 선호도 등을 조사하고 분석하여 전체의 경향을 예측하는 일
④ **판매시점정보관리(Point of Sales)** : 판매시점정보관리시스템으로서 소매상의 판매기록, 발주, 매입, 고객관련 자료 등 소매업자의 경영활동에 관한 각종 정보를 판매시점에서 파악하여 컴퓨터시스템을 활용하여 관리하는 종합적인 소매정보시스템
⑤ **신속대응(Quick Response)** : 자재공급자, 의류업계와 유통업체가 상호간 WIN – WIN관계로 전환하여 정보네트워크를 축으로 생산과 유통의 파트너십을 확립하여 소비자에게 적절한 시기에 적절한 양을 적절한 가격으로 제공하는 시스템

Answer 3. ② 4. ④ 5. ⑤ 6. ①

07 발주단말기를 이용한 데이터 직접 전송으로 즉시 납품이 가능한 자동발주시스템(EOS : Electronic Ordering System)에 관한 설명으로 옳지 않은 것은? ▸ 제18회

① 발주시간 단축, 발주오류 감소로 발주작업 효율성 제고가 가능하다.

② EOS 도입 이후, 오납이나 결품이 발생할 가능성이 큰 것이 단점이다.

③ EOS를 도입한 점포는 한정된 매장 공간에 보다 많은 종류의 상품을 진열할 수 있다.

④ EOS를 도입한 소매점의 경우 상품코드에 의한 정확한 발주가 가능하다.

⑤ EOS를 위한 발주작업의 표준화 및 매뉴얼화는 신속한 발주체계 확립에 기여할 수 있다.

해설 EOS 도입을 통하여 오납이나 결품 발생을 감소시킨다.

08 QR(Quick Response)의 구현원칙에 관한 설명으로 옳지 않은 것은? ▸ 제18회

① 생산 및 포장에서부터 소비자에게 이르기까지 효율적인 제품의 흐름을 추구한다.

② 제조업체와 유통업체 간에 표준상품코드로 데이터베이스를 구축하고, 고객의 구매성향을 파악·공유하여 적절히 대응하는 전략이다.

③ 조달, 생산, 판매 등 모든 단계에 걸쳐 시장정보를 공유하여 비용을 줄이고, 시장변화에 신속하게 대처하기 위한 시스템이다.

④ 저가격을 고수하는 할인점, 브랜드 상품을 판매하는 전문점, 통신판매 등을 연계하여 철저한 중앙관리체제를 통해 소매점업계의 경영합리화를 추구하는 전략이다.

⑤ 고객정보의 신속한 파악을 통하여, 필요할 때에 소량을 즉시 보충할 수 있도록 개발된 식품유통 분야의 대응시스템이다.

해설 ⑤는 ECR를 설명하고 있다.

09 다음 SCM 전략에 관한 설명을 바르게 연결한 것은? ▶ 제18회

> ㉠ Delay formation of the final product as long as possible.
> ㉡ Smaller shipment sizes have disproportionately higher transportation cost.
> ㉢ Avoid product variety since it adds to inventory.

① ㉠ Postponement ㉡ Consolidation ㉢ Standardization
② ㉠ Postponement ㉡ Standardization ㉢ Consolidation
③ ㉠ Standardization ㉡ Postponement ㉢ Consolidation
④ ㉠ Standardization ㉡ Consolidation ㉢ Postponement
⑤ ㉠ Consolidation ㉡ Standardization ㉢ Postponement

> **해설** • **Postponement**(유예) : 고객이 있는 현지에서 가급적 주문이 확정되거나 가시화된 시점으로 지연하여 최종 조립·포장하는 물류체계를 운영하는 방식
> • **Consolidation**(혼재) : 운송비를 절감하기 위하여 소량의 화물을 다수의 화주로부터 집화하여 대량 화물로 전환하는 방식
> • **Standardization**(표준화) : 재고를 감소시키기 위하여 제품의 다양성을 최소화하는 것

10 채찍효과(Bullwhip Effect)의 개선방안으로 옳은 것은? ▶ 제18회

① 기업 간의 협업을 강화시켜 부족분게임(shortage game)을 야기시킨다.
② 정보의 비대칭성 확대를 통해 불확실성을 감소시킨다.
③ 공급사슬 참여자 간의 정보공유를 통해 사일로(silo)효과를 증가시킨다.
④ 일괄주문방식을 강화하여 비용증가를 억제시킨다.
⑤ 전략적 파트너십을 통해 공급망 관점의 재고관리를 강화시킨다.

> **해설** 채찍효과는 기업 간 협업을 통하여 수요왜곡현상을 제거하며, 정보의 실시간 공유를 통하여 불확실성을 감소시킨다. 또한 사일로효과를 감소시킬 뿐만 아니라 일괄주문방식을 최소화한다.

11 CPFR(Collaborative Planning Forecasting & Replenishment)에 관한 설명으로 옳지 않은 것은? ▶ 제18회

① 결품으로 인한 고객만족도 저하현상에 대응하기 위한 안정적인 재고관리의 수단이다.
② 수요예측이나 판매계획 정보를 유통업체와 제조업체가 공유하여, 생산-유통 전과정의 자원 및 시간의 활용을 극대화하는 비즈니스 모델이다.
③ 유통업체인 Wal-Mart와 Warner-Lambert 사 사이에 처음 시도되었다.
④ 유통비용 절감 및 고객서비스 향상을 위하여 출하데이터를 근거로 재고를 즉시 보충하는 유통시스템이다.
⑤ 생산 및 수요예측에 대하여 제조업체와 유통업체가 공동으로 책임을 진다.

> **해설** ④는 CRP 방식을 설명하고 있다.

Answer 7. ② 8. ⑤ 9. ① 10. ⑤ 11. ④

12 공급망관리(SCM : Supply Chain Management)의 등장배경으로 옳지 않은 것은? ▸ 제19회

① 제조업체의 경우 전체 부가가치의 약 60% ~ 70%가 제조과정 내부에서 발생하고 있어 공장자동화를 통한 기업내부혁신의 필요성이 커졌기 때문이다.

② 수요정보의 왜곡현상을 줄이고 그에 따른 안전재고의 증가를 예방하기 위해서이다.

③ 인터넷, EDI 및 ERP와 같은 정보통신기술의 발전으로 인해 공급망관리를 통한 기업 간 프로세스 통합이 가능하게 되었다.

④ 기업의 경영환경이 글로벌화되고 물류관리의 복잡성이 증대되고 있기 때문에 통합적 물류관리의 필요성이 높아졌다.

⑤ 기업경쟁력을 높이기 위해서 기업 내부 최적화보다는 공급망 전체의 최적화를 통한 물류관리가 중요해졌다.

> **해설** 전체 부가가치의 약 60% ~ 70%가 제조과정 외부에서 발생하고 있어 경영혁신을 위해 SCM이 중요하다.

13 SCM의 응용기법에 관한 설명으로 옳은 것은? ▸ 제19회

① ECR(Efficient Consumer Response) : 유통업체와 제조업체가 고객에게 저렴한 가격으로 상품을 제공하고 고객만족도를 높이기 위해 공급망을 push 방식으로 변화시키고 제품을 보충하는 기법이다.

② QR(Quick Response) : 미국 식료품업계에서 개발한 공급망관리 기법으로써 유통업체의 물류센터에 있는 각종 데이터가 제조업체로 전달되면 제조업체가 주관하여 물류센터로 제품을 배송하고 관리하는 기법이다.

③ Mass Customization : 비용, 효율성 및 효과성을 희생하여 개별 고객들의 욕구를 파악하고 충족시키는 전략이다.

④ Postponement : 공장에서 제품을 완성하는 대신 시장 가까이로 제품의 완성을 지연시켜 소비자가 원하는 다양한 수요를 만족시키는 전략적 지연을 의미한다.

⑤ VMI(Vendor Managed Inventory) : 수요자 주도형 재고관리로써 효율적 매장구색, 효율적 재고보충, 효율적 판매촉진 및 효율적 신제품 개발 등이 핵심적 실행전략이다.

> **해설** ① Pull 방식으로 지원한다.
> ② QR은 의류업계에서 개발되었다.
> ③ 대량고객화를 의미하며 개별 고객의 욕구를 모두 충족시키지는 못한다.
> ⑤ ECR에 대한 설명이다.

14 크로스 도킹(cross-docking)에 관한 설명으로 옳지 않은 것은? ▸제19회

① 미국의 K마트에서 최초로 개발하고 실행하여 성공을 거둔 공급망관리 기법이다.

② 크로스 도킹은 주문한 제품이 물류센터에서 재분류되어서 각각의 점포로 즉시 배송되어야 하는 신선식품의 경우에 보다 적합하다.

③ 크로스 도킹 시스템이 도입되면 물류센터는 보관거점의 기능에서 탈피할 수 있다.

④ EDI, 바코드, RFID 등과 같은 정보기술의 활용을 통해 크로스 도킹 시스템은 보다 효과적으로 실현될 수 있다.

⑤ 크로스 도킹을 통해 물류센터에서 제품이 머무르는 시간을 감소시킬 수 있는 장점이 있다.

해설 미국의 월마트가 최초로 개발하여 도입한 SCM 기법이다.

15 채찍효과(bullwhip effect)에 관한 설명으로 옳지 않은 것은? ▸제19회

① 시장에서의 수요정보가 왜곡되는 현상을 말한다.

② 채찍효과가 발생하는 이유 중의 하나는 수요예측이 소비자의 실제 수요에 기반하지 않고 거래선의 주문량에 근거하여 이루어지기 때문이다.

③ 일괄주문(batch order)은 수요의 왜곡현상을 발생시키고 채찍효과를 유발할 수 있다.

④ 공급망 전반에 걸쳐 수요정보를 중앙집중화하고 상호 공유한다면 채찍효과를 줄일 수 있다.

⑤ 공급망 내 각 주체 간의 전략적 파트너십보다는 단순계약 관계의 구축이 채찍효과 감소에 도움이 된다.

해설 채찍효과를 감소시키기 위해서는 단순계약보다 장기간 협력관계인 전략적 파트너십 관계를 형성하는 것이 바람직하다.

Answer   12. ①   13. ④   14. ①   15. ⑤

16 글로벌 가치사슬(Global Value Chain)에 관한 설명으로 옳지 않은 것은? ▸ 제20회

① 제품의 기획, 생산, 조립, 마케팅, 고객서비스 등 제품의 가치창출을 위한 일련의 활동이 다수의 국가에서 이루어지는 것을 말한다.

② 글로벌 가치사슬의 형성은 가치창출을 위한 일련의 활동을 최적 분배하여 기업의 생산성을 향상시킨다.

③ 개별 국가의 법적 규제나 가치사슬상의 리더 기업이 적용한 제품·프로세스 기준이 기술무역장벽으로 작용할 수 있다.

④ 발전 배경으로는 WTO 체제의 발족, 수송기술의 발전, ICT 기술발전 및 표준 확산 등을 들 수 있다.

⑤ 글로벌 가치사슬이 심화됨에 따라 다국 간에 걸친 기업 간 분업에서 산업 간 분업으로, 공정 간 분업에서 제품분업으로 진전되고 있다.

해설 글로벌 가치사슬이 심화됨에 따라 다국 간에 걸친 산업 간 분업에서 기업 간 분업으로, 제품분업에서 공정 간 분업으로 진전되고 있다.

17 공급자관계관리(SRM : Supplier Relationship Management) 전략 실행에 관한 설명으로 옳지 않은 것은? ▸ 제21회

① SRM 솔루션은 도입기업과 공급자 간 거래 프로세스의 자동화에 기여한다.

② SRM 소프트웨어 도입을 통하여 공급자와 사용기업의 정보 및 프로세스 흐름의 가시화 수준을 높일 수 있다.

③ SRM 솔루션은 내부 사용자와 외부 파트너를 위해서 다수의 부서와 프로세스 등을 포괄할 수 있도록 설계된다.

④ SRM 솔루션의 운영을 통하여 공급자와 사용기업의 비즈니스 프로세스가 통합되어 모든 공급자들과 장기적인 협업관계 형성을 가능하게 한다.

⑤ SRM 전략실행을 통하여 고객중심의 대안을 신속히 제공하게 되어 시장변화에 대한 대응력을 향상시킬 수 있다.

해설 SRM은 CRM(고객관계관리), ISCM(내부공급체인관리)과 함께 SCM의 프로세스이며, 모든 공급자보다는 선정된 소수의 공급자와 장기적인 협업관계를 형성한다.

18 효율적 공급사슬(efficient supply chain)과 대응적 공급사슬(responsive supply chain)을 비교한 것으로 옳지 않은 것은? ▸제21회

구 분	효율적 공급사슬	대응적 공급사슬
① 목 표	예측 불가능한 수요에 신속하게 대응	최저가격으로 예측 가능한 수요에 효율적으로 공급
② 제품디자인	비용 최소화를 달성할 수 있는 제품 디자인 성과 극대화	제품 차별화를 달성하기 위해 모듈 디자인 활용
③ 재고전략	높은 재고회전율과 공급사슬 재고 최소화	부품 및 완제품 안전재고 유지
④ 리드타임초점	비용 증가 없이 리드타임 단축	비용이 증가되더라도 리드타임 단축
⑤ 공급자전략	비용과 품질에 근거한 공급자 선택	속도, 유연성, 신뢰성, 품질에 근거한 공급자 선택

해설 효율적 공급사슬은 최저 가격으로 예측 가능한 수요를 효율적으로 공급하는 것이며, 대응적(반응적) 공급사슬은 예측 불가능한 수요에 신속하게 대응하는 것을 의미한다.

19 SCM기법 중 하나인 CPFR(Collaborative Planning, Forecasting & Replenishment)을 도입하는 기업들이 가장 먼저 해야 할 일은? ▸제21회

① 주문발주   ② 협업관계 개발
③ 판매예측 실시   ④ 공동 비즈니스계획 수립
⑤ 주문예측 실시

해설 CPFR은 공급사슬을 이루는 여러 기업들 및 구성원들이 공동으로 같은 정보를 사용하여 수요를 예측하고 생산을 계획하며 재고를 보충해 나가면서 공급사슬에서 발생할 수 있는 채찍효과나 예기치 못한 사항들을 줄여나감으로써 공급사슬 전체의 효율성을 극대화시키는 포괄적인 방안이므로 협업관계의 개발이 우선적으로 이루어져야 한다.

Answer   16. ⑤   17. ④   18. ①   19. ②

20 공급사슬관리(SCM : Supply Chain Management) 도입의 필요성에 관한 설명으로 옳지 않은 것은?

▶ 제21회

① 기업활동이 글로벌화되면서 공급사슬의 지리적 거리와 리드타임이 길어지고 있기 때문이다.

② 기업 간 정보의 공유와 협업으로 채찍효과(bullwhip effect)를 감소시킬 수 있기 때문이다.

③ 정보의 왜곡, 제품수명주기의 단축 등 다양한 요인으로 수요의 불확실성이 증대되기 때문이다.

④ 제조기업들은 노동생산성 향상을 위하여 단순기능제품의 대량생산방식을 추구하고 있기 때문이다.

⑤ 기업내부의 조직·기능별 관리만으로는 경쟁력 확보가 어렵기 때문이다.

해설 고객의 다양한 요구를 충족시키기 위하여 다품종 소량생산방식이 확대되고 있기 때문에 SCM이 필요하게 되었다.

21 다음 공급사슬 성과지표 중 고객에게 정시에, 완전한 수량으로, 손상 없이, 정확한 문서와 함께 인도되었는지의 여부를 평가하는 성과지표는?

▶ 제21회

① 현금화 사이클 타임(cash-to-cash cycle time)

② 주문충족 리드타임(order fulfillment lead time)

③ 총공급사슬관리비용(total supply chain management cost)

④ 완전주문충족(율)(perfect order fulfillment)

⑤ 공급사슬 대응시간(supply chain response time)

해설 완전주문충족율은 총주문 접수 건수 중에서 정시에 완전한 수량으로, 손상없이, 정확한 문서와 함께 고객에게 인도된 주문 건수를 의미한다.

22 다음 내용이 설명하고 있는 것은?

공급사슬을 이루는 여러 기업들 및 구성원들이 공동으로 같은 정보를 사용하여 수요를 예측하고 생산을 계획하며 재고를 보충해 나가면서 공급사슬에서 발생할 수 있는 채찍효과(Bullwhip Effect)나 예기치 못한 사항들을 줄여나가는 방안으로 판매손실을 회복하고, 카테고리 매니지먼트를 활성화 시켜주며, 수요계획을 확장하여 상품 보충을 실현해 준다.

① QR　　② CPFR　　③ CM　　④ VMI　　⑤ CMI

해설 CPFR을 설명하고 있다.

23 다음 중 ECR에 대한 설명으로 옳은 것은?

① 전자산업에서 최초로 실행되었다.

② Efficient Customer Relationship의 약자이다.

③ 소비자단체와 유통업체 간 상호 정보를 공유하여 비효율을 없애고자 한다.

④ 매장의 판매정보가 온라인으로 공급자에게 전달되어 현재의 재고상태를 파악할 수 있도록 한다.

⑤ 소비자의 가치를 극대화하기 위하여 최종 소비자의 직접 참여를 바탕으로 하는 의사 결정방식이다.

> **해설** ECR(Efficient Consumer Response)은 1990년대 초반 미국의 월마트에 대항하여 식료품 산업을 중심으로 식품유통업체와 제조업체들이 유통경로의 효율성을 제고 시키고 소비자의 가치를 증진하기 위하여 발전하였다. 또한, 소매점의 판매시점(POS)정보를 제조업체와 공유하여 상황에 따라 적절한 시기에 상품을 납품하여 소비자의 요구에 신속하고 정확하게 대응한다.

24 다음 중 ECR(Efficient Consumer Response)을 이루기 위한 도구에 포함되지 않는 것은?

① CRP ② CAO ③ 크로스도킹

④ MRP ⑤ ABC

> **해설** ECR의 실현도구(8가지) : EDI와 바코드, CAO, Cross-docking, VCA, ABC, CM, CRP, 배송상품의 순서 선정(Sequencing of Parcels)

25 다음은 QR과 ECR을 비교한 것이다. 틀린 것은?

① QR은 유통업체 및 소매업체가 중심이 되어 업무 프로세스의 문제점을 개선하는 데 반해 ECR은 제조업체가 중심이 된다.

② QR과 ECR은 IT기술을 이용하여 조직의 효율성을 높이고 공급체인 파트너와의 협업과 조화를 통하여 비용을 절약하고, 수익을 창출하는 공통점이 있다.

③ JIT(Just In Time)의 개념이 발전하여 QR개념이 형성되었고, QR이 발전하여 ECR의 개념을 형성하게 되었다.

④ QR은 고객대응속도를 높이기 위한 것인 데 반해, ECR은 기업 내부 및 공급사슬 전체에 리스트럭처링(Restructuring)을 통한 업무 프로세스의 개선을 목표로 한다.

⑤ QR은 섬유 및 의류업계가 중심이 되어 구축되었으며 ECR은 식품, 잡화 슈퍼마켓 중심으로 구축되었다.

> **해설** QR은 제조업체 중심으로 신속한 대응을 핵심으로 하며, 생산자 사이에 걸쳐 있는 유통경로상의 제약조건 및 재고를 줄임으로써 제품공급체인의 효율성을 극대화하는 것을 목표로 하고 있으며, ECR은 유통업체 및 소매업체를 중심으로 제조업체 및 유통업체가 공급체인의 문제점을 개선하도록 협력관계 구축을 통하여 상호이익을 추구하는 것을 목표로 하고 있다.

Answer 20. ④ 21. ④ 22. ② 23. ④ 24. ④ 25. ①

26 다음은 SCM(Supply Chain Management)에 대한 설명이다. ( )에 들어갈 가장 적합한 용어는?

> SCM(Supply Chain Management)은 원재료의 구매에서부터 최종 고객까지의 전체 물류흐름을 ( )하고 ( )하는 통합적인 관리방법이다. SCM(Supply Chain Management)은 공급체인 파트너들 간에 ( )을(를) 공유함으로써 수요 불확실성과 재고보유를 줄이고, 유연하고 신속한 제품흐름을 구축한다는 것이 목표이다.

① 계획, 배분, 정보   ② 통제, 통합, 제품설계
③ 계획, 통제, 정보   ④ 통제, 계획, 물류
⑤ 관리, 통합, 물류

> **해설** SCM(Supply Chain Management)은 원재료의 구매에서부터 최종 고객까지의 전체 물류흐름을 계획하고 통제하는 통합적인 관리방법이다. SCM(Supply Chain Management)은 공급체인 파트너들 간에 정보를 공유함으로써 수요 불확실성과 재고보유를 줄이고, 유연하고 신속한 제품흐름을 구축한다는 것이 목표이다.

27 다음을 설명하는 것으로 옳은 것은?

> 생산 및 유통관련업자가 전략적으로 제휴하여 소비자의 선호 등을 즉시 파악해 시장변화에 신속하게 대응함으로써 시장에 적합한 상품을 적시에, 적소로, 적당한 가격으로 제공하는 것을 원칙으로 한다.

① ABC(Activity Based Costing)
② QR(Quick Response)
③ SCM(Supply Chain Management)
④ Cross-docking
⑤ CR(Continuous Replenishment)

> **해설** QR은 섬유업계에서의 SCM의 응용으로 자재공급자, 의류업계와 유통업체가 상호간 Win – Win관계로 전환하여 정보네트워크를 축으로 생산과 유통의 파트너십을 확립하여 소비자에게 적절한 시기에, 적절한 양을, 적절한 가격으로 제공하는 것을 목표로 하고 있다.

28 다음 중 SCM의 개념과 관련이 먼 것은?

① EDI에 의한 정보의 공유를 할 수 있어야만 경로 전체의 재고 삭감과 물류합리화를 도모할 수 있다.

② SCM은 여러 채널을 통하여 접수되는 주문을 처리할 수 있어야 한다.

③ POS에 의한 정보공유는 공급경로에서 발생하는 재고를 줄일 수 없다.

④ SCM의 발전은 물류의 표준화·맞춤화·통합화 등 로지스틱스 서비스의 고도화를 동반하게 된다.

⑤ SCM의 추진유형으로는 의류부문에서는 QR, 식품부문에서는 ECR이 있다.

해설 정보공유를 통해 공급사슬에서 발생하는 재고를 감소시킬 수 있다.

29 다음 중 ECR의 전략과 관계없는 것은?

① 비문서화에 의한 양질의 정보교환

② 재고흐름의 자동화

③ 연결고리에 관계된 업체들 간의 제휴를 통한 조달 사이클의 통합

④ 물류의 통합

⑤ 정보공유에 의한 생산시스템의 통합

해설 ECR은 POS정보를 공유하여 제조업체가 재고상황을 점검해 주문 없이도 적절한 시점에 납품하여 재고를 감소시키는 방법이다.

30 실질적인 상품수요와 예측수요를 근거로 상품보충을 하는 것으로 소비자로부터 얻은 재고 및 판매정보를 기초로 하여 상품 보충량을 공급업체가 결정하는 시스템은 무엇인가?

① CPFR　　　　　　② CAO　　　　　　③ EOS

④ CRP　　　　　　⑤ SCM

해설 CRP(지속적 상품보충)를 설명하고 있다.

31 다음 중 효율적 고객대응(ECR : Efficient Customer Response)을 위한 필요기술이 아닌 것은?

① 활동기준 원가계산(ABC) 　　② 연속적인 제품보충(CRP)
③ 자동발주(CAO) 　　　　　　④ 가치사슬분석(VCA)
⑤ 부가가치통신망(VAN)

> **해설** 효율적 고객대응(ECR : Efficient Customer Response) 시스템을 구축하기 위해서는 컴퓨터를 이용한 자동발주(CAO), 크로스도킹(Cross-docking) 통과형 물류센터, 가치사슬분석(VCA), 활동기준 원가계산(ABC), 카테고리 관리, 연속적인 제품보충(CRP), 배송상품의 순서선정(Sequencing of Parcels)의 상호 연관적인 8가지 도구가 사용되어 진다.

32 다음 크로스도킹(Cross-docking)에 관한 설명 중 옳은 것은?

① 크로스도킹(Cross-docking)은 대량 보관을 목적으로 하고 있어 활용시에는 대규모 물류센터의 확보가 필요하다.
② 크로스도킹(Cross-docking)을 실시하기 위해서는 사전 출하정보와 적시 입고가 필수 조건이다.
③ 크로스도킹(Cross-docking)의 목적은 상호 기업 간에 존재하던 비효율적인 거래관행을 제거하여 소비자에게 보다 효용이 큰 서비스를 제공하는 데 있다.
④ 크로스도킹(Cross-docking)은 각 소매점으로부터 별도의 주문서를 수령하는 대신, 매장 내 판매동향을 즉시 파악하여 매장재고가 발주점에 이르는 경우 자동 발주할 수 있도록 되어 있다.
⑤ 크로스도킹(Cross-docking)은 경로의 효율성 변화와는 관련이 없다.

> **해설** ② Cross-docking은 제품을 이동시키면서 창고나 배송센터를 경유는 하되 즉시 배송할 준비를 하는 물류시스템이다. 즉, 운송된 제품을 수령하는 즉시 중간저장단계가 거의 없이 배송지점으로 이동시키는 것을 말하는 것으로 배송의 동시화가 매우 중요하다.
> ① 대규모 물류센터의 확보는 필요치 않다.
> ③ ECR(Efficient Consumer Response)의 목적이다.
> ④ EOS(Electronic Ordering System : 자동발주시스템)의 설명이다.
> ⑤ Cross-docking은 배송의 동시화를 추구하는 것으로 경로의 효율성 향상에 기여한다.

33 다음 중 지속적인 상품보충 CRP(Continuous Replenishment Program)에 대한 설명으로 틀린 것은?

① CRP란 상품의 판매데이터와 판매예측을 근거로 한 소비자 수요에 기초하여 재고수량을 산출한다.

② CRP는 POS 레지스터의 이용 등 소매업에서의 IT화가 필요불가결하다.

③ CRP는 주로 유통업체 주문관리의 자동화를 의미한다.

④ CRP는 정확한 수요에 근거하여 상품이 공급되는 풀(Pull) 방식이라고 할 수 있다.

⑤ CRP는 거래업체 간에 상품이 공급되는 모든 지점에 적용될 수 있는 개념이다.

해설 CRP는 주로 제조업체나 물류센터의 보충발주의 자동화를 의미하며, 유통업체 주문관리의 자동화는 CAO를 가리킨다.

34 다음은 크로스도킹(Cross-docking)에 대한 설명이다. 적절치 못한 것은?

① 유통업체의 결품감소, 재고수준 감소, 물류센터의 회전율 증가 및 상품의 공급 용이성이 증대된다.

② 배송센터에 입고되는 제품을 창고에 저장하지 않고 필요한 곳으로 바로 출고시킨다.

③ 제조업체와 유통업체의 정보공유 및 협력이 전제되어야 하며, 발생하는 비용 역시 양 당사자가 공유하기 때문에 성과를 공유하여야 한다.

④ 파렛트 크로스도킹, 케이스 크로스도킹 및 사전 분류된 파렛트 크로도킹의 수준에서 구현될 수 있다.

⑤ 집하장에서의 하역, 보관 및 재고, 적재과정을 생략하는 방식으로 주문, 배송, 운송정보의 통합관리 없이는 불가능하다.

해설 유통업체의 비용은 감소하지만 제조업체의 비용은 상승하기 때문에 성과의 공유가 필요하다.

35 다음은 제조업체 및 공급업체의 ECR 도입 효과를 말하고 있다. 적절치 못한 것은?

① EDI 활용으로 주문과정 감소

② 매장공간의 효율적 활용

③ 판매동향에 따른 생산으로 생산원가 절감

④ 최소 수준의 재고 보유

⑤ 효과적인 판매촉진

해설 재고축소를 통한 매장공간의 효율적 활용은 소매업체 측면의 ECR 도입 효과이다.

Answer 31. ⑤ 32. ② 33. ③ 34. ③ 35. ②

36 다음은 채찍효과에 대하여 설명하고 있다. 가장 잘 설명하고 있는 것은?

① 채찍효과는 공급망에서 생산자에게 거슬러 올라 갈수록 수요예측의 변동폭이 감소하는 것을 말한다.

② 정보의 왜곡현상으로 공급망 전체에서 재고가 많아지고, 고객의 서비스 수준도 저하되지만 생산계획의 효율성, 수송의 효율성 등의 장점이 있다.

③ 채찍효과는 다단계 수요예측, 리드타임의 증가, 가격변동, 과장된 수요, 배치주문 등의 원인때문에 발생한다.

④ 채찍효과를 감소시키기 위해서는 불확실성 제거, 수요변동을 감소시킬 수 있는 영업전략, 리드타임의 단축, 정보공유, 물류활동의 하청화가 필요하다.

⑤ 채찍효과가 감소될 경우 변동성의 감소, 불확실성의 감소, 리드타임의 단축, 재고비용의 증가 등과 같은 효과를 가져온다.

해설 ① 변동폭의 증가, ② 생산계획과 수송의 비효율성, ④ 전략적 파트너십 강화, ⑤ 재고비용의 감소

37 다음은 SCOR(Supply Chain Operations Reference)에 대한 설명이다. 적절치 못한 것은?

① SCOR 모델은 해당 기업의 공급업체로부터 고객에 이르기까지 계획, 조달, 생산, 판매 및 배송이 이루어지는 공급사슬을 통합적으로 분석한다는데 기초를 둔다.

② BPR, 벤치마킹, Best Practices 분석의 개념을 하나로 통합한 개념이며, 프로세스 요소, 성과지표, Best practice 등을 함께 제시함으로써 모델의 적용성을 높인다.

③ 공급사슬의 통합운영은 정보와 상품의 흐름을 개선하며, 공급사슬 내의 모든 연결부분에서 발생하는 과잉재고와 낭비요인을 흐름을 개선하며, 공급사슬 내의 모든 연결부분에서 발생하는 과잉재고와 낭비요인을 절감시킬 수 있다.

④ SCOR 모델은 계획(Plan), 조달(Source), 제조(Make), 배송(Deliver), 반품(Return)의 다섯 가지 상위 레벨의 관리 프로세스로 이루어진다.

⑤ SCM 추진을 진행 중이거나 준비 중인 기업(제조, 도매, 물류, 유통)이 자사 및 거래파트너의 SCM 추진의 준비도, 협업수준 및 그에 대한 성과를 객관적으로 측정할 수 있도록 하는 계량적 평가도구를 말한다.

해설 스코어카드(Balanced Scorecard)를 설명하고 있다.

38 다음 중 QR의 도입 효과라고 할 수 없는 것은?

① 유연생산 가능
② 고객서비스 개선
③ 원자재 구매비용 감소
④ 효율성과 신속성의 증가
⑤ 상품의 품절 방지

> **해설** QR은 소비자 위주의 시장대응기법으로 원자재 구매비용은 QR의 도입 효과라고 할 수 없다.

39 다음 중 SCM의 효과라고 할 수 없는 것은?

① 철저한 납기관리로 고객만족도 향상
② 작업지연시간의 단축
③ 정보시스템에 의한 업무처리
④ 수주처리기간의 단축
⑤ 하청업체의 철저한 관리로 재고 감소

> **해설** 공급사슬 주체 간의 협력 확대를 원칙으로 전체적인 재고를 감소시킬 수 있다.

40 다음은 SCM에 대한 설명이다. 가장 적절치 못한 것은?

① 기업활동의 글로벌화와 공급체인의 리드타임이 길어지고 있으며, 제조업체 내의 재고를 효율적으로 관리하는데 한계가 있다.
② 정보시스템의 미비, 물류인프라의 부족, 기업 간 정보공유에 대한 인식 미흡, 보안문제로 인한 합병이나 업무제휴 축소현상이 나타나고 있다.
③ 경쟁력 확보, 공급체인의 소요시간 증가, 고객 수요에 대한 신속한 대응 필요 등 때문에 SCM의 도입이 확대되고 있다.
④ SCM에서 물류정보시스템은 각 물류활동의 기능관계를 조정하여 전체적인 시스템으로 목적에 맞게 통합적인 관리·운영을 지원하는 역할을 한다.
⑤ SCM의 추진유형으로는 의류부문에서는 QR(Quick Response), 식품부문에서는 ECR (Efficient Consumer Response), 의약품부문에서는 EHCR(Efficient Healthcare Consumer Response), 신선식품부문에서는 EFR(Efficient Foodservice Response) 등이 있다.

> **해설** 정보시스템의 미비, 물류 인프라의 부족, 기업 간 정보공유에 대한 인식 미흡 등은 SCM 도입에 부정적 영향을 미치고 있으나 합병이나 업무제휴는 확대되고 있다.

Answer 36. ③ 37. ⑤ 38. ③ 39. ⑤ 40. ②

41 다음은 채찍효과(Bullwhip Effect)에 대한 설명이다. 적절치 못한 것은?

① 잦은 소량주문보다는 적정주문량이 될 때까지 주문을 모아 일괄처리하는 것이 효과적이다.

② 예측과정에 내재된 오류를 감소시켜야 한다.

③ 가격변동의 심화, 리드타임의 증가, 과다한 수요예측 등의 원인때문에 발생한다.

④ 공급사슬 전반에 걸쳐 수요정보를 공유화시키고, 재고가 관리되도록 전략적 파트너십을 형성하는 것이 바람직하다.

⑤ 제품을 생산하고 공급하는 데 소요되는 주문 리드타임과 주문이 처리되는 데 소요되는 정보 리드타임을 단축시킨다.

해설 주문을 모아서 일괄처리하게 되면 채찍효과가 발생하므로 소량씩 자주 주문하는 방법으로 채찍효과를 감소시킬 수 있다.

42 다음은 SCM에 대한 설명이다. 적절치 못한 것은?

① 원료공급자로부터 최종 소비자까지 이르는 전체 과정에 걸친 기업들의 공동전략을 의미하는 것으로, 각 기업들이 외부의 다른 회사 사이에 일어나는 거래에서 서로 관련있는 업무처리를 상호협력하여 단순화시키는 것을 말한다.

② 위험과 보상방식에서 전통적으로 개별 책임을 원칙으로 하지만 SCM에서는 공동 책임을 지향한다.

③ 공동협력체제의 형성, 리드타임의 단축, 변화에 대한 대응능력 제고, 고객에 납기 준수 등의 효과를 가져올 수 있다.

④ Pull 방식 보다는 Push 방식을 지향한다.

⑤ QR, CRP, ECR, CMI, VMI 등과 같은 실행기법이 있다.

해설 Push 방식보다는 Pull 방식을 지향한다.

43 다음 중 채찍효과(Bullwhip Effect)를 감소시키거나 영향력을 제거하기 위한 방법으로 적절치 못한 것은?

① 잦은 소량주문보다는 적정 주문량이 될 때까지 주문을 모아 일괄처리한다.

② 예측과정에 내재된 오류를 감소시킨다.

③ 공급사슬 전반에 걸쳐 수요정보를 공유화시킨다.

④ 공급사슬상에서 재고가 관리되도록 전략적 파트너십을 형성한다.

⑤ 제품을 생산하고 공급하는 데 소요되는 주문 리드타임과 주문이 처리되는 데 소요되는 정보 리드타임을 단축시킨다.

> 해설 주문을 모아서 일괄처리하게 되면 채찍효과가 발생하며, 채찍효과는 소량씩 자주 주문하는 방법으로 문제를 해결할 수 있다.

44 다음 중 SCM의 응용기법에 관한 설명으로 적절한 것은?

① ECR(Efficient Consumer Response) : 유통업체와 제조업체가 고객에게 저렴한 가격으로 상품을 제공하고 고객만족도를 높이기 위해 공급망을 Push 방식으로 변화시키고 제품을 보충하는 기법이다.

② QR(Quick Response) : 미국 식료품업계에서 개발한 공급망관리 기법으로서 유통업체의 물류센터에 있는 각종 데이터가 제조업체로 전달되면 제조업체가 주관하여 물류센터로 제품을 배송하고 관리하는 기법이다.

③ VMI(Vendor Managed Inventory) : 세일 등의 프로모션까지도 포함시켜 소매업체와 벤더가 함께 보충 상품수요량을 판단하는 기법이다.

④ Postponement : 공장에서 제품을 완성하는 대신 시장 가까이로 제품의 완성을 지연시켜 소비자가 원하는 다양한 수요를 만족시키는 전략적 지연을 의미한다.

⑤ CPFR(Collaborative Planning Forecasting & Replenishment) : 수요자 주도형 재고관리로서 효율적 매장구색, 효율적 재고보충, 효율적 판매촉진 및 효율적 신제품 개발 등이 핵심적 실행전략이다.

> 해설 ① ECR은 공급망을 Pull 방식으로 변화시킨다.
> ② QR은 의류업계에서 개발되었다.
> ③ CPFR에 대한 설명이다.
> ⑤ ECR에 대한 설명이다.

45 다음은 SCM 및 적용기법에 대한 설명이다. 적절치 못한 것은?

① 공급사슬상의 모든 업체, 즉 원재료의 공급업체, 제조업체, 물류업체, 유통업체, 최종 고객에 이르기까지 업무를 통합함으로써 경로 전체의 효율성을 높이는 것을 목적으로 한다.

② 기업 내부의 각 조직별·기능별 관리를 통해 경쟁력을 확보하고자 하는 혁신기법이다.

③ 작업지연시간의 단축 및 사내 업무의 정형화를 통한 업무 단축뿐만 아니라 철저한 납기관리 및 영업관리로 고객만족도를 향상시킬 수 있다.

④ CRP는 소비자가 구입한 수량 등에 기초를 두고, 필요 재고수량을 산출하여 자동적으로 보충하는 것으로 VMI와 CMI로 구분된다.

⑤ 크로스도킹 시스템을 통해 결품 및 재고 감소, 물류센터의 회전율 증가, 상품흐름의 원활화 등의 효과가 나타난다.

해설 기업 내부의 관리를 통해 경쟁력을 확보하기 어렵기 때문에 외부기업과의 협력을 기본으로 한다.

46 다음은 SCM과 전통적 접근방법을 비교한 것으로 적절치 못한 것은?

번 호	구 분	공급사슬관리	전통적 접근방법
①	공동계획주기	지속적임	거래에 기반을 둠
②	위험과 보상방식	개별 책임	공동 책임
③	정보, 재고흐름	유통센터지향적	창고지향적
④	시간영역	중장기적	단기적
⑤	총비용접근방식	광범위한 경로비용 효율성	개별 기업 비용 최소화

해설 SCM에서 위험과 보상방식은 공동 책임이며, 전통적 접근방법에서는 개별 책임이 된다.

47 다음은 유예전략 또는 차별화전략에 대한 설명이다. 옳지 않은 것은?

① 유통에 있어서 제품의 최종 생산공정이 이루어지는 위치와 출하시점은 생산자의 생산완료 시점까지 최대한 연기되어야 한다는 것을 말한다.

② 형태적 유예전략은 부품 또는 사양을 표준화하거나 프로세스를 변경함으로써 물류 및 제품이 차별화되는 단계를 지연하는 것이다.

③ 특정한 기술 및 공정특성, 제품특성 그리고 시장특성들의 존재 유무에 따라 유예전략의 활용·가능성이 달라 질 수 있다.

④ 휴렛패커드의 데스크젯플러스, 셔윈윌리엄스의 페인트, 델컴퓨터의 판매시스템 등은 성공적 유예전략 활용 사례들이다.

⑤ 시간적 유예와 형태적 유예로 나뉜다.

해설 유통에 있어서 제품의 최종 생산공정이 이루어지는 위치와 출하시점은 소비자의 주문이 있을 때까지 최대한 연기되어야 한다는 것을 말한다.

48 다음은 SCM에 관한 설명이다. 옳지 않은 것은?

① 공급체인관리는 원재료 구매에서부터 최종 고객까지의 전체 물류흐름을 계획하고 통제하는 통합적인 관리 방법이다.

② 공급체인관리의 주요 응용기술로는 자동발주시스템, 크로스도킹(Cross Docking), 공급자 재고관리(VMI : Vendor Managed Inventory) 등이 있다.

③ 공급체인관리의 기원은 1980년대 미국의 의류제품 부문에서 도입된 QR(Quick Response)에서 찾을 수 있다.

④ 공급체인관리가 효과적으로 운영되기 위해서는 파트너들 간의 원청-하청관계 또는 종속관계가 중요하다.

⑤ 공급체인 전반에 걸쳐 수요에 관한 정보를 집중화하고 공유함으로써 공급 리드타임(Lead Time)이 감소된다.

해설 파트너들 간의 상호협력과 신뢰가 중요하다.

49 다음은 Cross Docking에 관한 설명이다. 옳지 않은 것은?

① 크로스도킹은 창고나 물류센터에서 수령한 상품을 창고에서 재고로 보관하지 않고 바로 배송할 수 있도록 하는 물류시스템으로 통과형 물류센터라고도 한다.

② 크로스도킹을 실현하기 위해서는 ASN(Advanced Shipping Notice)과 JIT(Just In Time) 환경이 필요하다.

③ 크로스도킹은 기 포장 크로스도킹과 중간처리 크로스도킹으로 구분할 수 있다.

④ 크로스도킹은 파렛트 크로스도킹, 케이스 크로스도킹 및 사전 분류된 크로스도킹의 3가지 수준에서 구현될 수 있다.

⑤ 크로스도킹은 재고의 효율적 통제를 통한 창고비용 절감, 제조업체의 결품률 감소, 입출고시간 및 비용 감소 등의 효과를 기대할 수 있다.

해설 크로스도킹은 유통업체의 결품률을 감소시킨다.

50 다음은 SCM을 실행하기 위한 방안을 설명하고 있다. 알맞은 것은?

① 수직적 통합, 단절없는 흐름. 협업, 정보공유 등이 필요하다.

② BPR, VMI, ECR, QR, CRP, CPFR 등과 같은 응용기법이 있다.

③ SCP는 가변적인 수요에 대하여 균형 잡힌 공급을 유지할 수 있는 최적화된 계획을 구현하는 시스템이다.

④ SCP는 계절적 소비패턴 등의 통계적 기법을 이용한 수요예측을 포함하고 있다.

⑤ Lean 생산에서는 수요 불균형에 의한 낭비, 과잉생산의 낭비, 재고로 인한 낭비 등의 7가지 낭비요소를 제거하여야 한다.

해설 ① SCM에서는 협력관계를 구축하기 때문에 수평적 통합이 필요하다.
② BPR(업무절차혁신)은 SCM의 응용기법과 거리가 멀며, VMI, ECR, QR, CRP, CPFR 등과 같은 응용기법이 있다.
④ 수요예측은 SCE에 해당되며, SCP는 수요예측, 행사계획, 재고계획, 재고보충계획 등이 포함된다.
⑤ Lean 생산의 7대 낭비유형은 수요예측 미비에 의한 과잉생산, 대기, 운반, 불필요한 생산과정, 불필요한 재고, 불필요한 행동, 불량품의 생산이다.

Answer 50. ③

제3자물류 및 기타 신이론

12 제3자물류 및 기타 신이론

| 학습목표 | 1. 물류아웃소싱 및 물류자회사의 일반적 특징을 체계적으로 정리한다.
2. 제3자물류와 제4자물류의 개념, 특징 및 효과 등을 정리한다.
3. e-SCM, e-Logistics, 녹색물류, 물류보안 및 4차 산업혁명 관련 물류기술 등 기타 신 물류이론을 개괄적으로 정리한다.

| 단원열기 | 물류아웃소싱, 물류자회사, 제3자물류 및 제4자물류의 개념과 특징을 정확히 구분할 수 있도록 정리하여야 하며, 또한 녹색물류, 물류보안 및 4차 산업혁명 관련 물류기술에 대한 개괄적 개념 정리가 필요하다. 최근 들어 3PL 및 4PL에 대한 출제 빈도가 높으며, 환경물류와 연계한 녹색물류 역시자주 출제되고 있다. 이 외에도 물류보안과 4차 산업혁명 관련 물류기술 등과 같은 새로운 물류이론에 대한 개념적 정리가 필요하다.

제1절 아웃소싱과 물류아웃소싱

1 아웃소싱

(1) 아웃소싱(Outsourcing)의 의미

① **광의의 아웃소싱**: 기업 내부에서 하던 일을 외부의 기능이나 자원을 활용하여 하는 것을 가리킨다. 외주, 하청, 도급, 근로자파견, 업무대행, 분사화 등이 있다.

② **협의의 아웃소싱**: 전략적 아웃소싱이라고도 하며, 자신이 수행하는 활동 중 핵심역량을 제외하고 나머지 부문을 기획에서부터 운영까지 일체를 해당 분야의 전문기업에 맡김으로써 기업의 경쟁력을 제고시키려는 전략이며, 네트워크화를 통해 자사의 핵심역량을 공급업체의 핵심역량과 상호 연계시켜 기업 전체의 시너지효과를 극대화하는 전략을 말한다.

◉ [표 12-1] 아웃소싱의 개념 변화

구 분	전통적 아웃소싱	새로운 아웃소싱
명 칭	• 하청(Suboontracting) • OEM	• 전략적 아웃소싱(Strategic Outsourcing) • 프로세스 아웃소싱(Process Outsourcing)
등장시기	1950년대 말	1980년대 말
도입목적	인건비, 간접비 등의 비용 절감	기업의 조직과 자원을 핵심역량 중심으로 새롭게 재구축하여 경쟁우위를 확보
대상분야	• 생산, 전산, 홍보 등 단순 업무 및 간접지원 부문 중심 • 전체 업무 프로세스 중 일부	• 간접지원 부문을 포함한 R&D, 마케팅 판매, 인사, 물류 등의 기업 • 전분야 해당 업무 프로세스 전체
공급업체와 관계	단기적 · 거래적	장기적 · 동반자적

(2) 아웃소싱의 도입 이유

① 기업들의 리스트럭처링이나 리엔지니어링의 일환으로 사업내용을 재검토하는 과정에서 외부 자원의 활용을 통해 비용을 절감할 수 있는 방안을 강구하면서 그 대안으로 도입되었다.

② 기업의 물류관리 영역이 보다 광범위해지고 있으며, 물류개혁에 있어 정보시스템, IT 등의 도 입이 불가피해짐에 따라 자사에서 하는 것보다 전문성 및 노하우를 지닌 물류업체에게 위탁하 는 것이 효과가 크기 때문에 최근 물류계획단계, 전략단계 등 보다 상위의 아웃소싱이 선택되 어지고 있다.

  ㉠ 외적 요인
    ⓐ 저성장 및 경기침체 지속
    ⓑ 글로벌 경쟁 심화
    ⓒ 아웃소싱업체의 제공서비스 고도화, 다양화 및 전문화

  ㉡ 내적 요인
    ⓐ 매출신장율 둔화, 비용증대
    ⓑ 관리부문의 조직 비대화
    ⓒ 고정비 부담 심화(투자 리스크 확대)

(3) 아웃소싱의 장점

① 인소싱의 경우에 필요한 인력, 금전, 정보 등의 자원 투입을 생략할 수 있다.

② 공장시설, 창고, 차량, 정보시스템 등의 설비 및 이와 관련된 요원을 자사 내에 보유할 필요가 없어지기 때문에 고정비용이 적게 든다. 위탁비용은 발생하지만 자금 유동성이 확보되고, 아 웃소싱에 의해 경영자본의 슬림화를 도모할 수 있는 등 경영효율화가 가능하다.

③ 아웃소싱 분야는 통상 자사의 핵심업무 이외인 경우가 많기 때문에 아웃소싱에 의해 얻어지는 내부자원을 핵심역량에 집중시킴으로써 생산성을 높일 수 있다.

④ 외주기업은 위탁을 의뢰하는 기업보다 해당 분야나 기능에 있어서 높은 전문성을 지니고 있는 경우가 많으므로 외부의 전문인력을 활용함으로써 내부인력으로 불가능한 업무를 수행할 수 있으며 자사에서 검토, 개발하여 운용하는 것보다 노하우, 설비를 지니고 있는 외주기업을 활 용하는 것이 정확성과 신속성을 기할 수 있다.

⑤ 외주기업의 측면에서도 타사 화물과 혼재함으로써 업무량적인 면에서 규모의 경제효과를 발 휘할 수 있어 비용 절감 효과를 얻을 수 있다.

⑷ **아웃소싱의 단점**

① 종래 내부에서 실시하던 업무가 외부화됨으로써 업무 내 기밀이나 노하우가 누설될 위험 내재

② 당해 업무가 외부화되기 때문에 이 업무를 알고 있는 스탭 부재로 인한 위험 부담

③ 도입부서의 인원 삭감에 따른 노동문제

④ 섬세한 물류서비스 제공이 곤란해지는 등의 서비스 수준 저하에 대한 염려

⑸ **아웃소싱의 유형**

① **비용 절감형** : 비용 절감을 위해 중요하지 않은 기능들을 아웃소싱하는 것으로 현재 우리나라 기업들이 주로 이용하고 있는 형태이다.

② **분사형** : 기업 내의 특정 기능이나 조직을 분사화시키는 형태로 여기에는 이익추구형(Profit-Center)과 스핀오프형(Spin-off)이 있다.

　㉠ 이익추구형(Profit-center) : 사내에서는 크게 중요하지 않지만 나름대로의 전문성을 확보하고 있는 기능을 외부화함으로써 스스로 수익률을 창출시키려는 아웃소싱

　㉡ 스핀오프형(Spin-off) : 자사가 보유한 일정기술, 역량 등을 분사화하는 형태로 핵심역량 자체는 아웃소싱하지 않는 형태

③ **네트워크형**(가상기업형 아웃소싱) : 핵심역량 이외의 모든 기능을 아웃소싱하고 이들 공급업체와 네트워크를 형성하여 시너지 효과를 창출시키는 형태이다. 공급 측과 활용 측이 각각 서로의 경영자원을 공유하고 상호 보완적으로 활용하는 코소싱(Co-sourcing)의 형태로 개방적인 기업 간 제휴로 인해 조직의 유연성 창출과 협력이 가능해지며, 새로운 부가가치의 창출과 이의 사업화가 가능해진다.

④ **핵심역량 자체의 아웃소싱** : 핵심역량 자체를 외부화시켜 경쟁에 노출시킴으로써 핵심산업의 경쟁력을 더욱 높이려는 아웃소싱을 말한다.

■ 2 물류아웃소싱

⑴ **물류아웃소싱의 개념**

① 물류아웃소싱은 물류활동의 일부 또는 전부를 외부 물류 전문업자에게 위탁하여 수행할 수 있도록 하는 물류전략이다.

② 기업은 물류아웃소싱을 통해 핵심역량에 집중할 수 있으며, 인적 자원의 감소, 자본투자비용의 절감 및 조직의 유연성을 확보할 수 있다.

③ SCM, JIT, JIT-II, 정보통신기술의 발달 등과 같은 최근의 물류환경 변화는 물류기능의 아웃소싱을 통한 접근방법을 파트너십에 입각한 전략적 차원으로 전환시키고 있다.

⑵ **물류아웃소싱의 편익과 불안요소**

① 물류아웃소싱의 편익은 다음과 같다.

　㉠ 경제적 이익

　㉡ 전문화의 이점 활용

　㉢ 리스크 감소

　㉣ 사회 경제적 비효율성 제거

② 물류아웃소싱의 동기는 다음과 같다.

　㉠ 경쟁우위의 획득

　㉡ 품질 향상

　㉢ 리드타임의 단축

　㉣ 재고수준의 감소

　㉤ 고객서비스 향상

　㉥ 수요와 공급의 안정화

　㉦ 기업 내 핵심업무에 전념

　㉧ 새로운 기술에의 접근 가능

　㉨ 시장확대 및 국제화

③ 물류아웃소싱의 불안요소 및 주요 결정요인은 다음과 같다.

◉ [표 12-2] 물류아웃소싱의 불안요소 및 결정요인

불안요소	주요 결정요인
• 직접 통제의 어려움 • 서비스 수준의 불확실성 • 비용체계의 불확실성 • 고객변화에 대한 대응 체제 • 전문기술의 정도 • 정보시스템 통합 및 사용 기술력 • 프로세스 재설계 • 새로운 관계형성 및 문화 충돌 • 의사소통의 애로 • 정보유출 가능성	• 비용 절감 효과 • 고객서비스 대응 수준 • 전문성, 경력 및 평판 • 정보시스템 능력 • 재무적 안정성 • 서비스 권역 • 시설 및 보유장비 • 노무관리의 안정성 • 자사와의 관계 및 기여도 • 전문화의 이점

12

(3) 물류아웃소싱의 단계

① **1단계**: 개별 물류분야의 아웃소싱

㉠ 수배송, 보관, 하역 등 분야별로 물류업무를 개별적으로 선정하여 아웃소싱하는 단계이다.

㉡ 물동량이 적은 기업일 경우, 수배송이나 하역 등의 부분적인 작업에 화주기업 내에 사원을 두는 것보다는 저비용으로 처리할 수 있는 장점이 있다.

㉢ 물동량이 많아지면, 배송루트의 설정, 성수기·비수기에 따른 차량수배 등을 자사가 관리해야 하므로 어느 정도의 사내 관리조직의 확립과 이에 소요되는 사내 관리비용을 염두해 두고 있어야 한다.

② **2단계**: 물류분야를 포괄한 아웃소싱

㉠ 수배송, 보관, 하역 등의 분야의 다른 업무들을 일괄해서 아웃소싱하는 단계이다.

㉡ 이 단계의 물류아웃소싱은 기업규모가 커지면서 물동량이 많아지면 물류업무를 직접, 개별적으로 관리하는 것이 힘들어질 뿐만 아니라 배송루트의 재설정, 배송량의 급증에 대응하여 증차계획을 세우는 등의 일을 사내에서 모두 관리하는 것보다 외주물류업자에게 위탁하는 것이 효율적이라고 여기는 것에서부터 시작된다.

㉢ 납품데이터나 전표의 작성, 출력 등과 같은 일상적인 업무를 외주물류업체에게 맡김으로써 사무작업이 경감될 뿐만 아니라 물류작업량의 변동에 대해서도 외주물류업체에게 맡김으로써 평준화가 가능해진다.

③ **3단계**: 로지스틱스의 최적화를 지향한 물류아웃소싱

㉠ 동일 기업 내에서도 생산, 판매, 수배송 등 각 부문에 따라 재고수준이나 발주규칙 등의 최적 물류상태가 달라진다. 어느 부문의 최적 물류가 타 부문의 물류 비효율화를 초래하는 경우도 있기 때문에 기업 전체의 물류효율화 측면에서는 로지스틱스의 최적화를 고려하는 것이 필요하다.

㉡ 대기업의 경우, 공장이나 물류거점을 여러 개 보유하고 있는데, 각 거점별로 물류업자가 정해져 있는 경우가 많다. 그러나 거점단위에서의 물류관리는 위탁물류업체에 따라 관리 능력수준이 다르거나 거점배치 혹은 수송네트워크 전체의 물류개선이 어려운 경우가 있다. 이러한 이유로 화주기업 내에서 판매·조달·거점물류 등을 토탈 물류로 인식하고 일원적인 관리가 필요해진다.

㉢ 이 단계를 일괄해서 외부 위탁하는 것이 로지스틱스의 최적화를 지향한 물류아웃소싱이다. 화주기업뿐만 아니라 외주물류업체의 경우에도 규모의 경제 메리트 확보 및 전체 최적화를 위한 부문 간 조정이 가능해지기 때문에 보다 전략성이 높은 제안을 하기가 수월해진다.

④ **4단계**: 물류관리 영역을 확대한 아웃소싱

㉠ 물류관리는 수배송관리, 수발주관리 등의 하위 운영단계의 관리에서 시작되어 정보시스템 등의 계획단계의 관리, 물류관리, 전사경영전략 등의 상위 전략 수준의 관리까지 존재한다. 이 중에서도 계획단계, 물류전략 수준에 대해서도 외부업체를 이용하여 실시하는 것이 물류관리 영역을 확대한 아웃소싱이다. 현재는 이 단계의 아웃소싱의 경우 일반 물류업체에게 위탁하는 것은 드물며, 화주의 물류자회사가 맡아서 하는 경우가 많아지고 있다.

ⓒ 그러나 최근에는 3PL(Third-Party Logistics) 등의 물류개혁 제안형 물류서비스가 주목받고 있는 점을 감안해 볼 때, 향후에는 이 단계에서도 외부기업으로 아웃소싱하는 경우가 증가할 것으로 생각된다.

⑤ **5단계** : SCM(Supply Chain Management)에 대응한 아웃소싱

최근 SCM을 도입함으로써 기업이나 조직의 벽을 초월, 물류효율화에 임하는 기업이 나타나고 있다. 1~4단계까지는 한 기업 내 물류영역에 관한 것이지만 SCM이라는 기업의 테두리를 넘은 구조를 실현하기 위하여 물류아웃소싱이 필요한 경우도 있다.

⑷ 물류아웃소싱의 성공전략

① 물류아웃소싱의 성공전략

ⓐ 물류활동과 관련하여 현재 지출되고 있는 비용현황을 정확히 파악하여야 한다.

ⓑ 물류 아웃소싱의 목적과 전략이 조직 전체의 전략과 일관성을 유지해야 한다.

ⓒ 최고 경영자의 지지획득이 필수적이다.

ⓓ 기업 내부의 물류부서에 대한 인원감축 등의 저항을 해결해야 한다.

ⓔ 현재와 미래의 고객욕구를 해결해야 한다.

② 물류아웃소싱의 성공적 수행을 위한 고려 요인

ⓐ 기업의 아웃소싱에 대한 필요성을 인식하여야 한다.

ⓑ 최고 경영자의 인식이 고취되어야 한다.

ⓒ 물류아웃소싱 회사에 대한 신뢰성을 가져야 한다.

ⓓ 물류아웃소싱에 대한 기대효과를 정량적·객관적으로 평가해야 한다.

ⓔ 고객서비스, 대응성, 신속한 처리능력 등의 평가기준이 있어야 한다.

③ 성공적 물류아웃소싱을 위한 8가지 원칙

ⓐ 제안요청서 전에 정보요청서를 송부받는다.

ⓑ 물류 운영에 영향을 줄 수 있는 이슈에 관해 정직한 접근이 필요하다.

ⓒ 세부적인 목표를 설정해야 한다.

ⓓ 교육훈련을 통한 제3자물류 구성원들의 능력을 배가해야 한다.

ⓔ 단순히 공급업체로만 인식하지 말고 파트너로 인정해야 한다.

ⓕ 제안요청서 응답에 대한 충분한 시간적 여유를 가진다.

ⓖ 신규 파트너 보다는 발생한 문제를 해결하는데 중점 관리해야 한다.

ⓗ 지속적인 의사소통을 위해 표준화된 채널을 이용한다.

제 2 절　물류자회사

1　물류자회사의 의의

(1) 물류자회사의 특징

① 물류자회사란 물류비용 절감, 물류경비의 외부유출 방지, 노무관리상 잉여인력의 활용 등을 도모하기 위한 물류관리상의 한 수단으로 모회사 혹은 그룹기업 전체의 물류업무를 전문적으로 담당하기 위하여 모회사의 출자에 의해 설립된 회사를 가리킨다.

② 회사에 따라서는 수송·보관·포장 등의 물류작업을 행하는 자회사가 각기 있으면서 경우에 따라서는 복수로 설립·운영하고 있는 곳도 있지만 보통 자회사는 모회사에 있어서 1개사가 존재한다.

③ **자회사에 의한 물류관리의 특징**
- ⓐ 모회사 혹은 관련기업의 물류비를 명확히 분리
- ⓑ 독립채산제를 취함으로써 물류비용 관리를 철저히 할 수 있음
- ⓒ 물류활동 전반에 제약조건이 완화되어 철저한 물류활동을 할 수 있음
- ⓓ 물류인력 양성이 용이해짐

(2) 물류자회사의 설립 목적과 성공요건

① **물류자회사의 설립 목적**
- ⓐ 물류업무의 전문성과 서비스 향상
- ⓑ 물류기능의 강화로 경쟁 우위 확보

② **물류자회사의 성공요건**
- ⓐ 물류전문업자로서 경영의 독립성(독립채산성)
- ⓑ 물류전문업체로서 특화되어 있는 형태
- ⓒ 물류전문인력의 활용
- ⓓ 모회사의 조직과 동일한 물류기능을 실시하는 형태
- ⓔ 물류공동화 실시

(3) 물류자회사의 발전단계

물류자회사는 모회사의 업무만을 수행하는 모회사 전속형, 그룹의 물류업무까지 수행하는 그룹형, 그룹 이외의 업무로 확장하는 물류사업형으로 발전한다.

① **모회사 전속형** : 모회사의 업무만을 전적으로 실시하는 형태
② **그룹형** : 사업영역이 모회사뿐만 아니라 그룹회사 관련 물류업무를 대상으로 하는 형태
③ **물류사업형** : 운수회사, 창고회사, 포장회사 등을 중심으로 하여 수익사업을 실시하여 수익을 창출할 수 있는 형태

2 물류자회사의 장점과 문제점

(1) 물류자회사의 장점

① **모회사의 관점에서 물류자회사의 장점**

㉠ 모회사의 유휴인력의 자회사 파견으로 인재의 활성화가 가능하다.

㉡ 노동조건 문제는 컴퓨터부문을 자회사로 하는 경우와 동일한 문제라고 간주할 수 있다.

㉢ 현업형 물류자회사의 경우에 해당한다. 공장과는 다른 안전대책, 노동시간, 작업환경 등으로 말미암아 조합 측으로부터 항의를 받는 경우를 흔히 볼 수 있으나, 이것을 별개 회사로 하여 관리한다면 조합과의 절충도 쉬워질 것이다.

㉣ 노동임금의 탄력성이 있다. 정보관련 자회사에서는 젊은 기술자를 중도 채용하는 경우에 고임금을 지불해야 하는 것이 일반적이다.

㉤ 정보의 수집이 빨라진다.

㉥ 자회사 경영의 테두리 안에서 설비투자가 가능하게 된다.

㉦ 인재의 육성, 인원배치를 독자적으로 할 수 있기 때문에 개개인의 기술을 살리고, 적재적소에 배치가 가능하게 된다.

㉧ 관리책임이 명확해 진다.

㉨ 타 기업과의 물류표준화, 공동화 등을 통한 물류합리화가 가능해진다.

㉩ 모회사의 지시에 근거하여 자회사 경영정책의 수행이 원활히 이루어질 수 있다.

② **자회사의 관점에서 장점**

㉠ 자회사가 독자적으로 물류정책 입안과 실시를 할 수 있게 된다. 단, 자회사의 물류정책이라고도 하지만 어디까지나 모회사의 테두리 가운데 이루어진다는 점이 전제가 된다. 그러나 독립된 자회사일 때, 보다 자율성이 높은 독자적인 물류정책을 입안·실시할 수가 있다.

㉡ 자회사 경영의 테두리 안에서 설비투자가 가능해진다. 많은 기업경영자는 물류의 중요성을 인식하고는 있으나 기업경영 전체로서는 물류의 우선순위가 낮아 결과적으로 물류에 대한 선행투자는 오히려 불충분하다. 자회사라면 물류설비투자가 최우선 사항이 된다.

㉢ 인재의 육성, 인원 배치를 독자적으로 할 수 있어 개개인의 기술을 살리고, 적재적소 배치가 가능하게 된다.

㉣ 물류활동 전반에 대하여 제약조건이 완화되고, 활동의 자율성이 많아지는 탓으로 기업에 활성화를 가져다준다.

㉤ 경영책임이 커지는 동시에 명확해지므로 평가가 객관화되고 기업공헌도도 명료해진다.

㉥ 자회사 자체의 독자 시스템 구축이 가능하게 되고, 상황에 적합한 시스템을 만들 수가 있다.

㉦ 모회사 이외로 업무를 확대하고, 조업도의 안정과 향상, 나아가서는 규모의 이익을 실현할 수가 있다.

㉧ 물류요율이 명확해지고, 객관화된다.

⑵ **물류자회사의 문제점**

① 모회사의 물류정책이 자회사의 말단에까지 미치지 않는다.

② 모회사의 지휘명령계통이 자회사와 일원화되기 어려워 상호간 절충이 필요하다.

③ 커뮤니케이션의 원활화가 어렵다.

④ 모회사의 시스템과 자회사의 시스템이 유기적으로 조화를 이룰 수 없게 된다.

⑤ 자회사가 고이익·고배당을 하면 모회사가 물류비를 억제하도록 하여야 할 것이라는 생각이 강해지고 그 결과 자회사의 합리화 의욕이나 생산성 향상 운동이 저해된다.

⑥ 물류자회사가 영업의 엄정성을 상실하고 하청적 기업으로 전락할 수도 있다.

⑦ 물류요율이 엄해지는 반면, 지불조건 등이 느슨해진다.

⑧ 모회사로부터의 낙하산식 인사 등에 의해 고연령·고임금·저생산성이라는 현상이 초래된다.

⑨ 낙하산식 인사는 행동규제, 하청화 등으로 종사원의 사기를 저하시킬 수 있다.

⑩ 물류자회사를 관리하는 스탭부문이 비대화·중대화될 수 있다.

⑶ **향후 물류자회사의 발전 방향**

① 물류자회사 경영은 어느 면에서나 하나의 분기점에 와 있다. 이런 문제들을 극복하고 제안형·창조형 물류기업으로 전환하는 일이야말로 자회사 본래의 의의를 되찾는 것이 될 것이다.

② 물류자회사로서 성공하고 있는 기업은 첫째 모회사의 전속 물류회사로서 모회사의 내부조직과 동일한 기능을 하고 있는 경우, 둘째 물류자회사가 물류전업형으로 특화되어 있는 경우, 셋째 물류전업자로서 독립한 경우 등과 같이 기능적으로도 경영적으로도 초점을 맞추어 명확히 하고 있는 기업이 많다. 이는 기업육성이라는 물류자회사 설립 목적에 합치되는 것으로 지극히 당연한 일이라고 할 수 있다. 물류자회사는 본래의 의미에서 설립 취지를 실현하고 확립한 이후에 비로소 다른 영역에 대해서 전략을 전개하여야 할 것이다.

제 3 절 제3자물류와 제4자물류

1 제3자물류(3PL, Third Party Logistics)

(1) 제3자물류(3PL)의 개념

① 제3자물류는 물류아웃소싱의 발전된 형태로서 물류활동을 전문 물류업체에게 맡겨서 관리하는 형태라고 할 수 있다. 즉, 제3자물류란 화주인 기업이 고객서비스 향상, 물류관련 비용 절감, 시장경쟁력 확보 등을 목적으로 계약에 근거하여 물류업무를 외부의 특정 물류전문업체에게 위탁하는 것을 말한다.

② 제3자물류에서는 기업과 물류업체 간에 파트너십 혹은 전략적 제휴를 장기간 맺고 있으며, 외부 위탁범위가 단순한 물류작업의 대행에 그치지 않고, 수발주나 관리업무, 효율적인 물류전략, 계획을 제안하고 통합물류서비스를 제공하는 등 고도화된 물류서비스를 제공하는 점에서 종래의 아웃소싱(Outsourcing)과는 크게 다르다.

③ 화주의 관점에서는 로지스틱스 업무의 일부 · 전부를 일괄 위탁하는 것으로 아웃소싱 및 외부기업을 활용한다.

④ 물류업자의 관점에서는 로지스틱스 업무 중 두 가지 이상을 결합하여 제공하고, 화주인 기업의 로지스틱스 개혁의 제안 및 로지스틱스 전반의 효율화를 추진하는 것을 말한다. 3PL업자의 경우, 화주와 고객에게 재화와 관련된 정보를 신속하고도 올바르게 전달하기 위한 정보화 능력이 요구된다.

⑤ 기업이 원자재나 제품의 적기 조달과 물류부문의 과도한 투자비 절감을 꾀하고 전문물류업체의 물류서비스 활용을 통해 고객서비스 향상을 도모함과 동시에 핵심적인 사업분야에 역량을 집중시켜 기업경쟁력을 제고시키려는 목적하에 물류분야는 과감히 제3자에게 대행시키는 경향이 늘어나고 있다.

⑥ 최근에는 전자상거래의 발달과 부가가치물류의 개념이 중시되면서 e-Logistics, 사이버물류, 4PL(Fourth-Party Logistics) 등으로 발전되고 있다.

[표 12-3] 3PL과 아웃소싱과의 차이 비교

구 분	3PL	아웃소싱
운영기간	중장기 위주	단기·일시적
관계내용	밀접·협력관계	느슨·일시관계
신규서비스 제공	능동적·적극적	수동적
개입범위	운영·관리·전략	주로 운영
계약방식	경쟁계약	수의계약
의사결정점	최고 경영층	중간관리증
자산특성	무자산 가능	자산소유 필수
관리형태	통합관리형	분산관리형
화주와의 관계	협력관계	상하계약관계
서비스범위	종합물류지향	기능별 서비스

* 출처 : 정종석, 「물류산업고도화를 위한 제3자물류 발전방안」, 대한상공회의소, 1998년, p.2

(2) 제3자물류(3PL)의 발전 배경

① 제3자물류는 1980년대 초반부터 실시된 미국의 육상운송산업에 대한 규제완화로 인해 업체 간 경쟁이 치열해지면서 등장하게 되었다.

② 3PL이란 용어는 1988년 미국물류관리협회에서 처음 사용하였으며, 단순한 물류제공으로는 비용 절감이 불가능하며, 경쟁력 강화를 위해서는 보다 고도화되고 특화된 물류서비스의 제공과 전체 물류시스템을 최적화한 통합물류서비스가 필요하게 되었다.

③ 1990년대에 들어서면서 세계경제의 글로벌화, WTO 출범에 따른 무역장벽의 축소와 시장 개방 확대, 정보화시대의 도래 등 기업을 둘러싼 경영환경의 변화로 인해 국가 간, 기업 간 경쟁이 심화되고, 기업 간 M&A, 전략적 제휴가 확산됨으로써 생존을 위한 기업의 경영혁신전략의 하나로 추진하게 되었다.

④ 다국적기업들의 경우, 세계시장을 통합관리할 수 있는 물류관리체계가 필요하게 되었는데 이들 기업들은 3PL을 적극적으로 활용하여 국제물류관리체계를 구축하게 되었다.

(3) 제3자물류(3PL)의 발전 과정

① **자사물류**(1PL, First-Party Logistics) : 사내 물류조직을 두고, 물류업무를 수행한다. 유통경로 구성원인 메이커, 도·소매업자가 여기에 해당된다.

② **자회사물류**(2PL, Second-Party Logistics) : 사내 물류조직을 별도로 분리하여 자회사로 독립시켜 물류업무를 추진한다. 일반 물류업자가 여기에 해당된다.

③ **제3자물류**(3PL, Third-Party Logistics) : 외부물류업체에게 물류업무를 아웃소싱해서 물류업무를 추진하는 형태를 말한다.

● [그림 12-1] 물류업무의 수행형태

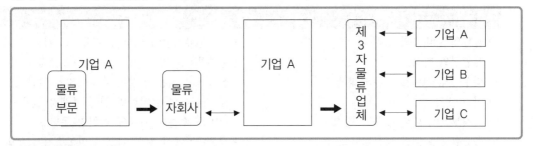

┌─ 보충학습 ◁┐

제3자물류(3PL)의 도입 목적

1. 기업의 핵심역량 강화
2. 기업 리스트럭처링 수단
3. 경영 리스크 분산
4. 시너지효과 창출
5. 과도한 물류비용 절감
6. 기업의 효율적 운용
7. 기업경영 혁신
8. 고도의 물류서비스 제공
9. 글로벌 물류네트워크

⑷ **제3자물류(3PL)의 기대효과(편익)와 문제점**

① 제3자물류의 기대효과는 다음과 같이 정리할 수 있다.

㉠ 물류시설에 대한 고정비 부담의 감소로 규모의 경제효과를 얻을 수 있어 물류산업의 합리화 및 고도화 실현

㉡ 고품질 물류서비스의 제공으로 제조기업의 경쟁력 강화

㉢ 종합물류서비스의 활성화

㉣ SCM 도입 및 확산을 촉진하는 매개 역할

㉤ 핵심역량에 대한 집중력 강화

㉥ 유연성의 향상

㉦ 시간, 인력, 비용의 절감

② 제3자물류서비스를 이용하고 기업에 대한 설문조사 결과, 편익과 문제점의 순위는 다음과 같이 정리할 수 있다.

● [표 12-4] 제3자물류서비스 활용의 편익과 문제점

편 익	문제점
• 물류외주 비용의 절감 • 유연성의 향상 • 외주물류 서비스 수준의 향상 • 인력 절감 • 핵심부문에 대한 집중력 강화 • 물류활동을 위한 자본비용의 절감 • 물류전문인력 활용능력의 강화 • 정보통신기술 활용의 개선	• 외주물류기능에 대한 통제력 저하됨 • 물류활동을 위한 시간과 노력이 감소되지 않음 • 실질적인 비용 절감이 이루어지지 않음 • 제3자물류업체 인력의 질에 문제가 있음 • 서비스 수준이 기대에 미치지 못함 • 적용단계에서 전환 과정이 만족스럽지 못함 • 고객 불만이 높아짐

③ 제3자물류서비스 이용시 화주와 제3자물류업체가 누릴 수 있는 편익은 다음과 같이 정리할 수 있다.

● [표 12-5] 화주와 제3자물류업체의 편익

관 점	화 주	제3자물류업체
경제적	• 장비 및 설비 관련 재무위험의 전가 • 비용 절감 및 품질 향상 • 규칙적인 거래 • 제3자물류업체의 전문성 이용	• 장비 및 설비의 이용 효율 향상 • 소수 화주와의 관계를 통한 운영절차 감소로 운영효율 향상
관리적	• 핵심역량에 집중 • 소수 업체와의 체인 구축을 통한 관리 용이	• 소수의 화주에게 전문능력 집중 • 소수 화주와의 체인 구축을 통한 관리 용이
전략적	• 경쟁우위 획득 • 경로구성원 간 상호 정보교환을 통한 전략적 재고 배치 • 소수 업체 이용을 통한 적절한 배송스케줄로 고객서비스 충족	• 장기계약을 통한 투자 확대 • 핵심서비스에만 집중함으로써 전문영역 개발 연마

(5) 제3자물류(3PL)업체의 수익모델

① **자산기반 수익모델**: 트럭, 창고 등의 자산 보유로 안정적 수입이 가능

② **비자산 서비스 수익모델**: 자산을 보유하지 않은 지식형 제3자물류로 서비스의 유연성이 장점

③ **물류창고를 통한 수익모델**: 글로벌 물류환경에 따라 물류창고가 상당한 수익모델이 되고 있음

④ **국제복합운송 수익모델**: 육해공을 연결하는 국제복합운송이 지속적으로 성장하고 있음

⑤ **소프트웨어 기반 수익모델**: IT 인프라를 기반으로 운용되고 있으며 제3자물류의 핵심요소임

(6) 제3자물류(3PL) 구축시 문제점과 육성방안

① 제3자물류 구축시 예상되는 문제점은 다음과 같다.

◉ [표 12-6] 제3자물류 구축시의 문제점

구 분	화 주	제3자물류업체
경제적 측면	다른 파트너 교체시 전환비용 발생	• 상당량의 착수금 투자 • 호환이 불가능한 장비에 대한 투자
관리적 측면	• 제품 및 재고에 대한 통제력 약화 • 정보유출 우려 • 고객서비스 품질평가 난해 • 제3자의 기회주의 우려	• 화주로부터 탈락시 화주 교체의 어려움 • 화주의 기회주의 우려
전략적 측면	• 특정 제공자의 장기계약으로 인한 시장이동 및 선택의 제약 • 간접적인 고객접촉으로 화주 및 고객 간 서비스 차이 발생	• 화주로의 합병 및 흡수 • 화주의 자가물류화

② 제3자물류의 육성방안은 다음과 같이 정리할 수 있다.
   ㉠ 기업 간 신뢰관계 구축
   ㉡ 물류업체의 대형화와 전문화
   ㉢ 계약의 투명성 확보
   ㉣ 제3자물류에 대한 인식 전환
   ㉤ 물류 전문인력 양성
   ㉥ 물류업체의 핵심역량 확충
   ㉦ 물류 관련 규제 개혁, 자금과 세제 지원, 물류 관련 법령 정비

2 제4자물류(4PL, Forth-Party Logistics)

(1) 4PL의 정의

① 물류컨설팅을 하는 하나의 업체가 운송루트, 운송수단 선정 등 전체 물류활동이 효율적으로 이루어질 수 있도록 관련된 모든 물류업체들을 연계한다.

② Andersen Consulting(현재 Accenture)사에 의하면 제4자물류(4PL)란 화주기업에게 포괄적인 공급사슬 솔루션을 제공하기 위하여 물류서비스 제공기업이 자사의 부족한 부분을 보완할 수 있는 타사의 경영자원, 능력 및 기술과 연계하여 보다 완전한 공급사슬 솔루션을 제공하는 공급사슬 통합자라고 정의하고 있다.

③ 제4자물류는 통신 및 인터넷 기술의 진전에 따라 경영컨설팅업체, 제3자물류업체, 정보기술업체들이 가상조직을 형성하여 한 번의 계약으로 공급사슬 전반에 걸친 통합서비스를 제공하는 서비스 방식을 말하며, 제4자물류의 이용으로 기업들은 원재료의 조달에서부터 최종 고객으로의 판매에 이르기까지 공급사슬상에서 발생하는 모든 물류활동을 하나의 조직에 의존할 수 있게 된다(김태현 외, '전략적 물류경영', 한진물류연구원·범한, 2007년 3월, p.173).

④ 이와 같이, 제4자물류는 포괄적인 공급사슬관리의 통합자 역할을 수행함으로써 공급사슬관리에서 일어날 수 있는 문제점을 해결해 줄 뿐만 아니라 물류관련 네트워크를 개선하는 수준 높은 물류서비스를 제공하고 있으며, 종래의 제3자물류업자를 능가하는 영업상의 책임을 진다.

(2) 4PL의 등장 배경과 특징

① 기업의 물류 부담 가중 및 핵심역량 집중으로 제3자물류는 운영체계의 한계 극복 및 사업기회 확대를 위해 e-비즈니스 기반의 물류서비스를 제공하는 제4자물류가 등장하게 되었다.

② 공급사슬 내의 물류를 최적화하여 기업의 경쟁력을 강화하기 위하여 기능적 아웃소싱의 단계를 거쳐 물류기능의 통합과 운영의 자율권이 증대되고 전체적인 공급사슬 솔루션을 제공하는 서비스 제공자와 함께 기업의 경영자원, 능력, 기술을 관리하고 결합하는 공급사슬 통합자로서의 역할을 하게 되었다.

◉ [그림 12-2] 제4자물류의 등장 배경

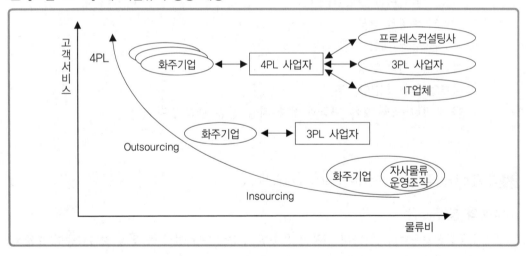

③ 제4자물류의 특징은 다음과 같이 정리할 수 있다.

　　㉠ 다양한 기업이 파트너로서 참여하는 혼합조직

　　㉡ 합작투자 또는 장기간 제휴형태

　　㉢ 이익의 분배를 통하여 공통의 목표 설정

　　㉣ 공급사슬상 전체의 관리와 운영

　　㉤ 4PL조직과의 계속적인 노하우 공유

　　㉥ 막대한 잠재이익

(3) 제3자물류와 제4자물류의 차이점

① 제4자물류서비스 제공자는 제3자물류에서 보다 광범위하게, 그리고 종합적이고 전문적인 물류서비스를 제공하여 비용 절감뿐만 아니라 서비스 제고에 주안점을 두고 있으므로 보다 확정적인 경쟁력 제고에 기여한다.

② 제4자물류서비스 제공자는 제3자물류와는 달리 물류 전문업체, IT업체 및 물류 컨설팅업체가 컨소시엄을 구성하여 가상물류 형태의 물류서비스를 제공한다.

③ 제4자물류서비스는 물류활동의 단순한 수행이 아니라 물류활동 업무 프로세스의 혁신을 우선하고 있으며, 다음 단계로서 물류활동을 수행하여 실질적인 물류효율화의 기여가 가능하다.

④ e-비즈니스 환경에 적응하여 인터넷 등의 최신 정보기술 기반에서 e-SCM, e-CRM, QR, ECR 등의 물류전략과 조화를 이루면서 서비스를 제공한다.

12

제 4 절　기타 물류 신이론

1 e-SCM

(1) e-SCM의 정의

① e-SCM이란 공급자로부터 고객까지의 공급사슬상의 물자, 정보, 자금 등을 인터넷을 포함한 각종 정보통신기술을 활용하여 공급자, 유통채널 소매업자, 고객과 관련된 물자 · 정보 · 자금 등의 흐름을 신속하고 효율적으로 관리하는 전략적 기법을 말한다.

② 인터넷 기반의 e-SCM은 업무와 조직의 가상화, 정보의 통합, 물류와 정보의 동시화, 공급체인 파트너 간 협업화, 정보의 디지털화, 업무처리의 셀프화 등의 e-비즈니스 패러다임을 수용한 새로운 개념의 SCM을 가리킨다.

③ e-SCM의 효과적인 운영을 위해서는 SCM의 계획수립, 공급체인관계의 설정과 협력체제 구축, SCM 솔루션(ERP, SCP, EC, CRM)의 통합이 필요하다.

④ e-SCM에서는 고객의 요구가 실시간으로 제조업체에 전달되고, 각종 정보를 원재료 및 부품 공급업체, 물류업체 등에서도 공유함으로써 구매, 생산, 유통, 판매에 이르는 전과정이 통합된다.

⑤ e-SCM을 통해 원재료, 부품, 완제품, 정보의 흐름을 재조정하고, 인터넷으로 조달, 구매, 제조, 판매, 물류를 동시화 하여 e-비지니스 수행과 관련된 공급자, 고객, 기업 내부의 다양한 욕구를 만족시키고 업무의 효율성을 극대화시킨다.

(2) e-SCM의 도입 효과

① **거래 및 투자비용의 최소화**: 전략적 제휴, 아웃소싱 등 가상체계를 통한 업무수행이 용이해지기 때문에 최소한의 자산보유만으로 사업수행이 가능하고 공급체인을 통합함으로써 파트너 간 정보의 이전에 필요한 비용 및 시간을 최소화할 수 있다.

② **리드타임(사이클 타임)의 단축**: 공급자와 구매자 간 신속한 의사소통이 가능하여 중간유통업체의 배제를 통해 제품의 리드타임을 단축할 수 있다.

③ **자동보충을 통한 재고 감축**: 공급자와 구매자의 정보공유로 공급자는 구매자의 재고상태를 실시간으로 파악하여 구매자가 필요한 물량을 자동적으로 보충해 줄 수 있기 때문에 공급자, 구매자 모두 재고수준을 낮출 수 있다.

④ **수평적 사업기회의 확대**: 가상네트워크를 통해 현사업의 인프라 영역 또는 타산업으로의 진출이 가능하다.

⑤ **고객욕구충족 능력 향상**: 구매자로부터 획득한 데이터를 분석하여 각 고객의 욕구를 충족시킬 수 있는 개별화된 맞춤형 서비스 제공이 가능하다.

2 e-Logistics

(1) 정보기술이 결합되어 로지스틱스가 한 단계 더 발전된 형태로 실시간 네트워크로 조직화된 것을 말한다. 차량, 창고를 네트워크로 연결하지만 물적으로는 갖고 있지 않다.

(2) 물류서비스 제공업체가 정보통신기술을 기반으로 창고, 수배송 등 물류와 관련한 솔루션을 제공함으로써 다양한 부가가치를 수반한 물류서비스를 온라인과 오프라인 간의 시간적 차이를 최소화함으로써 공급사슬 전체의 물류 프로세스를 효율적으로 지원하기 위한 활동을 일컫는다.

(3) e-Logistics의 목표는 물류 네트워크의 최적화, 기업 간 협업, 국제물류의 가시성 증진에 있다.

(4) e-Logistics의 기능에는 수요충족기능과 물류서비스의 고도화, 물류를 통한 유통채널의 강화, 유통채널의 물류활동 지원 등을 통한 수요창조기능, 재고 파악기능, 위치 추적 및 조회 기능, 운송정보제공, 온라인상에서의 계약 등이 있다.

◉ [그림 12-3] e-Logistics의 목표

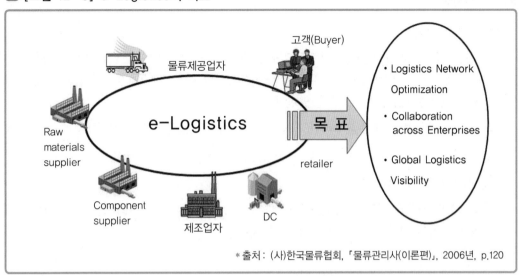

* 출처 : (사)한국물류협회, 「물류관리사(이론편)」, 2006년, p.120

◉ [그림 12-4] e-Logistics의 기능

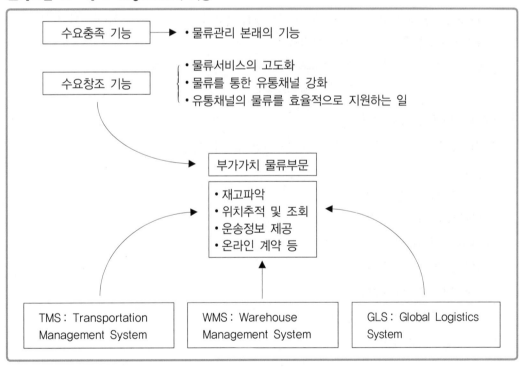

3 환경물류

(1) 환경물류의 개념

① 환경물류는 원재료의 탐색에서부터 최종 소비자에 이르기까지의 과정과 사용 후 재활용, 재사용 또는 폐기에 이르기까지의 물류 전과정을 통하여 환경유해요소를 원천적으로 제거하거나 최소화할 수 있는 제반 활동을 말한다.

② 환경성, 사회성, 경제성을 고려한 지속가능 측면에서의 접근으로 그린물류 혹은 녹색물류라고 부른다.

(2) 환경물류의 친환경 성격

① **직접적인 친환경 성격** : 물류활동 자체를 통하여 발생하는 결과물(예 파렛트, 포장상자 등)이 환경에 미치는 영향력을 최소화시키는 물류활동
  ㉠ 재사용 가능 툴(Tool) 개발
  ㉡ 차량의 최적 운행경로/일정 개발
  ㉢ 수송 방법/수단 설정

② **간접적인 친환경 성격** : 물류활동의 대상물(예 반품, 회수품, 폐기품)의 처리 결과가 환경에 미치는 영향력을 최소화시키는 물류활동
  ㉠ 최적의 수거 및 적정처리 프로세스 개발 및 효율적인 관리
  ㉡ 신속 정확한 의사결정 정보시스템 활용

(3) 환경물류의 핵심 고려사항

① 역물류[Reverse Logistics(RL)] 구축을 통한 경쟁력 향상
② 반품허용 금지정책 활용
③ 반품취급의 제한 수립
④ 반품접수처의 역할 강조
⑤ 반품 처리기간의 단축
⑥ 역물류 정보시스템 구축
⑦ 반품원인 유형별 분류
⑧ 중앙 집중식 반품처리 센터의 활용
⑨ 환경 물류활동 강화

⑷ **역물류**(Reverse Logistics)**의 정의**

① 기존의 물류활동을 통해 고객(소비자)에게 전달된 제품이 고객이 더 이상 필요로 하지 않는 상황이 발생할 때 적절히 회수하여 상태에 따라 최적의 처리(재사용, 재판매, 재생산, 재활용 또는 최종적 폐기처분)를 수행하는데 필요한 계획, 활동 및 관리 프로세스를 말한다.

② 역물류(Reverse Logistics)는 반품물류, 회수물류 및 폐기물류로 세분한다.

◉ [표 12-7] 역물류의 구분

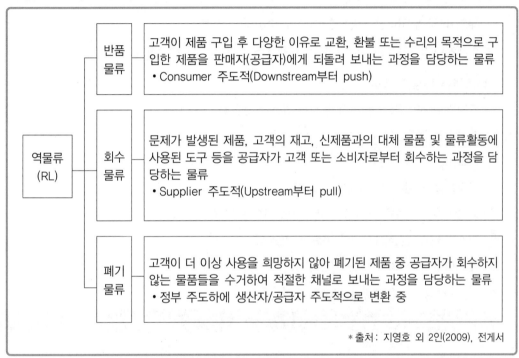

역물류 (RL)	반품 물류	고객이 제품 구입 후 다양한 이유로 교환, 환불 또는 수리의 목적으로 구입한 제품을 판매자(공급자)에게 되돌려 보내는 과정을 담당하는 물류 • Consumer 주도적(Downstream부터 push)
	회수 물류	문제가 발생된 제품, 고객의 재고, 신제품과의 대체 물품 및 물류활동에 사용된 도구 등을 공급자가 고객 또는 소비자로부터 회수하는 과정을 담당하는 물류 • Supplier 주도적(Upstream부터 pull)
	폐기 물류	고객이 더 이상 사용을 희망하지 않아 폐기된 제품 중 공급자가 회수하지 않는 물품들을 수거하여 적절한 채널로 보내는 과정을 담당하는 물류 • 정부 주도하에 생산자/공급자 주도적으로 변환 중

*출처: 지영호 외 2인(2009), 전게서

③ **역물류의 구성**

　㉠ Reduce(감량화)

　㉡ Reuse(재이용)

　㉢ Recycle(재활용)

　㉣ Recovery(재회수)

　㉤ Returnable(재사용 용기)

(5) 리버스물류의 특징

① **불확실성**: 반품(회수)되는 제품의 시기 및 상태 예측의 어려움

② **고비용성**: 대부분 수작업

③ **다양한 구성원의 관여**: 공급망의 다양한 구성원들의 참여가 필요

④ **시간성**: 가장 빠른 처리를 통한 가치(Value) 극대화의 달성

⑤ **추적 및 가시성의 어려움**: 반품이력 추적 및 가시성 확보 불가능

⑥ **재고 파악의 어려움**: 반품수량 파악 수준의 취약성

⑦ **회계처리의 복잡성**: 고객만족을 위한 필수사항(신속한 환불처리)

(6) 리버스물류 대상의 특징

① 고객반품(제품 자체에 전혀 문제가 없으나 반품됨)

② 재고반품(신제품이나 판매되지 못해 반품됨)

③ 리콜(Recall)된 제품(수리 또는 폐기 대상)

④ 고장으로 인한 반품(수리가 필요함)

⑤ 고장·제품의 수명 종료로 인한 반품(재활용 가능)

⑥ 리스(Lease) 반품(계약기간 종료 후 반품됨)

⑦ 폐기대상 제품(소각 또는 매립)

⬤ [표 12-8] 기존 물류와 역물류의 차이점

기존물류(Forward Logistics)	역물류(Reverse Logistics)
제품 균일 물질	제품 품질(상태)각기 다름
제품 가격 일정	제품 가격 각기 다름
재고관리 정확	재고관리 부정확
제품수명주기 관리 가능	제품수명주기 관리 어려움
회계관리 이슈 분명	회계관리 이슈 불분명
공급망 구성원 사이의 거래조건 단순	공급망 구성원 사이의 거래조건 복잡
해당 제품의 고객 및 시장파악 용이	해당 제품의 고객 및 시장파악 어려움
프로세스의 가시성 투명	프로세스 가시성 불투명
물류비용 파악 단순	물류비용 파악 복잡

* 출처: 지영호 외 2인(2009), 전게서

⑺ 환경친화적 물류시스템

⬤ [표 12-9] 환경친화적 물류시스템

자원 절약화	• 포장재료의 감량화, 적정화 • 포장재료의 감량화 : 용기의 표준화, 공간 용적율의 삭감 또는 축소
환경 적합화	• 폐기처리가 용이한 포장재료의 선택 • 재자원화(리사이클)하기 쉬운 포장재료의 선택 • 재생된 포장재료의 용도개발의 추진 • 재사용 가능한 포장재료의 선택 • 폐기비용, 환경부하가 적은 포장재료의 선택 • 유해물질의 사용금지(안전위생성의 확인)
환경오염 방지 대응	• 오수, 폐유, 페인트 등의 처리대책 • 산업폐기물 발생량의 삭감 및 발생량의 재자원화 • 자원절약, 에너지절약의 추진, 이산화탄소 등 온실효과 가스발생량의 삭감

*출처 : 지영호 외 2인(2009), 전게서

4 녹색물류(Green Logistics)

⑴ 녹색물류의 의의

① 기후변화와 환경오염이 큰 이슈로 등장하면서 온실가스 저감을 위한 국가적 차원의 노력이 필요한 실정이며, 발리 유엔기후변화협약이 체결되면서 개도국을 포함한 모든 국가에게 온실가스 감축의무가 부과되었다.

② 물류산업에서도 에너지 효율적, 자원재생형 녹색물류체계로의 전환이 시급하며, 폐기물 처리 등 녹색물류의 중요성이 증대되어 가고 있다.

③ 기존에는 물류활동에서 발생하는 비용이 화폐상의 금전적 의미로 인식되었으나 환경적 이슈가 중요시 되는 현실에서 기후변화, 대기오염, 소음, 진동 등으로 인하여 발생하는 외생적 물류비용을 중요한 요소로 인식하기 시작하였다.

④ 기업의 인식변화로 인하여 지속가능한 물류의 한 부분으로서 녹색물류의 중요성이 부각되고 있으며, 경제성, 환경성 및 사회성의 관점에서 지속가능한 물류를 생각하게 되었다.

⑤ 특히 에너지 사용의 효율성 향상, 물류거점의 재정비, 운송체계의 효율화 등과 같은 친환경적 물류전략이 중요한 역할을 하게 될 것이다.

● [표 12-10] 녹색물류의 구성요소

경제성	환경성	사회성
• 성장 • 효율 • 고용 • 경쟁력	• 기후변화 • 대기오염 • 소음 • 토지이용 • 폐기물	• 보안 • 위생 • 접근성 • 형평성

(2) **녹색물류의 개념**

① 녹색물류는 기존 역물류(Reverse Logistics)와 혼돈되어 사용되고 있으나 역물류가 녹색물류를 의미하기 보다는 녹색물류의 일부분으로 역물류를 이해하여야 한다.

② 녹색물류의 영역을 역물류에 한정하지 않고 물류활동의 전 과정뿐만 아니라 환경, 교통분야에 대한 영향까지 고려하는 것이 적합하다. 즉, 녹색물류는 순물류와 역물류를 포괄하며 물류활동의 제반 과정에서 파생되는 교통과 환경분야에 대한 영향을 고려하는 물류의 개념으로 이해된다.

③ 일반적으로 친환경 물류 또는 환경친화적 물류라는 용어를 사용하고 있으며, 물류분야에서 기후변화와 대기오염물질의 배출 등 폐기물처리 및 재활용의 활성화를 위한 제반 활동이라고 할 수 있다.

④ 협의의 녹색물류는 물류분야에서 화물운송시 발생 가능한 온실가스와 대기오염 배출가스 저감대책 등 오염물질을 저감·관리하는 활동을 뜻하며, 광의의 녹색물류는 물류활동에 따른 대기환경에 대한 영향뿐만 아니라 전통적인 순물류와 역물류를 포괄하는 물류활동 전반을 포함하여 환경을 고려한 물류를 의미한다.

⑤ 즉, 녹색물류는 물류활동의 제반 과정에서 환경과 관련되어 파생되는 영향을 고려하여 기업의 가치를 높이는 물류활동이라고 할 수 있으며, 지구환경 개선을 위해 온실가스 및 대기오염물질 저감 등의 화물자동차의 배출가스 저감대책을 수립하고 폐차, 폐기물 등의 처리 및 관리하는 활동을 포함한 물류활동 전반에서 발생할 수 있는 환경부하 저감을 목표로 효율적인 물류시스템을 구축하는 물류활동을 의미한다고 할 수 있다(한국교통연구원, 2009).

⑥ 녹색물류 인증에 관한 지침에서는 녹색물류를 물류산업의 효율화 및 부가가치 창출을 기반으로 하면서 온실가스 배출량 및 에너지 사용량 등을 최소화하는 물류체계로 정의하고 있다(국토교통부, 2013).

● [표 12-11] 광의와 협의의 녹색물류

			대기환경	발생물질의 관리	배출가스규제 운행제한제도	화물자동차
그린 물류	광 의	협 의	순물류	발생원의 관리	자영전환, 공동집배송, 친환경 물류(시설)환경, 신물류시스템	지속가능성 물류효율화
			역물류	자원순환형, 역물류	회수물류, 폐기물류	정맥물류

* 자료 : 서울시정개발연구원(2007)

(3) 녹색물류 관련 정책

① 저탄소녹색성장기본법

㉠ 저탄소녹색성장기본법은 우리나라의 저탄소 녹색성장을 위한 정책목표 및 추진전략, 중점 추진과제를 포함하는 국가전략을 수립하고 시행하기 위한 종합법의 성격을 갖고 있다.

㉡ 기본법은 녹색기술·녹색산업 및 녹색경제체제의 구현에 관한 사항과 기후변화 대응, 에너지 및 지속가능발전 정책에 관한 사항, 녹색생활, 녹색국토, 저탄소 교통체계 등에 관한 사항, 저탄소 녹색성장 관련 국제협상 및 국제협력에 관한 사항 등을 포함하고 있다.

㉢ 특히 배출권거래제와 목표관리제를 시행할 수 있는 규정이 포함되어 있는데, 온실가스 감축 목표 설정과 이를 달성할 수 있는 구체적인 방법이 나타나 있으며, 총량제한 배출권거래제를 실시할 수 있는 법적 근거를 내포하고 있다.

② 온실가스·에너지목표관리제

㉠ 온실가스·에너지목표관리제는 대규모 사업장의 온실가스 감축·에너지 절약 목표를 설정, 관리하는 제도를 말하며, 저탄소녹색성장기본법과 시행령에 시행의 법적 근거를 두고 있다. 목표관리제를 추진하기 위해 정부는 목표관리제 대상업체의 지정기준, 온실가스 배출량 및 에너지 사용량 보고, 목표설정 방식, 감축목표 이행계획 및 이행실적 제출, 검증기관 관리방안 등 주요 추진 사안에 대해 참고할 수 있는 통합지침서를 고시하였다.

㉡ 목표관리제는 국가 온실가스 중기 감축목표를 달성하기 위하여 국내산업의 여건, 국제적 동향 등을 고려하여 산업계의 지속가능한 발전을 저해하지 않는 범위 내에서 목표관리가 이루어지도록 하고 있다.

㉢ 또한 기존 환경부 중심의 온실가스 목표관리제와 지식경제부 중심의 에너지 목표관리제가 통합 관리됨으로 인한 이중규제가 되지 않도록 관리체계 및 의무 부여의 신중성을 기하여 녹색산업 육성 및 국민경제의 발전을 도모하자는 원칙을 제시하고 있다.

12

③ 배출권거래제도

⑦ 저탄소녹색성장기본법상 총량제한 배출권거래제 도입은 배출권 거래제를 실시할 수 있는 근거를 두고 있다. 본격적으로 제도를 도입하기 전에 지역단위 배출권거래제 시범사업을 실시하였으며, 시범사업 참여자는 기준배출량 대비 온실가스 감축목표를 설정하고, 목표 달성을 위하여 배출량 초과분과 감축분을 거래하여 단위 감축분을 조기행동으로 인정하고 있다.

⑥ 배출권거래제도(ETS : Emission Trading System)는 오염물질을 배출하는 오염원들에게 일정량의 오염물질을 배출할 수 있는 권리를 부여하고 오염원들 간의 배출권리에 대한 거래를 허용함으로써 비용효과적으로 환경목표를 달성하는 제로를 말한다.

(4) 녹색물류 인증시스템

① 녹색물류 기업인증의 목적

⑦ 저탄소녹색성장기본법과 시행령이 발표된 이후 물류기업 목표관리제와 배출권거래제 적용 등이 논란이 되면서 기업의 환경경영체계 도입이 중요한 이슈가 되고 있다.

⑥ 녹색물류 기업인증은 대기오염물질 배출, 온실가스 저감, 폐기물관리 등의 물류분야에 환경부하를 줄이기 위하여 경영적, 기술적 측면에서 대응방안을 수립하고 실천하는 물류기업을 선정하는 것을 원칙으로 하고 있다.

⑥ 물류분야 주요 에너지 소비와 온실가스 및 대기 독성물질 배출 및 폐기물 배출원인 운송, 시설, 서비스 관련기업을 대상으로 하고 있다. 물류부분 환경부하 저감을 위한 H/W와 S/W 도입뿐만 아니라 환경관리를 위한 경영방침, 교육, 모니터링 등 경영 전반에 걸쳐 관리과정에 대한 평가를 목적으로 한다.

② 우수녹색물류실천기업의 지정

⑦ 국토교통부장관은 환경친화적 물류활동을 모범적으로 하는 물류기업과 화주기업을 우수기업, 즉 우수녹색물류실천기업으로 지정할 수 있다.

⑥ 우수녹색물류실천기업으로 지정을 받기 위해서는 환경친화적인 물류활동의 실적 등 지정기준을 충족해야 하며, 정기적으로 2년마다 지정 기준을 충족하고 있는지 점검을 받아야 한다.

③ 우수녹색물류실천기업 지정 평가항목

우수녹색물류실천기업으로 지정받기 위해서는 다음과 같은 평가항목에 대한 합산 점수가 80점 이상이어야 하고, 평가항목별 배점의 5할 이상을 취득하여야 한다.

> • 물류시설, 운송수단 등에 관한 환경친화적 물류활동의 관리범위 설정 및 관리체계 구축
> • 물류분야 에너지, 온실가스 및 화물운송량 관리수준
> • 환경친화적 물류활동에 관한 사업추진 계획수립 및 이행실적
> • 물류분야 에너지 사용량 또는 온실가스 배출량에 관한 감축목표 설정 및 달성률
> • 환경친화적 물류활동에 대한 효과분석 및 정부보고

● [표 12-12] 우수녹색물류실천기업 지정 평가기준

평가항목 및 평가지표	배점
1. 관리범위 및 관리수준(30점)	
1-1. 물류시설, 운송수단 등에 관한 환경친화적 물류활동의 관리범위 설정 및 관리체계 구축 (15점)	
가. 물류시설, 운송수단 등에 대한 관리범위 설정 수준	5
나. 환경친화적 물류활동 경영목표의 설정여부 및 내용	5
다. 환경친화적 물류활동에 관한 조직 및 인력 배치, 내외부 이해관계자 간 소통·협력 등 추진체계의 구축범위 및 정도, 장단기 계획수립현황	5
1-2. 물류분야 에너지 사용량, 온실가스 배출량, 화물운송량 관리수준(15점)	
가. 물류분야 에너지 사용량 및 온실가스 배출량, 화물수송량 산정범위 관리 수준	5
나. 물류분야 에너지 사용량 및 온실가스 배출량, 화물수송량 산정자료와 정보의 정확성 및 이해관계자 간 공유 실천 정도	5
다. 물류분야 에너지 사용량 및 온실가스 배출량, 화물수송량 산정시스템의 기계화 또는 IT화 추진 수준	5
2. 사업계획 및 추진실적(40점)	
2-1. 환경친화적 물류활동에 관한 사업계획의 수립 및 이행실적(20점)	
가. 환경친화적 물류활동 사업의 과제 수 및 내용, 사업 및 투자 규모(양 또는 비율)	10
나. 환경친화적 물류사업 계획 대비 실적	10
2-2. 물류분야 에너지, 온실가스 감축목표 설정 및 달성율(20점)	
가. 물류분야 에너지, 온실가스 감축 또는 효율화 목표 설정	10
나. 물류분야 에너지, 온실가스 감축 또는 효율화 목표 달성율	10
3. 환경친화적 물류활동에 관한 효과분석 및 정부보고(30점)	
가. 환경친화적 물류활동에 관한 사업실적의 주기적인 평가 및 효과분석 실시, 정확성 수준	10
나. 정부보고 또는 온실가스 검증기관 검증실시 여부	10
다. 환경친화적 물류지표의 설정 및 측정 여부(예 물류공동화량(율), 전환수송 전환량(율) 등)	10
합 계	100

* 출처 : 국토교통부(2014)

5 물류보안

(1) 물류보안의 의의

① 2001년 9·11 테러 이후 물류보안이 국제물류체계상 중요한 이슈 중 하나로 부각되면서 글로벌 공급사슬관리상 물류보안체계를 효과적으로 구축하는가가 개별 기업은 물론 국가 차원에서도 중요한 과제로 인식되고 있다.

② 미국은 물류보안에 선도적인 역할을 수행중인데, CSI(Container Security Initiative), C-TPAT (Custom-Trade Partnership Against Terrorism), 24시간 규칙(선적 24시간 전 화물정보 사전신고규칙), 항만보안법(Safe Port Act), 9·11 테러대책위원회의 권고 등의 제도를 도입하였으며, 아울러 미국은 미국과 교역하는 주요 국가 및 물류업체들은 이러한 규정을 준수하도록 요구하고 있다.

③ 또한 IMO, 세계세관기구 등 국제기구도 물류보안제도를 도입하여 시행중이다. 즉, IMO는 ISPS(International Ship and Port Facility Security) Code, 세계세관기구(WCO : World Customs Organization)는 SAFE Framework, 유럽연합은 AEO(Authorized Economic operator), 국제표준기구(ISO : International Organization for Standardization)는 공급사슬 보안경영시스템 등의 제도를 도입하고, 국제적인 협력과 연대를 통해 글로벌 물류보안체제를 강화하고 있다.

(2) 물류보안의 유형

① **컨테이너안전협정**(CSI : Container Security Initiative)
  ㉠ 미국은 9·11 테러 이후 미국으로 수출물량이 많은 주요 외국 항만에 미국 세관원을 파견하여 미국으로 수출할 컨테이너 화물에 대한 위험도를 사전에 평가하는 컨테이너 보안협정(CSI)을 시행하고 있다.
  ㉡ 미국 세관은 CSI를 미국향 화물 및 미국 항만에 기항하는 모든 수출화물에 대하여 선적지에서 선적 24시간 전까지 미국세관에 적하목록 제출을 의무화하였다.

② **대테러방지 민관협력프로그램**(C-TPAT : Customs Trade Partnership Against Terrorism)
  ㉠ 미국 CBP(세관·국경안전청 : US Customs and Border Protection)가 도입한 반테러 민관파트너십제도(C-TPAT)를 시행할 수 있는 법적 근거를 명문화하였다.
  ㉡ C-TPAT는 미국 수입업자와 선사, 항공사, 터미널운영사, 포워더, 통관중개인 등을 적용대상으로 하고 있고 현재 1만개 이상 업체가 가입 신청을 하였다. C-TPAT에 신청하기 위해서는 CBP가 정한 시설과 인력보안, 운송보안, 화물추적 등 최소한의 물류보안기준을 이행하고 있어야 한다.
  ㉢ CBP가 제시한 Supply Chain Security의 주요 내용은 다음과 같다.
    ⓐ 화물관련 정보의 제출, 위험분석 및 자기 평가
    ⓑ 제조업체, 공급자, 납품업체 등 비즈니스 파트너의 보안 활동 수행 사항 확인
    ⓒ 컨테이너, 트레일러, 화물적재용기 등에 대한 보안 검사

ⓓ 운송 중인 화물의 추적관리 등 화물운송 보안

ⓔ 인적 출입통제, 인사 및 절차 보안

ⓕ 정보기술 보안 및 비상조치 등

③ **공급사슬 보안경영시스템**(ISO 28000)

    ㉠ 보안경영시스템 ISO 28000은 다양한 국가의 물류보안제도를 수용·준수하는 보안경영시스템을 구축하여 국제적으로 보안상태가 유지되는 기업임을 인증받는 제도로서 생산자로부터 운송업체, 보관업체 등을 포함하는 공급사슬 내의 모든 기업이 적용대상이다.

    ㉡ 수출입 안전관리 역량을 강화시키기 위해서 기업이 비용을 부담하고 도입하는 민간프로그램으로, 보안관리 시스템을 구축하고 인증을 받으면 일정한 보안자격을 갖춘 것으로 인정한다.

    ㉢ 공급사슬보안은 화물이 생산되고 운송, 하역, 보관, 수출입 등의 과정을 거쳐 최종 소비자에 이르기까지 공급사슬 과정에서 테러위험의 대상이 되거나, 위협용도의 물품, 기술이 불법적으로 조달되는 것을 차단하려는 체계적인 관리행위이다.

    ㉣ 따라서, ISO 28000은 테러의 대상이 되는 다중이용시설, 경제적으로 혼란을 초래할 수 있는 공항, 항만, 터미널, 화물기지, 보세창고 등 공급사슬 내 시설과 장소, 종업원과 이용자의 보호와 공급사슬을 통해 공급되는 화물에 의해 야기되는 테러나 환경파괴 등 위협을 관리하는데 초점을 두고 있다.

④ **공인경제운영인 제도**(AEO : Authorized Economic Operator)

    ㉠ 미국은 9·11 테러 이후 무역안전과 원활한 무역활동을 보장하는 국제규격의 무역안전규정을 세계관세기구(WCO : World Customs Organization)가 수립하였으며, WCO는 적절한 국경관리라는 정책하에 국가 간 화물 흐름을 원활하게 유지할 수 있는 절차를 강화하기 위해 2005년 6월 SAFE Framework(물류보안과 무역간소화에 관한 국제기준)를 도입하였다.

    ㉡ SAFE Framework는 세관 간 네트워크 및 세관과 기업 간 파트너쉽 구축을 통해 국제 공급사슬상 물류보안을 강화함과 동시에 무역원활화를 촉진시키기 위한 목적으로 추진되었다.

    ㉢ 특히 물류공급 서비스를 제공하는 물류기업 등이 지정된 보안기준을 충족하여 AEO로 인증받는 경우 신속한 통관절차 적용, 화물검사비율 축소 등의 혜택을 부여하고 있다. WCO가 추진한 제도가 바로 AEO(Authorized Economic Operator, 공인경제운영인 또는 종합인증우수업체)이다.

    ㉣ AEO는 수출업체, 수입업체, 관세사, 운송인, 창고업자, 선박, 항공사, 하역업자와 같은 물류주체들 중 WCO의 수출입 공급사슬 안전관리 기준 또는 이와 동등한 기준을 준수하여 자국 세관으로부터 공인받은 업체를 의미한다. 특히, AEO는 자국 내에서 뿐만 아니라, 상호인정협약(MRA : Mutual Recognition Arrangement)을 맺은 해외 국가에서도 통관상 혜택을 누릴 수 있다는 특징을 가지고 있다.

　　　ⓜ 기존 거래조건 이행요구 이외에 AEO 기준을 무역거래요건으로 규정하는 업체들이 증가하면서 AEO 기준을 충족하지 못하는 업체의 경우 거래대상이나 무역활동의 범위가 제한받을 수 있다. 또한, AEO는 자국 세관 당국이 신뢰하고 국제사회가 인정하기 때문에 AEO를 통해서 무역장벽을 해소하고 신속한 통관을 통한 수출경쟁력을 제고할 수 있다.

　　　ⓑ AEO업체는 국가로부터 AEO 기준 등을 공인받은 신뢰받은 업체이기 때문에 수출입시 보다 신속하고 간편한 무역절차를 보장받을 수 있고, AEO 시행국과 상호인정협정이 체결될 경우 AEO업체들은 협정체결국가에서도 검사비율 감소 및 신속 통관 편의 등의 혜택을 부여받아 물류비 절감과 신속한 통관을 통한 수출경쟁력을 제고할 수 있다.

⑤ **위험물컨테이너점검제도**(CIP : Container Inspection Program)

　　　㉠ 위험물컨테이너점검제도(CIP)란 컨테이너에 적재되어 해상으로 운송되는 위험화물에 의한 사고를 예방하기 위하여 수입되는 위험물컨테이너에 대한 국제해상위험물규칙(IMDG Code) 준수 여부를 점검하는 제도이다.

　　　㉡ CIP의 주요 점검내용은 선적서류와 컨테이너적재 위험물의 일치 여부와 컨테이너의 안전 승인판 및 외관상태를 확인하게 된다. 또 위험성을 표시하는 표찰의 부착과 적정 여부, 위험물의 컨테이너 수납상태(격리, 수납, 고박상태)를 점검하고 적정용기의 사용 여부와 표시·표찰의 적정성 등을 체크하게 된다.

⑥ **국제선박 및 항만시설 보안규약**(ISPS code : International Ship and Port Facility Security)

　　　㉠ 2004년 7월 1일부터 165개 가맹국에서 적용되는 국제 선박 및 항만시설 보안규약(ISPS code : International Ship and Port Facility Security)이 발효되었고, 각국은 항만시설들이 이 규정을 충족시키도록 조치를 취하고 있다.

　　　㉡ 국제해상보안규약인 ISPS 규정은 각국 정부와 항만관리 당국, 선사들이 갖춰야 할 보안관련 조건들을 명시하고 있으며, 국제무역에 사용되는 선박 및 항만시설에서의 보안에 대한 위협을 감지하는 방법과 보안사고를 예방하는 방법에 대한 가이드라인을 제시하고 있다.

　　　㉢ 선사는 선박보안계획서에 선장의 권한을 강조하고 정부 및 회사에 지원을 요청할 최우선의 책임 및 권한을 가짐을 명시해야 하며, 또한 모든 항만시설과 선박에 대한 보안계획을 제출하고 승인을 받아야 한다.

⑦ **항만보안법**(Safe Port Act)

　　　㉠ 항만보안법은 9·11 테러 이후 미국이 지금까지 견지해온 대량살상무기(WMD : Weapons of Mass Destruction) 차단과 테러예방 등 거의 모든 조치를 망라하고 있으며, 컨테이너를 통해 이동하는 WMD 등 위험화물을 사전에 통제하는 데 필요한 거의 모든 조치가 포함돼 있다.

　　　㉡ 미국 세관·국경보호청(CBP)이 자발적 차원에서 시행하던 테러방지 민관파트너제도(C-TPAT)와 컨테이너 보안협정(CSI) 등이 입법화됐으며, 외국 항만에서 컨테이너화물을 100% 검색하는 데 필요한 '시범사업'은 물론 운수 근로자 신원조회 및 신분증 발급제도도 포함되어 있다.

⑧ Greenlane 해상화물보안법(The Greenlane Maritime Cargo Security Act)

　　㉠ CBP가 C-TPAT 가입 송화인들의 서류만을 검토하여 검사단계를 완화하는 것에 대한 비판이 제기되었으며, 화물의 보안유지를 위한 보다 엄격한 기준을 요구하고 공급망 보안에 참가한 기업에 대한 인센티브 도입 등 기존의 화물보안 프로그램을 강화하기 위해 2005년 11월 미상원에서 제안하였다.

　　㉡ 어떤 컨테이너가 테러위험 화물을 적재하고 있는지 쉽게 파악하고 송화인 스스로 공급사슬의 모든 단계에 걸쳐 보안에 대한 책임을 질 수 있도록 절차를 마련하기 위하여 추진 중이다.

　　㉢ Greenlane 프로그램의 주요 내용은 다음과 같다.

　　　ⓐ 합당한 신분증 소지자 외 화물과 컨테이너에 대한 접근 제한

　　　ⓑ 선적 전 선적화물에 관한 사전정보 제출

　　　ⓒ 모든 컨테이너에 대한 추적시스템 구축

　　　ⓓ 수출입 계약시 담보면제를 포함한 패키지 인센티브를 제공하는 'Trusted Account' 도입 검토

　　　ⓔ 운송 도중 컨테이너 침입을 감지할 수 있는 감지장치 개발

6 4차 산업혁명과 물류

(1) 물류 4.0의 변화과정

구 분	특 징
물류 1.0 수송의 기계화	• 노동집약적 물류 • 육상운송의 고속화 및 대량화 • 증기선 보급에 의한 해상운송 확대
물류 2.0 하역의 기계화	• 기계식 자동창고, 자동분류기의 상용화 • 컨테이너화에 의한 해상과 육상 일관운송 실현
물류의 3.0 물류의 시스템화	• WMS, TMS에 의한 물류관리의 시스템화 • 통관 등 각종 수속관리의 전자화
물류 4.0 물류의 스마트화	• 창고로봇, 자율주행 등의 보급에 의한 인력 절감 • 공급망 전반이 초연결된 물류 체계 • 물류혁신을 통해 기술집약적 산업의 진화

＊자료 : 민연주(2018)

(2) 물류 4.0의 개념과 특징

① IoT 기술 혁신과 융합으로 표준화되고 지능화된 유연 물류체계를 통하여 시간과 비용을 혁신적으로 절감할 수 있다. 이를 통해 정확도와 서비스 속도가 제고되고 고객 중심의 다양한 맞춤형 서비스의 제공이 가능해진다.

② IoT 진화에 의한 작업 및 서비스의 효율적 유연 물류체계가 실현되며, IoT, AI, 빅데이터 등 혁신기술을 이용한 새로운 사업의 등장 및 물류산업의 탈 3D화가 가능해진다. 이를 통해 물류비용을 작업 및 서비스 효율성 향상으로 상쇄 및 절감이 가능해진다.

⑶ **4차 산업혁명의 주요 물류기술**

① **블록체인**

㉠ 블록체인은 분산 네트워크의 컴퓨팅 자원을 모아 거대한 연산능력을 확보하고, 이를 기반으로 중앙서버 없이 모든 작업을 처리하고 검증하는 기술이다.

㉡ 모든 구성원이 네트워크를 통해 정보 및 가치를 검증·저장·실행함으로써 악의적인 세력에 의해 임의적인 조작이 어렵도록 설계된 신뢰 기반의 분산 컴퓨팅 기술이다. 물류 분야에서 블록체인은 가시성, 거래 신뢰성 및 자율거래성의 장점이 있다.

② **물류로봇**

㉠ 물류로봇은 제조 및 유통과정, 대형건물 등에서 원재료, 부품, 상품 등을 안전하고 효율적으로 전달하기 위하여 물품의 이송, 핸들링, 포장, 분류작업을 자동으로 수행하거나 판매자와 소비자간 물품을 자동으로 배송하는 작업을 수행할 수 있는 로봇 시스템을 말한다. 제조 공정용, 물류창고용, 배송용 물류로봇으로 구분할 수 있다.

㉡ 물류센터(창고)에서 물류로봇은 하역, 피킹, 재고관리, 배송 등의 물류 프로세스에 활용할 수 있으며, 대표적인 물류로봇은 자동이송로봇, 피킹(협업)로봇, 피킹추종로봇, 재고관리로봇 등이 있다.

③ **인공지능**

㉠ 인공지능(Artificial Intelligence)은 특별한 임무수행에 인간을 대체, 인지능력을 제거, 자연스러운 인간의 의사소통 통합, 복잡한 콘텐츠의 이해, 결론을 도출하는 과정 등 인간이 수행하는 것을 모방하는 기술로서 인간의 학습능력과 추론, 지각, 이해능력 등을 실현하는 기술이다.

㉡ 인공지능은 헬스 케어, 교통 및 물류, 서비스산업, 스마트 홈, 반복적인 지식노동, 노인, 장애인 및 환자 지원 분야 등 다양한 분야에서 활용된다.

㉢ 특히 유통 물류에서 실시간 경로 최적화, 차량 간 정보 활용, 유통물류 수요 예측, 자원 활용, 고객관리, 제품 및 서비스 혁신, 서비스 고도화, 수요와 공급망관리 및 운송 차량관리 등에 AI를 활용할 수 있다.

④ **사물인터넷**

㉠ 사물인터넷(Internet of Things)은 각종 사물에 센서와 통신 기능을 내장하여 인터넷에 연결하는 기술, 즉 무선 통신을 통해 각종 사물을 연결하는 기술이다. 환경적 특성(상호연결성, 사물 기반 서비스, 이질성, 역동적 변화, 거대한 규모)와 기술적 특성(식별 기반 연결, 상호호환성, 자율 네트워킹, 자율 서비스, 위치 기반 기능, 보안성 및 프라이버시 보호)을 가진다.

ⓛ 사물인터넷은 창고관리, 화물운송 및 배송 등의 업무에 활용할 수 있다. 창고관리에서는 스마트 재고관리, 기기 활용의 최적화, 예측 정비, 건강과 안전, 스마트 창고 에너지 관리가 가능해진다.

ⓒ 화물운송에서는 위치 및 상황 감지, 운송수단 관리, 수명 예측관리, 건강과 안전, 공급망 리스크 관리를 할 수 있다. 배송에서는 상품 집하 및 배송 최적화, 자동 공급 및 예측 발송, 맞춤 배송 주소, 맞춤 방문서비스의 최적화, 배송 물품 상태 확인 및 추적이 가능해진다.

⑤ 드 론

ⓙ 드론(Drone)은 무선전파로 조종할 수 있는 무인항공기를 의미하며, 사전 입력된 프로그램에 따라 조종사가 탑승하지 않고 무선전파 유도에 의해 비행이나 조종이 가능한 비행기나 헬리콥터 모양의 무인기를 총칭한다.

ⓛ 물류 프로세스에서 드론은 배송서비스를 위해 많이 활용된다. 아마존, 월마트, 알리바바 등 많은 글로벌 유통물류기업은 드론 배송을 위해 시범 서비스를 실시하고 있거나 상용화 계획을 수립하고 있다.

⑥ 자율주행차

ⓙ 자율주행차는 운전자의 개입 없이 자동차에 탑재된 센서와 카메라 또는 레이더를 통해 주변 환경을 인식하고 주행 상황을 판단해 차량을 제어함으로써 스스로 주어진 목적지까지 주행하는 차량이다.

ⓛ 물류 분야에서 자율주행차(트럭)는 고속도로 주행 용이, 운전사 부족 해소, 24시간 운행 가능, 운전 피로 해소 및 사고 감소, 차량 중량 감소 등의 측면에서 필요하다. 무인 자율주행차(트럭)는 부족한 인력을 대체하고, 인공지능, 빅데이터, 클라우드 컴퓨팅 기술이 접목되어 배송 효율성을 향상시킬 수 있다.

⑦ 자율운항선박

ⓙ 자율운항선박은 육상 선박운항관리자의 감독 및 지시를 받지 않고 독립적으로 운항하는 하이브리드형 스마트 선박으로 안전성, 신뢰성, 효율성을 확보하기 위하여 도입된다.

ⓛ 자율운항선박을 위한 원격관제시스템은 선박운항 데이터 수집 기능과 향후 동작에 대해 인공지능기반 예측분석 기능, 운항상황 및 분석결과에 대한 모니터링 기능, 분석결과 기반 선박제어 기능으로 구성된다.

ⓒ 자율운항선박은 항만과 물류자동화 등과 연계되어 새로운 밸류체인과 일자리를 창출할 것으로 기대되며, 하역 자동화, 항만 자동화, 육상물류 효율화, 선박 유지보수 합리화, 운항 모니터링 및 데이터 활용이 나타난다.

⑧ 가상현실과 증강현실

ⓙ AR/VR은 게임, 영화, 엔터테인먼트, 그리고 물류유통을 비롯한 다양한 분야에 널리 활용할 기술로서 최근 5G와 결합하여 차기 스마트폰으로서 AR/VR 산업이 급성장할 것으로 전망된다.

ⓛ AR/VR 기술을 실현하기 위해서는 3D 입체기술이 뒷받침되어야 하며, 차세대 디지털 광고 플랫폼으로서, 그리고 3차원 영상을 통해 고객이 직접 경험하는 기술로서 활용도가 높아질 것으로 예상된다.

⑨ 3D 프린팅

ⓐ 3D 프린팅은 기술 발전과 확산, 그리고 3D 프린팅 비용이 하락하면 제조업과 일상생활에서 긍정적인 효과가 기대되나 아직까지 생산성과 내구성, 제한적인 재료의 수 및 제작가능한 제작물 크기로 3D 프린팅 기술의 활용범위는 아직까지 한계를 나타내고 있다.

⑩ 빅데이터

ⓐ 빅데이터는 기존 기업에서 분석하고 있는 데이터에 비해 규모가 훨씬 큰 형태의 데이터 집합으로 다양한 형태로 데이터가 실시간으로 수집되며, 기존 방식으로는 분석하기 어려워 새로운 방식으로 분석해야 하는 데이터이다.

ⓑ 물류 분야의 빅데이터는 최적화, 고객 및 품질향상, 동기화, 정보 네트워크, 배송정보 등의 속성을 가진다. 물류 빅데이터는 스케줄링, 창고관리, 수요예측, 유통, 재고 계획 및 운송 등 다양한 영역에 활용될 수 있다.

ⓒ 물류기업은 운영 효율성, 고객 경험 개선, 신규 비즈니스 모델 개발 등의 측면에서 물류 빅데이터를 활용한다.

⑪ 기타 4차 산업혁명 물류기술

ⓐ 인공지능 기반의 지능형 SCM으로 발전하며, 완전자동 무인 물류센터, 인공지능 기반의 소비자 맞춤형 서비스, 실시간 네트워크 재고관리, 소비자 중심의 옴니채널, 지능가능형 친환경 등과 같은 특징이 나타난다.

ⓑ 스마트 물류창고는 단순히 제품만 보관하던 기존의 물류창고에서 벗어나 물류센터 내 정보시스템, 반출입 및 관련 솔루션을 이용하여 부가가치를 창출할 수 있는 창고를 의미한다. 즉, 인공지능, 로봇, 빅데이터, 사물인터넷 등의 4차 산업혁명 기술이 접목된 물류창고이다.

ⓒ 스마트 패키징은 제조 및 유통에 적합한 정보통신, 하이브리드 인쇄전자기술과 상품 패키징 기술의 융합으로 실시간 모니터링, 소비자와의 상호작용, 제품 안정성 및 품질 보장이 가능한 융합 패키징 기술을 의미한다. 스마트 패키징은 물류의 핵심 기능인 운송, 포장, 보관, 하역 및 정보의 기능을 포장에 담기 위해 Active/Passive, Intelligent, Nanotechnology 패키징 기능을 구현한다.

ⓓ 스마트 화물추적 시스템은 화물의 이동상황을 파악할 수 있는 시스템으로 RFID나 영상 기술 등을 기반으로 데이터 기반 모듈을 탑재해 회수 가능한 물류 용기를 제작하고, 이를 활용해 다양한 물류정보서비스를 제공할 수 있는 첨단물류시스템이다.

ⓔ 라스트 마일 배송(Last Mile Delivery)은 물류업체가 상품을 개인 소비자에게 직접 전달하기 위한 배송의 마지막 구간으로서 소비자가 구매한 상품을 최종 목적지로 배송하는 마지막 단계이다. 라스트 마일 배송에서 풀필먼트 센터로의 변화, 친환경 소규모 분산 물류시설, 배송기술의 진화, 물류시설을 통한 효율성 증대, 타 사업과의 융합과 같은 변화가 나타

난다. 보관 중심의 물류센터가 고객서비스 대응을 위하여 주문 후 주문 이행 과정을 실행하는 풀필먼트 센터로 변화되고 있다.

ⓑ 상품을 목적지까지 안전하고 신속하게 배송하기 위하여 자율주행 택배함 배송, 드론 배송, 로봇 배송 등 다양한 배송기술이 활용되고 있다. 배송물품의 급증과 인력 부족 뿐만 아니라 재배송 및 당일 배송의 요구는 무인배송 기술 개발을 촉진시키고 있으며, 자율주행자동차, 드론, 배송로봇 등의 기술이 활용된다.

12 실전예상문제

01 물류보안 관련 제도 관한 설명으로 옳지 않은 것은?
▶ 제17회

① CSI(Container Security Initiative) : 외국 항만에 미국 세관원을 파견하여 미국으로 수출할 컨테이너 화물에 대한 위험도를 사전에 평가하는 컨테이너 보안협정

② C-TPAT : 미국 세관(국경안전청)이 도입한 반테러 민관 파트너십 제도

③ ISO 14001 : 여러 국가의 물류 보안제도를 수용·준수하는 보안경영시스템이 갖추어 있음을 인증하는 제도

④ ISPS Code : 각국 정부와 항만관리 당국, 선사들이 갖춰야 할 보안 관련 조건들을 명시하고, 보안사고예방에 대한 가이드라인 제시

⑤ ISF(Importer Security Filing) : 선적지에서 출항 24시간 전, 미국 세관에 온라인으로 신고를 하도록 한 제도

> **해설** 'ISO 14001'은 기업활동 전반에 걸친 환경경영시스템을 평가하여 객관적인 인증을 부여하는 것으로서 기업이 단순한 해당 환경법규 또는 규제기준 준수 차원을 넘어 환경방침, 추진계획, 실행 및 운영, 점검 및 시정조치, 경영 검토, 지속적 개선 등의 포괄적인 환경경영을 얼마나 실시하고 있는가를 평가하는 제도이다. 다양한 국가의 물류보안제도를 수용·준수하는 보안경영시스템을 구축하여 국제적으로 보안상태가 유지되는 기업임을 인증받는 제도는 'ISO 28000'이며 여기서는 생산자로부터 운송, 보관업자 등을 포함하는 공급사슬 내의 모든 기업을 적용대상으로 한다.

02 물류아웃소싱(Outsourcing)에 관한 설명으로 옳지 않은 것은?
▶ 제17회

① 물류활동을 효율화하기 위해 물류 기능을 외부의 전문업체에 위탁하는 것이다.

② 기업 핵심정보의 유출가능성이 있으며 사내에 물류전문지식의 축적이 어려울 수 있다.

③ 유연성이 있는 고용형태와 급여체계 실현이 가능하다.

④ 주요 대상영역은 주문접수 및 처리, 고객서비스관리, 재고관리 분야이다.

⑤ 고객불만에 대한 신속한 대처능력이 저하될 수 있다.

> **해설** 물류아웃소싱은 기업의 경쟁력 제고를 위해 자신이 수행하는 활동 중 핵심역량을 제외하고 물류계획, 물류전략 수립에서 운영에 이르는 물류활동의 일부 또는 전부를 외부 물류 전문업체에 위탁하여 수행할 수 있도록 하는 물류전략이다.

03 녹색물류와 관련된 설명으로 옳지 않은 것은? ▶ 제17회

① 온실가스 배출량을 감소시키는 방안이다.

② QR, ECR과 같은 혁신기법은 환경문제의 주요 해결방안이 된다.

③ 지구온난화 등 환경문제가 세계적으로 대두되면서 물류분야도 대처방안 수립의 중요성이 높아지고 있다.

④ 포장상자, 배출가스 등 환경에 미치는 영향을 최소화시키는 방안이다.

⑤ 환경보전을 위한 포장에는 감량화(Reduce), 재사용(Reuse), 재활용(Recycle)이 중요시되고 있다.

해설 QR, ECR은 유통업체와 제조업체가 전략적 제휴를 통해 유통경로의 효율성 제고와 소비자 만족을 달성하기 위해 추진된 혁신물류관리기법이었는데 점점 더 다양화, 개성화되어 가는 고객의 기호 및 요구에 신속하고 정확하게 대응해 나가기 위해서는 다빈도 소량 운송, 정시수배송 등에 장점을 지니고 있다.

04 3자물류(3PL) 활용을 위한 물류아웃소싱에 관한 설명으로 옳지 않은 것은? ▶ 제18회

① 아웃소싱업체에 대하여 적극적이고 직접적인 지휘통제체계 구축이 필요하다.

② 화주기업은 물류아웃소싱을 통하여 핵심역량에 집중할 수 있어서 기업경쟁력 제고에 유리하다.

③ 화주기업은 고객 불만에 대한 신속한 대처가 곤란하고 사내에 물류전문지식 축적의 어려움을 겪을 수 있다.

④ 화주기업은 물류아웃소싱 이전에 자사의 물류비 현황을 정확히 파악하는 것이 중요하다.

⑤ 물류아웃소싱의 주된 목적과 전략은 조직 전체의 전략과 일관성을 유지해야 한다.

해설 아웃소싱업체에 대한 직접적인 지휘통제보다는 수평적 관계에서 상호협력을 지향한다.

Answer 1. ③ 2. ④ 3. ② 4. ①

05 물류자회사를 만들었을 때 모회사에서 본 장점에 관한 설명으로 옳지 않은 것은? ▸ 제18회

① 모회사에서 추구하는 핵심사업에 역량을 집중할 수 있는 여건 확립

② 물류시설, 인원, 장비 등을 물류자회사 소속으로 분리하여 운영하면 물류관리 책임 및 물류비 관리의 다원화 실현

③ 고임금의 물류관련 종업원을 자회사로 전환시켜 임금수준을 조절할 수 있는 완충지대 역할을 수행

④ 모회사의 물류전략을 잘 이해하고 실천할 수 있는 물류자회사를 설립하여 전체적인 비용을 낮추면서 효과적인 서비스를 제공

⑤ 외부 물류기업에 의뢰하기 보다는 물류자회사를 설립하여 운영한다면 현금유출 축소 및 물류, 판매관련 정보수집이 신속하고 용이

해설 물류자회사를 통하여 물류관리책임 및 물류비 관리의 일원화와 집중화를 실현할 수 있다.

06 컨테이너의 보안기술에 관한 설명으로 옳은 것은? ▸ 제18회

① 차량이나 선박 추적에 활용되는 물류정보기술이 컨테이너 추적에는 적용 불가능하다.

② 복층으로 적재된 컨테이너 내부의 화물정보를 모니터링하는 목적으로 사용되며, 인공위성을 이용한 방법이 보편화되어 있다.

③ RFID기술은 나무, 직물, 플라스틱 등을 투과하지 못하므로 컨테이너 보안에 적용할 수 없다.

④ 전자봉인(e-seal)은 컨테이너의 개봉흔적이나 내부 침입의 여부를 전자적으로 감지하는 읽기 및 쓰기 겸용 장치이며, 재활용이 가능하다.

⑤ CSD(Container Security Device)는 컨테이너 내부 침입 유무와 화물파손 여부, 이동상황 등을 실시간으로 파악하는 물류보안 시스템이다.

해설 컨테이너 보안을 위하여 컨테이너 추적을 위한 물류정보기술, 컨테이너의 내장 화물 스캐닝 기술을 적용하고 있다. 또한 RFID 투과력을 이용하여 컨테이너 보안관리가 이루어지고 있으며, 전자봉인은 재활용하지 않는다.

07 친환경 녹색물류에 관한 설명으로 옳지 않은 것은? ▶ 제18회

① 녹색물류 활동을 통한 비용절감이 가능하며, 기업의 사회적 이미지가 제고된다.

② 조달·생산 ⇨ 판매 ⇨ 반품·회수·폐기(reverse)상의 과정에서 발생하는 환경오염을 감소시키기 위한 제반 물류활동을 의미한다.

③ 우리나라에서는 폐기물을 다량 발생시키고 있는 생산자에게 폐기물을 감량 및 회수하고, 재활용할 의무를 부여하는 생산자책임 재활용제도를 운영하고 있다.

④ 기업에서는 비용과 서비스에 상관없이 환경을 고려한 물류시스템을 도입해야 한다.

⑤ 물류활동을 통하여 발생되는 제품 및 포장재의 감량과 폐기물의 발생을 최소화하는 방법 등을 말한다.

해설 비용과 서비스를 고려하여 친환경물류시스템을 도입해야 한다.

08 3자물류 도입으로 인해 화주기업이 얻는 직접적인 기대효과로 옳은 것은? ▶ 제19회

① 물가상승 억제   ② 배송구역의 밀도 증가

③ 핵심역량에 집중 가능   ④ 교통체증 감소

⑤ 배송구역 축소

해설 제3자물류는 화주기업에 장비 및 설비 관련 재무위험전가, 제3자물류기업의 전문성 이용, 핵심역량 집중 등과 같은 효과를 가져다주며, 제3자물류기업에는 장비 및 설비 이용의 효율 향상, 전문능력 집중, 장기계약을 통한 투자 확대 등과 같은 효과를 가져온다.

09 3자물류 활용에 관한 설명으로 옳은 것은? ▶ 제19회

① 국가물류기본계획에 따르면 화주기업이 중·장기적으로 3자물류를 거쳐 1자물류로 전환하도록 유도하고 있다.

② 화주기업과 물류기업 간 수직적인 갑을 관계를 형성하는 것이 필요하다.

③ 3자물류업체와 Win-Win 전략을 통해 장기적인 협력관계를 구축하는 것이 바람직하다.

④ 화주기업의 물류비 및 초기자본투자가 증가한다.

⑤ 화주기업의 고객정보유출에 대한 리스크가 감소한다.

해설 ① 국가물류기본계획에서는 제3자물류로의 전환을 유도하고 있다.
    ② 화주기업과 물류기업은 수평적 협력관계를 형성한다.
    ④ 화주기업의 물류비 및 초기자본투자가 감소한다.
    ⑤ 화주기업의 고객정보 유출에 대한 위험이 나타난다.

Answer   5. ②   6. ⑤   7. ④   8. ③   9. ③

10 AEO(Authorized Economic Operator)에 관한 설명으로 옳은 것은? ▸ 제19회

① AEO는 미국 국방부가 관리·운영하는 제도이다.

② AEO는 미국 국방부가 기업에 강제적으로 요구하는 제도이다.

③ AEO로 인증받을 수 있는 범위는 보안 및 안전에 국한된다.

④ AEO 인증을 받은 기업은 상호인증협정(MRA)을 맺은 국가에 수출할 때 인증을 받지 않은 기업에 비해 신속한 통관절차를 받을 수 있다.

⑤ 아직까지 AEO 인증제도가 국내에 도입되지 않아 인증을 받은 국내 기업이 없는 실정이다.

> **해설** ① 세계관세기구(WCO)가 수립한 제도이다.
> ② 강제사항은 아니며 인증을 받은 경우 신속한 통관절차 적용, 화물검사비율 축소 등과 같은 혜택이 부여된다.
> ③ 수출업체, 수입업체, 관세사, 운송인, 창고업자, 선박, 항공사, 하역업자와 같은 물류주체들이 인증을 받으며, 주로 물류보안과 무역간소화를 대상으로 한다.
> ⑤ 인증제도는 이미 도입되었으며, 2016년 1월 기준으로 700여개 이상의 업체가 인증을 받았다.

11 각종 국제환경협약에 관한 내용으로 옳지 않은 것은? ▸ 제19회

① 몬트리올의정서에서는 CFC(염화불화탄소) 등 오존층 파괴물질의 생산 및 사용을 규제하고 있다.

② EuP(Energy-using Product)에서는 납, 크롬, 카드뮴, 수은 등 6개 물질에 대한 사용규제 조항을 담고 있다.

③ WEEE에서는 생산자의 전기·전자제품 폐기에 관한 처리지침을 담고 있다.

④ 교토의정서는 에너지 사용과 관련된 협약으로 지구온난화 물질에 대한 규제를 담고 있다.

⑤ 바젤협약에서는 유해 폐기물의 국가 간 이동을 금지하고 있다.

> **해설** EuP 지침은 에너지 사용제품에 대한 에코디자인 요구사항을 정립하기 위해 기본체제를 정한 EU의 법령을 말한다. 납, 크롬, 카드뮴, 수은 등 6개 물질에 대한 사용규제 조항을 담고 있는 것은 RoHS 규제이다.

12 역물류(reverse logistics)에 관한 설명으로 옳은 것은? ▸ 제19회

① 순물류에 비해 수작업 비중이 높고 자동화가 어렵다.

② 순물류에 비해 화물 수량을 정확하게 예측할 수 있다.

③ 순물류에 비해 화물의 추적 및 가시성 확보가 용이하다.

④ 회수되는 시기 및 상태에 관한 정확한 예측이 가능하다.

⑤ 판매되지 않아 반품된 제품은 역물류에 해당되지 않는다.

> **해설** 역물류는 대부분은 수작업을 요구하기 때문에 고비용을 유발한다.

13 **4PL(Fourth Party Logistics)에 관한 설명으로 옳지 않은 것은?** ▶ 제20회

① 3PL(Thrd Party Logistics), 물류컨설팅업체, IT업체 등이 결합한 형태이다.

② 솔루션 제공자, 공급체인의 통합자로 다양한 모델을 운용하여 수입을 창출하고 비용을 절감한다.

③ 합작투자 또는 장기간의 제휴 형태이다.

④ 공급체인의 효율화를 위한 발전적인 방안이다.

⑤ 대표적인 형태는 그리드형 물류조직이다.

 그리드형 물류조직은 모회사의 스탭부문이 자회사의 해당 부문을 횡적으로 관리하고 지원하는 조직 형태로 4PL과는 무관하다.

14 **다음에서 설명하는 것은?** ▶ 제20회

> • 국제적인 비정부기구에서 기업 보안관리 표준의 필요성에 부응하여 도입한 물류보안경영의 표준 및 인증제도로 생산자, 운송·보관업자 등을 포함하는 공급사슬 내의 모든 기업을 적용 대상으로 한다.
> • 수출입 안전관리 역량을 강화시키기 위해서 기업이 비용을 부담하고 도입하는 민간프로그램으로, 보안관리 시스템을 구축하고 인증을 받으면 일정한 보안자격을 갖춘 것으로 인정한다.

① AEO   ② C-TPAT
③ ISO 28000   ④ ISPS Code
⑤ STP

 • AEO는 공인경제운영인 제도로서 수출업체, 수입업체, 관세사, 운송인, 창고업자, 선박, 항공사, 하역업자 등의 물류주체들 중 세계관세기구(WCO)의 수출입 공급사슬 안전관리 기준 또는 이와 동등한 기준을 준수하여 자국세관으로부터 공인받은 업체를 말한다.
• C-TPAT는 미국 세관이 도입한 반테러 민관 파트너십 제도로서, 이 나라의 수입업자, 선사, 항공사, 터미널 운영사, 포워더, 통관중개인 등을 적용대상으로 한다.
• ISPS Code는 국제선박 및 항만시설 보안규약으로 여기서는 각국 정부와 항만관리 당국, 선사들이 갖추어야 할 보안 관련 조건들을 명시하고 보안사고예방에 대한 가이드라인을 제시하고 있다.
• STP(Secure Trade Partnership)는 무역원활화 및 서플라이 체인 보안 확보를 위해 싱가포르 세관에 의해 운영되는 자발적인 물류보안 인증프로그램으로써 2007년 5월 25일에 도입·시행되었다.

Answer   10. ④   11. ②   12. ①   13. ⑤   14. ③

15 물류자회사에 관한 설명으로 옳지 않은 것은? ▶ 제20회

① 모회사 물류관리 업무의 전부 또는 일부를 수행하기 위해 설립된 회사이다.

② 독립채산제를 취함으로써 물류비용 관리를 철저히 할 수 없다.

③ 제3자물류회사와 같은 물류전문기업으로 발전 가능하다.

④ 모회사의 물류관리 업무 외에도 외부로 물류업무를 확대하여 수익성을 추구하기도 한다.

⑤ 물류자회사를 위한 SUB(Strategy Business Unit), VBU(Venture Business Unit) 제도 등이 있다.

해설 자회사는 독립채산제를 취함으로써 물류비용의 관리를 철저히 할 수 있다.

16 역물류(Reverse Logistcs)에 관한 설명으로 옳은 것은? ▶ 제20회

① 역물류 활동이 환경오염을 유발하기도 한다.

② 반품의 발생시기와 상태가 예측 가능하다.

③ 발생장소, 수량 측면에서 가시성 확보가 가능하다.

④ 컨테이너, 파렛트, 빈용기 등의 재사용을 위한 물류활동을 반품물류라 한다.

⑤ 고객에게 상품을 인도하는 과정에서 발생하는 물류활동을 회수물류라 한다.

해설 역물류는 제품 사용 후 재활용, 재사용, 폐기하는데 필요한 계획, 활동 및 관리를 말하는데 역물류시스템 구축을 통해 환경에 미치는 영향을 최소화할 수 있지만 활동과정에서 환경오염을 유발하기도 하며, 반품(회수)되는 제품의 시기 및 상태 예측이 어렵고, 발생장소와 수량의 가시성 확보가 불가능한 특징이 있다. ④는 회수물류를, ⑤는 판매물류를 각각 설명하고 있다.

17 e-SCM의 도입효과가 아닌 것은? ▶ 제20회

① 공급자와 구매자 간 신속한 의사소통이 가능하여 중간유통업체의 배제를 통해 제품의 리드타임을 단축할 수 있다.

② 전략적 제휴, 장기거래 등이 늘어나면서 거래비용이 증가한다.

③ 가상네트워크를 통해 수평적 사업기회의 확대가 가능하다.

④ e-SCM의 효과적인 운영을 위해서 ERP, CRM 등의 지원이 필요하다.

⑤ 원자재 공급업체, 생산업체, 물류업체간에 핵심정보의 피드백이 원활하게 된다.

해설 e-SCM의 도입으로 전략적 제휴, 장기거래 등이 늘어나게 되어 거래비용이 감소한다.

18 EU의 REACH(Registration, Evaluation, Authorization and Restriction of Chemicals)에 관한 설명으로 옳지 않은 것은? ▸ 제20회

① 기존 EU 내 화학물질 관련 법령을 통합한 제도이다.

② 기한 내 사전등록을 하지 않는 기업은 대 EU 수출이 사실상 불가능하다.

③ REACH 등 국제환경규제의 도입으로 공급사슬상의 협력업체 간 상호 의존성이 더욱 심화되고 있다.

④ 국내에서는 REACH에 대응하기 위한 법률이 제정되어 있지 않다.

⑤ 국내 기업이 EU로 수출할 경우에 연간 1톤 이상 제조·수입되는 기존 화학물질과 완제품 내의 위해성 정보를 등록해야 한다.

> **해설** REACH는 EU역내의 화학물질의 등록, 평가, 인가 및 제한에 관한 법령으로 기존 EU 내 40여개 화학물질 관련 법령을 통합한 제도로서 2007년 6월에 시행되었다. REACH의 도입에 따라, 국내 기업이 EU로 수출할 경우에는 기존 화학물질(1톤/년 이상)과 완제품(자동차, 전자제품 등) 내 모든 화학물질에 대한 위해성 정보를 생산, 등록해야하며 기한 내 사전등록을 하지 않는 기업은 대 EU 수출이 사실상 불가능하고 추후에 등록을 한다 해도 막대한 비용부담을 치러야 한다. 국내에서는 2013년에 국가차원에서 산업계의 EU의 REACH 대응을 지원하기 위한 한국형 REACH인 '화학물질의 등록 및 평가 등에 관한 법률(화평법)'이 제정되어 2015년 1월부터 시행되고 있다.

19 제4자 물류(4PL : Fourth Party Logistics) 기업의 유형에 관한 설명으로 옳은 것은? ▸ 제21회

① 시너지플러스(synergy plus) 유형은 복수의 서비스제공업체를 통합하여 화주에게 물류서비스를 제공한다.

② 솔루션통합자(solution integrator) 유형은 복수의 화주에게 물류서비스를 제공하는 서비스제공업체의 브레인 역할을 수행한다.

③ 거래파트너(trading partner) 유형은 사내 물류조직을 별도로 분리하여 자회사로 독립시켜 파트너십을 맺는다.

④ 산업혁신자(industry innovator) 유형은 복수의 서비스제공업체를 통합하고 산업군에 대한 통합서비스를 제공하여 시너지효과를 유발한다.

⑤ 관리기반 물류서비스 유형은 운송수단이나 창고시설을 보유하지 않고 시스템 데이터베이스를 통해 물류서비스를 제공하거나 컨설팅서비스를 제공한다.

> **해설** 제4자 물류의 유형에는 거래 파트너, 시너지 플러스, 솔루션 통합자, 산업 혁신자가 있으며, 산업 혁신자 유형은 복수의 서비스 제공업체를 통합하고, 동일한 산업군에 대하여 통합서비스를 제공하여 시너지효과를 창출하는 형태이다.

Answer 15. ② 16. ① 17. ② 18. ④ 19. ④

20 빅데이터(Big data), 인공지능(AI : Artificial Intelligence), 사물인터넷(IoT : Internet of Things), 클라우드컴퓨팅(Cloud Computing) 등 다양한 핵심 기술의 융합을 기반으로 모든 것이 상호 연결되고, 보다 지능화된 사회로 변화할 것이라는 개념인 4차 산업혁명은 최근 물류분야에서 도 큰 이슈가 되고 있다. 이러한 4차 산업혁명시대의 주요 특징으로 옳지 않은 것은? ▸ 제21회

① 초연결성(Hyper-connected)의 사회

② 초지능화(Hyper-intelligent)된 시스템

③ 자율화(Autonomous)된 장비

④ 예측가능성 증가

⑤ 공급자중심 경제

> **해설** 4차 산업혁명은 초연결성, 초지능성 및 예측가능성의 특징을 갖고 있으며, 수요자(사용자) 중심의 경제 를 의미한다.

21 지구온난화로 인하여 물류기업들은 녹색물류활동을 강화하고 있다. 온실가스와 녹색물류에 관한 설명으로 옳지 않은 것은? ▸ 제21회

① 온실가스는 이산화탄소(CO_2), 메탄($CH4$), 아산화질소(N_2O), 수소불화탄소(HFCs), 과불 화탄소(PFCs), 육불화황(SF_6) 6가지 가스로 구성된다.

② 국토교통부는 친환경 물류활동을 하는 기업을 평가하여, 그 중 물류기업에 한정하여 우 수녹색물류실천기업으로 인증하고 있다.

③ 차량 급출발, 공회전, 급브레이크 밟기 등을 줄이는 것도 녹색물류활동의 하나이다.

④ 물류에너지 목표관리제 협약 대상은 화물차 50대 이상 운행하는 물류기업과 연간 에너 지 사용량이 1,200석유환산톤(TOE: Ton of Oil Equivalent) 이상인 화주기업이다.

⑤ 우리나라는 2020년 국가온실가스감축목표를 온실가스배출전망치(BAU: Business As Usual) 대비 30 % 감축키로 하였고, '제1차 기후변화대응 기본계획 및 2030 국가온실가 스감축 기본로드맵'에서는 2030년 목표로 BAU 대비 37 % 감축키로 하였다.

> **해설** 우수녹색물류실천기업은 미세먼지 저감, 온실가스 감축을 위해 모범적인 활동을 하는 물류기업 및 화 주기업을 대상으로 한다,

22 우리 정부가 온실가스 감축효과가 큰 사업들을 평가하여 수립한 '2020 물류분야 온실가스 감축 이행계획'에서 제시된 온실가스 수정감축목표치의 상위 1, 2위에 해당되는 사업을 모두 고른 것은?
▶ 제21회

㉠ 3PL 및 공동물류 활성화	㉡ 철도, 연안해운 전환수송(modal shift)
㉢ LED등 교체	㉣ LNG 화물차량 개조
㉤ Green Port	㉥ 경제운전 활성화

① ㉠, ㉡   ② ㉡, ㉢   ③ ㉢, ㉣
④ ㉣, ㉤   ⑤ ㉤, ㉥

해설 2020 물류분야 온실가스 감축 이행계획은 철도와 연안해운의 전환수송, 3PL 및 공동물류 활성화, Green Port와 녹색물류 전환산업, ITS 구축 등의 순서이다.

23 콜드체인(Cold Chain) 시장이 성장하고 있다. 콜드체인에 관한 설명으로 옳지 않은 것은?
▶ 제21회

① 콜드체인이란 대상 화물의 온도를 관리하는 공급사슬을 의미한다.
② 콜드체인 시장은 크게 기능에 따라 냉장 운송시장과 냉장 보관시장으로, 품목에 따라 식품콜드체인과 바이오·의약품 콜드체인으로 구분할 수 있다.
③ 식품콜드체인관리 목적은 크게 식품 안전, 식품의 맛 유지, 식자재 폐기물 발생억제 등이다.
④ 농산품콜드체인은 식품 특성에 따라 농장에서부터 소비자 식탁에 이르기까지 전 과정의 온도 등을 관리하는 것을 의미한다.
⑤ 우리나라 재래시장에서도 모든 농산물을 대상으로 콜드체인시스템을 적용하고 있다.

해설 콜드체인시스템은 농수산물에 주로 적용되며, 신선도 유지를 목적으로 한다. 재래시장에서 콜드체인시스템을 모든 농산물에 적용하는 데 많은 어려움이 있다.

24 경제활동이 글로벌화 되면서 각 기업들은 세계경영을 시도하고 이에 따라 국제표준을 따르는 추세에 있다. 국제표준의 명칭으로 옳지 않은 것은?
▶ 제21회

① ISO 10000 - 품질경영시스템
② ISO 14000 - 환경경영시스템
③ ISO 22000 - 식품안전경영시스템
④ ISO 26000 - 기업의 사회적 책임 표준
⑤ ISO 28000 - 공급사슬보안경영시스템

해설 품질경영시스템은 ISO 9000시리즈(ISO 9001~4)이다.

Answer   20. ⑤   21. ②   22. ①   23. ⑤   24. ①

25 다음 중 역물류(Reverse Logistics)의 구성요소에 해당하지 않는 것은?

① Substitute   ② Recycle

③ Reduce   ④ Restructure

⑤ Reuse

> **해설** 역 로지스틱스(Reverse Logistics)란 제품과 포장물로부터 발생하는 폐기물을 감량하고 관리 및 처리할 때 필요한 로지스틱스 관리기술 및 제 활동을 의미하는데, 역 로지스틱스의 구성요소 3R1S에는 Reduce(감량), Reuse(재이용), Recycle(재생, 순환), Substitute(대체)가 있다.

26 e-마켓플레이스의 특징으로 설명이 옳지 않은 것은?

① e-마켓플레이스는 비즈니스 프로세스를 근본적으로 변화시키고 있다.

② Hortal은 제품이나 산업에 국한하지 않고 다양한 상품을 폭넓게 취급하는 e-마켓플레이스이다.

③ e-마켓플레이스는 단순히 오프라인상의 시장기능을 온라인상으로 옮겨놓은 것이다.

④ e-마켓플레이스는 기업들의 구매와 판매비용을 크게 낮출 수 있을 뿐만 아니라 제품 개발 사이클의 단축, 공급업체와의 협력, 제품단가 절감 등의 효과를 거둘 수 있다.

⑤ 최근에는 CRM, 전자 청구 및 지불 시스템, 카탈로그관리, 재고관리 등 새로운 서비스가 추가되어 구매자와 판매자 간의 효율적인 협력을 통하여 시장 개척, 매출 확대, 생산성 향상 등의 효과를 기대할 수 있게 되었다.

> **해설** e-마켓플레이스는 전자상거래의 발전된 개념이고, 그 범위의 확장과 함께 구체화 되었다는 의미로 받아들일 수 있다.

27 다음은 기업들의 e-SCM 활용을 통하여 얻을 수 있는 기대효과에 대하여 설명한 것이다. 틀린 것은?

① 거래·투자비용의 최소화

② 자동보충을 통한 재고 감축

③ 수직적 통합화 제공

④ 사이클 타임 단축

⑤ 기업 간 정보공유에 의한 채널 통합

> **해설** e-SCM이란 정보통신기술을 활용하여 공급자, 유통채널, 소매업체, 고객 등과 관련된 물자, 정보, 자금 등의 흐름을 신속하고 효율적으로 관리하는 것을 말한다.

28 다음 중 제3자물류의 실시로 얻어지는 기대효과로 보기 어려운 것은?

① 인력 감축
② 서비스의 향상
③ 물류비의 절감
④ 자본비용의 증가
⑤ 운영비 감소

해설 제3자물류의 실시로 기대되는 이익은 운영비 감소, 서비스 개선, 핵심역량 치중, 인력 감소, 자본비용 감소 등이 있다.

29 아웃소싱에 대한 설명 중 맞지 않는 것은?

① 핵심역량에 내부자원을 집중시킴으로써 생산성을 높일 수 있다.
② 기업들의 리스트럭처링이나 리엔지니어링의 일환으로 도입되었다.
③ 아웃소싱의 종류에는 외주, 하청, 도급, 근로자파견, 업무대행, 분사화 등이 있다.
④ 외부의 전문인력을 활용함으로써 내부인력으로 불가능한 업무를 수행할 수 있으며, 업무의 정확성과 신속성을 기할 수 있게 된다.
⑤ 아웃소싱을 통해 노사분규의 위험을 분산시킬 수 있다.

해설 아웃소싱은 자사의 핵심역량을 공급업체의 핵심역량과 상호 연계시켜 기업 전체의 시너지효과를 극대화하는 전략으로 도입 목적에 노사분규의 위험 분산은 포함되어 있지 않다.

12

30 다음 중 제3자물류의 기능 중 틀린 것은?

① 고객을 위한 조달기능
② 고객을 위한 배송기능
③ 고객을 위한 정보기능
④ 고객을 위한 재고관리기능
⑤ 금융조달기능

해설 제3자물류는 물류의 기본적인 기능인 보관기능, 하역기능, 수송기능, 포장기능, 정보기능을 대행한다.

Answer | 25. ④ 26. ③ 27. ③ 28. ④ 29. ⑤ 30. ⑤

31 다음 중 아웃소싱의 장점이라 할 수 없는 것은?

① 인력, 금전, 정보 등의 자원투입을 생략할 수 있다.

② 아웃소싱에서 얻어지는 내부자원을 핵심역량에 집중시킬 수 있어 생산성이 향상된다.

③ 외주기업의 측면에서도 업무량적인 면에서 규모의 경제효과를 얻을 수 있다.

④ 외부의 전문인력을 활용함으로써 섬세한 물류서비스 제공이 가능해져 물류서비스 수준을 제고시킬 수 있다.

⑤ 자사에서 검토, 개발하는 것보다 노하우, 설비를 지니고 있는 외주기업을 활용하는 것이 정확성과 신속성을 제고시킬 수 있다.

해설 외주기업을 활용하면 정확성과 신속성은 기대할 수 있으나 섬세한 물류서비스 제공이 곤란해지는 등의 서비스 수준 저하에 대한 문제가 생겨날 수 있다.

32 다음 중 물류 아웃소싱 유형에 대한 설명으로 틀린 것은?

① 개별 분야의 아웃소싱은 분야별로 물류업을 개별적으로 선정하여 아웃소싱하는 것을 말한다. 이 단계의 아웃소싱은 비용 절감을 이룰 수 있는 장점이 있는 반면, 물류량의 파동에 대비하여 어느 정도의 사내 관리조직의 확립과 비용을 염두에 두고 있어야 한다.

② 수배송, 보관, 하역 등의 분야의 다른 업무들을 일괄해서 아웃소싱하는 단계로, 물류관련 일상적인 업무를 물류업체에게 맡김으로써 작업량의 경감과 물류작업량의 평준화까지도 기할 수 있다.

③ 로지스틱스의 최적화를 지향한 물류아웃소싱은 어떤 한 부분의 최적 물류가 타 부문의 물류 비효율화를 초래하는 경우도 있기 때문에 이 단계를 일괄해서 외부위탁하는 것을 말한다.

④ 물류관리영역을 확대한 아웃소싱은 물류계획, 물류전략에 대해서도 외부위탁하는 것을 말하는데, 3PL이 대표적이다.

⑤ 현재까지의 아웃소싱은 한 기업 내 물류영역에 관한 것에 한정되어 있다.

해설 최근에는 기업이나 조직의 테두리를 초월하여 SCM에 대응한 아웃소싱에 임하는 기업도 나타나고 있다.

33 다음 중 제3자물류의 도입 목적과 거리가 먼 것은?

① 과도한 물류비용 절감　　　　　② 물류전문인력 양성

③ 기업경영 혁신　　　　　　　　④ 글로벌 물류네트워크 구축

⑤ 경영리스크 분산

해설 제3자물류의 도입 목적은 기업의 핵심역향 강화, 기업경영 혁신, 물류비용 절감, 기업의 효율적 운용, 고도의 물류서비스 제공, 글로벌 물류네트워크 구축 등이다.

34 다음 중 제4자물류에 대한 설명 중 틀린 것은?

① 제4자물류는 자사의 부족한 부분을 보완할 수 있는 타사의 경영자원, 능력 및 기술과 연계하여 보다 완전한 공급사슬 솔루션을 제공하는 공급사슬 통합자이다.

② 제4자물류는 외주위탁범위가 수발주, 관리업무, 물류전략, 물류계획을 제안하고 통합물류서비스까지도 제공하고 있다.

③ 제4자물류는 IT기술의 진전에 따라 한 번의 계약으로 공급사슬 전반에 걸친 통합서비스를 제공하는 서비스 방식을 말한다.

④ 제4자물류의 이용으로 기업들은 공급사슬상에서 발생하는 모든 물류활동을 하나의 조직에 의존할 수 있게 된다.

⑤ 제3자물류와의 차이점은 제4자물류는 포괄적인 공급체인의 통합자 역할을 수행함으로써 물류관련 네트워크를 개선하는 고도의 물류서비스를 제공하고 있는 점이다.

해설 ②는 제3자물류에 대한 설명이다.

35 다음 중 모회사의 입장에서 물류자회사의 운영상의 장점으로 맞는 것은?

① 물류효율이 명확해지고 객관화되기에 유리하다.

② 조업도의 안정과 향상을 도모하여 나아가서는 규모의 이익 실현이 가능하다.

③ 관리책임이 명확해진다.

④ 자회사의 경영 틀 안에서 설비투자가 가능해진다.

⑤ 종업원 개개인의 기술을 살려 적재적소에 배치가 가능하다.

해설 ①②④⑤는 자회사 입장에서 물류자회사의 운영상의 장점이다.

36 자회사에 의한 물류관리의 특징으로 틀린 것은?

① 모회사 혹은 관련기업의 물류비를 명확히 분리할 수 있다.

② 독립채산제를 취함으로써 물류비용관리를 철저히 할 수 있다.

③ 전사적인 물류전략의 수립이 용이하다.

④ 물류활동 전반에 제약조건이 완화되어 철저한 물류활동을 할 수 있다.

⑤ 물류인력의 양성이 용이하다.

해설 물류자회사에 의한 물류관리는 모회사의 물류전략과 자회사의 물류전략 간에 충돌할 가능성이 큰 단점을 가지고 있다.

Answer 31. ④ 32. ⑤ 33. ② 34. ② 35. ③ 36. ③

37 다음 중 환경물류에서 고려해야 할 핵심사항이라고 할 수 없는 것은?

① 역물류시스템 구축을 통한 경쟁력 향상　② 역물류 정보시스템 구축

③ 중앙 집중식 반품 처리센터의 활용　④ 반품허용 정책의 적극적 활용

⑤ 반품 처리기간의 단축

해설 환경물류를 위해서는 제한적 범위 내에서 반품이 허용되어야 한다.

38 다음 중 역물류(Reverse Logistics)에 적합하지 않은 것은?

① Reduce　② Recall

③ Recycle　④ Recovery

⑤ Returnable

해설 역물류는 Reduce, Reuse, Recycle, Recovery, Returnable로 구성된다.

39 다음 중 역물류의 특징이라고 할 수 없는 것은?

① 불확실성　② 고비용성

③ 추적 및 가시성의 어려움　④ 재고 파악의 어려움

⑤ 소수의 구성원 관여

해설 공급사슬의 다양한 구성원들의 참여를 필요로 한다.

40 다음은 녹색물류에 대한 설명이다. 적절치 못한 것은?

① 기후변화와 환경오염이 큰 이슈로 등장하면서 온실가스 저감을 위한 국가적 차원의 노력이 필요한 실정이기 때문에 녹색물류는 더욱 중요해질 것이다.

② 발리 유엔기후변화협약이 체결된 이후 선진국과 개도국은 선택적으로 온실가스 감축을 유도하고 있다.

③ 물류산업에서 에너지 효율적, 자원재생형 녹색물류체계로의 전환이 시급하며, 폐기물 처리 등 지속가능한 녹색물류의 중요성이 증대되어 가고 있다.

④ 물류활동에서 환경적 이슈가 중요시 되는 현실에서 기후변화, 대기오염, 소음, 진동 등으로 인하여 발생하는 외생적 물류비용을 중요한 요소로 인식하기 시작하였다.

⑤ 에너지 사용의 효율성 향상, 물류거점의 재정비, 운송체계의 효율화 등과 같은 친환경적 물류전략이 중요한 역할을 하게 될 것이다.

해설 발리 유엔기후변화협약이 체결되면서 개도국을 포함한 모든 국가에게 온실가스 감축의무가 부과되었다.

41 다음 중 녹색물류의 특징과 가장 거리가 먼 것은?

① 수익성   ② 경제성

③ 환경성   ④ 사회성

⑤ 지속가능성

해설 녹색물류는 수익성을 우선 목표로 하지 않고 있다.

42 다음은 녹색물류에 대한 설명이다. 가장 적절치 못한 것은?

① 역물류가 녹색물류를 의미하기 보다는 녹색물류의 일부분으로 역물류를 이해하는 것이 바람직하다.

② 녹색물류는 순물류와 역물류를 포괄하며 물류활동의 제반 과정에서 파생되는 교통과 환경분야에 대한 영향을 고려하는 물류의 개념으로 이해된다.

③ 일반적으로 친환경 물류 또는 환경친화적 물류라는 용어를 사용하고 있으며, 물류분야에서 기후변화와 대기오염물질의 배출 등 폐기물처리 및 재활용의 활성화를 위한 제반 활동이라고 할 수 있다.

④ 협의의 녹색물류는 물류활동에 따른 대기환경에 대한 영향뿐만 아니라 전통적인 순물류와 역물류를 포괄하는 물류활동 전반을 포함하여 환경을 고려한 물류를 의미한다.

⑤ 녹색물류는 물류활동의 제반 과정에서 환경과 관련되어 파생되는 영향을 고려하여 기업의 가치를 높이는 물류활동이라고 할 수 있다.

해설 광의의 녹색물류를 설명하고 있으며, 협의의 녹색물류는 물류분야에서 화물운송시 발생 가능한 온실가스와 대기오염 배출가스 저감대책 등 오염물질을 저감·관리하는 활동을 뜻한다.

43 다음 중 녹색물류정책을 위해 추진하고 있는 제도하고 할 수 없는 것은?

① 저탄소녹색성장기본법

② 온실가스·에너지목표관리제

③ 배출권거래제도

④ 종합물류기업 인증제

⑤ 우수녹색물류실천기업 지정제도

해설 종합물류기업인증제도는 녹색물류 추진 이전에 도입된 제도이다.

Answer   37. ④   38. ②   39. ⑤   40. ②   41. ①   42. ④   43. ④

44 다음 중 물류기술 개발 분야로서 가장 적절치 못한 것은?

① 항만자동화기술
② 유인 집배시스템
③ 물류센터 로봇기술
④ 스마트 물류기술
⑤ e-Navigation 기술

해설 무인 집배시스템이 적합하며, 인력활용 보다는 정보화, 자동화 기술을 적극 개발하여야 한다.

45 다음 중 우수녹색물류실천기업의 지정을 위한 평가기준으로 적절치 못한 것은?

① 물류시설, 운송수단 등에 관한 환경친화적 물류활동의 관리범위 설정 및 관리체계 구축
② 물류분야 에너지, 온실가스 및 화물운송량 관리수준
③ 환경친화적 물류활동에 관한 사업추진 계획 수립 및 이행 실적
④ 물류분야 에너지 사용량 또는 온실가스 배출량에 관한 감축목표 설정 및 달성률
⑤ 환경친화적 물류활동으로 인한 경영성과 또는 물류성과

해설 환경친화적 물류활동에 대한 효과분석 및 정부 보고가 우수녹색물류실전기업 지정의 평가기준에 해당
된다.

46 다음은 물류보안 내용을 설명하고 있다. 적절치 못한 것은?

① CSI : 미국으로 수출물량이 많은 주요 외국 항만에 미국 세관원을 파견하여 미국으로 수출할 컨테이너 화물에 대한 위험도를 사전에 평가하는 컨테이너 보안협정
② C-TPAT : 미국 세관·국경안전청이 도입한 반테러 민관 파트너십제도르서 미국 수입업자와 선사, 항공사, 터미널운영사, 포워더, 통관중개인 등을 적용대상으로 함
③ 공급사슬 보안경영시스템(ISO 28000) : 다양한 국가의 물류보안제도를 수용·준수하는 보안경영시스템을 구축하여 국제적으로 보안상태가 유지되는 기업임을 인증 받는 제도로서 생산자로부터 운송업체, 보관업체 등을 포함하는 공급사슬 내의 모든 기업이 적용대상임
④ AEO : 각국 정부와 항만관리 당국, 선사들이 갖춰야 할 보안관련 조건들을 명시하고 있으며, 국제무역에 사용되는 선박 및 항만시설에서의 보안에 대한 위협을 감지하는 방법과 보안사고를 예방하는 방법에 대한 가이드라인 제시
⑤ CIP : 컨테이너에 적재되어 해상으로 운송되는 위험화물에 의한 사고를 예방하기 위하여 수입되는 위험물컨테이너에 대한 국제해상위험물규칙 준수 여부를 점검하는 제도

해설 ④는 ISPS code를 설명하고 있으며, AEO는 물류 공급서비스를 제공하는 물류기업 등이 지정된 보안
기준을 충족하여 인증받는 경우 신속한 통관절차 적용, 화물검사비율 축소 등의 혜택을 부여하고 있는
공인경제운영인 또는 종합인증우수업체를 말한다.

47 다음 중 정부차원에서 물류기술의 정책방향으로서 가장 적절치 못한 것은?

① 운송·보관·하역·포장 등 물류의 각 단계에서 사용되는 물류기기·장비간의 연계성
　확보 기술개발

② 물류정보 공용데이터베이스 구축으로 물류서비스 최적화 제고

③ 교통수단 간 정보연계 및 연계물류시설·장비 개발을 통한 효율적 운영

④ 물류기업의 생산성 향상을 통한 이익 극대화 기술 개발

⑤ 해외물류망과 연동시스템을 구축하고 확대하여 수출입의 효율화 증대

해설 물류기업의 이익 극대화를 위한 물류기술 개발은 정부차원의 물류기술 방향으로 바람직하지 못하며,
거시적인 물류발전을 도모할 수 있는 기술 개발이 이루어져야 한다.

48 다음 중 첨단 물류기술분야의 개발 방향으로 적절치 못한 것은?

① 항만자동화 기술 개발　　　　② 지상물류 시스템
③ 물류정보 공용 DB 구축　　　④ 화물 복합 일괄수송체계 구축
⑤ 인터넷 기반의 화물 및 화물차량 추적시스템 개발

해설 지하물류 시스템을 위한 기술 개발이 필요하다.

49 다음은 물류아웃소싱, 제3자물류 및 제4자물류 등에 관한 설명이다. 가장 알맞은 것은?

① 전략적 제휴 상대업체에 대한 서비스 제공을 위하여 전용시설의 운영이 반드시 필요하다.

② 외주 물류는 경쟁계약방식을, 제3자물류는 수의계약을 원칙으로 한다.

③ 물류의 기본기능과 함께 전자상거래가 발전되면서 공급체인을 효율적으로 지원하며, 해
　결책을 제시하고 변화·관리 능력 및 전략적 컨설팅을 포함하는 물류영역을 제3자물류
　라고 한다.

④ 성공적인 물류아웃소싱을 위하여 아웃소싱 물류업체에 대하여 적극적, 직접적으로 지휘,
　통제하는 바람직하다.

⑤ 화주기업과 전략적 제휴관계에 있는 3PL기업들은 고객요구분석 및 공급사슬관리 등에
　적극적으로 참여한다.

해설 ① 전용시설의 운영이 반드시 필요한 것은 아니며, 오히려 공동물류시설의 이용도 합리적이다.
② 제3자물류는 경쟁계약이고, 외주 물류는 수의계약이다.
③ 제4자물류 설명하고 있다.
④ 지휘 통제보다는 협업이 우선되어야 한다.

Answer 44. ② 45. ⑤ 46. ④ 47. ④ 48. ② 49. ⑤

50 다음은 제3자물류와 종래의 외주물류를 비교한 것이다. 적절치 못한 것은?

번 호	구 분	제3자물류	외주물류
①	운영기간	중장기 위주	단기, 일시적
②	계약방식	수의계약	경쟁계약
③	서비스 제공	제안형	수주형
④	관리형태	통합관리형	분산관리형
⑤	서비스 범위	종합적 서비스	기능별 서비스

> **해설** 제3자물류는 경쟁계약이고, 외주물류는 수의계약이다.

51 다음은 녹색물류의 특징을 말하고 있다. 가장 적절치 못한 것은?

① 물류비 감소와 물류서비스 향상 추진
② 온실가스 저감
③ 에너지 사용의 효율화
④ 폐기물 발생 최소화
⑤ 녹색물류전환사업의 실시

> **해설** 물류비 감소와 물류서비스 향상은 기존 물류시스템의 목적이다.

52 다음 중 무역안전과 원활한 무역활동을 보장하는 국제규격의 무역안전규정을 세계관세기구 (WCO)가 수립한 것으로 적절한 국경관리라는 정책 하에 국가 간 화물 흐름을 원활하게 유지할 수 있는 절차를 강화하기 위해 만들어진 물류보안과 무역간소화에 관한 국제기준을 무엇이라고 하는가?

① C-TPAT
② AEO
③ CSI
④ CIP
⑤ ISPS Code

> **해설** 공인경제인제도인 AEO를 말하고 있다.

53 다음 중 물류 아웃소싱의 성공을 위하여 필요한 사항에 해당되지 않는 것은?

① 세부적인 물류 목표 설정

② 일시적인 의사소통

③ 충분한 시간적 여유를 가지고 아웃소싱업체 선정

④ 아웃소싱 물류업체에 대하여 상호 협력

⑤ 아웃소싱업체를 단순한 공급업체로만 인식하지 않고 파트너로 인정

해설 지속적인 의사소통을 위해 표준화된 채널을 이용해야 한다.

54 다음 중 제4자물류(4PL)의 특징으로 옳지 않은 것은?

① 다양한 기업이 파트너로 참여하는 혼합조직 형태

② 합작투자 또는 장기제휴

③ 이익분배를 통한 공통의 목표 설정

④ 공급체인 전체의 관리와 운영

⑤ 기업이 사내의 물류조직을 별도로 분리하여 전문물류자회사로 독립시켜 운영

해설 사내 물류조직을 별도로 분리하여 자회사로 독립시켜 물류업무를 추진하는 경우는 자회사물류(2PL)에 해당한다.

55 다음 중 녹색물류에 대한 설명으로 옳지 않은 것은?

① 수배송의 유연성을 높이기 위하여 영업용 화물자동차에 의한 배송시스템을 적극적으로 활용하여야 한다.

② 대기오염물질 감소, 온실가스 저감, 폐기물 감축을 목적으로 환경 부하 저감이나 물류시스템의 고도화가 필요하다.

③ 반품, 폐기, 회수물류를 최적화할 필요가 있다.

④ 고객이 교환한 상품은 관리대상에 포함되지만 센터에서 다른 센터로 이송되는 정상물품은 포함되지 않는다.

⑤ 대형차량에 의한 운송, 친환경 물류시스템 등의 도입이 필요하다.

해설 ④는 역물류에 대한 설명이다.

Answer   50. ②   51. ①   52. ②   53. ②   54. ⑤   55. ④

56 다음 중 4차 산업혁명 관련 물류기술의 특징으로 옳지 않은 것은?

① 물류의 시스템화
② 물류로봇 사용에 의한 인력 절감
③ 초연결된 물류 체계
④ 인공지능 기술의 접목
⑤ 물류기술 활용으로 물류서비스 제고

해설 물류시스템화는 3차 산업혁명의 특징이며, 4차 산업혁명인 물류 4.0에서는 물류의 스마트화가 특징으로 나타난다.

57 다음은 물류 4.0에서 활용할 수 있는 물류기술에 대한 설명이다. 맞는 것을 모두 선택한 것은?

> ㉠ 블록체인은 분산 네트워크의 컴퓨팅 자원을 모아 거대한 연산능력을 확보하고, 이를 기반으로 중앙서버 없이 모든 작업을 처리하고 검증하는 기술로서 가시성, 거래 신뢰성 및 자율거래성을 높일 수 있다.
> ㉡ 물류센터(창고)에서 물류로봇은 하역, 피킹, 재고관리, 배송 등의 물류 프로세스에 활용할 수 있다.
> ㉢ 인공지능기술을 이용하여 실시간 경로 최적화, 차량 간 정보 활용, 유통물류 수요 예측, 자원 활용, 고객관리, 제품 및 서비스 혁신, 서비스 고도화, 수요와 공급망관리 및 운송 차량관리 등의 효율적으로 처리할 수 있다.
> ㉣ 사물인터넷 기술을 이용하여 배송에서 상품 집하 및 배송 최적화, 자동 공급 및 예측 발송, 맞춤 배송 주소, 맞춤 방문서비스의 최적화, 배송 물품 상태 확인 및 추적이 가능해진다.
> ㉤ 자율주행차는 고속도로 주행 용이, 운전사 부족 해소, 24시간 운행 가능, 운전 피로 해소 및 사고 감소, 차량 중량 감소 등의 측면에서 필요하다.

① ㉠, ㉡, ㉢
② ㉡, ㉢, ㉣
③ ㉢, ㉣, ㉤
④ ㉠, ㉡, ㉣, ㉤
⑤ ㉠, ㉡, ㉢, ㉣, ㉤

해설 모두 맞게 설명하고 있다.

58 다음 중 4차 산업혁명의 물류기술로서 옳지 않은 것은?

① Big Data ② Drone

③ AR / VR ④ TMS

⑤ 3D Printing

> **해설** 4차 산업혁명의 물류기술에는 블록체인, 물류로봇, 인공지능, 사물인터넷, 드론, 자율주행차, 자율운행
> 선박, 가상현실과 증강현실, 빅데이터, 3D 프린팅 등이 있다. TMS(차량관리시스템)는 4차 산업혁명
> 이전에 개발된 물류정보시스템이다.

59 다음 중 물류 4.0 시대의 특징으로 옳지 않은 것은?

① 스마트 패키징

② 분류 자동화

③ 라스트 마일 배송

④ 풀필먼트 센터

⑤ 무인배송

> **해설** 자동분류기의 상용화는 물류 2.0 시대인 하역의 기계화 시기에 이미 적용되었다.

물류관리사

CERTIFIED PROFESSIONAL LOGISTICIAN

부록

01 핵심정리

제1장 물류의 개념

1 물류의 개념

(1) 물적 유통(물류)이란 생산자로부터 소비자까지의 물의 흐름. 즉, 경제재화의 생산자와 소비자 간의 시간적·공간적 격차를 물리적으로 극복함으로써 그 재화의 효율을 증대시켜 궁극적으로는 공급자와 소비자 모두의 이익을 극대화하는 활동을 말함

(2) 물류는 발생지에서 소비지에 이르는 원재료, 중간재, 완성품의 흐름을 가능케 하는 제반 활동. 즉, 수송, 보관, 하역, 포장, 유통가공, 정보 등의 제반 활동들이 유기적으로 관련되어 하나의 전체적인 효과를 거두는 것이 필요함

2 물류의 어원

(1) **미국마케팅협회**(AMA : American Marketing Association)(1948년)

생산의 단계에서 소비 또는 이용의 단계에 이르기까지의 재화의 이동 및 취급을 관리하는 것

(2) **미국물류협회**(NCPDM : National Council of Distribution Management)(1960년)

생산의 최종 시점에서 소비지점까지 원자재, 중간재, 완성재, 관련 정보를 이동시키는 것과 관련된 흐름과 저장을 효율적이면서 효과적으로 계획, 수행, 통제하는 과정(기능별 물류관리에 초점)

(3) **미국 로지스틱스협의회**(CLM : Council of Logistics Management)(1985년)

① 생산지점에서 소비지점에 이르기까지 원재료, 반제품, 완성품 및 관련 정보의 흐름과 보관을 효율적이면서 비용을 최소화하기 위한 계획 입안, 실시, 통제하는 과정

② 물류의 범위를 확대하여 원자재 조달에서 생산과정을 거쳐 완제품이 최종 소비지점에 이르기까지의 판매까지 포함(통합물류관리에 초점)

(4) **SCM전문가협의회**(CSCMP : Council of SCM Professional)(2005년)

SCM(Supply Chain Management)의 한 부분이며, 고객의 요구사항을 충족시킬 수 있는 효율적이고 효과적인 물류 및 역물류, 상품보관, 서비스 및 관련 정보를 계획·실행·통제하는 것(공급사슬관리에 초점)

(5) **한국 물류정책기본법의 물류의 정의**

물류란 재화가 공급자로부터 조달·생산되어 수요자에게 전달되거나 소비자로부터 회수되어 폐기될 때까지 이루어지는 운송·보관·하역 등과 이에 부가되어 가치를 창출하는 가공·조립·분류·수리·포장·상표부착·판매·정보통신 등을 말함

3 물류의 역할

(1) **국민경제적 관점**

① 물류비용을 절감하여 기업의 체질을 개선하고 소비자 및 도매물가의 상승 억제

② 물류합리화는 자재와 자원의 낭비를 방지하여 자원의 효율적인 이용 촉진

③ 효율적인 물류체계가 구축되면 지역의 경제가 발전하여 지역간의 균형있는 발전 촉진 및 인구의 편중 방지

④ 사회간접자본 및 물류시설에 대한 투자의 증대로 인하여 경제성장 촉진

(2) **개별 기업적 관점**

① 생산과 소비 사이에 존재하는 시간적·공간적 간격을 극복하는 물류의 기능으로 인한 판매의 촉진

② 신속한 주문처리, 정확하고 규칙적인 배송 등의 물류관리를 통한 재고량 감축

③ 물류비용의 절감으로 기업의 실질적인 이윤증대 가능

④ 고객의 요구에 부응하는 물류서비스 제공으로 판매에 있어서 경쟁우위 확보(최소 비용으로 고객서비스 극대화)

4 물류의 기본 목표

① 물류비는 상승하고 고객의 요구는 높아만 가는데 이에 신속하게 대응하지 못한다면 기업은 도태됨

② 따라서 기업은 물류비를 낮추어 이익을 극대화하고 물류서비스를 높여 판매경쟁에서 보다 많은 고객을 확보하고자 하는 물류의 기본 목표를 설정함

③ 그러나 물류비와 물류서비스 사이에는 Trade-off 관계가 있기 때문에 합리적인 서비스 수준과 비용을 고려해야 함

5 물류활동의 기본적 기능

① **수송**: 물품을 공간적으로 이동시키는 것. 수송에 의해서 생산지와 수요지의 공간적 거리가 극복되어 상품의 장소적 효용 창출

② **보관**: 물자를 창고 등의 보관시설에 보관하는 활동. 생산과 소비 사이의 시간적 차이를 조정하여 시간적 효용 창출

③ **하역**: 수송과 보관의 양단에 걸친 물품의 취급으로 물자를 상하좌우로 이동시키는 활동

④ **포장**: 물품의 수배송, 보관, 하역 등에 있어서 가치 및 상태를 유지하기 위해 적절한 재료, 용기 등을 이용해서 포장하여 보호하고자 하는 활동

⑤ **정보**: 물류활동과 관련된 물류정보를 수집·가공·제공하여 운송·보관·하역·포장·유통가공 등의 기능을 컴퓨터 등의 전자적 수단으로 연결하여 줌으로써 물류관리의 효율화를 기할 수 있도록 하는 기능

⑥ **유통가공**: 물자의 유통과정에서 물류효율을 향상시키기 위하여 가공하는 활동으로 단순가공, 재포장 또는 조립 등 제품이나 상품의 부가가치를 높이기 위한 물류활동

▌6 물류활동의 원칙 : 3S 1L 원칙, 7R 원칙

(1) **3S 1L 원칙**

① 필요한 물품을, 필요한 장소에, 필요한 때에, 적정한 가격으로 전달한다는 원칙

② Speedy(신속하게), Surely(확실하게), Safely(안전하게), Low(저렴하게)

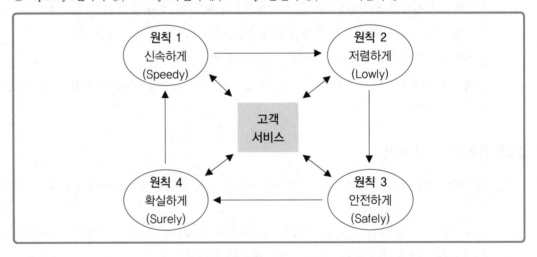

(2) **7R 원칙**

① E.W. Smykey 교수가 제창한 원칙

㉠ '적절하다(Right)'는 말은 고객이 요구하는 서비스의 수준을 뜻함

㉡ 고객서비스를 충족시키기 위해서는 수송, 하역, 포장, 보관, 정보, 유통가공 등의 물류하부시스템을 통합시키는 작업이 필요함

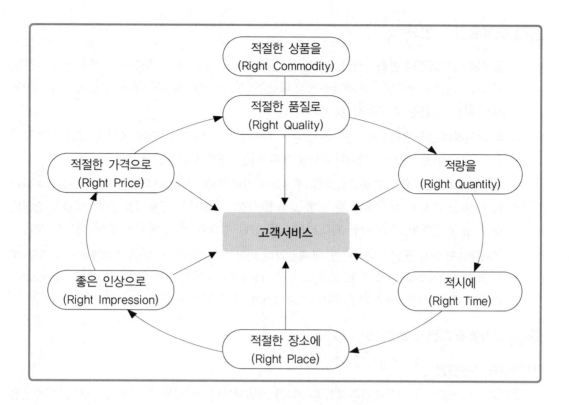

7 물류의 영역

① **조달물류**: 물류의 시발점으로 물자가 조달처로부터 운송되어 매입자의 보관창고에 입고·관리되어 생산공정에 투입되기 직전까지의 물류활동

② **생산물류**: 물자가 생산공정에 투입될 때부터 제품의 생산에 이르기까지의 물류활동

③ **사내물류**: 생산업자의 생산된 제품을 출하 시부터 판매 보관창고에 이르기까지의 물류활동

④ **판매물류**: 완제품의 판매로 출고되어 고객에게 인도될 때까지의 물류활동

⑤ **회수물류**: 제품이나 상품의 판매물류에 부수적으로 발생하는 파렛트, 컨테이너 등과 같은 빈 물류용기를 회수하는 물류활동

⑥ **반품물류**: 소비자에게 판매된 제품이나 상품 자체의 문제점의 발생으로 상품의 교환이나 반품을 하는 물류활동

⑦ **폐기물류**: 파손 또는 진부화된 제품이나 상품 또는 포장 용기 등을 폐기하는 물류활동

8 물류환경의 변화

① **글로벌 물류여건의 변화** : 글로벌화의 진전, 국제물류 수요 증대, 동북아 물류시장의 급성장, 인터넷·모바일 네트워크의 전자상거래 확산, SCM의 확산, 제3자물류(3PL), M&A 및 전략적 제휴 확산, 친환경 물류활동 증가

② **국내 물류여건의 변화** : 다빈도·소량주문, 다품종·소량생산, 소비자 욕구 다양화, 기업경쟁 심화, 물류비 감소 압박, 물류기초시설 투자 미흡, 정보기술의 발전, 노동력 부족 등

③ **국제물류의 주요 환경 변화** : 글로벌 경제의 아시아 이동, 메가시티의 증가, 디지털 프론티어의 확장(고객 확보, 비용절감 및 경영 효율성 향상), 물류부문 공동이용 증가, 효율성 경쟁의 강화, 규제 완화에 따른 시장 확대, M&A를 통한 경쟁력 강화, 불확실성 및 변동성 증가

④ **국제물류의 이슈 전망** : 디지털화, 국제무역의 변화(아시아 시장 성장, 무역전쟁), S/W 기반 핵심 프로세스의 변화(AI, IoT, Block Chain, Big Data 등), 국가별 상거래시장의 변화(e-Commerce 급성장), 물류 부문 머신 기반 핵심 프로세스의 변화(AR/VR 등)

9 국가물류기본계획(2016~2025)

(1) 계획의 기본방향

① '2016 ~ 2025년 국가물류기본계획'은 제4차 산업혁명의 전개, 거대 경제권의 출현, 이종산업 간 융복합 등 경제·기술·사회적 변화 반영

② 민간 주도의 생활물류, 신물류산업 지원으로 전환하고, 물류산업의 경쟁력 강화에 초점

(2) 비전 및 목표설정

① **비전** : 물류혁신과 신산업 창출을 통한 글로벌 물류강국 실현

② **목 표**
  ㉠ 물류산업 일자리 59만개 ⇨ 70만개
  ㉡ 국제 물류경쟁력지수(LPI) 21위 ⇨ 10위
  ㉢ 물류산업 매출액 91조원 ⇨ 150조원

(3) 추진 전략

① 산업트렌드 변화에 대응한 고부가가치 물류산업 육성

② 세계 물류 지형 변화에 따른 글로벌 물류시장 진출 확대

③ 미래 대응형 스마트 물류기술 개발 및 확산

④ 지속가능한 물류산업 환경 조성

제 2 장 | 물류관리와 물류서비스

1 물류관리의 개념

(1) 물류관리(Logistics Management)

원재료의 조달과 제품의 생산·소비에 이르기까지 수반되는 물류의 제반 업무를 종합적이고 체계적으로 관리하여 제품의 비용 절감과 재화의 시간적·공간적 효용가치를 통한 시장 능력의 강화

(2) 물류관리의 필요성

① 생산, 판매부문 합리화의 한계

② 물류비용의 증가

③ 고객서비스 향상 중시

④ 기술혁신으로 인한 물류환경 변화

(3) 물류관리의중요성

원가 절감, 재화의 시간적·공간적 효용 가치창출을 통한 시장 경쟁력 강화

2 물류관리의 목표

(1) 국민경제적 관점

물류 원가의 절감, 물가 상승 억제, 유통기능의 기계화와 유통채널의 단순화

(2) 산업·기업관점

최소 비용으로 고객서비스 극대화

3 고객서비스의 정의

① 고객 욕구에 대한 만족도를 의미하며, 비용 효과적으로 공급 경로에 상당한 부가가치 혜택을 제공하는 과정

② 고객서비스란 주문접수에서 제품인도에 이르는 고객만족 활동의 사슬을 의미하며, 경우에 따라 장비서비스, 유지보수 또는 기타 기술적 지원을 포함

③ **마케팅활동믹스**(Marketing Activity Mix)

　㉠ 제품(Product)　　　　　　　　　㉡ 가격(Price)

　㉢ 판매촉진(Promotion)　　　　　　㉣ 입지(Place)＝물류(Physical Distribution)

④ **고객서비스의 요소**(NCPDM)

　⊙ 거래 前 요소(Pre-transaction Elements) : 우수한 고객서비스 환경을 구축하기 위한 서비스 요소

　ⓒ 거래 時 요소(Transaction Elements) : 제품을 고객에게 인도하는데 직접 관련된 서비스 요소

　ⓔ 거래 後 요소(Post-transaction Elements) : 현장에서 제품을 지원하기 위해 필요한 서비스 요소

4 주문주기시간(Order Cycle Time)

(1) **개념** : 고객이 제품을 주문해서 받을 때까지 걸리는 총 시간

(2) **구 성**

① **주문전달시간** : 주문을 주고받는 데 사용되는 시간

② **주문처리시간** : 적재서류 준비, 재고기록 갱신, 신용장 처리작업, 주문확인, 주문정보를 생산, 판매, 회계부서에 전달하는 활동

③ **오더어셈블리시간** : 주문을 받아서 주문정보를 창고나 발송부서에 전달한 후부터 주문받은 제품을 발송, 준비하는 데 걸리는 시간

④ **재고가용성** : 창고에 보유하고 있는 재고가 없을 때 생산지의 재고로부터 보충하는 데 소요되는 시간

⑤ **인도시간** : 주문품을 재고지점에서 고객에게 전달하는 데 걸리는 시간

5 제품수명주기의 단계

(1) 도입기

판매망을 상대적으로 몇몇 지점에 제한하면서 신중하게 이루어지며, 제품의 가용성은 제한됨

(2) 성장기

재고거점의 수나 재고수준을 결정하는 데에 정보가 많지 않으므로 물류관리자의 판단에 따른 물류계획이 필요함

(3) 성숙기

이 단계에서 제품의 유통지역은 가장 넓게 되며, 시장에서 제품가용성을 높이기 위하여 많은 수의 재고거점을 필요로 함. 또한, 고객별로 차별화된 물류 서비스가 필요함

(4) 쇠퇴기

효율적인 유통을 유지하기 위해서는 제품의 이동 형태와 재고 배치를 수정할 필요가 있음. 즉, 재고보유 거점 수가 줄어들어 제품의 재고는 소수의 지점에 집중됨

6 물류서비스와 비용관리

(1) 물류서비스와 비용과의 관계

① 더 높은 고객서비스 수준을 충족시키기 위해서 활동수준을 높이면 비용은 빠른 비율로 증가
② 판매와 서비스 관계에서 나타나는 수확체감과 상승하는 비용 고려
③ 이익기여곡선은 다양한 서비스 수준에서의 비용(Logistics Costs)과 수익(Revenue) 간의 차이로부터 발생
④ 이익기여곡선상에서 이익이 최대가 되는 점이 물류시스템 계획에서 추구되는 최적 서비스 수준

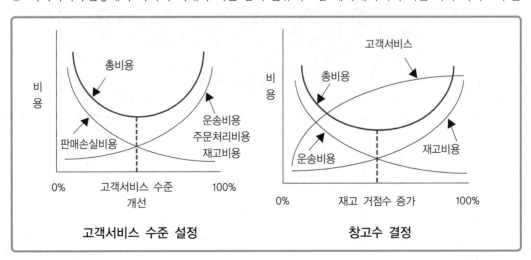

제 3 장 물류관리전략

1 고객관계관리(CRM, Customer Relationship Management)

① CRM은 마케팅의 각 단계에서 축적되는 고객정보를 체계적으로 이용하여 고객과의 장기적인 관계를 형성하기 위한 제반 활동, 조직, 업무 프로세스 및 IT 등의 총체

② CRM은 고객의 DB정보를 기업의 마케팅에 활용하는 기법으로 수익성 높은 고객과의 관계를 창출하고 지원하여 매출을 최적화하고 고객기반을 확충하며, 고객의 성향과 욕구를 파악하여 이를 충족시키면서 기업의 목표를 달성하는 전략

③ **CRM의 특징** : 고객점유율, 고객의 유지, 고객관계에 중점

2 물류와 생산, 마케팅 간의 관계

① 물류는 포괄적인 마케팅 개념에 속하는 것으로 볼 수 있으나, 물류역량이 강한 기업일수록 본래 마케팅의 기능이었던 수요창출 및 조절에 유리

② 공통적인 영역은 관련 부서 간의 이해관계가 얽혀 있기 때문에 어느 한 부서 독자적으로는 효율적으로 수행할 수 없는 활동

▶ 물류, 생산 및 마케팅 간의 관계

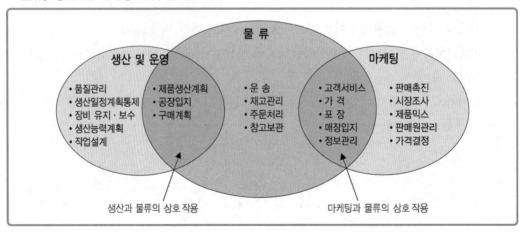

■3 물류계획과 수요예측

(I) 물류계획 수립과정

① **물류전략의 목표**

　　㉠ 비용 절감, 자본 절감, 서비스 개선을 목표로 함

　　㉡ 물류전략 수립시 고객서비스 충족수준, 경쟁자의 제공 서비스 수준, 나아가 물류활동의 많은 부분이 기업 외부에서 수행되고 있는 점을 감안하여 사회환경 및 소비자 의식의 변화, 인프라 정비 상황 등을 고려해서 수립하여야 함

② **물류계획**

　　㉠ 전략적 계획(장기계획) : 기간이 1년 이상의 장기계획으로, 전략적 계획은 설비 투자와 같이 장기간에 걸쳐 이루어지는 사업. 시설입지계획(창고입지 결정), 수송 수단 선택 등

　　㉡ 전술적 계획(중기계획) : 기간이 1년보다 작은 단위의 중기계획. 재고 포지셔닝, 고객 주문에 대한 우선순위 규칙, 공급자 선택 등

　　㉢ 운영적 계획(단기계획) : 시간, 일 단위로 자주 의사결정이 이루어지는 단기계획. 주문처리, 경로계획, 주문품 발송 등

③ **물류계획 수립과정** : 제1단계(물류환경분석) ⇨ 제2단계(물류목표 설정) ⇨ 제3단계(물류전략 수립) ⇨ 제4단계(설계 · 운영 및 성과측정)

■4 수요예측방법

(I) 정성적 기법

개인의 주관적인 판단에 의하여 예측하는 방법으로 주관적 예측

① **델파이법** : 설문조사의 반복과정, 피드백 과정 및 연속 질문, 기술혁신 발생시 이용

② **시장조사법** : 앙케이트 등을 이용하여 조사, 가장 수리적인 예측방법, 장시간, 고비용

③ **전문가 의견법**(패널여론조사법) : 전문가들의 의견을 수렴하여 예측, 단기간, 비용 저렴

④ **수명주기**(역사적) **유추법** : 신제품 개발에 도입, 중장기적, 비용 저렴, 예측결과의 차이 발생

(2) 정량적 기법

계량적인 모델과 데이터를 사용하여 예측하는 분석기법으로 시계열 분석기법(단순이동평균법, 가중이동평균법, 지수평활법)과 인과형 예측법(회귀분석, 계량경제모형, 투입산출모형, 선도지표법, 시뮬레이션모형)으로 구분

① **단순이동평균법** : 예측하고자 하는 기간의 직전 일정 기간 동안의 실제 수요의 단순평균치 예측

② **가중이동평균법** : 각 관측치에 동일한 가중치를 주는 단순이동평균법과는 달리 오래된 값보다 최근의 값에 가중치를 좀 더 주어 그 값을 예측치로 사용하는 방법

③ **지수평활법** : 최근 자료에 보다 큰 가중치를 두고 자료가 오래될수록 가중치는 지수적으로 감소시키면서 예측하는 방법으로 가중치의 결정을 자동적으로 하는 일종의 가중이동평균법

부록

제 4 장 물류조직

1 물류관리조직의 형태

- 물류관리조직은 분산형 ⇨ 집중형 ⇨ 독립채산형 ⇨ 자회사형으로 발전함
- 일반적 물류조직은 직능형 ⇨ 라인 스탭형 ⇨ 사업부제형 ⇨ 그리드형 조직의 형태로 전개됨

(1) 직능형 조직

① 라인부문과 스탭부문이 분리되지 않은 1960년대 초까지의 조직 형태

② 직능형 조직의 단점

   ㉠ 전사적인 물류정책과 전략의 계획 수립이 어려움

   ㉡ 물류활동이 부문활동 가운데 매몰되기 쉬움

   ㉢ 물류전문가의 육성이 어려워 현대 기업의 조직론적 입장에는 맞지 않는 경우가 많음

(2) 라인 스탭형 조직

① 직능형 조직의 단점을 보완한 형태로, 라인과 스탭의 기능을 나누어 세분화한 조직임

   ㉠ 라인활동 : 주문처리, 재고관리, 창고·보관, 하역 및 포장, 수배송 및 차량관리 등

   ㉡ 스탭활동 : 재고분석 및 관리, 창고배치계획, 물류예산관리, 물류전략 수립, 물류시스템 절차 개선 등

② 특 징

   ㉠ 라인과 스탭의 기능을 분리함으로써 실시기능과 지원기능을 명확히 함

   ㉡ 스탭부문은 라인부문을 지원함

   ㉢ 유통 전체의 시스템을 조절할 수 있게 보조함

   ㉣ 영업계획 등 기업 전반의 업무를 관할함

③ 단 점

   ㉠ 책임에 관련된 권한이 없음.

   ㉡ 물류조직에 관한 사항이 영업부문에 속해 있으므로 물류부문이 직접 관리하기 어려움

   ㉢ 스탭이 현장에 대한 충분한 이해 없이 계획을 수립하고 실행함으로써 문제점을 야기시킬 수 있음

   ㉣ 기업의 실질적인 힘이 라인보다는 스탭에 집중되는 경향임

(3) 사업부제형 조직

① 기업규모가 커짐으로써 최고 경영자가 기업의 모든 업무를 관리하기 어려움에 따라 등장한 조직 형태로 권한이 사업부장에게로 많이 이양된 분권조직으로서 사업부가 이익 중심적인 특징을 가지고 있음

② 일반적으로 독립채산제에 의해 운영되고 있고, 각 사업부 단위 내에는 다시 라인이나 스탭형 조직이 존재함

③ 사업부제가 원활히 유지될 경우, 의사결정이 신속하며, 사업부별 경쟁체제를 통해 기업목적을 효과적으로 달성할 수 있음

④ 특 징
  ㉠ 사업부별로 독립된 하나의 회사와 같이 운영됨
  ㉡ 각 사업부별로 라인과 스탭부문이 존재함
  ㉢ 사업부별로 모든 물류활동을 책임지고 직접 관할하므로 물류관리의 효율화 및 인재육성이 우수함

⑤ 단 점
  ㉠ 사업부 간 인력 및 정보교류가 경직되어 효율적 이용이 어려움
  ㉡ 사업부 수익이 최우선시 되므로 전사적인 설비투자나 연구개발 등의 합리성이 결여되어 경영효율을 저해할 수 있음
  ㉢ 전체적으로 종적 조직이기 때문에 횡적인 제휴가 희박하여 전사적 물류활동이 어려움.
  ㉣ 물류기능이 중복되어 전체적인 조직비용이 큼

(4) 그리드형 조직

① 모회사와 자회사 간에 권한위임이라는 유형으로 모회사의 스탭부문이 자회사의 해당 부문을 횡적으로 관리·지원하는 조직 형태

② 다국적기업에서 많이 볼 수 있는 조직 형태로 해외사업본부하에 각국에 자회사를 두고 관리하는 형태

③ 자회사의 물류부에는 자사의 경영자 지시뿐만 아니라 모회사의 로지스틱스 본부의 지시를 받는 이중적인 구조로 되어 있어 국제적으로 전개되는 물류전략을 일원화하고 관리수준을 일정 수준 이상으로 끌어올릴 수 있는 장점

부록

2 기능 특성별 물류관리 조직

(1) 기능형 조직

① 물류활동을 하나의 기능으로 보는 전통적인 형태의 조직유형

② 타 기능과의 연계가 원활이 이루어지기 어려워 물류의 최적화 달성이 곤란함

③ 물류는 교차기능적인 성격을 갖고 있기 때문에 단일 기능으로서의 조직 형태는 바람직하지 않음

(2) 프로그램형 조직

① 물류를 하나의 프로그램으로 보고 기업 전체가 물류관리에 참여하는 조직유형

② 다른 경영활동 기능들은 물류시스템의 향상을 위한 하나의 기능으로 여겨 물류에 종속하게 됨

(3) 매트릭스형 조직

① 기능형 조직과 프로그램형 조직의 중간 형태로서 최적의 물류조직

② 물류관리의 범위가 원재료의 조달에서 상품의 생산, 판매, 납품에 이르기까지 전체를 포함하는 것으로 기업의 직능횡단적인 것

③ 물류관련 담당자들이 평상시에는 자기 부서에서 근무하다가 물류와 관련된 특정 사안이 발생하면 이의 해결을 위해 여러 다른 부서의 인원이 모여 구성되는 이른바 종단적인 조직에 횡단적인 조직을 가미한 매트릭스형 조직이 효과적임

④ 명령, 지시 계통인 라인의 흐름이 정체될 수 있는 문제점을 가짐

⑤ 특히 항공우주산업이나 정보통신산업과 같은 첨단기술기업에 효과적임

(4) 네트워크 조직

전통적인 계층형 피라미드 조직의 경직성을 극복하기 위하여 한 개의 조직단위 구조가 아니라 다수의 조직들에 의해 만들어지는 조직

3 기업형 물류관리조직

(1) 영업부형 물류조직

① 물류조직이 영업부에 속해 있는 형태

② 장 점

　　㉠ 영업정책을 물류에 반영하기 쉬움

　　㉡ 물류부문의 제안이 영업부문에 받아 들여지기 쉬움

　　㉢ 영업활동과 물류활동의 일체화가 가능하여 유통 전체의 정합성 유지가 가능함

③ **단 점**

㉠ 물류부문이 영업부(소)에 속해 있으므로 독립성이 어려움

㉡ 재고 책임, 수배송 책임 등의 물류에 관한 책임에 대하여 권한이 없음

㉢ 영업부에 종속되어 있어 물류의 추진력과 일원적인 관리가 어려움

④ **종 류**

㉠ 상물 혼재형 : 상물 혼재로 인해 물류전략이 영업전략의 일환으로 수립·수행되는 형태이므로 물류 전문화 및 물류 효율화의 추진이 어려운 조직으로 물류전략을 현장에 반영하기 어렵고, 물류조직이 독립된 조직으로 정립되지 않은 형태

㉡ 스탭형 : 물류활동의 수행이 영업부문의 관장하에 이루어지는 형태

㉢ 상물 분리형 : 물류부문이 영업부문에 속해 있지만 영업 기능과 물류 기능이 구분되어 책임의 소재를 명확히 하는 것을 목적으로 조직하는 형태

⑵ **독립형 물류조직**

① 영업부에 포함되어 있지 않고 독립적으로 물류부문이 존재하는 조직 형태

② **장 점**

㉠ 물류의 스탭과 라인이 분리되어 있음

㉡ 물류부는 전사적 관점에서 물류관리를 추진할 수 있음

㉢ 생산(구매)과 판매의 조정이 가능함

③ **단 점**

㉠ 영업부문 내 소속된 물류의 현업부문에 대해서 영향력이 적음

㉡ 조언 기능이 있지만 의사결정 기능 및 지시·명령의 권한을 갖고 있지 않음

㉢ 비용·서비스 등 물류업무의 최종 책임만 있고 권한이 없음

④ **종 류**

㉠ 스탭형 : 물류스탭부문이 영업소 또는 지방 영업부에 소속하는 라인부문을 지원하는 형태

㉡ 종합형 : 물류부문이 독립된 단독조직으로 존재하며, 그 조직 속에 물류부문의 라인과 스탭이 동시에 존재하는 형태

제 5 장 물류시스템

1 물류시스템의 개요

(1) 물류시스템이란 작업시스템과 정보시스템의 2개의 서브시스템에 의해 구성되며, 기업활동의 제 기능, 즉 원료의 구입, 제품의 생산·판매활동에 필수적으로 수반되는 물류를 효율화하는 것

(2) **물류시스템의 목적**

① 고객에게 상품을 보다 많이 판매하기 위해 고객에게 가능한 모든 서비스 제공

② 고객이 원하는 상품을 원하는 장소에 납기를 준수하며, 정확히 배송하고, 품절을 막기 위한 적정수준의 재고 확보

③ 수·배송, 하역, 보관, 포장 등의 물류활동에 적절한 수준의 합리화를 추구하고 적절한 물류관리 지표를 개발하여 관리

④ 물류에 관련된 문제점을 수립하여 관련부문(구매, 생산, 영업)에 관련 정보 피드백

(3) **물류시스템의 목표**

① Service(서비스) : 품절이나 손상 등의 사고가 없는 안전성

② Speed(신속성) : 고객이 필요로 하는 시간과 장소에 정확히 전달

③ Space Saving(공간의 효과적 이용)

④ Stock Minimum(규모의 적정화) : 물류시설의 적합성, 생력화, 정보처리의 집중화에 의한 컴퓨터 이용 등의 적용 규모 고려

⑤ Scale Optimization(재고조정) : 과다 재고보유로 인한 자본 회전율 저하 감소

(4) **물류시스템의 설계 단계** : 목표설정 ⇨ 전담조직 구성 ⇨ 데이터 수집 및 분석 ⇨ 시스템 구축 ⇨ 시스템 평가 유지 관리

2 물류시스템의 운영기법

(1) **물류 TQC**(Total Quality Control)

기업경영에 있어서 전사적 품질관리(TQC : Total Quality Control)란 제조부문뿐만이 아니라 기획에서부터 생산, 판매, 애프터서비스에 이르기까지 모든 비제조부문에 걸쳐 업무수행의 질을 높이려는 전사적 관리방식

(2) **물류 TQM**(Total Quality Management)

제품이나 서비스의 품질에 영향을 미치는 모든 부서, 즉 경영과 업무, 직장 환경, 조직 구성원의 자질까지도 품질 개념에 포함시켜 관리하는 개념

(3) 6-Sigma

① 회사 내 전분야에 걸쳐 불량의 원인을 찾아내 근본적으로 제거하여 무결점의 품질을 추구함으로써 불량으로 인한 손실을 제거하고 업무의 질을 향상시켜 원가를 획기적으로 절감하는 경영혁신기법

② 6-Sigma운동은 현재의 제품이나 서비스의 품질 수준을 고도의 통계기법을 사용하여 기업 내의 모든 기능, 업무 프로세스(설계, 제조, 사무, 서비스 등) 및 추진체계 등을 종합적으로 개혁해 목표로 정한 규격의 상한과 하한이 품질중심으로부터 6-Sigma 거리에 있게 하겠다는 것으로, 6-Sigma 품질수준은 100만개의 제품 중 불량을 3~4개 이내로 개선하는 것을 의미함

③ 6-Sigma의 특성

⊙ 6-Sigma의 개선대상은 프로세스이므로 모든 분야에 적용 가능
ⓛ 고도의 통계적 기법의 활용을 통해 모든 업종 및 분야에서 현상을 수치화 가능
ⓒ 고객의 관점에서의 문제정의 및 개선을 위한 정량적 접근방식 도입
ⓔ 정량적 접근방식의 실천을 위한 교육과 훈련의 강화
ⓜ 전사적으로 일관성 있는 분석도구를 활용할 수 있도록 하는 교육훈련
ⓗ 품질의 산포 제거 내지 감소를 위해 개발, 설계단계에서부터의 품질공학 적용
ⓢ 통계분석 도구들의 적절한 통합과 개발, 정리를 위한 다단계 실행절차(MAIC)의 준수
ⓞ CEO의 강력한 주관에 의한 전계층, 전부문의 총체적 참여와 사내 인증제도 운영
ⓩ 다양한 기업에 적용할 수 있는 공통언어(시그마)가 존재

④ 6-Sigma의 다단계 실행절차(MAIC)

측정(Measurement) ⇨ 분석(Analysis) ⇨ 개선(Improvement) ⇨ 관리(Control)

(4) 물류리엔지니어링

물류업무의 프로세스 등을 정보기술을 활용하여 축소하거나 재결합함으로써 원가우위를 갖게 하거나 차별화를 제고시키는 혁신기법

(5) 물류리스트럭처링

해당 기업의 전사적인 리스트럭처링 전략의 일환으로 기업의 장기적인 이익증대 관점에서 물류시설 및 인력 보강, 물류부문의 분사화·아웃소싱 등 주로 물류관련 조직개편의 형태로 추진

(6) 상물분리

① 물류합리화의 관점에서 상류경로와 물류경로를 분리하여 운영하는 것. 즉, 상류는 영업부서에서 담당하고 물류는 물류부서에서 전담하게 함으로써 대량 수송 및 수·배송시간의 단축화와 재고의 집약화를 통해 고객서비스 향상 및 총 물류비를 절감하여 기업 전체의 효율성 제고

② 상물분리의 경제적 효과

⊙ 수송단계 : 물류거점을 통한 수·배송으로 수송단계의 통합 및 대형 차량의 이용으로 수송비의 절감효과

　　ⓒ 물류거점과 고객 간의 배송단계 : 지점 및 영업소의 수주통합으로 배송차량의 적재율 향상
　　과 리드타임의 단축효과

　　ⓒ 물류거점의 재고단계 : 재고의 집약과 재고관리의 철거 등으로 재고의 편재 및 과부족 해
　　소로 효율적 재고관리가 가능

　　ⓔ 물류거점의 집약화로 창고의 자동화, 하역의 기계화, 공동 수·배송 등 물류합리화 추진
　　가능
　　　ⓐ 전산화로 사무처리 경감
　　　ⓑ 영업부는 판매활동에만 전념할 수 있게 되어 도소매업 매출 증대
　　　ⓒ 제조업자의 경우에는 유통경로 전체에서 물류 효율화 실현 가능
　　　ⓓ 전문 물류업자 육성으로 물류 기능의 전문화 확대 가능

(7) **제약이론**(TOC : Theory of Constraints)

　① 제약(Constraints)은 조직이 가지고 있는 목표를 달성하는데 있어서 제약이 되는 모든 것(자원,
　　부서, 인식, 환경 등)이며, 조직을 하나의 고리사슬로 구성된 시스템으로 인식하여 어느 하나의
　　고리가 취약하면 전체 고리사슬이 제 기능을 발휘하지 못한다는 것

　② 제약이론은 기업의 여러 가지 활동 중 특히 취약한 활동요인(제약요소)의 효율성을 제고함으
　　로써 기업의 성과를 극대화하고자 하는 기법

　③ 제약이론에서는 '재고의 최소화, 산출(throughput)의 최대화, 운영비용의 최소화'의 3가지 요소
　　를 제시하고 있는데 재고의 최소화를 위해서는 공장 안에 잠겨있는 재고를 산출(throughput)
　　로 바꾸어야 하는데 산출(throughput)도 능력이 가장 낮은 활동에 의해 제약받고 있어 가장
　　약한 고리를 찾아내어 그 고리를 강하게 만들어야 하며, 이때 소요되는 운영비용이 최소가 되
　　도록 하여야 한다는 것

(8) **제약이론**(TOC) **관리의 5단계**

　① **제1단계** : 시스템의 제약요건을 찾아냄

　② **제2단계** : 제약요인을 최대한 효율적으로 이용할 방법을 결정함

　③ **제3단계** : 기타 모든 의사결정을 제약요인의 최대 활용이라는 관점에서 내도록 함

　④ **제4단계** : 제약요인의 능력을 향상시킴

　⑤ **제5단계** : 기존의 제약 요소를 제거하고 제1단계로 돌아가 새로운 제약요소를 탐색함

제6장 물류회계

1 물류비의 정의

① 물류비란 물류활동에 따라 발생된 비용을 말하며, 물자의 물리적 이전에 따라 발생된 비용 및 이들 활동에 필요한 설비·시설비용, 정보의 전달·처리 비용 및 이를 위해 필요한 설비·시설비용 그리고 이들을 종합적으로 관리하는 데 소요된 직접 또는 간접비용

② 물류활동을 수행하기 위하여 발생하거나 소비된 모든 경제가치 포함

2 물류비의 산정 목적

① 물류비의 규모 파악, 제품가격 결정에 활용

② 가격계산, 원가관리에 필요한 정보 제공

③ 물류비 예산편성 및 예산통제를 위한 원가자료 제공

④ 물류의 기본계획 설정, 업적 평가에 필요한 정보 제공

3 물류비의 분류체계

과 목	영역별	기능별	지급형태별	세목별	조업도별
비 목	• 조달물류비 • 사내물류비 • 판매물류비 • 리버스물류비 (반품, 회수, 폐기)	• 운송비 • 보관비 • 포장비 • 하역비 (유통가공비 포함) • 물류정보·관리비	• 자가물류비 • 위탁물류비 (2PL, 3PL)	• 재료비 • 노무비 • 경비 • 이자	• 고정물류비 • 변동물류비

▊ 4 영역별 물류비

(1) **조달물류비**

① 조달물류비는 물자가 조달처로부터 운송되어 매입자의 매입물자의 보관창고에 입고, 관리되어 생산공정(또는 공장)에 투입되기 직전까지의 물류활동에 따른 물류비

② 운송, 하역, 검수, 입고, 보관(조달보관창고), 출고 등의 조달물류 과정에 관련되어 발생하는 비용을 포함

(2) **사내물류비**

① 매입물자의 보관창고에서 원재료 등을 이동하여 생산공정(또는 공장)에 투입되는 시점부터 생산과정 중 공정과 공정 간의 원재료나 반제품의 운송활동, 보관활동 및 생산된 완제품을 판매를 위한 장소까지 물류활동에 따른 물류비

② 조달된 물자를 이용하여 제품이나 상품을 생산(가공 포함)하는 과정에서 발생하는 운송이나 보관 등의 물류활동에 소비되는 비용으로서 완제품 등의 판매를 위한 장소까지 발생한 비용

③ 다만, 순수한 생산공정 내의 물류활동, 즉 원재료나 부품 등의 공정 내 이동이나 운반 등의 물류활동에 따른 비용은 생산물류비로 인식하여 사내 물류비에서 제외

(3) **판매물류비**

① 생산된 완제품 또는 매입한 상품을 판매창고에 보관하는 활동부터 그 이후의 판매관련(고객에게 인도될 때까지) 물류활동에 따른 물류비

② 출고지시에 따라 보관된 제품이나 상품의 피킹, 출고, 상차, 운송, 하차 등의 판매물류에 관련된 비용을 포함

③ 제품이나 상품 자체의 문제점(상품 자체의 파손이나 이상 등)의 발생이나 물류 과정에서 발생하는 파손, 이상, 하자 등이 발생하는 것뿐만 아니라 고객요구의 불일치로 인하여 발생하는 것까지 포함된 포괄적인 개념

(4) **리버스(Reverse)물류비**

① **반품물류비**: 반품과정에서 발생하는 운송, 검수, 분류, 보관, 하역 등 관련 비용(상품대금의 환불액, 위약금 등은 물류비에 해당하지 않음)

② **회수물류비**: 제품이나 상품의 판매물류에 부수적으로 발생하는 파렛트, 컨테이너 등과 같은 빈 물류 용기와 판매와 관련하여 발생되는 빈 판매용기의 회수 및 재사용 비용

③ **폐기물류비**

㉠ 진부화나 소모 등에 의해 제품이나 상품 또는 포장용기 등의 물류기기가 제기능을 수행할 수 없는 상황이거나 또는 제기능을 수행한 후 소멸되어야 할 상황 등을 의미함

㉡ 폐기처리시 수반되는 검수, 보관, 운송, 하역 등의 비용은 폐기물류비에 포함되나, 폐기 자체의 비용이나 공해방지의 처리비용 등은 포함되지 않음

5 기능별 물류비

(1) 운송비

① **수송비** : 물류거점 간 이동활동에 소요되는 비용으로서 사내의 공장이나 창고, 물류센나 지점 등의 물류거점 간 운송에 발생하기 때문에 주로 사내물류비에 해당

② **배송비** : 수요자에게 배송시키는 활동에 소요되는 비용으로서 창고나 물류센터로부터 수요자인 고객에게 운송시 발생하기 때문에 주로 판매물류비에 해당

(2) 보관비

① 제품이나 상품을 일정 기간 동안 보관함으로써 발생하는 자본비용인 재고부담이자

② 적정 재고를 유지하기 위한 재고유지비나 적정발주량을 유지하는 최적 발주비 등과 같은 재고관리비

(3) 포장비

① 물류포장활동이란 최종 소비자에게 인도되지 않고 이동과 보관을 용이하게 하기 위하여 실시하는 것으로 판매포장과 상대적인 개념을 나타냄

② 물품, 제품, 폐기물 등을 운송, 하역, 보관하기 위한 물류포장에 소비되는 물류포장비(제품이 생산되는 과정인 생산물류에서 소비된 비용은 생산원가 또는 제조원가에 귀속되기 때문에 포장비에서 제외)

(4) 하역비

① **하역비** : 물자의 운송과 보관활동에 수반되어 동일 시설 내에서 물자를 상하좌우로 이동시키는 활동에서 소비된 비용

② **유통가공비** : 물자의 유통과정에서 물류 효율을 향상시키기 위하여 이를 가공하는데 소비된 비용

(5) 물류정보 · 관리비

① **물류정보비** : 물류정보를 수집, 가공, 전달하기 위해 필요한 입력, 처리, 기억, 출력, 제어, 통신 등의 제 활동을 컴퓨터 등의 전자적 수단을 사용하여 발생하는 비용

  ㉠ 주문처리비 : 원재료를 포함한 제품이나 상품 등의 발주, 수주, 출하지시 및 이에 관한 사무처리와 통계, 분석 등의 업무를 처리하는데 소요되는 비용(영업이나 계약 등의 상류비 제외)

  ㉡ 고객서비스 : 출하 문의에 대한 회신, 출하 촉진 등의 업무에 소요되는 비용

② **물류관리비** : 물류관리부문에서 발생하는 물류활동 및 물류기능의 합리화와 공동화를 위하여 물류활동에 대한 전반적인 계획, 조정, 통제를 위해 소비되는 비용(물자유통뿐만 아니라 정보유통과 관련된 비용)

6 지급형태별 물류비(자가물류비 · 위탁물류비)

(1) 자가물류비

① 자사의 설비나 인력을 사용하여 물류활동을 수행함으로써 소비된 비용

② 사내에서 실시하는 물류활동에 관련된 비용을 조달, 사내, 판매, 리버스 등의 영역으로 구분하여 재료비, 노무비, 경비, 이자의 세목별 계정과목을 통해 비용 세분화

(2) 위탁물류비

① 물류활동의 일부 또는 전부를 외부의 물류업자나 물류자회사인 타사에 위탁하여 수행함으로써 지불하는 비용 또는 요금

② 위탁물류비는 주로 포장, 운송 및 보관 등의 활동을 위탁하는 경우에 발생(예 지불포장비, 지불운임, 지불창고료, 입출고료, 수수료 등)

③ 물류자회사 지불분(2PL)과 물류전문회사 지불분(3PL)을 구분

7 세목별 물류비

(1) 재료비

① 물류와 관련된 재료의 소비에 의해서 발생하는데, 주로 포장이나 운송기능에서 발생

② 재료비의 항목에는 포장 재료비, 연료비 이외에도 물류활동 수행을 위한 소모용 공구비, 비품비 등이 포함

(2) 노무비

① 물류활동을 수행하기 위해 발생하는 노동력에 대한 비용으로서 운송, 보관, 포장, 하역 및 관리 등의 전반적인 기능과 조달, 사내, 판매 등의 전 영역에서 발생

② 노무비 항목에는 임금, 급료, 잡급 이외에도 물류관련 종사자에 대한 제수당, 퇴직금 및 복리후생비 등 포함

(3) 경 비

① 재료비, 노무비 이외에 물류활동과 관련하여 발생하는 제비용으로서 주로 물류관리의 기능에서 발생

② **공공서비스비** : 공익 사업체에서 제공하는 용역에 대해서 발생하는 비용(전력료, 가스 · 수도료, 통신비 등)

③ **관리유지비** : 물류 관련 고정자산의 운용, 가동, 보전 등을 위해서 발생하는 비용(수선비, 운반비, 세금과 공과, 지급 임차료, 보험료 등)

④ **감가상각비** : 가치 감소분의 비용(건물 감가상각비, 구축 감가상각비, 기계장치 감가상각비, 차량 감가상각비, 운반 감가상각비 등)

⑤ **일반경비** : 물류관리 목적을 위해서 지출하는 일반적인 물류비(여비, 교통비, 접대비, 교육훈련비, 소모품비 등)

(4) 이 자

물류시설이나 재고 자산에 대한 이자 발생분을 의미하는데 '금리' 또는 '투자보수비'라고도 함

■8 관리항목별 물류비와 조업도별 물류비

① 관리항목별 분류는 중점적으로 물류비 관리를 실시하기 위한 관리 대상별(제품별, 지역별, 고객별 등과 특정의 관리단위별)로 물류비를 분류하는 것

② 조업도별 분류는 물류비에 관한 계획을 설정하고 통제하기 위해서는 물류비가 물류조업도에 따라서 어떻게 발생하는가를 파악하는 것이 중요(물류활동에 비례하여 증감하는 변동비와 물류량이 증감하여도 일정액이 지불되는 고정비로 구분함)

■9 물류비의 계산방법

(1) 일반기준에 의한 물류비의 계산

① 물류비를 상세하게 원칙적으로 계산하는 방식으로 일정 이상의 물류비 관리수준을 보유한 기업에서 활용

② 물류원가계산의 관점에서 보면 관리회계방식에 의한 물류비 계산 기준을 말함

(2) 간이기준

① 회계장부와 재무제표(주로 손익계산서와 대차대조표)로부터 간단하게 추산하는 방식(재무회계방식)

② 일반기준과는 반대로 상세한 물류비 정보 보다는 개략적인 물류비 정보나 자료 정도로도 만족하는 중소기업 등 비교적 물류비 관리 수준이 낮거나 물류비 산정의 초기 단계의 기업에서 사용

● **일반기준과 간이기준의 특징 비교**

기 준 \ 항 목	일반기준(관리회계방식)	간이기준(재무회계방식)
기본적 관점	물류목표를 효과적으로 달성하기 위한 활동에 관여하는 인력, 자금, 시설 등의 계획 및 통제에 유용한 회계정보의 작성이 목적(기능별, 관리항목별의 업적 평가나 계획 수립이 가능)	기업활동의 손익상태(손익계산서)와 재무상태(대차대조표)를 중심으로 회계제도의 범주에서 물류활동에 소비된 비용항목을 대상으로 1회계기간의 물류비 총액 추정
계산방식	물류활동의 관리 및 의사결정에 필요한 회계정보를 입수하기 위해 영역별, 기능별, 관리항목별로 구분하여 발생 비용을 집계	재무회계의 발생형태별 비용항목 중에 물류활동에 소비된 비용을 항목별로 배부기준을 근거로 해당 회계기간의 물류비로 추산
장 점	영역별, 기능별, 관리항목별 물류비계산을 필요한 시기, 장소에 따라 실시 가능 물류활동의 개선안과 개선항목을 보다 명확하게 파악 가능	개략적인 물류비 총액계산에 있어서 별도의 물류비 분류, 계산절차 등이 필요하지 않고, 전담조직이나 전문지식이 부족해도 계산 가능
단 점	상세한 물류비의 분류 및 계산을 위한 복잡한 사무절차 작업량이 많기 때문에 정보시스템 구축이 전제	상세한 물류비의 파악이 곤란하기 때문에 구체적인 업무평가나 개선목표의 수립이 곤란하며 물류비 절감효과 측정에 한계

10 물류예산관리

(1) 물류예산관리의 개념

기업의 물류활동을 위하여 설정된 물류계획에 대한 예산을 편성하고 예산 집행에 있어서 비용지출을 조정하거나 통제하는 것

(2) 물류예산의 편성절차

① **1단계**(물류환경의 분석) : 기업의 내부·외부적인 물류환경에 대하여 분석하고 예측

② **2단계**(장기 물류계획의 설정) : 기업의 장기적인 경영전략 등에 의한 물류전략이나 정책을 기초로 물류환경을 고려하여 결정

③ **3단계**(물류예산 편성방침의 시달) : 당해 연도별로 물류부문 방침과 장기계획에 의거하여 물류비 예산안을 편성하기 위한 지침서의 역할 수행

④ **4단계**(물류예산안의 작성) : 예산 편성방침에 근거하여 물류부문의 관리자가 실무자의 의견을 수렴하여 이루어짐.

⑤ **5단계**(물류예산안의 심의 및 조정) : 물류부문에 작성되어 제출된 물류비 예산안을 예산심의위원회에서 심의 및 조정

⑥ **6단계**(물류예산의 확정) : 기업의 최고 경영자가 최종적으로 승인 및 확정

11 물류채산성 분석

(1) 물류채산분석(물류의사결정회계)의 개념

① 현재 실시하고 있는 물류비 관리시스템에 대한 구조상·수행상의 문제 등에 관하여 그 채산성 여부를 파악하기 위하여 실시하는 분석

② 물류비의 실태를 파악하면 다음 단계는 물류비 절감 방안을 강구하는데 이때 필요한 것이 물류채산분석

◉ 물류채산성분석과 물류원가계산의 비교

구 분	물류채산분석	물류원가계산
계산 목적	물류활동의 의사결정	물류활동의 업적평가
계산 대상	특정의 개선안, 투자안	물류업무의 전반
계산 기간	개선안의 전(특정)기간	예산기간(월, 분기, 연도별)
계산 시기	의사결정시 실시	각 예산기별로 실시
계산 방식	상황에 따라 상이	항상 일정
계산의 계속성	임시적으로 계산	반복적으로 계산
물류원가의 종류	미래원가, 실제원가	표준원가, 실제원가
할인계산의 유무	할인계산 함	할인계산 안함

(2) 물류채산분석의 실시 절차

① 1단계(물류현황파악) : 물류업무에 대한 문제점 파악

② 2단계(물류개선안 작성) : 물류업무에 대한 대체 안을 탐색·작성

③ 3단계(물류비 측정) : 개선안별로 물류비의 용도와 필요성 측정

④ 4단계(물류비 비교) : 개선안별로 물류비를 비교·측정

⑤ 5단계(물류개선안의 최종적 결정) : 선택된 최종안을 종합적으로 평가

(3) 물류채산분석을 위한 접근방법

① **비용상충분석(Trade-off)방법** : 물류업무의 추진과정에서 이율배반적인 관계가 발생할 경우, 원가를 중심으로 비교분석하는 접근방식

② **총비용접근(Total Cost Approach)방법** : 물류개선을 위해 필요한 비용 중에서 각 비용의 부분적인 비용 절감이 아닌 비용 전체의 절감을 위한 종합분석을 실시하는 접근방식

12 물류 ABC와 물류 ABM

(1) **물류 ABC**(활동기준 원가계산, Activity Based Costing)

① 물류비용을 파악할 때 물류량 단위에 한정하지 않고 활동별로도 함께 파악함으로써 물류업무의 적정 평가나 SCM(SupplyChainManagement) 최적을 위한 비용평가 가능

② **물류ABC의 기본요소**: 자원(Resource), 활동(Activity), 원가대상(CostObject), 활동동인(Activity-Driver), 자원동인(ResourceDriver)

③ **활동기준 원가계산 도입시 기대효과**

　㉠ 정확한 원가 및 이익정보 제공

　㉡ 관리회계시스템의 기반구축 가능

　㉢ 성과평가를 위한 인프라 및 전략적 정보 제공

　㉣ 유통채널관리 지원

　㉤ 경영의사결정의 질적 개선

(2) **물류 ABM**(활동기준 경영관리, Activity Based & Management)

① 기업 내에서 수행되고 있는 활동을 관리함으로써 고객가치를 높이고 증대된 고객가치를 토대로 기업의 이익을 제고하고자 하는 경영관리기법

② 물류 ABC를 통해 얻은 제품에 대한 원가자료를 이용하여 각 업무활동의 내용을 분석하여 불필요한 프로세스(비부가가치 활동)을 발견할 수 있어 원가 절감 기회파악, 품질개선, 낭비요인의 파악 및 제거, 이익극대화를 위한 최적자원계획 등을 수행 가능

◈ **기타**: 물류비 감소의 매출액 증대효과 및 물류비 배분 관련 계산문제의 이해는 필수적으로 학습해야 함

제 7 장　조달물류와 판매물류

1 조달물류

(1) **구매관리**

① 구매란 생산에 필요한 자재나 용역을 구입하는 행위로서, 기업의 이익관리에 크게 영향(이익창출을 위한 원가 절감)을 미침. 제2의 생산(납기관리), 품질관리(품질제일주의)임

② **구매계획 수립시 고려사항**: 생산계획, 현 재고량, 구매시기 및 소요시간, 물가변동추세, 생산능력, 경제적 구매량 등을 고려하여 구매계획을 세워야 함

(2) **구매방법의 유형**: 본사집중구매, 현장분산구매, 상용구매 및 예측구매

2 재고관리

(1) 재고관리의 개념

① **전통적인 재고관리의 개념**: 재고고갈(품절)을 초래하지 않을 정도의 최소한의 재고수준을 유지하는 것이 중점과제

② **혁신적인 재고관리의 개념**: **무재고관리**(Zero Inventory System)**의 추진이 중심과제**

(2) 재고관리의 목적

① 재고의 적정화에 의한 재고투자 및 재고관련 비용(구매비용, 발주비용, 보관, 품절손실, 진부화비용)의 절감

② 재고비용의 감소와 과다 재고의 방지에 따른 운전자금의 절감

③ 재고관리에 의한 생산 및 판매활동의 안정화 도모

④ 합리적 재고관리에 의해 구매처의 재고부담 감소 추구

⑤ 과학적이고 혁신적인 재고관리에 따른 업무효율화 및 간소화 추진

(3) 재고관리기법

① ABC 재고관리

　㉠ ABC 재고관리란 중요도에 따라 차별적으로 관리하는 재고관리방식으로, 자사의 재고품목을 차별화하고 사용금액의 대소에 따라 일반적으로 구성품목을 A, B, C의 3개의 그룹으로 나누어 통제 노력을 배분하는 재고관리시스템

　㉡ A그룹(재고품목수량 10~20%, 70~80%의 가치), B그룹(재고품목수량 20~40%, 20%의 가치), C그룹(재고품목수량의 40~60%, 5~10%의 가치)으로 분류

　㉢ ABC 분석효과: 제품의 부품을 A, B, C 부품으로 분류하여 각각 구입량을 변경시킴으로써 재고금액 감소, 창고 레이아웃 개선, 재고관리, 구매관리, 판매관리, 인사관리, 공정관리, 품절관리, 원가관리 등 모든 분야의 관리에 적용 가능

② JIT(적시생산 또는 적기납기, Just In Time)

　㉠ 생산에 필요한 시기에 필요한 만큼 생산공정이나 현장에 인도하여 적시에 생산하는 방식

　㉡ 핵심요소: 간판방식, 생산의 평준화, 小로트생산, 설비배치와 다기능공 제도

　㉢ JIT시스템의 구성: 간판방식(Kanban System), 발주점 방식 응용, 재고의 최소화를 위해 눈으로 보는 관리방식 채용, 요구량만 확보하는 방식(Pull 방식)

　㉣ JIT의 장점

　　ⓐ 변종변량의 생산으로 수요변화에 신속하고 유연하게 대응

　　ⓑ 생산상의 낭비제거로 원가를 낮추고 생산성을 향상

　　ⓒ JIT 생산으로 원자재·재공품·제품의 재고수준을 낮춤

　　ⓓ 자동화와 小로트생산으로 불량을 줄이고 품질을 향상시킴

　　ⓔ 준비시간 단축으로 생산 리드타임을 줄임

ⓕ 간판방식과 생산평준화로 생산의 흐름이 원활

ⓖ 라인스톱시스템 등으로 문제해결에 작업자 참여

ⓗ 유연한 설비배치와 다기능공으로 작업자수를 소수인화함

③ MRP(자재소요계획, Material Requirement Planning)

   ㉠ 전산화된 프로그램을 이용하여 재고관리나 생산일정을 계획하고 통제하며, 문제시되는 과
잉재고나 재고부족현상을 최소화하고, 적량의 품목을 적시에 주문하여 적정 재고수준 통제

   ㉡ MRP시스템의 효과 : 종족수요품 각각에 대해서 수요예측을 별도로 할 필요가 없으며, 공
정품을 포함한 종속수요품의 평균재고 감소, 부품 및 자재부족의 현상 최소화, 상황변화
(수요 · 공급 · 생산능력의 변화 등)에 따른 생산일정 및 자재계획의 변경이 용이하며 작업의
원활화 및 생산소요시간 단축, 적절한 납기이행

3 판매물류

(1) 유통경로의 개념

① 유통경로(Distribution Channel)는 생산자에 의해서 만들어진 제품이 소비자의 손에 이르기까
지 거치게 되는 전 단계를 말함

② 유통경로는 '제조업자 ⇨ 도매기관 ⇨ 소매기관 ⇨ 소비자'로 표현할 수 있으며, 제조업자의
입장에서 유통경로관리는 수직적 연계를 설계 · 관리하는 과정으로, 유통경로는 제품, 가격, 촉
진과 함께 마케팅 믹스 구성요소의 하나로 인식됨

③ 유통경로의 구성원은 중심기능 구성원(도매기관, 소매기관 등)과 특화기능 구성원(금융, 물류 등
지원기능)으로 구분됨

(2) 유통기관의 주요기능

① **거래의 효율성 증대** : 분산적 교환에서 집중적 교환으로 거래의 효율성 증대

② **구색 갖춤** : 가능한 한 다양한 제품을 준비하여 복잡한 거래를 단순화시켜주는 기능

③ **제품의 소량 단위화** : 생산자가 대량생산한 제품을 소량단위로 만드는 기능

④ **거래의 단순화** : 유통기관의 분배기능으로 인해 복잡한 거래조건을 단순한 형태로 전환

⑤ **정보탐색의 용이성** : 소비자와 생산자의 중간에 위치하여 양쪽의 정보를 통합하여 전달

(3) 도매기관

① 소매기관, 상인, 산업적 또는 상업적 사용자들에게 상품을 판매하는 사람이나 기관들에 관련
된 행위 등을 하는 경로구성원(최종 소비자에게 판매되는 비중이 50% 미만의 경로구성원)

② 도매기관의 주요 기능은 상품의 물리적 보유, 소유권 기능, 정보 기능, 금융기능, 위험부담, 협
상, 주문 등임

③ **도매기관의 분류**

ㄱ. 상인도매기관: 상품을 직접 구매하여 판매하는 기능을 하는 도매기관. 상인도매기관은 상품에 대한 소유권이 있지만 대리도매기관은 소유권이

ㄴ. 대리도매기관: 제조업자의 상품을 대신 판매, 유통시켜 주는 기능을 수행하며, 판매대금을 제조업자에게 지불하고 커미션이나 수수료를 받음. 제조업자가 소규모로써 마케팅능력이 부족하거나 고객에게 지명도가 낮은 경우 이용하고, 제조업자 대리도매기관, 판매대리인, 수수료 상인, 브로커 등이 해당됨.

⑷ **소매기관**

① 최종 소비자에게 상품이나 서비스를 판매하는 행위를 하는 경로구성원

② 유통경로상에서 소매기관은 소비자와 가장 가까이 있는 경로구성원으로 도매기관으로부터 재화를 구입하여 최종 소비자에게 판매하는 역할

⑸ **신유통업태의 종류**

① **할인점**(디스카운트스토어): 식품과 일용잡화 등 소비재를 중심으로 한 중저가 브랜드 중 유통회전이 빠른 상품을 취급. 철저한 셀프서비스하에 저가격으로 대량판매를 하는 업태

② **회원제도매클럽**(MWC, 창고형도소매클럽): 회원으로 가입한 고객만을 대상으로 판매하는 업태. 할인점보다도 더 저렴

③ **양판점**(GMS): 중저가의 의류 및 생활용품을 다품종 대량 판매하는 대형 소매점. 자체 상표를 가지며 체인에 의해 다점포화 추구

④ **전문점**(카테고리킬러, 홈센터)

ㄱ. 카테고리킬러: 특정 상품에 대해 방대한 제품 구색을 갖추고 저가격으로 판매

ㄴ. 홈센터: 주거공간을 자기 손으로 유지·보수할 수 있는 소재나 도구 등을 판매하는 곳

⑤ **슈퍼센터**: 할인점에 슈퍼마켓을 결합한 형태. 기존의 할인점보다 더 깊고 넓은 상품구색을 갖추고 있음

⑥ **하이퍼마켓**: 대형화된 슈퍼마켓에 할인점을 접목시켜 저가로 판매하는 소매업태

⑦ **아웃렛**: 메이커 및 소매점에서 팔고 남은 상품을 초저가에 판매하는 업태

⑧ **파워센터**: 할인점이나 카테고리 킬러 등 저가를 무기로 하는 할인업태들을 한 곳에 종합해놓은 초대형 소매업태

⑨ **기타 신업태**[SSM(Super Super Market)]: 각종 편의시설을 갖춘 새로운 형태의 슈퍼마켓으로 대형마트 보다 작은 규모[연면적 990~3,300m²(300~1,000평)]의 대형할인점의 틈새를 겨냥한 기업형 소매점

(6) 소매업 발전이론

① 소매업 수레바퀴의 가설(The Wheel of Retailing)
- ㉠ 1단계: 저가격·저비용·저마진의 혁신적인 소매형태가 나타나는 진입기
- ㉡ 2단계: 모방 기업들의 등장으로 타사와 차별화를 시도하는 격상기
- ㉢ 3단계: 소매환경의 변화로 새로운 유형의 혁신적인 소매점이 진입할 수 있는 여지를 제공하는 취약기

② 소매수명주기(Retail Life Cycle): 한 소매점 유형이 초기성장기, 가속성장기, 성숙기, 쇠퇴기의 단계를 거치는 것으로 보는 가설

③ 소매아코디언 이론(Retail Accordian): 제품 구색이 넓은 소매업태에서 전문화된 좁은 제품 구색의 소매업태로 변화되었다가 다시 넓은 제품 구색의 소매업태로 변화되어 간다는 가설

④ 변증법적 이론: 소매업이 정반합의 과정으로 진화·발전된다는 이론으로 두 개의 서로 다른 경쟁적인 소매업태가 하나의 새로운 소매업태로 합쳐지는 소매업태 혁신의 합성이론. 즉, 정(Thesis: 기존의 소매업태)과 반(Antithesis: 혁신적인 소매업태)이 합쳐져 합(Synthesis: 두 형태가 합쳐진 새로운 소매업태)이 된다는 것

⑤ 자연도태설: 다윈의 자연도태설을 근거로 소매업태의 변화과정을 설명하려는 이론으로 환경적응적 소매점은 존속하게 되지만 환경적응에 실패하는 기업은 도태하게 된다는 주장

(7) 유통경로 커버리지전략

① 개방적 유통경로
- ㉠ 자사 제품을 누구나 취급할 수 있도록 개방하는 전략(식음료, 일용잡화 등)
- ㉡ 소비자들에게 구입 편의성을 제공하여 매출 증대를 도모할 수 있으나 유통비용이 증가되고, 통제가 어렵다는 단점이 있음

② 전속적 유통경로
- ㉠ 자사 제품만을 취급하는 도매상 또는 소매상을 갖는 전략
- ㉡ 도·소매상에 대하여 제조업체의 통제가 가능하므로 긴밀한 협조체제를 형성할 수 있고 제품 이미지 제고 및 유지가 가능하다는 장점이 있음
- ㉢ 개방적 유통경로에 비하여 상대적으로 유통비용이 적게 들고 고급 의류, 가구, 자동차 등 비교적 고가의 제품에 적합한 유통경로

③ 선택적 유통경로
- ㉠ 일정 지역에서 일정 수준 이상의 자격요건을 갖는 소매점을 선별하여 자사품을 취급하도록 하는 유통경로로서, 소매상이 다른 회사의 제품도 취급할 수 있다는 점에서 전속적 유통경로와 차이가 있음(소형 가전제품, 내의류 등)
- ㉡ 개방적 유통경로에 비해 소매상 수가 적어 유통비용 절감효과가 있고 전속적 유통경로에 비해서는 제품 노출을 확대시킬 수 있다는 장점이 있음

⑻ **유통경로의 조직 형태**

① **전통적 유통경로시스템**: 경로구성원들이 각각 독립적으로 구성되어 있는 형태로 타 구성원의 기능이나 역할에 관여하지 않고, 자신의 역할만 하는 형태

② **수직적 유통경로시스템**

　㉠ 제조업자, 도매기관, 소매기관의 유통과정을 체계적으로 통합하여 하나의 시스템처럼 조직된 형태

　㉡ 중앙 통제적 조직구조를 가지고 유통경로가 전문적으로 관리되고 규모의 경제를 실행할 수 있으며, 경로구성원 간의 조정을 기할 수 있는 시스템

③ **수평적 유통경로시스템**

　㉠ 동일한 경로단계에 있는 두 개 이상의 기업이 대등한 입장에서 시너지 효과를 얻기 위해 결합한 형태

　㉡ 24시간 편의점 안에 있는 신용카드 현금서비스 기기 등

④ **복수유통경로시스템**: 상이한 두 개 이상의 유통경로를 채택한 형태

⑼ **수직적 유통시스템의 형태**

① **기업형 시스템**: 한 경로구성원이 다른 경로구성원을 소유에 의해 지배하여 하나의 회사 형태로 수직적 통합을 하는 형태로 전방통합과 후방통합이 있음

② **계약형 시스템**: 유통경로구성원들이 경제적으로 독립성을 유지하면서 계약에 의해 수직적 통합을 하여 서로 경제적 이익을 얻는 조직. 도매기관 후원 자유연쇄점, 소매기관조합, 프랜차이즈 조직 등 세 가지 유형이 있음

③ **관리형 시스템**: 경로구성원들이 소유나 계약에 의해서 결합하는 것이 아니라, 구성원들 중에서 규모나 명성에 있어 지도적인 위치에 있는 주도적 기업의 조정과 관리에 의해 생산 및 유통이 통합된 형태

④ **동맹형 시스템**: 둘 이상의 경로구성원들이 대등한 관계에서 상호의존성을 인식하고 자발적으로 긴밀한 관계를 형성한 통합된 형태

제 8 장 포장물류

1 포장의 정의 및 기능

(1) 포장의 정의

① 포장은 물품의 전시, 판매, 운송, 보관, 사용 등에 있어서 그 가치 및 상태를 유지하기 위해 적절한 재료, 용기 등을 사용하여 보호하는 기술 또는 쌓여진 상태를 말함

② 즉, 포장은 화물의 운송, 보관 또는 하역시 화물을 안전하게 보호하고 취급이 편리하도록 하기 위해 용기 등으로 화물의 외부를 싸는 것임

③ 포장은 물류의 하부시스템으로서 상품의 이동성을 높이고 운송, 하역, 보관면에서 상품내용을 보호하는 기능과 역할을 담당하며, 생산과 마케팅을 연결하는 기능을 함

④ 물품의 생산에서 소비에 이르기까지 수송, 보관, 하역, 판매, 사용 등의 제반 과정에 있어서 물품의 품질, 가치를 보호·보전하고, 물품의 취급을 편리하게 하고, 그 물품 정보의 전달 및 물품의 판매를 촉진하며, 재료와 형태면에서는 포장의 사회적 공익성과 함께 환경에 적합하고, 유통합리화를 기하기 위하여 물품에 경제적으로 시공한 기법 또는 시행한 상태임

(2) 포장의 기능

① **보호성**: 내용품의 보호 및 품질유지에 필요한 것으로 물품을 보호하는 기능

② **단위성**: 물품을 일정한 단위로 정리하는 기능(거래단위와 일치하고, 취급이 편리하고, 운송, 하역, 보관 등의 물류조건에 적합)

③ **표시(정보)성**: 화물취급 및 분류에 필요한 사항을 포장에 인쇄, 라벨 등으로 표시함으로써 하역활동을 용이하게 함(문자, 표지, 기호, 바코드, 심벌 등).

④ **상품성과 판매촉진성**: 상업포장의 본질로써 상품이미지를 높이는 것이며, 상품과 소비자를 연결하는 매개체 역할을 하고, 광고효과가 높아 상품의 판매촉진 효과를 가져옴.

⑤ **편리성**: 이용 및 진열 용이, 운송·하역·보관작업 용이, 화물의 취급 편리, 운송·하역·보관에 적절한 형상 유지, 사용 편리, 이동 간단, 비용 저렴, 진열 간단, 용기의 재사용 등

⑥ **효율성**: 생산, 하역, 판매, 수배송, 보관 등의 효율적인 작업 가능

2 포장의 종류

(1) **형태별 분류**: 개별포장, 내부포장, 외부포장

(2) **한국공업규격(KS)에 의한 분류**: 낱포장, 속포장, 겉포장

(3) 기능별 분류

① 공업포장

⊙ 물품의 운송·보관을 주목적으로 하는 포장으로 산업포장 또는 수송포장이라고도 하며, 내용물의 보호 및 물품취급의 편의기능에 중점을 둠

ⓒ 상품성 및 판매촉진성 중시, 구매자 및 소비자와 직접 접촉, 상류의 중요한 요소(판매촉진의 수단), 매출액 증가 중시

② 상업포장

⊙ 상거래에서 상품을 정리 및 취급하기 위해 시행하는 포장으로 소매포장 또는 소비자 포장이라고도 하며, 판매촉진기능과 수송·하역 편의기능, 작업의 효율화 도모 목적

ⓒ 보호성 및 취급편리성 중시, 반드시 직접 접촉하지 않음. 물류의 중요한 요소(물류기술의 수단), 비용 최소화 중심

■ 3 화인과 화물취급주의 표시

(1) 화인의 의의

포장화물의 외장에 기입하는 특정한 기호, 번호, 목적지, 취급상의 문구 및 기타의 표시 등을 총칭하는 것으로, 화물취급자로 하여금 다른 화물과의 구분, 매수인의 사용편의 및 선적서류와 물품과의 대조에 편의를 주는 데 목적이 있음

(2) 화인표시의 종류와 방법

① **화인표시의 종류**: 주표시(Main Mark), 부표시(Counter Mark), 품질표시(Quality Mark), 목적지표시(Destination Mark), 상자번호(Case Number), 수량표시(Case Mark), 주의표시(Care Mark), 원산지표시(Origin Mark)

② **화인표시의 방법**: 스탬핑(Stamping or Printing), 스텐실(Stencil), 스티커(Sticker), 태그(Tag), 레이블링(Labeling), 카빙(Carving or Embossing)

(3) 일반 화물의 취급주의 표시

번호	호칭	표시	표지내용 및 위치
1	깨지는 것		깨지기 쉬우므로 주의하여 취급할 것을 표시한다.
2	취급주의 (HANDLE WITH CARE)		충격을 주지 않도록 조심스레 취급할 것을 표시한다.

3	갈고리 금지 (USE NO HOOK) (DO NOT PUNCHUR)		갈고리를 사용하여서는 안 된다는 것을 표시한다.
4	직사광선 · 열차폐 (PROTECT FROM HEAT)		직사광선 및 열로부터 차폐하는 것을 표시한다.
5	위(上) (THIS WAY UP)		화물의 올바른 방향을 표시하여 반대 · 가로 쌓기를 하지 않을 것을 표시한다. 표지는 표시보기와 같이 포장화물의 옆면 또는 양 끝 면의 위쪽 구석에 가까운 다른 면의 2곳 이상에 표시한다.
6	방사선 방호 (PROTECT FROM RADIOACTIVE SOURCES)		방사원에서 격리 또는 방사선을 방지하는 것을 표시한다.
7	거는 위치 (SLING HERE)		슬링을 거는 위치를 표시한다. 표지는 표시보기와 같이 상대하는 2면 각각에 표시한다.
8	젖음 방지 (KEEP DRY)		물이 새지 않도록 보호할 것을 표시한다.
9	무게중심 위치 (CENTER OF GRAVITY)		화물의 무게중심 위치를 표시한다. 표지는 표시보기와 같이 무게중심의 위치가 쉽게 보이도록 필요한 면에 표시한다.
10	불안정 (UNSTABLE)		쓰러지기 쉬운 화물임을 표시한다.
11	굴림 금지 (DO NOT ROLL)		굴려서는 안 됨을 표시한다.
12	손수레 삽입금지 (NO HAND TRUCK HERE)		손수레를 끼워서는 안 되는 부위를 표시한다.
13	위쌓기 제한 (STACKING LIMITATION)		위에 쌓을 수 있는 최대무게를 표시한다. 표지의 상부에는 최대 허용무게를 수치로 표시한다.

14	쌓는 단수 제한 (LAYERS LIMIT)		겹쳐쌓을 수 있는 총단수를 표시한다. 표지 위의 수치는 최대허용 겹쳐 쌓기 총단수 10단 쌓기의 보기를 표시한다.
15	온도제한 (TEMPERATURE LIMITATIONS)	(1) (2) (3)	허용되는 온도범위 또는 최저·최고온도를 표시한다. 다음과 같이 (1)은 허용되는 온도범위를, (2)는 최고 허용온도치를, (3)은 최저 허용온도치를 표시한다.
16	화기 엄금 (KEEP AWAY FROM FIRE)		타기 쉬우므로 화기를 접근시켜서는 안 된다는 것을 표시한다.
기 타			'밟지 마시오' 표시
			'찍힘주의' 표시

4 적정포장

(1) 적정포장의 개념

① 적정포장은 상품의 품질보존, 취급상의 편의성, 판매촉진, 안정성 등 포장 본래의 기능을 만족시킴과 동시에 가장 합리적이며, 경제적인 포장임

② 공업포장에서는 유통과정에서 발생하는 진동, 충격, 압축 및 온·습도 등에 의해 물품에 파손 및 손상이 발생하여 그 가치 및 상태의 저하를 가져오지 않도록 하는 유통조건에 적합한 합리적인 보호를 이루도록 해야 함

③ 상업포장에서는 과대, 과잉 및 거품포장을 시정함과 동시에 결함 포장을 없애기 위한 그 설계상 보호성, 안정성, 단위, 표시, 용적, 내포장, 폐기물 처리 등을 배려한 포장을 해야 함

(2) **적정포장을 위한 고려요인**

① **생산자 측의 조건**: 제품의 적절한 보호, 포장비 절감을 통한 원가 절감, 작업의 라인화 및 자동화를 위한 포장설계, 기업 및 제품광고의 효율성 제고, 재생의 활용성 제고

② **물류업자 측의 조건**: 하역의 용이성과 위험성을 고려한 중량과 용적 단위 포장, 물품의 구분, 행선지, 취급방법 등의 명확한 표시, 유닛로드의 적합성 고려, 포장강도의 표준화, 표시마크, 운송수단과 하역수단의 적합성 고려, 유통과정에서의 도난 방지

③ **판매자 측의 조건**: 개장과 재포장의 용이성, 간단명료한 내용표시, 판매 시점에 효과 여부, 소비자 감각에 부합되는 디자인

④ **소비자 측의 조건**: 만족감 제공, 개장 및 재포장의 용이, 포장의 처리나 재이용의 용이성

■ 5 포장표준화

(1) **포장표준화의 개념**

① 포장표준화는 물품의 수송, 보관, 하역 등 물류의 각 단계에 있어서 시설 및 장비의 종류·형상·치수를 규격화하고 통일시켜 이들 간 호환성과 연계성을 확보·일관흐름체계를 이룰 수 있도록 포장물동량의 취급단위를 단위화시키는 것임

② 포장표준화는 물류표준화를 하기 위한 전제조건이며 자재조달에서부터 생산, 물류, 판매에 이르기까지 모든 프로세스를 전체적으로 최적화하고 동기화하기 위한 핵심요소로서 프로세스의 접점기능을 효율화하고 원활하게 하여 물품을 신속하고 안전하게 이동시킴

(2) **포장표준화의 목적**

① 하역작업의 기계화로 일손 부족을 해결하고, 물류흐름의 속도 증가

② 보관시설의 적재효율 향상, 운송장비의 회전율, 운행시간 증대

③ 물류장비, 시설의 공동 이용 등으로 다빈도 소량의 물류활동에 공통의 기준을 부여함으로써 전체적인 효율성 향상

(3) **포장표준화의 효과**

① 포장설계의 간소화로 포장비, 포장재료비, 포장작업비 등 절감

② 하역의 능률을 향상시켜 유통비용 절감

③ 수출업체로 하여금 발주 및 가공의 신속화를 기하게 하고 일정한 로트에서 더 많은 생산비 절감

④ 균일한 포장으로 해외시장에 진열했을 때 품위의 유지와 종합유통원가를 절감시킴으로써 기업경쟁력 제고에 유리

⑷ **포장표준화의 5대 요소**

① 치수의 표준화

② 강도의 표준화

③ 기법의 표준화

④ 재료의 표준화

⑤ 포장관리의 표준화

⑸ **포장합리화의 원칙**

① **제1원칙**: 대량화·대형화의 원칙

② **제2원칙**: 집중화·집약화의 원칙

③ **제3원칙**: 규격화·표준화의 원칙

④ **제4원칙**: 사양변경의 원칙

⑤ **제5원칙**: 재질변경의 원칙

⑥ **제6원칙**: 시스템화 및 단위화의 원칙

⑹ **포장모듈화의 절차**

① 수송수단의 결정

② 표준파렛트의 치수 결정

③ 적정포장재 선택

④ 상품성을 고려하여 낱포장 설계

⑤ 겉포장 설계 및 치수 결정

⑥ 겉포장과 연계하여 낱포장치수 결정

⑺ **포장모듈화의 저해요인**

① 일관파렛트화의 부진

② 상품형태가 모듈화에 부적합

③ 소규모의 거래단위

④ 제품의 다양화와 판매지향적 경향

⑤ 포장의 모듈화에 따른 기존 생산설비 및 물류시설의 변경 여부

⑥ 경영자들의 포장모듈화에 대한 인식 부족

제 9 장 물류표준화와 공동화

1 물류합리화

(1) 물류합리화의 의의

① 물류합리화는 물류비 절감과 물류서비스 향상을 위하여 운송, 보관, 하역, 포장 등 물류 제 기능을 통합하여 전체적인 흐름을 합리화하는 것임

② 과거의 물류활동은 운송, 보관, 포장, 하역, 유통가공, 정보 등 개개의 기능별로 나누어 물류의 합리화, 효율화를 추진하는 경향이 있었으나 이러한 제 기능을 하나로 통합하여 전체적인 물자의 흐름으로 관리하여 물류의 합리화와 효율화를 도모해야 함

③ 또한 물류의 합리화를 위해서는 먼저 물류의 제 기능활동을 합리화한 후 시스템적 사고에 의한 물류시스템 전체의 합리화를 추진해야 하는 양적 물류에서 질적 물류를 지향함

④ 비용적인 부분과 서비스 부분의 상충관계를 고려하여 총비용이 최소화되게 하는 것임

(2) 물류합리화의 필요성

① **경제규모의 확대** : 물류유통부문의 물동량 급증, 수출물량의 증대, GDP의 급증

② **물류원가의 증대** : 인건비, 연료비 등 원자재 값의 증가

③ **노동력 수급상의 문제점** : 3D 기피현상, 노동력의 부족

④ **소비성향의 변화** : 소비욕구와 가치관의 변화, 의식구조의 변화

⑤ **산업계의 변화** : 물류거점의 집약화 및 거점화, 두뇌집약형 지향

(3) 부문별 물류합리화 방안

① **물류조직**

　㉠ 조직관리의 일괄계획 수립 및 수행　　㉡ 적극적인 물류조직의 구축
　㉢ 물류전담부서에 의한 통합관리　　㉣ 물류전문가의 양성

② **수배송부문**

　㉠ 운송회사의 물류종합회사로의 전환　　㉡ 운송수단 선택의 제고
　㉢ 화물차종의 다양화 추진　　㉣ 적재화물의 표준화
　㉤ 공동 수배송으로 운임 절약　　㉥ 적소에 물류거점 확보
　㉦ 실차율(적재율)의 향상　　㉧ 사회간접자본 확대

③ 창고관리부문

　　㉠ 전문화된 창고 육성　　　　　　　㉡ 창고의 자동화 추진으로 효율성 제고

　　㉢ 정보시스템의 추진　　　　　　　　㉣ 창고의 시스템화

　　㉤ 물류거점의 집약화 및 광역화　　　㉥ 기본기능의 내실화로 코스트관리

　　㉦ 물류(화물)터미널 및 공동배송센터 건립

④ 포장관리부문

　　㉠ 기계화 및 자동화 적극 추진　　　　㉡ 생산성과 안정성 제고

　　㉢ 표준화의 완성으로 규격의 단순화 추진　㉣ 과잉포장 배제

　　㉤ 포장재료의 근대화 적극 추진　　　㉥ 포장재의 재사용 추진

⑤ 하역부문

　　㉠ 하역의 표준화, 유닛로드시스템의 구축

　　㉡ 도크(Dock)시설의 설치, 운반·하역관리자의 운영 능력 향상

　　㉢ 운반·하역의 기계화·자동화로 운반활성화 추진

　　㉣ 범용성 있는 하역시설의 구축, 효율적인 시스템의 형성

　　㉤ 중력 이용, 불필요한 작업 제거

　　㉥ 흐름의 원활화 도모

⑥ 물류정보부문

　　㉠ 물류정보의 전달체계 개선　　　　　㉡ 수발주처리의 전산화

　　㉢ 고객서비스의 향상 방안 연구　　　　㉣ 물류정보활동의 과학화 및 전산화

　　㉤ 물류와 연관된 정보의 지속적인 수집　㉥ 물류정보시스템의 추진

　　㉦ 고객서비스 수준의 주기적인 측정　　㉧ 주문단위의 소규모화에 대한 대응

2 물류표준화

(1) 물류표준화의 개념

① 물류표준화는 운송, 보관, 하역, 포장, 정보 등과 같은 물동량 취급 단위를 물류상의 공통기준을 정하여 시행함으로써 모든 분야에서 낭비를 예방하고 이익을 도모하는 것임

② 즉, 포장, 하역, 보관, 운송, 정보 등 각각의 물류기능 및 단계의 물동량 취급단위를 표준 규격화하고 이에 사용되는 기기, 용기, 설비 등을 대상으로 규격, 강도, 재질 등을 통일시키는 것임

③ 물류표준화는 물류의 시스템화를 전제로 하여 단순화(Simplification), 규격화(Standardization), 전문화(Specialization)를 통해 물류활동에 공통의 기준을 부여함으로, 물류활동의 효율화, 화물유통의 원활화, 수급의 합리화, 물류비의 저렴화로 국가경쟁력 기반 강화를 목적으로 함

(2) **물류표준화의 필요성**

① 물류수요의 증대에 대응하기 위한 물류의 일관성과 경제성 확보

② 과다한 물류비의 절감

③ 하역·보관의 기계화, 자동화, 수배송의 합리화 등의 기술을 경제적으로 수립

④ 국제화 및 시장개방으로 인한 국제표준화(ISO) 연계

⑤ 기업 자체 규격에 의한 표준화가 선행되어 정착하기 전에 국가표준화가 선행되어야만 보급이 용이하고 낭비 예방 가능

⑥ 기계화·자동화가 불가피해짐에 따라 국가 전체적인 효율성 차원에서 물류와 관련된 각종 운송수단 및 각종 기기 및 시설의 규격·강도·재질 등에 대한 표준화 요구

(3) **물류표준화의 대상**

① **운송부문**: 트럭적재함, 화차, 파렛트

② **보관부문**: 보관 랙, 파렛트, 하역시설

③ **포장부문**: 포장치수

④ **하역부문**: 파렛트, 컨테이너, 화차, 지게차, 컨베이어, 크레인, 무인반송차 등

⑤ **기반시설**: 철도, 도로, 항만, 공항터미널, 화물역, 트럭터미널

⑥ **물류정보**: EDI, POS

(4) **물류표준화의 효과**

① **자원·에너지 절감 효과**

　　㉠ 재료의 경량화　　　　　　　　　㉡ 적재효율의 향상

　　㉢ 일괄수송에 의한 에너지 절약　　㉣ 단순화

　　㉤ 작업의 표준화　　　　　　　　　㉥ 물류생산성 향상

② **물류기기의 표준화 효과**

　　㉠ 각사의 사양 통일　　　　　　　㉡ 호환성 및 교체성 용이

　　㉢ 모든 기기와의 연계성 증대　　　㉣ 모든 기기를 안전하게 사용

　　㉤ 부품의 공용성으로 수리 용이　　㉥ 물류비 절감

　　㉦ 작업조건 용이

③ **포장표준화의 효과**

　　㉠ 포장공정의 단순화　　　　　　　㉡ 기계화에 따른 보관효율 증가

　　㉢ 포장재 비용 감소　　　　　　　　㉣ 제품의 파손 감소

　　㉤ 인건비 절약 및 제품의 물류비 감소

④ 표준화 후 기대효과
  ㉠ 고객서비스 개선 ㉡ 물류비용 절감
  ㉢ 물류기능업무의 신속화 ㉣ 물류정보활용 극대화
  ㉤ 경영효율 극대화

3 유닛로드시스템(Unit Load System)

(1) 유닛로드시스템의 개요

① 화물을 일정한 중량이나 크기로 단위화시켜 기계화된 하역작업과 일관된 운송방식으로 물류의 여러 과정들을 표준화시키는 것

② 목 적
  ㉠ 화물취급단위에 대한 단순화 · 표준화를 통하여 기계하역을 보다 용이하게 함.
  ㉡ 하역능력 향상 및 비용 절감을 꾀함과 동시에 수송 및 보관업무의 효율적 운용과 운송포장의 간이화를 꾀함

(2) 유닛로드시스템을 도입하기 위한 선결과제

① 수송장비 적재함의 규격 표준화

② 포장단위치수 표준화

③ 파렛트 표준화

④ 운반하역장비의 표준화

⑤ 창고보관설비의 표준화

⑥ 거래단위의 표준화

(3) 유닛로드시스템의 실행 효과

① 인건비의 절감

② 물동량 흐름의 SPEED화(Material Handling 시간 절약)

③ 작업의 표준화

④ 수송장비의 효과적인 이용(수송수단 변경 용이)

⑤ 포장비용이 절감

⑥ 자동화 설비, 장비의 이용 가능

⑦ 적재 효율 향상

⑧ 파손 방지

⑨ 재고량 평가 간소화

■ 4 물류모듈시스템

(1) 물류모듈시스템의 설정

① 물류모듈이란 물류표준화 체계의 근간이 되는 것으로 물류시스템을 구성하는 각종 요소인 화물의 유닛로드 및 이 유닛로드에 대한 하역·운반기기·기계, 트럭, 철도화차, 컨테이너선박 등 수송을 위한 장비, 보관용 기기나 시설 등의 치수나 사양에 관한 기준척도와 대칭계열을 말함

② Unit Load의 최대허용치수(Maximum Plan View Size) 1,140mm×1,140mm를 기준으로 하여 배수계열 치수들은 컨테이너 내부 치수, 트럭적재함 치수, 보관용 랙의 규격과 창고의 천장높이, 기둥 간격, 점포의 진열대 간격, 운반·하역장비의 규격 등

(2) 배수모듈시스템

① Unit Load Size(1,140mm×1,140mm)를 기준으로 하고 최대 허용공차 −40mm를 인정함.

② 우리나라의 표준파렛트치수는 KS A 2155(일관운송용 파렛트)로 제정되어 있으며, 1,100(가로) mm×1,100(세로)mm×144mm(높이)의 규격

③ **육로운송의 주요 장비가 되고 있는 8톤, 11톤 대형트럭의 적재**: Unit Load Size가 1,140mm 이며 표준파렛트의 규격이 1,100mm로 이들 트럭의 적재함에 2열로 적재될 수 있도록 설계됨 [8톤 트럭 12매(6매×2열)], 11톤 트럭 16매[(8매×2열) 적재].

④ **해상용 컨테이너의 적재**: 평면적(1단 적재)으로는 20Feet 컨테이너에는 10매(5매×2열), 40Feet 컨테이너에는 20매(10매×2열)가 적재

■ 5 일관파렛트화

(1) 일관파렛트화의 개념과 효과

① 일관파렛트화란 발송지에서 최종 도착지까지 파렛트상에 적재된 화물을 운반·하역·수송·보관하는 물류작업의 과정 중 환적하지 않고 이동시키는 것임

② 일관파렛트화의 효과
  ㉠ 인력에 의한 상·하차작업을 기계화하여 하역인원과 하역시간을 90% 감축
  ㉡ 하역시간의 단축은 트럭의 상·하차작업 대기시간을 단축시켜 운행효율 향상
  ㉢ 포장은 낱개단위로 인력작업을 할 때보다 간소화할 수 있으므로 포장비 절감
  ㉣ 보관방법의 개선 및 전반적인 물류작업의 신속화로 보관능력 향상, 재고 감축 등으로 보관비 절감

(2) 일관파렛트화 도입시 문제점

① 파렛트를 사용하는 경우에 파렛트의 자체 체적에 해당하는 면적만큼 수송기관의 적재 효율이 감소할 뿐만 아니라, 포장 모듈화가 완벽하지 못할 경우, 빈 공간의 발생으로 적재효율이 훨씬 낮아짐

② 파렛트화된 화물이 수송·하역 과정 중 진동이나 충격에 의해 손상되거나 붕괴될 수 있음

③ 사외로 수송되어진 파렛트의 회수가 어려워 파렛트 회전율이 나빠지며, 파렛트의 필요매수가 늘어나게 되고 공파렛트의 회송비용이 부가적으로 발생함(Pool System 필요)

④ 일관파렛트에 의한 효과는 출화주, 운송회사, 착화주 모두에게 이익이 발생되는 데 반해 경제적 부담은 일반적으로 출화주기업만이 지게 되므로 이익배분상의 문제가 발생함

6 파렛트 풀 시스템(Pallet Pool System)

(1) PPS의 개요와 특징

① 파렛트의 규격을 표준화하여 상호호환되도록 함으로써 파렛트를 공동으로 이용하려는 제도

② PPS의 특징

　㉠ 전국적인 집배망의 설치, 불특정 다수의 화주에게 파렛트 공급

　㉡ 공파렛트 회수 네트워크 구축

　㉢ 운송형태는 기업단위, 업계단위 시스템 등으로 구분

(2) PPS 도입의 필요성 및 기대효과

① 파렛트 회수 불필요

② **지역간, 계절별 수요에 탄력적 대응** : 파렛트 수급파동 조절

③ **파렛트 관리 체계 개선** : 개별 기업에서 파렛트를 관리하지 않아도 되고 관리 일원화로 분실율 감소

④ 물류 관련 요소의 표준화 촉진

⑤ 일관파렛트화의 실현

⑥ 전체적인 파렛트 수량이 줄어들어 사회자본 감소

(3) 파렛트 풀 시스템(PPS) 도입 선결 조건

① 파렛트 규격 표준화·통일화

② 표준 파렛트에 대한 포장 모듈화

③ 화물 붕괴 방지책

④ 거래 단위의 Unit화

부록

(4) 파렛트 풀 시스템의 종류

① **즉시교환 방식**(유럽방식): 유럽 각국의 국영 철도에서 송화주가 국철에 파렛트 화물형태로 운송하면, 국철에서는 이와 같은 수의 Pallet로 교환하는 방식

② **리스렌탈방식**(호주 – 우리나라): Pallet Pool회사에서 일정규격의 Pallet를 필요에 따라 임대해 주는 제도

③ **교환리스 병용**(영국): 즉시교환 + 리스렌탈

④ **대차결제방식**(스웨덴): 교환방식의 개선형태로 현장에서 즉시 교환하지 않고 일정 시간 내에 국철역에다 같은 수로 반환

7 물류공동화의 기초

(1) 물류공동화의 개념

① 물류활동에 필요한 노동력, 수송수단, 보관설비, 정보시스템, 도로 등의 물류인프라를 복수의 파트너와 함께 연계하여 하나의 시스템으로 운영하는 것

② 인력, 물자, 자금, 시간 등 물류자원을 최대한으로 활용함으로써 비용 절감을 도모하고, 이를 통해 고객서비스의 향상뿐만 아니라 외부불경제, 즉 대기오염, 소음, 교통체증 등의 문제를 최소화하기 위한 사회적 요청에 기여함

(2) 물류공동화의 필요성

① 다빈도 소량생산 시대로 접어들면서 소비자에 대한 서비스 증대 요구
② 독자적인 물류시스템을 구축할 수 없는 기업의 물류효율화를 위한 최적의 방법
③ 과당경쟁의 방지
④ 새로운 시설과 설비투자의 억제에 따른 위험 부담의 감소

(3) 물류공동화의 전제조건

① 일정 지역 내 유사영업과 배송을 실시하는 복수기업 존재
② 대상기업 간 이해가 일치하고 대상기업 간의 배송조건의 유사성
③ 간사회사 존재 및 공동배송센터가 존재
④ 상품, 보관, 하역, 시스템 특성의 유사성
⑤ 자사시스템의 개방 및 서비스 내용의 명확화와 표준화
⑥ 통일적인 기준에 의한 물류비의 명확화와 체계화
⑦ 외부와 교환 가능한 파렛트 사용 및 포장 모듈(module)화 추진
⑧ 외장표시와 화인(貨印)의 표준화 추진 및 표준물류심벌 사용
⑨ 일관파렛트화 추진 및 업계의 통일전표 사용
⑩ VAN, EDI, CALS에 대한 대응추진 등 외부의 시스템과 연결되는 방향으로 자사시스템 개방

8 물류공동화의 효과

(1) 참여 업체 측면

① 공동보관, 공동배송을 통한 단위당 물류비 절감

② 수배송 효율 향상

③ 가동률·적재율 향상, 공차율 감소

④ 차량, 시설, 센터에 대한 불필요한 투자 억제

⑤ 비효율적인 인력과 차량을 줄임으로써 필요 부분의 인력, 자원 전환 가능

⑥ 공동구매를 통한 비용 절감

⑦ 단독기업처리 물량 증대의 한계 극복

⑧ 리드타임 단축

⑨ 물류아웃소싱을 통한 핵심역량 집중 가능

⑩ 새로운 유통채널 확보 가능

⑪ 기계화로 채산성 확보 및 생산성 향상

⑫ 소량 부정기화물도 수송 가능, 입·출하활동의 계획화

(2) 대리점 및 소비자 측면

① 다수 납품차량에 의한 점두 혼잡의 해소

② 납품횟수 및 검품 시간이 감소되어 판매에 전념 가능

③ 쾌적한 쇼핑공간의 창조

④ 물류코스트 절감에 따른 소비자가의 하락

⑤ 주택가, 상점가 등의 교통체증 완화

(3) 물류업체 측면

① 공동물류를 통한 수익모델 구축

② 안정된 물류시장 확보

③ 소량화물 혼적으로 규모의 경제 효과

④ 수송효율 향상(적재효율, 회전율 향상)

⑤ 차량, 기사의 효율적 활용

⑥ 공동물류 네트워크 구축을 통한 시너지 효과

(4) 사회적·산업적 측면

① 물류코스트 감축과 불필요한 사회적 비용 감소

② 중복교차수송의 배제로 물류비 절감과 교통체증 완화

③ 물류시설 및 인원의 축소, 인력난 해결

부록

④ 교통 혼잡 완화 및 환경오염 방지

⑤ 교통량 감축과 에너지 절감

⑥ 차량의 적재율 향상에 의한 배송코스트 절감, 운임요금의 적정화

⑦ 차량, 시설의 불필요한 중복투자 억제

⑧ 다수 운송업체와의 복잡한 거래교섭 감소

⑨ 물류비 절감에 의한 기업비용 상승 억제로 물가억제에 기여

9 물류공동화의 유형

(1) **수평적 물류공동화** : 동종의 다수 메이커와 이들과 거래하는 다수의 도매점이 공동으로 정보 네트워크와 물류시스템을 공동화 하는 것

(2) **물류기업 동업자 공동화** : 물류기업이 동업 형식으로 물류시스템을 공동화하는 것

(3) **소매기업에 의한 계열적 공동화** : 대형 소매 체인점이 도매점이나 메이커의 납품물류를 통합하여 납품자와 수령하는 각 점포의 상호 이익을 도모하기 위하여 물류센터 등을 만드는 것

(4) **경쟁관계에 있는 메이커 간의 공동화** : 물류의 효율화를 위해 서로 경쟁관계에 있는 기업들이 모여 공동화를 이룩하는 것

(5) **제조기업에 의한 계열적 공동화**(수직적 공동화) : 메이커와 판매회사의 도매점과의 물류공동화

(6) **화주와 물류기업의 파트너십** : 전문업자로서 화주의 물류 합리화나 시스템화에 적극 참여하는 제안형 기업이 되어 상호 신뢰를 확립하는 것

10 물류공동화 방안

(1) 공동 수배송 체제의 도입

① 공동 수배송 체제의 구축을 위한 전제 조건(공로운송의 경우)

㉠ 필요한 화물을 수배송할 수 있는 차량 보유

㉡ 일정 구역 내 유사업체나 배송을 실시하는 복수기업 존재

㉢ 대상기업 간 배송조건이 유사해야 함.

㉣ 공동배송에 대한 이해의 일치

㉤ 공동배송을 위한 주관업체 존재

② 공동 수배송의 효과

㉠ 화물의 적재율 향상

㉡ 배송차량의 감소로 차량유지비 절감

㉢ 사무처리의 간소화

㉣ 수배송시간을 절감하고 기동성 향상

㉤ 납입빈도의 향상으로 재고품의 신선도 향상

(2) 공동 집배송 단지 건립

(3) 물류단지와 물류센터 건립

(4) **물류자회사와 공동 물류회사의 건립**

① **각 기업별 물류관리조직의 통합** : 물류자회사 설립

② **동종 기업 간 물류관리조직의 통합** : 공동물류회사 설립

11 물류공동화의 문제점과 성공조건

(1) **물류공동화 추진상의 문제점**

① 당사자 간의 이해 불일치

② 기밀유지문제

③ 물류서비스의 차별화 곤란

④ 운임 및 요금문제

⑤ 수송수요의 세분화 및 개성화 현상(수요처의 다양한 요구)

⑥ 리더 및 조정자의 확보 문제

⑦ 물류업자 문제(이해관계자에 대한 높은 의존도)

⑧ 제품 및 포장의 다양한 규격과 취급 특성

⑨ 출하시간 집중으로 배송순서 조절의 어려움

(2) **물류공동화의 성공조건**

① 참가구성원 전원의 공동화에 대한 욕구, 합의, 시기, 환경조건, 행정지원 등의 충족

② 참가구성원이 자사만의 이해가 아닌 전체적인 관점에서의 합리성 추구

③ 자사의 이익을 잊고 전체 이익을 위한 공동화를 추진하는 기관 필요

④ 수량통합, 취급효율 향상, 대체수단 선택의 가능성 향상 등을 위한 취급 로트(Lot)의 확대 필요

⑤ 참여기업의 물류체계 연동화를 위해 공동규칙을 정하고 표준화 시행

⑥ 물류혁신을 위해 공동화에 앞서 구조적인 노동력 부족에 대비하여 기계화 및 성력화 추진

⑦ 배송센터의 건설이나 정보시스템 구축과 관련한 투자 및 신념을 가지고 꾸준히 협력하는 인내심

부록

제 10 장 물류정보시스템

1 물류정보의 개념과 특징

(1) 물류정보의 정의

① 물류정보는 재화의 흐름에 반드시 수반되는 것

② 축적된 물류정보는 종합적인 물류활동의 원활화를 도모하는 데 필수 불가결한 존재로서 생산에서 소비에 이르기까지 이루어지는 물류활동, 즉 운송·보관·포장 등의 제 기능을 유기적으로 결합하여 전체적인 물류관리의 효율성을 제고시키는 역할을 하는 정보시스템

(2) 물류정보의 특징

① 물류정보는 정보의 원천, 처리부문, 전달대상이 다양하며 정보의 절대량이 많음

② 영업, 생산 등 기업 내 타부서 간에 연관성이 높음

③ 화물흐름과 정보흐름에 동시성이 요구됨

④ 평상시와 성수기의 정보량의 차이가 큼

⑤ 물류시스템의 중심지는 정보의 중계전송을 수반하는 경우가 많음

2 물류정보시스템

(1) 물류정보시스템의 개념

① 물류정보시스템은 생산에서 소비에 이르기까지 물류활동을 구성하고 있는 수송·보관·하역·포장 등의 제 기능을 유기적으로 결합하여 전체적인 물류관리를 체계적으로 수행하게 하는 정보시스템

② 종합적인 물류활동의 원활화를 도모하는 데 필수불가결한 존재

(2) 물류정보시스템의 목표

① **유통재고 최소화**: 기업 간 정보 공유

② 최소 비용으로 적정 고객서비스 지원

③ 조달, 생산, 유통 등을 포괄적으로 연결하여 전체 물류흐름을 효율적으로 관리

④ 환경변화에 신속히 대응하여 기업경쟁력 향상

⑤ 수주정보에 기초하는 Pull 방식으로 유통망 지원

(3) 물류정보시스템의 필요성

① 고객 요구의 다양화, 고도화로 소량·다빈도, 즉시배송 증대

② 기업들의 비용부담 압력 가중

③ 기업들은 물류 프로세스의 단축 및 효율화를 통해 고객서비스의 수준 제고와 비용 절감을 동시에 추구

④ 정보통신 기술의 발전과 컴퓨터 기술의 발전은 물류활동을 하나의 시스템으로 통합·관리할 수 있는 주요 수단 제공

(4) 물류정보시스템의 구축절차

① 제1단계: 시스템 목표 설정

② 제2단계: 적용범위 결정

③ 제3단계: 구축조직 구성

④ 제4단계: 업무현상 분석

⑤ 제5단계: 시스템 구축 및 평가

(5) 물류정보시스템의 특징

① **원거리 간 시스템**: 발주자와 수주자, 공장과 영업소, 업무부서 간에 통신망을 이용하여 정보를 제공하고 업무를 지원하는 격지 간 정보시스템. 서로 다른 장소에서 물류업무를 지원하기 위해 당사자 간에 정보통신망을 통해 하나로 연결해 주는 역할

② **다수기업 간 시스템**: 물류당사자는 같은 기업 내 업무부서 간, 본사와 지사, 공장과 영업소, 물류자회사, 수송업체, 거래기업 등과 같은 회사 내·외부의 구성원들과의 정보 교환이 많아 이기종(異機種) 네트워크와의 접속이나 부가가치통신망과 같은 공용 서비스에 대한 요구가 높음

③ **대량의 정보처리와 계절변동에 의한 정보량의 차이가 큰 시스템**: 화물별로 수주, 분류, 피킹 등과 같은 정보를 처리해야 하므로 정보량이 많은 시스템. 정보량의 변동 폭이 큰 시스템

④ **현장 밀착형 시스템**: 현장 담당자에게는 업무처리를 위한 필수적인 시스템

⑤ **서비스 수준과 비용의 상충관계(Trade-off) 시스템**: 물류부문은 영업부문과 생산부문을 함께 지원해 주는 역할을 하면서 두 부문 간 조정 역할 담당. 따라서 물류서비스의 수준을 높이게 되면 고객만족도는 향상되어 판매를 촉진하게 되지만 물류비용이 증가함

(6) 물류정보시스템의 유형

① **수주·출하처리시스템**: 고객의 주문에 대한 제품의 출하과정을 관리하는 시스템으로 수주처리는 거래활동의 출발점이며, 수주정보는 물류활동 및 물류정보시스템의 기초자료가 됨

② **재고관리시스템**: 물류거점의 네트워크에서 적절하게 재고를 배치함으로써 적정재고 수준을 유지하고 판매기회의 손실을 최소화하며 운송비 절감을 목적으로 함

부록

③ **수배송관리시스템** : 물류네트워크에서 화물이동에 관한 관리 및 배송효율의 향상을 위한 시스템으로 고객의 주문 상황에 대하여 적기배송체제의 확립과 최적운송계획을 수립함으로써 운송비 절감

④ **창고관리시스템** : 최소의 비용으로 작업자, 창고면적, 하역기계설비 등의 경영자원을 유효하게 이용하고 목표로 하는 고객서비스 수준을 제고시키기 위한 시스템. 또한 보관시설 및 품목별로 재고상황기록을 적정하게 유지하는 기능

⑤ **물류관리시스템** : 고객의 주문에서 배송에 이르기까지 전 과정을 계획, 실시, 평가 및 통제하는 시스템으로 각 분야의 관리 시스템이 가장 효율적으로 수행되도록 물류시스템 전반을 관리하는 시스템

▋3 물류정보시스템의 운영방식

(1) **첨단화물운송정보서비스**(CVO : Commercial Vehicle Operation)

① **개념** : 화물 및 화물차량에 대한 위치를 실시간으로 추적·관리하여 각종 부가정보를 제공함으로써 생산성 향상을 도모하고, 특히 위험 화물의 적재차량을 추적·감시하며, 돌발 상황시 조난신호를 자동적으로 발신토록 하여 신속한 사고처리체계를 구축함으로써 교통체계 내 안정성 향상을 도모할 수 있는 시스템

② **제공 서비스**

㉠ 실시간 차량 위치추적 서비스 ㉡ 차량운행관리 서비스
㉢ 수·배송알선, 자동통관 서비스 ㉣ 위험물 차량관리, 교통상황 정보서비스
㉤ 거점별 화물추적 서비스 ㉥ 구난체계관리, 생활물류 DB서비스

(2) **VAN**(부가가치통신망, Value Added Network)

① **개념** : 회선을 직접 보유하거나 전기통신사업자로부터 회선을 차용하여 유통관련업체 간의 데이터교환에 있어서 이기종(異機種)을 포함한 다종다양한 컴퓨터를 효율적으로 접속시켜 데이터 교환을 가능하게 하는 통신망

② **VAN의 이용 형태** : 교환기능, 전송기능, 통신처리기능, 정보처리기능

③ **VAN 사용에 따르는 기대효과**

㉠ 정보교환시간의 단축으로 업무능률 향상
㉡ 정보의 정확성으로 신뢰도 증가
㉢ 물류비용의 감소로 경영의 합리화 도모
㉣ 주문처리시간의 단축, 신속한 상품보충으로 매출증대
㉤ 발주업무의 표준화를 통하여 발주업무 효율화 및 재주문의 자동화 실현

(3) **EDI**(전자문서교환, Electronic Data Interchange)

① **개념** : 기업 간의 거래내용이나 관련정보를 표준화된 형식과 코드체계를 이용하여 전송하고 처리하는 시스템

② **EDI의 필요성**

㉠ 기존의 서류시스템은 작업소요시간이 많고 에러 발생

㉡ 수작업에 의한 서류중복입력에 따른 부대비용의 유발

㉢ 수출입 부대비용(서류비용)의 절감을 통한 무역업체의 국가경쟁력 제고

㉣ 사회간접자본의 부족(하드웨어)을 전산시스템의 고도화 등으로 보완하여 화물적체현상 해소

㉤ 세계적인 무역자동화(전자무역) 및 정보화에 부응

③ **EDI의 구성요소** : EDI 서비스 제공업자, EDI 서비스 이용자, EDI 서비스 시스템, EDI 표준

④ **EDI의 효과**

㉠ 직접적인 효과 : 문서거래의 단축, 업무처리의 오류 감소, 자료의 재입력 방지, 업무처리비용의 감소

㉡ 간접적인 효과 : 재고감소, 관리의 효율성증대, 효율적인 자금관리, 효율적인 인력활용, 고객서비스 향상

㉢ 전략적인 효과 : 거래상대방과의 관계 개선, 새로운 사업으로 확대, 경쟁우위 확보, 전략적 정보시스템, 경영혁신

(4) **POS 시스템**(판매시점정보관리, Point of Sales)

① **개념** : 판매시점 정보관리시스템을 말하며, 소매상의 판매기록, 발주, 매입, 고객관련 자료 등 소매업자의 경영활동에 관한 각종 정보를 판매시점에서 파악하여 컴퓨터시스템을 활용하여 관리하는 종합적인 소매정보시스템

② **POS 시스템의 기능**

㉠ 단품관리 : 상품을 제조회사별, 상표별, 규격별로 구분해서 상품별 정보를 수집·가공·처리하는 과정에서 단품관리 가능

㉡ 판매시점에서의 정보입력 : 상품에 인쇄되어 있는 바코드를 통해 신속하고 정확하게 자동 판매함으로써 판매시점에서 정보 입력

㉢ 정보의 집중관리 : 단품별 정보, 고객정보, 매출정보, 그 밖의 판매와 관련된 정보를 수집하여 집중적으로 관리. 경영상의 의사결정에 활용

③ **POS 시스템의 장점**

㉠ 매상등록시간 및 고객대기시간을 단축시키고 계산대의 수 감소

㉡ 판매원 교육 및 훈련시간이 짧아지고 입력오류 방지

㉢ 전자주문시스템과 연계하여 신속하고 적절한 구매

㉣ 재고의 적정화 및 물류관리의 합리화를 꾀할 수 있으며, 판촉 전략의 과학화 유도

부록

④ POS 시스템의 효과

    ㉠ 직접적인 효과 : 생산성 향상, 계산원의 실수 방지, 사무작업의 간소화, 상품명이 명기된 영수증 발급, 부정 방지

    ㉡ 간접적인 효과 : 품절 방지, 상품 회전율 향상, 신상품에 대한 원활한 평가, 판촉 등 영업정책에 대한 평가

(5) **EOS 시스템**(자동발주시스템, Electronic Ordering System)

  ① **개념** : 자동발주시스템 혹은 온라인발주시스템이라고도 하며, 매장에서의 재고관리를 지원하기 위한 시스템으로, 매장 내에서 특정 상품의 재고량을 실시간으로 파악할 수 있는 시스템이 장착되어 있고, 판매에 따라 재고량이 줄어 들어 재주문점에 도달하게 되면 컴퓨터에 의해 자동발주가 이루어지는 시스템

  ② **EOS의 도입 목적**

    ㉠ 소매점의 EOS화 : 점포재고의 적정화, 오납·결품관리 용이, 검품체제 개선, 매입관리시스템의 확립, 발주작업체제의 개선, 점포관리시스템으로의 발전

    ㉡ 도매점의 EOS화 : 수주작업의 효율화, 물류체제의 효율화, 단골거래처에 대한 서비스체제의 향상, 판매관리의 시스템화, 사무작업의 생력화

  ③ **EOS의 도입 효과**

    ㉠ 발주작업의 효율성 제고 : 발주시간 단축, 발주오류 감소

    ㉡ 재고관리비용 절감 및 창고 활용의 효율화

    ㉢ 오납 및 결품 감소로 시간과 인력의 절감

    ㉣ 전표업무 삭감

    ㉤ 효율적인 점포종합관리시스템 구축 가능

    ㉥ 수주 및 반품처리업무의 효율성 제고

    ㉦ 비정상 거래 근절

    ㉧ 다양한 고객의 욕구에 대응

    ㉨ 수발주 데이터에 근거한 합리적인 영업관리

    ㉩ 효율적인 물류체계 확립 : 배차 빈도 감소, 인력 및 시간 단축

(6) **CAO**(자동발주시스템, Computer Assisted Ordering)

  ① CAO는 POS를 통해 얻어지는 상품흐름에 대한 정보와 계절적인 요인에 의해 소비자 수요에 영향을 미치는 외부요인에 대한 정보, 그리고 실제재고수준, 상품수령, 안전재고수준에 대한 정보 등을 통합하여 컴퓨터가 자동발주하는 시스템

  ② 컴퓨터로 자동화된 주문관리에 의해 물류의 동기화 및 수요관리의 통합화가 가능해져 전체 재고수준의 감소와 결품률의 감소효과를 얻을 수 있음

③ 자동발주시스템의 성공적인 구현을 위해서는 유통업체와 제조업체의 정보공유가 기반이 되어야 하고, 실제 상품의 판매량과 보충상품의 필요수량 사이의 차이를 효과적으로 관리하고 통제하는 것이 중요함(유통업체와 제조업체가 규격화된 문서 사용)

(7) CALS(Commerce At Light Speed)

① 개 념

㉠ 광속상거래는 제품의 설계·생산·유통에서부터 폐기처분 전까지 전과정에 관련된 모든 조직이 전자적으로 정보를 교환하고 공유하는 조직 간 시스템

㉡ 정보통신기술을 기반으로 CALS가 실현되면 기업 간의 생산·판매·조달 등의 경영활동에 효율화를 기할 수 있고, 기업 내부의 설계·생산 활동과도 연계한 정보화 가능

㉢ 제조업에서는 CALS에 의한 산업정보화 전략은 단순한 생산공정의 자동화나 유통과정의 자동화에 머무르지 않고 상품의 전체 순환주기에 걸쳐 상품관리와 처리절차를 근본적으로 정보화하는 것임

② 기대효과

㉠ 통합데이터베이스를 구축함으로써 신속한 정보서비스 제공

㉡ 정확한 정보제공을 통하여 비용을 축소시킬 수 있으며, 서류에 의한 업무절차를 자동화 및 통합화함으로써 노력의 중복을 감소하고 중복되는 데이터를 제거하며, 데이터 관리의 효율성으로 데이터 개발 및 분배 비용 감소

㉢ 통합된 데이터베이스를 이용하여 업무량을 감소시킴과 동시에 소요시간 단축

㉣ 데이터베이스를 직접적으로 연결함으로써 데이터의 부정확·누락·불일치 요소 등을 제거시켜 품질과 업무의 질 향상

㉤ 서류 중심의 업무처리방식에서 과감히 탈피하여 연계된 업무처리를 전산화·자동화함으로써 정보기술의 효과적인 관리와 즉각적인 지원, 일관성 있는 정보 유지, 그리고 보다 많은 정보의 관리 등과 같은 효과 기대

(8) ERP(전사적 자원관리, Enterprise Resource Planning)

① 개 념

㉠ 전사적 자원관리로서 기업의 경영자원을 유효하게 활용함으로써 조직의 효율성을 높이고 공급체인과의 조화를 통하여 비용을 절감하고 공급망의 효율성을 높이기 위해 정보기술을 활용하는 경영전략

㉡ 기업의 기간업무만이 아닌 기업활동에 필요한 자원, 즉 생산, 자재, 구매, 인사, 판매, 회계 등의 모든 경영자원을 하나의 체계로 통합하여 운영하고 기업의 업무처리 방식을 선진화시킴으로써 한정된 기업의 자원을 효율적으로 관리하여 생산성을 극대화하려는 기업 리엔지니어링 기법

부록

② **ERP의 기능**

　　㉠ 회계부문에서 제공되는 기능 : 재무회계, 관리회계, 자금관리, 고정자산관리

　　㉡ 물류부문에서 제공되는 기능 : 자재관리, 생산계획 및 관리, 판매, 품질관리, 설비 유지·보수

　　㉢ 인적 자원 관리부문에서 제공되는 기능 : 기획·개발, 인사관리·급여부문

(9) **GPS**(위성추적시스템, Global Positioning System)

　① 물류부문에서 인공위성을 사용하여 차량의 위치를 추적하는 데 이용되어지고 있으며, 물류정보시스템을 가장 효율적으로 활용할 수 있는 장점을 가짐

　② 위성추적시스템을 물류정보시스템에 응용함으로써 화물추적서비스가 가능하여 고객서비스 향상을 도모할 수 있고, 배송차량의 위치, 배송진행과정, 경로 등의 실시간 제공이 가능하여 공차 배정을 신속하게 함으로써 공차율을 줄일 수 있을 뿐만 아니라 교통체증이 없는 도로검색도 가능해져 수송시간의 단축 및 수송비 절감효과를 도모할 수 있음

(10) **TRS**(주파수 공용통신, Trunked Radio System)

　① **개념** : 중계국에 할당된 여러 개의 채널을 공동으로 사용하는 무전기 시스템으로 운송수단에 탑재하여 이동 간의 정보를 실시간으로 송수신할 수 있고, 일대 다수의 무선통신이 가능하며, 가입자는 소속된 중계국의 어느 채널이라도 사용 가능 및 그룹통신, 개별통신, 긴급통신 가능함

　② **도입 효과**

　　㉠ 물류비용 절감　　　　　　　　　　　㉡ 고객서비스 개선

　　㉢ 효율적인 차량관리　　　　　　　　　㉣ 부가 서비스 이용 : 교통정보, 기상정보 등

(11) **ITS**(지능형 교통시스템, Intelligent Transport System)

　① **개념** : 도로와 차량 등 기존 교통의 구성요소에 첨단의 전자·정보통신 기술을 적용하여 교통시설을 효율적으로 이용하고 통행자에 유용한 정보를 제공하여 안전하고 편리한 통행과 전체 교통체계의 효율성을 기하도록 하는 교통부문의 정보화시스템

　② **서비스 분야**

　　㉠ 화물운송 효율화 분야 : 물류정보관리 서비스, 위험물 차량관리 서비스, 화물 전자행정 서비스

　　㉡ 교통관리 최적화 분야

　　㉢ 전자지불 서비스 분야

　　㉣ 교통정보 유통 활성화 분야

　　㉤ 여행자 정보 고급화 분야

　　㉥ 대중교통 활성화 분야

　　㉦ 차량 및 도로 첨단화 분야

③ **도입 효과**

　　㉠ 교통시설의 효율성 향상

　　㉡ 교통관리 효율화 도모

　　㉢ 교통혼잡 완화

　　㉣ 교통정보 제공을 통한 이용자 편의성 증대

　　㉤ 사고방지 및 안정성 확보

　　㉥ 에너지 절감 및 환경오염 감소

(12) **DPS**(Digital Picking System)

① **개념** : 점포로부터 발주자료를 센터의 상품 랙에 부착한 표시기에 피킹 수량을 디지털로 표시하게 하는 시스템으로 작업 생산성 향상 도모

② **도입 효과** : 피킹 오류 감소, 피킹 생산성 향상, 피킹 시간 단축, 피킹 인원 감소

(13) **IoT**

① 사물인터넷(Internet of Things)은 고유하게 식별 가능한 사물이 만들어낸 정보를 인터넷을 통해 공유하는 환경을 의미함

② 생활 속 사물들을 유무선 네트워크로 연결해 정보를 공유하는 환경으로 가전제품, 전자기기뿐만 아니라 헬스케어, 원격검침, 스마트홈, 스마트카 등 다양한 분야에서 사물을 네트워크로 연결해 정보를 공유할 수 있음

4 바코드 시스템

(1) **바코드 개요**

① **바코드의 개념**

　　㉠ 바코드는 컴퓨터가 정보를 읽기 쉽도록 하기 위해 두께가 서로 다른 검은 막대와 흰 막대(Space)를 조합시켜 숫자 또는 특수기호를 코드화한 것으로 이를 이용하여 정보의 표현과 정보의 수집·해독을 가능하게 함

　　㉡ 상품유통분야에서 바코드는 과학적인 판매 및 재고관리를 가능하게 해 줌으로써 판매시점 정보관리(POS System)의 중심적 역할을 수행함

② **바코드의 장점**

　　㉠ 오독률이 낮아 높은 신뢰성 확보

　　㉡ 바코드에 수록된 데이터는 비접촉 판독이 가능하고 한 번의 주사로 판독 가능

　　㉢ 컨베이어상에서 직접 판독이 가능하며 신속한 데이터 수집 가능

　　㉣ 도입비용이 저렴하고 응용범위가 다양

③ 바코드의 단점

　㉠ 정보량이 적음

　㉡ 정보의 변경이나 추가가 되지 않음(정보를 추가하기 위해서는 추가 표시라벨 별도 부착)

④ 바코드의 활용이익

　㉠ 유통산업

　　ⓐ 신속 정확한 판매정보관리에 의한 유통경영의 과학화 촉진

　　ⓑ 수발주 자동화에 의한 신속 정확한 상품관리의 실현과 적정재고관리

　　ⓒ 출하와 배송의 효율화 실현

　　ⓓ 가격표 부착작업의 감소에 의한 노동비용의 절감

　　ⓔ 효율적인 인력관리와 고객관리의 가능

　　ⓕ 유통정보 분석에 근거한 점내상품계획(ISM, In-Store Merchandising) 실시

　　ⓖ 유통정보시스템의 표준화에 의해 저렴한 관련기기와 기술의 보급이 가능

　　ⓗ 비용의 절감과 고객서비스 향상

　㉡ 제조업

　　ⓐ 판매동향, 소비자행동 등 시장정보 조사비용의 절감

　　ⓑ 신제품 개발전략의 효과분석 및 효율적 대응

　　ⓒ 과학적인 물류관리, 생산계획, 판촉계획 등의 실현

　　ⓓ 유통단계별 정보공유로 SCM 실현

　　ⓔ 전반적인 유통비용의 절감

　㉢ 소비자

　　ⓐ POS 사용업체의 이용을 통한 양질의 서비스 혜택

　　ⓑ POS 기기에서 발행된 영수증을 통해 구매계획 및 정산에 활용

　　ⓒ 효율적인 소비활동, 물가안정 기대

　㉣ 국민경제

　　ⓐ 경제적인 자원 활용의 실현

　　ⓑ 물가안정, 생산증대 등 거시 경제정책목표의 달성

　　ⓒ 정보통신산업의 동반 발전 촉진

(2) 바코드의 종류

① GS1-13(다품목코드)

　㉠ 국가식별코드: 국가를 식별하기 위한 숫자로 2~3자리로 구성

　㉡ 제조업체코드: 상품의 제조업체를 나타내는 코드로 5자리 부여

　㉢ 상품품목코드: 각각의 단품을 나타내는 4자리 코드

　㉣ 체크디지트: 스캐너에 의한 판독 오류를 방지하기 위해 만들어진 코드로 modulo 10방식

② **GS1-13(표준형 B)**

　　㉠ 국가식별코드 : 국가를 식별하기 위한 숫자로 2~3자리 구성

　　㉡ 제조업체코드 : 상품의 제조업체를 나타내는 코드로 6자리 구성

　　㉢ 상품품목코드 : 각각의 단품을 나타내는 코드로 총 1,000품목 부여

　　㉣ 체크디지트 : 스캐너에 의한 판독 오류를 방지하기 위해 만들어진 코드

③ **GS1-13(의약품코드)**

　　㉠ 국가식별코드 : 국가를 식별하기 위한 숫자로 2~3자리 구성

　　㉡ 제조업체코드 : 의약품의 제조업체를 나타내는 코드로 5자리 구성

　　㉢ 상품품목코드 : 각각의 단품을 나타내는 코드로 총 10,000품목에 부여

　　㉣ 체크디지트 : 스캐너에 의한 판독 오류를 방지하기 위해 만들어진 코드로 modulo 10 방식

④ **GS1-14(표준물류코드)**

　　㉠ 개념 : 업체 간 거래 단위인 물류단위(Logistics Unit)로서 주로 골판지 상자에 사용되는 국제표준 물류바코드로서 생산공장, 물류센터, 유통센터 등의 입출하 시점에 판독되는 표준바코드

　　㉡ 물류식별코드, 국가식별코드, 제조업체코드, 상품품목코드, 체크디지트로 구성됨.

　　㉢ 표준물류코드의 의미 : 0 - 박스 내에 서로 다른 단품이 혼합된 경우

　　　　　　　　　　　　　 1~8 - 박스 내에 동일한 단품이 들어 있는 경우

　　　　　　　　　　　　　 9 - 추가형 코드가 있는 경우

　　㉣ 표준 물류바코드 활용 이점

　　　　ⓐ 물류센터 내 검품, 거래처별·제품별 소팅, 로케이션관리의 자동화

　　　　ⓑ 물류센터 내 실시간에 재고 파악을 통한 재고관리의 효율화

　　　　ⓒ 생산에서 배송까지의 제품이동의 신속·정확화 : 수주에서 납품까지의 리드타임 단축 등

　　　　ⓓ 물류단위 중심의 EDI 거래 촉진

⑤ **GS1-128**

　　㉠ 개념 : 물류단위(박스, 파렛트, 컨테이너 등)에 다양한 정보를 표시하고자 하였으며, 기업 간·산업 간에 상호 호환이 가능한 표준정보를 담을 수 있는 코드에 대한 욕구 발생

　　㉡ GS1-128의 활용 이점 : 개방화된 표준, 안정적인 표준

　　㉢ GS1-128의 정보 : 식별번호, 추적번호 및 일자표시, 척도단위, 로케이션관리, 기타

⑥ **SSCC 코드** : 제조, 물류 또는 상품공급업체들이 상품을 주문한 업체로 상품을 배송하는 배송단위(박스, 파렛트, 컨테이너 등)를 식별하기 위해서 SSCC(Serial Shipping Container Code) 개발

⑦ **2차원 바코드**

　　㉠ 개념 : 기존의 1차원 바코드 심벌의 단점인 정보표현의 제한성을 보완하기 위하여 만들어진 것으로, 양 축(X축 방향, Y축 방향)으로 데이터를 배열시켜 평면화시킨 바코드

부록

ⓛ 종 류

ⓐ 매트릭스형 코드(Matrix Code) : 정방향의 동일한 폭의 흑백 요소를 모자이크식으로 배열하여 데이터 구성(Data Matrix Code, QR Code, Matrix Code, Code one Code)

ⓑ 다층형 바코드(Stacked Bar Code) : 1차원 바코드와 같이 개별적으로 인식될 수 있는 몇 개의 문자가 모여 수평으로 열을 구성하며, 열 안에는 1개 이상의 데이터 문자 포함 (Code 16K Code, PDF-417 Code, Code 49 Code)

ⓒ 2차원 바코드의 장점

ⓐ 공간 점유도가 낮음

ⓑ 좁은 영역에 많은 데이터 표현

ⓒ 심벌이 오염되거나 훼손되어 데이터가 손상되더라도 복원

ⓓ 문자와 숫자로 된 모든 문자 지원

ⓔ 심벌 인쇄 및 판독이 쉽고, 심벌의 판독을 360° 다방향으로 인식

5 소스마킹과 인스토어마킹

(1) 소스마킹

상품제조업체 또는 판매원이 상품의 생산·포장 단계에서 자사의 상품이 세계 어디에서나 모호하지 않게 식별되는 해당 상품코드를 나타내는 바코드 심벌을 포장이나 용기에 일괄적으로 인쇄

(2) 인스토어마킹(ISM : In-Store Marking)

각각의 소매점포에서 청과·생선·정육 등을 포장하면서 일정한 기준에 의해 라벨러를 이용하거나 컴퓨터를 이용하여 바코드 라벨을 출력한 후, 사람이 직접 상품에 붙이는 것

6 RFID(전파식별, Radio Frequency IDentification)

(1) RFID의 개념

① RFID(Radio Frequency IDentification), 즉 무선주파수인식기술은 각종 물품에 소형 반도체 칩을 부착해 사물의 정보와 주변 환경정보를 무선주파수를 이용하여 식별하는 기술

② 기본적으로 태그, 안테나, 리더, 호스트로 구성

③ 바코드의 경우 레이저 판독기를 바코드에 직접 접촉시켜야 하지만 RFID는 안테나와 태그만 있으면 판독기를 직접 접촉하지 않아도 쉽게 상품의 정보를 식별할 수 있으며 필요한 정보 삽입 가능

④ 공급체인에 있는 모든 품목의 개별적 식별이 가능해짐으로써 공급체인의 효율 증가

⑤ 상품을 자동으로 인식하여 처리를 하게 되므로 실제 재고파악의 신속성·정확성이 향상될 뿐만 아니라 수많은 점포에 대해 재고관리, 판매, 보충, 도난방지 등 모든 업무가 일괄관리되며, 상품 보충 및 생산 주문이 자동화되는 이점을 지님

(2) RFID의 장점

① 투과성이 좋고 충돌방지기능이 있어 여러 개 동시 인식 가능

② 원거리 및 고속 이동시에도 인식 가능

③ 대용량의 메모리 내장, 반복 재사용, 반영구적 사용

④ Tag의 데이터의 변환(write) 및 저장이 용이

⑤ 다수의 Tag 정보를 동시에 인식 가능

⑥ 눈, 안개, 결빙, 도색, 오염 등 환경적 제한상황에서도 인식 가능

(3) RFID의 단점

① 바코드에 비해 비싼 가격

② 개인 프라이버시 침해 가능

③ 국가별 주파수가 다름

④ 전파의 적용범위(1m)가 한정

(4) 무선주파수 대역별 특징

① 저주파 대역이 주로 근거리용으로, 고주파 대역이 중장거리용으로 사용되며, 저주파 대역에 비해 고주파 대역의 인식속도가 빠른 반면에 고주파 대역은 저주파 대역에 비해 장애물에 많은 영향을 받음

② 저주파 대역에 비해 고주파 대역의 태그를 소형으로 만들 수 있지만 시스템구축 비용은 고주파 대역보다 저주파 대역이 저렴함

③ 업무에 적용시 주파수 대역별로 기능과 성능에 차이가 있으므로 용도에 맞는 주파수 대역을 사용하는 것이 바람직함

(5) RFID의 물류분야 활용

① **물류창고관리시스템** : 파렛트 · 박스 단위로 태그를 부착해 자동 입 · 출고처리, 공급체인을 경유하는 상품의 실시간 위치추적 및 재고관리 접속제어, 유통물류분야에서는 컨테이너 · 파렛트 등의 추적관리 등에 이용

② **항공수화물처리** : 항공수화물의 보다 신속 · 정확한 판독과 분류, 위험물품 재검사

③ **통신분야** : 차량의 이동 중 자동지불 등에 이용

④ **주차관리** : 태그가 부착된 차량이 접근하면 출입통제장치가 자동으로 개폐

⑤ **공장의 제조 및 소매업분야** : 자산관리, 제품의 추적관리 등에 이용

⑥ **군사 및 의료분야** : 위치파악, 진단 기능에 사용

⑦ **저가 아이템분야의 소매업 및 교통분야** : 소매제품의 추적, 교통기관 티켓 추적 등에 이용

부록

제 11 장　SCM

1 SCM의 기초

(1) SCM의 개념

① SCM은 부품의 조달에서 최종 소비자에 이르기까지의 상품의 흐름을 지원하는 인프라, 조직, 정보 등이 구성하는 업무 프로세스 전체를 공급사슬로 보고, 이를 기업경영전략에 맞추어 전체 시스템의 관점에서 관리하는 것임

② 공급사슬상의 모든 업체, 즉 원재료의 공급업체, 제조업체, 물류업체, 유통업체, 최종 고객에 이르기까지 업무를 통합함으로써 경로 전체의 효율성을 높이는 것을 목적으로 하고 있으며, 이를 위해서는 공급체인(공급사슬) 파트너 간에 효과적인 정보의 창출·공유·확산이 필수적임.

③ 공급업체 파트너 간의 유기적이고 협력적인 관계구축을 통하여 고객의 욕구를 효과적으로 충족시킬 수 있으며, 이를 통하여 이윤을 창출하게 되고 궁극적으로는 공급사슬 전체의 이익 제고에 기여함

(2) SCM의 등장 배경

① 기업활동의 글로벌화로 공급사슬상의 리드타임이 길어지고 불확실해지면서 재고의 증가, 고객서비스의 악화로 인하여 SCM의 중요성이 부각됨

② 고객의 요구가 다양해짐에 따라 물류관리 품목이 증가하고 복잡해짐에 따라 제조업체 내에서 재고를 효율적으로 관리하는데 한계를 느낌

③ 기업 간의 경쟁이 치열해짐에 따라 경쟁우위를 확보하기 위해 기업들은 부분적이고 제한적인 경영개선과는 다른 새로운 경영혁신이 요구됨

④ 채찍효과로 인한 재고의 과잉현상

(3) SCM이 주요하게 인식되는 이유

① 정보의 왜곡과 그에 따른 재고 과잉현상의 예방

② 고객의 다양한 욕구에 맞춘 다품종 소량, 다빈도 공급체계를 갖추기 위함

③ 기업 간의 경쟁이 치열해짐에 따라 비용 및 납기의 개선 필요

④ 국가 간 교역량 증대로 인해 리드타임이 길어지는 현상에 능동적 대처

(4) SCM에서 인식 전환

① 제품중심에서 고객중심으로

② 재고관리자에서 정보관리자로

③ 단순 거래관계에서 협력관계로

④ 기능중심에서 프로세스중심으로

⑤ 비용 절감에서 수익성 확보로

(5) SCM의 도입 효과

① 작업지연시간의 단축 및 사내 업무의 정형화를 통한 업무 단축

② 철저한 납기관리 및 영업관리로 고객만족도 향상

③ 비표준적인 수작업처리로 인한 업무의 오류 제거

④ 수주처리기간의 단축 및 외형적인 업무 운영 효율화에 의한 비용 절감

⑤ 계획기능 강화로 재고의 감소 및 원청업체와 하청업체의 신속한 교류로 인한 하청업체의 재고 감소

⑥ 공급망 및 고객서비스 분야의 개선

⑦ 전산비용의 절감

2 SCM의 응용기법

(1) QR(신속대응전략, Quick Response)

① 개 념

  ㉠ 섬유의류업계에서의 SCM의 응용으로 1980년대 초 수입의류의 증가로 인해 미국 내 의류업체 간의 경쟁 심화, 미국 내 시장 개방에 따른 경쟁 심화, 고객욕구의 다양화, 유통업자의 협상력 증대 등과 같은 급격한 환경변화로 인해 많은 기업들이 경영상의 어려움에 직면함

  ㉡ 자재공급자, 의류업계와 유통업체가 상호 간 WIN – WIN관계로 전환하여 정보네트워크를 축으로 생산과 유통의 파트너십을 확립하여 소비자에게 적절한 시기에 적절한 양을 적절한 가격으로 제공하는 것을 목표로 함

  ㉢ QR 운영의 효과를 거두기 위해서는 거래업체들 간의 커뮤니케이션과 파트너십 형성이 중요함

② QR의 발전단계 : 1단계(기본 QR 정보기술의 사용) ⇨ 2단계(자동재고보충) ⇨ 3단계(파트너십 보충) ⇨ 4단계(공동상품개발) ⇨ 5단계(소매지원)

③ **QR의 도입 효과**

    ㉠ 제조업자의 측면 : 주문량에 맞추어 유연생산 가능, 공급자 수 삭감, 높은 자산회전율 유지

    ㉡ 소매업자의 측면 : 매출과 수익증대, 낮은 유지비용 가능, 고객서비스 개선, 상품회전율의 향상

    ㉢ 소비자의 측면 : 개선된 품질 제공, 낮은 가격으로 구매 가능, 다양한 상품, 소비패턴의 변화

    ㉣ 시스템 측면 : 낭비의 제거, 효율성 향상, 신속성 향상

(2) ECR(효율적 소비자 대응, Efficient Consumer Response)

① **개 념**

    ㉠ 상품의 제조·생산으로부터 유통, 도·소매를 통한 판매에 이르기까지 전과정을 일관된 흐름으로 보고, 각 단계의 관련기업들이 공동참여를 통해 총체적으로 경영효율을 개선하여 보다 낮은 비용으로, 보다 빠르게, 보다 나은 소비자 만족을 달성하는 데 초점을 둔 공급경로의 효율을 극대화하는 모델

    ㉡ 소매점 측의 POS(판매시점정보)를 특정 제조업체와 공유하여 제조업체가 재고상황을 점검해 별도 주문 없이도 적절한 시점에 납품하는 것으로, 공급경로에서 발생하는 재고를 줄이고 최소한으로 유지하여 재고비용, 보관비용 등 각각의 비용을 최소화 함

② **ECR의 전략**

    ㉠ 소매점의 판매시점(POS)정보를 제조업체와 공유하여 상황에 따라 적절한 시기에 상품을 납품하여 소비자의 요구에 신속하고 정확하게 대응해야 함

    ㉡ 공급경로에서 발생하는 재고를 줄이고 최소한으로 유지하여 재고비용, 창고비용 등 각각의 비용을 최소화하도록 노력해야 함

    ㉢ 대상이 한 업체에 국한된 것이 아니라 제조·생산으로부터 최종 소비자에 이르는 전 과정을 대상으로 하여 이 연결고리에 관계된 제조, 유통, 도·소매업체들 간의 제휴를 통해 전체적으로 효율을 높여 기업의 이익을 창출하고 그 성과를 참여한 기업들이 배분하여 가져야 함

    ㉣ 비문서화에 의한 양질의 정보교환과 원활한 제품의 흐름 필요

③ **ECR의 구현전략과 이점**

    ㉠ 효율적 보충(Efficient Replenishment)

    ㉡ 효율적 진열(Efficient Assortment) 및 보충

    ㉢ 효율적 판매 촉진(Efficient Promotions)

    ㉣ 효율적 상품 개발(Efficient Product Introductions)

④ **ECR의 실현도구**(8가지)

    ㉠ EDI와 바코드를 기본(정보의 원천)

    ㉡ 컴퓨터를 이용한 자동발주(CAO)

    ㉢ 크로스도킹(Cross-docking)

    ㉣ 가치사슬분석(VCA)

    ⑩ 활동원가회계(ABC)

    ⓗ CM(Category Management, 카테고리관리)

    ⓢ 연속적 제품보충(CRP : Continuous Replenishment Program)

    ⓞ 배송상품의 순서 선정(Sequencing of Parcels)

⑤ ECR의 효과

    ㉠ 제조 및 공급업체

        ⓐ EDI의 활용으로 주문과정 감소

        ⓑ 판매동향에 따른 생산으로 생산원가 절감

        ⓒ 최소 수준의 재고 보유

        ⓓ 효과적인 판매촉진

    ㉡ 소매업체

        ⓐ 매출신장효과, 재고축소를 통한 품절축소 및 매장공간의 활용, 창고운영의 효율성을 통한 관리비용 감소

        ⓑ 수발주업무 단축 및 비용 절감

        ⓒ 현금흐름의 원활화

(3) **CRP**(지속적 상품보충, Continuous Replenishment Program)

① **개 념**

    ㉠ 소비자가 구입한 수량 등에 기초를 두고, 필요 재고수량을 산출하여 자동적으로 보충하는 것

    ㉡ 상품의 판매데이터와 판매예측을 근거로 한 소비자 수요에 기초하여 재고수량을 산출하여 자동적으로 상품을 보충하는 것으로 전통적인 상품보충 프로세스(유통업체에서 주문서를 작성하여 거래업체에게 발송)를 근본적으로 변화시키는 새로운 시스템

    ㉢ CRP는 주로 제조업체나 물류센터의 보충발주 자동화를 의미함

    ㉣ 기존의 전통적인 밀어내기식(Push) 공급방식이 아닌 정확한 수요에 근거하여 상품이 공급되는 풀(Pull) 방식임

② **CRP의 분류**

    ㉠ VMI(납품업자 또는 공급자 재고관리 : Vendor Managed Inventory) : 제조업체(또는 공급업체, 도매배송센터)가 상품보충시스템을 관리하는 경우로 상품보충시스템이 실행될 때마다 판매·재고정보가 유통업체에서 제조업체로 전송됨. 제조업체의 상품보충시스템에서 미래의 상품수요량 예측을 위한 데이터로 활용되며 또한 제조업체의 생산공정에서는 생산량 조절에도 사용됨

    ㉡ VMI의 장점

        ⓐ 컴퓨터의 발주처리 비용 불필요

        ⓑ 상품의 리드타임 단축

        ⓒ 대폭적인 재고삭감 실현

부록

ⓓ 소매점포에서의 품절감소와 제품의 매상 증가

ⓔ 과잉생산 및 과잉재고 방지

ⓒ CMI(공동 재고관리 : Co-Managed Inventory) : CMI를 거래처 간에 추진할 때에 주문제안
서를 제조업체가 작성하고 이를 유통업체가 수정·확정하게 됨. 즉, CMI는 상품보충에 대
한 책임이 유통업체에게 있음

(4) **CPFR**(Collaborative Planning Forecasting & Replenishment)

① **CPFR의 개념**

㉠ 공급사슬을 이루는 여러 기업들 및 구성원들이 공동으로 같은 정보를 사용하여 수요를
예측하고 생산을 계획하며 재고를 보충해 나가면서 공급사슬에서 발생할 수 있는 채찍효
과나 예기치 못한 사항들을 줄여나감으로써 공급사슬 전체의 효율성을 극대화시키는 포괄
적인 방안

㉡ 상호판촉협의, 판매기회 증대, 마케팅을 지원하며 계획 및 실행, 재정, 기타 운영시스템 간
의 통합을 지원하고 효율적인 자원의 배분, 인건비 절감, 시간 절감, 장비의 효율성 증가
등에 최적화 조건 제공

② **CPFR의 장점**

㉠ 유통업체와 제조업체의 협업으로 생산계획과 수요예측, 재고처리 등에 있어서 오류를 감
소시켜 수익 증대와 운영비용 감소, 주기 감소 등 가능

㉡ 상품 장기계획 가능

㉢ 파트너 확대, 파트너관계 개선, 협업수준 향상으로 안정적인 판매기반을 확보하여 결품 감소

㉣ 다양한 구색으로 소비자의 만족도 향상

㉤ 고객만족과 서비스 향상으로 인한 투자수익률 증대, 판매상품에 대한 원가 절감, 판매 및
일반관리 비용 절감, 회전율 증가, 재고 감축, 현금흐름 개선 효과 등으로 제조비용이 인하
되고 동시에 재고 감축 가능

(5) **채찍효과**(Bullwhip Effect)

① **채찍효과의 개념**

㉠ 고객의 수요가 공급사슬을 거슬러 올라 갈수록 수요예측의 변동폭이 커지는 현상

㉡ 공급사슬에 있어서 소비자 수요의 작은 변동이 제조업체에 전달될 때는 확대되므로, 제조
업체 입장에서는 수요의 변동이 매우 불확실하게 보임

㉢ 정보의 왜곡현상으로 공급사슬 전체로는 재고가 많아지고 고객에 대한 서비스 수준도 저
하되며, 생산계획에 있어서도 차질을 빚게 되고, 수송상의 비효율, 생산계획상의 난맥 등과
같은 악영향이 발생하는 등의 문제가 발생함

② **채찍효과의 발생원인**

   ⊙ 다단계 수요예측 : 최종 소비재 시장에서의 수요변화에 대한 판단 오류 발생

   ⓒ 리드타임 : 리드타임이 길어지면 변동폭의 증가 정도 확대

   ⓒ 가격 변동 : 판촉활동, 가격할인, 수량할인

   ⓔ 과장된 수요

   ⓜ 배치(Batch) 주문 : 일괄 대량주문

③ **채찍효과의 대처방안**

   ⊙ 공급사슬 전반에 걸쳐 수요에 관한 정보 집중 및 공유

   ⓒ 가격정책의 안정화와 철저한 판매예측을 거친 뒤 공급하는 방안 마련

   ⓒ 최종 소비자의 수요 변동폭을 감소시킬 수 있는 영업전략

   ⓔ 제품의 공급 리드타임을 감축시킬 수 있는 방안 연구

   ⓜ 거래선과 전략적 파트너십 강화

(6) Cross-docking

① **크로스도킹의 개념**

   ⊙ 창고나 물류센터에서 수령한 상품을 창고에서 재고로 보관하는 것이 아니라 바로 배송할 수 있도록 하는 물류시스템으로 상품이 입고된 즉시 각 목적지별로 분류만 하여 출고시키는 역할을 수행함(통과형 물류센터)

   ⓒ 크로스도킹의 목적은 유통업체나 도매·배송업체, 항만터미널 운영업체의 물류센터에서 발생될 수 있는 비생산적인 재고를 제거하고자 하는 것

② **크로스도킹의 수준**

   ⊙ 파렛트 크로스도킹(Pallet Cross-docking) : 가장 단순한 형태의 크로스도킹으로 한 종류의 상품으로 적재된 파렛트별로 입고되고 소매점포로 직접 배송되는 형태로 양이 아주 많은 상품에 적합

   ⓒ 케이스 크로스도킹(Case Cross-docking) : 한 종류의 상품이 적재된 파렛트 단위로 상품이 소매업체의 물류센터로 입고된 후, 각각의 소매점포별로 주문수량에 따라 피킹되고, 남은 파렛트 상품은 익일 납입을 위해 잠시 보관

   ⓒ 사전 분류된 파렛트 크로스도킹 : 사전에 제조업체가 상품을 피킹, 분류하여 납품할 각각의 점포별로 파렛트에 적재하여 배송하는 형태

③ **크로스도킹의 장점**

   ⊙ 유통업체와 도매업체 간에 발생하는 물류비용 감소

   ⓒ 재고의 효율적 통제를 통한 창고비용을 절감

   ⓒ 원활한 상품공급을 통한 유통업체의 결품률 감소

   ⓔ 상품이 창고로케이션으로 입고되고 출고되는 데 소요되는 시간과 비용 등 제거

(7) Postponement(지연 또는 유예전략)

① Outbound(수출 또는 유통 및 판매 측) 로지스틱스에서 가급적 공용 부품을 사용하여 모듈화, 표준화된 반제품 상태로 생산, 보관, 운송하여 현지에 공급하고 최종 조립 및 제품의 차별화는 최종 소비자가 있는 현지에서 하도록 차별화 시점을 지연하여 로지스틱스를 단순화시키는 방법

② 즉, 완제품 상태로 재고를 유지하기에는 많은 재고와 수요예측 차이로 인한 결품과 과잉재고가 발생할 수 있으므로 고객이 있는 현지에서 가급적 주문이 확정되거나 가시화된 시점으로 지연하여 최종 조립·포장하는 물류체계를 운영하는 방식

③ 구성부품의 표준화와 공통화, 공정순서의 재배치, 모듈단위의 제품설계가 필요하며, 차별화 지연은 판매에 변동성이 크고 제품의 수명주기가 짧아야 유리

(8) SCP와 SCE

① 개 념

㉠ SCP(Supply Chain Planning)는 의사결정과 계획입안 업무를 지원하는 소프트웨어이며, 수요계획, 행사계획, 재고계획, 자동재고보충계획, 생산계획 등이 포함됨

㉡ SCE(Supply Chain Execution)은 주문처리나 물류관리에 따른 SCM을 실행하기 위한 Software들로 구성됨

② SCP의 주요 내용

㉠ 수요계획

㉡ 행사계획

㉢ 재고계획

㉣ 재고보충계획

㉤ 생산계획

③ SCE의 주요 내용

㉠ 사전출하통지

㉡ 재고수준 및 채널 간의 정보공유수준 결정

㉢ 공급자 및 배송업체 선정

㉣ OMS, WMS, TMS

제12장 제3자물류 및 기타 신이론

1 물류아웃소싱

(1) 아웃소싱(Outsourcing)의 의미

① **광의의 아웃소싱**: 기업 내부에서 하던 일을 외부의 기능이나 자원을 활용하여 하는 것(외주, 하청, 도급, 근로자파견, 업무대행, 분사화 등)

② **협의의 아웃소싱**: 전략적 아웃소싱이라고도 하며, 자신이 수행하는 활동 중 핵심역량을 제외하고 나머지 부문을 기획에서부터 운영까지 일체를 해당 분야의 전문기업에 맡김으로써 기업의 경쟁력을 제고시키려는 전략

(2) 물류아웃소싱의 개념

① 물류아웃소싱은 물류활동의 일부 또는 전부를 외부 물류 전문업자에게 위탁하여 수행할 수 있도록 하는 물류전략

② 물류아웃소싱을 통해 핵심역량에 집중할 수 있으며, 인적 자원의 감소, 자본투자비용의 절감 및 조직의 유연성 확보

(3) 물류아웃소싱의 편익

① 경제적 이익

② 전문화의 이점 활용

③ 리스크 감소

④ 사회 경제적 비효율성 제거

(4) 물류아웃소싱의 동기

① 경쟁우위의 획득

② 품질 향상

③ 리드타임의 단축

④ 재고수준의 감소

⑤ 고객서비스 향상

⑥ 수요와 공급의 안정화

⑦ 기업 내 핵심업무에 전념

⑧ 새로운 기술에의 접근 가능

⑨ 시장확대 및 국제화

(5) 물류아웃소싱의 불안요소

① 직접 통제의 어려움 ② 서비스 수준의 불확실성

③ 비용체계의 불확실성 ④ 고객변화에 대한 대응 체제

⑤ 전문기술의 정도 ⑥ 정보시스템 통합 및 사용 기술력

⑦ 프로세스 재설계 ⑧ 새로운 관계형성 및 문화 충돌

⑨ 의사소통의 애로 ⑩ 정보유출 가능성

(6) 물류아웃소싱의 주요 결정요인

① 비용 절감 효과 ② 고객서비스 대응 수준

③ 전문성, 경력 및 평판 ④ 정보시스템 능력

⑤ 재무적 안정성 ⑥ 서비스 권역

⑦ 시설 및 보유장비 ⑧ 노무관리의 안정성

⑨ 자사와의 관계 및 기여도 ⑩ 전문화의 이점

(7) 물류아웃소싱의 단계

① 1단계 : 개별 물류분야의 아웃소싱

② 2단계 : 물류분야를 포괄한 아웃소싱

③ 3단계 : 로지스틱스의 최적화를 지향한 물류아웃소싱

④ 4단계 : 물류관리 영역을 확대한 아웃소싱

⑤ 5단계 : SCM(Supply Chain Management)에 대응한 아웃소싱

(8) 물류아웃소싱의 성공전략

① 물류아웃소싱의 성공전략

㉠ 물류활동과 관련하여 현재 지출되고 있는 비용현황을 정확히 파악

㉡ 물류 아웃소싱의 목적과 전략이 조직 전체의 전략과 일관성 유지

㉢ 최고 경영자의 지지획득 필수적

㉣ 기업 내부의 물류부서에 대한 인원감축 등의 저항 해결

㉤ 현재와 미래의 고객욕구 해결

② 물류아웃소싱의 성공적 수행을 위한 고려 요인

㉠ 기업의 아웃소싱에 대한 필요성 인식

㉡ 최고 경영자의 인식 고취

㉢ 물류아웃소싱 회사에 대한 신뢰성

㉣ 물류아웃소싱에 대한 기대효과 정량적·객관적으로 평가

㉤ 고객서비스, 대응성, 신속한 처리능력 등의 평가기준

▐ 2 물류자회사

(1) 물류자회사의 특징

① 물류자회사는 물류비용 절감, 물류경비의 외부 유출 방지, 노무관리상 잉여인력의 활용 등을 도모하기 위한 물류관리상의 한 수단으로 모회사 혹은 그룹기업 전체의 물류업무를 전문적으로 담당하기 위하여 모회사의 출자에 의해 설립된 회사를 의미함

② 자회사에 의한 물류관리의 특징
  ㉠ 모회사 혹은 관련기업의 물류비를 명확히 분리
  ㉡ 독립채산제를 취함으로써 물류비용 관리를 철저히 할 수 있음
  ㉢ 물류활동 전반에 제약조건이 완화되어 철저한 물류활동을 할 수 있음
  ㉣ 물류인력 양성이 용이해짐

(2) 물류자회사의 설립 목적과 성공요건

① 물류자회사의 설립 목적
  ㉠ 물류업무의 전문성과 서비스 향상
  ㉡ 물류기능의 강화로 경쟁 우위 확보

② 물류자회사의 성공 요건
  ㉠ 물류전문업자로서 경영의 독립성(독립채산성)
  ㉡ 물류전문업체로서 특화되어 있는 형태
  ㉢ 물류전문인력의 활용
  ㉣ 모회사의 조직과 동일한 물류기능을 실시하는 형태
  ㉤ 물류공동화 실시

(3) 물류자회사의 장점

① 모회사의 관점에서 물류자회사의 장점
  ㉠ 모회사의 유휴인력의 자회사 파견으로 인재의 활성화 가능
  ㉡ 동임금의 탄력성
  ㉢ 정보의 수집 용이
  ㉣ 자회사 경영의 테두리 안에서 설비투자 가능
  ㉤ 인재의 육성, 인원배치의 독립성 및 적재적소 배치 가능
  ㉥ 관리책임 명확
  ㉦ 물류표준화, 공동화 등을 통한 물류합리화 가능
  ㉧ 모회사의 지시에 근거하여 자회사 경영정책의 수행

② **자회사의 관점에서 장점**

  ㉠ 독자적 물류정책 입안과 실시

  ㉡ 자회사 경영의 테두리 안에서 설비투자 가능

  ㉢ 인재의 육성, 인원 배치 독자성 및 적재적소 배치

  ㉣ 물류활동 전반에 대한 제약조건 완화 및 활동의 자율성

  ㉤ 경영책임의 확대 및 명확, 평가 객관화

  ㉥ 자회사 자체의 독자 시스템 구축 가능 및 적합한 시스템 구축

  ㉦ 모회사 이외로 업무 확대, 조업도의 안정과 향상 및 규모의 이익 실현

  ㉧ 물류요율의 명확 및 객관화

⑷ **물류자회사의 문제점**

① 모회사의 물류정책이 자회사의 말단에까지 미치지 않음

② 모회사의 지휘명령계통이 자회사와 일원화되기 어려워 상호간 절충이 필요함

③ 커뮤니케이션의 원활화가 어려움

④ 모회사의 시스템과 자회사의 시스템이 유기적으로 조화가 어려움

⑤ 자회사가 고이익·고배당을 하면 모회사가 물류비를 억제하도록 하여야 할 것이라는 생각이 강해지고 그 결과 자회사의 합리화 의욕이나 생산성 향상 운동이 저해됨

⑥ 물류자회사가 영업의 엄정성을 상실하고 하청적 기업으로 전락 가능성 내재

⑦ 물류요율이 엄해지는 반면, 지불조건 등이 느슨해짐

⑧ 모회사로부터의 낙하산식 인사 등에 의해 고연령·고임금·저생산성이라는 현상 초래

⑨ 낙하산식 인사는 행동규제, 하청화 등으로 종사원의 사기 저하

⑩ 물류자회사를 관리하는 스탭부문이 비대화·중대화

3 **제3자물류**(3PL, Third Party Logistics)

⑴ **제3자물류**(3PL)**의 개념**

① 제3자물류는 화주인 기업이 고객서비스 향상, 물류관련 비용 절감, 시장경쟁력 확보 등을 목적으로 계약에 근거하여 물류업무를 외부의 특정 물류전문업체에게 위탁하는 것임

② 제3자물류에서는 기업과 물류업체 간에 파트너십 혹은 전략적 제휴를 장기간 맺고 있으며, 외부 위탁범위가 단순한 물류작업의 대행에 그치지 않고, 수발주나 관리업무, 효율적인 물류전략, 계획을 제안하고 통합물류서비스를 제공하는 등 고도화된 물류서비스를 제공함

③ 3PL과 아웃소싱과의 차이 비교

구 분	3PL	아웃소싱
운영기간	중장기 위주	단기·일시적
관계내용	밀접·협력관계	느슨·일시관계
신규서비스 제공	능동적·적극적	수동적
개입범위	운영·관리·전략	주로 운영
계약방식	경쟁계약	수의계약
의사결정점	최고 경영층	중간관리층
자산특성	무자산 가능	자산소유 필수
관리형태	통합관리형	분산관리형
화주와의 관계	협력관계	상하계약관계
서비스범위	종합물류지향	기능별 서비스

(2) 제3자물류(3PL)의 발전 과정

① **자사물류**(1PL, First-Party Logistics) : 사내 물류조직을 두고, 물류업무 수행

② **자회사물류**(2PL, Second-Party Logistics) : 사내 물류조직을 별도로 분리하여 자회사로 독립 시켜 물류업무 추진

③ **제3자물류**(3PL, Third-Party Logistics) : 외부 물류업체에게 물류업무를 아웃소싱해서 물류 업무를 추진하는 형태

(3) 제3자물류(3PL)의 도입 목적

① 기업의 핵심역량 강화

② 기업 리스트럭처링 수단

③ 경영 리스크 분산

④ 시너지효과 창출

⑤ 종합물류서비스의 활성화

⑥ 기업의 효율적 운용

⑦ 기업경영 혁신

⑧ 고도의 물류서비스 제공

⑨ 글로벌 물류네트워크

(4) 제3자물류(3PL)의 편익

① 물류시설에 대한 고정비 부담의 감소로 규모의 경제효과, 물류산업의 합리화 및 고도화 실현
② 고품질 물류서비스의 제공으로 제조기업의 경쟁력 강화
③ 종합물류서비스의 활성화
④ SCM 도입 및 확산을 촉진하는 매개 역할
⑤ 핵심역량에 대한 집중력 강화
⑥ 유연성의 향상
⑦ 시간, 인력, 비용의 절감

(5) 제3자물류(3PL)의 문제점

① 외주 물류기능에 대한 통제력이 저하됨
② 물류활동을 위한 시간과 노력이 감소되지 않음
③ 실질적인 비용 절감이 이루어지지 않음
④ 제3자물류업체 인력의 질에 문제가 있음
⑤ 서비스 수준이 기대에 미치지 못함
⑥ 적용단계에서 전환 과정이 만족스럽지 못함
⑦ 고객 불만이 높아짐

(6) 제3자물류(3PL)의 육성방안

① 기업 간 신뢰관계 구축
② 물류업체의 대형화와 전문화
③ 계약의 투명성 확보
④ 제3자물류에 대한 인식 전환
⑤ 물류 전문인력 양성
⑥ 물류업체의 핵심 역량 확충
⑦ 물류관련 규제 개혁, 자금과 세제 지원, 물류관련 법령 정비

4 제4자물류(4PL, Forth-Party Logistics)

(1) 4PL의 정의

① 물류컨설팅을 하는 하나의 업체가 운송루트, 운송수단 선정 등 전체 물류활동이 효율적으로 이루어질 수 있도록 관련된 모든 물류업체들을 연계함

② 제4자물류(4PL)란 화주기업에게 포괄적인 공급사슬 솔루션을 제공하기 위하여 물류서비스 제공기업이 자사의 부족한 부분을 보완할 수 있는 타사의 경영자원, 능력 및 기술과 연계하여 보다 완전한 공급사슬 솔루션을 제공하는 공급사슬 통합자라고 정의함

③ 제4자물류는 통신 및 인터넷 기술의 진전에 따라 경영컨설팅업체, 제3자물류업체, 정보기술업체들이 가상조직을 형성하여 한 번의 계약으로 공급사슬 전반에 걸친 통합서비스를 제공하는 서비스 방식임

(2) 제4자물류의 특징

① 다양한 기업이 파트너로서 참여하는 혼합조직

② 합작투자 또는 장기간 제휴형태

③ 이익의 분배를 통하여 공통의 목표 설정

④ 공급사슬상 전체의 관리와 운영

⑤ 4PL 조직과의 계속적인 노하우 공유

⑥ 막대한 잠재이익

5 기타 신이론

(1) e-SCM

① e-SCM이란 공급자로부터 고객까지의 공급사슬상의 물자, 정보, 자금 등을 인터넷을 포함한 각종 정보통신기술을 활용하여 공급자, 유통채널 소매업자, 고객과 관련된 물자·정보·자금 등의 흐름을 신속하고 효율적으로 관리하는 전략적 기법임

② e-SCM의 효과적인 운영을 위해서는 SCM의 계획 수립, 공급체인관계의 설정과 협력체제 구축, SCM 솔루션(ERP, SCP, EC, CRM)의 통합이 필요함

③ e-SCM 활용을 통하여 얻을 수 있는 기대효과로는 거래 및 투자비용의 최소화, 자동보충을 통한 재고 감축, 수직적 통합화 제공, 사이클 타임 단축 등임

부록

(2) e-Logistics

① **개념** : 물류서비스 제공업체가 정보통신기술을 기반으로 창고, 수배송 등 물류와 관련한 솔루션을 제공함으로써 다양한 부가가치를 수반한 물류서비스를 온라인과 오프라인 간의 시간적 차이를 최소화함으로써 공급사슬 전체의 물류 프로세스를 효율적으로 지원하기 위한 활동

② **기능** : 수요충족기능과 물류서비스의 고도화, 물류를 통한 유통채널의 강화, 유통채널의 물류활동 지원 등을 통한 수요창조기능, 재고파악기능, 위치추적 및 조회기능, 운송정보제공, 온라인상에서의 계약 등

(3) 환경물류와 역물류

① **환경물류** : 원재료의 탐색에서부터 최종 소비자에 이르기까지의 과정과 사용 후 재활용, 재사용 또는 폐기에 이르기까지의 물류 전 과정을 통하여 환경유해요소를 원천적으로 제거하거나 최소화할 수 있는 제반 활동(녹색물류)

② **역물류**(Reverse Logistics) : 기존의 물류활동을 통해 고객(소비자)에게 전달된 제품이 고객이 더 이상 필요로 하지 않는 상황이 발생할 때 적절히 회수하여 상태에 따라 최적의 처리(재사용, 재판매, 재생산, 재활용 또는 최종적 폐기처분)를 수행하는데 필요한 계획, 활동 및 관리 프로세스를 말함(반품, 폐기, 회수)

(4) 녹색물류(Green Logistics)

① **녹색물류의 의의**

　㉠ 환경적 이슈가 중요시 되는 현실에서 기후변화, 대기오염, 소음, 진동 등으로 인하여 발생하는 외생적 물류비용을 중요한 요소로 인식하기 시작함

　㉡ 특히 에너지 사용의 효율성 향상, 물류거점의 재정비, 운송체계의 효율화 등과 같은 친환경적 물류전략이 중요한 역할을 하게 됨

② **녹색물류의 개념**

　㉠ 협의의 녹색물류는 물류분야에서 활물운송시 발생 가능한 온실가스와 대기오염 배출가스 저감대책 등 오염물질을 저감·관리하는 활동을 뜻하며, 광의의 녹색물류는 물류활동에 따른 대기환경에 대한 영향뿐만 아니라 전통적인 순물류와 역물류를 포괄하는 물류활동 전반을 포함하여 환경을 고려한 물류를 의미함

　㉡ 녹색물류는 물류활동의 제반 과정에서 환경과 관련되어 파생되는 영향을 고려하여 기업의 가치를 높이는 물류활동이라고 할 수 있으며, 지구환경 개선을 위해 온실가스 및 대기오염물질 저감 등의 화물자동차의 배출가스 저감대책을 수립하고 폐차, 폐기물 등의 처리 및 관리하는 활동을 포함한 물류활동 전반에서 발생할 수 있는 환경부하 저감을 목표로 효율적인 물류시스템을 구축하는 물류활동을 의미함

(5) 물류보안

① 2001년 9·11테러 이후 물류보안이 국제물류체계상 중요한 이슈 중 하나로 부각되면서 글로 벌 공급사슬관리(SCM)상 물류보안체계를 여하히 효과적으로 구축하는가가 개별 기업은 물론 국가 차원에서도 중요한 과제로 인식됨

② 물류보안의 유형

    ㉠ 컨테이너안전협정(CSI : Container Security Initiative)

    ㉡ 대테러방지 민관협력프로그램(C-TPAT : Customs Trade Partnership Against Terrorism)

    ㉢ 공급사슬 보안경영시스템(ISO 28000)

    ㉣ 공인경제운영인 제도(AEO : Authorized Economic Operator)

    ㉤ 위험물컨테이너점검제도(CIP : Container Inspection Program)

    ㉥ 국제선박 및 항만시설 보안규약(ISPS code : International Ship and Port Facility Security)

    ㉦ 항만보안법(SAFE Port Act)

    ㉧ Greenlane 해상화물보안법(The Greenlane Maritime Cargo Security Act)

(6) 물류기술

① 물류 4.0과 물류기술

    ㉠ 물류기술은 수송의 기계화(물류 1.0), 하역의 기계화(물류 2.0), 물류시스템화(물류 3.0), 물류의 스마트화(물류 4.0)의 과정으로 발전함

    ㉡ 물류 스마트화 단계에서는 창고로봇, 자율주행 등의 보급에 의한 인력 절감, 공급망 전반이 초연결된 물류 체계, 물류혁신을 통해 기술집약적 산업의 진화와 같은 특징이 나타남

    ㉢ IoT 진화에 의한 작업 및 서비스의 효율적 유연 물류체계가 실현되며, IoT, AI, 빅데이터 등 혁신기술을 이용한 새로운 사업의 등장 및 물류산업의 탈 3D화가 가능해지고, 이를 통해 물류비용을 작업 및 서비스 효율성 향상으로 상쇄 및 절감이 가능해짐

② 4차 산업혁명의 주요 물류기술

    ㉠ 블록체인, 물류로봇, 인공지능, 사물인터넷, 드론, 자율주행차, 자율운항선박, 가상현실 및 증강현실, 3D 프린팅, 빅데이터, 스마트 패키징 등의 기술이 등장함

    ㉡ 스마트 화물추적시스템, 라스트 마일 배송서비스, 풀필먼트 센터, 자율주행 택배서비스, 로봇 배송기술 등이 등장함

부록

제22회 기출문제(2018)

01 **21세기 물류 추세로 옳지 않은 것은?**

① 세계를 연결하는 글로벌물류 추구

② 자사화물 중심의 수 · 배송물류 추구

③ 고품격 고객맞춤 서비스물류 지향

④ 3PL(3자물류) 또는 4PL(4자물류)로 발전

⑤ 환경친화 및 안전 지향적 물류로 발전

해설 3자물류의 확산과 함께 자사화물을 취급하는 자가물류(1자물류)는 감소 추세에 있다.

02 **물류의 중요성이 부각되는 이유로 옳지 않은 것은?**

① 주문횟수 감소 경향

② 고객욕구의 다양화와 고도화

③ 운송시간과 비용의 상승

④ 제조부문 원가절감의 한계

⑤ 경쟁력 강화를 위하여 물류부문의 우위확보 필요

해설 물류비의 지속적 증가, 노동력 부족, 재고비의 상승, 다빈도 소량주문의 증가, 다품종 소량생산 등의
이유 때문에 기업의 물류관리가 더 중요해지고 있다.

03 **물류비 절감효과에 관한 것이다. (   )에 들어갈 값은?**

> A기업은 매출액이 200억원이고 매출액 대비 이익률은 2%, 물류비는 매출액의 9%이다. A기
> 업이 물류비를 10% 절감한다고 가정할 때, 이 물류비 절감효과와 동일한 이익을 내기 위해서
> 는 매출액을 ( )억원 증가시켜야 한다.

① 30 　　　　　　　　　② 45 　　　　　　　　　③ 60

④ 75 　　　　　　　　　⑤ 90

해설 • 물류비 18억원(매출액의 9%)에 대한 10% 절감액은 1.8억원
　　• 이익은 4억원(매출액의 2%)
　　• 매출액 증가효과는 매출액 : 이익 = X : 물류비 절감액
　　　200억원 : 4억원 = X : 1.8억원, X = 90억원
　　　따라서 물류비 절감효과와 동일한 이익을 내기 위한 매출액은 90억원이다.

04 C물류기업의 물류비 계산을 위한 자료이다. 제품 A와 제품 B의 운송비 비율은? (단, 운송비 배부기준은 거리 × 중량을 사용함)

지 역	제 품	거 리	중 량
가	A	100 km	200톤
	B		300톤
나	A	300 km	200톤
	B		100톤

① 3 : 2   ② 2 : 3

③ 4 : 3   ④ 3 : 4

⑤ 1 : 1

해설

제 품	운송비	비 율
A	가 지역 : 100^{km} × 200톤 = 20,000톤 · km 나 지역 : 300^{km} × 200톤 = 60,000톤 · km A제품　　　　　　 80,000톤 · km	4 (80,000톤 · km)
B	가 지역 : 100^{km} × 300톤 = 30,000톤 · km 나 지역 : 300^{km} × 100톤 = 30,000톤 · km B제품　　　　　　 60,000톤 · km	3 (60,000톤 · km)

부록

05 물류의 기본적 기능과 가장 관계가 적은 것은?

① 형태적 조정   ② 수량적 조정

③ 가격적 조정   ④ 장소적 조정

⑤ 시간적 조정

해설 물류는 장소적 · 시간적 효용을 창출하고, 이를 통해 수량적 · 가격적 조정 역할을 하며, 형태적 조정은 물류 보다는 생산과 관련성이 높다.

Answer   1. ②   2. ①   3. ⑤   4. ③   5. ①

06 물류비의 비목별 계산과정으로 옳은 것은?

> ㉠ 물류비 자료의 식별과 입수   ㉡ 물류비 배부기준의 선정
> ㉢ 물류비 계산의 보고   ㉣ 물류비 배부와 집계
> ㉤ 물류비 계산 욕구의 명확화

① ㉠ - ㉡ - ㉢ - ㉣ - ㉤   ② ㉠ - ㉤ - ㉡ - ㉣ - ㉢
③ ㉠ - ㉤ - ㉢ - ㉣ - ㉡   ④ ㉤ - ㉠ - ㉡ - ㉢ - ㉣
⑤ ㉤ - ㉠ - ㉡ - ㉣ - ㉢

해설 물류비의 비목별 계산과정은 물류비 계산 욕구의 명확화 ⇨ 물류비 자료의 식별과 입수 ⇨ 물류비 배부기준의 선정 ⇨ 물류비 배부와 집계 ⇨ 물류비 계산의 보고 순이다.

07 최근의 물류환경 변화에 관한 내용으로 옳지 않은 것은?

① 물류의 소량 다빈도화
② 환경문제를 중시하는 그린물류 부상
③ 세계교역량의 급격한 감소
④ 물류정보화의 진전
⑤ 물류기술의 고도화

해설 세계교역량은 일시적으로 감소할 수 있으나 평균적으로 볼 때 지속적으로 증가하고 있다.

08 기업물류비의 분류체계 중 기능별 물류비가 아닌 것은?

① 운송비   ② 보관비
③ 포장비   ④ 노무비
⑤ 물류정보 · 관리비

해설 기능별 물류비는 운송비, 보관비, 포장비, 하역비(유통가공비 포함), 물류정보 · 관리비로 구분하며, 노무비는 세목별(재료비, 노무비, 경비, 이자) 물류비에 해당된다.

09 주문주기시간(order cycle time)에 관한 설명으로 옳지 않은 것은?

① 주문주기시간은 재고정책의 개선활동을 통하여 단축될 수 있다.

② 주문전달(order transmittal)은 적재서류 준비, 재고기록 갱신, 신용장 처리작업, 주문 확인 등의 활동이다.

③ 재고 가용성(stock availability) 확보시간은 창고에 보유하고 있는 재고가 없을 때 생산지의 재고로부터 보충하는데 소요되는 시간이다.

④ 주문인도(order delivery)는 주문품을 재고지점에서 고객에게 전달하는 활동이다.

⑤ 오더피킹(order picking)은 재고로부터 주문품 인출·포장·혼재 작업과 관련된 활동이다.

해설 주문주기시간(order cycle time)은 주문전달시간(order transmittal time), 주문처리시간(order processing time), 오더 어셈블리 타임(order assembly time), 재고가용성(stock availability), 인도시간(delivery time)의 순서로 이루어진다. 적재서류 준비, 재고기록 갱신, 신용장 처리작업, 주문 확인 등의 활동은 주문처리이며, 주문전달은 판매원, 우편, 통신, 전자송달(인터넷) 등으로 주문을 주고받는 활동을 의미한다.

10 기업의 고객서비스 측정요소 중 거래 전(pre-transaction) 요소에 해당하는 것을 모두 고른 것은?

㉠ 고객 불만(customer complaints)	㉡ 주문이행 비율(order fill rate)
㉢ 정시 배달(on-time delivery)	㉣ 목표 배송일(target delivery dates)
㉤ 회수 및 클레임(returns and claims)	㉥ 재고 가용성(stock availability)

① ㉠, ㉢   ② ㉣, ㉥

③ ㉡, ㉢, ㉣   ④ ㉢, ㉣, ㉤

⑤ ㉡, ㉣, ㉤, ㉥

해설 거래 전의 서비스 요소는 고객서비스정책, 고객의 평가, 회사 조직, 시스템의 유연성, 목표 배송일, 기술적 서비스, 재고가용성 등으로 구성된다.

부록

Answer 6. ⑤ 7. ③ 8. ④ 9. ② 10. ②

11 공급사슬의 수익관리전략이 유용한 경우가 아닌 것은?

① 고가의 상품으로 가격이 변하지 않을 경우
② 상품이 쉽게 변질되거나 상품의 가치가 하락될 경우
③ 수요가 계절적이거나 특정 시기에 피크(peak)가 발생될 경우
④ 상품을 대량단위와 소량단위로 계약할 수 있을 경우
⑤ 상품의 가치가 다양한 시장세분화에 따라 달라질 경우

해설 SCM은 수요 변동의 심화, 주문납기의 변동, 외부 불확실성의 증가 등에 대처하기 위한 방법으로 가격의 변동성이 큰 상품의 경우에 유용하다.

12 공급사슬의 유연성이나 신속성을 달성하는 방법으로 옳지 않은 것은?

① 비용절감   ② 직접주문 방식 도입
③ 전략적 지연   ④ 파트너십 구축
⑤ 모듈러 디자인

해설 SCM을 통하여 공급사슬의 유연성, 신뢰성, 대응성 등을 높일 수 있다. 비용절감은 SCM의 적용을 통해 얻을 수 있는 성과라고 할 수 있다.

13 제품수명주기 단계 중 성장기 전략의 특성이 아닌 것은?

① 장기적인 수요에 대비하여 유통망의 확대가 필요하나 정보가 충분하지 않아 물류계획을 수립하는데 어려움이 있다.
② 가격인하 경쟁에 대응하고 수요를 자극하기 위한 촉진비용이 많이 소요된다.
③ 대량생산을 통한 가격인하로 시장의 규모가 확대된다.
④ 제품에 대한 고객들의 관심이 높아지면서 제품가용성을 넓은 지역에 걸쳐 증가시키게 된다.
⑤ 제품의 유통지역이 가장 광범위하며 제품가용성을 높이기 위하여 많은 수의 물류거점이 필요한 시기이다.

해설 제품의 유통지역이 가장 광범위하며 제품가용성을 높이기 위하여 많은 수의 물류거점이 필요한 시기는 성숙기이며, 이 시기에는 안정적인 매출액 유지, 경쟁 심화 및 차별화된 물류서비스 필요와 같은 특징이 나타난다.

14 물류관리에 관한 설명으로 옳지 않은 것은?

① 물류관리 활동은 고객서비스를 향상시키고 물류비용을 감소시키는 목표를 추구한다.

② 국제적인 경제환경이 변화하면서 물류관리에 대한 중요성이 증대되었다.

③ 물류비용 절감을 통한 이익창출은 제3의 이익원으로 인식되고 있다.

④ 제품의 수명주기가 길어지고 차별화된 제품생산의 요구 증대로 물류비용 절감의 필요성이 강조되었다.

⑤ 원자재 및 부품의 조달, 구매상품의 보관, 완제품 유통도 물류관리의 대상이다.

해설 제품의 수명주기는 짧아지고 물류서비스의 개선이 강조되고 있다.

15 효율적 공급사슬(efficient supply chain)의 특징을 모두 고른 것은?

> ㉠ 속도, 유연성에 근거한 공급자 선정
> ㉡ 저비용을 위한 재고 최소화
> ㉢ 제품분화를 지연시킬 수 있는 모듈화 확보
> ㉣ 높은 가동률을 통한 낮은 비용
> ㉤ 리드타임을 적극적으로 단축

① ㉠, ㉡   ② ㉠, ㉤

③ ㉡, ㉣   ④ ㉠, ㉢, ㉣

⑤ ㉡, ㉢, ㉤

해설 효율적 공급사슬은 최저 가격으로 예측 가능한 수요를 효율적으로 공급, 높은 가동률의 유지, 높은 재고 회전율과 공급사슬 재고의 최소화, 비용이 증가하지 않는 한 리드타임의 단축, 비용과 품질 고려, 성과 극대화, 비용 최소화의 특징을 갖고 있다.

Answer 11. ① 12. ① 13. ⑤ 14. ④ 15. ③

16 공급사슬관리(SCM)에 관한 설명으로 옳은 것은?

① 크로스도킹(cross docking)은 미국의 Amazon.com에서 최초로 개발하고 실행하여 성공을 거둔 공급사슬관리 기법이다.

② 채찍효과(bullwhip effect)는 공급사슬 내 각 주체 간의 전략적 파트너십 보다는 단순 계약 관계의 구축이 채찍효과 감소에 도움이 된다.

③ CRM(Customer Relationship Management)은 솔루션의 운영을 통하여 공급자와 구매기업의 비즈니스 프로세스가 통합되어 모든 공급자들과 장기적인 협업관계 형성을 목표로 한다.

④ CPFR(Collaborative Planning Forecasting and Replenishment)은 공장에서 제품을 완성하는 대신 시장 가까이로 제품의 완성을 지연시켜 소비자가 원하는 다양한 수요를 만족시키는 것이다.

⑤ 대량고객화(mass customization)는 비용, 효율성 및 효과성을 희생시키지 않고 개별 고객들의 욕구를 파악하고 충족시키는 전략이다.

해설 ① 크로스도킹은 미국의 월마트가 최초로 도입하였다.
② 채찍효과는 단순 계약 관계의 구축 보다 전략적 파트너십을 통해 감소될 수 있다.
③ 공급자관계관리(SRM)을 설명하고 있다.
④ 전략적 지연전략 또는 유예전략(postponement)에 대한 설명이다. CPFR은 유통업체와 공급업체가 협업적으로 계획하고, 예측하고 보충하는 기법이다.

17 공급사슬 취약성의 증가 요인을 모두 고른 것은?

㉠ 수요의 변동성 증가	㉡ 글로벌화 전략
㉢ 아웃소싱 전략	㉣ 협력체계 구축

① ㉠, ㉡ ② ㉡, ㉣
③ ㉢, ㉣ ④ ㉠, ㉡, ㉢
⑤ ㉠, ㉢, ㉣

해설 수요의 변동성 증가, 글로벌화에 따른 물류의 복잡성 증가 및 리드타임의 증가, 글로벌 아웃소싱의 요인 등으로 공급사슬의 취약성이 나타난다.

18 기업의 물류관리를 위한 전략적 계획과 전술적 계획을 비교한 것으로 옳지 않은 것은?

구 분	전술적 계획	전략적 계획
① 의사결정의 종류	혁신성	일상성
② 의사결정의 환경	확실성	불확실성
③ 계획주체	중간관리층	최고경영층
④ 기 간	중·단기적	장기적
⑤ 관 점	부서별 관점	전사적 관점

해설 전략적 계획은 장기계획, 전술적 계획은 중기계획, 운영적 계획은 단기계획이다. 전략적 계획은 창의성과 혁신성을 요구하지만 전술적 계획은 일상성을 요구한다.

19 물류공동화를 위한 전제조건으로 옳지 않은 것은?
① 일관 파렛트화 추진 및 업계의 통일전표 사용
② 자사 물류시스템과 외부 물류시스템의 연계
③ 물류서비스 내용의 명확화 및 표준화
④ 자사만의 독자적인 물류비 적용 기준의 확립
⑤ 통일된 외장표시 및 표준 물류 심벌(symbol) 사용

해설 물류공동화는 표준화가 전제되어야 하며, 물류비 적용의 경우에도 참여 기업들이 통일화된 기준에 근거하여 물류비를 명확하게 산정하여야 한다.

20 수요의 정성적 예측방법 중 제품과 서비스에 대하여 고객의 심리, 선호도, 구매동기 등을 조사하는 기법은?
① 인과모형법   ② 시장조사법
③ 지수평활법   ④ 회귀분석법
⑤ 시계열분석법

해설 시장조사법은 예측대상에 대한 가설을 세운 다음 설문지, 직접 인터뷰, 전화 등을 이용하여 소비자의 심리, 선호, 구매동기 등을 조사하는 방법이다.

Answer   16. ⑤   17. ④   18. ①   19. ④   20. ②

21 물류 및 마케팅에 관한 설명으로 옳지 않은 것은?

① 마케팅전략에는 제품전략, 가격전략, 유통전략, 촉진전략이 있다.

② 마케팅전략은 물류를 포함하여 상호 의존성 있는 마케팅믹스를 유기적으로 결합하여 경영전략의 일환으로 추진되고 있다.

③ 물류는 마케팅믹스의 4P 중 제품(product)과 가장 밀접한 관계가 있다.

④ 물류는 포괄적인 마케팅에 포함되면서 물류 자체의 마케팅활동을 실천해야 한다.

⑤ 물류는 마케팅뿐만 아니라 산업공학적 측면, 무역학적 측면 등 광범위하게 확대 되고 있다.

해설 물류는 마케팅믹스의 4P 중 유통(place)과 가장 밀접한 관계가 있다.

22 최근에 급속히 성장하고 있는 무점포 소매상(non-store retailer)에 관한 설명으로 옳지 않은 것은?

① 인터넷 사용의 증가와 정보기술의 발달로 무점포 소매상 간의 경쟁이 심화되고 있다.

② 시간과 장소의 제한을 받지 않고 이용할 수 있다.

③ 판매자와 소비자 간에 쌍방향 커뮤니케이션에 의한 1대1 마케팅도 가능하다.

④ 물리적 공간의 제약을 받지 않고 전 세계를 대상으로 다양한 상품의 매매가 가능하다.

⑤ 대표적인 형태는 카탈로그 쇼룸(Catalog Showrooms)이다.

해설 무점포판매는 방문판매 및 가정 내 진열판매, 다단계판매, 전화권유판매, 카탈로그판매, 텔레비전 홈쇼핑, 인터넷 멀티미디어 방송(IPTV)을 통한 상거래, 인터넷 쇼핑몰 또는 사이버몰 등 전자상거래, 온라인 오픈마켓 등 전자상거래중개, 이동통신기기 및 자동판매기를 통한 판매를 말한다. 카탈로그 쇼룸은 카탈로그 상품을 직접 저렴한 가격으로 판매하는 매장이다.

23 다음 설명에 해당하는 이론은?

> • 소매상의 변천과정을 가격이 아니라 상품구색의 변화에 기초하여 설명한다.
> • 초기에는 다양한 상품을 취급하다가 일정시간이 지나면 전문화된 한정 상품만을 취급하고, 좀 더 시간이 지나면 다양한 상품을 다시 취급하는 과정을 순환하며 조화를 이루면서 발전한다.
> • 상품구색 이외의 변화요인을 설명하지 못하는 한계점을 가지고 있다.

① 소매 수레바퀴 이론　　　　　　② 소매 수명주기 이론
③ 소매 아코디언 이론　　　　　　④ 소매 변증법 과정 이론
⑤ 소매 자연도태 이론

해설 • 소매 아코디언 이론을 설명하고 있으며, 제품 구색이 넓은 소매업태에서 전문화된 좁은 제품 구색의 소매업태로 변화되었다가 다시 넓은 제품 구색의 소매업태로 변화되어 간다는 가설을 말한다.
• 소매 수레바퀴 이론은 저가격·저비용·저마진의 혁신적인 소매형태가 나타나는 진입기, 모방 기업들의 등장으로 타사와 차별화를 시도하는 격상기, 소매환경의 변화로 새로운 유형의 혁신적인 소매점이 진입할 수 있는 여지를 제공하는 취약기의 과정을 거친다는 이론이다.
• 소매 수명주기 이론은 한 소매점 유형이 초기 성장기, 가속 성장기, 성숙기, 쇠퇴기의 단계를 거치는 것으로 보는 가설이다.
• 소매 변증법 과정 이론은 소매업이 정반합의 과정으로 진화·발전된다는 이론으로 두 개의 서로 다른 경쟁적인 소매업태가 하나의 새로운 소매업태로 합쳐지는 소매업태 혁신의 합성이론이다.
• 소매 자연도태 이론은 소매업태의 변화과정을 설명하려는 이론으로 환경 적응적 소매점은 존속하게 되지만 환경적응에 실패하는 기업은 도태하게 된다는 이론이다.

24 공동 수·배송 도입에 따른 기대효과로 옳지 않은 것은?
① 차량의 적재효율 향상　　　　　② 주변의 교통혼잡 증가
③ 차량의 운행효율 향상　　　　　④ 화물의 안정적인 확보
⑤ 대형화물차에 의한 대량운송 확대

해설 공동 수·배송의 기대효과는 화물의 적재율 향상, 배송차량의 감소로 차량유지비 절감 및 교통혼잡 완화, 사무처리의 간소화, 수배송시간 절감, 기동성 향상, 납입빈도의 향상으로 재고품의 신선도 향상, 화물의 안정적 확보 등이다.

Answer　21. ③　22. ⑤　23. ③　24. ②

25 물류의 영역적 분류에 관한 설명으로 옳은 것은?

① 조달물류는 생산업체에서 생산된 제품이 출하되어 판매창고에 보관될 때까지의 물류활동이다.

② 생산물류는 반환된 제품의 운반, 분류, 정리, 보관과 관련된 물류활동이다.

③ 사내물류는 완제품이 출하되어 고객에게 인도될 때까지의 물류활동이다.

④ 판매물류는 생산에 필요한 원자재나 부품이 협력회사나 도매업자로부터 제조업자의 자재창고에 운송되어 생산공정에 투입되기 전까지의 물류활동이다.

⑤ 회수물류는 제품이나 상품의 판매활동에 부수적으로 발생하는 물류용기의 재사용에 관련된 물류활동이다

해설 ①은 생산물류, ②는 반품물류, ③은 판매물류, ④는 조달물류에 대한 설명이다.

26 수송 리드타임이 3주이고 1회 발주량이 70개일 때, ( )에 들어갈 값은? (단, 안전재고는 55개이다.)

	수요예측량	예정입고량	재고량	발주량
현 재	—	—	150개	70개
1주	40개			
2주	50개			
3주	50개			
4주	50개		( )개	

① 60 ② 70

③ 80 ④ 90

⑤ 100

해설

	수요예측량	예정입고량	재고량	
현 재	—	—	150개	
1주	40개	—	110개	150개 − 40개 = 110개
2주	50개	—	60개	110개 − 50개 = 60개
3주	50개	70개	80개	60개 − 50개 + 70개 = 80개
4주	50개	70개	(100)개	80개 − 50개 + 70개 = 100개

27 바코드 시스템에 관한 설명으로 옳지 않은 것은?

① QR 코드는 2차원 바코드 중 하나이다.

② 바코드는 표준 바코드와 비표준 바코드로 나눌 수 있다.

③ POS(Point of Sales)는 바코드를 이용하는 대표적인 소매관리시스템이다.

④ 바코드는 보안에 취약하므로 포인트 적립, 할인 등의 수단에만 사용 가능하고 결제시스템에는 사용될 수 없다.

⑤ EAN-14는 업체 간 거래단위인 물류단위, 주로 골판지박스에 사용되는 국제표준 물류 바코드이다.

> **해설** 바코드는 체크 디지트를 사용하고 있어 오류를 방지할 수 있으며, 정확한 계산이 가능하여 결제시스템과 연계되어 있다.

28 역물류(reverse logistics)와 관련이 없는 것은?

① 과잉재고 반품   ② 폐기물류

③ 회수물류   ④ 재주문(reorder)

⑤ 운반용기 회수

> **해설** 역물류는 반품물류, 회수물류 및 폐기물류로 구분되며, 재주문과는 관련성이 없다.

29 다음 화주기업의 수송부문 이산화탄소 추정 배출량(kg)은? (단, 이산화탄소 배출량(kg) = 연료사용량(L) × 이산화탄소배출계수(kg-CO_2/L))

- 총 주행거리 = 30,000(km)
- 평균연비 = 5(km/L)
- 이산화탄소배출계수 = 0.002(kg-CO_2/L)

① 0.01   ② 12

③ 60   ④ 300

⑤ 6,000

> **해설** 이산화탄소 배출량 = (총 주행거리/평균연비) × 이산화탄소배출계수
> = (30,000km/5km/L) × 0.002(kg-CO_2/L)
> = 12kg

Answer   25. ⑤   26. ⑤   27. ④   28. ④   29. ②

30 물류정보시스템의 구성 요소가 아닌 것은?

① 수 · 배송관리 모듈　　　　　　② 창고관리 모듈
③ 생산관리 모듈　　　　　　　　④ 물류정보관리 모듈
⑤ 주문처리 모듈

> **해설** 물류정보시스템은 수배송관리, 창고관리, 주문처리, 물류정보관리 등으로 구성되며, 생산관리를 위한 모듈은 물류정보시스템과 직접적인 관련성이 없다.

31 주문처리시간에 영향을 미치는 요소에 관한 설명으로 옳은 것은?

① 주문처리 우선순위는 주문처리시간에 영향을 미치지 않는다.
② 순차처리(sequential processing)방식은 병렬처리(parallel processing)방식에 비해 총 주문처리시간이 단축될 수 있다.
③ 주문을 모아서 일괄처리하면 주문처리비용 및 주문처리시간을 단축시킬 수 있다.
④ 주문처리에서 오류가 발생하면 확인 및 재처리로 인해 주문처리시간이 증가하므로 오더필링(order filling)의 오류 발생을 줄이기 위해 노력해야 한다.
⑤ 물류정보시스템을 활용하여 주문처리시간을 줄이면 초기 투자비용이 적게 든다.

> **해설** ① 주문처리의 우선순위가 있는 경우에는 주문처리시간에 영향을 미친다.
> ② 순차처리보다 병렬처리방식이 주문처리시간을 단축시킬 수 있다.
> ③ 주문을 모아 일괄처리하는 Batch방식은 주문처리비용이 감소되지만 주문처리시간은 증가한다.
> ⑤ 물류정보시스템을 도입하면 초기 투자비용이 증가한다.

32 물류보안에 관한 설명으로 옳지 않은 것은?

① 물류보안제도는 적용범위에 따라 공급사슬의 특정 구간을 적용대상으로 하고 있는 제도와 공급사슬의 전 구간을 적용대상으로 하고 있는 제도로 나눌 수 있다.
② 최초의 물류보안제도는 2005년 11월 국제표준화기구(ISO)에서 발표한 ISO/PAS 28000이다.
③ 미국 관세국경보호청(Customs and Border Protection : CBP)은 9.11테러 이후 반 테러프로그램의 일환으로 CSI(Container Security Initiative)를 도입하였다.
④ 24시간 전 적하목록 제출제도는 운송인이 선적항에서 선적 24시간 전에 화물적하목록을 제출하도록 규정한 미국 관세국경보호청(CBP)의 규칙이다.
⑤ 세계관세기구(WCO)는 무역의 안전 및 원활화를 조화시키는 표준협력으로 AEO(Authorized Economic Operator)를 도입하였다.

> **해설** 최초의 물류보안제도는 2002년 반테러민관협력제도(C-TPAT)이며, 이후 2003년 해운보안법, 2006년 항만보안법 등이 제정되었다.

33 물류정보시스템에 관한 설명으로 옳은 것은?

① ISBN(International Standard Book Number)은 출판물의 효율화를 위한 표시 제도로 음성, 영상 등 무형의 자료를 제외한 종이에 인쇄된 대부분의 출판물에 고유번호를 부여하는 것이다.

② GPS(Global Positioning System)는 인공위성으로 신호를 보낼 수는 없고 인공위성에서 보내는 신호를 받을 수만 있다.

③ POS(Point of Sales)시스템의 단점은 바코드를 사용하여 상품의 정보를 읽어야 하므로 인건비가 상승한다.

④ ASP(Application Service Provider)는 지능형교통시스템(ITS)의 일종으로 교통여건, 도로 상황 등 각종 교통정보를 운전자에게 신속하고 정확하게 제공한다.

⑤ 전자문서교환(Electronic Data Interchange)은 인쇄된 문서를 자동화된 시스템을 통해 서로 교환하는 시스템으로 사무처리 비용 및 인건비 감소 등의 효과가 있다.

해설 ① ISBN은 도서, 팜플렛 등 점자자료, 교육용 필름, 테이프, 도서, 소프트웨어, 전자출판물 등에 표기하며, 음성이나 영상 자료에도 부여된다.

③ POS는 상품정보를 광학 판독방식을 인식할 수 있어 사무처리가 간소화되고 인건비를 절감할 수 있다.

④ ASP는 솔루션 임대사업자를 의미하며, 교통여건, 도로상황 등 각종 교통정보를 운전자에게 신속하고 정확하게 제공하는 것은 CVO이다.

⑤ 전자문서교환방식은 표준화된 전자문서를 이용하여 교환하는 시스템으로 사무처리 비용과 인건비를 절감할 수 있다.

34 제약이론(Theory of Constraints : TOC)에 관한 설명으로 옳지 않은 것은?

① 산출회계(throughput accounting)는 재고를 자산으로 평가한다.

② 골드랫(E.M. Goldratt)이 TOC이론을 제안하였다.

③ TOC는 SCM에 응용할 수 있다.

④ TOC는 제약을 찾아 집중적으로 개선하는 경영이론이다.

⑤ DBR은 Drum, Buffer, Rope를 의미한다.

해설 제약이론에서 산출회계는 원재료 재고, 재공품 재고, 완제품 재고 등을 투자로 평가한다.

Answer 30. ③   31. ④   32. ②   33. ②   34. ①

35 물류시스템에 관한 설명으로 옳지 않은 것은?

① 생산지에서 소비지까지 연계되도록 물류시스템을 구축한다.

② 물류시스템의 목적은 보다 적은 물류비로 효용 창출을 극대화하는 최적 물류시스템을 구성하는 것이다.

③ 물류시스템의 하부시스템으로는 운송시스템, 보관시스템, 하역시스템, 포장시스템, 정보시스템 등이 있다.

④ 물류시스템과 관련된 개별비용은 상충되지 않는다.

⑤ 물류시스템에서의 자원은 인적 자원, 물적 자원, 재무적 자원, 정보적 자원 등이다.

> **해설** 물류시스템과 관련된 개별비용은 상충관계(Trade-off)에 있다. 즉, 창고 수가 많아지면 배송비는 감소하지만 재고유지비가 증가하는 상충관계에 있다.

36 다음 설명에 해당하는 물류조직의 유형은?

> • 물류담당자들이 평상시에는 자기부서에서 근무하다가 특정 물류문제를 해결하기 위하여 여러 다른 부서의 인원이 모여 구성된다.
> • 기능별 권한과 프로젝트별 권한을 가지므로 권한과 책임의 한계가 불분명하여 갈등이 발생할 수 있다.
> • 항공우주산업, 물류정보시스템 개발과 같은 첨단 기술분야에서 효과적이다.

① 직능형 물류조직   ② 라인·스태프형 물류조직

③ 사업부형 물류조직   ④ 그리드형 물류조직

⑤ 매트릭스형 물류조직

> **해설** ① 직능형 조직은 라인부문과 스탭부문이 분리되지 않은 조직 형태로 총무부나 경리부에 물류부서를 두는 경우이다.
> ② 라인·스태프형 조직은 직능형 조직의 단점을 보완하고 라인과 스탭의 기능을 나누어 세분화한 조직 형태이다.
> ③ 사업부형 조직은 기업규모가 커짐으로써 최고 경영자가 기업의 모든 업무를 관리하기 어려움에 따라 등장한 조직 형태로서 사업별로 독립된 기능을 하며, 사업부 내에 라인과 스탭 부문이 존재한다.
> ④ 그리드형 조직은 회사와 자회사 간에 권한위임이라는 유형으로 모회사의 스탭부문이 자회사의 해당 부문을 횡적으로 관리·지원하는 조직 형태이다.

37 6-시그마(6-σ)에 관한 설명으로 옳지 않은 것은?

① 시그마는 통계학에서 표준편차를 의미한다.

② 6-시그마 수준은 같은 실험을 100만회 시행했을 때 6회 정도 오류가 나는 수준이다.

③ 6-시그마는 모토롤라의 해리(M.Harry)가 창안하였다.

④ DMAIC란 정의(Define), 측정(Measure), 분석(Analyze), 개선(Improve), 관리(Control)를 의미한다.

⑤ 6-시그마는 제조 부문뿐만 아니라 서비스 부문에도 적용할 수 있다.

해설 품질 수준은 100만개의 제품 중 불량을 3~4개 이내로 개선하는 것을 의미한다.

38 파렛트 풀 시스템(Pallet Pool System)의 운영방식에 관한 설명으로 옳은 것을 모두 고른 것은?

> ⊙ 즉시교환방식 : 송화주는 파렛트화된 화물을 운송사에 위탁하는 시점에서 동일한 수의 파렛트를 운송사에서 인수하고, 수화주는 파렛트화된 화물을 인수할 때 동일한 수의 파렛트를 운송사에 인도해 주는 방식이다.
> ⊙ 리스방식 : 개별기업에서 각각 파렛트를 보유하지 않고 파렛트 풀을 운영하는 기관이 사용자의 요청에 따라 규격화된 파렛트를 사용자가 소재하는 가까운 거점(depot)에 공급해 주는 방식이다.
> ⓒ 대차결제방식 : 현장에서 즉시 파렛트를 교환하지 않고 일정 시간 이내에 파렛트를 운송사에 반환하는 방식이다.

① ㉠

② ㉡

③ ㉠, ㉡

④ ㉡, ㉢

⑤ ㉠, ㉡, ㉢

해설 파렛트 풀 시스템(PPS)은 파렛트의 규격을 표준화하여 상호 호환되도록 함으로써 파렛트를 공동으로 이용하려는 제도를 의미하며, 즉시교환방식, 리스렌탈방식, 교환리스방식, 대차결제방식이 있다.

Answer   35. ④   36. ⑤   37. ②   38. ⑤

39 스마이키(E.W. Smykey)가 제창한 물류의 원칙인 7R원칙에 해당하지 않는 것은?

① Right Safety ② Right Quality

③ Right Time ④ Right Place

⑤ Right Impression

해설 7R의 원칙은 Right Commodity(적절한 상품), Right Quality(적절한 품질), Right Quantity(적적한 수량), Right Time(적절한 시간), Right Place(적절한 장소), Right Impression(적절한 인상), Right Price(적절한 가격)를 말한다.

40 다음에 해당하는 물류합리화의 유형으로 옳게 짝지어진 것은?

> ㉠ 물류전반에 걸쳐 지식기능을 갖춘 자동화
> ㉡ 인력의 절감 및 노동의 대체를 목적으로 한 기계화

① ㉠ : 생력(省力)형 ㉡ : 생지능(省知能)형

② ㉠ : 비용(費用)절감형 ㉡ : 생지능(省知能)형

③ ㉠ : 생지능(省知能)형 ㉡ : 생력(省力)형

④ ㉠ : 생지능(省知能)형 ㉡ : 비용(費用)절감형

⑤ ㉠ : 비용(費用)절감형 ㉡ : 생력(省力)형

해설 생지능(省知能)형은 물류전반에 걸쳐 지식기능을 갖춘 자동화에 의한 물류합리화를 의미하며, 생력(省力)형은 기계화에 의한 인력 절감 및 노동력 대체에 의한 물류합리화를 의미한다.

Answer 39. ① 40. ③

제23회 기출문제(2019)

01 물류활동의 기본 기능에 관한 설명으로 옳지 않은 것은?

① 포장은 생산의 종착점으로서 표준화, 모듈화의 대상이다.

② 보관은 생산과 소비, 공급과 수요의 시점 및 수량적 차이를 조정한다.

③ 유통가공은 고객의 요구에 대응하기 위해 제조업체에서 부품을 가공하는 활동이다.

④ 하역은 운송, 보관 및 포장의 물자 취급과 관련된 보조적 활동으로서 기계화, 자동화의 대상이다.

⑤ 운송은 생산과 소비의 장소적 차이에 의한 거리를 조정하는 활동이다.

해설 유통가공은 유통단계에서 제품의 간단한 가공이나 조립, 재포장, 주문에 따른 조정 작업 등 동일기능의 형태 이전을 위한 활동을 말하며, 고객의 요구에 보다 부합되기 위한 활동으로 부가가치와 직결된다.

02 회수물류의 대상 품목에 해당하지 않는 것은?

① 음료용 알루미늄 캔 ② 화물용 T-11 파렛트

③ 주류용 빈병 ④ 운송용 컨테이너

⑤ 일회용 소모성 자재

해설 회수물류는 제품이나 상품의 판매물류에 부수적으로 발생하는 파렛트, 컨테이너 등과 같은 빈 물류용기를 회수하는 물류활동을 의미하며, 판매용기의 회수 및 재사용, 재활용을 위한 물류활동이다. 일회용 소모성 자재는 폐기물류의 대상이라고 할 수 있다.

03 최근 국내외 물류 산업의 동향에 관한 설명으로 옳지 않은 것은?

① 당일배송 서비스 확대 등 물류의 스피드 경쟁이 가속화되고 있다.

② 스마트팩토리의 고객맞춤형 생산은 물류의 대량화와 소빈도화를 촉진하고 있다.

③ 고객맞춤형 기능 제공 등 고부가가치 물류서비스가 확산되고 있다.

④ 에너지 절감, 친환경 물류, 안전·보안을 강화한 물류의 필요성이 증가하고 있다.

⑤ 종합물류기업 인증제 도입 등 물류산업 육성을 위한 정책적 지원이 강화되고 있다.

해설 고객맞춤형 생산은 물류의 다품종화, 소량화, 다빈도화를 촉진하고 있다.

Answer 1. ③ 2. ⑤ 3. ②

04 상적유통(Commercial Distribution)과 물적유통(Physical Distribution)에 관한 설명으로 옳은 것은?

① 화물정보의 전달 및 활용은 물적유통에 해당한다.

② 상품의 거래활동은 물적유통에 해당한다.

③ 금융, 보험 등의 보조활동은 물적유통에 해당한다.

④ 판매를 위한 상품의 포장은 상적유통에 해당한다.

⑤ 효율 향상을 위해 상적유통과 물적유통을 통합한다.

해설 ② 상품의 거래활동은 소유권이 이전되는 활동으로 상적유통에 해당된다.
③ 금융, 보험 등의 보조활동은 소유권 이전에 수반되는 것으로 상적유통에 해당되다.
④ 판매를 위한 상품의 포장은 물적유통이다.
⑤ 물류합리화를 위하여 상적유통과 물적유통을 분리하는 상물분리가 바람직하다.

05 물류서비스 품질을 결정하는 요인을 서비스 시행 전·중·후로 나눌 때, 서비스 시행 중의 요인에 해당하는 것을 모두 고른 것은?

㉠ 재고수준	㉡ 주문의 편리성
㉢ 주기적 제품 점검	㉣ 고객서비스 명문화
㉤ 시스템의 정확성	㉥ 조직의 융통성

① ㉠, ㉥ ② ㉠, ㉡, ㉢ ③ ㉠, ㉡, ㉤
④ ㉡, ㉢, ㉣ ⑤ ㉢, ㉣, ㉤, ㉥

해설 거래 중의 서비스요소는 재고수준, 배송 신뢰성, 주문정보의 입수 가능성, 주문의 편리성, 미납주문의 처리능력, 정보시스템의 정확성, 제품의 교환선적, 제품대체 등이다.

06 기업의 경쟁력을 높이기 위해서 신규 물류서비스를 도입하고자 할 때의 추진 순서로 옳은 것은?

㉠ 물류서비스 실행을 위한 운영전략 수립
㉡ 고객 니즈(Needs)에 부합하는 물류서비스 개발
㉢ 물류서비스 제공 시스템 구축
㉣ 고객 목표시장(Target Market) 선정

① ㉠-㉡-㉣-㉢ ② ㉠-㉣-㉡-㉢ ③ ㉣-㉠-㉢-㉡
④ ㉣-㉡-㉠-㉢ ⑤ ㉣-㉡-㉢-㉠

해설 신규 물류서비스를 도입하기 위해서는 목표시장의 선정, 고객 니즈에 부합되는 물류서비스의 개발, 물류서비스 실행을 위한 운영전략 수립, 물류서비스 제공 시스템의 구축과 같은 순서로 진행하여야 한다.

07 물류 측면의 고객서비스에 관한 설명으로 옳지 않은 것은?

① 물류서비스는 물품을 이동하는 마지막 단계로서 부가상품(Augmented Product)의 역할을 한다.

② 물류서비스 품질은 고객의 기대수준과 인지수준의 차이로 정의된다.

③ 일반적으로 한 기업이 경쟁업체의 물류서비스를 모방하는 것은 불가능하다.

④ 물류서비스와 물류비용 사이에는 상충(Trade-off) 관계가 존재한다.

⑤ 물류서비스 품질은 고객과 서비스 제공자간의 상호작용에 의해서 결정된다.

해설 경쟁기업의 물류서비스를 모방하는 벤치마킹은 자주 사용되는 전략으로 물류서비스의 모방은 용이하다.

08 물류서비스의 신뢰성(Reliability)을 높이기 위한 방안에 해당하지 않는 것은?

① 신속 정확한 수주정보 처리   ② 생산 및 운송 로트(Lot) 대량화

③ 조달 리드타임(Lead time) 단축   ④ 제품 가용성(Availability) 정보 제공

⑤ 재고관리의 정확도 향상

해설 물류서비스의 신뢰성은 약속된 물류서비스를 정확히 수행하는 능력, 즉 믿을 수 있는 정확한 임무수행을 의미하며, 생산 및 운송 로트의 소량화가 합리적이다.

09 물류관리전략에 관한 설명으로 옳지 않은 것은?

① 기업은 효율적인 물류관리활동을 통하여 원가를 절감할 수 있고 이를 바탕으로 시장점유율 제고 및 수익률 증대를 추구할 수 있다.

② 고객서비스를 평가하는 중요한 척도로는 주문 후 인도시까지의 소요시간, 고객 주문에 대한 제품의 가용성, 주문 처리의 정확성 등이 있다.

③ 물류관리전략을 설정할 때 우선적으로 고려해야 할 사항은 고객의 니즈(Needs)를 파악하는 것이다.

④ 부품공급에서 소비자에 이르는 공급사슬에서 공급사슬 전체의 이익극대화 보다는 경로 구성원 각자의 이익극대화를 추구해야 한다.

⑤ 효과적인 물류관리전략은 유연성을 보유하면서 고객의 다양한 요구를 저렴한 비용으로 충족시킬 수 있도록 해야 한다

해설 경로구성원 각자의 개별적인 이익극대화 보다는 공급사슬 전체의 이익을 극대화하는 전략이 바람직하다.

Answer   4. ①   5. ③   6. ④   7. ③   8. ②   9. ④

10 물류관리의 의사결정에 관한 설명으로 옳은 것은?

① 물류의사결정은 전략·전술·운영의 3단계 계층으로 구성된다.

② 수요예측, 주문처리 등은 전략적 의사결정에 해당한다.

③ 운영절차, 일정계획 등은 전술적 의사결정에 해당한다.

④ 마케팅 전략, 고객서비스 요구사항 등은 운영적 의사결정에 해당한다.

⑤ 전략, 전술, 운영의 세 가지 의사결정은 상호간에 독립적으로 이루어져야 한다.

> 해설 ② 수요예측, 주문처리 등은 전술적 의사결정에 해당한다.
> ③ 운영절차, 일정계획 등은 운영적 의사결정에 해당한다.
> ④ 마케팅 전략, 고객서비스 요구사항 등은 전략적 의사결정에 해당한다.
> ⑤ 전략, 전술, 운영의 세 가지 의사결정은 상호간에 유기적(위계적)으로 이루어져야 한다.

11 물류조직의 형태에 관한 설명으로 옳지 않은 것은?

① 물류조직은 발전형태에 따라 직능형 조직, 라인과 스탭형 조직, 사업부형 조직, 그리드(Grid)형 조직 등으로 구분할 수 있다.

② 직능형 조직은 기업규모가 커지고 최고경영자가 기업의 모든 업무를 관리하기 어려울 때 적합하다.

③ 라인과 스탭형 조직은 작업부문과 지원부문을 분리한 조직이다.

④ 사업부형 조직은 제품별 사업부와 지역별 사업부, 그리고 이 두 가지를 절충한 형태 등이 있다.

⑤ 그리드(Grid)형 조직은 다국적 기업에서 많이 볼 수 있으며 모회사의 스탭이 자회사의 물류부문을 관리하는 형태이다.

> 해설 사업부형 조직은 기업규모가 커지고 최고경영자가 기업의 모든 업무를 관리하기 어려울 때 적합하다.

12 3자물류와 4자물류에 관한 설명으로 옳지 않은 것은?

① 3자물류는 장기간의 전략적 제휴형태 또는 합작기업으로 설립한 별도의 조직을 통해 종합적 서비스를 제공한다.

② 세계적인 3자물류업체 및 컨설팅회사들은 다른 물류기업들과의 인수합병을 통해 글로벌 차원으로 확대하면서 4자물류서비스를 제공하고 있다.

③ 기업들은 3자물류를 통해 핵심부분에 집중하고 물류를 전문업체에게 아웃소싱하여 규모의 경제, 전문화 및 분업화 등의 효과를 거둘 수 있다.

④ 4자물류는 3자물류에서 확장된 개념으로 자체의 기술 및 컨설팅 능력을 갖추고 공급체인 전반을 통합·관리한다.

⑤ 4자물류는 전자상거래의 확대 및 SCM 체제의 보편화로 그 필요성이 강조되고 있다.

> 해설 4자물류가 장기간의 전략적 제휴형태 또는 합작기업으로 설립한 별도의 조직을 통해 종합적 서비스를 제공한다.

13 물류 아웃소싱의 장·단점을 설명한 것으로 옳지 않은 것은?

① 제조업체는 물류거점에 대한 자본투입을 최소화하고 전문 물류업체의 인프라를 전략적으로 활용할 수 있다.

② 제조업체는 고객 불만에 대한 신속한 대처가 어렵다.

③ 제조업체는 물류전문지식의 사내 축적이 비교적 용이하다.

④ 제조업체는 기존 사내 물류인력의 실업과 정보의 유출이 발생할 수 있다.

⑤ 물류업체는 규모의 경제를 통한 효율의 증대를 꾀할 수 있다.

해설 제조업체가 물류 아웃소싱을 할 경우, 기업정보의 유출 가능성, 물류전문지식의 사내 축적 어려움과 같은 단점이 있으나 경쟁우위 획득, 리드타임의 단축, 고객서비스 향상 등의 장점이 있다.

14 다음 ( )에 들어갈 용어를 바르게 나열한 것은?

> TOC(Theory of Constraints)는 기업의 재무적인 성과를 나타내기 위하여 3가지 요소개념을 사용한다. 첫째, (㉠)은(는) 판매에 의한 기업의 현금 창출 정도를 나타내며, 둘째, (㉡)은(는) 판매를 위하여 재화에 투자된 자금으로 정의되고, 셋째, (㉢)은 기업이 (㉡)을(를) (㉠)(으)로 전환하기 위하여 지출한 비용을 말한다.

① ㉠: 재고　　㉡: 스루풋　　㉢: 운영비용

② ㉠: 스루풋　　㉡: 재고　　㉢: 운영비용

③ ㉠: 영업이익　　㉡: 재고　　㉢: 조달비용

④ ㉠: 영업이익　　㉡: 제조원가　　㉢: 운영비용

⑤ ㉠: 스루풋　　㉡: 제조원가　　㉢: 조달비용

해설 제약이론은 기업의 여러 가지 활동 중 가장 취약한 활동요인의 효율성을 제고시켜 기업의 성과를 향상시키고자 하는 전략으로 Throughput, 재고 및 운영비용의 재무성과 개념을 제시하고 있다.

15 물류시스템 합리화 방안에 해당하지 않는 것은?

① 포장규격화를 고려한 제품설계

② 재고관리방법의 개선

③ 하역의 기계화 및 자동화

④ 인터넷을 통한 물류정보의 수집 및 활용

⑤ 비용과 무관한 물류서비스 수준 최대화 추구

해설 물류합리화는 물류비의 절감과 고객서비스의 향상을 가져오는 것으로 물류서비스를 개선함과 동시에 물류비를 절감할 수 있는 방안을 고려하여야 한다.

16 녹색물류 실행과 관련된 내용으로 옳은 것을 모두 고른 것은?

㉠ 포장의 개선	㉡ 수·배송의 개선
㉢ 하역의 개선	㉣ 보관의 개선
㉤ 물류공동화 운영	㉥ 물류표준화 추진

① ㉤

② ㉤, ㉥

③ ㉠, ㉡, ㉢, ㉣

④ ㉠, ㉡, ㉢, ㉣, ㉤

⑤ ㉠, ㉡, ㉢, ㉣, ㉤, ㉥

해설 녹색물류는 역물류에 한정하지 않고 물류활동의 전 과정뿐만 아니라 환경, 교통분야에 대한 영향까지 고려하는 것이 적합하다. 즉, 녹색물류는 순물류와 역물류를 포괄하며 물류활동의 제반 과정에서 파생되는 교통과 환경분야에 대한 영향을 고려하는 개념이다.

17 2018년도 매출액이 100억원인 A기업의 영업이익률은 5%이고 물류비는 10억원이었다. 2019년도의 경영혁신 추진방안 중에서 재무적 기대효과가 가장 큰 것은? (단, 2019년 영업이익률은 2018년과 동일하다고 가정)

① 전년대비 매출액 20% 증가와 물류비용 20% 절감

② 전년대비 매출액 30% 증가와 물류비용 3억원 절감

③ 전년대비 매출액 20억원 증가와 물류비용 3억원 절감

④ 전년대비 매출액 40억원 증가와 물류비용 20% 절감

⑤ 전년대비 매출액 50억원 증가와 물류비용 10% 절감

구 분	2018	①	②	③	④	⑤
매출액	100억원	120억원	130억원	120억원	140억원	150억원
물류비	10억원	8억원	7억원	7억원	8억원	9억원
영업이익	5억원	6억원	6.5억원	6억원	7억원	7.5억원
물류비 절감(A)		2억원	3억원	3억원	2억원	1억원
영업이익 증가(B)		1억원	1.5억원	1억원	2억원	2.5억원
재무적 기대효과 (A + B)		3억원	4.5억원	4억원	4억원	3.5억원

18 물류비에 관한 설명으로 옳지 않은 것은?

① 물류비 산정을 통해 물류의 중요성을 인식한다.

② 물류활동의 계획, 관리 및 실적 평가에 활용된다.

③ 재무회계 방식은 관리회계 방식보다 상세하고 정확하게 물류비를 산정할 수 있다.

④ 경영 관리자에게 필요한 원가자료를 제공한다.

⑤ 물류비 분석을 통하여 물류활동의 문제점을 파악할 수 있다.

해설 관리회계방식은 물류비 산정기준에 의해 구체적으로 산정하기 때문에 간이기준에 의한 재무회계방식 보다 상세하고 정확하게 물류비를 산정할 수 있다.

19 물류비의 정의와 분류에 관한 설명으로 옳지 않은 것은?

① 원재료 조달, 완제품 생산, 거래처 납품 그리고 반품, 회수, 폐기 등의 제반 물류 활동에 소요되는 모든 경비이다.

② 세목별로 재료비, 노무비, 경비, 이자 등으로 구분된다.

③ 판매물류비는 생산된 완제품 또는 매입상품을 판매창고에 보관하는 활동부터 고객에게 인도할 때까지의 비용을 의미한다.

④ 조달물류비는 자재창고에서 원재료 등을 생산에 투입하는 시점부터 완제품을 창고에 보관하기까지의 물류활동에 따른 비용을 의미한다.

⑤ 물류비를 상세하게 파악하기 위해 개별기업의 특성에 적합하도록 제품, 지역, 고객, 운송수단 등과 같은 관리항목을 정의하여 구분한다.

해설 자재창고에서 원재료 등을 생산에 투입하는 시점부터 완제품을 창고에 보관하기까지의 물류활동에 따른 비용은 사내물류비이다. 조달물류비는 물자가 조달처로부터 운송되어 매입자의 매입물자의 보관창고에 입고, 관리되어 생산공정(또는 공장)에 투입되기 직전까지의 물류활동에 따른 비용을 의미한다.

부록

20 다음은 제품 A와 B를 취급하는 물류업체의 연간 물류비의 비목별 자료이다. 이에 관한 설명으로 옳은 것은?

구 분	운송비	보관비	포장비	하역비	합 계
금액(만원)	6,000	1,000	1,000	2,000	10,000
배부 기준	물동량	보관면적	출고물량	입출고물량	–

제 품	물동량(km·ton)	보관면적(m²)	입고물량(개)	출고물량(개)
A	6,000	3,000	400	600
B	4,000	2,000	900	600
합 계	10,000	5,000	1,300	1,200

① 제품 A의 물류비는 5,000만원이다.

② 제품 B의 물류비는 4,500만원이다.

③ 제품 A의 운송비로 6,000만원이 배부된다.

④ 제품 B의 보관비로 600만원이 배부된다.

⑤ 제품 A와 B의 하역비는 동일하게 배부된다.

해설 ① 제품 A의 물류비는 5,500만원이다.
③ 제품 A의 운송비로 3,600만원이 배부된다.
④ 제품 B의 보관비로 400만원이 배부된다.
⑤ 제품 A의 하역비는 800만원, 제품 B의 하역비는 1,200만원이 배부된다.

제 품	운송비	보관비	포장비	하역비	합 계
A	3,600(60%)	600(60%)	500(50%)	800(40%)	5,500만원 = (6,000 × 60%) + (1,000 × 60%) + (1,000 × 50%) + (2,000 × 40%)
B	2,400(40%)	400(40%)	500(50%)	1,200(60%)	4,500만원 = (6,000 × 40%) + (1,000 × 40%) + (1,000 × 50%) + (2,000 × 60%)
합 계	6,000만원	1,000만원	1,000만원	2,000만원	10,000만원

21 다음 설명에 해당하는 공급사슬관리(SCM) 기법의 명칭을 바르게 연결한 것은?

> ㉠ 물류센터 도착 즉시 점포별로 구분하여 출하하는 시스템으로 적재시간과 비용을 절감할
> 수 있다.
> ㉡ 공급업자와 소매업자 간에 POS 정보를 공유하여 별도의 주문 없이 공급업자가 제품을
> 보충할 수 있다.
> ㉢ 수요예측이나 판매계획 정보를 유통업체와 제조업체가 공유하여, 생산 – 유통 전 과정의
> 자원 및 시간의 활용을 극대화하는 비즈니스 모델이다.

① ㉠: QR   ㉡: CRP   ㉢: CPFR

② ㉠: Cross-docking   ㉡: BPR   ㉢: CPFR

③ ㉠: Cross-docking   ㉡: CRP   ㉢: CPFR

④ ㉠: QR   ㉡: ECR   ㉢: VMI

⑤ ㉠: QR   ㉡: Cross-docking   ㉢: VMI

해설 ㉠은 Cross-docking을, ㉡은 CRP를, ㉢은 CPFR을 각각 설명하고 있다.

22 채찍효과를 감소시키기 위한 대응방안으로 옳지 않은 것은?

① 수요정보를 집중화하고 공유한다.
② 제품공급의 리드타임(Lead time)을 단축시킨다.
③ 상시저가전략 등의 가격안정화 정책을 도입한다.
④ 최종소비자의 수요변동을 감소시키는 영업 전략을 선택한다.
⑤ 일회 주문량을 증가시켜 운송비용을 절감한다.

해설 일괄주문을 지양하고, 실시간 주문처리를 통하여 주문량의 변동폭을 최소화시킴으로써 채찍효과를 감
소시킬 수 있다.

23 공급사슬관리(SCM)의 필요성에 관한 설명으로 옳은 것을 모두 고른 것은?

> ㉠ 글로벌화에 따른 물류의 복잡성과 리드타임(Lead time) 증가에 대응해야 한다.
> ㉡ 경쟁력 있는 가치를 제공하여 비용을 절감하고 고객 대응력을 확보해야 한다.
> ㉢ 기업 간 정보를 공유하고 협력하여 채찍효과를 감소시켜야 한다.
> ㉣ 제품개발·생산·유통·마케팅 등의 부문별 경쟁력을 외부에 의존하지 않고 내부 역량으로 확보해야 한다.

① ㉠, ㉡   ② ㉠, ㉢
③ ㉡, ㉣   ④ ㉠, ㉡, ㉢
⑤ ㉡, ㉢, ㉣

> **해설** 제품개발·생산·유통·마케팅 등의 부문별 경쟁력을 외부 협력업체(파트너)와 전략적 제휴 및 협업 등을 통하여 확보하는 것이 합리적이다.

24 다음 기업사례에서 설명하는 공급사슬관리(SCM) 기법은?

> 의류업체 A기업은 원사를 색상별로 염색한 후 직조하는 방식으로 의류를 생산하였으나 색상에 대한 소비자 기호의 변동성이 높아서 색상별 수요예측에 어려움을 겪었다. 이후 염색이 되지 않은 원사로 의류를 직조한 이후에 염색하는 방식으로 제조 공정을 변경하여 예측의 정확성을 높이고 재고를 감소시켜 고객서비스를 향상시킬 수 있었다.

① Risk Pooling   ② Exponential Smoothing
③ Postponement   ④ Vendor Managed Inventory
⑤ Sales and Operation Planning

> **해설** 완제품의 생산시점을 최대한 연기하는 지연전략 또는 유예전략(Postponement)을 설명하고 있다.

25 집중구매와 분산구매를 비교한 것으로 옳지 않은 것은?
① 집중구매는 수요량이 큰 품목에 적합하다.
② 집중구매는 자재의 긴급조달이 어렵다.
③ 분산구매는 구입경비가 많이 든다.
④ 분산구매는 구매량에 따라 가격할인이 가능한 품목에 적합하다.
⑤ 분산구매는 구매절차가 간편하다.

> **해설** 집중구매는 구매량에 따라 가격할인이 가능한 품목에 적합한 장점이 있으나 긴급조달의 어려움, 사업장별 재고파악의 어려움, 조달기간과 운임 증가와 같은 단점이 있다.

26 다음 설명에 해당하는 유통경로는?

> 유통경로상의 한 업체가 다른 업체를 법적으로 소유 및 관리하는 유형으로, 세부적으로는 제조업체가 도·소매업체를 소유하거나 도매업체가 소매업체를 소유하는 '전방통합'과 도·소매업체가 제조업체를 소유하거나 제조업체가 부품공급업체를 소유하는 '후방통합'이 있다.

① 수직적 유통경로
② 매트릭스형 유통경로
③ 네트워크형 유통경로
④ 수평적 유통경로
⑤ 전통적 유통경로

해설 수직적 유통경로는 중앙(본부)에서 계획된 프로그램에 의해 경로구성원들을 전문적으로 관리·통제하는 네트워크형태의 경로조직을 가지며, 관리형, 계약형, 기업형 경로시스템이 있다.

27 도매기관에 관한 설명으로 옳지 않은 것은?

① 제조업자 도매기관은 제조업자가 직접 도매기능을 수행한다.
② 제조업자 도매기관은 제조업자가 입지 선정부터 점포 내의 판매원 관리까지 모든 업무를 직접 관리한다.
③ 상인 도매기관은 상품을 직접 구매하여 판매한다.
④ 대리 도매기관은 제조업자의 상품을 대신 판매·유통시켜준다.
⑤ 대리 도매기관은 상품의 소유권을 가진다.

해설 대리 도매기관은 상품의 소유권이 제조업자에게 있으며 판매된 범위에서 수수료를 받는다.

28 물류정보의 종류에 관한 설명으로 옳지 않은 것은?

① 화물운송정보에는 화물보험정보, 컨테이너보험정보, 자동차운송보험정보 등이 포함된다.
② 수출화물검사정보에는 검량정보, 검수정보, 선적검량정보 등이 포함된다.
③ 화물통관정보에는 수출입신고정보, 관세환급정보, 항공화물통관정보 등이 포함된다.
④ 화주정보에는 화주성명, 전화번호, 화물의 종류 등이 포함된다.
⑤ 항만정보에는 항만관리정보, 컨테이너추적정보, 항만작업정보 등이 포함된다.

해설 화물집하정보, 개별 창고화물정보, 화물터미널정보, 특정화물 확인정보, 도로교통정보, 고속도로 관리정보 등의 종합교통정보와 항공화물운송정보 등이 있다.

Answer 23. ④ 24. ③ 25. ④ 26. ① 27. ⑤ 28. ①

29 물류정보시스템에 관한 설명으로 옳지 않은 것은?

① 물류정보시스템은 운송, 보관, 하역, 포장 등의 전체 물류 기능을 효율적으로 관리할 수 있도록 해주는 정보시스템이다.

② 물류정보시스템의 정보는 발생원, 처리장소, 전달대상 등이 넓게 분산되어 있다.

③ 물류정보시스템의 수·배송관리 기능은 고객의 주문에 대하여 적기배송체계의 확립과 최적운송계획을 수립한다.

④ 물류정보시스템의 재고관리 기능은 최소의 비용으로 창고의 면적, 작업자, 하역 설비 등의 경영자원을 배치한다.

⑤ 물류정보시스템의 주문처리 기능은 주문의 진행 상황을 통합·관리한다.

> **해설** 물류정보시스템의 창고관리 기능은 최소의 비용으로 창고의 면적, 작업자, 하역 설비 등의 경영자원을 배치한다. 재고관리 기능은 주문량에 따라 적정재고를 유지하면서 불필요한 재고를 억제하여 재고유지비용을 절감하는 것이다.

30 바코드에 관한 설명으로 옳은 것은?

① POS 시스템의 효과적인 이용을 위한 중요한 구성요소이다.

② 13자리 바코드의 처음 세 자리는 물류식별코드를 의미한다.

③ 정보의 변경과 추가가 가능하다.

④ 응용범위가 다양하고 신속한 데이터 수집이 가능하나, 도입비용이 많이 든다.

⑤ 읽기와 쓰기가 가능하다.

> **해설** ② 13자리 바코드의 처음 세 자리는 국가코드이며, 물류식별코드는 14자리로 구성된다.
> ③ 정보의 변경과 추가가 불가능하다.
> ④ 응용범위가 다양하고 신속한 데이터 수집이 가능하며, 도입비용이 많이 들지 않는다.
> ⑤ 읽기는 가능하지만 쓰기는 불가능하다.

31 RFID의 주파수대역별 특징에 관한 설명으로 옳지 않은 것은?

① 고주파수일수록 중장거리용으로 사용된다.

② 고주파수일수록 RFID 태그를 소형으로 만들 수 있다.

③ 저주파수일수록 시스템 구축비용이 저렴하다.

④ 저주파수일수록 장애물의 영향을 덜 받는다.

⑤ 저주파수일수록 인식 속도가 빠르다.

> **해설** 고주파일수록 인식 속도가 빠르며 고가인 반면 저주파대역일수록 인식 속도가 느리며 도입비용은 저렴하다.

32 POS 시스템으로부터 얻을 수 있는 정보를 모두 고른 것은?

㉠ 품목별 판매실적	㉡ 제조사별 판매실적
㉢ 판매실적 구성비	㉣ 품목별 부적합품률
㉤ 단품별 판매동향	㉥ 기간별 매출액

① ㉠, ㉡, ㉥　　　　　　　　　　② ㉠, ㉤, ㉥

③ ㉡, ㉢, ㉣, ㉤　　　　　　　　④ ㉠, ㉡, ㉢, ㉣, ㉤

⑤ ㉠, ㉡, ㉢, ㉤, ㉥

해설 POS 시스템을 통하여 판매실적, 판매동향, 매출액, 판매촉진 효과, 신상품 판매실적 등에 대한 정보를 얻을 수 있다.

33 다음 설명에 해당하는 유통업종은?

- 제조업자나 유통업체 등이 자사의 비인기상품, 재고상품, 하자상품, 이월상품 등을 할인된 가격으로 판매하는 상설할인점포를 의미한다.
- 최근에는 이러한 점포들을 한 곳에 모아놓은 쇼핑센터가 증가하고 있다.
- 이러한 쇼핑센터는 관광단지 등에 위치하는 경우가 많다.

① 아웃렛스토어　　　　　　　　② 하이퍼마켓

③ 카테고리킬러　　　　　　　　④ 슈퍼센터

⑤ 회원제 창고형 할인점

해설 아웃렛 스토어는 제조업자나 백화점 또는 전문점이 소유한 오프 프라이스 스토어이며, 본래 메이커 자사의 재고품, 흠집 또는 반품된 상품을 정상가 절반 이하의 매우 싼 가격에 판매하는 업태를 말한다.

34 물류표준화의 목적에 해당하지 않는 것은?

① 물류활동의 효율화　　　　　　② 화물유통의 원활화

③ 물류의 다품종·소량화　　　　④ 물류의 호환성과 연계성 확보

⑤ 물류비의 절감

해설 물류표준화의 목적은 물류비의 절감과 물류서비스의 개선을 통하여 물류합리화를 가져오는 것이다. 물류의 다품종·소량화는 변화하고 있는 물류환경이다.

Answer　29. ④　30. ①　31. ⑤　32. ⑤　33. ①　34. ③

35 물류표준화 내용 중 소프트웨어 표준화에 해당하는 것을 모두 고른 것은?

㉠ 물류용어 표준화	㉡ 보관시설 표준화
㉢ 거래단위 표준화	㉣ 포장치수 표준화
㉤ 기타 물류기기 표준화	

① ㉠, ㉡, ㉢   ② ㉠, ㉢, ㉣

③ ㉡, ㉢, ㉤   ④ ㉡, ㉣, ㉤

⑤ ㉢, ㉣, ㉤

해설 소프트웨어 표준화는 물류용어, 거래단위 및 포장치수 등이며, 하드웨어 표준화는 물류시설(창고 등), 물류설비 및 기기(파렛트, 컨테이너 등)의 표준화를 의미한다.

36 유닛로드시스템(Unit Load System)에 관한 설명으로 옳지 않은 것은?

① 모든 국가에서 사용하는 표준 파렛트의 종류와 규격은 동일하다.

② 포장단위치수, 파렛트, 하역장비, 보관설비 등의 표준화가 전제되어야 한다.

③ 작업효율의 향상, 운반 활성화, 물류비용 감소 등을 기대할 수 있다.

④ 하역을 기계화하고 운송, 보관 등을 일관화·합리화할 수 있다.

⑤ 파렛트화 또는 컨테이너화에 의해 적재효율이 감소하고 추가비용이 발생할 수 있다.

해설 국제 표준파렛트의 규격은 국가와 지역에 따라 상이하다. T11형은 아시아 태평양지역, T12형은 독일이나 네덜란드의 표준 규격이다.

37 물류공동화의 목적으로 옳지 않은 것은?

① 대량 처리를 통한 물류비 절감

② 인력부족에 대한 대응

③ 수·배송 효율의 향상

④ 중복투자의 감소

⑤ 참여 기업별로 차별화된 물류서비스 제공

해설 물류공동화는 참여 기업별로 차별화된 물류서비스의 제공 어려움, 영업비밀의 노출 등과 같은 단점을 갖고 있다.

38 운송사업자 관점의 수·배송 공동화의 장점에 해당하는 것을 모두 고른 것은?

> ⊙ 운송차량의 적재·운행 효율 향상
> ⓒ 소량화물의 수·배송 용이
> ⓒ 운송화물의 대단위화로 인한 규모의 경제성
> ⓔ 물류시설의 효율적 이용과 작업의 기계화 및 자동화 가능

① ⊙, ⓒ   ② ⓒ, ⓒ   ③ ⓒ, ⓔ
④ ⊙, ⓒ, ⓔ   ⑤ ⊙, ⓒ, ⓒ, ⓔ

해설 화주 관점에서 수·배송 공동화를 통하여 소량화물의 수·배송이 용이해진다.

39 수동형 RFID의 특징으로 옳은 것은?

① 가격이 고가이며 다양한 센서와 결합이 가능하다.
② 전파의 수신만 가능하고 구조가 간단하다.
③ 원거리 데이터 교환에 사용된다.
④ 배터리를 통해 전력을 공급받는다.
⑤ 태그의 수명이 최장 10년으로 제한된다.

해설 수동형 RFID는 태그에 자체적인 배터리가 부착되지 않아 상대적으로 저렴하며, 능동형 태그에 비해 인식 속도가 느리고 인식 거리가 짧다. 또한 전파의 수신만 가능하다.

40 다음 설명에 해당하는 기술은?

> • 분산원장 또는 공공거래장부라고도 불리며, 다수의 상대방과 거래를 할 때 데이터를 중앙 서버가 아닌 사용자들의 개인 디지털 장비에 분산·저장하여 공동으로 관리하는 분산형 정보기술이다.
> • 이 기술을 물류산업에 적용시, 화주들이 자신의 화물을 추적, 관리 상황을 실시간으로 점검 하며 운송 중 관리 부실로 발생할 수 있는 과실에 대한 실시간 파악과 대처를 지원할 수 있다.
> • 최근 항만운송, 항공운송, 관세청 수출통관 등의 분야에서 활용이 추진되고 있다.

① 빅데이터   ② 사물인터넷   ③ 인공지능
④ 블록체인   ⑤ 클라우드 서비스

해설 블록체인을 설명하고 있다.

Answer   35. ②   36. ①   37. ⑤   38. ④   39. ②   40. ④

04 제24회 기출문제(2020)

01 물류활동에 관한 설명으로 옳은 것은?

① 보관물류는 재화와 용역의 시간적인 간격을 해소하여 생산과 소비를 결합시킨다.

② 하역물류는 재화와 용역을 효용가치가 낮은 장소로부터 높은 장소로 이동시켜 효용가치를 증대한다.

③ 정보물류는 물자의 수배송, 보관, 거래, 사용 등에 있어 적절한 재료, 용기 등을 이용하여 보호하는 기술이다.

④ 유통가공물류는 물류활동과 관련된 정보 내용을 제공하여 물류관리 기능을 연결시켜 물류관리의 효율화를 추구한다.

⑤ 수배송물류는 물자를 취급하고 이동하며, 상·하차하는 행위 등 주로 물자의 선적·하역 행위이다.

> **해설** ② 재화와 용역을 효용가치가 낮은 장소로부터 높은 장소로 이동시켜 효용가치를 증대하는 것은 수배송물류활동이다.
> ③ 물자의 수배송, 보관, 거래, 사용 등에 있어 적절한 재료, 용기 등을 이용하여 보호하는 것은 포장물류활동이다.
> ④ 물류활동과 관련된 정보 내용을 제공하여 물류관리 기능을 연결시켜 물류관리의 효율화를 추구하는 것은 정보물류활동이다.
> ⑤ 물자를 취급하고 이동하며, 상·하차하는 행위 등 주로 물자의 선적·하역 행위는 하역물류활동이다.

02 물류에 관한 설명으로 옳지 않은 것은?

① 생산에서 소비에 이르는 물적인 흐름이다.

② 7R 원칙이란 적절한 상품(Commodity), 품질(Quality), 수량(Quantity), 경향(Trend), 장소(Place), 인상(Impression), 가격(Price)이 고려된 원칙이다.

③ 3S 1L 원칙이란 신속성(Speedy), 안전성(Safety), 확실성(Surely), 경제성(Low)이 고려된 원칙이다.

④ 기업이 상품을 생산하여 고객에게 배달하기까지, 전 과정에서 장소와 시간의 효용을 창출하는 제반 활동이다.

⑤ 원료, 반제품, 완제품을 출발지에서 소비지까지 효율적으로 이동시키는 것을 계획·실현·통제하기 위한 두 가지 이상의 활동이다.

> **해설** 7R 원칙은 고객이 요구하는 수준, 즉 적절한 상품(Commodity), 품질(Quality), 수량(Quantity), 시간(Time), 장소(Place), 인상(Impression), 가격(Price)으로 물류 서비스를 제공하는 것이 필요하다는 것을 말한다.

03 다음 설명에 해당하는 물류의 영역은?

> • 물자가 생산 공정에 투입될 때부터 제품의 생산과정까지의 물류활동이다.
> • 생산리드타임의 단축 및 재고량 감축이 핵심과제이다.

① 조달물류   ② 생산물류
③ 판매물류   ④ 회수물류
⑤ 폐기물류

해설 생산물류는 원재료 입하 후, 생산 공정에서 가공하여 제품으로서 완성될 때까지의 물류활동을 가리키는 것으로서, 생산물류에서는 생산리드타임의 단축 및 재고량 감축이 핵심과제이다.

04 물류환경의 변화에 관한 설명으로 옳지 않은 것은?

① 전자상거래와 홈쇼핑의 성장으로 택배시장이 확대되고 있다.
② 유통시장의 개방 및 유통업체의 대형화로 유통채널의 주도권이 제조업체에서 유통업체로 이전되고 있다.
③ 제조업 중심의 생산자 물류에서 고객 중심의 소비자 물류로 전환되고 있어, 소품종 대량생산이 중요시되고 있다.
④ 환경문제, 교통정체 등으로 인해 기업의 물류비 절감과 매출 증대의 중요성이 강조되고 있다.
⑤ 물류서비스의 수준향상과 물류운영 원가절감을 위해 아웃소싱과 3PL이 활성화되고 있다.

해설 과거 제조업 중심의 생산자 물류이었던 것이 최근에는 고객 중심의 소비자 물류로 전환되고 있으며, 소비자의 수요도 다양화, 개성화를 추구하고 있어 이에 부합하도록 다품종 소량생산이 중요시되고 있다.

Answer   1. ①   2. ②   3. ②   4. ③

05 물적유통(Physical Distribution)과 로지스틱스(Logistics)에 관한 설명으로 옳은 것을 모두 고른 것은?

> ㉠ 물적유통은 물류부문별 효율화를 추구한다.
> ㉡ 물적유통은 로지스틱스보다 관리범위가 넓다.
> ㉢ 로지스틱스는 기업 내 물류효율화를 추구한다.
> ㉣ 로지스틱스는 기업 간 정보시스템 통합을 추구한다.

① ㉠, ㉡   ② ㉠, ㉢   ③ ㉡, ㉢
④ ㉢, ㉣   ⑤ ㉠, ㉡, ㉣

해설 물적유통은 물류부문별 효율화를 추구하는데 반해 로지스틱스는 물류 효율화와 총 물류비 최소화 관점에서 제반 물류활동을 관리하는 것으로 물류활동보다 관리범위가 넓다고 할 수 있다.

06 물류서비스업의 세분류와 세세분류의 연결이 옳지 않은 것은?

세분류	세세분류
㉠ 화물주선업	화물의 하역, 포장, 가공, 조립, 상표부착, 프로그램 설치, 품질검사업
㉡ 해운 부대사업	해운대리점업, 해운중개업, 선박관리업
㉢ 항만운송관련업	항만용역업, 물품공급업, 예선업, 컨테이너 수리업, 선박급유업
㉣ 항만운송사업	항만하역업, 검수업, 검량업, 감정업
㉤ 물류정보처리업	물류정보 데이터베이스 구축, 물류지원 소프트웨어 개발·운영, 물류관련 전자문서 처리업

① ㉠   ② ㉡   ③ ㉢   ④ ㉣   ⑤ ㉤

해설 화물주선업에는 국제물류주선업과 화물자동차운송주선사업이 포함된다. 화물의 하역, 포장, 가공, 조립, 상표부착, 프로그램 설치, 품질검사 등 부가적 물류업은 화물취급업(하역업)에 해당한다.

07 다음 설명에 해당하는 주문주기시간 구성요소는?

> • 주문품을 재고지점에서 고객에게 전달하는데 걸리는 시간을 말한다.
> • 창고에 재고가 있는 경우에는 공장을 거치지 않고 곧바로 고객에게 전달하는데 걸리는 시간을 말한다.

① 주문전달시간(Order Transmittal Time)   ② 주문처리시간(Order Processing Time)
③ 오더어셈블리시간(Order Assembly Time)   ④ 재고 가용성(Stock Availability)
⑤ 인도시간(Delivery Time)

해설 인도시간(Delivery Time)은 주문품을 재고지점에서 고객에게 전달하는데 걸리는 시간을 가리키는 것으로서 창고에 재고가 있는 경우에는 공장을 거치지 않고 곧바로 고객에게 전달하는데 걸리는 시간이 인도시간이 된다.

08 기업의 고객서비스 측정요소 중 거래시(transaction) 서비스 요소에 해당하지 않는 것은?

① 주문의 편리성

② 주문주기 요소

③ 제품 추적

④ 백 오더(Back-order) 이용 가능성

⑤ 재고품절 수준

해설 물류고객서비스 요소 중에서 제품을 고객에게 인도하는데 직접적으로 관련된 주문의 편리성, 주문주기 요소, 백 오더(Back-order) 이용 가능성, 재고품절 수준, 제품의 대체성 등이 있다. 제품 추적은 제품을 판매한 후에 필요한 것으로서 거래 후 서비스 요소에 해당한다.

09 다음 (   )에 들어갈 물류관리전략 추진단계로 옳은 것은?

- (㉠)단계 : 원·부자재의 공급에서 생산과정을 거쳐 완제품의 유통과정까지의 흐름을 최적화하기 위해 유통 경로 및 물류네트워크를 설계하는 단계
- (㉡)단계 : 고객이 원하는 것이 무엇인지를 파악하는 동시에 회사이익 목표를 달성할 수 있는 최적의 서비스 수준을 정하는 단계
- (㉢)단계 : 물류거점 설계 및 운영, 운송관리, 자재 및 재고관리를 하는 단계
- (㉣)단계 : 정보화 구축에 관련된 정책 및 절차 수립, 정보화 설비와 장비를 도입·조작·변화관리를 하는 단계

① ㉠ : 전략적   ㉡ : 구조적   ㉢ : 기능적   ㉣ : 실행
② ㉠ : 전략적   ㉡ : 기능적   ㉢ : 실행   ㉣ : 구조적
③ ㉠ : 구조적   ㉡ : 실행   ㉢ : 전략적   ㉣ : 기능적
④ ㉠ : 구조적   ㉡ : 전략적   ㉢ : 기능적   ㉣ : 실행
⑤ ㉠ : 기능적   ㉡ : 구조적   ㉢ : 전략적   ㉣ : 실행

해설 물류관리전략은 전략적 ⇨ 구조적 ⇨ 기능적 ⇨ 실행 단계를 거치면서 추진된다. 먼저, 전략적 단계에서는 고객이 원하는 것이 무엇인지를 파악함과 동시에 회사이익 목표를 달성할 수 있는 최적의 서비스 수준을 결정한다. 구조적 단계에서는 원·부자재의 공급에서 생산과정을 거쳐 완제품의 유통과정까지의 흐름을 최적화하기 위해 유통 경로 및 물류네트워크를 설계한다. 그리고 기능적 단계에서는 물류거점 설계 및 운영, 운송관리, 자재 및 재고관리에 관한 사항을 결정한다. 마지막으로, 실행 단계에서는 정보시스템 구축과 관련된 정책 및 절차를 수립하고 정보화 설비와 장비를 도입하며 물류조직의 통합구성을 통해 능동적인 변화관리를 한다.

Answer   5. ②   6. ①   7. ⑤   8. ③   9. ④

부록

10 제품수명주기 중 도입기의 물류전략에 관한 설명으로 옳은 것은?

① 광범위한 유통지역을 관리하기 위해 다수의 물류센터를 구축한다.

② 경쟁이 심화되는 단계이므로 고객별로 차별화된 물류서비스를 제공한다.

③ 소수의 지점에 집중된 물류 네트워크를 구축한다.

④ 장기적인 시장 점유율 확대를 위해 대규모 물류 네트워크를 구축한다.

⑤ 물류센터를 통폐합하여 소수의 재고 보유 거점을 확보한다.

> **해설** 제품수명주기 중 도입기에는 신제품이 시장에 처음으로 진출하는 단계로 제품에 대한 인지도가 낮고 경쟁력이 약한 편이므로 판매망을 소수의 지점에 제한하여 구축한다.

11 4PL(Fourth Party Logistics)에 관한 설명으로 옳은 것을 모두 고른 것은?

> ㉠ 3PL(Third Party Logistics), 물류컨설팅업체, IT업체 등이 결합한 형태이다.
>
> ㉡ 이익분배를 통해 공통의 목표를 관리한다.
>
> ㉢ 공급사슬 전체의 관리와 운영을 실시한다.
>
> ㉣ 대표적인 형태는 매트릭스형 물류조직이다.

① ㉠, ㉡   ② ㉢, ㉣   ③ ㉠, ㉡, ㉢

④ ㉠, ㉢, ㉣   ⑤ ㉡, ㉢, ㉣

> **해설** 4PL(Fourth Party Logistics)은 공급사슬통합자를 가리키는데, 전문 물류업체, 물류 컨설팅업체, IT업체가 컨소시엄을 구성하여 e-비즈니스 기반의 가상 물류서비스를 통해 화주에게 포괄적인 공급사슬 솔루션을 제공한다. 4PL의 파트너 기업은 합작투자 또는 장기간 제휴를 맺고 이익의 분배를 통해 공통의 목표를 관리한다. 매트릭스형 물류조직은 물류관련 담당자들이 평상시에는 자기 부서에서 근무하다가 물류와 관련된 특정 사안이 발생되는 이의 해결을 위해 여러 부서의 인원이 모여 구성되는 오프라인상에서의 물류조직 중 하나이다.

12 사업부형 물류조직에 관한 설명으로 옳지 않은 것은?

① 기업의 규모가 커지고 최고 경영자가 기업의 모든 업무를 관리하기가 어려워짐에 따라 등장했다.

② 상품 중심의 사업부제와 지역 중심의 사업부제, 그리고 두 형태를 절충한 형태가 있다.

③ 사업부간 횡적 교류가 활발하여 전사적 물류활동이 가능하다.

④ 각 사업부 내에는 라인조직과 스탭조직이 있다.

⑤ 각 사업부는 독립된 형태의 분권조직이다.

> **해설** 사업부형 물류조직은 사업부별로 독립된 하나의 회사와 같이 운영되는 종적 조직으로 사내 부서 간 횡적인 교류가 희박하여 전사적 물류활동이 어려운 단점을 가지고 있다.

13 물류거점 집약화의 효과에 관한 설명으로 옳지 않은 것은?

① 공장과 물류거점 간의 운송 경로가 통합되어 대형차량의 이용이 가능하다.

② 물류거점과 고객의 배송단계에서 지점과 영업소의 수주를 통합하여 안전재고가 줄어든다.

③ 운송차량의 적재율 향상이 가능하다.

④ 물류거점의 기계화와 창고의 자동화 추진이 가능하다.

⑤ 물류거점에서 집약재고와 재고관리를 함으로써 재고의 편재는 해소되나 과부족 발생가 능성이 높아진다.

해설 물류거점의 집약화로 인해 물류거점에서의 재고의 집약과 재고관리를 함으로써 재고의 편재 및 과부 족을 해소할 수 있다.

14 물류시스템의 기능별 분류에 해당하는 것은?

① 도시물류시스템, 지역 및 국가 물류시스템, 국제물류시스템

② 구매물류시스템, 제조물류시스템, 판매물류시스템, 역물류시스템

③ 운송물류시스템, 보관물류시스템, 하역물류시스템, 포장물류시스템, 유통가공물류시스 템, 물류정보시스템

④ 농산물물류시스템, 도서물류시스템, 의약품물류시스템

⑤ 냉장(냉동)물류시스템, 화학제품물류시스템, 벌크화물물류시스템

해설 물류시스템은 기능별로 운송(수송), 보관, 하역, 포장, 유통가공, 물류정보시스템으로 구분된다.

15 물류시스템 설계시 운영적 계획의 고려사항에 해당하는 것은?

① 대고객 서비스 수준   ② 설비 입지

③ 주문 처리   ④ 운송수단과 경로

⑤ 재고정책

해설 물류시스템 설계시 대고객 서비스 수준을 결정하는 것은 전략적 단계이고, 설비 입지는 기능적 단계에 서, 운송수단과 유통경로를 설계하는 것은 구조적 단계, 재고정책은 기능적 단계에서 수행한다.

Answer   10. ③   11. ③   12. ③   13. ⑤   14. ③   15. ③

16 역물류비에 관한 설명으로 옳은 것은?

① 반품물류비는 판매된 상품에 대한 환불과 위약금을 포함한 모든 직접 및 간접 비용이다.

② 반품물류비에는 운송, 검수, 분류, 보관, 폐기 비용이 포함된다.

③ 회수물류비는 판매된 제품과 물류용기의 회수 및 재사용에 들어가는 비용이다.

④ 회수물류비에는 파렛트, 컨테이너, 포장용기의 회수비용이 포함된다.

⑤ 제품이 정상적으로 사용된 후 소멸 처리하는 것은 폐기비용으로 간주하지 않는다.

> **해설** ① 판매된 상품에 대한 환불과 위약금 등 반품 자체에 따른 상적 비용은 반품물류비에 포함되지 않는다.
> ② 반품물류비에는 반품 과정에서 발생하는 운송, 검수, 분류, 보관, 하역 등 물류 관련 비용만이 포함된다. 폐기처리시 수반되는 물류 관련 비용은 폐기물류비에 해당한다.
> ③ 판매된 제품을 회수하는데 소요되는 물류 관련 비용은 반품물류비에 해당한다.
> ⑤ 제품이 정상적으로 사용된 후 소멸 처리하는 것은 폐기비용으로 간주한다.

17 물류비에 관한 설명으로 옳지 않은 것은?

① 물류활동을 실행하기 위해 발생하는 직접 및 간접비용을 모두 포함한다.

② 영역별로 조달, 생산, 포장, 판매, 회수, 폐기 활동으로 구분된 비용이 포함된다.

③ 현금의 유출입보다 기업회계기준 및 원가계산준칙을 적용해야 한다.

④ 물류활동이 발생된 기간에 물류비를 배정하도록 한다.

⑤ 물류비의 정확한 파악을 위해서는 재무회계방식보다 관리회계방식을 사용하는 것이 좋다.

> **해설** 영역별 물류비는 조달물류비, 사내물류비, 판매물류비, 리버스물류비로 구분되며, 생산물류비는 제외된다.

18 A기업의 작년 매출액은 500억원, 물류비는 매출액의 10%, 영업이익률은 매출액의 15%이었다. 올해는 물류비 절감을 통해 영업이익률을 20%로 올리려고 한다면, 작년에 비해 추가로 절감해야 할 물류비는? (단, 매출액과 다른 비용 및 조건은 작년과 동일한 것으로 가정한다.)

① 10억원   ② 15억원   ③ 20억원

④ 25억원   ⑤ 30억원

> **해설**
>
> | 구 분 | 물류비 감소 전 | 영업이익률을 20%로 증가시키기 위한 물류비 절감액 |
> |---|---|---|
> | 매출액 | 500억원 | 500억원(매출액 100%) |
> | 물류비 | 50억원(매출액대비 10%) | 25억원 |
> | 경 비 | 375억원 | 375억원 |
> | 영업이익률 | 75억원(매출액대비 15%) | 100억원(매출액대비 20%) |
>
> A기업의 매출액 대비 물류비는 10%, 영업이익률은 15%이다. 매출액과 다른 비용 및 조건이 작년과 동일한 상황에서 물류비만을 절감하여 영업이익률을 매출액 대비 20%로 증가시키기 위해서는 A기업의 매출액 500억원에서 경비 375억원과 물류비를 뺐을 때 남는 영업이익이 100억원이 되어야 한다. 즉, 500억원 − 물류비 − 375억원 = 100억원이 되어야 한다. 즉, 영업이익률 20%인 100억원을 달성하기 위해서는 물류비가 25억원이 되어야 하며, 전년대비 물류비를 25억원 절감하여야 한다.

19 A기업은 공급업체로부터 부품을 운송해서 하역하는데 40만원, 창고 입고를 위한 검수에 10 만원, 생산공정에 투입하여 제조 및 가공하는데 60만원, 출고 검사 및 포장에 20만원, 트럭에 상차하여 고객에게 배송하는데 30만원, 제품 홍보와 광고에 50만원을 지출하였다. A기업의 조달물류비는?

① 50만원　　　　　　　　② 110만원　　　　　　　　③ 130만원
④ 160만원　　　　　　　　⑤ 210만원

해설 조달물류비는 물자가 조달처로부터 운송되어 매입자의 매입물자 보관창고에 입고, 관리되어 생산공정에 투입되기 직전까지의 물류활동에 따른 물류비이므로 A기업이 공급업체로부터 부품을 운송해서 하역하는데 소요된 40만원에 창고 입고를 위한 검수에 소요된 10만원을 더한 50만원이 A기업의 조달물류비이다.

20 도매물류사업의 기대효과 중 제조업자(생산자)를 위한 기능이 아닌 것은?

① 구색편의 기능　　　　　　　　② 주문처리 기능
③ 물류의 대형집약화 센터설립 기능　　④ 판매의 집약광역화 대응 기능
⑤ 시장동향정보의 파악(생산조절) 기능

해설 도매물류사업의 기능 중 구색편의 기능은 소매업체를 위한 것이다.

21 수직적 유통경로시스템(VMS : Vertical Marketing System)에 관한 설명으로 옳지 않은 것은?

① 유통경로상의 한 주체에서 계획된 프로그램에 의해 경로구성원들을 전문적으로 관리 · 통제하는 시스템이다.
② 기업형 VMS는 한 경로구성원이 다른 경로구성원들을 법적으로 소유 · 관리하는 시스템이다.
③ 계약형 VMS는 경로구성원들이 각자가 수행해야 할 유통기능들을 계약에 의해 합의함으로써 공식적 경로관계를 형성하는 시스템이다.
④ 계약형 VMS에는 도매상 후원의 임의 연쇄점, 소매상 협동조합, 프랜차이즈 조직이 있다.
⑤ 관리형 VMS는 수직적 유통경로시스템 중에서 통합 또는 통제 정도가 가장 강한 시스템이다.

해설 수직적 유통경로시스템 중에서 통합 또는 통제 정도가 가장 강한 시스템은 기업형 VMS이다.

Answer　16. ④　17. ②　18. ④　19. ①　20. ①　21. ⑤

22 다음 설명에 해당하는 가맹점 사업의 종류는?

> • 임의연쇄점이라고 하며, 독립자본으로 운영되는 다수 소매점이 모여서 특정한 기능을 체인본부에 위탁하는 체인시스템이다.
> • 체인본부에 최소한의 기본적인 기능만 요구되기 때문에 재정적 부담이 적다.

① 볼런터리 체인(Voluntary Chain)
② 레귤러 체인(Regular Chain)
③ 프랜차이즈 체인(Franchise Chain)
④ 협동형 체인(Cooperative Chain)
⑤ 스페셜 체인(Special Chain)

해설 볼런터리 체인(voluntary chain)은 임의연쇄점이라고도 하며, 회사형 체인 스토어가 자본으로 결합되어 있는데 비해 볼런터리 체인은 주로 도매상이 중심이 되거나, 소매상이 모여 만든 체인 형태로 체인본부를 중심으로 가맹점들이 공동 사입(仕入)이나 공동 선전을 한다.

23 QR코드에 관한 설명으로 옳지 않은 것은?

① 코드 모양이 정사각형이다.
② 1차원 바코드에 비하여 오류복원 기능이 낮아 데이터 복원이 어렵다.
③ 1차원 바코드에 비하여 많은 양의 정보를 수용할 수 있다.
④ 흑백 격자무의 패턴으로 정보를 나타내는 2차원 형태의 바코드이다.
⑤ 1994년 일본의 덴소웨이브 사(社)가 개발하였다.

해설 QR코드는 1차원 바코드에 비하여 오류복원 기능이 높아 데이터 복원능력이 뛰어난 장점을 가지고 있다.

24 EAN 13형 바코드에 포함되지 않는 코드는?

① 국가식별 코드
② 제조업체 코드
③ 공급업체 코드
④ 상품품목 코드
⑤ 체크 디지트

해설 EAN 13형 바코드는 국가식별 코드, 제조업체 코드, 상품품목 코드, 체크 디지트로 구성되어 있다.

25 다음 설명에 해당하는 정보기술은?

> 표준화된 기업과 기업 간의 거래서식이나 기업과 행정부서 간의 공증서식 등을 서로 합의된
> 의사전달 양식에 의거하여 컴퓨터 간에 교환하는 전자문서 교환방식

① EDI   ② POS   ③ SIS

④ EOS   ⑤ RFID

 • POS(Point of Sales, 판매 시점 정보 관리 시스템): 소매상의 판매기록, 발주, 매입, 고객관련 자료
등 소매업자의 경영활동에 관한 각종 정보를 판매시점에 파악하여 컴퓨터시스템을 활용하여 관리하
는 종합적인 소매정보시스템을 말한다.
- SIS(Strategic Information System, 전략적 정보시스템): 라이벌 기업에 경쟁적 우위를 가지기 위해
전략적으로 구축하는 정보시스템을 말한다.
- EOS(Electronic Ordering System, 자동발주시스템): 매장에서 재고관리를 지원하기 위한 시스템
으로, 매장 내 특정 상품의 재고량을 실시간으로 파악할 수 있는 시스템이 장착되어 있고 판매에
따라 재고량이 줄어들어 재주문점에 도달하게 되면 컴퓨터에 의해 자동발주가 이루어진다.
- RFID(Radio − Frequency Identification): 주파수를 이용해 먼 거리에서 정보를 인식하는 기술을
말하는데 일명 전자태그로 불린다.

26 물류정보기술에 관한 설명으로 옳은 것은?

① RFID(Radio Frequency Identification)는 태그 데이터의 변경 및 추가는 불가능하나, 능
동형 및 수동형 여부에 따라 메모리 양을 다르게 정의할 수 있다.

② USN(Ubiquitous Sensor Network)는 센서 네트워크를 이용하여 유비쿼터스 환경을 구현
하는 기술이며, 사물에 QR코드를 부착하여 정보를 인식하고 관리하는 정보기술을 말한다.

③ CALS의 개념은 Commerce At Light Speed로부터 Computer Aided Logistics Support
로 발전되었다.

④ ASP(Application Service Provider)란 응용소프트웨어 공급서비스를 뜻하며 사용자 입
장에서는 시스템의 자체 개발에 비하여 초기 투자비용이 더 많이 발생하는 단점이 있다.

⑤ IoT(Internet of Things)란 사람, 사물, 공간, 데이터 등이 인터넷으로 서로 연결되어 정
보가 생성 · 수집 · 활용되게 하는 사물인터넷 기술이다.

해설 ① RFID는 태그 데이터의 변경 및 추가가 가능하다.
② USN(Ubiquitous Sensor Network)는 센서 네트워크를 이용하여 유비쿼터스 환경을 구현하는 기술
이며, 각종 센서에서 감지한 정보를 무선으로 수집, 분석, 관리한다. 사물에 QR코드를 부착하여 정
보를 인식하고 관리하는 정보기술은 바코드시스템이다.
③ CALS는 '제품이나 시스템의 라이프사이클 전체에 걸쳐서 연속적이고 자동적인 물류조달이 수행되
도록 디지털정보를 작성하여 교환, 관리, 사용하는 체계를 말하는데 CALS의 개념은 Computer
Aided Logistics Support로 부터 Commerce At Light Speed로 발전되었다.
④ ASP(Application Service Provider)는 소프트웨어 공급서비스를 가리키는데 기업이나 개인이 소
프트웨어를 자체적으로 구입하지 않고 네트워크를 통해 호스팅 서비스업체의 서버를 이용해 원하
는 프로그램을 적정한 사용료를 지불하고 사용하기 때문에 초기 투자비용이 적게 드는 장점이 있다.

Answer   22. ①   23. ②   24. ③   25. ①   26. ⑤

부록

27 물류정보망에 관한 설명으로 옳은 것은?

① CVO는 Carrier Vehicle Operations의 약자로서, 화물차량에 부착된 단말기를 이용하여 실시간으로 차량 및 화물을 추적·관리하는 방식이다.

② KL-NET는 무역정보망으로서, 무역정보화를 통한 국가경쟁력 강화를 목적으로 개발되었다.

③ KT-NET는 물류정보망으로서, 물류업무의 온라인화를 위해 개발된 정보망이다.

④ PORT-MIS는 항만운영관리 시스템으로서, 한국물류협회가 개발 및 운영하는 시스템이다.

⑤ VAN은 Value Added Network의 약자로서, 제3자(데이터 통신업자)를 매개로 하여 기업 간 자료를 교환하는 부가가치통신망이다.

> **해설** ① GPS 위성과 무선통신망 및 차량용 단말기를 이용하여 실시간으로 차량 및 화물을 추적·관리하는 시스템은 AVLS(Automatic Vehicle Location System, 차량위치추적 시스템)이다. CVO는 Commercial Vehicle Operations의 약자이다.
> ② 무역정보망으로서 무역정보화를 통한 국가경쟁력 강화를 목적으로 개발된 것은 KT-NET이다.
> ③ 물류정보망으로서 물류업무의 온라인화를 위해 개발된 정보망은 KL-NET이다.
> ④ PORT-MIS는 해운항만물류정보시스템으로서 해양수산부가 운영한다.

28 공급사슬 통합의 효과가 아닌 것은?

① 생산자와 공급자 간의 정보 교환이 원활해진다.

② 생산계획에 대한 조정과 협력이 용이해진다.

③ 공급사슬 전·후방에 걸쳐 수요변동성이 줄어든다.

④ 물류센터 통합으로 인해 리스크 풀링(Risk pooling)이 사라진다.

⑤ 공급사슬 전반에 걸쳐 재고품절 가능성이 작아진다.

> **해설** 리스크 풀링(Risk Pooling)이란 '위험분산, 위험'을 의미하며, 공급망 상의 위험요소를 어떻게 분산시키고 최소화 시킬 것인지 하는 공급체인에서 변동성을 다루는 가장 강력한 도구 중 하나이다. 일반적으로 물류센터 통합 등과 같이 여러 지역의 수요가 하나로 통합되면 수요 변동성이 감소하지만 리스크 풀링이 사라지는 것은 아니다.

29 A기업은 4개의 지역에 제품 공급을 위해 지역별로 1개의 물류센터를 운영하고 있다. 물류센터에서 필요한 안전재고는 목표 서비스수준과 수요변동성을 반영한 확률 기반의 안전재고 계산공식인 Z×σ를 적용하여 계산하였으며, 현재 필요한 안전재고는 각 물류센터 당 100개로 파악되고 있다. 물류센터를 중앙집중화하여 1개로 통합한다면 유지해야 할 안전재고는 몇 개인가?

① 100개 ② 200개 ③ 300개
④ 400개 ⑤ 500개

해설 안전재고 = 안전계수 × 수요의 표준편차 × √리드타임(조달기간)
여기서 안전계수는 고객서비스수준을 가리키는데 목표 서비스수준과 수요변동성을 반영하여 안전재고를 계산한 결과, 현재 A기업은 4개의 지역에 지역별로 1개의 물류센터를 운영하는데 필요한 안전재고가 각 물류센터 당 100개로 파악되었는데, 물류센터를 중앙집중화하여 1개로 통합할 경우에 한곳에서 4개의 지역으로 제품을 공급해야 하므로 각 지역까지의 제품의 리드타임(조달기간)은 4가 된다. 따라서, 물류센터를 1개로 통합할 경우의 안전재고는 $100 \times \sqrt{4} = 200$이다.

30 공급자 재고관리(VMI : Vendor Managed Inventory)에 관한 설명으로 옳지 않은 것은?

① 유통업자가 생산자에게 판매정보를 제공한다.
② 구매자가 공급자에게 재고 주문권을 부여한다.
③ 공급자가 자율적으로 공급 스케줄을 관리한다.
④ 생산자와 부품공급자는 신제품을 공동 개발한다.
⑤ 생산자는 부품공급자와 생산 계획을 공유한다.

해설 VMI는 공급자 주도의 재고관리를 가리키는 것으로서 공급자가 서비스 수준을 유지시키면서 소매업자나 유통센터의 재고를 주도적으로 관리하는 시스템을 의미한다. 생산자와 부품공급자가 신제품을 공동 개발하는 것은 VMI에 해당되지 않는다.

31 공급사슬관리(SCM : Supply Chain Management)의 효과에 관한 설명으로 옳지 않은 것은?

① 생산자와 공급자 간의 협력을 통하여 경쟁우위를 확보할 수 있다.
② 생산자와 공급자 간의 협력을 통하여 이익 평준화를 실현할 수 있다.
③ 공급사슬 파트너십을 통하여 재고품절 위험을 감소시킬 수 있다.
④ 공급사슬 파트너십을 통하여 물류비용을 절감할 수 있다.
⑤ 공급사슬 파트너십을 통하여 소비자 만족을 극대화할 수 있다.

해설 생산자와 공급자 간의 협력을 통하여 위험을 축소시키고 공급사슬 내에서 물류프로세스의 효율을 제고시킴으로써 비용감소와 수익 증대를 실현할 수 있다.

Answer 27. ⑤ 28. ④ 29. ② 30. ④ 31. ②

32 표준 파렛트 T−11형과 T−12형의 치수(가로 및 세로규격)를 옳게 나열한 것은?

① T−11형 : 800mm × 1,100mm, T−12형 : 1,100mm × 1,100mm
② T−11형 : 1,000mm × 1,100mm, T−12형 : 1,100mm × 1,100mm
③ T−11형 : 1,000mm × 1,100mm, T−12형 : 1,000mm × 1,200mm
④ T−11형 : 1,100mm × 1,100mm, T−12형 : 1,000mm × 1,200mm
⑤ T−11형 : 1,100mm × 1,100mm, T−12형 : 1,100mm × 1,200mm

> **해설** 표준 파렛트 T−11형의 치수는 1,100mm × 1,100mm이고, T−12형의 치수는 1,000mm × 1,200mm이다.

33 물류표준화의 대상 분야에 해당하는 것을 모두 고른 것은?

㉠ 수송 부문　　㉡ 보관 부문　　㉢ 하역 부문　　㉣ 포장 부문　　㉤ 정보화 부문

① ㉠, ㉡, ㉤　　　　　　② ㉡, ㉢, ㉣　　　　　　③ ㉢, ㉣, ㉤
④ ㉠, ㉡, ㉢, ㉣　　　　⑤ ㉠, ㉡, ㉢, ㉣, ㉤

> **해설** 물류표준화는 물류활동 전체를 대상으로 한다.

34 표준 파렛트 T−11형을 ISO 규격의 20피트(feet) 해상 컨테이너에 2단으로 적입할 경우, 컨테이너 내에 적입할 수 있는 최대 파렛트 수량은?

① 10개　　　　　　② 14개　　　　　　③ 16개
④ 18개　　　　　　⑤ 20개

> **해설** 20피트(feet) 해상 컨테이너의 치수(가로 및 세로규격)는 5,867mm × 2,330mm 이다. 따라서 표준 파렛트 T−11형(1,100mm × 1,100mm)을 1단으로 적재했을 때 5개씩 2열로 10개의 파렛트를 적재할 수 있는데, 여기에 2단으로 적재할 경우에는 그것의 2배인 파렛트 20개를 적재할 수 있다.

35 공동 수·배송의 효과가 아닌 것은?

① 운송차량의 공차율 증가　　　　② 공간의 활용 증대
③ 주문단위 소량화 대응 가능　　　④ 교통혼잡 완화
⑤ 대기오염, 소음 등 환경문제 개선

> **해설** 공동 수·배송을 통해 화물의 적재율 향상, 운송차량의 공차율 감소, 배송차량의 감소로 차량유지비 절감, 교통혼잡 완화, 대기오염, 소음 등 환경문제를 개선할 수 있을 뿐만 아니라 주문단위의 소량화에도 대응 가능하다.

36 다음 설명에 해당하는 공동 수·배송 운영방식은?

> • 운송업자가 협동조합을 설립하고 화주로부터 수주를 받아 조합원에게 배차를 지시하는 방식
> • 고객의 주문처리에서 화물의 보관, 운송, 배송까지의 모든 업무를 공동화하는 방식

① 배송공동형
② 특정화주 공동형
③ 특정지역 공동형
④ 공동수주 공동배송형
⑤ 납품대행형

해설 운송업자들이 모여서 협동조합을 설립하고 화주로부터 공동으로 수주를 받아 고객의 주문처리에서 화물의 보관, 운송, 배송까지의 모든 업무를 공동으로 수행하는 것을 공동수주 공동배송형 운송방식이라 한다.

37 순물류(Forward Logistics)와 역물류(Reverse Logistics)의 차이점을 비교한 것으로 옳지 않은 것은?

구 분	순물류	역물류
㉠ 품질측면	제품 품질이 일정함	제품 품질이 상이함
㉡ 가격측면	제품 가격이 일정함	제품 가격이 상이함
㉢ 제품수명주기	제품수명주기의 관리가 용이함	제품수명주기의 관리가 어려움
㉣ 회계측면	물류비용 파악이 용이함	물류비용 파악이 어려움
㉤ 구성원 측면	공급망 구성원 간의 거래조건이 복잡함	공급망 구성원 간의 거래조건이 단순함

① ㉠
② ㉡
③ ㉢
④ ㉣
⑤ ㉤

해설 순물류에서는 공급망 구성원 간의 신뢰와 의사소통을 통해 공급망 내의 중복적이고 낭비적인 노력을 최소화 하고자 노력하기 때문에 공급망 구성원 간의 거래조건이 비교적 단순한데 반해 역물류는 고객이 더 이상 필요로 하지 않는 제품을 회수하여 상태에 따라 물건을 처리하기 때문에 구성원 간 거래조건이 매우 복잡하다.

38 다음 설명에 해당하는 물류보안제도는?

> • 세관에서 물류기업이 일정 수준 이상의 기준을 충족하면 통관절차 등을 간소화 시켜주는 제도이다.
> • 세계관세기구(WCO)는 무역의 안전 및 원활화를 조화시키는 표준협력제도로서 도입하였다.
> • 상호인정협약(Mutual Recognition Arrangement)을 통해 자국뿐만 아니라 상대국 국가에서도 통관상의 혜택을 받을 수 있다.

① AEO(Authorized Economic Operator)

② CSI(Container Security Initiative)

③ C-TPAT(Customs Trade Partner Against Terrorism)

④ ISF(Importer Security Filing)

⑤ ISPS(International Ship and Port Facility Security) Code

> 해설 ② CSI : 컨테이너 안전협정으로 미국으로 들어가는 컨테이너에 위험요소가 있는지에 대해서 보안검색을 진행하는 것을 가리킨다.
> ③ C-TPAT : 9.11 테러 이후에 테러수단의 미국 내 유입을 막기 위해서 도입한 반테러 민관파트너십 제도를 가리킨다.
> ④ ISF : 보안과 수입자의 책임을 강화하기 위해 선적지에서 출항 24시간 전, 미국 세관에 온라인으로 신고를 하도록 한 제도를 가리키는데 수입자가 신고해야 할 사항이 10가지, 운송사가 신고할 사항이 2가지로 되어 있어 10+2 Rule이라 불리기도 한다.
> ⑤ ISPS : 2001년 9.11. 테러사건 이후에 LNG 선박 등을 포함한 해상화물 운송선박 및 항만시설에 대한 해상 테러 가능성에 대비하기 위해 미국 정부가 제정한 국제선박 및 항만시설 대한 보안규칙을 가리킨다.

39 녹색물류 추진방향으로 옳지 않은 것은?

① 공동 수·배송 추진

② 소량 다빈도 수송 추진

③ 모달 쉬프트(modal shift) 추진

④ 회수물류 활성화

⑤ 저공해 운송수단 도입

> 해설 소량 다빈도 수송을 추진하게 되면 운송부문에서의 탄소배출량이 늘어나 물류활동시 발생하는 탄소배출과 환경오염물질 배출의 감축을 도모하는 녹색물류의 취지와는 맞지 않다. 오히려 대량운송을 추진하는 것이 바람직하다.

40 블록 체인(Block Chain)에 관한 설명으로 옳지 않은 것은?

① 분산원장 또는 공공거래장부라고 불리며, 암호화폐로 거래할 때 발생할 수 있는 해킹을 막는 기술에서 출발했다.

② 다수의 상대방과 거래할 때 데이터를 개인 사용자들의 디지털 장비에 저장하여 공동으로 관리하는 분산형 정보기술이다.

③ 비트코인은 블록체인 기술을 이용한 전자화폐이다.

④ 퍼블릭 블록체인(Public Block Chain)과 프라이빗 블록체인(Private Block Chain)은 누구나 접근이 가능하다.

⑤ 컨소시엄 블록체인(Consortium Block Chain)은 허가받은 사용자만 접근이 가능하다.

해설 블록 체인(Block Chain)은 가상화폐 거래 내역을 기록하는 장부로서, 신용이 필요한 온라인 거래에서 해킹을 막기 위한 기술에서 출발하였으며, 다수의 상대방과 거래할 때 데이터를 개인 사용자들의 디지털 장비에 저장하여 데이터베이스를 공유하게 만드는 기술을 가리킨다. 퍼블릭 블록체인(Public Block Chain)은 공공거래장부를 공유하는 것으로서 누구나 접근이 가능하지만 프라이빗 블록체인(Private Block Chain)은 외부에 노출시키고 싶지 않은 정보 등이 있는 경우에 블록체인 네트워크에 참가하는 사용자를 제한하는 방법으로 하나의 기관에서 독자적으로 사용하는 블록체인을 가리킨다. 컨소시엄 블록 체인(Consortium Block Chain)은 특정한 몇몇의 허가받은 집단이 참가해 해당 집단만 사용이 가능한 네트워크를 가리킨다.

Answer 38. ① 39. ② 40. ④

우정욱 교수

- 일본 메이지(明治) 대학교 상학박사(교통론 전공)
- 인하대 정석물류통상연구원 연구교수 역임
- 일본물류학회, 일본교통학회, 일본해운경제학회 회원
- 한국유통경영학회 이사, 한국물류학회 회원
- 한국철도학회 회원 및 편집위원
- 국토교통부 물류관리사 자격시험문제 출제위원
- 국토교통부 물류관리사 자격시험문제 선정위원
- 한국교통대학교 철도경영물류학과 교수

김영민 교수

- 중앙대학교 경영학박사(물류 전공)
- (사)한국산업경제연구원 유통연구실 연구원
- (사)APEC산업전략연구원 유통물류실 선임·책임연구원
- 중앙대학교 국제무역물류연구소 전임연구원
- (주)물류경영연구원 책임연구원
- 국토교통부 물류관리사 출제위원
- 한국능률협회컨설팅 한국의 경영대상 심사위원
- 국토교통부 우수물류기업 인증 심사위원
- 백석대학 국제무역과 조교수
- 한국무역학회, 한국국제상학회 및 한국유통경영학회 부회장
  한국물류학회 이사
- 현, 서울사이버대학교 글로벌무역물류학과 교수

최/신/개/정/판

물류관리사 | 물류관리론

초판인쇄 2020년 7월 25일 | **초판발행** 2020년 7월 30일 | **공편저** 우정욱·김영민 | **발행인** 박 용

발행처 (주)박문각출판 | **등록** 2015. 4. 29. 제2015-000104호

주소 06654 서울시 서초구 효령로 283 서경 B/D 4층

교재주문 (02) 3489-9400 | **동영상문의** (02) 3489-9500 | **팩스** (02) 584-2927

판권본사소유

ISBN 979-11-6444-721-3 | ISBN 979-11-6444-729-9(세트)

정가 24,000원